Principia Philosophiae

Rene Descartes

RENATI DES-CARTES

PRINCIPIA PHILOSOPHIÆ.

Ultima Editio cum optima collata, diligenter recognita, & mendis expurgata.

AMSTELODAMI,
Apud DANIELEM ELSEVIRIUM,
CIƆ IƆC LXXVII.
Cum Privilegio S. Cæsareæ Majestatis.

Summa Privilegii Cæsarei.

S. Cæs. Majestatis Privilegio cautum est, ne quis Bibliopolarum, Typographorum, &c. Opera *Philosophica Renati Cartesii, intra fines S. R. Imperii, ditionumque S. C. Majestatis hæreditariarum in ulla forma, integre aut pro parte, edat, venundet, aut quolibet modo distrahat, præter Danielem Elsevirium Amstelodamensem; idque intra decennium proximum; sub comminatione pœnæ quinque Marcarum auri. Uti latius in ipso Privilegio die 29 Novembris 1675 Viennæ dato, videre est.*

RENATVS DES-CARTES, DOMINVS DE PERRON, NATVS HAGÆ TVRONVM, ANNO. M.D.XCVI, VLTIMO DIE MARTII.

Primus inaccessum qui per tot sæcula verum
Eruit è tetris longæ caliginis umbris,
Mysta sagax, Natura, tuus, sic cernitur Orbi
Cartesius. Voluit sacros in imagine vultus
Jungere victuræ artificis pia dextera famæ,
Omnia ut aspicerent quem sæcula nulla tacebunt.

CONSTANTINI HVGENII F.IL

SERENISSIMÆ PRINCIPI

ELISABETHÆ,

FREDERICI BOHEMIÆ REGIS,

Comitis Palatini, & Electoris Sacri Romani Imperii, Filiæ natu maximæ.

SERENISSIMA PRINCEPS,

Maximum fructum percepi scriptorum, quæ antehac in lucem edidi, quòd ea perlegere dignata sis; quodque eorum occasione in notitiam tuam admissus, tales dotes tuas esse cognoverim, ut è re gentis humanæ esse putem, eas seculis in exemplum proponi. Non deceret me vel adulari, vel aliquid non satis perspectum affirmare præsertim hoc in loco, in quo veritatis fundamenta jacere conaturus sum; & scio, non affectatum ac simplex Philosophi judicium generosæ modestiæ tuæ gratius fore, quam magis exornatas blandiorum hominum laudationes. Quapropter ea tantùm scribam, quæ vera esse, ratione vel experientiâ cognosco, & hic in exordio eodem modo, ac in toto reliquo libro, philosophabor. Magnum est discrimen inter veras & apparentes virtutes; nec non etiam ex veris inter illas quæ ab accuratâ rerum cognitione deveniunt, & illas quæ cum aliquâ ignoratione conjunctæ sunt. Per apparentes intelligo vitia quædam non valde frequentia, vitiis aliis notioribus opposita; quæ quoniam ab iis magis distant quàm intermediæ virtutes, idcirco magis solent celebrari. Sic quia plures inveniuntur qui pericula timidè refugiunt, quam qui se inconsideratè in ipsa conjiciant, vitio timiditatis temeritas tanquam virtus opponitur, & magis quàm vera fortitudo vulgo æstimatur; sic sæpe prodigi pluris fiunt quàm liberales; sicque nulli faciliùs ad magnam pietatis famam perveniunt, quàm superstitiosi vel hypocritæ. Inter veras autem virtutes multæ non à sola recti cognitione, sed etiam ab

errore

errore aliquo nascuntur: sic sæpe à simplicitate bonitas, à metu pietas, à desperatione fortitudo exsurgit. Atque hæ ab invicem diversæ sunt, ut etiam diversis nominibus designantur: sed illæ puræ & sinceræ quæ ex sola recti cognitione profluunt, unam & eandem omnes habent naturam, & sub uno sapientiæ nomine continentur. Quisquis enim firmam & efficacem habet voluntatem rectè semper utendi suâ ratione quantum in se est, idque omne quod optimum esse cognoscit exequendi, revera sapiens est quantum ex naturâ sua esse potest; & per hoc unum justitiam, fortitudinem, temperantiam, reliquasque omnes virtutes habet, sed ita inter se conjunctas, ut nullæ supra cæteras emineant: & idcirco, quamvis multò sint præstantiores iis quæ aliqua vitiorum mistura distinctæ sunt, quia tamen multitudini minùs sunt notæ, non tantis laudibus solent extolli. Præterea cùm duo ad sapientiam ita descriptam requirantur, perceptio scilicet intellectûs & propensio voluntatis; ejus quidem quod à voluntate dependet nemo non est capax, sed quidam aliis multo perspicaciorem habent intellectum. Et quamvis sufficere debeat iis qui sunt naturâ tardiusculi, quòd, etsi multa ignorent, modò tamen firmam & constantem retineant voluntatem nihil omittendi, quo ad recti cognitionem perveniant, atque id omne quod rectum judicabunt exsequendi, pro modulo suo sapientes & hoc nomine Deo gratissimi esse possint: multo tamen praestantiores illi sunt, in quibus, cum firmissimâ rectè agendi voluntate, perspicacissimum ingenium & summa veritatis cognoscendae cura reperitur. Summam autem esse in Celsitudine tuâ istam curam, ex eo perspicuum est, quòd nec aulae avocamenta, nec consueta educatio, quae puellas ad ignorantiam damnare solet, impedire potuerint, quominus omnes bonas artes & scientias investigaris. Deinde summa etiam & incomparabilis ingenii tui perspicacitas ex eo apparet, quod omnia istarum scientiarum arcana penitissimè inspexeris, ac brevissimo tempore accuratè cognoveris.

Ma-

Majusque adhuc ejusdem rei habeo argumentum mihi peculiare, quòd te unam hactenus invenerim, quæ Tractatus antehac à me vulgatos perfectè omnes intelligas. Obscurissimi enim plerisque aliis, etiam maxime ingeniosis, & doctis, esse videntur; & ferè omnibus usuvenit ut, si versati sint in Metaphysicis, à Geometricis abhorreant; si verò Geometriam excoluerint, quæ de primâ Philosophiâ scripsi non capiant: solum agnosco Ingenium tuum, cui omnia æquè perspicua sunt, & quod meritò idcirco Incomparabile appello. Cumque considero, tam variam & perfectam rerum omnium cognitionem non esse in aliquo Gymnosophista jam seve, qui multos annos ad contemplandum habuerit; sed in Principe puellâ, quæ forma & ætate non cæsiam Minervam, aut aliquam ex Musis, sed potiùs Charitem refert; non possum in summam admirationem non rapi. Denique non tantùm ex parte cognitionis, sed etiam ex parte voluntatis, nihil ad absolutam & sublimem sapientiam requiri, quod non in moribus tuis eluceat, animadverto. Apparet enim in illis eximia quædam cum majestate benignitas & mansuetudo, perpetuis fortunæ injuriis lacessita, sed nunquam efferata nec fracta. Hæcque ita me sibi devinxit, ut non modò Philosophiam hanc meam Sapientiæ, quam in Te suspicio, dicandam & consecrandam putem, (quia nempe ipsa nihil aliud est quam studium sapientiæ,) sed etiam non magis Philosophus audire velim, quam

Serenissimæ Celsitudinis tuæ

Devotissimus cultor

DESCARTES.

EPISTOLA AUCTORIS

AD

PRINCIPIORUM PHILOSOPHIÆ

Interpretem Gallicum.

Quæ hîc PRÆFATIONIS *loco esse potest.*

A Deo polita & perfecta est Principiorum meorum versio, in qua adornanda desudare non te piguit, ut merito sperem, à pluribus ea Gallice quam Latine lectum & intellectum iri. Vereor solummodo, ne titulus offendat quamplurimos ex iis qui literis innutriti non sunt, aut apud quos Philosophia male audit, quoniam ea quam edocti sunt animo ipsorum non satisfecit; hancque ob causam mihi persuadeo, utile fore, Præfationem adjungi, quæ ipsis significet quænam sit hujus Libri *materia*, quemque in scribendo *scopum* mihi proposuerim, & quid *utilitatis* hauriri ex eo possit. Verum, quamvis hæc præfari meum esset, utpote qui istorum omnium magis gnarus esse debeam quam quisquam alius, nihilominus id à me impetrare nequeo. Solummodo compendiose proponam præcipua capita quæ in Præfatione ista tractanda esse censerem, prudentiæ tuæ committens ea quæ ex re fore judicaveris publico impertiri.

Primo explicare illis voluissem quid sit Philosophia, initium faciendo à rebus maxime obviis, cujusmodi sunt, Philosophiæ voce Sapientiæ studium denotari, & per Sapientiam non solum prudentiam in rebus agendis intelligi, verum etiam perfectam omnium earum rerum quas homo novisse potest scientiam, quæ & vitæ ipsius regula sit, & valetudini conservandæ, artibusque omnibus inveniendis inserviat; utque

** hæc

hæc ſcientia talia præſtet, neceſſarium eſſe ut ex primis cauſis deducatur, ita ut ei qui hanc acquirere ſtudet (quod proprie Philoſophari vocatur) inchoandum ſit ab inveſtigatione primarum iſtarum cauſarum, quæ Principia vocantur; Atque horum Principiorum *duo* eſſe *requiſita*; *primo*, ut tam clara ſint & evidentia, ut mens humana dum ea attente conſiderat de illorum veritate dubitare non poſſit; *ſecundo*, ut aliarum rerum cognitio ab iis ita dependeat, ut cognoſci quidem illa poſſint non cognitis iſtis, ſed iſtæ non viciſſim abſque illis; hoc vero peracto in id incumbendum eſſe ut notitia rerum ex principiis hiſce à quibus dependent ita deducatur, ut nihil in tota deductionum ſerie inveniatur quod non ſit manifeſtiſſimum. Solus ſane Deus perfecte Sapiens eſt, perfecta omnium rerum notitia præditus: ſed tamen homines magis aut minus ſapientes dici poſſunt prout de rebus maxime momentoſis plures paucioreſve veritates cognoſcunt. Et in hiſce nihil eſſe confido in quo omnes eruditi non conſentiant.

Deinde conſiderandam propoſuiſſem Philoſophiæ hujus utilitatem; ſimulque demonſtraſſem credi oportere, eam (quandoquidem ſe extendit ad omnia quæ mens humana ſcire poteſt) ſolam eſſe quæ nos à feris hominibus & barbaris diſtinguat, & unamquamque gentem eo magis civilem & cultam eſſe, quanto melius ibi philoſophentur homines; ac proinde majus in Republ. bonum dari non poſſe quam ſi in eadem veri reperiantur Philoſophi. Præterea, ſingulis hominibus non ſolum utile eſſe eorum familiaritate uti qui ad illud ſtudium animum applicant, verum longe melius facere eos qui ſemet ipſos illi addicant: quemadmodum proculdubio præſtat propriis uti oculis ad greſſus ſuos dirigendum, atque eorundem etiam beneficio pulchritudine colorum luciſque fruendum, quam clauſos eos habere & alterius ductum ſequi; quod poſterius tamen melius eſt quam clauſos eos tenere, omnique alio duce deſtitui. Illi autem revera clauſos habent oculos, & de iis aperiendis non cogitant, qui abſque Philoſo-

phiæ

phiæ ſtudio vitam traducunt: & voluptas quam percipimus ex intuitu rerum quas oculi cernunt, minime æquiparanda eſt cum illa quam adfert notitia illarum quas philoſophando invenimus: & denique hoc ſtudium ad mores noſtros formandos vitamque componendam magis neceſſarium eſt quam oculorum uſus ad greſſus dirigendos. Bruta animantia quibus præter corpus nihil eſt quod conſervent, hoc unum continenter agunt ut alimentum illi inveniant; hominum vero quorum præcipua pars mens eſt, prima cura eſſe debet ut Sapientiam quærant, quæ verum eſt illius nutrimentum: atque etiam certo mihi perſuadeo quamplurimos hac in parte ſibi non defuturos, ſi id ipſum ſatis feliciter ceſſurum ſperarent, & quantum in eo pollerent noviſſent. Nullus eſt quantumvis abjectus & vilis animus, qui adeo ſenſuum objectis adhæreat, ut non quandoque ab iis ſe avertat ad deſiderandum majus aliquod bonum, licet ſæpe ignoret in quo illud conſiſtat. Illi qui maxime propitiam habent fortunam, qui ſanitate, honore, divitiiſque diffluunt, non minus quam alii hoc deſiderio tentantur; imo mihi perſuadeo, illos præ ceteris maxime ad bonum aliquod majus & perfectius omnibus iis quæ poſſident anhelare. Hoc vero Summum Bonum, prout abſque lumine fidei ſola ratione naturali conſideratur, nihil aliud eſt quam cognitio veritatis per primas ſuas cauſas, hoc eſt, Sapientia; cujus ſtudium Philoſophia eſt. Quæ omnia cum veriſſima ſint, haud difficulter perſuaderi poſſent, modo bene proponerentur.

*V*erum cum huic perſuaſioni adverſetur experientia, quæ oſtendit, eos qui Philoſophiam profitentur ut plurimum eſſe minus ſapientes, & ratione ſua non tam recte uti quam alios qui nunquam huic ſtudio operam dederunt, breviter hoc in loco explicare voluiſſem, in quo conſiſtat omnis ea quam nunc habemus ſcientia, & ad quem uſque Sapientiæ gradum perventum ſit. Primus non niſi notiones continet, adeo luce propria claras ut abſque meditatione acquiri poſſint. Secun-

** 2 dus

dus complectitur illud omne quod sensuum experientia nobis dictat. Tertius illud quod consuetudo cum aliis hominibus nos docet. Cui quarto loco addi potest lectio librorum, non quidem omnium, sed eorum speciatim qui conscripti sunt ab hominibus qui bonis nos præceptis imbuere possunt: Hæc enim est instar consuetudinis quam cum illorum auctoribus habemus. Omnisque Sapientia quæ haberi solet, solis quatuor hisce mediis acquisita mihi videtur: Revelatio namque divina iis à me non accensetur, cum non gradatim, sed simul & semel ad fidem infallibilem nos evehat. Fuerunt quidem omnibus sæculis viri magni, qui quintum ad Sapientiam gradum quatuor illis longe sublimiorem certioremque acquirere sunt conati; hoc unum videlicet agentes ut primas causas veraque principia investigarent, ex quibus rationes eorum omnium quæ sciri possunt deducerentur; Et qui in hoc operam collocarunt, Philosophi speciatim vocati sunt. Nulli tamen hactenus, quod sciam, propositum illud feliciter successit. Primi & præcipui quorum habemus scripta, sunt Plato & Aristoteles; inter quos non alia fuit differentia, nisi quod primus præceptoris sui Socratis vestigia secutus ingenue confessus sit, se nihil adhuc certi invenire potuisse, & quæ probabilia ipsi videbantur, scribere fuerit contentus; hunc in finem principia quædam fingens per quæ aliarum rerum rationes reddere conabatur. Aristoteles vero minori ingenuitate usus, quamvis per viginti annos Platonis discipulus fuisset, nec alia quam illius Principia habuisset, modum ea proponendi prorsus immutavit, & ut vera ac recta ea obtrusit, quæ verisimile est ipsum nunquam pro talibus habuisse. Viris autem his duobus bonæ mentis & sapientiæ quatuor præcedentibus mediis acquisitæ satis erat, atque exinde magnam auctoritatem nacti sunt, ita ut posteri opinionibus eorum acquiescere quam meliores quærere maluerint. Præcipua autem quæ inter illorum discipulos viguit disputatio, hæc imprimis fuit, Utrum de omnibus dubitandum, an verò aliqua

pro

pro certis habenda essent. Atque hoc ipsum utrosque in enormes errores præcipitavit. Quidam enim eorum qui pro dubitatione stabant, eandem etiam ad actiones vitæ extendebant, ita ut prudentiâ ad vitæ regimen necessariâ uti negligerent; alii vero qui certitudinem defendebant, à sensibus eam dependere supponentes, iis fidem prorsus adhibuerunt; adeo ut dicant, Epicurum contra omnes Astronomorum rationes ausum fuisse asseverare, Solem non majorem esse quam apparet. Error hic in plerisque disputationibus animadverti potest, quod cum veritas media sit inter duas opiniones quæ defenduntur, unusquisque tanto longius ab ea recedat, quanto majori contradicendi studio tenetur. Verum error eorum qui dubitationi nimium indulgebant sectatores non habuit diu; aliorum vero emendatus quidem fuit aliquantulum, ubi sensus in quamplurimis nos fallere agnoverunt; sed radicitus (quod sciam) sublatus non fuit, ostendendo videlicet, non sensibus, sed intellectui soli res distincte percipienti certitudinem inesse; & dum eâ tantummodo præditi sumus notitiâ quæ quatuor primis Sapientiæ gradibus acquiritur, non esse quidem dubitandum de iis quæ vera videntur, quod ad actiones vitæ attinet; veruntamen pro tam certis habenda non esse, ut opinionem de iis conceptam deponere nolimus, ubi eo nos evidentia rationis adigit. Quâ veritate vel ignoratâ, vel si qui eam agnoverunt neglectâ, plerique eorum qui posterioribus hisce seculis Philosophi esse voluerunt Aristotelem cæco impetu secuti sunt, sæpeque scriptorum ejus mentem corrumpentes, opiniones quam plurimas ipsi adscripserunt, quas non agnosceret pro suis, si in vitam rediret; Et qui eum secuti non sunt (in quorum numero fuerunt quam plurima præstantissima ingenia) nihilominus opinionibus ejus jam imbuti fuerant in juventute, quia eæ solæ in scholis docentur; adeoque illis præoccupatus fuit ipsorum animus ut ad verorum Principiorum notitiam pervenire non potuerint. Et quamvis omnes apud me in pretio sint, neque ipsorum odium incurrere velim illos carpendo, argumentum tamen aliquod aſſertionis meæ proferre poſſum, cui ut opinor nemo eorum refragabitur, eos videlicet omnes pro principio ſuppoſuiſſe aliquid quod ipſimet ſatis perfecte cognitum non habebant. Exempli gratia, Nullus eſt qui gravitatem corporibus terreſtribus ineſſe non ſtatuerit. Verum etiamſi experientia evidenter oſtendat, corpora quæ gravia vocamus ad terræ centrum ferri, hoc ipſo tamen non novimus quænam ſit natura ejus quod gravitatis nomine venit, hoc eſt, quæ ſit cauſa vel principium quod deſcendere ea facit, idque nobis aliunde diſcendum eſt. Idem dici poteſt de vacuo & de atomis, & de calido & frigido, de ſicco & humido, nec non de ſale, ſulphure, mercurio; & de omnibus ejuſmodi rebus quas aliqui pro Principiis ſuis ſuppoſuerunt. Nullæ autem concluſiones ex Principio non evidenti deductæ evidentes eſſe poſſunt, etiamſi quàm evidentiſſime inde deducerentur. Unde ſequitur, nulla ratiocinia talibus Principiis innixa eos vel ad unius rei certam notitiam perducere, neque per conſequens vel unum paſſum promovere potuiſſe in Sapientiæ inveſtigatione: & ſi quid veri invenerunt, id non niſi ope aliquorum ex quatuor ſupradictis mediis fecerunt. Veruntamen honori quem unuſquiſque illorum ſibi deberi forte exiſtimat nihil detractum volo; hoc unum tantum in eorum qui literis operam non dederunt ſolatium dicere cogor, idem hîc uſu venire quod in itinere faciendo. ſicut enim viatores dum terga obvertunt loco ad quem tendunt, tanto longius ab illo recedunt quo diutius & velocius progrediuntur, adeo ut licet poſtea in veram viam reducantur, non tamen æque cito acſi quieviſſent ad deſtinatum locum pervenire poſſint; ita & illi qui falſis utuntur principiis, quo ea magis excolunt, majorique cum curâ varias conſequentias inde deducunt, ſe bene philoſophari exiſtimantes, eo longius à veritatis & ſapientiæ notitia abeunt. Unde concludendum eſt, eos qui quamminimum didicerunt illorum omnium quæ hactenus nomine

Philo-

Philosophiæ insigniri solent, ad veram percipiendam quammaxime esse idoneos.

Hisce bene demonstratis, *rationes* hîc proponere voluissem, quibus probaretur, illa ipsa Principia quæ in hoc libro proposui, esse vera illa Principia quibus ad altiorem istum Sapientiæ gradum (in quo summum humanæ vitæ bonum consistit) pervenitur; *duaque* ad istud probandum sufficiunt: quarum *Prima* est, ea maxime clara esse; *Secunda*, ex iis omnia alia deduci posse: cum præter has duas conditiones nullæ aliæ in Principiis desiderentur. Ea autem valde clara esse, facile probo. *Primo* ex modo quo illa inveni; rejiciendo scilicet ea omnia in quibus minima dubitandi occasio occurrere mihi poterat: nam certum est, ea quæ hoc pacto rejici non potuerunt, cum attente considerarentur, omnium eorum quæ mens humana novisse potest evidentissima & clarissima esse. Sic, considerando, eum qui dubitare studet de omnibus, non posse tamen dubitare quin ipsemet existat dum dubitat; atque illud quod ita ratiocinatur, & dubitare non potest de se ipso, licet de reliquis omnibus dubitet, non id esse quod corpus nostrum dicimus, sed quod animam seu cogitationem nostram vocamus; existentiam hujus cogitationis assumpsi pro primo Principio, ex quo sequentia quam evidentissime deduxi, videlicet Deum esse qui auctor sit eorum omnium quæ in mundo reperiuntur, quique cum fons sit omnis veritatis, intellectum nostrum ejus naturæ non crearit ut decipi possit in judiciis quæ facit de rebus quas clarissime & distinctissime percipit. Hæc omnia mea Principia sunt quibus in rebus immaterialibus sive Metaphysicis utor; ex quibus rerum corporearum seu Physicarum Principia clarissime deduco, scilicet dari corpora in longum, latum & profundum extensa, variis figuris prædita, & quæ diversimode moveantur. Habes hîc summatim omnia Principia ex quibus veritatem aliarum rerum deduco. *Altera* ratio quæ Principiorum evidentiam probat, hæc est; Illa omni tempore co-

gnita,

gnita, quin imo pro veris & indubitatis à cunctis hominibus habita fuisse, solâ Dei existentiâ exceptâ, quam aliqui in dubium revocarunt, quia sensuum perceptionibus nimium tribuebant, & Deus nec videri nec tangi potest.

Verum etiamsi omnes illæ veritates quas pro Principiis meis habeo, semper & ab omnibus cognitæ fuerint, nemo tamen, quod sciam, hactenus fuit qui pro Philosophiæ Principiis eas habuerit, id est, qui agnoverit, omnium aliarum rerum quæ in mundo sunt notitiam ex iis deduci posse. Quapropter probandum mihi hîc restat, ea talia esse: quod non melius præstare posse videor, quam si illud experientia probavero, invitando scilicet lectores ad Libri hujus lectionem. Nam quamvis in eo de omnibus rebus non egerim, illudque impossibile sit, omnes tamen eas de quibus dicendi occasionem habui ita me explicasse existimo, ut qui illum cum attentione legent, rationem habituri sint sibi persuadendi non opus esse alia Principia quærere, quam ea quæ tradidi, ut ad altissimas quasque notitias quarum mens humana est capax perveniatur. Præcipue vero si scriptis meis perlectis considerare non dedignentur quam variæ quæstiones explicatæ illic fuerint, atque ea etiam quæ ab aliis tradita sunt percurrentes animadvertant quam parum verisimiles rationes dari potuerint ad easdem quæstiones per Principia à meis diversa explicandum. Quod ut lubentius aggrediantur, dicere potuissem, eos qui opinionibus meis sunt imbuti, multo minori cum negotio aliorum scripta intelligere, eorumque verum pretium æstimare, quam qui imbuti illis non sunt: prorsus contra, ut supra dixi, quàm accidit illis qui ab antiqua Philosophia initium fecerunt, eos videlicet quo plus in eâ desudarunt, tanto solere ad verum percipiendum ineptiores esse.

De ratione Librum hunc legendi consilium etiam aliquod breviter adjunxissem, hoc videlicet, me velle ut uno quasi spiritu totus evolvatur, haud secus ac si fabula quæpiam esset, attentionem suam non fatigando, nec difficultatibus quæ

forte

forte occurrent inhærendo; ſed eum tantum in finem, ut confuſe & ſummatim ſciatur quænam illa ſint de quibus tractavi; ut poſtea, ſi lectori digna videantur accuratiori examine, atque deſiderio teneatur cauſas eorum cognoſcendi, ſecundo eum legat ad rationum mearum concatenationem obſervandum; ita tamen ut ſi ubique non eam ſatis percipiat, aut rationes omnes non intelligat, tum animum non deſpondeat, ſed loca ſolummodo quæ ſcrupulum movent ſubducta lineolâ notet, atque in libri lectione ad finem uſque ſine interruptione perſeveret. Denique ſi librum tertio reſumere non gravetur, plerarumque difficultatum antea annotatarum ſolutionem in eodem repertum iri, & ſi quæ adhuc ſuperſint, relegendo tandem exemptum iri confido.

Ingenia humana examinans obſervavi, vix ulla adeo obtuſa & tarda dari, quin idonea ſint non modo ad bonas opiniones percipiendum, verum etiam ad altiſſimas quaſque ſcientias addiſcendum, modo via convenienti ducantur. Et hoc ipſum ratione etiam probari poteſt. Nam cum Principia clara ſint, & ex iis nil niſi per evidentiſſima ratiocinia deduci debeat, nemo adeo ingenio deſtitutus eſt quin ſatis ei ſuperſit ad ea quæ inde dependent intelligenda. Verum præter impedimenta præjudiciorum, à quibus nemo prorſus eſt immunis, licet illis qui malis ſcientiis majorem operam dederunt, plus detrimenti adferant, fere ſemper contingit ut qui moderatiore ingenio ſunt præditi, de capacitate ſua deſperantes ſtudiis incumbere negligant, alii vero magis frequentes nimium feſtinent, & ſæpe principia admittant quæ evidentia non ſunt, aut incertas conſequentias ex iis deducant. Quocirca eos qui viribus ſuis plus æquo diffidunt, certiores reddere vellem, nihil eſſe in meis ſcriptis quod non perfecte intelligere poſſint, ſi modo laborem ea examinandi non refugiant; ſimulque alios monere, etiam præſtantiſſimis ingeniis longo tempore & ſummâ attentione opus eſſe ad omnia quæ ſcriptis meis comprehendere volui obſervanda.

Postea ut scopus quem in iis evulgandis habui recte percipiatur, ordinem hîc explicare voluissem qui ad semetipsum erudiendum observandus mihi videtur. Primo is qui non nisi vulgarem & imperfectam illam notitiam habet quæ quatuor supra dictis mediis acquiri potest, ante omnia in eo esse debet ut Ethicam aliquam sibi fingat quæ vitæ suæ regula sit, tum quia moram hoc non patitur, tum quia prima hæc cura esse debet, ut bene vivamus. Deinde Logicæ operam dare debet, non illi quæ in Scholis docetur; ea enim si proprie loquamur non nisi Dialectica quædam est, quæ modum docet ea quæ jam scimus aliis exponendi, vel etiam de iis quæ nescimus multum sine judicio loquendi, quo pacto bonam mentem magis corrumpit quam auget: verum illi quæ docet recte regere rationem ad acquirendum cognitionem veritatum quas ignoramus; quæ quia ab exercitatione maxime pendet, consultum est, ut ad ejus regulas in usum referendas, diu se in facilibus simplicibusque quæstionibus, cujusmodi sunt Mathematicæ, exerceat. Et postquam in veritate harum quæstionum detegenda facilitatem aliquam sibi acquisivit, serio applicare se debet veræ Philosophiæ, cujus prima pars Metaphysica est, ubi continentur Principia cognitionis, inter quæ occurrit explicatio præcipuorum Dei attributorum, immaterialitatis animarum nostrarum, nec non omnium clararum & simplicium notionum quæ in nobis reperiuntur.

Altera pars est Physica, in qua inventis veris rerum materialium Principiis, generatim examinatur quomodo totum Universum sit compositum, deinde speciatim quænam sit natura hujus terræ, omniumque corporum quæ ut plurimum circa eam inveniri solent, ut aëris, aquæ, ignis, magnetis, & aliorum mineralium. Deinceps quoque singulatim naturam plantarum, animalium, & præcipue hominis examinare debet, ut ad alias scientias inveniendas quæ utiles sibi sunt idoneus reddatur. Tota igitur Philosophia veluti arbor est, cujus radices Metaphysica, truncus Physica, &, rami ex eodem pullu-

pullulantes, omnes aliæ Scientiæ ſunt, quæ ad tres præcipuas revocantur, Medicinam ſcilicet, Mechanicam, atque Ethicam; altiſſimam autem & perfectiſſimam morum diſciplinam intelligo, quæ integram aliarum ſcientiarum cognitionem præſupponens, ultimus ac ſummus Sapientiæ gradus eſt.

Jam vero quemadmodum neque ex radicibus neque ex arborum trunco fructus colliguntur, ſed ex ramorum extremitate tantum; ita præcipua Philoſophiæ utilitas ab iis partibus pendet quæ non niſi ultimo loco addiſci poſſunt. Quamvis autem eas pene omnes ignorem, zelus tamen quo bonum publicum promovere ſemper ſum conatus me movit ut ante annos decem aut duodecim *Specimina* quædam eorum quæ didiciſſe mihi videbar typis mandari curarem. Prima illorum Speciminum pars Diſſertatio fuit de *Methodo* recte regendi rationem, & veritatem in ſcientiis inveſtigandi; ubi Logicæ præcipuas regulas breviter tradidi, nec non Ethicæ cujuſdam imperfectæ, quam dum meliorem quiſpiam non habet ad tempus ſequi licet. Reliquæ partes tres tractatus continebant, unum de *Dioptrica*, alterum de *Meteoris*, & ultimum de *Geometria*. In Dioptrica propoſitum mihi fuit demonſtrare, ſatis longe nos progredi poſſe in Philoſophia ut illius ope ad notitiam artium in vita utilium perveniamus, cum teleſcopiorum inventio quam illic explicui, una ſit ex difficillimis quæ unquam quæſitæ fuerunt. Per tractatum de Meteoris notum facere volui quantum Philoſophia quam ego excolo diſtet ab ea quæ docetur in Scholis, ubi de eodem etiam argumento tractari ſolet. Denique per tractatum de Geometria volui demonſtrare me quamplurima hactenus incognita inveniſſe, atque ita occaſionem præbere credendi, multa adhuc alia inveniri poſſe, ut omnes hoc pacto ad veritatis inveſtigationem incitarentur. Poſtea difficultatem prævidens quam multi in fundamentis Metaphyſicæ percipiendis haberent, præcipua ejus capita explicare conatus fui in libro *Meditationum*, qui quidem magnus non est, verum moles ejus excrevit, & ea quæ in illo tractavi multum lucis acceperunt ab Objectionibus quas diversi doctrina excellentes viri hac occasione ad me miserunt, & à meis ad illas Responsionibus. Tandem postquam lectorum animus per præcedentes hosce tractatus satis præparatus mihi visus est ad *Principia Philosophiæ* intelligenda, ea quoque in lucem edidi, atque hunc librum in quatuor partes divisi, quarum prima cognitionis humanæ Principia continet, & hæc est quæ Prima Philosophia aut etiam Metaphysica dici potest; ideoque ut illa recte intelligatur, lectionem Meditationum, quas de eodem argumento conscripsi, præmittere utile est. Tres aliæ partes id omne continent quod in Physica maxime generale est; cujusmodi sunt explicatio primarum legum aut Principiorum Naturæ; & modus quo Cœli, Stellæ fixæ, Planetæ, Cometæ, & generatim totum hoc universum composita sunt; deinde speciatim natura hujus terræ, aëris, aquæ, ignis, magnetis, quæ corpora ubique circa terram maxime obvia esse solent, & omnium qualitatum quas in corporibus hisce deprehendimus, quales sunt lux, calor, gravitas, similesque. Qua ratione me universæ Philosophiæ explicationem inchoasse existimo tali ordine, ut nihil eorum omiserim quæ ea de quibus ultimo loco scripsi præcedere debebant. Verum ad hoc opus ad finem suum perducendum, postea naturam corporum magis particularium quæ in terra sunt, mineralium scilicet, plantarum, animalium, & præcipue hominis, eodem modo singulatim explicare deberem; tandem denique Medicina, Ethica, artesque Mechanicæ accurate tractandæ essent. Hoc mihi agendum restaret ut integrum Philosophiæ corpus humano generi darem: non adeo autem me ætate provectum esse sentio, nec tantum viribus meis diffido, neque à cognitione ejus quod desideratur tam longe me abesse video, quin accingere me auderem ad opus illud perficiendum, modo oportunitas mihi esset omnia experimenta

menta faciendi quibus ad ratiocinia mea fulcienda & comprobanda indigerem. Verum animadvertens, hoc ipsum magnos requirere sumptus, quibus privatus, qualis ego sum, nisi à publico adjuvaretur, par esse non posset, nec esse cur istiusmodi subsidium expectem, credo, in posterum satis mihi esse debere si privatæ mei ipsius institutioni tantum studeam, posteritatemque excusatum me habituram, si deinceps nullis amplius in ejus gratiam me laboribus fatigem.

Interim ut appareat qua in re me ipsi jam inserviisse existimem, dicam hoc loco quos fructus ex Principiis meis colligi posse mihi persuadeam. Primus est voluptas qua afficietur qui multas veritates hactenus incognitas illic inveniet. Nam quamvis veritas imaginationem nostram sæpe non adeo afficiat quam falsitates & figmenta, quia minus admiranda & magis simplex apparet, gaudium tamen quod adfert durabilius & solidius est. Secundus fructus est, Principia hæc recolendo paulatim nos rectius de rebus quibuscunque obviis judicare, atque ita sapientiores evadere assuefacturos: qui fructus prorsus contrarius erit ei quem producit Philosophia vulgaris. Facile enim observatu est in Magistellis, ipsos per eam rectæ rationis minus reddi capaces, quam forent si eam nunquam attigissent. Tertius est, cum veritates quas continent evidentissimæ & certissimæ sint, omnem eas disputandi materiam è medio sublaturas, atque ita animos ad mansuetudinem & concordiam dispposituras; contra quam faciant scholarum controversiæ, quæ illos qui se in iis exercuerunt sensim & sine sensu magis rixosos ac pertinaces reddentes, prima forte causa sunt hæresium & dissensionum quibus mundus etiamnum vexatur. Ultimus & præcipuus horum Principiorum fructus est, ea excolendo quamplurimas veritates quas ipse non explicui detegi, atque ita paulatim ab his ad illas progrediendo ad perfectam totius Philosophiæ cognitionem summumque Sapientiæ gradum cum tempore perveniri posse. Nam veluti in cunctis artibus videmus, eas,

 licet

licet initio rudes & imperfectæ sint, quia tamen continent aliquid veri, & cujus effectum experientia probat, usu paulatim perfici: sic quoque in Philosophia, cum vera Principia habemus, fieri non potest quin eorum ductu aliquando in alias veritates incidamus. Neque falsitas Principiorum Aristotelis melius probari potest quam dicendo, eorum ope per multa secula quibus in usu fuerunt nullum progressum in cognitione rerum fieri potuisse.

Non me latet quidem, esse homines quosdam ingenii adeo præcipitis, & qui tam parum circumspecte in actionibus suis versentur, ut vel solidissimis fundamentis nihil certi superstruere valeant: & quia hi ad libros scribendos cæteris procliviores esse solent, brevi temporis spatio illud omne quod egi corrumpere, nec non incertitudinem & dubitationem introducere possent in meam philosophandi rationem (ex qua summa cum cura eas proscribere fui conatus) si eorum scripta tanquam mea vel tanquam opinionibus meis repleta reciperentur. Nuper expertus illud fui in aliquo eorum qui maxime me sequi velle credebantur, imo de quo alicubi scripseram, me tantum tribuere ejus ingenio, ut non putarem, ipsum alicui opinioni adhærere quam pro mea agnoscere nollem. Nam superiori anno librum sub titulo *Fundamentorum Physicæ* edidit, in quo etiamsi nihil Physicam & Medicinam concernens scripsisse videatur, quod non desumserit ex scriptis meis in lucem editis, & ex alio nondum perfecto *de natura animalium*, quod in manus ejus incidit; nihilominus quia male transscripsit, & ordinem mutavit, veritatesque quasdam Metaphysicas quibus tota Physica inniti debet negavit, eum prorsus repudiare cogor, lectoresque rogare, ne unquam opinionem aliquam mihi attribuant nisi expresse eam in scriptis meis invenerint; neque ullam sive in meis sive in aliorum scriptis pro vera recipiant, nisi ex veris principiis eam quam clarissime deductam esse viderint.

Scio etiam, multa effluere posse sæcula antequam ex hisce Prin-

Principiis omnes veritates deductæ fuerint quæ deduci inde possunt, quia eæ quæ inveniendæ restant, maximam partem dependent à particularibus quibusdam experimentis, quæ nunquam casu se offerent, verum ab hominibus sagacissimis cum cura & sumptu indagari debent; deinde quia haud facile continget ut illi ipsi qui iis probe uti novissent ea etiam faciendi facultatem sint habituri, atque etiam quia plerique eorum qui ingenio valent adeo sinistram de universa Philosophia conceperunt opinionem, ob errores quos in ea quæ hactenus in usu fuit adverterunt, ut ad meliorem investigandam animum applicare nequeant. Verum, si tandem differentia quam inter mea & omnium aliorum Principia deprehensuri sunt, nec non ingens series veritatum quæ deduci inde possunt, ipsis persuadeat quanti momenti sit, in earum veritatum inquisitione perseverare, ad quam altum Sapientiæ gradum, ad quantam vitæ perfectionem, ad quantam felicitatem perducere nos queant; ausim credere, neminem fore qui non allaboret tam utili se studio tradere, aut saltem qui non faveat, totisque viribus velit juvare eos qui illi cum fructu operam dabunt.

Hæc meorum votorum summa est, ut Nepotes nostri tandem aliquando felicem ejus videant eventum, &c.

INDEX PRINCIPIORUM PHILOSOPHIÆ.

PARS PRIMA.

De principiis cognitionis humanæ.

PRINCIPIORUM PHILOSOPHIÆ

Pars Secunda.

De Principiis rerum materialium.

18. Quo-

 tur,

PRINCIPIORUM PHILOSOPHIÆ

Pars Tertia.

De Mundo adspectabili.

PRINCIPIORUM

PHILOSOPHIÆ

Pars quarta.

De Terrâ.

PRIN-

PRINCIPIORUM PHILOSOPHIÆ PARS PRIMA.

De principiis cognitionis humanæ.

I. *Veritatem inquirenti, semel in vita de omnibus, quantum fieri potest, esse dubitandum.*

Uoniam infantes nati sumus, & varia de rebus sensibilibus judicia priùs tulimus, quàm integrum nostræ rationis usum haberemus, multis præjudiciis à veri cognitione avertimur; quibus non aliter videmur posse liberari, quàm si semel in vita, de iis omnibus studeamus dubitare, in quibus vel minimam incertitudinis suspicionem reperiemus.

II. *Dubia etiam pro falsis habenda.*

Quin & illa etiam, de quibus dubitabimus, utile erit habere pro falsis, ut tantò clariùs, quidnam certissimum & cognitu facillimum sit, inveniamus.

III. *Hanc interim dubitationem ad usum vitæ non esse referendam.*

Sed hæc interim dubitatio ad solam contemplationem veritatis est restringenda. Nam quantùm ad usum vitæ, quia persæpe rerum agendarum occasio præteriret, antequam nos dubiis nostris exsolvere possimus; non raró quod tantùm est verisimile cogimur amplecti; vel etiam interdum, etsi è duobus unum altero verisimilius non appareat, alterutrum tamen eligere.

IV. *Cur possimus dubitare de rebus sensibilibus.*

Nunc itaque cùm tantùm veritati quærendæ incumbamus, dubitabimus inprimis, an ullæ res sensibiles aut imaginabiles existant: Primò, quia deprehendimus interdum sensus errare, ac prudentiæ est, nunquam nimis fidere iis qui nos vel semel deceperunt: Deinde, quia quotidie in somnis innumera videmur sentire aut imaginari, quæ nusquam sunt; nullaque sic dubitanti signa apparent, quibus somnum à vigilia certò dignoscat.

V. *Cur etiam de Mathematicis demonstrationibus.*

Dubitabimus etiam de reliquis, quæ anteà pro maximè certis habuimus; etiam de Mathematicis demonstrationibus, etiam de iis principiis, quæ hactenus putavimus esse per se nota; tum quia vidimus aliquando nonnullos errasse in talibus, & quædam pro certissimis ac per se notis admisisse, quæ nobis falsa videbantur; tum maximè quia audivimus esse Deum, qui potest omnia, & à quo sumus creati. Ignoramus enim, an fortè nos tales creare voluerit ut semper fallamur, etiam in iis, quæ nobis quàm notissima apparent; quia non minùs hoc videtur fieri potuisse quàm ut interdum fallamur, quod contingere antè advertimus. Atque si non à Deo potentissimo, sed vel à nobis ipsis, vel à quovis alio nos esse fingamus, quò minùs potentem originis nostræ auctorem assignabimus, tantò magis erit credibile, nos tam imperfectos esse, ut semper fallamur.

VI. *Nos habere liberum arbitrium, ad cohibendum assensum in dubiis, sicque ad errorem vitandum.*

Sed interim à quocunque tandem simus, & quantumvis ille sit potens, quantumvis fallax; hanc nihilominus in nobis libertatem esse experimur, ut semper ab iis credendis, quæ non planè certa sunt & explorata, possimus abstinere; atque ita cavere, ne unquam erremus.

VII. *Non posse à nobis dubitari, quin existamus dum dubitamus: atque hoc esse primum, quod ordine philosophando cognoscimus.*

Sic autem rejicientes illa omnia, de quibus aliquo modo possumus dubitare, ac etiam falsa esse fingentes; facilè quidem supponimus nullum esse Deum, nullum cœlum, nulla corpora; nosque etiam ipsos non habere manus, nec pedes, nec denique ullum corpus; non autem ideò nos qui talia cogitamus nihil esse: repugnat enim, ut putemus id quod cogitat, eo ipso tempore quo cogitat, non existere. Ac proinde hæc cognitio, *ego cogito*, *ergo sum*, est omnium prima & certissima, quæ cuilibet ordine philosophanti occurrat.

VIII. *Distinctionem inter animam & corpus, sive inter rem cogitantem & corpoream, hinc agnosci.*

Hæcque optima via est ad mentis naturam, ejusque à corpore distinctionem agnoscendam: Examinantes enim quinam simus nos, qui omnia quæ à nobis diversa sunt supponimus falsa esse, perspicuè videmus, nullam extensionem, nec figuram, nec motum localem, nec quid simile, quod corpori sit tribuendum, ad naturam nostram pertinere, sed cogitationem solam; quæ proinde priùs & certiùs quàm ulla res corporea cognoscitur; hanc enim jam percepimus, de aliis autem adhuc dubitamus.

IX. *Quid sit cogitatio.*

Cogitationis nomine intelligo illa omnia, quæ nobis consciis in nobis fiunt, quatenus eorum in nobis conscientia est: Atque ita non modò intelligere, velle, imaginari, sed etiam sentire, idem est hîc quod cogitare. Nam si dicam, ego video, vel ego ambulo, ergo sum; & hoc intelligam de visione, aut ambulatione, quæ corpore peragitur, conclusio non est absolutè certa; quia, ut sæpe fit in somnis, possum putare me videre, vel ambulare, quamvis oculos non aperiam,

riam, & loco non movear, atque etiam fortè, quamvis nullum habeam corpus; Sed si intelligam de ipso sensu, sive conscientia videndi aut ambulandi, quia tunc refertur ad mentem, quæ sola sentit, sive cogitat se videre aut ambulare, est planè certa.

X. *Quæ simplicissima sunt & per se nota, definitionibus Logicis obscuriora reddi; & talia inter cognitiones studio acquisitas non esse numeranda.*

Non hîc explico alia multa nomina, quibus jam usus sum, vel utar in sequentibus, quia per se satis nota mihi videntur. Et sæpe adverti Philosophos in hoc errare, quòd ea, quæ simplicissima erant ac per se nota, Logicis definitionibus explicare conarentur; ita enim ipsa obscuriora reddebant. Atque ubi dixi hanc propositionem, *ego cogito, ergo sum*, esse omnium primam & certissimam, quæ cuilibet ordine philosophanti occurrat, non ideò negavi, quin ante ipsam scire oporteat, quid sit cogitatio, quid existentia, quid certitudo; item quod fieri non possit, ut id quod cogitet non existat, & talia; sed quia hæ sunt simplicissimæ notiones, & quæ solæ nullius rei existentis notitiam præbent, idcirco non censui esse numerandas.

XI. *Quomodo mens nostra notior sit, quàm corpus.*

Jam verò ut sciatur, mentem nostram non modò priùs & certiùs, sed etiam evidentiùs quàm corpus cognosci, notandum est, lumine naturali esse notissimum, nihili nullas esse affectiones sive qualitates; atque ideò ubicunque aliquas deprehendimus, ibi rem sive substantiam, cujus illæ sint, necessariò inveniri; & quò plures in eadem re sive substantiâ deprehendimus, tantò clariùs nos illam cognoscere. Plura verò in mente nostrâ, quàm in ullâ aliâ re à nobis deprehendi, ex hoc manifestum est, quod nihil planè efficiat, ut aliquid aliud cognoscamus, quin idem etiam multò certiùs in mentis nostræ cognitionem nos adducat. Ut si terram judico existere, ex eo quòd illam tangam vel videam, certè ex hoc ipso adhuc magis mihi judicandum est mentem meam existere; fieri enim forsan potest, ut judicem me terram tangere, quamvis terra nulla existat; non autem, ut id judicem, & mea mens quæ id judicat nihil sit; atque ita de ceteris.

XII. *Cur non omnibus æque innotescat.*

Nec aliam ob causam aliter visum est iis, qui non ordine philosophati sunt, quàm quia mentem à corpore nunquam satis accuratè distinxerunt. Et quamvis sibi certius esse putârint, se ipsos existere, quàm quidquam aliud; non tamen adverterunt, per se ipsos, mentes solas hoc in loco fuisse intelligendas; sed contrà potiùs intellexerunt sola sua corpora, quæ oculis videbant, & manibus palpabant, quibusque vim sentiendi perperam tribuebant; hocque ipsos à mentis natura percipienda avocavit.

XIII. *Quo sensu*

Cum autem mens, quæ se ipsam novit, & de aliis omnibus rebus

 adhuc

reliquarum rerum cognitio à Dei cognitione dependeat.

adhuc dubitat, undiquaque circumspicit, ut cognitionem suam ulteriùs extendat; primò quidem invenit apud se multarum rerum ideas, quas quamdiu tantùm contemplatur, nihilque ipsis simile extra se esse affirmat nec negat, falli non potest. Invenit etiam communes quasdam notiones, & ex his varias demonstrationes componit, ad quas quamdiu attendit, omnino sibi persuadet esse veras. Sic, exempli causâ, numerorum & figurarum ideas in se habet, habetque etiam inter communes notiones, *quòd si æqualibus æqualia addas, quæ inde exsurgent erunt æqualia*, & similes; ex quibus facilè demonstratur tres angulos trianguli æquales esse duobus rectis, &c. ac proinde hæc & talia sibi persuadet vera esse, quamdiu ad præmissas, ex quibus ea deduxit, attendit. Sed quia non potest semper ad illas attendere, cùm postea recordatur se nondum scire, an fortè talis naturæ creata sit, ut fallatur etiam in iis, quæ ipsi evidentissima apparent, videt se meritò de talibus dubitare, nec ullam habere posse certam scientiam, priusquam suæ auctorem originis agnoverit.

XIV. *Ex eo quod existentia necessaria, in nostro de Deo conceptu contineatur, rectè concludi Deum existere.*

Considerans deinde inter diversas ideas, quas apud se habet, unam esse entis summè intelligentis, summè potentis & summè perfecti, quæ omnium longè præcipua est, agnoscit in ipsa existentiam, non possibilem & contingentem tantùm, quemadmodum in ideis aliarum omnium rerum, quas distinctè percipit, sed omnino necessariam & æternam. Atque ex eo quòd, exempli causâ, percipiat in idea trianguli necessariò contineri, tres ejus angulos æquales esse duobus rectis, planè sibi persuadet triangulum tres angulos habere æquales duobus rectis; ita ex eo solò, quòd percipiat, existentiam necessariam & æternam in entis summè perfecti idea contineri, planè concludere debet, ens summè perfectum existere.

XV. *Non eodem modo in aliarum rerum conceptibus existentiam necessariam, sed contingentem duntaxat contineri.*

Magisque hoc credet, si attendat nullius alterius rei ideam apud se inveniri, in qua eodem modo necessariam existentiam contineri animadvertat. Ex hoc enim intelliget, istam ideam entis summè perfecti non esse à se effictam, nec exhibere chimæricam quandam, sed veram & immutabilem naturam, quæque non potest non existere, cùm necessaria existentia in ea contineatur.

XVI. *Præjudicia impedire, quò minùs ista necessitas existen-*

Hoc, inquam, facilè credet mens nostra, si se priùs omnino præjudiciis liberârit. Sed quia sumus assueti, reliquis omnibus in rebus essentiam ab existentia distinguere; atque etiam varias ideas rerum, quæ nusquam sunt, aut fuerunt, ad arbitrium effingere, facilè

cilè contingit, cùm in entis summè perfecti contemplatione non sumus planè defixi, ut dubitemus, an fortè ejus idea una sit ex iis, quas ad arbitrium effinximus, aut saltem, ad quarum essentiam existentia non pertinet.

tia Dei, ab omnibus clare cognoscatur.

XVII. *Quo cujusque ex nostris ideis objectiva perfectio major est, eo ejus causam esse debere majorem.*

Ulteriùs verò considerantes ideas, quas in nobis habemus, videmus quidem illas, quatenus sunt quidam modi cogitandi, non multùm à se mutuò differre, sed quatenus una unam rem, alia aliam repræsentat, esse valde diversas; & quò plus perfectionis objectivæ in se continent, eò perfectiorem ipsarum causam esse debere. Nam quemadmodum, si quis in se habet ideam alicujus machinæ valde artificiosæ, meritò quæri potest, quænam sit causa à qua illam habet; an nempe viderit alicubi talem machinam ab alio factam; an mechanicas scientias tam accuratè didicerit, an ve tanta sit in eo ingenii vis, ut ipsam nullibi unquam visam per se excogitare potuerit? Totum enim artificium quod in ideâ illâ objectivè tantùm, sive tanquam in imagine continetur, debet in ejus causâ, qualiscunque tandem sit, non tantùm objectivè sive repræsentativè, saltem in primâ & præcipuâ, sed reipsa formaliter aut eminenter contineri.

XVIII. *Hinc rursus concludi Deum existere.*

Sic quia Dei, sive entis summi ideam habemus in nobis, jure possumus examinare, à quânam causâ illam habeamus; tantamque in ea immensitatem inveniemus, ut planè ex eo simus certi, non posse illam nobis fuisse inditam, nisi à re, in qua sit revera omnium perfectionum complementum, hoc est, nisi à Deo realiter existente. Est enim lumine naturali notissimum, non modò à nihilo nihil fieri; nec id quod est perfectius ab eo quod est minùs perfectum, ut à causâ efficiente & totali produci; sed neque etiam in nobis ideam sive imaginem ullius rei esse posse, cujus non alicubi, sive in nobis ipsis, sive extra nos, Archetypus aliquis omnes ejus perfectiones reipsâ continens, existat. Et quia summas illas perfectiones, quarum ideam habemus, nullo modo in nobis reperimus, ex hoc ipso rectè concludimus eas in aliquo à nobis diverso, nempe in Deo, esse; vel certè aliquando fuisse, ex quo evidentissimè sequitur, ipsas adhuc esse.

XIX. *Etsi Dei naturam non comprehendamus, ejus tamen perfectiones omni alia re clarius à nobis cognosci.*

Hocque satis certum est & manifestum, iis qui Dei ideam contemplari, summasque ejus perfectiones advertere sunt assueti. Quamvis enim illas non comprehendamus, quia scilicet est de natura infiniti, ut à nobis, qui sumus finiti, non comprehendatur, nihilominus tamen ipsas clariùs & distinctiùs quàm ullas res corporeas intelligere

 possu-

possumus, quia cogitationem nostram magis implent, suntque simpliciores, nec limitationibus ullis obscurantur.

XX. *Nos non à nobis ipsis, sed à Deo factos, eumque proinde existere.*

Quia verò non omnes hoc advertunt; atque etiam quia non, quemadmodum habentes ideam artificiosæ alicujus machinæ, scire solent undenam illam acceperint, ita etiam recordamur ideam Dei nobis aliquando à Deo advenisse, utpote quam semper habuimus; quærendum adhuc est, à quonam simus nos ipsi, qui summarum Dei perfectionum ideam in nobis habemus. Nam certè est lumine naturali notissimum eam rem, quæ novit aliquid se perfectius, à se non esse: dedisset enim ipsa sibi omnes perfectiones, quarum ideam in se habet; nec proinde etiam posse ab ullo esse, qui non habeat in se omnes illas perfectiones, hoc est, qui non sit Deus.

XXI. *Existentiæ nostræ durationem sufficere, ad existentiam Dei demonstrandam.*

Nihilque hujus demonstrationis evidentiam potest obscurare, modò attendamus ad temporis sive rerum durationis naturam; quæ talis est, ut ejus partes à se mutuò non pendeant, nec unquam simul existant; atque ideò ex hoc quod jam simus, non sequitur nos in tempore proximè sequenti etiam futuros, nisi aliqua causa, nempe eadem illa, quæ nos primùm produxit, continuò veluti reproducat, hoc est, conservet. Facilè enim intelligimus nullam vim esse in nobis, per quam nos ipsos conservemus; illumque in quo tanta est vis, ut nos à se diversos conservet, tantò magis etiam se ipsum conservare, vel potiùs nullâ ullius conservatione indigere, ac denique Deum esse.

XXII. *Ex nostro modo existentiam Dei cognoscendi, omnia ejus attributa naturali ingenii vi cognoscibilia simul cognosci.*

Magna autem in hoc existentiam Dei probandi modo, per ejus scilicet ideam, est prærogativa; quòd simul quisnam sit, quantùm naturæ nostræ fert infirmitas, agnoscamus: Nempe ad ejus ideam nobis ingenitam respicientes, videmus illum esse æternum, omniscium, omnipotentem, omnis bonitatis veritatisque fontem, rerum omnium creatorem, ac denique illa omnia in se habentem, in quibus aliquam perfectionem infinitam, sive nullâ imperfectione terminatam, clarè possumus advertere.

XXIII. *Deum non esse corporeum, nec sentire ut nos, nec velle malitiam peccati.*

Nam sanè multa sunt, in quibus etsi nonnihil perfectionis agnoscamus, aliquid tamen etiam imperfectionis sive limitationis deprehendimus, ac proinde competere Deo non possunt. Ita in naturâ corporeâ, quia simul cum locali extensione divisibilitas includitur, estque imperfectio esse divisibilem; certum est, Deum non esse corpus. Et quamvis in nobis perfectio quædam sit, quòd sentiamus, quia tamen in omni sensu passio est, & pati est ab aliquo pendere,

nullo

nullo modo Deum sentire putandum est; sed tantummodo intelligere & velle: Neque hoc ipsum ut nos, per operationes quodammodo distinctas, sed ita, ut per unicam, semperque eandem & simplicissimam actionem, omnia simul intelligat, velit & operetur. Omnia, inquam, hoc est, res omnes: neque enim vult malitiam peccati, quia non est res.

Jam verò, quia Deus solus omnium, quæ sunt aut esse possunt, vera est causa; perspicuum est optimam philosophandi viam nos sequuturos, si ex ipsius Dei cognitione rerum ab eo creatarum explicationem deducere conemur, ut ita scientiam perfectissimam, quæ est effectuum per causas, acquiramus. Quod ut satis tutò & sine errandi periculo aggrediamur, eâ nobis cautelâ est utendum, ut semper quàm maximè recordemur, & Deum auctorem rerum esse infinitum, & nos omnino finitos.

XXIV. *A Dei cognitione ad creaturarum cognitionem perveniri, recordando eum esse infinitum, & nos finitos.*

Ita si fortè nobis Deus de se ipso, vel aliis aliquid revelet, quod naturales ingenii nostri vires excedat, qualia jam sunt mysteria Incarnationis & Trinitatis, non recusabimus illa credere, quamvis non clarè intelligamus; Nec ullo modo mirabimur multa esse, tum in immensâ ejus naturâ, tum etiam in rebus ab eo creatis, quæ captum nostrum excedant.

XXV. *Credenda esse omnia quæ à Deo revelata sunt, quamvis captum nostrum excedant.*

Ita nullis unquam fatigabimur disputationibus de infinito: Nam sanè cum simus finiti, absurdum esset nos aliquid de ipso determinare, atque sic illud quasi finire ac comprehendere conari. Non igitur respondere curabimus iis, qui quærunt, an si daretur linea infinita, ejus media pars esset etiam infinita; vel an numerus infinitus sit par anve impar, & talia; quia de iis nulli videntur debere cogitare, nisi qui mentem suam infinitam esse arbitrantur. Nos autem illa omnia, in quibus sub aliqua consideratione nullum finem poterimus invenire, non quidem affirmabimus esse infinita, sed ut indefinita spectabimus. Ita quia non possumus imaginari extensionem tam magnam, quin intelligamus adhuc majorem esse posse, dicemus magnitudinem rerum possibilium esse indefinitam. Et quia non potest dividi aliquod corpus in tot partes, quin singulæ adhuc ex his partibus divisibiles intelligantur, putabimus quantitatem esse indefinitè divisibilem. Et quia non potest fingi tantus stellarum numerus, quin plures adhuc à Deo creari potuisse credamus, illarum etiam numerum indefinitum supponemus; atque ita de reliquis.

XXVI. *Nunquam disputandum esse de infinito, sed tantùm ea in quibus nullos fines advertimus, qualia sunt extensio mundi, divisibilitas partium materiæ, numerus stellarum, &c. pro indefinitis habenda.*

Hæc-

XXVII. *Quæ differentia sit inter indefinitum & infinitum.*

Hæcque indefinita dicemus potiùs quàm infinita; tum ut nomen infiniti soli Deo reservemus, quia in eo solo omni ex parte, non modò nullos limites agnoscimus, sed etiam positivè nullos esse intelligimus; tum etiam, quia non eodem modo positivè intelligimus, alias res aliqua ex parte limitibus carere, sed negativè tantùm eorum limites, si quos habeant, inveniri à nobis non posse confitemur.

XXVIII. *Non causas finales rerum creatarum, sed efficientes esse examinandas.*

Ita denique nullas unquam rationes circa res naturales, à fine, quem Deus aut natura in iis faciendis sibi proposuit, desumemus; quia non tantum debemus nobis arrogare, ut ejus consiliorum participes nos esse putemus: Sed ipsum ut causam efficientem rerum omnium considerantes, videbimus, quidnam ex iis ejus attributis, quorum nos nonnullam notitiam voluit habere, circa illos ejus effectus qui sensibus nostris apparent, lumen naturale quod nobis indidit, concludendum esse ostendat; memores tamen, ut jam dictum est, huic lumini naturali tamdiu tantùm esse credendum, quamdiu nihil contrarium à Deo ipso revelatur.

XXIX. *Deum non esse errorum causam.*

Primum Dei attributum quod hîc venit in considerationem, est, quòd sit summè verax, & dator omnis luminis; adeò ut planè repugnet ut nos fallat, sive ut propriè ac positivè sit causa errorum, quibus nos obnoxios esse experimur. Nam quamvis fortè posse fallere, nonnullum ingenii argumentum apud nos homines esse videatur, nunquam certè fallendi voluntas, nisi ex malitiâ vel metu & imbecillitate procedit, nec proinde in Deum cadere potest.

XXX. *Hinc sequi omnia quæ clare percipimus, vera esse, ac tolli dubitationes ante recensitas.*

Atque hinc sequitur, lumen naturæ, sive cognoscendi facultatem à Deo nobis datam, nullum unquam objectum posse attingere, quod non sit verum, quatenus ab ipsâ attingitur, hoc est, quatenus clarè & distinctè percipitur. Meritò enim deceptor esset dicendus, si perversam illam ac falsum pro verò sumentem nobis dedisset. Ita tollitur summa illa dubitatio, quæ ex eo petebatur, quòd nesciremus, an fortè talis essemus naturæ, ut falleremur etiam in iis, quæ nobis evidentissima esse videntur. Quin & aliæ omnes dubitandi causæ priùs recensitæ, facilè ex hoc principio tollentur. Non enim ampliùs Mathematicæ veritates nobis suspectæ esse debent, quia sunt maximè perspicuæ. Atque si advertamus, quid in sensibus, quid in vigiliâ, quidve in somno clarum sit ac distinctum, illudque ab eo, quod confusum est & obscurum, distinguamus; facilè quid in qualibet re pro vero habendum sit agnoscemus. Nec opus est ista pluribus verbis

hoc

hoc in loco persequi, quoniam in Meditationibus Metaphysicis jam utcunque tractata sunt, & accuratior eorum explicatio ex sequentium cognitione dependet.

Quia verò, etsi Deus non sit deceptor, nihilominus tamen sæpe contingit nos falli, ut errorum nostrorum originem & causam investigemus, ipsosque præcavere discamus, advertendum est, non tam illos ab intellectu, quàm à voluntate pendere; nec esse res, ad quarum productionem realis Dei concursus requiratur: sed cùm ad ipsum referuntur, esse tantùm negationes; & cùm ad nos, privationes.

XXXI. Errores nostros, si ad Deum referantur, esse tantùm negationes; si ad nos, privationes.

Quippe omnes modi cogitandi, quos in nobis experimur, ad duos generales referri possunt: quorum unus est, perceptio sive operatio intellectus; alius verò, volitio sive operatio voluntatis. Nam sentire, imaginari, & purè intelligere, sunt tantùm diversi modi percipiendi; ut & cupere, aversari, affirmare, negare, dubitare, sunt diversi modi volendi.

XXXII. Duos tantùm in nobis esse modos cogitandi, perceptionem scilicet intellectus, & operationem voluntatis.

Cùm autem aliquid percipimus, modò tantùm nihil planè de ipso affirmemus vel negemus, manifestum est, nos non falli; ut neque etiam cùm id tantùm affirmamus, aut negamus, quod clarè & distinctè percipimus, esse sic affirmandum aut negandum: sed tantummodo, cùm, (ut fit) etsi aliquid non rectè percipiamus, de eo nihilominus judicamus.

XXXIII. Nos non errare, nisi cùm de re non satis perceptâ judicamus.

Atque ad judicandum requiritur quidem intellectus; quia de re, quam nullo modo percipimus, nihil possumus judicare: sed requiritur etiam voluntas, ut rei aliquo modo perceptæ assensio præbeatur: Non autem requiritur (saltem ad quomodocunque judicandum) integra & omnimoda rei perceptio; multis enim possumus assentiri, quæ nonnisi perobscurè & confusè cognoscimus.

XXXIV. Non solùm intellectum, sed etiam voluntatem requiri ad judicandum.

Et quidem intellectus perceptio, non nisi ad ea pauca quæ illi offeruntur, se extendit, estque semper valde finita. Voluntas verò infinita quodammodo dici potest: quia nihil unquam advertimus, quod alicujus alterius voluntatis, vel immensæ illius quæ in Deo est, objectum esse possit, ad quod etiam nostra non se extendat: adeò ut facilè illam, ultra ea quæ clarè percipimus, extendamus; hocque cùm facimus, haud mirum est, quòd contingat nos falli.

XXXV. Hanc illo latiùs patere, errorumque causam inde esse.

Neque tamen ullo modo Deus errorum nostrorum autor fingi potest, propterea quòd nobis intellectum non dedit omniscium.

XXXVI. Errores nostros Deo

imputari non posse.

Est enim de ratione intellectus creati, ut sit finitus; ac de ratione intellectus finiti, ut non ad omnia se extendat.

XXXVII. *Summam esse hominis perfectionem, quòd agat libere, sive per voluntatem; & per hoc laude vel vituperio dignum reddi.*

Quòd verò latissimè pateat voluntas, hoc etiam ipsius naturæ convenit; ac summa quædam in homine perfectio est, quòd agat per voluntatem, hoc est liberè; atque ita peculiari quodam modo sit auctor suarum actionum, & ob ipsas laudem mereatur. Non enim laudantur automata, quod motus omnes ad quos instituta sunt, accuratè exhibeant, quia necessariò illos sic exhibent; laudatur autem eorum artifex, quòd tam accurata fabricârit, quia non necessariò, sed liberè ipsa fabricavit. Eademque ratione, magis profectò nobis tribuendum est, quòd verum amplectamur, cùm amplectimur, quia voluntariè id agimus, quàm si non possemus non amplecti.

XXXVIII. *Esse defectum in nostrâ actione, non in nostrâ naturâ, quòd erremus; Et sæpe subditorum culpas aliis dominis, nunquam autem Deo tribui posse.*

Quòd autem in errores incidamus, defectus quidem est in nostra actione sive in usu libertatis, sed non in nostra natura; utpote quæ eadem est, cùm non rectè, quàm cùm rectè judicamus. Et quamvis tantam Deus perspicacitatem intellectui nostro dare potuisset, ut nunquam falleremur; nullo tamen jure hoc ab ipso possumus exigere. Nec quemadmodum inter nos homines, si quis habeat potestatem aliquod malum impediendi, nec tamen impediat, ipsum dicimus esse ejus causam; ita etiam, quia Deus potuisset efficere, ut nunquam falleremur, ideò errorum nostrorum causa est putandus. Potestas enim, quam homines habent uni in alios, ad hoc est instituta, ut ipsâ utantur ad illos à malis revocandos: ea autem, quam Deus habet in omnes, est quàm maximè absoluta & libera: ideoque summas quidem ipsi debemus gratias, pro bonis quæ nobis largitus est; sed nullo jure queri possumus, quòd non omnia largitus sit, quæ agnoscimus largiri potuisse.

XXXIX. *Libertatem arbitrii esse per se notam.*

Quòd autem sit in nostra voluntate libertas, & multis ad arbitrium vel assentiri vel non assentiri possimus, adeò manifestum est, ut inter primas & maximè communes notiones, quæ nobis sunt innatæ, sit recensendum. Patuitque hoc maximè paulò antè, cùm de omnibus dubitare studentes, eò usque sumus progressi, ut fingeremus aliquem potentissimum nostræ originis auctorem, modis omnibus nos fallere conari; nihilominus enim hanc in nobis libertatem esse experiebamur, ut possemus ab iis credendis abstinere, quæ non planè certa erant & explorata: Nec ulla magis per se nota & perspecta esse possunt, quàm quæ tunc temporis non dubia videbantur.

Sed

Sed quia jam Deum agnoſcentes, tam immenſam in eo poteſtatem eſſe percipimus, ut nefas eſſe putemus exiſtimare, aliquid unquam à nobis fieri poſſe, quod antè non ab ipſo fuerit præordinatum; facilè poſſumus nos ipſos magnis difficultatibus intricare, ſi hanc Dei præordinationem, cum arbitrii noſtri libertate conciliare, atque utramque ſimul comprehendere conemur. XL. *Certum etiam omnia eſſe à Deo præordinata.*

Illis verò nos expediemus, ſi recordemur mentem noſtram eſſe finitam; Dei autem potentiam, per quam non tantùm omnia, quæ ſunt aut eſſe poſſunt, ab æterno præſcivit, ſed etiam voluit ac præordinavit, eſſe infinitam: ideoque hanc quidem à nobis ſatis attingi, ut clarè & diſtinctè percipiamus ipſam in Deo eſſe; non autem ſatis comprehendi, ut videamus quo pacto liberas hominum actiones indeterminatas relinquat; libertatis autem & indifferentiæ quæ in nobis eſt, nos ita conſcios eſſe, ut nihil ſit, quod evidentiùs & perfectiùs comprehendamus. Abſurdum enim eſſet, propterea quòd non comprehendimus unam rem, quam ſcimus ex naturâ ſuâ nobis eſſe debere incomprehenſibilem, de aliâ dubitare, quam intimè comprehendimus, atque apud noſmet ipſos experimur. XLI. *Quomodo arbitrii noſtri libertas & Dei præordinatio, ſimul concilientur.*

Jam verò, cùm ſciamus errores omnes noſtros à voluntate pendere, mirum videri poteſt, quòd unquam fallamur, quia nemo eſt qui velit falli. Sed longè aliud eſt velle falli, quàm velle aſſentiri iis, in quibus contingit errorem reperiri. Et quamvis revera nullus ſit, qui expreſsè velit falli, vix tamen ullus eſt, qui non ſæpe velit iis aſſentiri, in quibus error ipſo inſcio continetur. Quin & ipſa veritatis aſſequendæ cupiditas, perſæpe efficit, ut ii qui non rectè ſciunt quâ ratione ſit aſſequenda, de iis quæ non percipiunt judicium ferant, atque idcirco ut errent. XLII. *Quomodo quamvis nolimus falli, fallamur tamen per noſtram voluntatem.*

Certum autem eſt, nihil nos unquam falſum pro vero admiſſuros, ſi tantùm iis aſſenſum præbeamus quæ clarè & diſtinctè percipiemus. Certum, inquam, quia cùm Deus non ſit fallax, facultas percipiendi quam nobis dedit, non poteſt tendere in falſum; ut neque etiam facultas aſſentiendi, cùm tantùm ad ea, quæ clarè percipiuntur, ſe extendit. Et quamvis hoc nullâ ratione probaretur, ita omnium animis à natura impreſſum eſt, ut quoties aliquid clarè percipimus, ei ſponte aſſentiamur, & nullo modo poſſimus dubitare, quin ſit verum. XLIII. *Nos nunquam falli, cùm ſolis clare & diſtincte perceptis aſſentimur.*

Certum etiam eſt, cùm aſſentimur alicui rationi quam non percipimus, vel nos falli, vel caſu tantùm incidere in veritatem; atque XLIV. *Nos ſemper male judi-*

 ita

care, cùm aſſentimur non clarè perceptis, etſi caſu incidamus in veritatem; idque ex eo contingere, quòd ſupponamus ea fuiſſe antea ſatis à nobis perſpecta.

ita neſcire nos non falli. Sed ſanè rarò contingit, ut aſſentiamur iis, quæ advertimus à nobis non eſſe percepta; quia lumen naturæ nobis dictat, nunquam niſi de re cognitâ eſſe judicandum. In hoc autem frequentiſſimè erramus, quòd multa putemus à nobis olim fuiſſe percepta, iiſque memoriæ mandatis, tanquam omnino perceptis, aſſentiamur; quæ tamen revera nunquam percepimus.

XLV. *Quid ſit perceptio clara, quid diſtincta.*

Quin & permulti homines, nihil planè in tota vita percipiunt ſatis rectè, ad certum de eo judicium ferendum. Etenim ad perceptionem cui certum & indubitatum judicium poſſit inniti; non modò requiritur ut ſit clara, ſed etiam ut ſit diſtincta. Claram voco illam, quæ menti attendenti præſens & aperta eſt; ſicut ea clarè à nobis videri dicimus, quæ oculo intuenti præſentia, ſatis fortiter & apertè illum movent. Diſtinctam autem illam, quæ, cùm clara ſit, ab omnibus aliis ita ſejuncta eſt & præciſa, ut nihil planè aliud, quàm, quod clarum eſt, in ſe contineat.

XLVI. *Exemplo doloris oſtenditur, claram eſſe poſſe perceptionem, etſi non ſit diſtincta, non autem diſtinctam, niſi ſit clara.*

Ita dum quis magnum aliquem ſentit dolorem, clariſſima quidem in eo eſt iſta perceptio doloris, ſed non ſemper eſt diſtincta; vulgò enim homines illam confundunt cum obſcuro ſuo judicio de naturâ ejus, quod putant eſſe in parte dolente ſimile ſenſui doloris, quem ſolùm clarè percipiunt. Atque ita poteſt eſſe clara perceptio, quæ non ſit diſtincta; non autem ulla diſtincta, niſi ſit clara.

XLVII. *Ad primæ ætatis præjudicia emendanda, ſimplices notiones eſſe conſiderandas, & quid in quaque ſit clarum.*

Et quidem in prima ætate mens ita corpori fuit immerſa, ut quamvis multa clarè, nihil tamen unquam diſtinctè perceperit; cumque tunc nihilominus de multis judicârit, hinc multa hauſimus præjudicia, quæ à pleriſque nunquam poſtea deponuntur. Ut autem nos iis poſſimus liberare, ſummatim hîc enumerabo ſimplices omnes notiones, ex quibus cogitationes noſtræ componuntur; & quid in unaquaque ſit clarum, quidque obſcurum, ſive in quo poſſimus falli, diſtinguam.

XLVIII. *Omnia quæ ſub perceptionem noſtram cadunt, ſpectari ut res rerumve affectiones,*

Quæcunque ſub perceptionem noſtram cadunt, vel tanquam res, rerumve affectiones quaſdam conſideramus; vel tanquam æternas veritates, nullam exiſtentiam extra cogitationem noſtram habentes. Ex iis quæ tanquam res conſideramus, maximè generalia ſunt ſubſtantia, duratio, ordo, numerus, & ſi quæ alia ſunt ejuſmodi, quæ ad omnia genera rerum ſe extendunt. Non autem plura quàm duo ſumma genera rerum agnoſco; unum eſt rerum intelle-

ctua-

ctualium, sive cogitativarum, hoc est, ad mentem sive ad substantiam cogitantem pertinentium: aliud rerum materialium, sive quæ pertinent ad substantiam extensam, hoc est, ad corpus. Perceptio, volitio, omnesque modi tam percipiendi quàm volendi, ad substantiam cogitantem referuntur; ad extensam autem magnitudo, sive ipsamet extensio in longum, latum & profundum, figura, motus, situs, partium ipsarum divisibilitas, & talia. Sed & alia quædam in nobis experimur, quæ nec ad solam mentem, nec etiam ad solum corpus referri debent, quæque, ut infrà suo loco ostendetur, ab arcta & intima mentis nostræ cum corpore unione proficiscuntur; nempe appetitus famis, sitis, &c. Itemque commotiones, sive animi pathemata, quæ non in sola cogitatione consistunt, ut commotio ad iram, ad hilaritatem, ad tristitiam, ad amorem, &c. Ac denique sensus omnes, ut doloris, titillationis, lucis & colorum, sonorum, odorum, saporum, caloris, duritiei, aliarumque tactilium qualitatum.

vel ut æternas veritates; & rerum enumeratio.

XLIX. *Æternas veritates non posse ita numerari, sed nec esse opus.*

Atque hæc omnia tanquam res, vel rerum qualitates seu modos consideramus. Cùm autem agnoscimus fieri non posse, ut ex nihilo aliquid fiat, tunc propositio hæc, Ex nihilo nihil fit, non tanquam res aliqua existens, neque etiam ut rei modus consideratur: sed ut veritas quædam æterna, quæ in mente nostra sedem habet, vocaturque communis notio, sive axioma. Cujus generis sunt, Impossibile est idem simul esse & non esse: Quod factum est, infectum esse nequit: Is qui cogitat, non potest non existere dum cogitat: Et alia innumera, quæ quidem omnia recenseri facilè non possunt, sed nec etiam ignorari, cùm occurrit occasio ut de iis cogitemus, & nullis præjudiciis excæcamur.

L. *Eas clarè percipi, sed non omnes ab omnibus, propter præjudicia.*

Et quidem quantum ad has communes notiones, non dubium est, quin clarè ac distinctè percipi possint, alioqui enim communes notiones non essent dicendæ: Ut etiam revera quædam ex ipsis, non æquè apud omnes isto nomine dignæ sunt, quia non æquè ab omnibus percipiuntur. Non tamen, ut puto, quòd unius hominis cognoscendi facultas, latiùs pateat quàm alterius; sed quia fortè communes istæ notiones, adversantur præjudicatis opinionibus quorundam hominum, qui eas idcirco non facilè capere possunt: etiamsi nonnulli alii, qui præjudiciis istis sunt liberi, evidentissimè ipsas percipiant.

LI. *Quid sit substantia, &*

Quantum autem ad ea, quæ tanquam res vel rerum modos spectamus,

quòd istud nomen Deo & creaturis non conveniat univocè.

ctamus, operæ pretium est, ut singula seorsim consideremus. Per substantiam nihil aliud intelligere possumus, quàm rem quæ ita existit, ut nullâ aliâ re indigeat ad existendum. Et quidem substantia quæ nullâ planè re indigeat, unica tantùm potest intelligi, nempe Deus. Alias verò omnes, non nisi ope concursus Dei existere posse percipimus. Atque ideò nomen substantiæ non convenit Deo & illis *univocè*, ut dici solet in Scholis, hoc est, nulla ejus nominis significatio, potest distinctè intelligi, quæ Deo & creaturis sit communis.

LII.

Quòd menti & corpori univoce conveniat, & quomodo ipsa cognoscatur.

Possunt autem substantia corporea, & mens, sive substantia cogitans, creata, sub hoc communi conceptu intelligi; quòd sint res, quæ solo Dei concursu egent ad existendum. Verumtamen non potest substantia primùm animadverti ex hoc solo, quòd sit res existens; quia hoc solùm per se nos non afficit: sed facilè ipsam agnoscimus ex quolibet ejus attributo, per communem illam notionem, quòd nihili nulla sint attributa, nullæve proprietates, aut qualitates. Ex hoc enim, quòd aliquod attributum adesse percipiamus, concludimus aliquam rem existentem, sive substantiam cui illud tribui possit, necessariò etiam adesse.

LIII.

Cujusque substantiæ unum esse præcipuum attributum, ut mentis cogitatio, corporis extensio.

Et quidem ex quolibet attributo substantia cognoscitur: sed una tamen est cujusque substantiæ præcipua proprietas, quæ ipsius naturam essentiamque constituit, & ad quam aliæ omnes referuntur. Nempe extensio in longum, latum & profundum substantiæ corporeæ naturam constituit; & cogitatio constituit naturam substantiæ cogitantis. Nam omne aliud quod corpori tribui potest, extensionem præsupponit, estque tantùm modus quidam rei extensæ; ut & omnia, quæ in mente reperimus, sunt tantùm diversi modi cogitandi. Sic, exempli causâ, figura nonnisi in re extensâ potest intelligi, nec motus nisi in spatio extenso; nec imaginatio, vel sensus, vel voluntas, nisi in re cogitante. Sed è contra potest intelligi extensio, sine figurâ vel motu, & cogitatio sine imaginatione, vel sensu, & ita de reliquis: ut cuilibet attendenti fit manifestum.

LIV.

Quomodo claras & distinctas notiones habere possimus, substantiæ cogitantis, & corporeæ, item Dei.

Atque ita facilè possumus duas claras & distinctas habere notiones, sive ideas, unam substantiæ cogitantis creatæ, aliam substantiæ corporeæ; si nempe attributa omnia cogitationis, ab attributis extensionis accuratè distinguamus. Ut etiam habere possumus ideam claram & distinctam, substantiæ cogitantis increatæ atque independentis, id est, Dei; modò ne illam adæquatè omnia quæ in Deo sunt exhibere supponamus, nec quidquam etiam in ea esse fin-

fingamus, sed ea tantùm advertamus, quæ revera in ipsa continentur, quæque evidenter percipimus ad naturam entis summè perfecti pertinere. Nec certè quisquam talem ideam Dei nobis inesse negare potest, nisi qui nullam planè Dei notitiam in humanis mentibus esse arbitretur.

LV. *Quomodo duratio, ordo, numerus etiam distinctè intelligantur.*

Duratio, ordo, & numerus, à nobis etiam distinctissimè intelligentur, si nullum iis substantiæ conceptum affingamus, sed putemus durationem rei cujusque, esse tantùm modum, sub quo concipimus rem istam, quatenus esse perseverat; Et similiter, nec ordinem, nec numerum esse quicquam diversum à rebus ordinatis, & numeratis, sed esse tantùm modos, sub quibus illas consideramus.

LVI. *Quid sint modi, qualitates, attributa.*

Et quidem hîc per modos planè idem intelligimus, quod alibi per attributa, vel qualitates. Sed cùm consideramus substantiam ab illis affici, vel variari, vocamus modos; cùm ab ista variatione talem posse denominari, vocamus qualitates; ac denique, cùm generalius spectamus tantùm ea substantiæ inesse, vocamus attributa. Ideoque in Deo non propriè modos aut qualitates, sed attributa tantùm esse dicimus, quia nulla in eo variatio est intelligenda. Et etiam in rebus creatis, ea quæ nunquam in iis diverso modo se habent, ut existentia & duratio, in re existente & durante, non qualitates, aut modi, sed attributa dici debent.

LVII. *Quædam attributa esse in rebus; alia in cogitatione. Et quid duratio & tempus.*

Alia autem sunt in rebus ipsis, quarum attributa vel modi esse dicuntur; alia verò in nostrâ tantùm cogitatione. Ita cùm tempus à duratione generaliter sumptâ distinguimus, dicimusque esse numerum motus, est tantùm modus cogitandi; neque enim profectò intelligimus in motu aliam durationem quàm in rebus non motis: ut patet ex eo, quòd si duo corpora, unum tardè, aliud celeriter per horam moveatur, non plus temporis in uno quàm in alio numeremus, etsi multò plus sit motus. Sed ut rerum omnium durationem metiamur, comparamus illam cum duratione motuum illorum maximorum, & maximè æquabilium, à quibus fiunt anni & dies; hancque durationem tempus vocamus. Quod proinde nihil præter modum cogitandi, durationi generaliter sumptæ superaddit.

LVIII. *Numerum & universalia omnia, esse tantùm modos cogitandi.*

Ita etiam cùm numerus non in ullis rebus creatis, sed tantùm in abstracto, sive in genere consideratur, est modus cogitandi duntaxat; ut & alia omnia quæ universalia vocamus.

Fiunt

LIX. *Quomodo universalia fiant: & quæ sint quinque vulgata; genus, species, differentia, proprium, accidens.*

Fiunt hæc universalia ex eo tantùm, quod unâ & eâdem ideâ utamur ad omnia individua, quæ inter se similia sunt, cogitanda: Ut etiam unum & idem nomen omnibus rebus per ideam istam repræsentatis imponimus; quod nomen est universale. Ita cùm videmus duos lapides, nec ad ipsorum naturam, sed ad hoc tantùm quòd duo sunt attendimus, formamus ideam ejus numeri quem vocamus binarium; cumque postea duas aves, aut duas arbores videmus, nec etiam earum naturam, sed tantùm quòd duæ sint consideramus, repetimus eandem ideam quam priùs, quæ ideò est universalis; ut & hunc numerum eodem universali nomine binarium appellamus. Eodemque modo, cùm spectamus figuram tribus lineis comprehensam, quandam ejus ideam formamus; quam vocamus ideam trianguli; & eâdem postea ut universali utimur ad omnes alias figuras tribus lineis comprehensas animo nostro exhibendas. Cumque advertimus, ex triangulis alios esse habentes unum angulum rectum, aliòs non habentes, formamus ideam universalem trianguli rectanguli, quæ relata ad præcedentem ut magis generalem, species vocatur; Et illa anguli rectitudo, est differentia universalis, quâ omnia triangula rectangula ab aliis distinguuntur; Et quod in iis basis potentia æqualis sit potentiis laterum, est proprietas iis omnibus & solis conveniens: Ac denique, si supponamus aliquos ejusmodi triangulos moveri, alios non moveri, hoc erit in iis accidens universale. Atque hoc pacto quinque universalia vulgò numerantur, genus, species, differentia, proprium, & accidens.

LX. *De distinctionibus, ac primo de reali.*

Numerus autem in ipsis rebus, oritur ab earum distinctione: quæ distinctio triplex est, realis, modalis, & rationis. Realis propriè tantùm est inter duas vel plures substantias: Et has percipimus à se mutuò realiter esse distinctas, ex hoc solo, quòd unam absque alterâ clarè & distinctè intelligere possimus. Deum enim agnoscentes, certi sumus ipsum posse efficere, quicquid distinctè intelligimus: adeò ut, exempli causâ, ex hoc solo, quòd jam habeamus ideam substantiæ extensæ sive corporeæ, quamvis nondum certò sciamus ullam talem revera existere, certi tamen simus illam posse existere; atque si existat, unamquamque ejus partem à nobis cogitatione definitam, realiter ab aliis ejusdem substantiæ partibus esse distinctam. Itemque ex hoc solo, quòd unusquisque intelligat se esse rem cogitantem, & possit cogitatione excludere à se ipso omnem

aliam

aliam substantiam, tam cogitantem quam extensam, certum est unumquemque sic spectatum, ab omni alia substantia cogitante, atque ab omni substantia corporea realiter distingui. Ac etiamsi supponamus, Deum alicui tali substantiæ cogitanti, substantiam aliquam corpoream tam arctè conjunxisse, ut arctiùs jungi non possint, & ita ex illis duabus unum quid conflavisse, manent nihilominus realiter distinctæ; quia quantumvis arctè ipsas univerit, potentiâ, quam antè habebat ad eas separandas, sive ad unam absque alia conservandam, seipsum exuere non potuit, & quæ vel à Deo possunt separari, vel sejunctim conservari, realiter sunt distincta.

LXI. *De distinctione modali.*

Distinctio modalis est duplex; alia scilicet inter modum propriè dictum, & substantiam, cujus est modus; alia inter duos modos ejusdem substantiæ. Prior ex eo cognoscitur, quòd possimus quidem substantiam clarè percipere absque modo, quem ab illa differre dicimus, sed non possimus, viceversâ, modum illum intelligere sine ipsâ. Ut figura & motus, distinguuntur modaliter à substantia corporea, cui insunt; ut etiam affirmatio & recordatio à mente. Posterior verò cognoscitur ex eo, quòd unum quidem modum absque alio possimus agnoscere, ac viceversâ; sed neutrum tamen sine eadem substantia cui insunt: Ut si lapis moveatur, & sit quadratus, possum quidem intelligere ejus figuram quadratam, sine motu; & viceversâ, ejus motum, sine figura quadratâ; sed nec illum motum, nec illam figuram possum intelligere sine lapidis substantia. Distinctio autem quâ modus unius substantiæ differt ab alia substantia, vel à modo alterius substantiæ, ut motus unius corporis ab alio corpore, vel à mente, atque ut motus à dubitatione, realis potiùs dicenda esse videtur, quam modalis; quia *modi illi* non clarè intelliguntur sine substantiis realiter distinctis, quarum sunt modi.

LXII. *De distinctione rationis.*

Denique distinctio rationis, est inter substantiam & aliquod ejus attributum, sine quo ipsa intelligi non potest; vel inter duo talia attributa ejusdem alicujus substantiæ. Atque agnoscitur ex eo, quòd non possimus claram & distinctam istius substantiæ ideam formare, si ab ea illud attributum excludamus; vel non possimus unius ex ejusmodi attributis ideam clarè percipere, si illud ab alio separemus. Ut quia substantia quævis, si cesset durare, cessat etiam esse, ratione tantùm à duratione sua distinguitur; Et omnes modi cogitandi, quos tanquam in objectis consideramus, ratione tantùm differunt, tum ab objectis de quibus cogitantur, tum à se mutuò in uno & eodem objecto. Memini quidem, me alibi hoc genus distinctionis cum modali conjunxisse; nempe in fine responsionis ad primas objectiones in Meditationes de prima Philosophia: sed ibi non erat occasio de ipsis accuratè disserendi, & sufficiebat ad meum institutum, quòd utramque à reali distinguerem.

LXIII. *Quomodo cogitatio & extensio distinctè cognosci possint, ut constituentes naturam mentis & corporis.* Cogitatio & extensio spectari possunt ut constituentes naturas substantiæ intelligentis & corporeæ; tuncque non aliter concipi debent, quàm ipsa substantia cogitans & substantia extensa, hoc est, quàm mens & corpus; quo pacto clarissimè ac distinctissimè intelliguntur. Quin & faciliùs intelligimus substantiam extensam, vel substantiam cogitantem, quàm substantiam solam, omisso eo quòd cogitet vel sit extensa. Nonnulla enim est difficultas, in abstrahenda notione substantiæ, à notionibus cogitationis vel extensionis, quæ scilicet ab ipsâ ratione tantùm diversæ sunt; & non distinctior fit conceptus ex eo, quòd pauciora in eo comprehendamus, sed tantùm ex eo, quòd illa quæ in ipso comprehendimus, ab omnibus aliis accuratè distinguamus.

LXIV. *Quomodo etiam ut modi substantiæ.* Cogitatio & extensio sumi etiam possunt pro modis substantiæ; quatenus scilicet una & eadem mens plures diversas cogitationes habere potest; atque unum & idem corpus, retinendo suam eandem quantitatem, pluribus diversis modis potest extendi; nunc scilicet magis secundùm longitudinem, minusque secundùm latitudinem, vel profunditatem, ac paulò pòst è contra magis secundùm latitudinem, & minùs secundùm longitudinem. Tuncque modaliter à substantia distinguuntur, & non minùs clarè ac distinctè quàm ipsa possunt intelligi; modò non ut substantiæ, sive res quædam ab aliis separatæ, sed tantummodo ut modi rerum spectentur. Per hoc enim, quòd ipsas in substantiis quarum sunt modi consideramus, eas ab his substantiis distinguimus, & quales revera sunt agnoscimus. At è contrario, si easdem absque substantiis, quibus insunt, vellemus considerare, hoc ipso illas ut res subsistentes spectaremus, atque ita ideas modi & substantiæ confunderemus.

LXV. *Quomodo ipsarum modi sint etiam cognoscendi.* Eadem ratione diversos cogitationum modos, ut intellectionem, imaginationem, recordationem, volitionem, &c. itemque diversos modos extensionis, sive ad extensionem pertinentes, ut figuras omnes, & situs partium, & ipsarum motus optime percipiemus,

piemus, si tantùm ut modos rerum quibus insunt spectemus; & quantùm ad motum si de nullo nisi locali cogitemus, ac de vi, à qua excitatur (quam tamen suo loco explicare conabor) non inquiramus.

Supersunt sensus, affectus, & appetitus, qui quidem etiam clarè percipi possunt, si accuratè caveamus, ne quid ampliùs de iis judicemus, quàm id præcisè, quod in perceptione nostra continetur, & cujus intimè conscii sumus. Sed perdifficile est id observare, saltem circa sensus; quia nemo nostrum est, qui non ab ineunte ætate judicârit, ea omnia quæ sentiebat, esse res quasdam extra mentem suam existentes, & sensibus suis, hoc est, perceptionibus, quas de illis habebat, planè similes: adeò ut videntes, exempli gratiâ, colorem, putaverimus nos videre rem quandam extra nos positam, & planè similem ideæ illi coloris, quam in nobis tunc experiebamur; idque ob consuetudinem ita judicandi, tam clarè & distinctè videre nobis videbamur, ut pro certo & indubitato haberemus. LXVI. *Quomodo sensus, affectus & appetitus, clarè cognoscantur; quamvis sæpe de iis male judicemus.*

*Idem*que planè est de aliis omnibus quæ sentiuntur, etiam de titillatione ac dolore. Quamvis enim hæc extra nos esse non putentur; non tamen ut in solâ mente, sive in perceptione nostrâ solent spectari, sed ut in manu, aut in pede, aut quavis aliâ parte nostri corporis. Nec sanè magis certum est, cùm, exempli causâ, dolorem sentimus tanquam in pede, illum esse quid extra nostram mentem, in pede existens, quàm cùm videmus lumen tanquam in Sole, illud lumen extra nos in Sole existere; sed utraque ista præjudicia sunt primæ nostræ ætatis, ut infrà clarè apparebit. LXVII. *In ipso de dolore judicio sæpe nos falli.*

Ut autem hîc quod clarum est, ab eo quod obscurum, distinguamus, diligentissimè est advertendum, dolorem quidem & colorem, & reliqua ejusmodi clarè & distinctè percipi, cùm tantummodo ut sensus sive cogitationes spectantur; Cùm autem res quædam esse judicantur, extra mentem nostram existentes, nullo planè modo posse intelligi quænam res sint, sed idem planè esse cùm quis dicit se videre in aliquo corpore colorem, vel sentire in aliquo membro dolorem, ac si diceret se id ibi videre vel sentire, quod quidnam sit planè ignorat, hoc est, se nescire quid videat aut sentiat. Etsi enim minùs attendendo, sibi facilè persuadeat se nonnullam ejus habere notitiam, ex eo quòd supponat esse quid simile sensui illi coloris, aut doloris, quem apud se experitur; si tamen examinet quidnam LXVIII. *Quomodo in istis id, quod clarè cognoscimus, ab eo in quo falli possumus, sit distinguendum.*

sit, quod iste sensus coloris, vel doloris, tanquam in corpore colorato, vel in parte dolente existens repræsentet, omnino advertet se id ignorare.

LXIX. *Longe aliter cognosci magnitudinem, figuram, &c. quàm colores, dolores, &c.*

Præsertim si consideret, se longè alio modo cognoscere, quidnam sit in viso corpore magnitudo, vel figura, vel motus, (saltem localis; Philosophi enim alios quosdam motus à locali diversos effingendo, naturam ejus sibi minùs intelligibilem reddiderunt) vel situs, vel duratio, vel numerus, & similia, quæ in corporibus clarè percipi jam dictum est; quàm quid in eodem corpore sit color, vel dolor, vel odor, vel sapor, vel quid aliud ex iis, quæ ad sensus dixi esse referenda. Quamvis enim videntes aliquod corpus, non magis certi simus illud existere, quatenus apparet figuratum, quàm quatenus apparet coloratum; longè tamen evidentiùs agnoscimus, quid sit in eo esse figuratum, quam quid sit esse coloratum.

LXX. *Nos posse duobus modis de sensibilibus judicium ferre, quorum uno errorem præcavemus, alio in errorem incidimus.*

Patet itaque in re idem esse, cùm dicimus nos percipere colores in objectis, ac si diceremus nos percipere aliquid in objectis, quod quidem quid sit ignoramus, sed à quo efficitur in nobis ipsis sensus quidam valde manifestus & perspicuus, qui vocatur sensus colorum. In modo autem judicandi permagna est diversitas: nam quamdiu tantùm judicamus aliquid esse in objectis (hoc est, in rebus, qualescunque demum illæ sint, à quibus sensus nobis advenit), quod quidnam sit ignoramus, tantùm abest ut fallamur, quin potiùs in eo errorem præcavemus, quòd advertentes nos aliquid ignorare, minùs proclives simus ad temerè de ipso judicandum. Cùm verò putamus nos percipere colores in objectis, etsi revera nesciamus quidnam sit, quod tunc nomine coloris appellamus, nec ullam similitudinem intelligere possimus, inter colorem quem supponimus esse in objectis, & illum quem experimur esse in sensu, quia tamen hoc ipsum non advertimus, & multa alia sunt, ut magnitudo, figura, numerus, &c. quæ clarè percipimus non aliter à nobis sentiri vel intelligi, quàm ut sunt, aut saltem esse possunt in objectis, facilè in eum errorem delabimur, ut judicemus id, quod in objectis vocamus colorem, esse quid omnino simile colori quem sentimus, atque ita ut id, quod nullo modo percipimus, à nobis clarè percipi arbitremur.

LXXI. *Præcipuam errorum causam, à*

Hicque primam & præcipuam errorum omnium causam licet agnoscere. Nempe in prima ætate, mens nostra tam arctè corpori erat alligata, ut non aliis cogitationibus vacaret, quam iis solis, per

per quas ea sentiebat quæ corpus afficiebant: necdum ipsas ad quidquam extra se positum referebat, sed tantùm ubi quid corpori incommodum occurrebat, sentiebat dolorem; ubi quid commodum, sentiebat voluptatem; & ubi sine magno commodo vel incommodo corpus afficiebatur, pro diversitate partium in quibus, & modorum quibus afficiebatur, habebat diversos quosdam sensus, illos scilicet quos vocamus sensus saporum, odorum, sonorum, caloris, frigoris, luminis, colorum & similium, quæ nihil extra cogitationem positum repræsentant: Simulque etiam percipiebat magnitudines, figuras, motus, & talia; quæ illi non ut sensus, sed ut res quædam, vel rerum modi, extra cogitationem existentes, aut saltem existendi capaces exhibebantur, etsi hanc inter ista differentiam nondum notaret. Ac deinde cùm corporis machinamentum, quod sic à natura fabricatum est, ut propriâ suâ vi variis modis moveri possit, hinc inde temerè se contorquens, casu commodum quid assequebatur, aut fugiebat incommodum, mens illi adhærens incipiebat advertere, id quod ita assequebatur, aut fugiebat, extra se esse; nec tantùm illi tribuebat magnitudines, figuras, motus, & talia, quæ ut res aut rerum modos percipiebat, sed etiam sapores, odores, & reliqua, quorum in se sensum ab ipso effici advertebat. Atque omnia tantùm referens ad utilitatem corporis, cui erat immersa, eò plus aut minùs rei esse putabat in unoquoque objecto à quo afficiebatur, prout plus aut minùs ab ipso afficiebatur. Unde factum est, ut multò plus substantiæ, seu corporeitatis, esse putaret in saxis aut metallis, quàm in aqua vel aëre, quia plus duritiei & ponderositatis in iis sentiebat. Quin & aërem, quamdiu nullum in eo ventum, aut frigus, aut calorem experiebatur, pro nihilo prorsus ducebat. Et quia non plus luminis à stellis, quàm ab exiguis flammis lucernarum ipsi affulgebat, idcirco nullas stellas flammis istis majores sibi repræsentabat. Et quia nec terram in gyrum verti, nec ejus superficiem in globum curvatam esse notabat, ideò proclivior erat ad putandum, & eam immobilem, & ejus superficiem planam esse; Milleque aliis ejusmodi præjudiciis, à prima infantia mens nostra imbuta est; quæ deinde in pueritia non recordabatur fuisse à se sine sufficienti examine recepta, sed tanquam sensu cognita, vel à natura sibi indita, pro verissimis, evidentissimisque admisit.

præjudiciis infantiæ procedere.

LXXII. *Alteram errorum cau-*

Et quamvis jam maturis annis, cùm mens non ampliùs tota corpori servit, nec omnia ad illud refert; sed etiam de rerum, in se ipsis spe-

sam esse, quòd præjudiciorum oblivisci nequeamus.

spectatarum, veritate inquirit, permulta ex iis, quæ sic antea judicavit, falsa esse deprehendat; non tamen ideò facilè ipsa ex memoria sua expungit, & quamdiu in ea hærent, variorum errorum causæ esse possunt. Ita exempli causâ, quoniam à prima ætate stellas imaginati sumus perexiguas, etsi jam rationes Astronomicæ perspicuè nobis ostendant, ipsas esse quàm maximas, tantùm tamen præjudicata opinio adhuc valet, ut nobis perdifficile sit, ipsas aliter quàm priùs imaginari.

LXXIII. *Tertiam causam esse, quòd defatigemur, ad ea, quæ sensibus præsentia non sunt, attendendo: & ideò assueti simus de illis non ex præsenti perceptione, sed ex præconcepta opinione judicare.*

Præterea mens nostra, non sine aliqua difficultate ac defatigatione, potest ad ullas res attendere; omniumque difficillimè ad illa attendit, quæ nec sensibus, nec quidem imaginationi præsentia sunt: Sive quia talem ex eo quòd corpori conjuncta sit, habet naturam; sive quia in primis annis, cùm tantùm circa sensus & imaginationes occuparetur, majorem de ipsis quàm de cæteris rebus cogitandi usum & facilitatem acquisivit. Hinc autem fit, ut jam multi nullam substantiam intelligant, nisi imaginabilem, & corpoream, & etiam sensibilem. Neque enim norunt ea sola esse imaginabilia, quæ in extensione, motu & figurâ consistunt, etsi alia multa intelligibilia sint; nec putant quidquam posse subsistere, quod non sit corpus; nec denique ullum corpus non sensibile. Et quia revera nullam rem, qualis ipsa est, sensu solo percipimus, ut infrà clarè ostendetur, hinc accidit, ut plerique in tota vita nihil nisi confusè percipiant.

LXXIV. *Quartam causam esse, quòd conceptus nostros verbis, quæ rebus accuratè non respondent, alligemus.*

Et denique propter loquelæ usum, conceptus omnes nostros verbis, quibus eos exprimimus, alligamus, nec eos nisi simul cum istis verbis memoriæ mandamus: Cùmque faciliùs postea verborum quàm rerum recordemur, vix unquam ullius rei conceptum habemus tam distinctum, ut illum ab omni verborum conceptu separemus: cogitationesque hominum ferè omnium, circa verba magis, quàm circa res versantur; adeò ut persæpe vocibus non intellectis præbeant assensum, quia putant se illas olim intellexisse, vel ab aliis qui eas rectè intelligebant accepisse. Quæ omnia, quamvis accuratè hîc tradi non possint, quia natura humani corporis nondum fuit exposita, necdum probatum est ullum corpus existere, videntur tamen satis posse intelligi, ut juvent ad claros & distinctos conceptus ab obscuris & confusis dignoscendos.

LXXV. *Summa eorum quæ ob-*

Itaque ad seriò philosophandum, veritatemque omnium rerum cognoscibilium indagandam, primò omnia præjudicia sunt deponennenda; sive accuratè est cavendum, ne ullis ex opinionibus olim à nobis receptis fidem habeamus, nisi priùs, iis ad novum examen revocatis, veras esse comperiamus. Deinde ordine est attendendum ad notiones, quas ipsimet in nobis habemus, eæque omnes & solæ, quas sic attendendo clarè & distinctè cognoscemus, judicandæ sunt veræ. Quod agentes, inprimis advertemus nos existere, quatenus sumus naturæ cogitantis; Et simul etiam & esse Deum, & nos ab illo pendere, & ex ejus attributorum consideratione, cæterarum rerum veritatem posse indagari, quoniam ille est ipsarum causa; Et denique præter notiones Dei & mentis nostræ, esse etiam in nobis notitiam multarum propositionum æternæ veritatis, ut quòd ex nihilo nihil fiat, &c. itemque naturæ cujusdam corporeæ, sive extensæ, divisibilis, mobilis, &c. itemque sensuum quorundam qui nos afficiunt, ut doloris, colorum, saporum, &c. quamvis nondum sciamus quæ sit causa, cur ita nos afficiant. Et hæc conferentes cum iis quæ confusiùs antea cogitabamus, usum claros & distinctos omnium rerum cognoscibilium conceptus formandi acquiremus. Atque in his paucis, præcipua cognitionis humanæ principia contineri mihi videntur.

servanda sunt, ad rectè philosophandum.

LXXVI.
Auctoritatem divinam, perceptioni nostræ esse præferendam: sed eâ seclusâ non decere philosophum aliis quàm perceptis assentiri.

Præter cætera autem, memoriæ nostræ pro summa regula est infigendum, ea quæ nobis à Deo revelata sunt, ut omnium certissima, esse credenda; Et quamvis fortè lumen rationis, quàm maximè clarum & evidens, aliud quid nobis suggerere videretur, soli tamen auctoritati divinæ potiùs, quàm proprio nostro judicio, fidem esse adhibendam: Sed in iis, de quibus fides divina nihil nos docet, minimè decere hominem philosophum, aliquid pro vero assumere, quod verum esse nunquam perspexit; & magis fidere sensibus, hoc est, inconsideratis infantiæ suæ judiciis, quàm maturæ rationi.

PRIN-

PRINCIPIORUM PHILOSOPHIÆ PARS SECUNDA.

De principiis rerum materialium.

I. *Quibus rationibus rerum materialium existentia certò cognoscatur.*

ETsi nemo non sibi satis persuadeat res materiales existere, quia tamen hoc à nobis paulò antè in dubium revocatum est, & inter primæ nostræ ætatis præjudicia numeratum, nunc opus est, ut rationes investigemus, per quas id certò cognoscatur. Nempe quicquid sentimus, procul dubio nobis advenit à re aliqua, quæ à mente nostra diversa est. Neque enim est in nostra potestate efficere, ut unum potiùs quam aliud sentiamus; sed hoc à re illa quæ sensus nostros afficit, planè pendet. Quæri quidem potest an res illa sit Deus, an quid à Deo diversum: Sed quia sentimus, sive potiùs à sensu impulsi clarè & distinctè percipimus materiam quandam extensam in longum, latum, & profundum, cujus variæ partes variis figuris præditæ sunt, ac variis motibus cientur; ac etiam efficiunt ut varios sensus habeamus colorum, odorum, doloris, &c. Si Deus immediatè per se ipsum istius materiæ extensæ ideam menti nostræ exhiberet, vel tantùm si efficeret, ut exhiberetur à re aliquâ, in qua nihil esset extensionis, nec figuræ, nec motus; nulla ratio potest excogitari, cur non deceptor esset putandus. Ipsam enim clarè intelligimus tanquam rem à Deo, & à nobis sive à mente nostra planè diversam; ac etiam clarè videre nobis videmur, ejus ideam à rebus extra nos positis, quibus omnino similis est, advenire; Dei autem naturæ plane repugnare ut sit deceptor, jam antè est animadversum. Atque ideò hîc omnino concludendum est, rem quandam extensam in longum, latum & profundum, omnesque illas proprietates quas rei extensæ convenire clarè percipimus habentem, existere. Estque hæc res extensa, quam corpus sive materiam appellamus.

II. *Quibus etiam cogno-*

Eâdem ratione menti nostræ corpus quoddam magis arctè, quàm reliqua alia corpora conjunctum esse, concludi potest, ex eo quòd per-

perspicuè advertamus dolores, aliosque sensus nobis ex improviso advenire; quos mens est conscia non à se sola proficisci, nec ad se posse pertinere ex eo solo quod sit res cogitans, sed tantùm ex eo quòd alteri cuidam rei extensæ ac mobili adjuncta sit, quæ res humanum corpus appellatur. Sed accuratior ejus rei explicatio non est hujus loci.

scatur corpus humanum menti esse arctè conjunctum.

III.
Sensuum perceptiones, non quid revera sit in rebus; sed quid humano composito prosit vel obsit, docere.

Satis erit, si advertamus, sensuum perceptiones non referri, nisi ad istam corporis humani cum mente conjunctionem, & nobis quidem ordinariè exhibere, quid ad illam externa corpora prodesse possint, aut nocere; non autem, nisi interdum & ex accidenti, nos docere, qualia in se ipsis existant. Ita enim sensuum præjudicia facilè deponemus, & solo intellectu, ad ideas sibi à natura inditas diligenter attendente, hîc utemur.

IV.
Naturam corporis non in pondere, duritie, colore, aut similibus; sed in sola extensione consistere.

Quod agentes, percipiemus naturam materiæ, sive corporis in universum spectati, non consistere in eo quòd sit res dura, vel ponderosa, vel colorata, vel alio aliquo modo sensus afficiens; sed tantùm in eo, quòd sit res extensa in longum, latum & profundum. Nam quantum ad duritiem, nihil aliud de illa sensus nobis indicat, quàm partes durorum corporum resistere motui manuum nostrarum, cùm in illas incurrunt. Si enim quotiescunque manus nostræ versus aliquam partem moventur, corpora omnia ibi existentia recederent eadem celeritate, quâ illæ accedunt, nullam unquam duritiem sentiremus. Nec ullo modo potest intelligi, corpora quæ sic recederent, idcirco naturam corporis esse amissura, nec proinde ipsa in duritie consistit. Eademque ratione ostendi potest, & pondus, & colorem, & alias omnes ejusmodi qualitates, quæ in materia corporea sentiuntur, ex ea tolli posse, ipsâ integra remanente: unde sequitur, à nulla ex illis ejus naturam dependere.

V.
Præjudicia de rarefactione & de vacuo, hanc corporis naturam obscuriorem facere.

Duæ verò adhuc causæ supersunt, ob quas potest dubitari, an vera natura corporis in sola extensione consistat. Una est, quòd multi existiment, pleraque corpora sic posse rarefieri, ac condensari, ut rarefacta plus habeant extensionis quàm condensata; sintque etiam nonnulli adeò subtiles, ut substantiam corporis ab ejusdem quantitate, atque ipsam quantitatem ab extensione distinguant. Altera est, quòd ubi nihil aliud esse intelligimus, quàm extensionem in longum, latum & profundum, non soleamus dicere ibi esse corpus, sed tantummodo spatium, & quidem spatium inane; quod ferè omnes sibi persuadent esse purum nihil.

VI. *Quomodo fiat rarefactio.*

Sed quantum ad rarefactionem & condensationem, quicunque ad cogitationes suas attendet, ac nihil volet admittere nisi quod clarè percipiat, non putabit in ipsis aliud quidquam contingere, quàm figuræ mutationem; ita scilicet, ut rara corpora illa sint, inter quorum partes multa intervalla existunt, corporibus aliis repleta; & per hoc tantùm densiora reddantur, quòd ipsorum partes ad invicem accedentes, intervalla ista imminuant, vel planè tollant: quod ultimum si aliquando contingat, tunc corpus tam densum evadit, ut repugnet ipsum densius reddi posse. Atqui non ideò minùs tunc extensum est, quàm cùm partes habens à se mutuò dissitas, majus spatium amplectitur: quia quicquid extensionis in poris, sive intervallis, à partibus ejus relictis continetur, nullo modo ipsi tribui debet, sed aliis quibusvis corporibus, à quibus intervalla ista replentur. Ut cùm videmus spongiam, aquâ vel alio liquore turgentem, non putamus ipsam, secundùm singulas suas partes magis extensam, quàm cùm compressa est & sicca; sed tantummodo poros habere magis patentes, ac ideò per majus spatium esse diffusam.

VII. *Eam non posse ullo alio modo intelligibili explicari.*

Et sanè non video, quid moverit nonnullos, ut mallent dicere rarefactionem fieri per augmentationem quantitatis, quàm ipsam hoc spongiæ exemplo explicare. Nam etsi cùm aër aut aqua rarefiunt, non videamus ullos ipsorum poros qui ampliores reddantur, nec ullum novum corpus, quod ad illos replendos accedat; non est tamen rationi tam consentaneum, aliquid non intelligibile effingere, ad eorum rarefactionem verbotenus explicandam, quàm ex hoc quod rarefiant, concludere in ipsis esse poros, sive intervalla quæ ampliora redduntur, & novum aliquod corpus accedere, quod ipsa implet; etsi hoc novum corpus nullo sensu percipiamus: nulla enim ratio nos cogit ad credendum, corpora omnia quæ existunt debere sensus nostros afficere. Ac rarefactionem perfacilè hoc modo, non autem ullo alio, fieri posse percipimus. Ac denique planè repugnat aliquid novâ quantitate, vel novâ extensione augeri, quin simul etiam nova substantia extensa, hoc est, novum corpus ei accedat: Neque enim ullum additamentum extensionis vel quantitatis, sine additamento substantiæ, quæ sit quanta & extensa, potest intelligi, ut ex sequentibus clariùs patebit.

VIII. *Quantitatem & nu-*

Quippe quantitas à substantia extensa in re non differt, sed tantùm ex parte nostri conceptus, ut & numerus à re numerata. Ita

scilicet

scilicet ut totam naturam substantiæ corporeæ, quæ est in spatio decem pedum, possimus considerare, quamvis ad istam mensuram decem pedum non attendamus; quia planè eadem intelligitur in qualibet istius spatii parte ac in toto. Et viceversâ, potest intelligi numerus denarius, ut etiam quantitas continua decem pedum, etsi ad istam determinatam substantiam non attendamus: quia planè idem est conceptus numeri denarii, sive ad hanc mensuram decem pedum, sive ad quidlibet aliud referatur; & quantitas continua decem pedum, etsi non possit intelligi sine aliqua substantia extensa, cujus sit quantitas, potest tamen sine hac determinata. In re autem fieri non potest, ut vel minimum quid ex ista quantitate aut extensione tollatur, quin tantundem etiam de substantia detrahatur; nec viceversâ, ut tantillum de substantia detrahatur, quin tantundem de quantitate ac extensione tollatur.

merum differre tantùm ratione à re quanta & numerata.

IX. *Substantiam corpoream, cùm à quantitate sua distinguitur, confusè concipi tanquam incorpoream.*

Et quamvis fortè nonnulli aliud dicant, non puto tamen ipsos aliud eâ de re percipere; sed cùm substantiam ab extensione, aut quantitate distinguunt, vel nihil per nomen substantiæ intelligunt, vel confusam tantùm substantiæ incorporeæ ideam habent, quam falsò tribuunt corporeæ, hujusque substantiæ corporeæ veram ideam extensioni relinquunt, quam tamen accidens vocant, atque ita planè aliud efferunt verbis, quàm mente comprehendant.

X. *Quid sit spatium, sive locus internus.*

Non etiam in re differunt spatium, sive locus internus, & substantia corporea in eo contenta, sed tantùm in modo, quo à nobis concipi solent. Revera enim extensio in longum, latum & profundum, quæ spatium constituit, eadem planè est cum illâ, quæ constituit corpus. Sed in hoc differentia est, quòd ipsam in corpore ut singularem consideremus, & putemus semper mutari quoties mutatur corpus; in spatio verò unitatem tantùm genericam ipsi tribuamus, adeò ut mutato corpore quod spatium implet, non tamen extensio spatii mutari censeatur, sed remanere una & eadem, quamdiu manet ejusdem magnitudinis & figuræ, servatque eundem situm inter externa quædam corpora, per quæ illud spatium determinamus.

XI. *Quomodo in re non differat à substantia corporea.*

Et quidem facilè agnoscemus, eandem esse extensionem, quæ naturam corporis & naturam spatii constituit, nec magis hæc duo à se mutuò differre, quàm natura generis aut speciei differt à natura individui; si attendentes ad ideam quam habemus alicujus corporis, exempli causâ lapidis, rejiciamus ab illa id omne, quod ad corporis naturam non requiri cognoscimus: nempe rejiciamus primò duritiem, quia si lapis liquefiat, aut in pulvisculos quàm minutissimos dividatur, illam amittet, neque tamen ideò desinet esse corpus; rejiciamus etiam colorem, quia vidimus sæpe lapides adeò pellucidos, ut nullus in iis esset color; rejiciamus gravitatem, quia quamvis ignis sit levissimus, non ideò minùs putatur esse corpus; ac denique rejiciamus frigus, & calorem, aliasque omnes qualitates, quia vel non considerantur in lapide, vel iis mutatis, non ideò lapis corporis naturam amisisse existimatur. Ita enim advertemus, nihil planè in ejus idea remanere, præterquàm quòd sit quid extensum in longum, latum & profundum; quod idem continetur in idea spatii, non modò corporibus pleni, sed ejus etiam quod vacuum appellatur.

XII. *Quomodo ab eadem differat in modo, quo concipitur.* Est autem differentia in modo concipiendi; nam sublato lapide ex spatio vel loco in quo est, putamus etiam ejus extensionem esse sublatam, utpote quam ut singularem & ab ipso inseparabilem spectamus: sed interim extensionem loci, in quo erat lapis, remanere arbitramur, eandemque esse, quamvis jam ille locus lapidis à ligno, vel aquâ, vel aëre, vel alio quovis corpore occupetur, vel etiam vacuus esse credatur. Quia ibi consideratur extensio in genere, censeturque eadem esse lapidis, ligni, aquæ, aëris, aliorumque corporum, vel etiam ipsius vacui, si quod detur, modò tantùm sit ejusdem magnitudinis ac figuræ, servetque eundem situm inter corpora externa, quæ spatium illud determinant.

XIII. *Quid sit locus externus.* Quippe nomina loci aut spatii, non significant quicquam diversum à corpore, quod dicitur esse in loco; sed tantùm ejus magnitudinem, figuram, & situm inter alia corpora designant. Et quidem ut ille situs determinetur, respicere debemus ad alia aliqua corpora, quæ ut immobilia spectemus: Ac prout ad diversa respicimus, dicere possumus eandem rem, eodem tempore locum mutare, ac non mutare. Ut cùm navis in mari provehitur, qui sedet in puppi manet semper uno in loco, si ratio habeatur partium navis, inter quas eundem situm servat; & ille idem assiduè locum mutat, si ratio littorum habeatur, quoniam assiduè ab unis recedit, & ad alia accedit. Ac præterea, si putemus terram moveri, tantumque præcisè procedere ab Occidente versus Orientem, quantum navis interim ex Oriente in Occidentem promovetur; dice-

dicemus rursus illum qui sedet in puppi, locum suum non mutare: quia nempe loci determinationem, ab immotis quibusdam cœli punctis desumemus. Sed si tandem cogitemus, nulla ejusmodi puncta verè immota in universo reperiri, ut probabile esse infrà ostendetur; inde concludemus, nullum esse permanentem ullius rei locum, nisi quatenus à cogitatione nostrâ determinatur.

XIV. *In quo differant locus & spatium.*

Differunt autem nomina loci & spatii, quia locus magis expressè designat situm, quàm magnitudinem aut figuram; & è contra, magis ad has attendimus, cum loquimur de spatio. Dicimus enim frequenter unam rem in locum alterius succedere, quamvis non sit accuratè ejusdem magnitudinis, nec figuræ; sed tunc negamus illam idem spatium occupare; ac semper cùm ille situs mutatur, dicimus locum mutari, quamvis eadem magnitudo ac figura permaneat; Cumque dicimus rem esse in hoc loco, nihil aliud intelligimus, quàm illam obtinere hunc situm inter alias res; & cùm addimus ipsam implere hoc spatium, vel hunc locum, intelligimus præterea ipsam esse hujus determinatæ magnitudinis, ac figuræ.

XV. *Quomodo locus externus, pro superficie corporis ambientis rectè sumatur.*

Atque ita spatium quidem semper sumimus pro extensione in longum, latum & profundum. Locum autem aliquando consideramus, ut rei quæ in loco est internum, & aliquando ut ipsi externum. Et quidem internus idem planè est quod spatium; externus autem sumi potest pro superficie quæ proximè ambit locatum. Notandumque est, per superficiem non hîc intelligi ullam corporis ambientis partem, sed solum terminum, qui medius est inter ipsum corpus ambiens, & id quod ambitur; quique nihil aliud est quàm modus: vel certè intelligi superficiem in communi, quæ non sit pars unius corporis magis quàm alterius, sed eadem semper esse censeatur, cùm retinet eandem magnitudinem & figuram. Etsi enim omne corpus ambiens cum sua superficie mutetur; non ideò res quam ambit, locum mutare existimatur, si eundem interim situm servet inter illa externa, quæ tanquam immobilia spectantur. Ut si navim in unam partem à fluminis lapsu, & in contrariam à vento tam æqualiter impelli supponamus, ut situm suum inter ripas non mutet, facilè aliquis credet ipsam manere in eodem loco, quamvis omnis superficies ambiens mutetur.

XVI. *Repugnare*

Vacuum autem philosophico more sumptum, hoc est, in quo nulla

ut detur vacuum, sive in quo nulla planè sit res. nulla planè sit substantia, dari non posse manifestum est, ex eo quòd extensio spatii, vel loci interni, non differat ab extensione corporis. Nam cùm ex eo solo, quòd corpus sit extensum in longum, latum & profundum, rectè concludamus illud esse substantiam; quia omnino repugnat ut nihili sit aliqua extensio, idem etiam de spatio, quod vacuum supponitur, est concludendum: quòd nempe cùm in eo sit extensio, necessariò etiam in ipso sit substantia.

XVII. *Vacuum ex vulgi usu non excludere omne corpus.*

Et quidem ex vulgi usu per nomen vacui, non solemus significare locum vel spatium in quo nulla planè sit res, sed tantummodo locum in quó nulla sit ex iis rebus, quas in eo esse debere cogitamus. Sic quia urna facta est ad aquas continendas, vacua dicitur, cùm aëre tantùm est plena; Sic nihil est in piscina, licet aquis abundet, si in ea desint pisces; Sic inane est navigium, quod comparatum erat ad vehendas merces, si solis arenis, quibus frangat impetus venti, sit onustum; Sic denique inane est spatium, in quo nihil est sensibile, quamvis materiâ creatâ & per se subsistente plenum sit; quia non solemus considerare, nisi eas res quæ à sensibus attinguntur. Atqui si postea, non attendentes, quid per nomina vacui & nihili sit intelligendum, in spatio quod vacuum esse diximus, non modò nihil sensibile, sed omnino nullam rem contineri existimemus; in eundem errorem incidemus, ac si ex eo quòd usitatum sit dicere, urnam in qua nihil est nisi aër, vacuam esse, ideò judicaremus aërem in ea contentum non esse rem subsistentem.

XVIII. *Quomodo emendandum sit præjudicium de vacuo absolutè sumpto.*

Lapsique sumus ferè omnes, à prima ætate in hunc errorem, propterea quòd non advertentes, ullam esse inter vas & corpus in eo contentum, necessariam conjunctionem; non putavimus quicquam obstare, quò minùs saltem Deus efficiat, ut corpus, quod vas aliquod replet, inde auferatur, & nullum aliud in ejus locum succedat. Jam autem, ut errorem illum emendemus, considerare oportet nullam quidem esse connexionem inter vas & hoc vel illud corpus particulare quod in eo continetur, sed esse maximam ac omnino necessariam, inter vasis figuram concavam & extensionem in genere sumptam, quæ in ea cavitate debet contineri: Adeò ut non magis repugnet nos concipere montem sine valle, quàm intelligere istam cavitatem absque extensione in eâ contentâ, vel hanc extensionem absque substantia quæ sit extensa: quia, ut sæpe dictum est, nihili nulla potest esse extensio. Ac proinde si quæratur quid fiet, si Deus

auferat

auferat omne corpus quod in aliquo vase continetur, & nullum aliud in ablati locum venire permittat? respondendum est, vasis latera sibi invicem hoc ipso fore contigua. Cùm enim inter duo corpora nihil interjacet, necesse est ut se mutuò tangant, ac manifestè repugnat ut distent, sive ut inter ipsa sit distantia, & tamen ut ista distantia sit nihil; quia omnis distantia est modus extensionis, & ideò sine substantia extensa esse non potest.

Postquam sic advertimus substantiæ corporeæ naturam in eo tantùm consistere, quòd sit res extensa; ejusque extensionem non esse diversam ab ea, quæ spatio quantumvis inani tribui solet; facilè cognoscimus fieri non posse, ut aliqua ejus pars plus spatii occupet unâ vice quàm aliâ, sicque aliter rarefiat, quàm modo paulò antè explicato; vel ut plus sit materiæ, sive substantiæ corporeæ in vase, cùm plumbo, vel auro, vel alio quantumvis gravi ac duro corpore plenum est, quàm cùm aërem tantùm continet, vacuumque existimatur, quia partium materiæ quantitas, non pendet ab earum gravitate, aut duritie, sed à sola extensione, quæ semper in eodem vase est æqualis. XIX. *Ex his ea confirmari, quæ de rarefactione dicta sunt.*

Cognoscimus etiam fieri non posse ut aliquæ atomi, sive materiæ partes ex natura sua indivisibiles existant. Cùm enim, si quæ sint, necessariò debeant esse extensæ, quantumvis parvæ fingantur, possumus adhuc unamquamque ex ipsis in duas aut plures minores cogitatione dividere, ac proinde agnoscere esse divisibiles. Nihil enim possumus cogitatione dividere, quin hoc ipso cognoscamus esse divisibile; atque ideò, si judicaremus id ipsum esse indivisibile, judicium nostrum à cognitione dissentiret. Quin etiam si fingamus, Deum efficere voluisse, ut aliqua materiæ particula, in alias minores dividi non possit, non tamen illa propriè indivisibilis erit dicenda. Ut etenim effecerit eam à nullis creaturis dividi posse, non certè sibi ipsi ejusdem dividendæ facultatem potuit adimere; quia fieri planè non potest, ut propriam suam potentiam imminuat: quemadmodum suprà notatum est. Atque ideò absolutè loquendo, illa divisibilis remanebit, quoniam ex natura sua est talis. XX. *Ex his etiam demonstrari, nullas atomos dari posse.*

Cognoscimus præterea hunc mundum, sive substantiæ corporeæ universitatem, nullos extensionis suæ fines habere. Ubicunque enim fines illos esse fingamus, semper ultra ipsos aliqua spatia indefinitè extensa, non modò imaginamur, sed etiam verè imaginabilia, hoc est, realia esse percipimus; ac proinde etiam substantiam corpo- XXI. *Item mundum esse indefinite extensum.*

corpoream indefinitè extensam in iis contineri. Quia, ut jam fusè ostensum est, idea ejus extensionis, quam in spatio qualicunque concipimus, eadem planè est cum idea substantiæ corporeæ.

XXII. *Item unam & eandem esse materiam cæli & terræ; ac plures mundos esse non posse.*

Hincque etiam colligi facilè potest, non aliam esse materiam cœli quàm terræ; atque omnino si mundi essent infiniti, non posse non illos omnes ex una & eadem materia constare; nec proinde plures, sed unum tantùm, esse posse: quia perspicuè intelligimus illam materiam, cujus natura in eo solo consistit quòd sit substantia extensa, omnia omnino spatia imaginabilia, in quibus alii isti mundi esse deberent, jam occupare: nec ullius alterius materiæ ideam in nobis reperimus.

XXIII. *Omnem materiæ variationem, sive omnem ejus formarum diversitatem pendere à motu.*

Materia itaque in toto universo una & eadem existit; utpotè quæ omnis per hoc unum tantùm agnoscitur, quòd sit extensa. Omnesque proprietates, quas in ea clarè percipimus, ad hoc unum reducuntur quòd sit partibilis, & mobilis secundùm partes; & proinde capax illarum omnium affectionum, quas ex ejus partium motu sequi posse percipimus. Partitio enim, quæ fit solâ cogitatione, nihil mutat; sed omnis materiæ variatio, sive omnium ejus formarum diversitas, pendet à motu. Quod passim etiam à Philosophis videtur fuisse animadversum; quia dixerunt naturam esse principium motus & quietis. Tunc enim per naturam intellexerunt id, per quod res omnes corporeæ tales evadunt quales ipsas esse experimur.

XXIV. *Quid sit motus juxta vulgarem sensum.*

Motus autem (scilicet localis, neque enim ullus alius sub cogitationem meam cadit; nec ideò etiam ullum alium in rerum natura fingendum puto), motus, inquam, ut vulgò sumitur, nihil aliud est quàm *actio, quâ corpus aliquod ex uno loco in alium migrat.* Et idcirco, quemadmodum suprà monuimus, eandem rem eodem tempore dici posse locum mutare & non mutare, ita eadem etiam dici potest moveri & non moveri. Ut qui sedet in navi, dum ea solvit è portu, putat quidem se moveri, si respiciat ad littora, eaque ut immota consideret; non autem si ad ipsam navim, inter cujus partes eundem semper situm servat. Quin etiam, quatenus vulgò putamus in omni motu esse actionem, in quiete verò cessationem actionis, magis propriè tunc dicitur quiescere quàm moveri, quia nullam in se actionem sentit.

XXV. *Quid sit motus proprie sumptus.*

Sed si non tam ex vulgi usu, quàm ex rei veritate, consideremus, quid per motum debeat intelligi, ut aliqua ei determinata natura tribuatur; dicere possumus *esse translationem unius partis materiæ, sive unius minus corporis, ex vicinia eorum corporum, quæ illud immediatè contingunt, & tanquam quiescentia spectantur, in viciniam aliorum.* Ubi per unum corpus, sive unam partem materiæ, intelligo id omne quod simul transfertur; etsi rursus hoc ipsum constare possit ex multis partibus, quæ alios in se habeant motus; Et dico esse translationem, non vim vel actionem quæ transfert, ut ostendam illum semper esse in mobili, non in movente, quia hæc duo non satis accuratè solent distingui; ac esse duntaxat ejus modum, non rem aliquam subsistentem, sicut figura est modus rei figuratæ, ac quies rei quiescentis.

XXVI. *Non plus actionis requiri ad motum quàm ad quietem.*

Quippe notandum est, magno nos in hoc præjudicio laborare, quòd plus actionis ad motum requiri arbitremur, quàm ad quietem. Hocque ideo nobis ab ineunte ætate persuasimus, quòd corpus nostrum soleat moveri à nostra voluntate, cujus intimè conscii sumus, & quiescere ex hoc solo, quòd terræ adhæreat per gravitatem, cujus vim non sentimus. Et quidem quia ista gravitas, aliæque plures causæ à nobis non animadversæ, motibus, quos in membris nostris ciere volumus, resistunt, efficiuntque ut fatigèmur, putamus majore actione, sive majore vi opus esse ad motum ciendum, quàm ad illum sistendum; sumentes scilicet actionem, pro conatu illo quo utimur ad membra nostra & illorum ope alia corpora permovenda. Quod tamen præjudicium facilè exuemus, si consideremus, non modò conatu nobis opus esse ad movenda corpora externa, sed sæpe etiam ad eorum motus sistendos, cùm à gravitate aliave causa non sistuntur. Ut exempli gratiâ, non majori utimur actione ad navigium in aquâ stagnante quiescens impellendum, quàm ad idem, cùm movetur, subitò retinendum, vel certè non multò majori; hinc enim demenda est aquæ ab eo sublèvatæ gravitas, & ejusdem lentor, à quibus paulatim sisti posset.

XXVII. *Motum & quietem esse tantùm diversos modos corporis moti.*

Cùm autem hîc non agatur de illa actione, quæ intelligitur esse in movente, vel in eo qui motum sistit, sed de sola translatione, ac translationis absentiâ, sive quiete; manifestum est hanc translationem extra corpus motum esse non posse, atque hoc corpus alio modo se habere, cùm transfertur, & alio cùm non transfertur, sive cùm quiescit: adeò ut motus & quies nihil aliud in eo sint, quàm duo diversi modi.

XXVIII. *Motum proprie sumtum non referri,*

Addidi præterea, translationem fieri ex vicinia corporum contiguorum, in viciniam aliorum, non autem ex uno loco in alium: quia, ut suprà exposui, loci acceptio varia est, ac pendet à nostra cogitatione:

nisi ad corpora contigua ejus quod movetur.

tione: sed cùm per motum intelligimus eam translationem, quæ fit ex vicinia corporum contiguorum, quoniam una tantùm corpora, eodem temporis momento ejusdem mobilis contigua esse possunt, non possumus isti mobili plures motus eodem tempore tribuere, sed unum tantùm.

XXIX. *Nec referri nisi ad ea corpora contigua, quæ tanquam quiescentia spectantur.*

Addidi denique, translationem illam fieri ex vicinia, non quorumlibet corporum contiguorum, sed eorum duntaxat, quæ tanquam quiescentia spectantur. Ipsa enim translatio est reciproca, nec potest intelligi corpus A B transferri ex vicinia corporis C D, quin simul etiam intelligatur corpus C D, transferri ex vicinia corporis A B: Ac planè eadem vis & actio requiritur ex una parte atque ex altera. Quapropter si omnino propriam, & non ad aliud relatam naturam motui tribuere vellemus, cùm duo corpora contigua unum in unam, aliud in aliam partem transferuntur, sicque à se mutuò separantur, tantundem motus in uno quàm in altero esse diceremus. Sed hoc à communi loquendi usu nimium abhorreret. cùm enim assueti simus stare in terra, eamque ut quiescentem considerare, quamvis aliquas ejus partes aliis minoribus corporibus contiguas, ab eorum vicinia transferri videamus, non tamen ipsam ideò moveri putamus.

XXX. *Cur ex duobus corporibus contiguis quæ separantur ab invicem, unum potius quam aliud moveri dicatur.*

Hujusque rei præcipua ratio est, quòd motus intelligatur esse totius corporis quod movetur, nec possit ita intelligi esse totius terræ, ob translationem quarundam ejus partium, ex vicinia minorum corporum quibus contiguæ sunt; quoniam sæpe plures ejusmodi translationes sibi mutuò contrarias, in ipsa licet advertere. Ut si corpus E F G H sit terra, & suprà ipsam eodem tempore corpus A B transferatur ab E versus F, ac C D ab H versus G, quamvis hoc ipso partes terræ corpori A B contiguæ, à B versus A transferantur, neque minor vel alterius naturæ actio in iis esse debeat, ad illam translationem, quàm in corpore A B, non ideò intelligimus terram moveri à B versus A, sive ab Occidente versus Orientem, quia pari ratione ob id quòd ejus partes corpori C D contiguæ, transferantur à C versus D, intelligendum esset eam

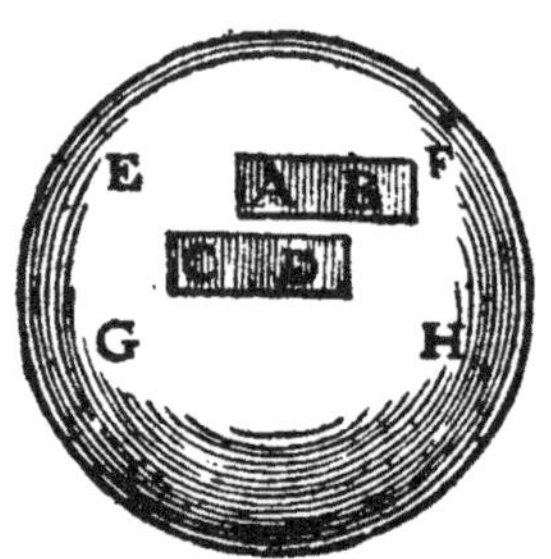

tam etiam in aliam partem moveri, nempe ab Oriente in Occidentem; quæ duo inter se pugnant. Ita ergo ne nimium à communi usu loquendi recedamus, non hîc dicemus terram moveri, sed sola corpora A B & C D; atque ita de reliquis. Sed interim recordabimur, id omne quod reale est ac positivum in corporibus quæ moventur, propter quod moveri dicuntur, reperiri etiam in aliis ipsorum contiguis, quæ tamen ut quiescentia tantùm spectantur.

XXXI. *Quomodo in eodem corpore innumeri diversi motus esse possint.*

Etsi autem unumquodque corpus habeat tantùm unum motum sibi proprium, quoniam ab unis tantùm corporibus sibi contiguis & quiescentibus recedere intelligitur, participare tamen etiam potest ex aliis innumeris, si nempe sit pars aliorum corporum alios motus habentium. Ut si quis ambulans in navi horologium in pera gestet, ejus horologii rotulæ unico tantum motu sibi proprio movebuntur, sed participabunt etiam ex alio, quatenus adjunctæ homini ambulanti, unam cum illo materiæ partem component, & ex alio quatenus erunt adjunctæ navigio in mari fluctuanti, & ex alio quatenus adjunctæ ipsi mari, & denique alio quatenus adjunctæ ipsi terræ, si quidem toto terra moveatur: Omnesque hi motus revera erunt in rotulis istis; sed quia non facilè tam multi simul intelligi, nec etiam omnes agnosci possunt, sufficiet unicum illum, qui proprius est cujusque corporis, in ipso considerare.

XXXII. *Quomodo etiam motus proprie sumptus, qui in quoque corpore unicus est, pro pluribus sumi possit.*

Ac præterea ille unicus cujusque corporis motus, qui ei proprius est, instar plurium potest considerari: ut cùm in rotis curruum duos diversos distinguimus, unum scilicet circularem circa ipsarum axem, & alium rectum secundùm longitudinem viæ per quam feruntur. Sed quòd ideò tales motus non sint revera distincti, patet ex eo, quòd unumquodque punctum corporis quod movetur, unam tantùm aliquam lineam describat. Nec refert, quòd ista linea sæpe sit valde contorta, & ideò à pluribus diversis motibus genita videatur; quia possumus imaginari, eodem modo quamcunque lineam, etiam rectam, quæ omnium simplicissima est, ex infinitis diversis motibus ortam esse. Ut si linea A B feratur versus C D, & eodem tempore punctum A feratur versus B, linea recta A D, quam hoc punctum A describet, non minus pendebit à duobus motibus rectis, ab A in B, & ab A B in C D, quam linea curva, quæ à quo-

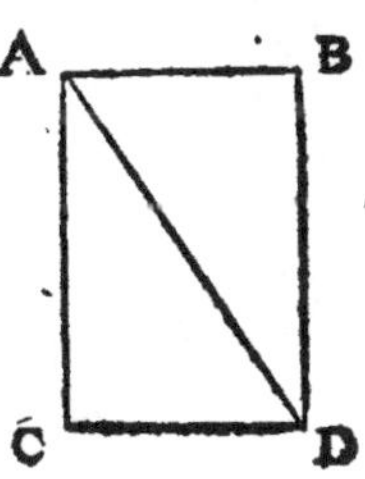

vis rotæ puncto describitur, pendet à motu recto & circulari. Ac proinde quamvis sæpe utile sit unum motum in plures partes hoc pacto distinguere, ad faciliorem ejus perceptionem, absolutè tamen loquendo, unus tantùm in unoquoque corpore est numerandus.

XXXIII. *Quomodo in omni motu integer circulus corporum simul moveatur.*

Ex hoc autem, quòd supra fuerit animadversum, loca omnia corporibus plena esse, semperque easdem materiæ partes æqualibus locis coæquari; sequitur nullum corpus moveri posse nisi per circulum, ita scilicet, ut aliud aliquod corpus ex loco quem ingreditur expellat, hocque rursus aliud, & aliud, usque ad ultimum, quod in locum à primo derelictum, eodem temporis momento, quo derelictus est, ingrediatur. Hocque facilè intelligimus in circulo perfecto, quia videmus nullum vacuum, nullamque rarefactionem, aut condensationem requiri, ut pars circuli A moveatur versus B, modò eodem tempore pars B moveatur versus C, C versus D, ac D versus A. Sed idem intelligi etiam potest in circulo non perfecto, & quantumlibet irregulari, modò advertatur, quo pacto omnes locorum inæqualitates, inæquali motuum celeritate possint compensari. Sic tota materia contenta in spatio E F G H, circulariter moveri potest absque ulla condensatione vel vacuo, & eodem tempore ejus pars quæ est versus E, transire versus G, ac ea quæ est versus G, transire versus E; modò tantùm ut spatium in G supponitur esse quadruplo latius quàm in E, ac duplo quàm in F & H, ita etiam quadruplo celerius moveatur in E quàm in G,

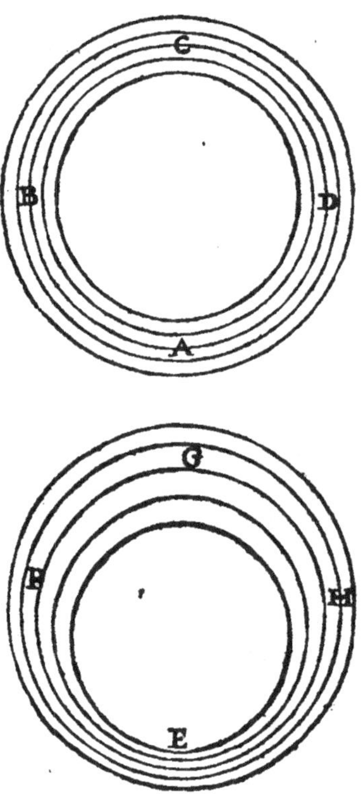

ac

æ duplo celeriùs quam in F vel H; atque ita reliquis omnibus in locis motus celeritas angustiam loci compenset: Hoc enim pacto, in quovis determinato tempore, tantundem materiæ per unam istius circuli partem, quam per alteram transibit.

XXXIV. *Hinc sequi divisionem materiæ in particulas revera indefinitas, quamvis eæ nobis sint incomprehensibiles.*

Fatendum tamen est in motu isto aliquid reperiri, quod mens quidem nostra percipit esse verum, sed tamen, quo pacto fiat, non comprehendit, nempe divisionem quarundam particularum materiæ in infinitum, sive indefinitam, atque in tot partes, ut nullam cogitatione determinare possimus tam exiguam, quin intelligamus ipsam in alias adhuc minores reipsa esse divisam. Fieri enim non potest, ut materia quæ jam implet spatium G, successivè impleat omnia spatia innumeris gradibus minora, quæ sunt inter G & E; nisi aliqua ejus pars, ad innumerabiles illorum spatiorum mensuras figuram suam accommodet: quod ut fiat, necesse est omnes imaginabiles ejus particulas, quæ sunt revera innumeræ, à se mutuò aliquantulum removeri, & talis quantulacunque remotio, vera divisio est.

XXXV. *Quomodo fiat ista divisio; & quod non sit dubitandum, quin fiat, etsi non comprehendatur.*

Notandum autem me hîc non loqui de tota materia, sed tantùm de aliqua ejus parte. Quamvis enim supponamus duas aut tres ejus partes esse in G, tantæ latitudinis, quanta est spatium E, itemque etiam plures alias minores, quæ maneant indivisæ; nihilominus intelligi potest eas moveri circulariter versus E, modò quædam aliæ ipsis admistæ sint, quæ se quomodolibet inflectant, & figuras suas sic mutent, ut junctæ istis figuras suas non ita mutantibus, sed solam celeritatem motus ad rationem loci occupandi accommodantibus, omnes angulos quos istæ aliæ non occupabunt, accuratè compleant. Et quamvis, quomodo fiat indefinita ista divisio, cogitatione comprehendere nequeamus, non ideò tamen debemus dubitare quin fiat; quia clarè percipimus illam necessariò sequi, ex natura materiæ nobis evidentissimè cognita, percipimusque etiam eam esse de genere eorum quæ à mente nostra, utpote finitâ, capi non possunt.

XXXVI. *Deum esse primariam motus causam: & eandem semper motus quantitatem in universo conservare.*

Motus naturâ sic animadversâ, considerare oportet ejus causam, eamque duplicem: Primò scilicet universalem & primariam, quæ est causa generalis omnium motuum qui sunt in mundo; ac deinde particularem, à qua fit, ut singulæ materiæ partes motus, quos priùs non habuerunt, acquirant. Et generalem quod attinet, manifestum mihi videtur illam non aliam esse, quàm Deum ipsum, qui mate-

materiam simul cum motu & quiete in principio creavit, jamque per solum suum concursum ordinarium, tantundem motus & quietis in ea tota quantum tunc posuit, conservat. Nam quamvis ille motus nihil aliud sit in materia mota quàm ejus modus, certam tamen & determinatam habet quantitatem, quam facilè intelligimus eandem semper in tota rerum universitate esse posse, quamvis in singulis ejus partibus mutetur. Ita scilicet ut putemus, cùm una pars materiæ duplo celeriùs movetur quàm altera, & hæc altera duplò major est quàm prior, tantundem motus esse in minore quàm in majore, ac quantò motus unius partis lentior fit, tantò motum alicujus alterius ipsi æqualis fieri celeriorem. Intelligimus etiam perfectionem esse in Deo, non solùm quòd in se ipso sit immutabilis, sed etiam quòd modo quàm maximè constanti & immutabili operetur: Adeò ut iis mutationibus exceptis, quas evidens experientia, vel divina revelatio certas reddit, quasque sine ulla in creatore mutatione fieri percipimus, aut credimus, nullas alias in ejus operibus supponere debeamus, ne qua inde inconstantia in ipso arguatur. Unde sequitur quàm maximè rationi esse consentaneum, ut putemus ex hoc solo, quòd Deus diversimodè moverit partes materiæ, cùm primùm illas creavit, jamque totam istam materiam conservet, eodem planè modo, eademque ratione quâ priùs creavit, eum etiam tantundem motus in ipsâ semper conservare.

XXXVII. *Prima lex naturæ: quod unaquæque res quantum in se est, semper in eodem statu perseveret; sicque quod semel movetur semper moveri pergat.*

Atque ex hac eadem immutabilitate Dei, regulæ quædam sive leges naturæ cognosci possunt, quæ sunt causæ secundariæ ac particulares diversorum motuum, quos in singulis corporibus advertimus. Harum prima est, unamquamque rem, quatenus est simplex & indivisa, manere quantum in se est in eodem semper statu, nec unquam mutari nisi à causis externis. Ita si pars aliqua materiæ sit quadrata, facilè nobis persuademus illam perpetuò mansuram esse quadratam, nisi quid aliunde adveniat quod ejus figuram mutet; Si quiescat, non credimus illam unquam incepturam moveri, nisi ab aliqua causa ad id impellatur; Nec ulla major ratio est si moveatur, cur putemus ipsam unquam sua sponte, & à nullo alio impeditam, motum illum suum esse intermissuram. Atque ideò concludendum est id quod movetur, quantum in se est, semper moveri. Sed quia hîc versamur circa terram, cujus constitutio talis est, ut motus omnes qui prope illam fiunt, brevi sistantur, & sæpe ob causas quæ sensus nostros latent, ideò ab ineunte ætate sæpe judicavimus eos motus, qui

qui sic à causis nobis ignotis sistebantur, suâ sponte desinere: Jamque proclives sumus ad illud de omnibus existimandum, quod videmur in multis esse experti; nempe illos ex natura sua cessare, sive tendere ad quietem. Quod profectò legibus naturæ quàm maximè adversatur; quies enim motui est contraria, nihilque ad suum contrarium, sive ad destructionem sui ipsius, ex propria natura ferri potest.

XXXVIII. *De motu projectorum.*

Et verò quotidiana experientia in iis quæ projiciuntur, regulam nostram omnino confirmat. Neque enim alia ratio est, cur projecta perseverent aliquandiu in motu, postquam à manu jaciente separata sunt, quàm quia semel mota pergunt moveri, donec ab obviis corporibus retardentur. Et manifestum est, ipsa solere ab aëre, aliisve quibuslibet fluidis corporibus in quibus moventur, paulatim retardari, atque ideò motum ipsorum diu durare non posse. Aërem enim motibus aliorum corporum resistere, ipso sensu tactus possumus experiri, si flabello ipsum percutiamus; idemque volatus avium confirmat. Et nullus alius est liquor, qui non manifestiùs adhuc quàm aër, motibus projectorum resistat.

XXXIX. *Altera lex naturæ; quòd omnis motus ex se ipso sit rectus, & ideò quæ circulariter moventur, tendere semper, ut recedant à centro circuli quem describunt.*

Altera lex naturæ est; unamquamque partem materiæ seorsim spectatam, non tendere unquam, ut secundùm ullas lineas obliquas pergat moveri, sed tantummodo secundùm rectas; etsi multæ sæpe cogantur deflectere propter occursum aliarum, atque ut paulò antè dictum est, in quolibet motu fiat quodammodo circulus, ex omni materia simul mota. Causa hujus regulæ eadem est quæ præcedentis, nempe immutabilitas, & simplicitas operationis, per quam Deus motum in materia conservat. Neque enim illum conservat, nisi præcisè qualis est eo ipso temporis momento quo conservat, nullâ habitâ ratione ejus qui fortè fuit paulò antè. Ac quamvis nullus motus fiat in instanti, manifestum tamen est omne id quod movetur, in singulis instantibus, quæ possunt designari dum movetur, determinatum esse ad motum suum continuandum versus aliquam partem, secundùm lineam rectam, non autem unquam secundùm ullam lineam curvam. Ut exempli causâ, lapis A, in funda E A per circulum A B F rotatus, eo instanti, quo est in puncto A, determinatus quidem est ad motum versus aliquam partem, nempe secundùm lineam rectam versus C, ita scilicet ut linea recta A C, sit tangens circuli. Non autem fingi potest illum determinatum esse ad ullum motum curvum: etsi enim priùs venerit

ex-

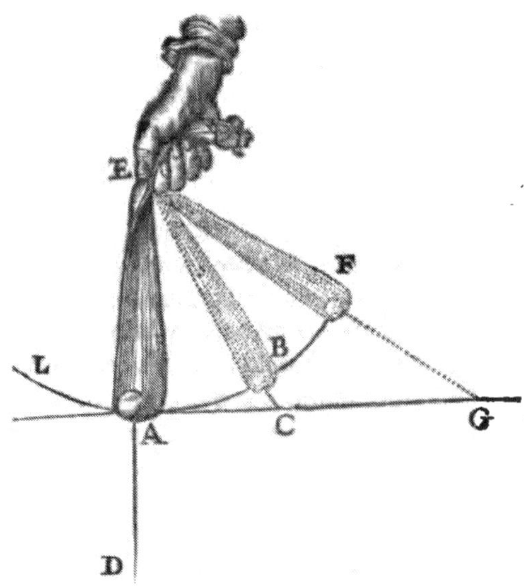

ex L ad A, per lineam curvam, nihil tamen iſtius curvitatis intelligi poteſt in eo remanere, dum eſt in puncto A. Hocque etiam experientiâ confirmatur, quia ſi tunc è funda egrediatur, non perget moveri verſus B, ſed verſus C. Ex quo ſequitur, omne corpus quod circulariter movetur, perpetuò tendere, ut recedat à centro circuli quem deſcribit. Ut ipſo manus ſenſu experimur in lapide, dum illum fundâ circumagimus. Et quia conſideratione iſtâ in ſequentibus ſæpe utemur, diligenter erit advertenda, fuſiuſque infrà exponetur.

XL.
Tertia lex: quòd unum corpus alteri fortiori occurrendo, nihil amittat de ſuo motu; occurrendo verò minùs forti tantùm amittat, quantùm in illud transfert.

Tertia lex naturæ hæc eſt. Ubi corpus quod movetur alteri occurrit, ſi minorem habeat vim ad pergendum ſecundùm lineam rectam, quàm hoc alterum ad ei reſiſtendum, tunc deflectitur in aliam partem, & motum ſuum retinendo ſolam motus determinationem amittit; ſi verò habeat majorem, tunc alterum corpus ſecum movet, ac quantum ei dat de ſuo motu, tantundem perdit. Ita experimur dura quælibet corpora projecta, cùm in aliud durum corpus impingunt, non ideò à motu ceſſare, ſed verſus contrariam partem reflecti; contrà verò, cùm occurrunt corpori molli, quia facilè in illud motum omnem ſuum tranſmittunt, ideò ſtatim ad quietem reduci.

reduci. Atque omnes causæ particulares mutationum, quæ corporibus accidunt, in hac tertia lege continentur; saltem eæ quæ ipsæ corporeæ sunt; an enim & qualem mentes humanæ vel Angelicæ vim habeant corpora movendi, non jam inquirimus; sed ad tractationem de homine reservamus.

XLI. *Probatio prioris partis hujus regulæ.*

Demonstratur autem prior pars hujus legis, ex eo quòd differentia sit inter motum in se spectatum, & ipsius determinationem versus certam partem; quâ fit, ut ista determinatio possit mutari, motu integro remanente. Cùm enim, ut antè dictum est, unaquæque res, non composita, sed simplex, qualis est motus, semper esse perseveret, quamdiu à nulla causa externa destruitur; & in occursu duri corporis, appareat quidem causa quæ impediat, ne motus alterius corporis, cui occurrit, maneat determinatus versus eandem partem; non autem ulla, quæ motum ipsum tollat, vel minuat, quia motus motui non est contrarius; hinc sequitur illum idcirco minui non debere.

XLII. *Probatio posterioris partis.*

Demonstratur etiam pars altera, ex immutabilitate operationis Dei, mundum eâdem actione, quâ olim creavit, continuò jam conservantis. Cùm enim omnia corporibus sint plena, & nihilominus uniuscujusque corporis motus tendat in lineam rectam, perspicuum est Deum ab initio mundum creando, non modò diversas ejus partes diversimodè movisse, sed simul etiam effecisse, ut unæ alias impellerent, motusque suos in illas transferrent: adeò ut jam ipsum conservando eâdem actione, ac cum iisdem legibus, cum quibus creavit, motum non iisdem materiæ partibus semper infixum, sed ex unis in alias, prout sibi mutuò occurrunt, transeuntem conservet. Sicque hæc ipsa creaturarum continua mutatio, immutabilitatis Dei est argumentum.

XLIII. *In quo consistat vis cujusque corporis ad agendum vel resistendum.*

Hîc verò diligenter advertendum est, in quo consistat vis cujusque corporis ad agendum in aliud, vel ad actioni alterius resistendum: nempe in hoc uno, quòd unaquæque res tendat, quantum in se est, ad permanendum in eodem statu in quo est, juxta legem primo loco positam. Hinc enim id quod alteri conjunctum est, vim habet nonnullam, ad impediendum ne disjungatur; id quod disjunctum est, ad manendum disjunctum; id quod quiescit, ad perseverandum in sua quiete, atque ex consequenti ad resistendum iis omnibus quæ illam possunt mutare; id quod movetur ad perseverandum in suo motu, hoc est, in motu ejusdem celeritatis, & versus eandem partem.

 tem.

tem. Visque illa debet æstimari tum à magnitudine corporis in quo est, & superficiei, secundùm quam istud corpus ab alio disjungitur; tum à celeritate motus, ac naturâ, & contrarietate modi, quo diversa corpora sibi mutuò occurrunt.

XLIV. *Motum non esse motui contrarium, sed quieti: & determinationem in unam partem determinationi in partem oppositam.*

Atque notandum est, unum motum alteri motui æquè veloci nullo modo esse contrarium: sed propriè tantùm duplicem hîc inveniri contrarietatem. Unam inter motum & quietem, vel etiam inter motus celeritatem & tarditatem, quatenus scilicet ista tarditas de quietis natura participat: Alteram inter determinationem motus versus aliquam partem, & occursum corporis in illa parte quiescentis, vel aliter moti, atque pro ratione partis, in quam corpus alteri occurrens movetur, hæc contrarietas est major vel minor.

XLV. *Quomodo possit determinari, quantum cujusque corporis motus mutetur propter aliorum corporum occursum; idque per regulas sequentes.*

Ex quibus ut possimus determinare, quo pacto singula corpora motus suos augeant vel minuant, vel in alias partes convertant, ob aliorum corporum occursus, oportet tantùm calculo subducere, quantum in unoquoque sit virium, sive ad movendum, sive ad motui resistendum, ac pro certo statuere, illud semper, quod valentius est, sortiri suum effectum. Hocque facilè calculo subduci posset, si duo tantùm corpora sibi mutuò occurrerent, eaque essent perfectè dura, & à reliquis omnibus sic divisa, ut eorum motus à nullis aliis circumjacentibus impedirentur, nec juvarentur; ea enim regulas sequentes observarent.

XLVI. *Prima.*

Primò, si duo illa corpora, putà B & C, essent planè æqualia, & æquè velociter moverentur, B quidem à dextra versus sinistram, & C illi in directum à sinistra versus dextram, cùm sibi mutuò occurrerent reflecterentur, & postea pergerent moveri, B versus dextram, & C versus sinistram, nullâ parte suæ celeritatis amissâ.

XLVII. *Secunda.*

Secundò, si B esset tantillò majus quàm C, cæteris positis ut prius, tunc solum C reflecteretur, & utrumque versus sinistram eâdem celeritate moveretur.

XLVIII. *Tertia.*

Tertiò, si mole essent æqualia, sed B tantillò celeriùs moveretur quàm C, non tantùm ambo pergerent moveri versus sinistram, sed etiam transferretur ex B in C, media pars celeritatis qua hoc ab illo excederetur: hoc est, si fuissent priùs sex gradus celeritatis

in

in B, & quatuor tantùm in C, post mutuum occursum unumquodque tenderet versus sinistram, cum quinque gradibus celeritatis.

Quartò, si corpus C planè quiesceret, essetque paulò majus quàm B, quacunque cum celeritate B moveretur versus C, nunquam ipsum C moveret; sed ab eo repelleretur in contrariam partem: quia corpus quiescens magis resistit magnæ celeritati quàm parvæ, idque pro ratione excessus unius suprà alteram; & idcirco semper major esset vis in C ad resistendum, quàm in B ad impellendum. XLIX. *Quarta.*

Quintò, si corpus quiescens C, esset minùs quàm B, tunc quantumvis tardè B versus C moveretur, illud secum moveret, partem scilicet sui motus ei talem transferendo, ut ambo postea æquè celeriter moverentur: nempe si B esset duplo majus quàm C, transferret ipsi tertiam partem sui motus, quia una illa tertia pars tam celeriter moveret corpus C, quàm duæ aliæ residuæ, corpus B duplo majus. Et ita postquam B ipsi C occurrisset, una tertia parte tardiùs moveretur quàm priùs, hoc est, tantundem temporis requireret, ut moveretur per spatium duorum pedum, quàm priùs ut moveretur per spatium trium. Eodem modo, si B esset triplo majus quàm C, transferret ipsi quartam partem sui motus; & sic de cæteris. L. *Quinta.*

Sextò, si corpus C quiescens, esset accuratissimè æquale corpori B versus illud moto, partim ab ipso impelleretur, & partim ipsum in contrariam partem repelleret: nempe si B veniret versus C, cum quatuor gradibus celeritatis, communicaret ipsi C unum gradum, & cum tribus residuis, reflecteretur versus partem adversam. LI. *Sexta.*

Denique, si B & C versus eandem partem moverentur, C quidem tardiùs, B autem illud insequens celerius, ita ut ipsum tandem attingeret, essetque C majus quàm B; sed excessus celeritatis in B esset major, quàm excessus magnitudinis in C, tunc B transferret tantum de suo motu in C, ut ambo postea æquè celeriter, & in easdem partes moverentur. Si autem è contra excessus celeritatis in B minor esset, quàm excessus magnitudinis in C, B in contrariam partem reflecteretur, & motum omnem suum retineret. Atque hi excessus ita computantur: Si C esset duplo majus quàm B, & B non moveretur duplo celeriùs LII. *Septima.*

quàm C, ipsum non pelleret, sed in contrariam partem reflecteretur; Si verò magis quàm duplo celeriùs moveretur, ipsum pelleret. Nempe si C haberet tantùm duos gradus celeritatis, & B haberet quinque: demerentur duo gradus ex B, qui translati in C, unum tantùm gradum efficerent; quia C est duplo majus quàm B: quò fieret ut duo corpora B & C, cum tribus gradibus celeritatis postea moverentur: & ita de cæteris est judicandum. Nec ista egent probatione, quia per se sunt manifesta.

LIII. *Harum regularum usum esse difficilem, propterea quòd unumquodque corpus à multis simul tangatur.*

Sed quia nulla in mundo corpora esse possunt, à reliquis omnibus ita divisa, & nulla circa nos esse solent planè dura, ideò multò difficiliùs iniri potest calculus, ad determinandum quantum cujusque corporis motus ob aliorum occursum mutetur. Simul enim habenda est ratio, eorum omnium quæ illud circumquaque contingunt, eaque quantum ad hoc valde diversos habent effectus, prout sunt dura, vel fluida, quorum ideò diversitas in quo consistat, hîc est quærendum.

LIV. *Quæ sint corpora dura, quæ fluida.*

Nempe sensu teste, non aliam agnoscimus, quàm quòd fluidorum partes facilè recedant ex locis suis, atque ideò manibus nostris versus illa se moventibus non resistant; contrà autem durorum partes ita sibi mutuò cohæreant, ut non sine vi, quæ sufficiat ad istam illorum cohærentiam superandam, sejungi possint. Et ulterius investigantes, quî fiat, ut quædam corpora, sine ulla difficultate loca sua corporibus aliis relinquant, alia non item, facilè advertimus ea quæ jam sunt in motu, non impedire, ne loca quæ spontè deserunt ab aliis occupentur; sed ea quæ quiescunt, non sine aliqua vi ex locis suis extrudi posse. Unde licet colligere, corpora divisa in multas exiguas particulas, motibus à se mutuò diversis agitatas, esse fluida; ea verò, quorum omnes particulæ juxta se mutuò quiescunt, esse dura.

LV. *Durorum partes nullo alio glutino simul jungi, quàm earum quiete.*

Neque profectò ullum glutinum possumus excogitare, quod particulas durorum corporum firmiùs inter se conjungat, quàm ipsarum quies. Quid enim esse posset glutinum istud? non substantia, quia cùm particulæ istæ sint substantiæ, nulla ratio est cur per aliam substantiam potiùs quàm per se ipsas jungerentur: non etiam est modus ullus diversus à quiete; nullus enim alius magis adversari potest motui, per quem istæ particulæ separentur, quàm ipsarum quies. Atque præter substantias, & earum modos, nullum aliud genus rerum agnoscimus.

Quan-

LVI. *Fluidorum particulas æquali vi versus omnes partes moveri; Et corpus durum in fluido existens, à minima vi posse determinari ad motum.*

Quantum autem ad fluida, etsi sensu non advertamus ipsorum particulas moveri, quia sunt nimis exiguæ, facilè tamen ex effectibus id colligitur, præcipuè in aëre & aqua, ex eo quòd alia multa corpora corrumpant: Neque enim actio ulla corporea, qualis ista corruptio est, sine motu locali esse potest; & causæ ipsorum motus infrà dicentur. Sed in eo est difficultas, quòd istæ fluidorum particulæ, non possint omnes eodem tempore in unamquamque partem ferri; quod tamen requiri videtur, ut non impediant motum corporum ex qualibet parte venientium; quemadmodum videmus illas eum non impedire. Nam si, exempli causâ, corpus durum B, moveatur versus C, ac quædam ex partibus fluidi intermedii D, ferantur in contrarium à C versus B, hæ motum ejus non juvabunt, sed contrà magis impedient, quàm si planè essent sine motu. Quæ difficultas ut solvatur, recordandum est, non motum, sed quietem, esse motui contrariam; & motus determinationem versus unam partem, esse contrariam ejusdem determinationi versus partem oppositam, ut jam dictum est; itemque omne id quod movetur, tendere semper, ut pergat moveri secundùm lineam rectam. Ex his enim patet primò, corpus durum B dum quiescit, magis opponi suâ illâ quiete, motibus particularum corporis fluidi D simul spectatis, quàm iisdem opponeretur suo motu, si moveretur. Ac deinde quantum ad determinationem, verum quidem est tot esse ex particulis ipsius D, quæ moventur à C versus B, quot sunt quæ moventur in contrarium; quippe eædem sunt quæ venientes à C, impingunt in superficiem corporis B, ac deinde retorquentur versus C. Et quidem singulæ ex istis seorsim spectatæ, impingentes in B, pellunt ipsum versus F, atque ita magis impediunt, ne moveatur versus C, quàm si essent sine motu: sed quia totidem etiam ab F tendunt in B, illudque pellunt versus C; idcirco, quantum ad hoc attinet, B non magis pellitur versus unam partem quàm versus alteram, & ideò, nisi quid aliud accedat, manet immotum: Cujuscunque enim figuræ ipsum esse supponamus, semper accuratè à totidem particulis fluidi, ex una parte pelletur quàm ex altera;

modò ne fluidum ipsum in ullam partem magis feratur quàm in reliquas. Et supponere debemus, B omni ex parte à fluido D F circumdari; Atque si fortè non tanta sit istius fluidi quantitas in F quàm in D, nihil refert; quia non agit in B se toto, sed duntaxat iis suis partibus quæ superficiem ejus attingunt. Hactenus verò spectavimus B ut immotum; jam si ponamus ipsum ab aliqua vi, aliunde adveniente, impelli versus C, hæc vis (quantumvis exigua) sufficiet, non quidem ad ipsum se sola movendum, sed ad concurrendum cum particulis corporis fluidi F D, ipsasque determinandas ad illud etiam pellendum versus C, eique partem sui motus communicandam.

LVII. *Ejusdem rei demonstratio.*

Quod ut clarius intelligatur: fingamus primo, corpus durum B nondum esse in fluido F D, sed hujus fluidi particulas *a e i o a*, dispositas in modum annuli, moveri circulariter secundum ordinem notarum *a e i*; aliasque *o u y a o* moveri eodem modo secundum ordinem notarum *o u y*. Ut enim corpus aliquod sit fluidum, debent ejus particulæ moveri pluribus modis, ut jam dictum est. Quiescat deinde corpus durum B in hoc fluido F D inter *a* & *o*, quid fiet? nempe particulæ *a e i o* impedientur ab ipso, ne possint transire ab *o* versus *a*, ut absolvant circulum sui motus; itemque particulæ *o u y a*, impedientur ne pergant ab *a* versus *o*; ac venientes ab *i* versus *o* pellent B versus C; itemque venientes ab *y* versus *a*, ipsum tantundem repellent versus F; ideoque nullam solæ habebunt vim ad illud movendum, sed reflectentur ab *o* versus *u*, & ab *a* versus *e*, fietque una circulatio ex duabus, secundum ordinem notarum *a e i o u y a*; & ita propter occursum corporis B, non quidem sistetur ullo modo ipsarum motus, sed mutabitur tantum determinatio, nec incedent per lineas tam rectas, vel tam prope accedentes ad rectam, quam si in B non impingerent. Tandem denique accedat nova aliqua vis, pellens B versus C, hæc vis, quantumvis exigua, juncta ei qua particulæ fluidi venientes ab *i* versus *o*, ipsum etiam pellunt versus C, superabit eam qua venientes ab *y* versus *a*, illud in contrariam partem repellunt; atque ideo sufficiet

ciet ad ipsarum determinationem mutandam, & efficiendum ut ferantur secundùm ordinem notarum *a y u o*, in quantum hoc requiritur ad motum corporis B non impediendum: quia cùm duo corpora determinantur ad motum versus partes planè contrarias, & sibi mutuò oppositas, illud in quo major est vis, alterius determinationem debet mutare. Atque quod hîc dico de particulis *a e i o u y*, de omnibus etiam aliis fluidi F D, quæ in B impingunt, est intelligendum: quod nempe singulæ, ex iis quæ illud pellunt versus C, oppositæ sint totidem aliis, id ipsum in contrariam partem pellentibus; quodque perexigua vis illis adjuncta, sufficiat ad harum determinationem mutandam; quodque quamvis nullæ fortè describant tales circulos, quales hîc repræsentantur *a e i o* & *o i u y*, haud dubiè tamen omnes circulariter, & aliquibus modis huic æquipollentibus moveantur.

LVIII. *Si quæ fluidi particulæ tardius moveantur, quam corpus durum in eo existens, illud hac in parte fluidi rationem non habere.*

Ita ergo mutatâ determinatione particularum fluidi, quæ impediebant ne corpus B moveretur versus C, hoc corpus B omnino incipiet moveri, & quidem eâdem cum celeritate, quâ vis à fluido diversa illud pellit, si supponamus in isto fluido nullas esse particulas, quæ non celeriùs, vel saltem æquè celeriter moveantur. Nam si quæ tardiùs agantur, quatenus ex illis constat, rationem fluidi non habet, neque tunc sufficit minima quæque vis, ad corpus durum in hoc fluido existens movendum, sed tanta requiritur, ut superet resistentiam quæ oritur ab istarum fluidi particularum tarditate. Ac ideò sæpe videmus aërem, aquam & alia fluida multùm resistere corporibus, quæ in ipsis valde celeriter aguntur, iisdemque sine ulla difficultate cedere, cùm lentiùs procedunt.

LIX. *Corpus durum ab alio duro impulsum, non omnem suum motum ab eo mutuari, sed partim etiam à fluido circumjacente.*

Cùm autem corpus B sic movetur versus C, non putandum est, illud accipere suum motum à solâ vi externâ ipsum impellente, sed maximâ ex parte à fluidi particulis; ita scilicet, ut eæ quæ componunt circulos *a e i o* & *a y u o*, tantùm amittant de suo motu, quantùm acquirent eæ particulæ corporis duri B quæ sunt inter *o* & *a*; quippe quæ jam facient partem motuum circularium *a e i o a* & *a y u o a*: quamvis prout ulteriùs procedent versus C, novis semper fluidi particulis jungantur.

LX. *Non posse tamen ab isto fluido majorem*

Superest tantùm hîc explicandum, cur paulò antè non dixerim, mutari absolutè determinationem particularum *a y u o*, sed mutari in quantum hoc requiritur, ad motum corporis B, non impediendum. Quippe hoc corpus B, non potest celeriùs moveri, quàm à vi

celeritatem acquirere, quàm habeat à duro, à quo impulsum est.

vi adventitiâ impulsum est; quamvis sæpe omnes particulæ fluidi FD, multò plus habeant agitationis. Hocque unum est ex iis, quæ nobis inter philosophandum præcipuè sunt observanda, ut ne cui causæ ullum effectum tribuamus, qui potentiam ejus excedat. Ita ponentes corpus durum B, in medio fluidi FD priùs immotum, nunc ab externa aliqua vi, exempli causâ, à manu meâ, tardo motu impelli, cùm hæc sola impulsio meæ manus sit causa cur moveatur, credi non debet ipsum celeriùs moveri quàm impellitur; & quamvis omnes fluidi particulæ multò celeriùs moveantur, non putandum est eas determinari ad motus circulares *aeioa* & *ayuoa* & similes, qui sint celeriores hâc impulsione, sed ipsas quatenus celeriùs aguntur, in quaslibet alias partes, ut priùs, ferri.

LXI.
Cùm corpus fluidum totum simul versus aliquam partem fertur, necessariò secum deferre corpus durum quod in se continet.

Atque ex his clarè percipitur, corpus durum undique fluido cinctum, & in illo quiescens, ibi tanquam in æquilibrio consistere; ac quantumvis sit magnum, semper tamen à minima vi, posse in hanc vel illam partem impelli; sive illa vis aliunde adveniat, sive in hoc sit sita, quòd fluidum istud totum simul, versus aliquem locum feratur, ut flumina feruntur versùs mare, ac totus aër Euro flante fertur versus Occidentem. Quod ubi contingit, omnino necesse est, corpus durum in tali fluido existens, simul cum ipso deferri: Nec obstat regula illa quarta, juxta quam, ut paulò antè dictum est, corpus quiescens à nullo alio se minori, quantumvis celeriter acto, potest ad motum impelli.

LXII.
Cùm corpus durum à fluido sic defertur, non idcirco moveri.

Quinimò si ad veram & absolutam motus naturam attendamus, quæ consistit in translatione corporis moti, ex vicinia corporum aliorum sibi contiguorum, & in utroque ex corporibus, quæ se mutuò contingunt, est æqualis, quamvis non eodem modo soleat nominari, planè agnoscemus, non tam propriè moveri corpus durum, cùm sic à fluido ipsum continente defertur, quàm si non ab eo deferretur; quia tunc nempe à vicinis istius fluidi particulis minùs recedit.

LXIII.
Cur quædam corpora tam dura sint, ut quamvis parva, non facile manibus nostris dividantur.

Unum autem adhuc est, in quo experientia regulis motus, paulò antè traditis, valde videtur adversari; nempe quòd videamus multa corpora, manibus nostris longè minora, tam firmiter sibi mutuò adhærere, ut nulla earum vi sejungi possint. Si enim illorum partes, nullo alio glutino sibi invicem adhæreant, quàm quòd singulæ juxta vicinas quiescant, & omne corpus quod quiescit, ab alio se majori quod movetur, possit ad motum impelli; non apparet primâ fronte ratio, cur (exempli causâ) clavus ferreus, vel aliud quodlibet, non magnum

gnum, sed valde durum corpus, solâ vi manuum nostrarum in duas partes dividi non possit. Licet enim unamquamque mediam partem istius clavi, pro uno corpore numerare, cumque ista media pars manu nostrâ sit minor, videtur ejus vi debere posse moveri, atque sic ab alia media parte divelli. Sed notandum est manus nostras esse admodum molles, sive ad naturam corporum fluidorum, magis quàm durorum accedentes; ideoque non totas simul agere solere in corpus ab iis movendum, sed eam tantùm ipsarum partem, quæ corpus istud tangens, tota simul in illud incumbit. Quippe sicuti media pars clavi ferrei, quatenus ab alia ejus media parte est dividenda, rationem habet unius corporis; sic pars manus nostræ proximè illam tangens, & ipsâ minor, quatenus à reliquis ejusdem manus partibus sejungi potest, habet rationem alterius corporis: Et quia faciliùs à reliqua manu potest separari, quàm pars clavi à reliquo clavo, & ista separatio sine doloris sensu fieri nequit, ideò clavum ferreum solâ manu frangere non possumus: sed si illam malleo, lima, forfice, aliove instrumento muniamus, ut ita ejus vis ad partem corporis dividendi, minorem corpore quo utitur, ad illud dividendum applicetur, quamlibet ejus duritiem poterit superare.

LXIV. *Non alia principia in Physica, quam in Geometria, vel in Mathesi abstracta à me admitti, nec optari, quia sic omnia naturæ phænomena explicantur, & certæ de iis demonstrationes dari possunt.*

Nihil hîc addam de figuris, nec quomodo ex earum infinita varietate, motuum quoque varietates innumeræ consequantur; quia satis ista per se patebunt, ubicunque usus veniet ut de ipsis agamus. Et suppono, meos lectores vel prima elementa Geometriæ jam novisse, vel saltem ingenium satis aptum habere ad Mathematicas demonstrationes intelligendas. Nam planè profiteor, me nullam aliam rerum corporearum materiam agnoscere, quàm illam omnimodè divisibilem, figurabilem & mobilem, quam Geometræ quantitatem vocant, & pro objecto suarum demonstrationum assumunt; ac nihil planè in ipsa considerare, præter istas divisiones, figuras & motus; nihilque de ipsis ut verum admittere, quod non ex communibus illis notionibus, de quarum veritate non possumus dubitare, tam evidenter deducatur, ut pro Mathematica demonstratione sit habendum. Et quia sic omnia Naturæ Phænomena possunt explicari, ut in sequentibus apparebit, nulla alia Physicæ principia puto esse admittenda, nec alia etiam optanda.

PRINCIPIORUM PHILOSOPHIÆ

PARS TERTIA.

De Mundo adſpectabili.

I. *Opera Dei nimis ampla cogitari non poſſe.*

INventis jam quibuſdam principiis rerum materialium, quæ non à præjudiciis ſenſuum, ſed à lumine rationis ita petita ſunt, ut de ipſorum veritate dubitare nequeamus, examinandum eſt, an ex iis ſolis omnia naturæ phænomena poſſimus explicare; Incipiendumque ab iis quæ maximè univerſalia ſunt, & à quibus reliqua dependent; nempe à generali totius hujus mundi adſpectabilis conſtructione. De quâ ut rectè philoſophemur, duo ſunt inprimis obſervanda: Unum, ut attendentes ad infinitam Dei potentiam, & bonitatem, ne vereamur nimis ampla, & pulchra, & abſoluta ejus opera imaginari: ſed è contrario caveamus, ne ſi quos fortè limites, nobis non certò cognitos, in ipſis ſupponamus, non ſatis magnificè de Creatoris potentia ſentire videamur.

II. *Cavendum eſſe, ne nimis ſuperbe de nobis ipſis ſentientes, fines quos Deus ſibi propoſuit in creando mundo à nobis intelligi ſupponamus.*

Alterum, ut etiam caveamus, ne nimis ſuperbè de nobis ipſis ſentiamus. Quod fieret non modò, ſi quos limites, nobis nullâ cognitos ratione, nec divinâ revelatione, mundo vellemus affingere, tanquam ſi vis noſtræ cogitationis, ultra id quod à Deo revera factum eſt, ferri poſſet; ſed etiam maximè, ſi res omnes propter nos ſolos, ab illo creatas eſſe fingeremus; vel tantùm, ſi fines quos ſibi propoſuit in creando univerſo, ingenii noſtri vi comprehendi poſſe putaremus.

III. *Quo ſenſu dici poſſit omnia propter hominem facta eſſe.*

Quamvis enim in Ethicis ſit pium dicere, omnia à Deo propter nos facta eſſe, ut nempe tantò magis ad agendas ei gratias impellamur, ejuſque amore incendamur; ac quamvis etiam ſuo ſenſu ſit verum, quatenus ſcilicet rebus omnibus uti poſſumus aliquo modo; ſaltem ad ingenium noſtrum in iis conſiderandis exercendum, Deumque ob admiranda ejus opera ſuſpiciendum: Nequaquam tamen eſt veriſimile, ſic omnia propter nos facta eſſe, ut nullus alius sit eorum usus; essetque planè ridiculum & ineptum id in Physica consideratione supponere; quia non dubitamus, quin multa existant, vel olim extiterint, jamque esse desierint, quæ nunquam ab ullo homine visa sunt aut intellecta, nunquamque ullum usum ulli præbuerunt.

IV. *De Phænomenis, sive experimentis; & quis eorum usus ad philosophandum.*

Principia autem quæ jam invenimus, tam vasta sunt & tam fœcunda, ut multò plura ex iis sequantur, quàm in hoc mundo aspectabili contineri videamus; ac etiam multò plura, quàm mens nostra cogitando perlustrare unquam possit. Sed jam brevem historiam præcipuorum naturæ phænomenων (quorum causæ hîc sunt investigandæ), nobis ob oculos proponemus; non quidem ut ipsis tanquam rationibus utamur ad aliquid probandum; cupimus enim rationes effectuum à causis, non autem è contrario causarum ab effectibus deducere: sed tantùm ut ex innumeris effectibus, quos ab iisdem causis produci posse judicamus, ad unos potiùs, quàm alios considerandos mentem nostram determinemus.

V. *Quæ sit ratio distantiæ & magnitudinis inter Solem, Terram & Lunam.*

Nobis quidem primo intuitu, Terra cæteris omnibus mundi corporibus multò major esse videtur, & Sol & Luna cæteris stellis: sed visus defectum indubitatis ratiociniis emendantes, inprimis advertimus Lunæ à Terra distantiam circiter triginta terræ diametros æquare, Solis verò sexcentas aut septingentas: Quas distantias cum apparentibus Solis & Lunæ diametris conferentes, facilè ex ipsis colligimus, Lunam quidem esse multò minorem Terrâ, sed Solem esse multò majorem.

VI. *Quæ sit distantia reliquorum planetarum à Sole.*

Agnoscimus etiam, visu ratione adjuto, Mercurium plus ducentis terræ diametris à Sole distare; Venerem plus quadringentis; Martem nongentis aut mille; Jovem tribus millibus & ampliùs; ac Saturnum quinque aut sex millibus.

VII. *Fixas non posse supponi nimis remotas.*

Quantum autem ad Fixas, non permittunt quidem phænomena, ut ipsas à Sole aut Terrâ non magis quàm Saturnum distare arbitremur, sed nulla obstant, quò minùs ad quantumlibet immensam distantiam remotas esse supponamus: colligiturque ex motibus cœli infrà explicandis, eas à nobis esse adeò distantes, ut Saturnus ad ipsas comparatus videatur admodum propinquus.

VIII. *Terram è cœlo conspectam, non apparituram esse,*

Ex quibus manifestum est, Lunam & Terram, si ex Jove vel Saturno conspicerentur, multò minores esse apparituras, quàm appareant Jupiter & Saturnus è terrâ conspecti; nec fortè etiam Solem majorem visum iri, si respiceretur ex Fixis, quàm Fixæ nobis è terrâ videntur:

nisi ut Planetam: Jove aut Saturno minorem. dentur: atque idcirco, ut sine præjudicio partes mundi aspectabilis inter se comparemus, cavendum esse ne Lunam, vel Terram, vel Solem magnitudine Stellas superare arbitremur.

IX. *Solem & Fixas propriâ luce fulgere.* Differunt autem inter se Stellæ, non modò quòd unæ aliis sint majores; sed etiam quòd quædam propriâ luce fulgeant, aliæ verò tantùm alienâ. Ut inprimis de Sole dubium esse nón potest, quin lucem quâ oculos nostros perstringit in se habeat: neque enim tantam ab omnibus Fixis simul sumptis mutuari potest, cùm ipsæ tantam ad nos non mittant, nec tamen à nobis magis distent quàm à Sole; ac nullum aliud corpus apparet magis radiosum à quo illam accipiat; si quod autem esset, procul dubio appareret. Idem de omnibus Stellis Fixis facilè credetur ab iis, qui considerabunt quàm vividos radios vibrent, ac quantum à nobis & à Sole sint remotæ: si enim alicujus Stellæ Fixæ tam vicini essemus quàm Solis, credibile est eam ipso non minorem, nec minùs lucidam esse apparituram.

X. *Lunam & alios Planetas, lucem à Sole mutuari.* Contrà verò Lunam videmus, eâ tantùm parte splendere quam Soli habet obversam; unde cognoscimus illam esse proprio lumine destitutam, & tantùm radios à Sole acceptos versus oculos nostros reflectere. Quod idem etiam de Venere perspicillorum ope observatur. Idemque de Mercurio, Marte, Jove & Saturno non difficulter persuadetur, ex eo quòd eorum lumen obtusius sive placidius sit quàm Fixarum, & à Sole non adeò distent, quin possint ab ipso illuminari.

XI. *Terram ratione luminis à Planetis non differre.* Denique idem de terra experimur; conflata enim est ex opacis corporibus, quæ Solis radios excipientia, illos non minùs validè quàm Luna reflectunt; quin etiam nubibus est involuta, quæ licet multò minùs opacæ sint, quàm pleræque aliæ ejus partes, sæpe tamen ipsas videmus, cùm à Sole illustrantur, non minùs albicantes esse quàm Lunam; adeò ut sit satis manifestum, eam ratione luminis à Luna, Venere, Mercurio, aliisque planetis non differre.

XII. *Lunam, cùm nova est, à Terrâ illuminari.* Quod etiam confirmatur ex eo, quòd Lunâ existente inter Solem & Terram, ejus facies quæ à Sole non illustratur, debile quoddam lumen ostendat, quod facilè conjicimus ad illam pervenire à Terrâ, quæ tunc radios à Sole receptos eam versus reflectit; minuitur enim paulatim, prout pars Terræ à Sole illuminata, ab ea se avertit.

XIII. *Solem inter* Atque omnino si Terram ex Jove respiceremus, minor quidem, sed

ſed fortè non minùs lucida nobis appareret, quàm hinc Jupiter appareat; ex vicinioribus autem Planetis major videretur; ſed ex Fixis propter nimiam earum diſtantiam, omnem conſpectum effugeret. Ex quibus ſequitur ipſam inter Planetas, & Solem inter Stellas Fixas poſſe numerari.

Fixas, & Terram inter Planetas poſſe numerari.

XIV. *Fixas eandem ſemper à ſe mutuo diſtantiam retinere, non autem Planetas.*

Differunt etiam inter ſe Stellæ in eo, quòd illæ quas Fixas vocamus, eandem ſemper à ſe mutuò diſtantiam, eundemque ordinem ſervent; aliæ autem aſſiduè inter ſe ſitum mutent; unde Planetæ ſive errantes appellantur.

XV. *Eaſdem Planetarum apparentias per varias hypotheſes poſſe explicari.*

Equidem, ut in medio mari tempore tranquillo, cùm quis ex unâ navi alias eminus reſpicit inter ſe ſitum mutantes, ſæpe poteſt dubitare quibuſnam ex illis, & annon etiam ſuæ, motus (à quo procedit iſta ſitus variatio), ſit tribuendus; Ita errores Planetarum è terrâ conſpecti tales apparent, ut ex ipſis ſolis cognoſci non poſſit, quibuſnam corporibus ſint propriè tribuendi; Cumque ſint valde inæquales & implicati, non facilè eſt illos explicare, niſi ex variis modis quibus poſſunt intelligi, unum aliquem eligamus, ſecundùm quem ipſos fieri ſupponamus. In quem finem inventæ ſunt ab Aſtronomis tres diverſæ hypotheſes, hoc eſt, poſitiones, quæ non ut veræ, ſed tantùm ut phænomenis explicandis idoneæ conſiderantur.

XVI. *Hypotheſin Ptolemæi apparentiis non ſatisfacere.*

Harum prima eſt Ptolomæi, quæ quoniam multis phænomenis adverſatur (ut inprimis incremento & decremento luminis, quod in Venere ſicut in Lunâ obſervatur), jam vulgò ab omnibus Philoſophis rejici ſolet, ideoque hîc à me prætermittetur.

XVII. *Hypotheſes Copernici & Tychonis non differre in quantum hypotheſes.*

Secunda eſt Copernici, & tertia Tychonis Brahe: quæ duæ quatenus ſunt tantùm hypotheſes, eodem modo phænomenis ſatisfaciunt, & non magna inter ipſas differentia eſt, niſi quod illa Copernici aliquantò ſimplicior ſit & clarior; adeò ut Tycho non habuerit occaſionem illam mutandi, niſi quia non hypotheſin duntaxat, ſed ipſam rei veritatem explicare conabatur.

XVIII. *Tychonem verbo minus, ſed re plus motus Terræ tribuere, quàm Copernicum.*

Quippe cùm Copernicus non dubitaſſet motum Terræ tribuere, hoc Tycho tanquam in Phyſica valde abſurdum, atque à communi hominum ſenſu alienum voluit emendare: ſed, quia veram motus naturam non ſatis conſideravit, verbo tantùm aſſeruit Terram quieſcere, ac re ipsâ plus motus ei conceſſit quàm alter.

XIX. *Me accura-*

Quapropter ego, in hoc tantùm ab utroque diſſentiens, quòd omnem motum veriùs quàm Tycho, & curioſiùs quàm Copernicus ſim *tius quàm Copernicum, & verius quàm Tychonem, Terræ motum negare.*

sim terræ detracturus; illam hîc proponam hypothesin, quæ omnium simplicissima, & tam ad phænomena intelligenda, quàm ad eorum causas naturales investigandas accommodatissima esse videtur: ipsamque tantùm pro hypothesi, non pro rei veritate haberi velim.

XX.
Fixas supponendas esse à Saturno quam maxime distantes.

Primò, quia nondum certi sumus, quantum à nobis distent stellæ fixæ, nec possumus eas fingere tam remotas, ut hoc phænomenis repugnet, ne simus contenti supponere ipsas esse supra Saturnum, ut vulgò omnes admittunt, sed libertatem sumamus quantumlibet altiores existimandi. Si enim earum altitudinem, cum distantiis hîc supra terram nobis notis vellemus comparare, illa quæ jam iis ab omnibus conceditur, non esset minùs incredibilis quàm quævis major; si verò ad Dei creatoris omnipotentiam respiciamus, nulla potest cogitari tam magna, ut ideò sit minùs credibilis quàm quævis minor. Atque non tantùm ad Planetarum, sed etiam ad Cometarum phænomena commodè explicanda, maximum spatium inter illas & sphæram Saturni ponendum esse, infrà ostendam.

XXI.
Solem instar flammæ ex materiâ quidem valde mobili constare, sed non ideo ex uno loco in alium migrare.

Secundò, quia Sol in hoc convenit cum Fixis, & cum flamma, quòd lumen à se ipso emittat; putemus eundem etiam in motu cum flamma, & in situ cum Fixis convenire. Nempe nihil quidem hîc supra terram videmus esse mobilius flammâ; nam & alia corpora, juxta quæ posita est, nisi sint admodum solida & dura, particulatim dissolvit, ac secum movet; sed tamen ejus motus fit tantùm secundùm partes, & tota migrare non solet ex uno loco in alium, nisi ab aliquo alio corpore, cui adhæreat, deferatur: quâ ratione possumus etiam existimare Solem constare quidem ex materia valde fluida & mobili, quæ omnes cœli circumjacentes partes secum rapit; sed in hoc nihilominus stellas fixas imitari, quod non ex una cœli regione in aliam migret.

XXII.
Solem à flamma differre, quod non ita egeat alimento.

Neque incongrua videri debet Solis cum flamma comparatio, ex eo quòd nullam flammam hîc videamus quæ non continuò egeat alimento, quod idem de Sole non observatur. Ex legibus enim Naturæ, non minùs flamma, quàm quodvis aliud corpus, ubi semel existit, semper existere perseverat, nisi ab aliqua causa externa destruatur: sed quia constat materiâ quammaximè fluidâ & mobili, assiduè hîc supra terram à materia circumjacente dissipatur; atque ideò eget alimento, non ut eadem quæ jam existit conservetur, sed tantùm ut, dum ipsa extinguitur, semper alia nova in ejus locum substitua-

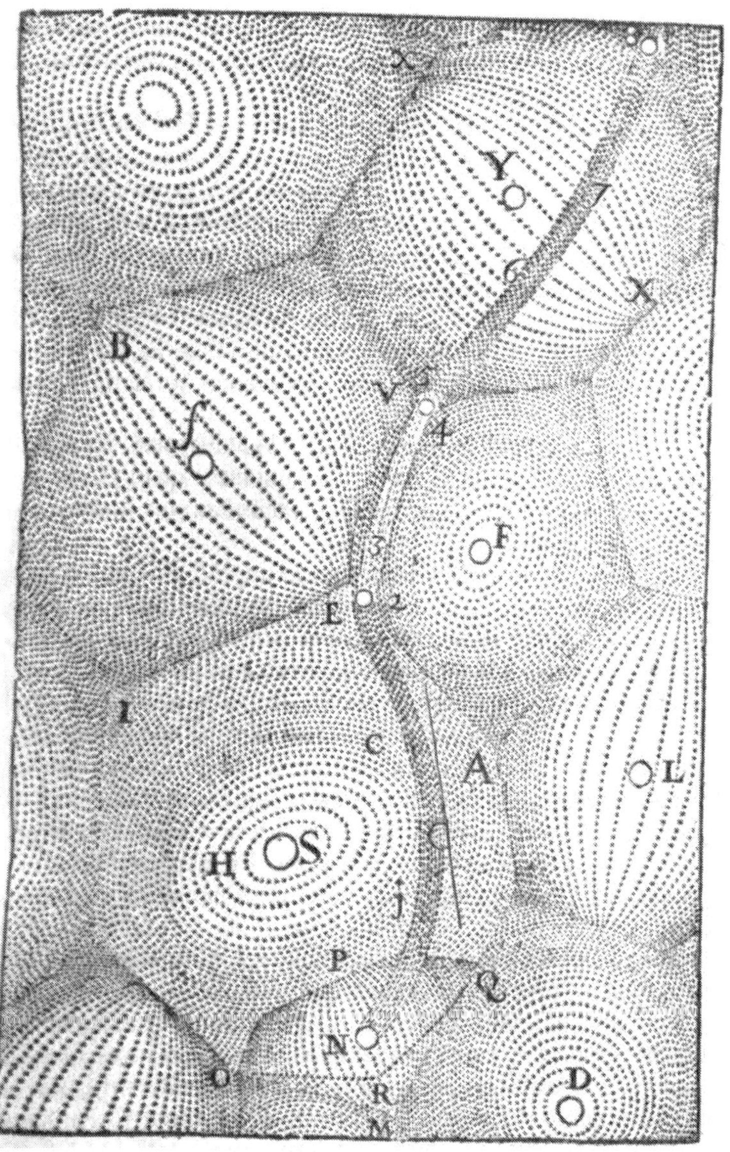

Y
7
6
X
B
V
4
S
F
3
E
2
I
C
A
L
H
S
P
Q
N
D
R
M

ſtituatur : Solem autem non ita deſtruunt partes cœli ei vicinæ, ideoque non ita eget alimento quo reparetur. Sed tamen etiam infra oſtendetur, novam ſemper materiam in Solem ingredi, & aliam ex eo elabi.

XXIII. *Fixas omnes in eadem ſphæra non verſari, ſed unamquamque vaſtum ſpatium circa ſe habere, aliis fixis deſtitutum.*

Hîcque notandum eſt, ſi Sol in ſitu non differat à Fixis, ipſas omnes in unius alicujus ſphæræ circumferentiâ non verſari, quemadmodum multi ſupponunt, quia ille in eâdem iſtâ ſphæræ circumferentiâ eſſe non poteſt : Sed ut Sol vaſtum quoddam circa ſe ſpatium habet, in quo nulla Stella Fixa continetur ; ita ſingulæ Fixæ ab omnibus aliis valde remotæ eſſe debent, & unæ multò magis quàm aliæ, à nobis & à Sole diſtare. Sic in hac figura ſi S ſit Sol, F f erunt ſtellæ Fixæ ; atque aliæ innumeræ, ſuprà & infrà, & ultra hujus figuræ planum, per omnes ſpatii dimenſiones ſparſæ intelligentur.

XXIV. *Cœlos eſſe fluidos.*

Tertiò, putandum eſt, non tantùm Solis & Fixarum, ſed totius etiam cœli materiam fluidam eſſe, ſive liquidam : quod jam vulgo omnes Aſtronomi concedunt, quia vident phænomena Planetarum vix aliter poſſe explicari.

XXV. *Cœlos omnia corpora in ſe contenta ſecum deferre.*

Sed in hoc multi mihi videntur errare, quòd fluiditatem cœlo tribuentes, illud tanquam ſpatium planè vacuum imaginentur, ita ut motibus quidem aliorum corporum non reſiſtat, ſed præterea nullam habeat vim ad ipſa ſecum deferenda : neque enim in rerum naturâ ullum tale vacuum eſſe poteſt, ac fluidis omnibus hoc eſt commune, ut ideò tantùm non reſiſtant aliorum corporum motibus, quòd in ſe ipſis etiam habeant motum ; Et quia hic motus facilè in omnes partes determinatur, ejus vi, cùm in unam aliquam partem eſt determinatus, neceſſariò ſecum deferunt alia omnia corpora in ſe contenta, quæ à nullâ causâ externâ retinentur, quantumvis ipſa ſint ſolida & quieſcentia & dura ; ut ex ante dictis eſt manifeſtum.

XXVI. *Terram in cœlo ſuo quieſcere, ſed nihilominus ab eo deferri.*

Quartò, cùm videamus Terram nullis columnis ſuffultam, nulliſque funibus appenſam, ſed circumquaque fluidiſſimo tantùm cœlo cinctam eſſe, putemus quidem illam quieſcere, ac nullam habere propenſionem ad motum, quandoquidem nullam advertimus ; ſed ne putemus hoc obſtare, quò minùs ab iſto cœlo deferatur, & ejus motibus immota obſequatur : Ut navis, nullis ventis nec remis impulſa, nulliſque anchoris alligata, in medio mari quieſcit ; etſi fortè aquæ ingens moles occulto curſu delabens, ipſam ſecum ferat.

Et

Et quemadmodum cæteri planetæ in hoc cum terra conveniunt, quòd sint opaci & radios Solis reflectant, non immeritò arbitrabimur illos etiam in hoc ei similes esse, quòd unusquisque quiescat in ea cœli regione in qua versatur; quodque omnis variatio situs quæ in illis observatur, ex eo tantùm procedat, quòd omnis materia cœli, quæ illos continet, moveatur.

XXVII. *Idemque sentiendum esse de omnibus Planetis.*

Hîcque oportet eorum meminisse quæ de natura motûs suprà dicta sunt; nempe illum quidem (si propriè loquamur, & secundùm rei veritatem), esse tantùm translationem unius corporis ex vicinia eorum corporum, quæ ipsum immediatè contingunt, & tanquam quiescentia spectantur, in viciniam aliorum; sed sæpe etiam ex usu vulgi actionem omnem, qua corpus aliquod ex uno loco in alium migrat, motum vocari; & hoc sensu dici posse, eandem rem eodem tempore moveri ac non moveri, prout ejus locum variè determinamus. Unde sequitur nullum in terra, nec etiam in aliis planetis, motum propriè dictum reperiri; quia non transferuntur ex vicinia partium cœli quæ illos immediatè contingunt, quatenus istæ partes cœli, ut immotæ considerantur. Ad hoc enim deberent ab omnibus simul sejungi, quod non fit; sed quia materia cœli fluida est, nunc unæ ex ejus particulis, nunc aliæ, à Planeta quem contingunt removentur, idque per motum qui illis tantùm tribui debet, non autem Planetæ: Quemadmodum partiales translationes aquæ & aëris, quæ in terræ superficie fiunt, non tribui solent ipsi terræ, sed illis aquæ & aëris partibus quæ transferuntur.

XXVIII. *Terram, proprie loquendo, non moveri, nec ullos Planetas, quamvis à cœlo transferantur.*

Motum autem sumendo juxta usum vulgi, dicendum quidem est Planetas alios omnes moveri, nec non etiam Solem & Fixas; sed non nisi admodum incongruè idem de Terra dici potest. Vulgus enim à Terræ partibus, ut immobilibus spectatis, stellarum loca determinat; hasque eatenus moveri judicat, quatenus à locis ita determinatis recedunt: quod commodum est ad usum vitæ, ideoque rationi consentaneum. Quin etiam omnes ab ineunte ætate putavimus, Terram non esse globosam sed planam, & in ea esse ubique idem sursum, & idem deorsum, eosdemque mundi cardines, Orientem, Occidentem, Meridiem, & Septentrionem; quibus idcirco usi sumus ad reliquorum omnium corporum loca designanda. Sed si quis Philosophus, animadvertens Terram esse globum in cœlo fluido & mobili contentum, Solem autem & Stellas fixas eundem semper inter se situm servare, his utatur ut immotis ad illius locum determi-

XXIX. *Nullum etiam motum Terræ esse tribuendum, quamvis motus improprie juxta usum vulgi sumatur; sed tunc recte dici, alios Planetas moveri.*

terminandum, & ideò affirmet ipsam moveri, absque ratione loquetur. Nam primò, juxta philosophicum sensum, locus determinari non debet per corpora valde remota, quales sunt Fixæ, sed per contigua ejus quod dicitur moveri. Ac deinde, juxta usum vulgi, non est cur Fixas consideret ut immotas, potiùs quàm Terram, nisi quòd putet ultra ipsas non esse ulla alia corpora, à quibus separentur, & quorum respectu dici possint moveri, Terra autem quiescere, illo sensu quo dicit Terram moveri respectu Fixarum. Atquî hoc putare à ratione est alienum; Cùm enim mens nostra sit talis naturæ, ut nullos in mundo limites agnoscat, quisquis ad immensitatem Dei, & sensuum nostrorum infirmitatem attendet, æquius esse judicabit suspicari, ultra illas omnes stellas Fixas quas videmus, fortè esse alia corpora, ad quæ comparata Terra quiescere, ipsæ autem omnes simul moveri dici possint, quàm suspicari nulla posse talia esse.

XXX. *Planetas omnes circa Solem à cælo deferri.*

Sic itaque sublato omni scrupulo de Terræ motu, putemus totam materiam cœli in qua Planetæ versantur, in modum cujusdam vorticis, in cujus centro est Sol, assiduè gyrare, ac ejus partes Soli viciniores celeriùs moveri quàm remotiores, Planetasque omnes (è quorum numero est Terra), inter easdem istius cœlestis materiæ partes semper versari. Ex quo solo, sine ullis machinamentis, omnia ipsorum phænomena facillimè intelligentur. Ut enim in iis fluminum locis, in quibus aqua in se ipsam contorta verticem facit, si variæ festucæ illi aquæ incumbant, videbimus ipsas simul cum eâ deferri, & nonnullas etiam circa propria centra converti, & eò celeriùs integrum gyrum absolvere, quò centro vorticis erunt viciniores; & denique, quamvis semper motus circulares affectent, vix tamen unquam circulos omnino perfectos describere, sed nonnihil in longitudinem & latitudinem aberrare: Ita eadem omnia de Planetis absque ulla difficultate possumus imaginari, & per hoc unum cuncta eorum phænomena explicantur.

XXXI. *Quomodo singuli Planetæ deferantur.*

Sit itaque S Sol, & omnis materia cælestis eum circumjacens ita moveatur in easdem partes, nempe ab Occidente per Meridiem versus Orientem sive ab A per B versus C, supponendo polum Borealem supra hujus figuræ planum eminere; ut ea quæ est circa Saturnum, impendat ferè annos triginta ad eum per totum circulum ♄ deferendum; ea verò quæ est circa Jovem, intra annos 12. illum cum ejus asseclis deferat per circulum ♃ : sicque Mars duobus

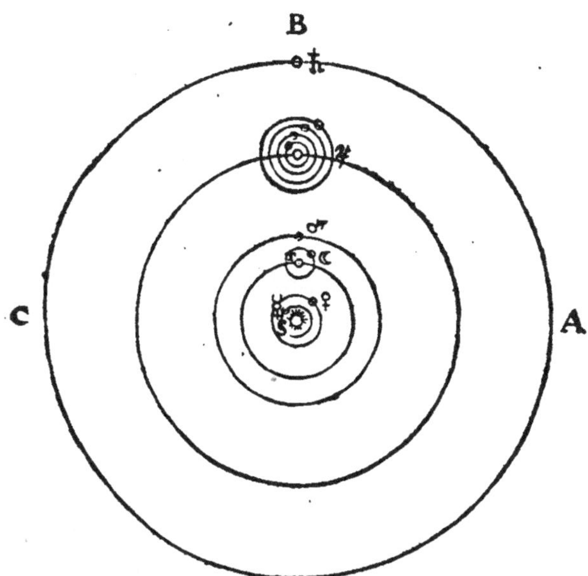

bus annis, Terra cum Luna uno anno, Venus octo menſibus, & Mercurius tribus, circuitus ſuos in circulis ♂, T, ♀, ☿, materiâ cœli eos deferente, abſolvant.

XXXII. *Quomodo etiam Solis maculæ.*

Nec non etiam corpora quædam opaca, perſpicillorum ope nobis conſpicua, quæ dicuntur Solis maculæ, ipſiuſque ſuperficiei contigua ſunt, ſpatio viginti ſex dierum eum circumeant.

XXXIII. *Quomodo etiam Terra circa proprium centrum, & Luna circa Terram vehatur.*

Ac præterea ut ſæpe in aquarum vorticibus vidi contingere, in majori illo cœleſtis materiæ vortice ſint alii minores vortices, unus in cujus centro ſit Jupiter, alter in cujus centro ſit Terra, qui in eaſdem partes ac major vortex ferantur; & ille qui habet Jovem in centro, deferat circa ipſum quatuor ejus aſſeclas, tali celeritate, ut remotiſſimus diebus 16, ſequens diebus 7, tertius horis 85, & centri proximus horis 42 unum circuitum perficiat; ſicque, dum ſemel in majori circulo circa Solem ferentur, minores ſuos circulos circa Jovem aliquoties percurrant; Eodemque modo vortex, qui habet Terram in centro, efficiat ut Luna menſis ſpatio eam circumeat, ipſa autem Terra ſingulis diebus, circa proprium axem integrum gyrum abſolvat; ita ut eodem tempore quo Terra & Luna circulum

culum communem ſemel peragrabunt, terra 365 vicibus circa proprium centrum, & Luna duodecies circa terram vertatur.

XXXIV. *Motus cælorum non eſſe perfectè circulares.* Denique ne putemus omnia centra Planetarum accuratè in eodem plano ſemper conſiſtere, nec circulos quos deſcribunt eſſe omnino perfectos; ſed ut in omnibus aliis rebus naturalibus contingere videmus, iſta tantùm præterpropter talia eſſe, ac etiam labentibus ſæculis continuò mutari arbitremur.

XXXV. *De aberratione Planetarum in latitudinem.* Nempe ſi hæc figura repræſentet planum, in quo centrum Terræ toto anno verſatur, quod vocatur planum Eclipticæ, atque ope Fixarum in cælo determinatur, putandum eſt unumquemque ex aliis Planetis, in alio quodam plano verſari, ad hoc nonnihil inclinato, & ipſum interſecante in linea quæ tranſit per centrum Solis; ita ut Sol in omnibus iſtis planis reperiatur. Exempli cauſa, orbita Saturni ſecat nunc Eclipticam in ſignis Cancri & Capricorni, ſupra ipſam autem attollitur, hoc eſt, verſus Boream inclinatur in Libra, & infra eandem verſus Auſtrum deprimitur in Ariete, anguluſque ipſius inclinationis eſt circiter graduum $2\frac{1}{2}$. ſicque aliorum Planetarum orbitæ ſecant Eclipticam in aliis locis; ſed inclinatio in Jove & Marte eſt minor, in Venere uno circiter gradu major, & in Mercurio maxima: eſt enim fere 7 graduum. Ac præterea etiam Solis maculæ (ſaltem ſi veræ ſint obſervationes Scheineri S. I. poſt cujus diligentiam, nihil circa iſtarum macularum phænomena deſiderari poſſe videtur), in planis 7 gradibus aut ampliùs ad Eclipticam inclinatis, circa Solem volvuntur; adeò ut earum motus, hac in re non differat à motibus Planetarum. Luna etiam circa Terram fertur, in plano quod 5 gradibus ab Ecliptica deflectit; & Terra circa proprium axem in plano Æquatoris $23\frac{1}{2}$ gradibus ab Ecliptica deflectente; quod planum Æquatoris ipſa ſecum defert. Atque hæ Planetarum aberrationes ab Ecliptica, vocantur motus in latitudinem.

XXXVI. *De motu in longitudinem.* Ipſorum autem circuitiones circa Solem, vocantur motus in longitudinem: Hique etiam in eo aberrant, quòd non æqualiter ubique à Sole diſtent; ſed hac ætate, Saturnus ab eo remotior eſt in Sagittario quàm in Geminis, viceſimâ circiter diſtantiæ ſuæ parte; Jupiter in Libra remotior eſt quàm in Ariete; ſicque alii Planetæ habent Aphelia & Perihelia ſua aliis in locis. Poſt aliquot autem ſæcula, hæc omnia mutata eſſe deprehendentur; ac ſinguli Planetæ, nec non etiam Terra, planum in quo nunc eſt Ecliptica, diverſis in locis ſecabunt, & paulò magis vel minùs ab illa deflectent;

ctent; & illorum maximæ ac minimæ à Sole distantiæ, in aliis signis reperientur.

Jam verò non opus est ut ostendam, quo pacto ex hac hypothesi sequantur phænomena diei & noctis, æstatis & hyemis, sive accessus Solis ad Tropicos, & ejusdem recessus, phasium Lunæ, Eclipsium, stationum & retrogradationum quæ apparent in Planetis, præcessionis æquinoctiorum, variationis in obliquitate Eclipticæ, ac similia: facilè enim ab illis, qui vel prima elementa Astronomiæ didicerunt, intelligentur.

XXXVII [illegible] *hanc [illegible] thesin [illegible] lime intelligi.*

Sed breviter adhuc dicam, quo pacto ex hypothesi Braheana, quam vulgò jam admittunt illi omnes, qui Copernicanam repudiant, plus motus Terræ quàm per hanc tribuatur. Primò, manente Terrâ juxta eorum opinionem immobili, necesse est ut totum cœlum unà cum stellis, circa ipsam singulis diebus volvatur; quod intelligi non potest, quin simul intelligatur fieri translationem omnium partium Terræ, ex vicinia partium cœli quas tangunt in viciniam aliarum; cumque hæc translatio sit reciproca, ut suprà dictum est, & eadem planè vis sive actio, ad illam requiratur in Terra atque in cœlo, nulla ratio est cur propter ipsam, cœlo potiùs quàm Terræ motum tribuamus; quinimò, juxta superiùs dicta, Terræ duntaxat est tribuendus; quia fit secundùm totam ejus superficiem, non autem eodem modo secundùm totam superficiem cœli, sed tantùm secundùm partem concavam, Terræ contiguam, quæ ad convexam comparata perexigua est. Nec refert si dicant, se non tantùm putare concavam cœli stellati superficiem à terra separari, sed simul etiam convexam ab alio cœlo illud ambiente, nempe à cœlo crystallino vel empyreo; atque hanc esse rationem cur illum motum cœlo potiùs tribuant quàm terræ. Nullum enim haberi potest argumentum, quo probetur fieri talem separationem, totius superficiei convexæ cœli stellati, ab alio cœlo ipsum ambiente; sed planè ex arbitrio illam fingunt. Atque ita juxta ipsorum hypothesin, ratio cur motus sit terræ tribuendus, est certa & evidens; ratio verò cur illum cœlo tribuant, & Terræ quietem, est incerta, & à solâ illorum imaginatione effictà.

XXXVIII. *Juxta Tychonis hypothesin dicendum esse, Terram moveri circa proprium centrum.*

Ex eadem Tychonis hypothesi, Sol motu annuo circa Terram gyrans, non modò Mercurium & Venerem, sed etiam Martem, Jovem & Saturnum, qui ab eo remotiores sunt quàm Terra, secum ducit: quod intelligi non potest, præsertim in cœlo fluido;

XXXIX. *Ac etiam illam moveri circa Solem motu annuo.*

 quale

quale illud ſupponunt, quin tota cœli materia interjacens ſimul feratur, & interim Terra vi aliquâ ſeparetur, à partibus iſtius materiæ ſibi contiguis, atque in ea circulum deſcribat. Quapropter hæc rurſus ſeparatio, quæ eſt totius Terræ, ac peculiarem in eâ actionem requirit, ejus motus erit dicendus.

XL. *Terræ tranſlationem nullam efficere aſpectus diverſitatem in Fixis, propter maximam ipſarum diſtantiam.*

Unus autem adhuc in mea hypotheſi ſcrupulus manet, ex eo, quòd ſi Sol eundem ſemper ſitum inter Fixas ſervet, neceſſe ſit Terram quæ circa illum fertur, ad ipſas accedere ac recedere toto ſuæ orbitæ intervallo, quod tamen ex phænomenis non potuit hactenus deprehendi. Sed hoc excuſatur per immenſam diſtantiam, quam inter nos & Fixas eſſe ſupponimus; talem ſcilicet, ut totus ille circulus qui à Terra deſcribitur circa Solem, ſi ad eam comparetur, inſtar puncti ſit habendus. Quod fateor incredibile videri poſſe, magnalia Dei conſiderare non aſſuetis, & Terram ut præcipuam partem univerſi, ac domicilium hominis, propter quem cætera omnia facta ſint, ſpectantibus: ſed Aſtronomis, qui jam omnes ſciunt illam ad cœlum comparatam inſtar puncti eſſe, non ita mirum videri debet.

XLI. *Hanc etiam fixarum diſtantiam requiri ad motus Cometarum, quos jam conſtat eſſe in cœlo.*

Ac præterea Cometæ, quos jam ſatis conſtat in noſtro aëre non verſari, ut nimis rudis antiquitas opinabatur, vaſtiſſimum iſtud ſpatium inter ſphæram Saturni & Fixas requirunt, ad omnes ſuas excurſiones abſolvendas: adeò enim variæ ſunt, adeò immanes, & à Fixarum ſtabilitate, atque à regulari Planetarum circa Solem circuitione adeò diſcrepantes, ut abſque eo ad nullas Naturæ leges revocari poſſe videantur. Neque nos movere debet quòd Tycho & alii Aſtronomi, qui diligenter eorum parallaxes inveſtigarunt, dixerint tantùm illos eſſe ſupra Lunam, verſus ſphæram Veneris aut Mercurii, non autem ſupra ipſum Saturnum: hoc enim non minùs rectè ex ſuis calculis concludere potuiſſent, quàm illud; ſed cùm diſputarent contra veteres, qui Cometas inter meteora ſublunaria numerabant, contenti fuerunt oſtendere illos in cœlo eſſe; nec auſi ſunt, omnem altitudinem quam calculo deprehendebant iis tribuere, ne minùs facilè crederetur.

XLII. *Omnia quæ hic in Terra videmus, ad phænomena etiam perti-*

Præter hæc autem generaliora, poſſent adhuc particularia multa, non modò circa Solem, Planetas, Cometas, & Fixas, ſed præcipuè etiam circa Terram (nempe illa omnia quæ in ejus ſuperficie videmus), inter phænomena hic recenſeri. Ut enim veram hujus mundi aſpectabilis naturam agnoſcamus, non ſatis eſt aliquas cauſas invenire,

nire, per quas ea quæ in cœlo eminus aſpicimus explicentur; ſed ex iiſdem etiam, illa omnia quæ in Terra cominus intuemur, deduci debent. Atqui non opus eſt, ut illa omnia conſideremus ad rerum generaliorum cauſas determinandas; ſed tum demum ipſas poſtea rectè à nobis determinatas fuiſſe cognoſcemus, cùm ex iiſdem non ea duntaxat ad quæ reſpeximus, ſed alia etiam omnia, de quibus antea non cogitavimus, explicari advertemus.

nere, ſed non opus eſſe initio ad cuncta reſpicere.

XLIII. *Vix fieri poſſe quin cauſæ, ex quibus omnia phænomena clare deducuntur, ſint veræ.*

Et certè, ſi nullis principiis utamur niſi evidentiſſimè perſpectis, ſi nihil niſi per Mathematicas conſequentias ex iis deducamus, & interim illa quæ ſic ex ipſis deducemus, cum omnibus naturæ phænomenis accuratè conſentiant, injuriam Deo facere videremur, ſi cauſas rerum hoc pacto à nobis inventas falſas eſſe ſuſpicaremur, tanquam ſi nos tam imperfectos genuiſſet, ut ratione noſtrâ rectè utendo fallamur.

XLIV. *Me tamen eas, quas hic exponam, pro hypotheſibus tantum haberi velle.*

Verumtamen ne etiam nimis arrogantes eſſe videamur, ſi de tantis rebus philoſophando, genuinam earum veritatem à nobis inventam eſſe affirmemus, malim hoc in medio relinquere, atque omnia quæ deinceps ſum ſcripturus tanquam hypotheſin proponere; quæ quamvis falſa eſſe exiſtimetur, ſatis magnum operæ pretium me feciſſe arbitrabor, ſi omnia quæ ex ipſa deducentur cum experimentis conſentiant. Ita enim ex ea tantumdem utilitatis ad vitam, atque ex ipſius veritatis cognitione percipiemus.

XLV. *Meque etiam hic nonnullas aſſumpturum, quas conſtat falſas eſſe.*

Quinimo etiam, ad res naturales meliùs explicandas, earum cauſas altiùs hîc repetam, quàm ipſas unquam extitiſſe exiſtimem. Non enim dubium eſt, quin Mundus ab initio fuerit creatus cum omni ſuâ perfectione, ita ut in eo & Sol & Terra & Luna, & Stellæ extiterint; ac etiam in Terra non tantùm fuerint ſemina plantarum, ſed ipſæ plantæ; nec Adam & Eva nati ſint infantes, ſed facti ſint homines adulti. Hoc fides Chriſtiana nos docet; hocque etiam ratio naturalis planè perſuadet. Attendendo enim ad immenſam Dei potentiam, non poſſumus exiſtimare illum unquam quicquam feciſſe, quod non omnibus ſuis numeris fuerit abſolutum. Sed nihilominus, ut ad plantarum vel hominum naturas intelligendas, longè melius eſt conſiderare, quo pacto paulatim ex ſeminibus naſci poſſint, quàm quo pacto à Deo in prima Mundi origine creati ſint; ita ſi quæ principia poſſimus excogitare, valde ſimplicia & cognitu facilia, ex quibus tanquam ex ſeminibus quibuſdam, & ſidera & Terram, & denique omnia quæ in hoc mundo aſpectabili deprehendimus, oriri

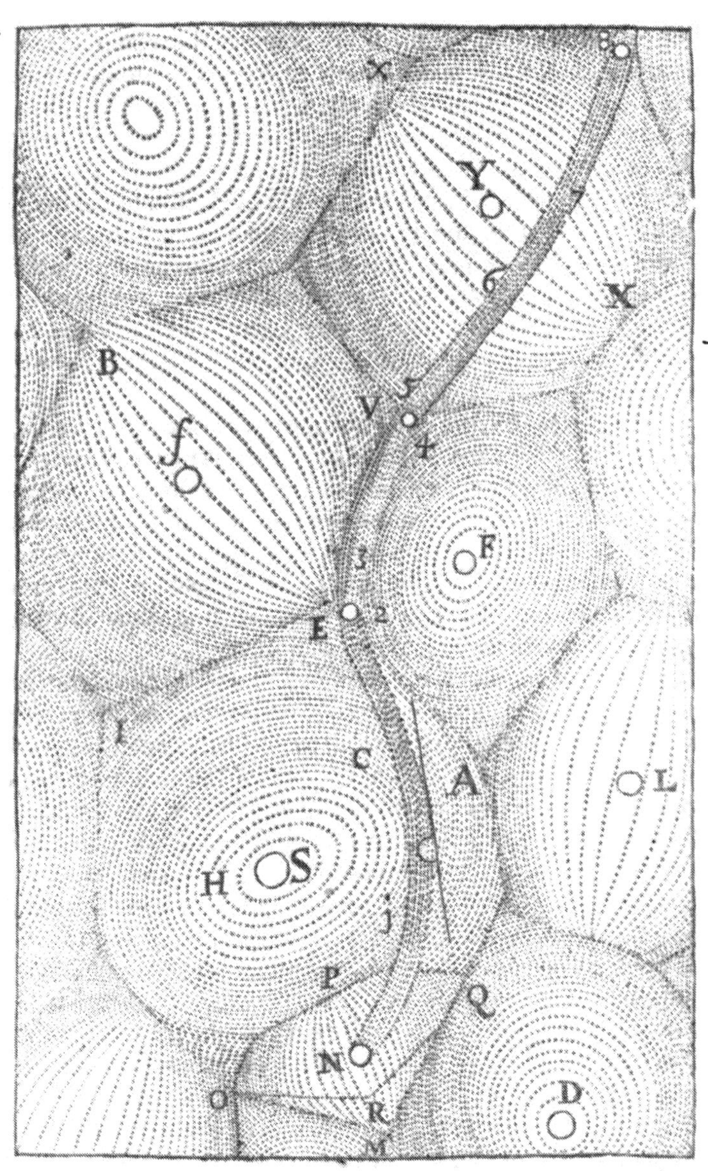

Y
X
B
f
V
F
E
C
A
L
H
S
P
Q
N
D
R
M

oriri potuisse demonstremus, quamvis ipsa nunquam sic orta esse probè sciamus; hoc pacto tamen eorum naturam longè melius exponemus, quàm si tantùm, qualia jam sint, describeremus. Et quia talia principia mihi videor invenisse, ipsa breviter hîc exponam.

XLVI. *Quænam sint ea, quæ hic assumo ad phænomena omnia explicanda.*

Ex antedictis jam constat, omnium mundi corporum unam & eandem esse materiam, in quaslibet partes divisibilem, ac jam reipsa in multas divisam, quæ diversimodè moventur, motusque habent aliquo modo circulares, & semper eandem motuum quantitatem in universo conservant. At quàm magnæ sint istæ partes materiæ, quàm celeriter moveantur, & quales circulos describant, non possumus solâ ratione determinare; quia potuerunt ista innumeris modis diversis à Deo temperari, & quemnam præ cæteris elegerit, sola experientia docere debet: Jamque idcirco nobis liberum est, quidlibet de illis assumere, modò omnia, quæ ex ipso consequentur, cum experientiâ consentiant. Itaque si placet, supponemus omnem illam materiam, ex qua hic mundus aspectabilis est compositus, fuisse initio à Deo divisam in particulas quamproximè inter se æquales, & magnitudine mediocres, sive medias inter illas omnes, ex quibus jam cœli atque astra componuntur, easque omnes tantumdem motus in se habuisse, quantum jam in mundo reperitur; & æqualiter fuisse motas, tum singulas circa propria sua centra, & separatim à se mutuò, ita ut corpus fluidum componerent, quale cœlum esse putamus; tum etiam plures simul, circa alia quædam puncta æquè à se mutuò remota, & eodem modo disposita, ac jam sunt centra Fixarum; nec non etiam circa alia aliquantò plura, quæ æquent numerum planetarum. Ita scilicet ut illæ omnes, quæ continebantur in spatio AEI, verterentur circa punctum S, & quæ continebantur in spatio AEV, circa F, & ita de cæteris: sicque tot varios vortices componerent, quot jam astra sunt in mundo.

XLVII. *Harum suppositionum falsitatem non impedire, quo minus ea quæ ex ipsis deducentur, vera & certa esse possint.*

Quæ pauca sufficere mihi videntur, ut ex iis tanquam causis omnes qui in hoc mundo apparent effectus, secundùm leges naturæ suprà expositas oriantur. Et non puto alia simpliciora, vel intellectu faciliora, vel etiam probabiliora rerum principia posse excogitari. Etsi enim fortè etiam ex Chao per leges Naturæ, idem ille ordo qui jam est in rebus, deduci posset, idque olim susceperim explicandum; quia tamen confusio minùs videtur convenire cum summâ Dei rerum creatoris perfectione, quàm proportio vel ordo, & minùs distinctè etiam à nobis percipi potest; nullaque proportio, nullusve ordo simplicior est, & cognitu facilior, quàm ille qui constat omnimoda æqualitate: idcirco hîc suppono omnes materiæ particulas, initio fuisse tam in magnitudine, quàm in motu inter se æquales, & nullam in universo inæqualitatem relinquo, præter illam quæ est in situ Fixarum; & quæ unicuique cœlum noctu intuenti, tam clarè apparet, ut negari planè non possit. Atque omnino parum refert, quid hoc pacto supponatur, quia postea juxta leges naturæ est mutandum. Et vix aliquid supponi potest, ex quo non idem effectus (quanquam fortasse operosius), per easdem naturæ leges deduci possit: Cùm enim illarum ope materia formas omnes quarum est capax, successivè assumat, si formas istas ordine consideremus, tandem ad illam quæ est hujus mundi poterimus devenire: adeò ut hîc nihil erroris ex falsa suppositione sit timendum.

XLVIII. *Quomodo omnes cælestis materiæ particulæ factæ sint sphæricæ.*

Itaque, ut naturæ legum efficacitatem in proposita hypothesi ostendere incipiamus, considerandum est illas particulas, in quas totam hujus mundi materiam initio divisam fuisse supponimus, non potuisse quidem initio esse sphæricas, quia plures globuli simul juncti, spatium continuum non replent; sed cujuscunque figuræ tunc fuerint, eas non potuisse successu temporis non fieri rotundas, quandoquidem varios habuerunt motus circulares. Cùm enim in principio satis magna vi motæ fuerint, ut unæ ab aliis sejungerentur, eadem illa vis perseverans, haud dubiè satis magna etiam fuit, ad earum omnes angulos, dum sibi mutuò postea occurrerunt, atterendos: ad hoc enim non tanta, quàm ad illud, requirebatur. Et ex hoc solo, quòd alicujus corporis anguli sic atterantur, facilè intelligimus illud tandem fieri rotundum: quia hoc in loco nomen anguli, ad omne id, quod in tali corpore ultra figuram sphæricam prominet, est extendendum.

XLIX. *Circa istas particulas sphæricas aliam esse debere materiam subtiliorem.*

Cùm autem nullibi spatia omni corpore vacua esse possint, cumque rotundæ illæ materiæ particulæ simul junctæ, perexigua quædam intervalla circa se relinquant, necesse est ista intervalla quibusdam aliis materiæ ramentis minutissimis, figuras ad ipsa implenda aptas habentibus, easque pro ratione loci occupandi perpetuò mutantibus, impleri. Nempe dum earum materiæ particularum, quæ fiunt rotundæ, anguli paulatim atteruntur, id quod ex ipsis eraditur adeò est minutum, & tantam celeritatem acquirit, ut solâ vi sui motus in ramenta innumerabilia dividatur; sicque impleat omnes angulos, quos aliæ materiæ particulæ subingredi non possunt.

Notandum enim est, quò minora sunt ista particularum aliarum ramenta, eò faciliùs moveri, atque in alia adhuc minutiora comminui posse: Quia quò minora, eò plus habent superficiei, pro ratione suæ molis: & occurrunt aliis corporibus secundùm superficiem; dividuntur verò secundùm molem.

L. *Hujus subtilioris materiæ particulas facillimè dividi.*

Notandum etiam est ipsa multò celeriùs agitari, quàm alias materiæ particulas, à quibus tamen suam agitationem acquirunt: quia dum hæ per rectas & patentes vias feruntur, expellunt ista per obliquas & angustas. Eâdem ratione, quâ videmus ex folle, quamvis lentè claudatur, aërem tamen valde celeriter egredi, propter angustiam viæ per quam transit. Jamque suprà demonstratum est, aliquam materiæ portionem celerrimè moveri, ac in partes reipsâ indefinitas dividi debere, ut varii motus circulares & inæquales, sine rarefactione vel vacuo fieri possint, nec ulla alia præter hanc ad id apta reperitur.

LI. *Easdem celerrime moveri.*

Jam itaque duo habemus genera materiæ valde diversa, quæ duo prima elementa hujus mundi adspectabilis dici possunt. Primum est illius, quæ tantam vim habet agitationis, ut aliis corporibus occurrendo, in minutias indefinitæ parvitatis dividatur, & figuras suas ad omnes angulorum ab iis relictorum angustias implendas accommodet. Alterum est ejus, quæ divisa est in particulas sphæricas valde quidem minutas, si cum iis corporibus, quæ oculis cernere possumus, comparentur; sed tamen certæ ac determinatæ quantitatis, & divisibiles in alias multò minores. Tertiumque paulò post inveniemus, constans partibus vel magis crassis, vel figuras minùs ad motum aptas habentibus. Et ex his tribus omnia hujus mundi adspectabilis corpora componi ostendemus: Nempe Solem & Stellas Fixas ex primo, Cœlos ex secundo, & Terram cum Planetis & Cometis ex tertio. Cùm enim Sol & Fixæ lumen ex se emittant: Cœli illud transmittant; Terra, Planetæ, ac Cometæ remittant: triplicem hanc differentiam in adspectum incurrentem, non malè ad tria elementa referemus.

LII. *Tria esse hujus mundi adspectabilis elementa.*

Non malè etiam omnem materiam, in spatio AEI comprehensam, quæ gyrat circa centrum S, pro primo cœlo sumemus; & omnem illam, quæ circa centra F, f, innumerabiles alios vortices componit, pro secundo; Et denique quidquid ultra illos duos cœlos reperitur, pro tertio. Existimamusque hoc tertium, respectu secundi, esse immensum, & secundum respectu primi permagnum.

LIII. *Tres etiam in illo Cœlos distingui posse.*

 gnum.

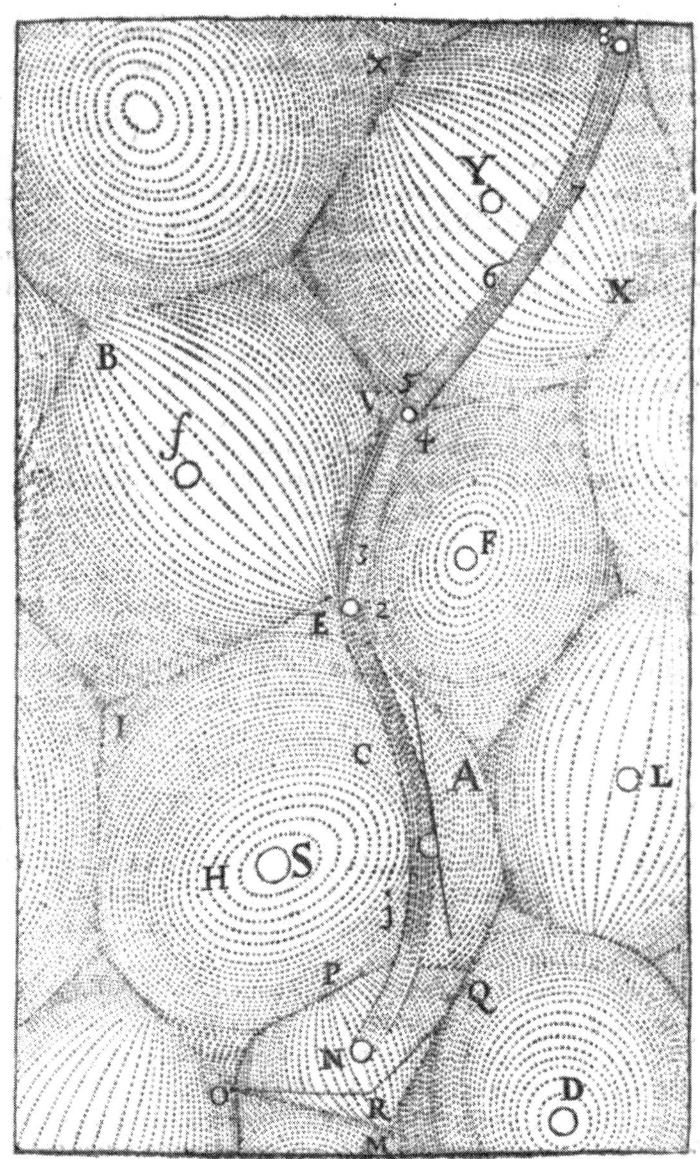
Y
6
X
B
5
V
4
f
F
3
E
2
I
C
A
L
H
S
P
Q
N
D
O
R
M

gnum. Sed tertii cœli consideratio non est hujus loci; quia nullo modo à nobis spectari potest in hac vitâ, & de mundo tantùm aspectabili tractamus. Vortices autem quorum centra F, f, omnes simul pro uno tantùm cœlo numeramus, quia sub unâ & eâdem ratione à nobis considerantur; Sed vorticem S, licèt hîc non appareat ab aliis diversus, pro peculiari tamen cœlo, & quidem omnium primo sumimus: quia Terram habitationem nostram paulò post in illo inveniemus, ideoque multò plura in ipso habebimus spectanda quàm in reliquis, & nomina rebus non propter ipsas, sed tantùm ad nostras de iis cogitationes explicandas imponere solemus.

LIV. *Quomodo Sol & Fixæ formatæ sint.*

Crevit autem initio paulatim materia primi elementi, ex eo quòd particulæ secundi, assiduo mòtu se invicem magis ac magis atterent; cumque major ejus quantitas fuit in universo, quàm necesse erat ad implenda exigua illa spatia, quæ inter particulas sphæricas secundi elementi, sibi mutuò incumbentes reperiuntur, quidquid ex ea residui fuit, postquam spatia ista impleta sunt, ad centra S, F, f, confluxit: ibique corpora quædam sphærica fluidissima composuit; nempe Solem in centro S, ac Stellas Fixas in aliis centris. Postquam enim particulæ secundi elementi fuerunt magis attritæ, minùs spatii occuparunt quàm priùs, nec ideò ad centra usque se extenderunt, sed ab iis æqualiter omni ex parte recedentes, loca ibi sphærica reliquerunt, à materia primi elementi, ex omnibus circumjacentibus locis eò affluente, replenda.

LV. *Quid sit lux.*

Ea enim est lex Naturæ, ut corpora omnia quæ in orbem aguntur, quantum in se est, à centris sui motus recedant. Atque hîc illam vim, quâ sic globuli secundi elementi, nec non etiam materia primi circa centra S F congregata, recedere conantur ab istis centris, quàm potero accuratissimè explicabo: In eâ enim solâ lucem consistere infrà ostendetur; & ab ipsius cognitione multa alia dependent.

LVI. *Quis conatus ad motum in rebus inanimatis sit intelligendus.*

Cùm dico globulos secundi elementi recedere conari à centris circa quæ vertuntur, non putandum est idcirco me illis aliquam cogitationem affingere, ex qua procedat iste conatus; sed tantùm ipsos ita esse sitos, & ad motum incitatos, ut revera sint eò versus ituri, si à nullâ aliâ causâ impediantur.

LVII. *Quomodo in eodem corpore conatus ad*

Quia verò frequenter, multæ causæ diversæ agunt simul in idem corpus, atque unæ aliarum effectus impediunt, prout ad has vel illas respicimus, dicere possumus ipsum eodem tempore tendere, sive *diversos motus simul esse possint.* ire conari, versus diversas partes. Ut exempli causâ, lapis A, in funda E A, circa centrum E rotatus, tendit quidem ab A versus B, si omnes causæ quæ occurrunt ad ejus motum determinandum, simul spectentur, quia revera eo versus fertur; Sed si respiciamus ad solam vim motus quæ in ipso est, dicemus illum cùm est in puncto A, tendere versus C, juxta legem motus suprâ expositam: ponentes scilicet lineam A C esse rectam, quæ tangit cir-

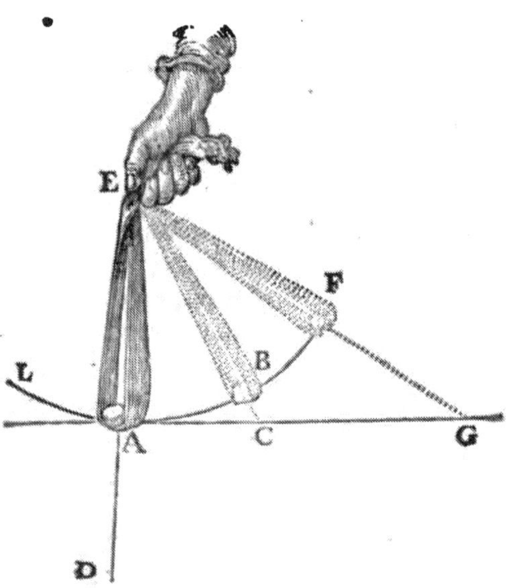

culum in puncto A. Si enim lapis è funda egrederetur, eo temporis momento, quo veniendo ex L pervenit ad punctum A, revera pergeret ab A versus C, non versus B; ac quamvis funda hunc effectum impediat, non tamen impedit conatum. Si denique non respiciamus ad totam istam vim motus, sed tantùm ad illam ejus partem quæ à funda impeditur, eam scilicet distinguentes ab alia ejus parte quæ sortitur suum effectum, dicemus hunc lapidem, dum est in puncto A, tendere tantùm versus D, sive recedere conari à centro E, secundùm lineam rectam E A D.

LVIII. *Quomodo* Quod ut clarè intelligatur, conferamus motum quo lapis in puncto

cto A existens, ferretur versus C, si à nulla alia vi impediretur, cum motu quo formica in eodem puncto A existens, moveretur etiam versus C, si linea E Y esset baculus, supra quem rectà incederet ab A versus Y, dum interim ipse baculus verteretur circa centrum E, ac ejusdem baculi punctum A, describeret circulum A B F, es-

ea quæ circulariter moventur, conentur recedere à centro sui motus.

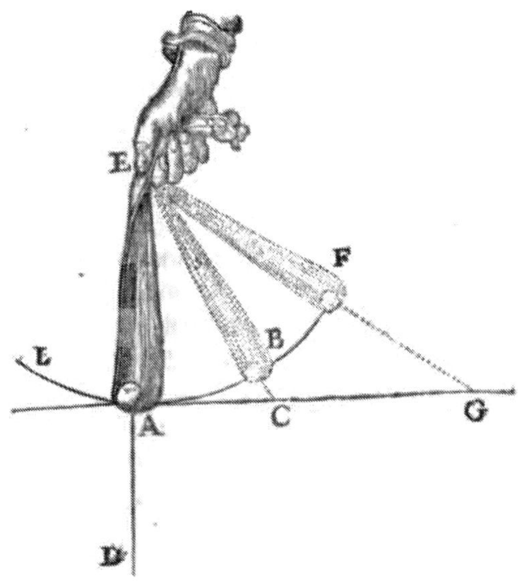

sentque hi duo motus ita inter se contemperati, ut formica perveniret ad X cùm baculus esset in C, & ad Y cùm baculus esset in G, atque ita ipsa semper existeret in lineâ rectâ A C G. Ac deinde conferamus etiam eam vim, quâ idem lapis, actus in funda secundùm lineam circularem A B F, recedere conatur à centro E, secundùm lineas rectas A D, B C, F G, cum conatu qui remaneret in formica, si vinculo vel glutino aliquo detineretur in puncto A, supra baculum E Y, dum interim iste baculus eam deferret circa centrum E, per lineam circularem A B F, ac ipsa totis viribus conaretur ire versus Y, atque ita recedere à centro E, secundùm lineas rectas E A Y, E B Y, & similes.

LIX. *Quanta sit vis istius conatus.*

Scio quidem motum istius formicæ fore initio tardissimum, atque ideò ejus conatum, si tantùm ad principium motus referatur, non videri magnum esse posse: atqui profectò non planè nullus est, & dum

dum ſortitur effectum, augetur, adeò ut motus ex eo proveniens ſatis celer eſſe poſſit. Nam ut adhuc alio utamur exemplo, ſi E Y ſit canalis, in quo globulus A contineatur, primo quidem temporis momento, quo iſte canalis agetur in gyrum, circa centrum E, globulus A motu tantùm tardiſſimo progredietur verſus Y; ſed ſecundo momento paulò celeriùs incedet: priorem enim vim retinebit, ac præterea novam acquiret à novo conatu recedendi à centro E: quia quandiu durat motus circularis, tamdiu ille conatus durat, & quaſi renovatur ſingulis momentis. Atque hoc experientia confirmat; ſi enim canalis E Y, valde celeriter agatur circa centrum E, brevi globulus in eo exiſtens, ab A ad Y perveniet. Idemque etiam experimur in fundâ; quò celeriùs enim lapis in ea rotatur, eò magis funis intenditur; atque iſta tenſio, à ſola vi qua lapis recedere conatur à centro ſui motus exorta, exhibet nobis iſtius vis quantitatem.

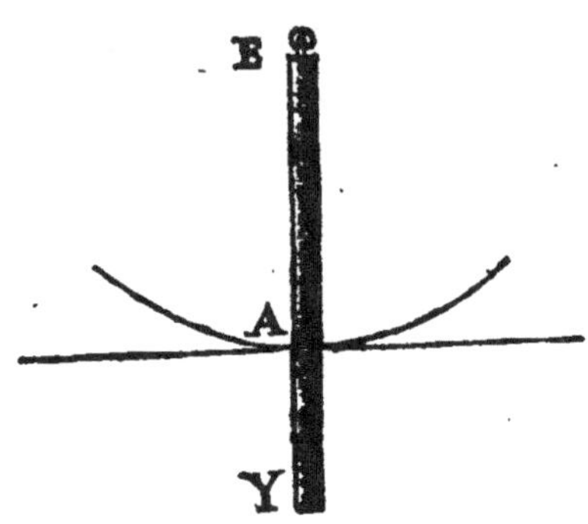

LX. *Hunc conatum reperiri in materiâ cælorum.*

Quod verò hîc de lapide in fundâ, vel de globulo in canali circa centrum E rotato, dictum eſt, facilè intelligitur eodem modo, de omnibus globulis ſecundi elementi, quòd nempe unuſquiſque ſatis magnâ vi recedere conetur, à centro vorticis in quo gyratur: retinetur enim hinc inde ab aliis globulis circumpoſitis, non aliter quàm lapis à fundâ. Sed præterea iſta vis in illis multùm augetur, ex eo quòd ſuperiores ab inferioribus, & omnes ſimul à materia primi elementi in centro cujuſque vorticis congregatâ, premantur. Ac primò quidem, ut accuratè omnia diſtinguantur, de ſolis iſtis globulis hîc agemus; nec ad materiam primi elementi magis attendemus, quàm ſi ſpatia omnia, quæ ab illa occupantur, vacua eſſent, hoc eſt, quàm ſi plena eſſent materiâ, quæ aliorum corporum motus nullo modò juvaret, nec impediret. Nullam enim aliam eſſe poſſe ſpatii vacui veram ideam, ex antedictis eſt manifeſtum.

Cùm

Cùm globuli omnes qui volvuntur circa S, in vortice A E I, conentur recedere ab S, ut jam demonstratum est, satis patet illos qui sunt in lineâ rectâ S A, premere se mutuò omnes versus A; & illos qui sunt in lineâ rectâ S E, premere se versus E, atque ita de cæteris: Adeò ut, si non sint satis multi ad occupandum omne spatium inter S, & circumferentiam A E I, totum id quod non occupant, relinquatur versus S. Et quoniam ii qui sibi mutuò incumbunt (exempli causâ, ii qui sunt in lineá rectâ S E), non omnes instar baculi simul vertuntur, sed uni citiùs, alii tardiùs circuitum suum absolvunt, ut infrà fusiùs exponetur, spatium quod relinquunt versus S, non potest non esse rotundum. Etsi enim fingeremus plures globulos initio fuisse in lineâ recta S E, quàm in S A vel S I, adeò ut infimi lineæ S E viciniores essent centro S, quàm infimi lineæ S I; quia tamen infimi illi citiùs circuitum suum absolvissent quàm superiores, nonnulli ex ipsis adjunxissent se statim extremitati lineæ S I, ut sic tantò magis recederent ab S; ideoque nunc omnes infimi istarum linearum, æqualiter remoti sunt à puncto S, & ita spatium B C D, quod circa illud relinquunt, est rotundum.

LXI. *Ipsum efficere, ut corpora Solis & Fixarum sint rotunda.*

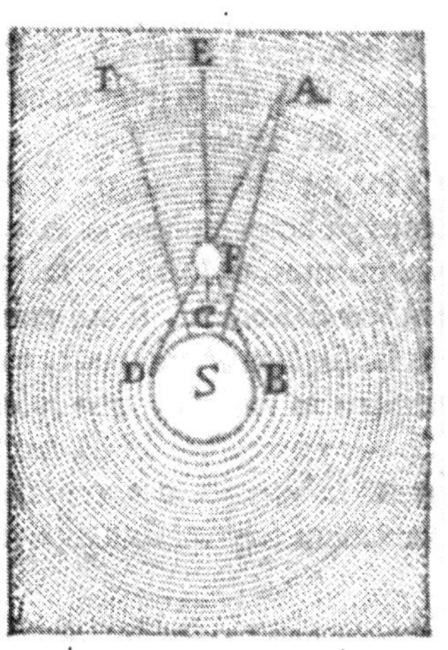

Præterea notandum est, non modò globulos omnes qui sunt in linea recta S E, se invicem premere versus E; sed etiam unumquemque ex ipsis, premi ab omnibus aliis, qui continentur inter lineas rectas ab illo ad circumferentiam B C D ductas, & ipsam tangentes. Ita exempli causâ globulus F, premitur ab omnibus aliis, qui sunt intra lineas B F & D F, sive in spatio triangulari B F D; non autem sic à reliquis, adeò ut si locus F esset vacuus, uno & eodem temporis momento, globuli omnes in spatio B F D contenti, accederent quantum possent ad illum replendum, non autem ulli alii. Nam quemadmodum videmus eandem vim gravitatis, quæ lapidem in libero aëre cadentem rectâ ducit

LXII. *Eandem efficere, ut materia cœlestis ab omnibus punctis circumferentiæ cujusque stellæ, vel Solis recedere conetur.*

 cit

cit ad centrum terræ, illum etiam obliquè eò deferre, cùm impeditur ejus motus rectus à plani alicujus declivitate; ita non dubium est quin eadem vis, quâ globuli omnes in spatio B F D contenti, recedere conantur à centro S, secundùm lineas rectas ab illo centro eductas, sufficiat ad ipsos etiam inde removendos, per lineas à centro isto declinantes.

LXIII. *Globulos materiæ cælestis se mutuò non impedire in isto conatu.* Hocque exemplum gravitatis, rem apertè declarabit, si consideremus globos plumbeos in vase B F D contentos, & sibi mutuò sic incumbentes, ut foramine facto in fundo vasis F, globus 1 vi gravitatis suæ descendat, simul enim alii duo 2, 2, illum sequentur, & hos subsequentur alii tres 3, 30, 3, & sic de cæteris; ita ut eodem temporis momento, quo infimus 1 incipiet moveri, alii omnes, in spatio triangulari B F D contenti, simul descendant, reliquis immotis. Ubi quidem notare licet duos globos 2, 2, postquam aliquantulum sequuti sunt globum 1 descendentem, se mutuò impe-

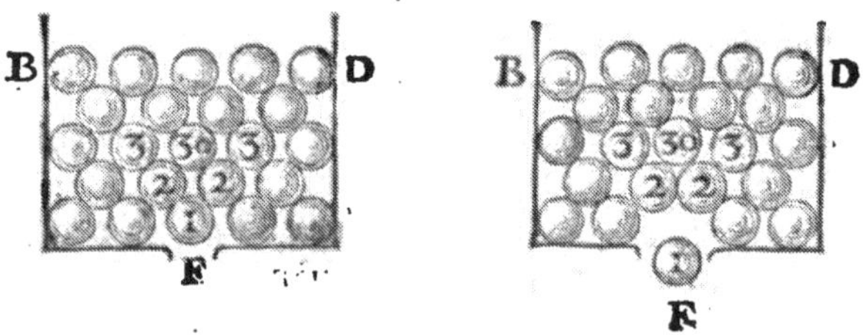

dire ne ulteriùs pergant. Sed idem in globulis secundi elementi locum non habet, cùm enim in perpetuo sint motu, quamvis aliquando possit contingere, ut eodem planè modo sint dispositi, ac globi plumbei in hac figura depicti, hoc non nisi per minimum temporis punctum, quod instans vocant, durare potest, & ideò continuitatem earum motus non interrumpit. Ac præterea notandum est vim luminis, non in aliquâ motus duratione consistere, sed tantummodo in pressione sive in prima præparatione ad motum, etsi fortè ex ea motus ipse non sequatur.

LXIV. *Omnes lucis proprietates in isto conatu inveniri:* Ex quibus clarè percipitur, quo pacto actio illa, quam pro luce accipio, à Solis vel cujuslibet Stellæ Fixæ corpore in omnes partes æqualiter se diffundat; & in minimo temporis momento ad quamlibet distantiam extendatur: & id quidem secundùm lineas rectas,

non

non à solo corporis lucidi centro, sed etiam à quibuslibet aliis ejus superficiei punctis, eductas. Unde reliquæ omnes lucis proprietates deduci possunt. Quodque fortè multis paradoxum videbitur, hæc omnia ita se haberent in materia cœlesti, etiamsi nulla planè esset vis in Sole, aliove astro circa quod gyratur: adeò ut, si corpus Solis nihil aliud esset quàm spatium vacuum, nihilominus ejus lumen, non quidem tam fortè, sed quantum ad reliqua non aliter quàm nunc cerneremus, saltem in circulo secundùm quem materia cœli movetur; nondum enim hîc omnes sphæræ dimensiones consideramus. Ut autem etiam possimus explicare, quidnam sit in ipso Sole ac Stellis, quo ista vis luminis augeatur, & secundùm omnes sphæræ dimensiones diffundatur, nonnulla de cœlorum motu sunt præmittenda.

adeò ut lumen ejus ope cerni posset tanquam ex stellis manans, etsi nulla vis esset in ipsis stellis.

LXV. *Cujusque vorticis cælorum polos, tangere partes aliorum vorticum ab eorum polis remotas.*

Quacunque ratione moti fuerint ab initio singuli eorum vortices, jam debent esse ita inter se compositi, ut unusquisque in eam partem feratur, secundùm quam reliquorum omnium circumstantium motus minùs illi adversantur: quia tales sunt leges naturæ, ut motus cujusque corporis alterius occursu facilè possit inflecti. Quamobrem si ponamus primum vorticem, cujus centrum S, ferri ab A per E versus I, alius vortex ei vicinus, cujus centrum F, ferri debet ab A per E versus V, si nulli alii circumjacentes impediant; sic enim eorum motus optimè inter se consentient. Eodemque modo tertius vortex, cujus centrum non sit in plano S A F E, sed supra illud extans, cum centris S & F triangulum constituat, & qui duobus aliis vorticibus A E I & A E V in linea A E jungatur, ferri debet ab A per E sursum versus. Quo posito quartus vortex cujus centrum f, ferri non potest ab E versus I, ut ejus motus conveniat cum motu primi, quia sic adversaretur motibus secundi & tertii; nec ab E versus V, quemadmodum secundus, quia repugnarent primus & tertius; nec denique ab E sursum versus, ut tertius, quia repugnarent primus & secundus: Atque ideò superest, ut unum ex polis suis habeat versus E, aliumque in parte opposita versus B, vertaturque circa axem EB, ab I ad V.

NB. Vide fig. pag. seq.

LXVI. *Motus istorum vorticum aliquo modo inflecti, ut inter se consentiant.*

Atque hîc etiam notari debet, nonnihil adhuc contrarietatis in istis motibus fore, si trium priorum vorticum eclipticæ, hoc est, circuli à polis remotissimi, sibi mutuò directè occurrant in puncto E, in quo sit polus quarti vorticis. Nam si, exempli causâ, I V X sit illa ejus pars, quæ est circa polum E, vertiturque in orbem secundùm

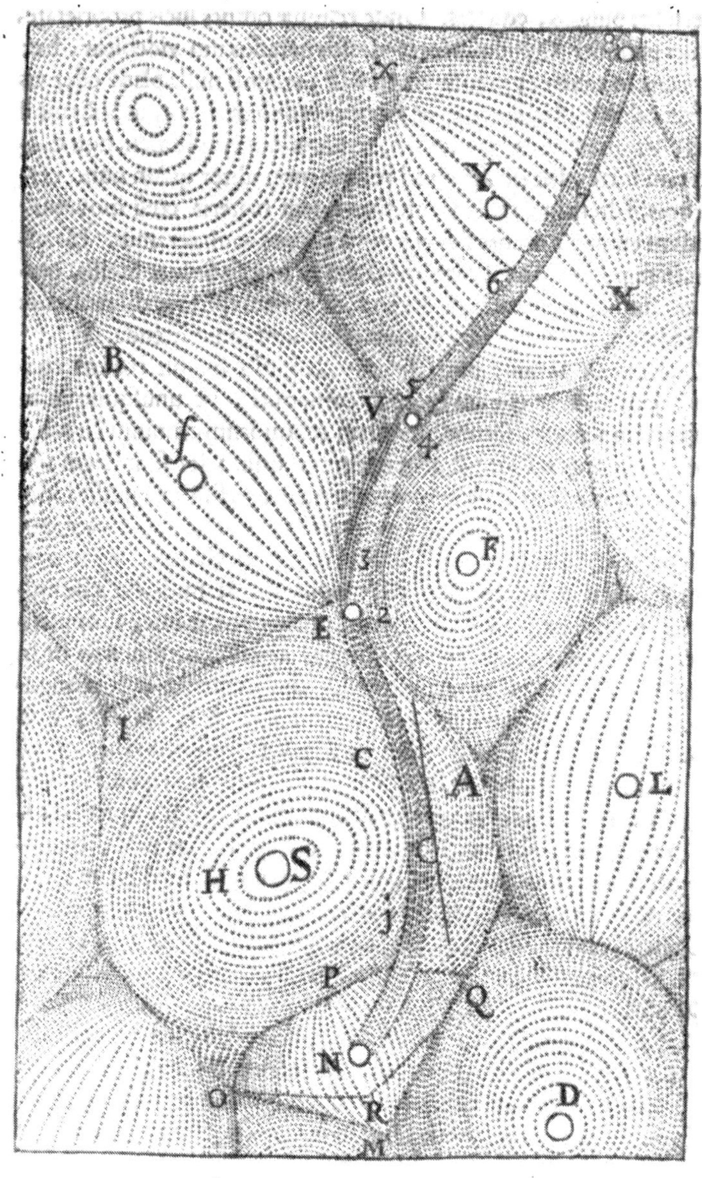

Y
X
B
V
f
4
F
3
E
2
I
C
A
L
H
S
P
Q
N
O
R
D
M

dùm ordinem notarum I V X, primus vortex radet illam ſecundùm lineam rectam E I, aliaſque ipſi parallelas, & ſecundus vortex eandem radet ſecundùm lineam E V, & tertius ſecundùm lineam E X, quâ ratione motui ejus circulari nonnihil repugnabunt. Sed hoc facilè natura per leges motus emendat, trium priorum vorticum eclipticas nonnihil inflectendo in eam partem, ſecundùm quam vertitur quartus I V X; quo fit ut illi poſtea ipſum radant, non ſecundùm lineas rectas E I, E V, E X, ſed ſecundùm obliquas 1 I, 2 V, 3 X, & ita cum ipſius motu planè conſentiant.

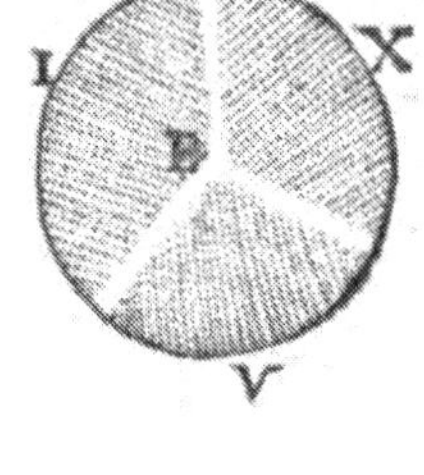

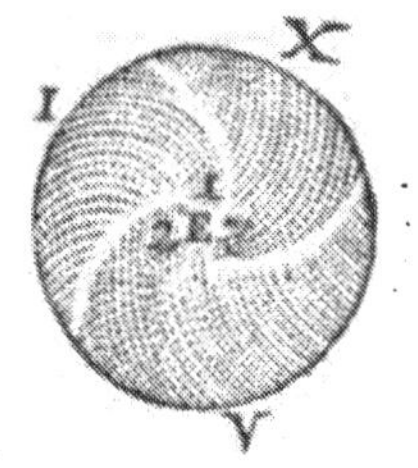

Nec ſanè ullus mihi videtur excogitari poſſe alius modus, ſecundùm quem variorum iſtorum vorticum motus ſibi mutuò minùs adverſentur. Si enim duorum polos ſe mutuò tangere ſupponamus, vel ambo in eaſdem partes ferentur, & ita in unum vorticem coaleſcent; vel in contrarias, & ita ſibi mutuò quammaximè repugnabunt. Atque ideò quamvis non tantum mihi aſſumam, ut omnium cœli vorticum ſitus & motus auſim determinare, puto tamen generaliter poſſe affirmari, atque hîc ſatis eſſe demonſtratum, polos cujuſque vorticis non tam vicinos eſſe polis aliorum vorticum contiguorum, quàm partibus ab ipſorum polis valde remotis.

LXVII. *Duorum vorticum polos ſe mutuo tangere non poſſe.*

Præterea, inexplicabilis illa varietas quæ apparet in ſitu fixarum, planè oſtendere videtur, illos vortices qui circa ipſas volvuntur non eſſe inter ſe æquales. Quod autem nulla ſtella fixa eſſe poſſit niſi in centro alicujus talis vorticis, ex ipſarum luce judico eſſe manifeſtum: lucem enim accuratiſſimè per tales vortices, ac ſine illis nullâ aliâ ratione poſſe explicari, partim ex jam dictis, partim ex infrà dicendis patebit. Et cùm nihil planè aliud in Fixis ſenſu percipiamus, præter ipſarum lucem & apparentem ſitum, nullam habemus rationem aliud iis tribuendi, quàm quod ad hæc duo explicanda requiri judicamus. At non magis requiritur ad lucem explicandam, ut vortices materiæ cœleſtis circa ipſas volvantur, quàm ad apparentem

LXVIII. *Vortices iſtos eſſe magnitudine inæquales.*

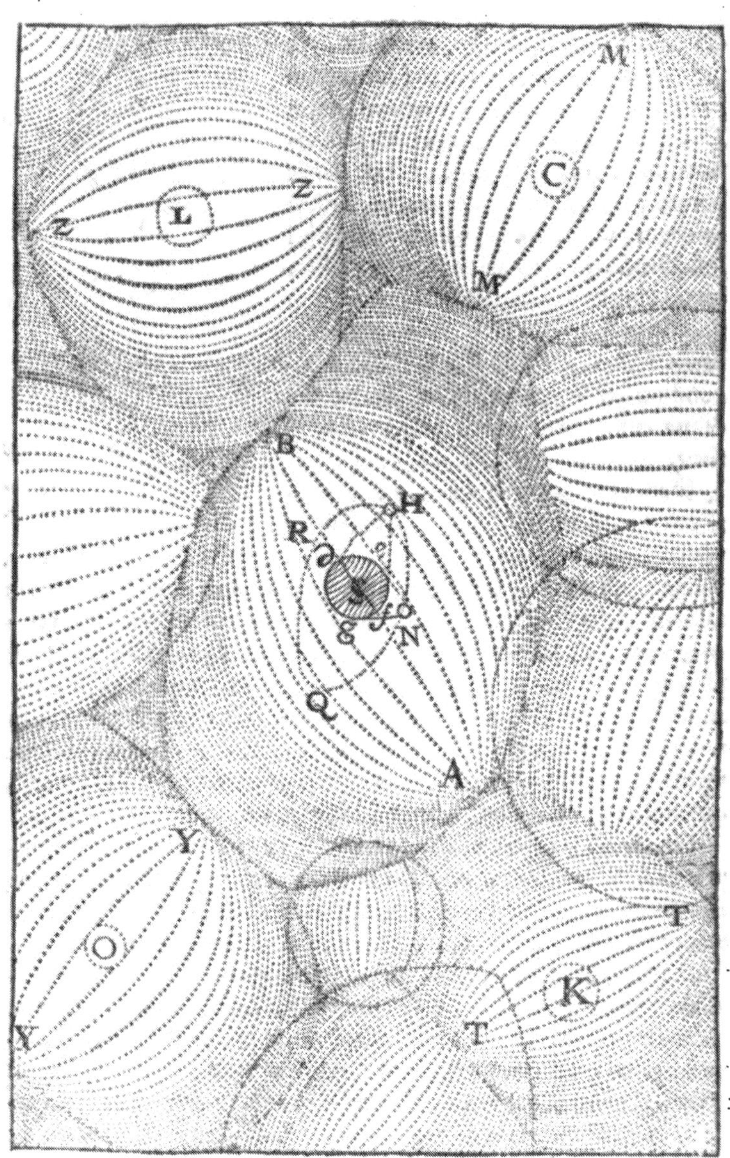
M
C
Z
L
Z
M
B
H
R
S
N
Q
A
Y
O
Y
T
K
T

tem earum situm, ut isti vortices sunt magnitudine inæquales. Sed sanè si sunt inæquales, necesse est, ut quorumdam partes à polis remotæ, tangant aliorum partes polis vicinas: quia majorum & minorum similes partes ad invicem applicari non possunt.

LXIX. *Materiam primi elementi ex polis cujusque vorticis fluere versus centrum, & ex centro versus alias partes.*

Ex his autem cognosci potest materiam primi elementi, fluere continuò versus centrum cujusque vorticis, ex aliis circumjacentibus vorticibus, per partes ejus polis vicinas; ac viceversâ, ex ipso in alios circumjacentes vortices effluere, per partes ab ejusdem polis remotas. Nam si ponamus, exempli causâ, AYBM esse vorticem primi cœli, in cujus centro est Sol, ejusque polos esse A australem, & B borealem, circa quos totus gyrat; quatuorque circumjacentes vortices KOLC gyrare circa axes TT, YY, ZZ, & MM, ita ut ille tangat duos O & C in ipsorum polis, & alios duos K & L, in partibus ab eorum polis valde remotis: patet ex antedictis, omnem ejus materiam recedere conari ab axe AB, atque ideò majori vi tendere versus partes Y & M, quàm versus A & B; Cumque in Y & M occurrat polis vorticum O & C, in quibus non magna est vis ad ei resistendum; & in A & B occurrat partibus vorticum K & L, quæ ab eorum polis sunt remotissimæ, ac proinde majorem habent vim ad eundum ab L & K versus S, quàm partes circumpolares vorticis S, ad eundum versus L & K: non dubium est, quin materia quæ est in K & L, progredi debeat versus S, atque illa quæ est in S, versus O & C.

LXX. *Idem de materia secundi elementi non posse intelligi.*

Atque id quidem non tantùm de materia primi elementi, sed etiam de globulis secundi esset intelligendum, si nullæ causæ peculiares horum motum eo versus impedirent. Verùm, quia multò celerior est agitatio primi elementi quàm secundi, semperque ipsi liber est transitus per illos exiguos angulos, qui à globulis secundi occupari non possunt, etsi fingeremus omnem materiam, tam primi quàm secundi elementi, contentam in vortice L, uno & eodem tempore à loco medio inter centra S & L, progredi cœpisse versus S, intelligeremus tamen illam primi elementi, citiùs ad centrum S pervenire debuisse, quàm illam secundi. Atqui materia primi elementi, sic in spatium S ingressa, tantâ vi protrudit globulos secundi, non modò versus eclipticam *eg* vel MY, sed maximè etiam versus polos *fd* vel AB, quemadmodum mox explicabo, ut hac ratione impediat, ne illi qui veniunt ex vortice L, propiùs accedant versus S, quàm usque ad certum aliquem terminum, qui hîc literâ

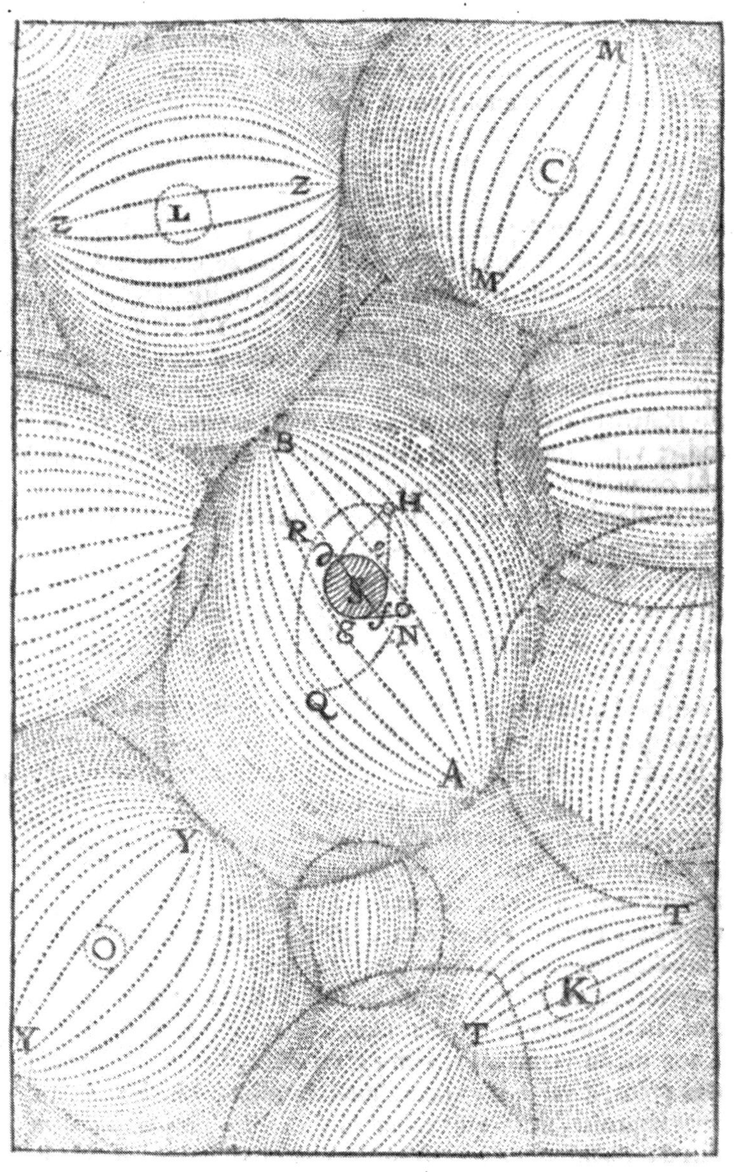
M
C
Z
L
Z
M
B
H
R
S
N
Q
A
Y
O
Y
T
K
T

terâ B notatus est. Idemque de vortice K, & aliis omnibus est judicandum.

Præterea etiam considerare oportet, particulas secundi elementi quæ volvuntur circa centrum L, non solùm habere vim recedendi ab isto centro, sed etiam perseverandi in sua celeritate; quæ duo sibi quodammodo adversantur: quia dum gyrant in vortice L, à vicinis aliis vorticibus, qui supra & infra planum hujus figuræ intelligendi sunt, intra certos terminos cohibitæ, non possunt evagari versus B, quin tardiùs moveantur inter L & B, quàm inter L & alios vicinos vortices, extra planum hujus figuræ intelligendos; & quidem tantò tardiùs, quantò spatium L B erit majus: Nam cùm circulariter moveantur, non possunt plus temporis impendere in transeundo inter L & istos alios vortices, quàm inter L & B. Atque idcirco, vis quam habent ad recedendum à centro L, efficit quidem ut nonnihil evagentur versus B, quia ibi occurrunt partibus circumpolaribus vorticis S, quæ non difficulter ipsis cedunt; sed ex adverso vis quam habent, ad retinendam celeritatem sui motus, impedit ne usque adeò evagentur, ut ad S perveniant. Quod idem non habet locum in materia primi elementi: etsi enim in hoc consentiat cum particulis secundi, quod simul cum ipsis gyrando, recedere conetur à centris vorticum in quibus continetur; in eo tamen maximè dissentit, quòd non opus sit ut quidquam de sua celeritate remittat, cùm ab istis centris recedit, quia ubique ferè æquales invenit vias, ad motus suos continuandos; nempe in angustiis angulorum, qui à globulis secundi elementi non implentur. Quamobrem non dubium est, quin materia ista primi elementi, continuò fluat versus S, per partes polis A & B vicinas, non modò ex vorticibus K & L, sed etiam ex pluribus aliis, qui non exhibentur in hac figura; quia non omnes in eodem plano sunt intelligendi, nec verum eorum situm, nec magnitudinem, nec numerum possum determinare. Non etiam dubium est, quin eadem materia effluat ex S, versus vortices O & C, ac etiam versus plures, sed quorum nec situm, nec magnitudinem, nec numerum definio; Ut neque definio, an eadem illa materia, ex O & C statim revertatur ad K & L, an potiùs digrediatur ad multos alios vortices, à primo cœlo remotiores, antequam circulum sui motus absolvat. LXXI. *Quæ sit ratio hujus diversitatis.*

Sed paulò diligentius est considerandum, quomodo ipsa moveatur LXXII. *Quomodo*

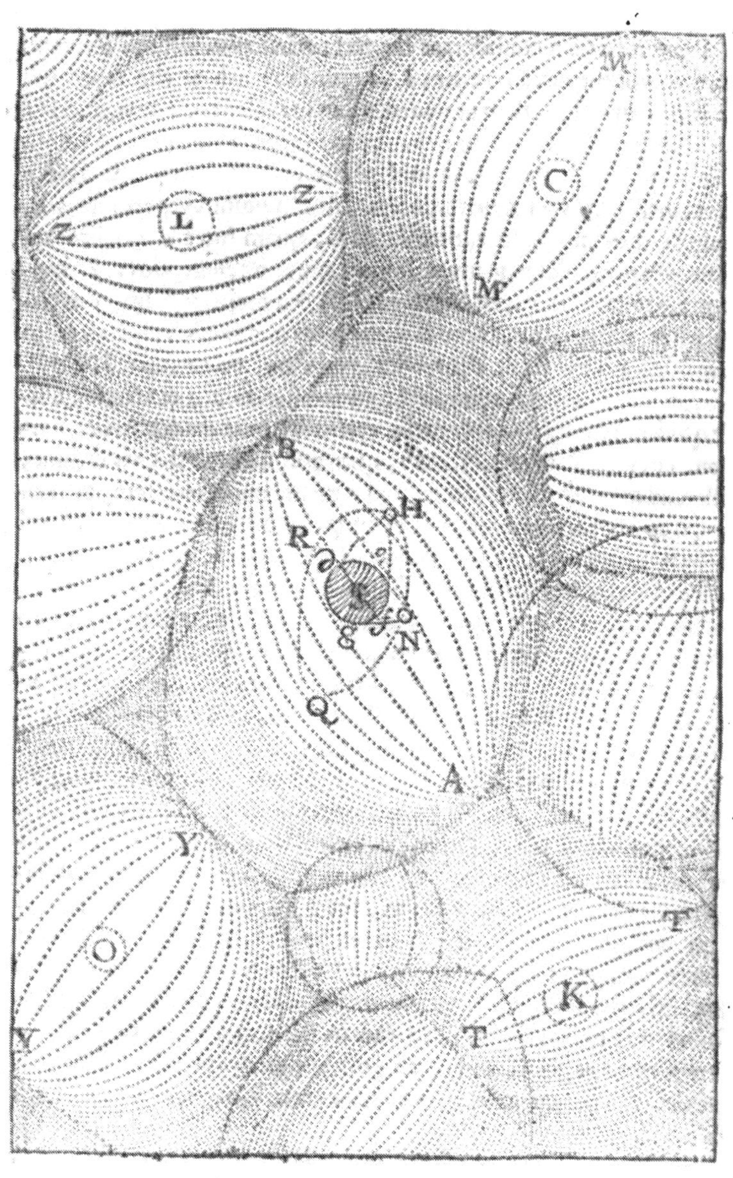
L
Z
Z
C
M
M
B
H
R
N
Q
A
Y
O
Y
T
K
T

tur in spatio *defg*. Nempe illa ejus pars quæ venit ab A, recta pergit usque ad *d*, ubi globulis secundi elementi occurrens, illos versus B propellit; eodemque modo alia pars quæ venit à B, recta pergit usque ad *f*, ubi occurrit globulis secundi elementi, quos repellit versus A: Et statim tam quæ est versus *d*, quàm quæ versus *f*, reflectitur in omnes partes versus eclipticam *eg*, omnesque globulos secundi elementi circumjacentes æqualiter pellit; ac denique per meatus, qui sunt inter istos globulos circa eclipticam *eg*, versus M & Y elabitur. Præterea dum ista materia primi elementi, proprio motu sic recta fertur, ab A & B versus *d* & *f*, fertur etiam circulariter motu totius vorticis, circa axem AB; adeò ut singula ejus ramenta lineas spirales, sive in modum cochleæ contortas, describant; quæ spirales postea, cùm ad *d* & *f* pervenerunt, inde utrimque reflectuntur versus eclipticam *eg*: Et quia spatium *defg*, majus est quam meatus, per quos materia primi elementi in illud ingreditur, vel ex ipso egreditur, idcirco semper ibi aliqua ejus materiæ pars manet, corpusque fluidissimum componit, quod perpetuò circa axem *fd* se ipsum rotat.

moveatur materia, quæ Solem componit.

LXXIII. *Varias esse inæqualitates in situ corporis Solis.*

Notandumque est in primis, hoc corpus sphæricum esse debere. Quamvis enim ob inæqualitatem vorticum, non putandum sit, omnino æqualem copiam materiæ primi elementi summitti versus S, à vorticibus vicinis unius poli, atque à vicinis alterius; nec etiam istos vortices ita esse sitos, ut materiam illam in partes directè oppositas mittant; nec alios vortices, primum cœlum versus ejus eclipticam tangentes, certum aliquem ipsius circulum, qui pro ecliptica sumi possit, eodem modo respicere, materiamque ex S, per omnes partes istius circuli, aliasque ipsi vicinas egredientem, pari facilitate in se admittere: Non tamen inde ullæ inæqualitates in figura Solis argui possunt, sed tantùm in ejus situ, motu & quantitate. Nempe si vis materiæ primi elementi, venientis à polo A versus S, major sit quàm venientis à polo B, illa quidem materia priusquam alterius occursu repelli possit, longiùs progredietur versus B, quàm hæc altera versus A; sed ita longiùs progrediendo ejus vis minuetur; ac juxta leges naturæ, se mutuò tandem ambæ repellent illo in loco, in quo earum vires erunt inter se planè æquales, atque ibi corpus Solis constituent: quod proinde remotius erit à polo A, quàm à polo B. Sed non majori vi pelluntur

 glo-

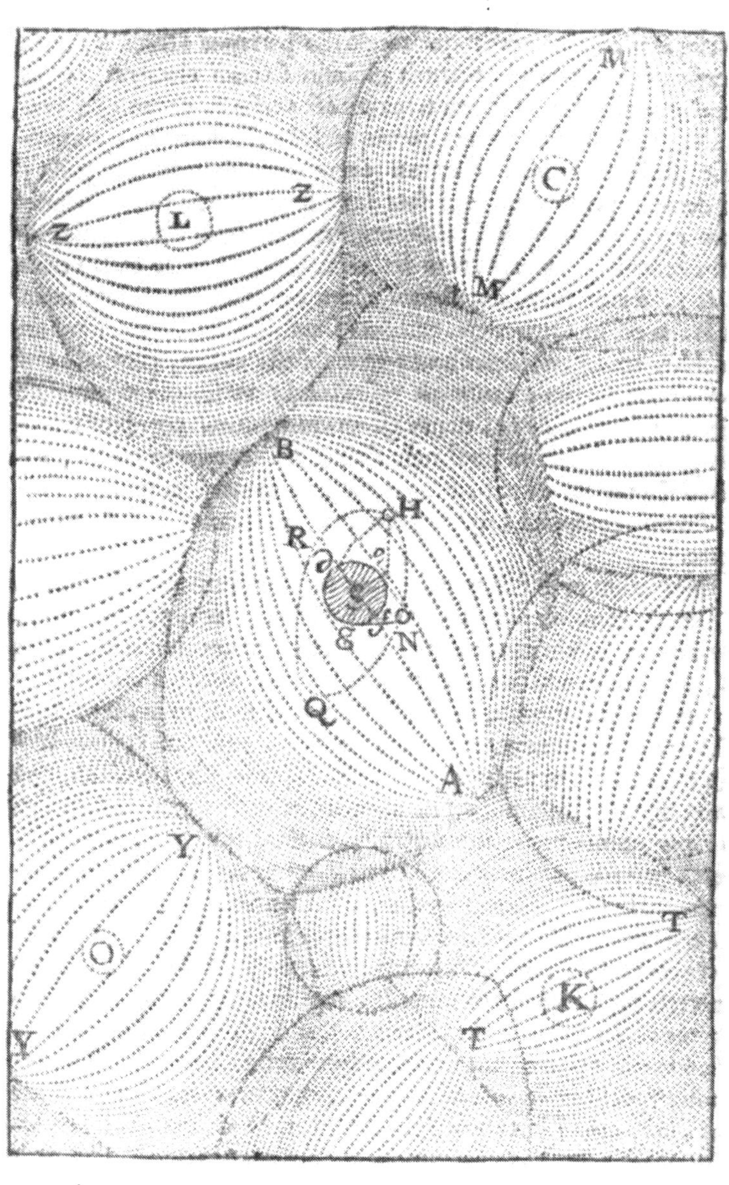
M
C
Z
L
Z
M
B
H
R
N
Q
A
Y
O
T
K
Y
T

globuli secundi elementi, in ejus circumferentiæ parte *d*, quàm in parte *f*, nec ideò circumferentia ista minùs erit rotunda. Item si materia primi elementi, faciliùs egrediatur ex S versus O, quàm versus C, (illic scilicet liberius spatium inveniendo) hoc ipso corpus S nonnihil accedet versus O, & isto accessu spatium interjectum minuendo, ibi tandem sistetur, ubi vis erit utrimque æqualis. Atque ita, quamvis ad solos quatuor vortices L C K O respiceremus, modò tantùm eos supponamus esse inter se inæquales, inde sequitur, Solem S, nec in spatio medio inter O & C, nec etiam in medio inter L & K esse debere. Majorque adhuc in ejus situ inæqualitas potest intelligi ex eo, quòd alii plures vortices ipsum circumstent.

LXXIV. *Varias etiam esse in ejus materiæ motu.*

Præterea si materia primi elementi, veniens ex vorticibus K & L, non secundùm lineas tam rectas feratur versus S, quàm versus alias aliquas partes; exempli causâ, quæ venit ex K versus *e*, quæ autem ex L versus *g*, hinc fiet ut poli *f d*, circa quos tota Solis materia vertetur, non sint in lineis rectis à K & L ad S ductis, sed Australis *f* aliquantò magis versus *e* accedat, & Borealis *d* versus *g*. Item si linea recta S M, per quam materia primi elementi facillimè egreditur ab S versus C, transeat per punctum circumferentiæ *f e d*, vicinius puncto *d* quàm puncto *f*; ac linea S Y, per quam ista materia præcipuè tendit ab S versus O, transeat per punctum circumferentiæ *f g d*, vicinius puncto *f* quàm puncto *d*; hinc fiet ut *e g* Solis ecliptica, sive planum in quo movetur illa ejus materia, quæ maximum circulum describit, paulò magis inclinetur à parte *e*, versus polum *d*, quàm versus polum *f*, sed tamen non tantùm quàm linea recta S M; atque ex parte *g*, magis inclinetur versus *f* quàm versus *d*, sed etiam non tantum quàm recta S Y. Unde sequetur axem, circa quem tota Solis materia vertitur, & cujus extremitates sunt poli *f d*, non esse lineam accuratè rectam, sed nonnihil curvam sive inflexam; materiamque istam aliquantò celeriùs gyrare inter *e* & *d*, vel inter *f* & *g*, quàm inter *e* & *f*, vel *d* & *g*, ac fortè etiam, non omnino æquali celeritate gyrare inter *e* & *d*, atque inter *f* & *g*.

LXXV. *Eas tamen non impedire ne ejus figura sit rotunda.*

Quod tamen non potest impedire, ne ipsius corpus sit quam proximè rotundum; quia interim alius ejus motus, à polis versus eclipticam, inæqualitates istas compensat. Eademque ratione, qua vidimus ampullam vitream, ex eo solo fieri rotundam, quòd aër in

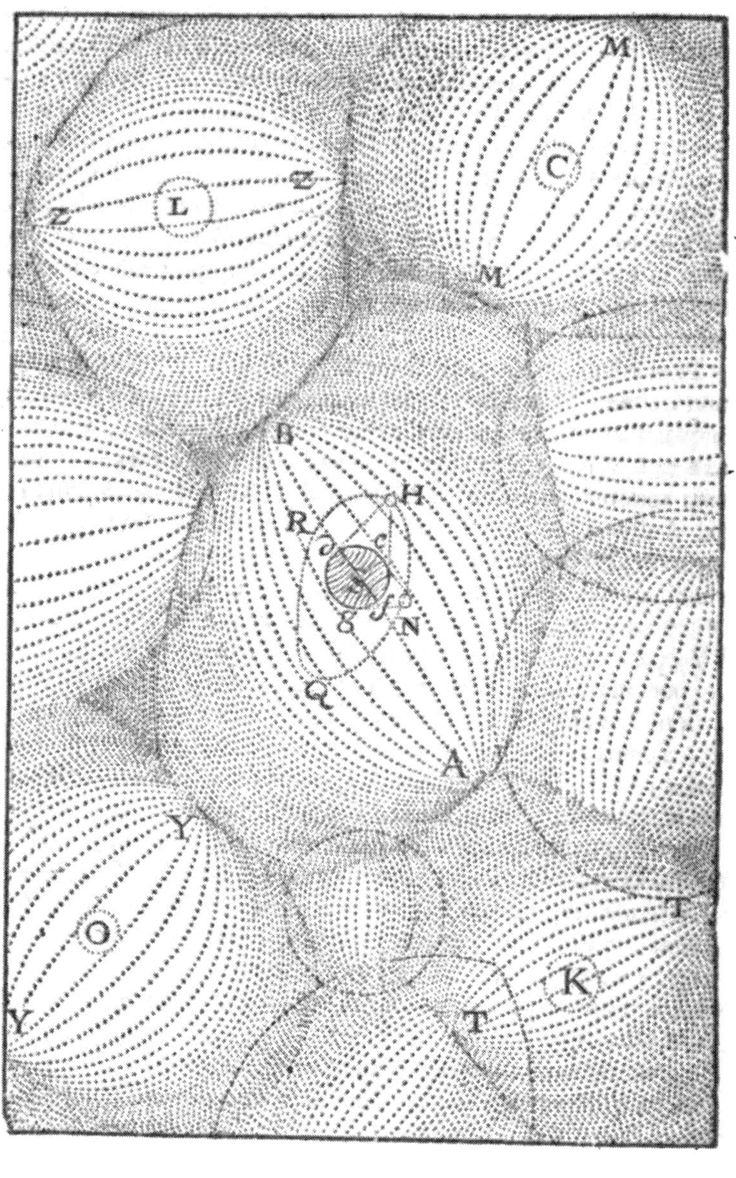
M
C
Z
L
Z
M
B
H
R
N
Q
A
Y
O
Y
T
K
T

ejus materiam igne liquefactam, per tubum ferreum immittatur: quia nempe iste aër, non majori vi ab ampullæ orificio in ejus fundum tendit, quàm inde in omnes alias partes reflectitur, & æquè facilè illas omnes pellit: Ita materia primi elementi, corpus Solis per ejus polos ingressa, debet omnes globulos secundi elementi circumjacentes, æqualiter undequaque repellere; non minùs illos in quos obliquè tantùm reflectitur, quàm illos in quos directè impingit.

LXXVI. *De motu primi elementi dum versatur inter globulos secundi.*

Notandum deinde materiam istam primi elementi, quamdiu versatur inter globulos secundi, habere quidem motum rectum, à polis A B ad Solem, & à Sole ad eclipticam Y M, ac circularem circa polos toti cœlo A M B Y communem; sed præterea etiam, maximam & præcipuam partem suæ agitationis impendere, in minutiarum suarum figuris assiduè mutandis, ut omnes exiguos angulos per quos transit, accuratè possit implere: Unde fit, ut ejus vis valde divisa, debilior sit; ac singulæ ejus minutiæ, motibus globulorum secundi elementi sibi vicinorum obsequantur, semperque paratæ sint ad exeundum ex illis angustiis, in quibus ad tam obliquos motus coguntur, atque ad recta pergendum versus quascunque partes. Eam autem materiam, quæ est in corpore Solis coacervata, valde multum virium ibi habere, propter consensum suarum omnium partium in eosdem celerrimos motus, omnesque illas suas vires impendere, in globulis secundi elementi circumjacentibus hinc inde propellendis.

LXXVII. *Quomodo Solis lumen non modo versus Eclipticam, sed etiam versus polos se diffundat.*

Atque ex his potest intelligi, quantum materia primi elementi conferat ad illam actionem, in qua lucem consistere antè monuimus, & quomodo illa actio non modò versus eclipticam, sed etiam versus polos in omnes partes se diffundat. Nam primò, si putemus esse aliquod spatium in H, solâ materiâ primi elementi repletum, & tamen satis magnum ad unum aut plures ex globulis secundi recipiendos, non dubium est quin uno & eodem temporis momento, globuli omnes contenti in cono d H f, cujus basis est concavum hemisphærium $d\,e\,f$, versus illud accedant.

LXXVIII. *Quomodo versus Eclipticam se diffundat.*

Jamque id suprà ostensum est, de globulis contentis in triangulo, cujus basis erat semicirculus eclipticæ solaris, quamvis nondum ulla actio primi elementi spectaretur; sed nunc hoc ipsum de iisdem, simulque etiam de reliquis in toto cono contentis, hujus primi elementi ope clariùs patebit. Ea enim ejus pars quæ corpus Solis componit,

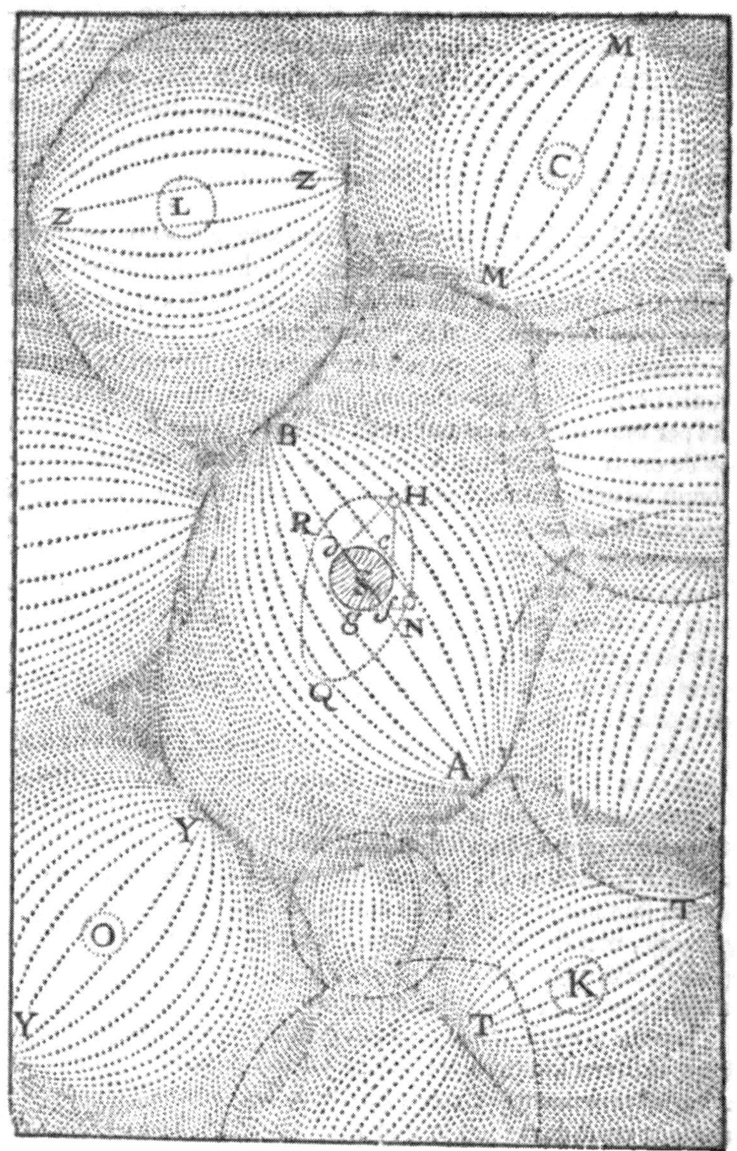
M
C
Z
L
Z
M
B
H
R
S
N
Q
A
Y
O
Y
T
K
T

nit, tam globulos ſecundi elementi qui ſunt verſus eclipticam *e*, quàm etiam eos qui ſunt verſus polos *d*, *f*, ac denique omnes qui ſunt in cono *d* H *f*, verſus H propellit; neque enim ipſa majori vi movetur verſus *e*, quàm verſus *d* & *f*, aliaſque partes intermedias: illa verò quæ jam ſupponitur eſſe in H, tendit verſus C, unde per K & L, verſus S, tanquam in circulum regrediatur. Ideoque non impedit ne globuli iſti ad H accedant, & eorum acceſſu ſpatium quod priùs ibi erat, corpori Solis accreſcat, impleaturque materiâ primi elementi, à centris K L & ſimilibus eò confluente.

LXXIX. *Quàm facile ad motum unius exigui corporis, alia quammaximè ab eo remota moveantur.*

Quin ipſa potiùs ad hoc juvat; cùm enim omnis motus tendat in lineam rectam, materia maximè agitata in H exiſtens, magis propendet ad inde egrediendum quàm ad remanendum; quo enim ſpatium in quo verſatur eſt anguſtius, eò magis inflectere cogitur ſuos motus. Et idcirco minimè mirum eſſe debet, quòd ſæpe ad motum alicujus minutiſſimi corporis, alia corpora per quantumvis magna ſpatia diffuſa, ſimul moveantur: nec proinde etiam, cur non tantùm Solis, ſed & ſtellarum quammaximè remotarum, actio ad terram uſque, in minimo temporis momento perveniat.

LXXX. *Quomodo lumen Solis tendat verſus polos.*

Si deinde putemus ſpatium N, ſolâ materiâ primi elementi plenum eſſe, facilè intelligemus omnes globulos ſecundi, qui continentur in cono *g* N *e*, à materia primi, quæ in Sole exiſtens, à *d* verſus *f*, ſimulque verſus totum hemiſphærium *e f g* magnâ vi movetur, eò verſus pelli debere, quamvis ex ſe ipſis nullam fortè habeant propenſionem ad iſtum motum; neque enim etiam ei repugnant; ut neque materia primi elementi, quæ eſt in N; ipſa enim paratiſſima eſt ad eundum verſus S, ibique ſpatium implendum, quod ex eo quòd globuli hemiſphærii concavi *e f g*, verſus N ferentur, corpori Solis accreſcet. Nec ulla eſt difficultas, quòd uno & eodem tempore, globuli ſecundi elementi ab S verſus N, & materia primi ab N verſus S, tanquam motibus contrariis debeant ferri: cùm enim hæc materia primi, non tranſeat niſi per illa anguſtiſſima intervalla, quæ globuli ſecundi non replent, ejus motus ab ipſis non impeditur; ut neque videmus in illis horologiis, quibus clepſydrarum loco nunc utimur, arenam ex vaſe ſuperiori deſcendentem, impedire quò minùs aër ex inferiori, per interſtitia ejus granulorum adſcendat.

LXXXI. *An æqualis*

Quæri tantùm poteſt, an tantâ vi pellantur globuli contenti in cono

M

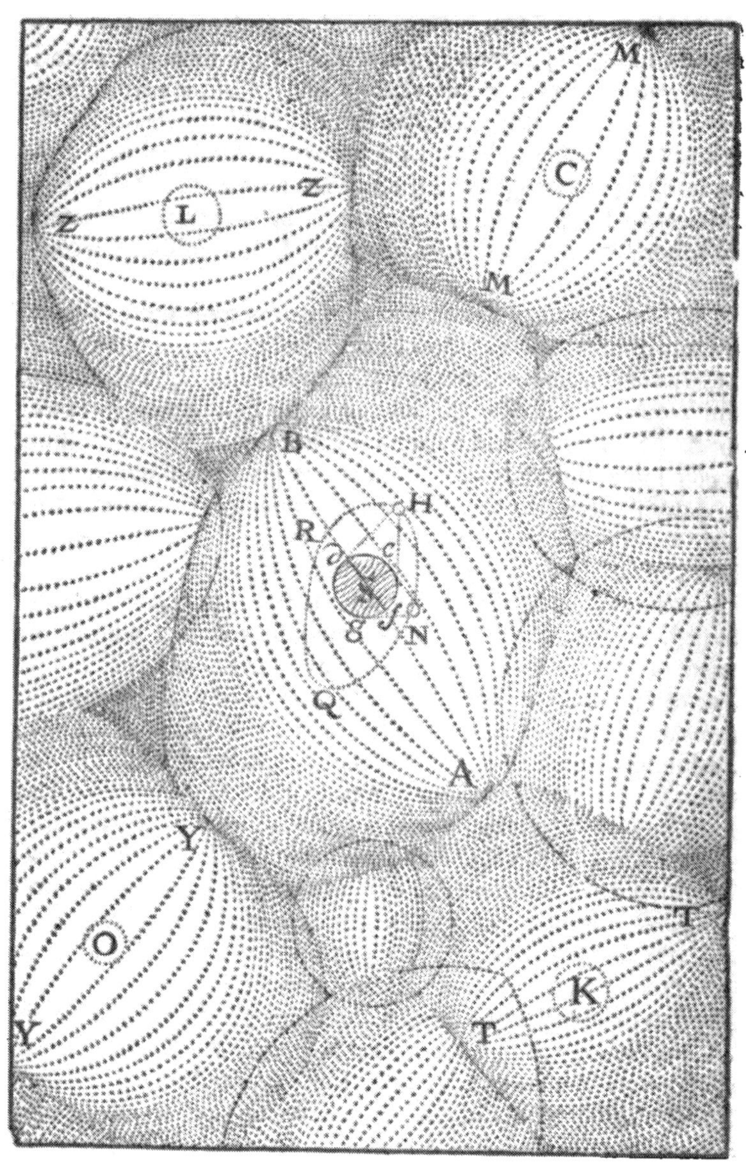
M
C
Z
L
Z
M
B
H
R
N
Q
A
Y
O
Y
T
K
T

cono *e* N *g*, versus N, à sola materia Solis, quanta globuli *f* H *d* versus H, ab eâdem materiâ Solis, ac simul à proprio motu; quod non videtur, si H & N ab S æquidistent. Sed quemadmodum, ut jam notatum est, minor est distantia versus polos, inter Solem & circumferentiam cœli quod illum ambit, quàm versus eclipticam: ita tunc ad summum illa vis esse potest æqualis, cùm eadem est proportio inter lineas H S & N S, quæ est inter M S & A S. Unumque tantùm habemus in natura phænomenum, ex quo ejus rei experimentum capi possit: nempe cùm fortè aliquis Cometa tantam cœli partem pererrat, ut primò visus in Ecliptica, videatur deinde versus unum ex polis, ac postea rursus in ecliptica, tunc enim habitâ ratione ejus distantiæ, potest æstimari, an ejus lumen (quod à Sole esse infrà ostendam), cæteris paribus majus appareat versus eclipticam, quàm versus polum.

sit ejus vis in polis & in ecliptica.

LXXXII. *Globulos secundi elementi Soli vicinos minores esse, ac celerius moveri quàm remotiores, usque ad certam distantiam, ultra quam sunt omnes magnitudine æquales, & eò celerius moventur, quò sunt à Sole remotiores.*

Superest adhuc notandum circa globulos secundi elementi, eos qui proximi sunt centro cujusque vorticis, minores esse ac celeriùs moveri, quàm illos qui paulò magis ab eo distant, idque usque ad certum terminum, ultra quem superiores inferioribus celeriùs moventur, & quantum ad magnitudinem sunt æquales. Ut hîc exempli caussa, in primo cœlo putandum est, omnium minutissimos globulos secundi elementi, esse juxta superficiem Solis *d e f g*, & paulò remotiores gradatim esse majores, usque ad superficiem sphæroïdis HNQR, ultra quam omnes sunt æquales; atque illos qui sunt in hac superficie H N Q R, omnium tardissimè moveri; adeo ut fortè globuli H Q, tringinta annos vel etiam plures impendant, in absolvendo uno circuitu circa polos A B, superiores autem versus M & Y, itemque inferiores versus *e* & *g*, celeriùs moveantur, & tam supremi quàm infimi, circuitus suos intra paucas hebdomadas absolvant.

LXXXIII. *Cur remotissimi celerius moveantur quàm aliquanto minùs remoti.*

Et primò quidem, quòd superiores versus M & Y celeriùs ferri debeant, quam inferiores versus H & Q, facilè demonstratur. Ex eo enim quòd supposuerimus, omnes in principio fuisse magnitudine æquales (ut par fuit, quia nullum habuimus ipsarum inæqualitatis argumentum), & quòd spatium in quo tanquam in vortice circulariter aguntur, non sit accuratè rotundum; tum quia alii vortices circumjacentes non sunt æquales, tum etiam quia illud debet esse angustius, è regione centri cujusq; ex istis vorticibus vicinis, quàm è regione aliarum ejus partium; necesse est ut aliquando quædam ex ipsis celeriùs,

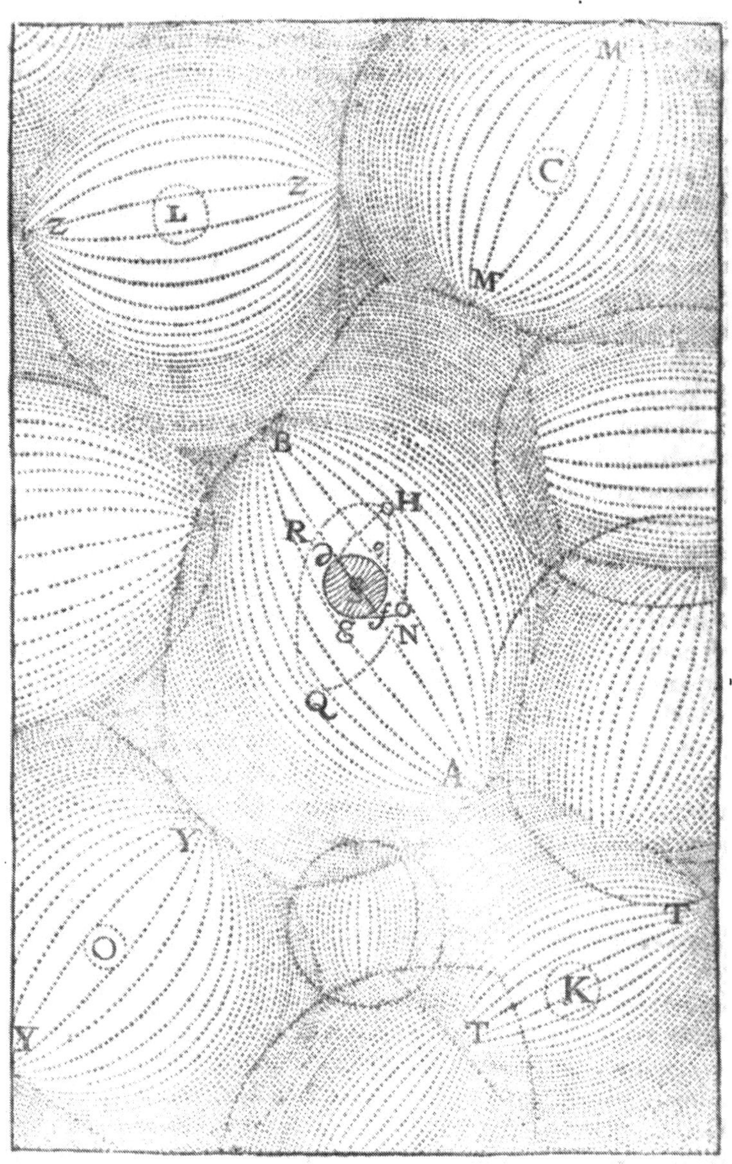
M
C
L
Z
Z
M
B
H
R
N
Q
A
Y
T
O
K
Y
T

lerius, quàm aliæ moveantur, cùm nempe ordinem debent mutare, ut ex via latiori transeant in angustiorem. Sic exempli causâ, duo globi qui sunt inter puncta A & B, non possunt transire inter duo viciniora C & D, nisi unus alium præcedat, & manifestum est eum qui præcedit, altero celerius moveri. Deinde quia omnes globuli primi cœli, totâ suâ vi recedere conantur à centro S, statim atque aliquis ex ipsis celeriùs quàm vicini movetur, ille, hoc ipso majorem habens vim, magis à centro illo recedit; & ita semper superiores illi sunt qui celerius moventur.

Quanta autem sit ista eorum celeritas, sola experientia docere potest; nullamque habemus ejus experientiam, nisi in Cometis, quos ex uno cœlo in aliud migrare infrà ostendam: ut neque possumus determinare tarditatem circuli H Q, nisi ex motu Saturni, quem in illo vel infra illum esse demonstrabo.

LXXXIV. *Cur Solis proximi, celeriùs etiam ferantur, quàm paulò remotiores.*

Quod verò infra terminum H Q, globuli propiores centro S, celeriùs circulum suum absolvant quàm remotiores, probatur ex circumvolutione materiæ solaris, omnem illam cœli partem sibi vicinam secum rapientis: neque enim potest dubitari, cùm ipsa sit celerrimè agitata, & semper aliquid sui per angustos meatus, qui sunt inter globulos secundi elementi, versus eclipticam emittat, & versus polos recipiat, quin habeat vim secum rapiendi globulos istos usque ad certam distantiam. Hujusque distantiæ terminum designamus ellipsi H N Q R, non circulo: quamvis enim Sol sit sphæricus, ac non minori vi pellat materiam cœli circumjacentem versus polos quàm versus eclipticam, illa actione in qua ejus lucem consistere diximus, non potest tamen idem intelligi de hac altera actione, qua istam cœli materiam secum in orbem rapit, quia pendet à solo ejus motu circulari, circa suum axem; qui motus procul dubio potentior est in ecliptica, quàm versus polos; & ideò hîc H & Q magis distare debent ab S, quàm N & R. Atque hinc infrà ratio reddetur, cur Cometarum caudæ aliquando rectæ, aliquando curvæ appareant.

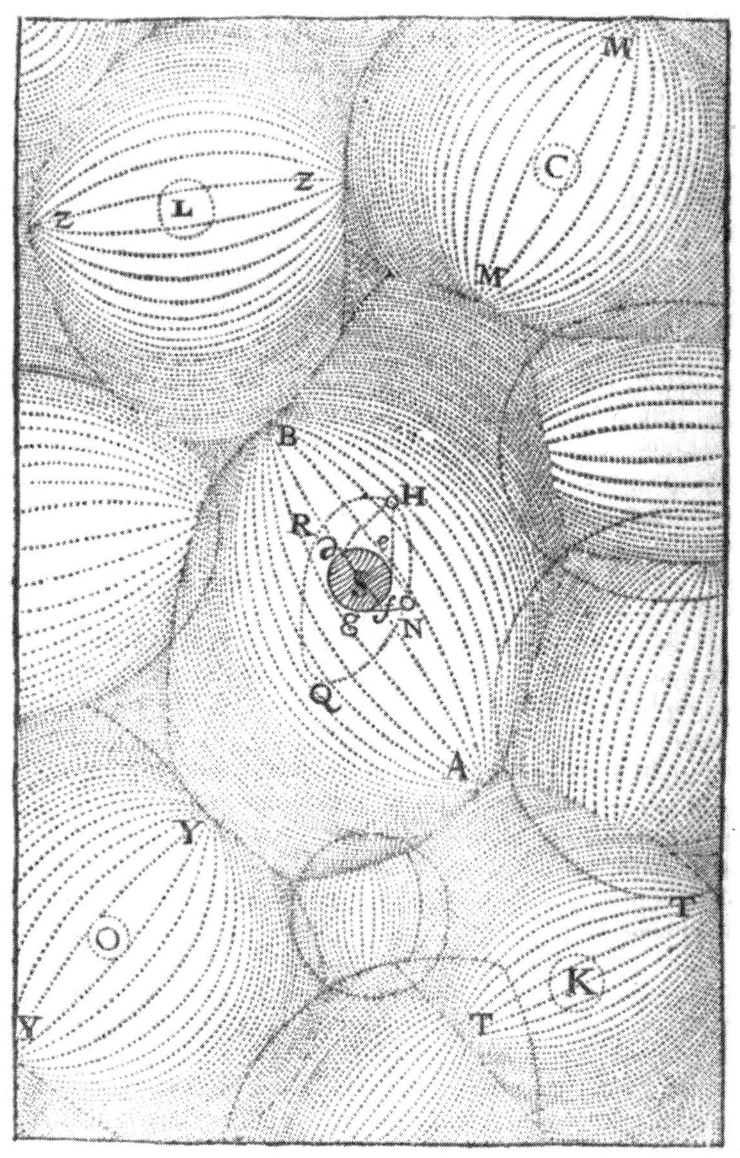
M
C
L
Z
Z
M
B
H
R
N
Q
A
Y
O
Y
T
K
T

Cùm autem hîc intra terminum H Q, inferiores globuli materiæ cœlestis, celeriùs moveantur quàm superiores, debent etiam esse minores; si enim essent majores vel æquales, hoc ipso haberent plus virium, ideoque superiores evaderent. Sed ubi semel contingit, aliquem tantò esse minorem iis qui supra ipsum sunt, ut magis ab iis magnitudine superetur, quàm illos celeritate superet, semper postea illis inferior manere debet. Etsi verò globulos istos, in principio quàm accuratissimè æquales à Deo factos fuisse supponamus, fieri tamen non potuit lapsu temporis, ob inæqualitatem spatiorum quæ percurrunt, & inæqualitatem eorum motus inde ortam, ut paulò antè demonstratum est, quin aliqui aliis minores evaderent, iique essent satis multi, ad spatium H N Q R implendum. Neque enim consideramus hoc spatium, cum magnitudine totius vorticis A Y B M comparatum, nisi tanquam admodum parvum; ut etiam magnitudo Solis ad ipsum comparata, perexigua est intelligenda; quamvis ista eorum proportio, non potuerit hîc in figurâ exhiberi, quia nimis vasta esse debuisset. Notandum etiam est varias esse alias inæqualitates, in motibus partium cœli, præsertim earum quæ sunt inter S & H vel Q; de quibus paulò post commodiùs agetur.

LXXXV. *Cur iidem Solis proximi, sint remotioribus minores.*

Denique non est omittendum, materiam primi elementi venientem ex vorticibus K L & similibus, præcipuè quidem ferri versus Solem, sed plurimas tamen etiam ejus partes, per totum vorticem A Y B M dispergi, atque inde ad alios C O, & similes, transire, ac fluendo circa globulos secundi elementi, efficere ut ipsi tum circa propria centra, tum fortè etiam aliis modis moveantur. Cumque sic isti globuli non una tantùm ratione, sed multis diversis eodem tempore agitentur, hinc clarè percipitur ipsos, cujuscunque figuræ fuerint in principio, nunc debere esse planè sphæricos, non instar cylindri aut cujusvis sphæroïdis, unà tantùm ex parte rotundos.

LXXXVI. *Globulos secundi elementi variis modis simul moveri, quo fit ut plane sphærici reddantur.*

Postquam autem naturam primi & secundi elementi sic utcunque explicuimus, ut tandem de tertio agere possimus, considerandum est, materiam primi non esse æqualiter agitatam secundùm omnes suas minutias, sed sæpe in perexigua ejus quantitate, innumeros reperiri diversos gradus celeritatis. Quod perfacilè demonstratur, tum ex modo quo ejus generationem suprà descripsimus, tum etiam ex continuo ejus usu: finximus enim eam genitam esse ex eo, quòd parti-

LXXXVII. *Varios esse gradus celeritatis in minutiis primi elementi.*

particulæ secundi elementi nondum sphæricæ, sed angulosæ, ac totum spatium in quo erant implentes, moveri non potuerint, quin earum anguli attererentur, ac minutiæ, ab iis attritu isto separatæ, figuras suas diversimodè mutarent, pro ratione diversi loci occupandi, sicque primi elementi formam assumerent; nuncque adhuc eodem modo putamus, illud primum elementum inservire implendis omnibus spatiorum angustiis, quæ circa alia corpora reperiuntur. Unde manifestum est unasquasque ex ejus minutiis, majores initio non fuisse quàm anguli particularum ex quibus exscindebantur; sive quàm spatium, quod tres globuli se mutuò contingentes, in medio sui relinquunt; atque ideò quasdam ex ipsis planè indivisas manere potuisse, dum aliæ interim egredientes ex angustis spatiis, quorum figura mutabatur magis & magis, indefinitè dividi debuerunt. Sint exempli causâ; tres globuli A B C, quorum duo primi A & B, se mutuò tangentes in G, circa propria centra tantùm vertantur, dum interim tertius C, tangens primum in E, volvetur supra ipsum ab E versus I, donec punctο D tangat secundum in punctο F, manifestum est materiam primi elementi, quæ continetur in spatio triangulari F G I, sive ex pluribus ramentis constet, sive tantùm ex uno, posse interim manere immotam; sed illam quæ est in spatio F I E D necessario moveri, & nullum tam exiguum ejus ramentum, inter puncta D & F posse designari, quod non sit majus eo quod inde aufertur singulis momentis. Quia globulus C accedendo ad B, efficit ut linea D F transeat per innumeros diversos gradus brevitatis.

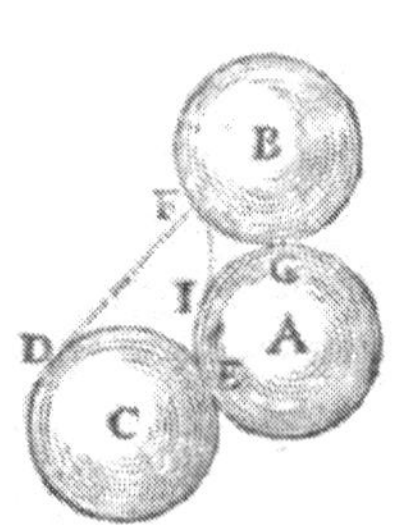

LXXXVIII. *Eas ejus minutias quæ minimum habent celeritatis, facile id ipsum quod habent aliis transferre, ac sibi mutuo adhærere.*

Sic igitur in materia primi elementi, quædam sunt ramenta reliquis minùs divisa, & minùs celeriter agitata; quæ cùm supponantur excisa fuisse ex angulis particularum secundi, cùm nondum in globulos tornatæ erant, & omnia spatia sola implebant, non possunt non habere figuras valde angulosas, & ad motum ineptas; Unde fit ut facilè sibi mutuò adhæreant, magnamque partem suæ agitationis transferant in illa alia ramenta, quæ minutissima sunt, & celerrimè agitantur: Quia juxta leges naturæ majora corpora, cæteris paribus

bus, faciliùs id quod habent agitationis in minora transferunt, quàm novam ullam agitationem ab istis aliis recipiant.

LXXXIX. *Tales minutias sibi mutuò adhærentes, præcipue inveniri in ea materia primi elementi, quæ à polis ad centra vorticum fertur.*

Et quidem talia ramenta præcipuè reperiuntur in ea materia primi elementi, quæ à polis versus medium cœli, secundùm lineas rectas movetur: ejus enim partes quamminimùm agitatæ sufficiunt ad istum motum rectum, non autem ad alios magis obliquos & varios, qui fiunt in aliis locis; ex quibus idcirco expelli solent, in viam istius motus recti; & ibi congregantur in exiguas massas, quarum figuram hîc velim diligenter considerari.

XC. *Qualis sit figura istarum minutiarum, quæ particulæ striatæ deinceps vocabuntur.*

Nempe cùm sæpe transeant per angusta illa spatia triangularia quæ in medio trium globulorum secundi elementi, se mutuò tangentium, reperiuntur; debent induere figuram in sua latitudine & profunditate triangularem. Quantum autem ad longitudinem, non facilè est ipsam determinare, quia non videtur ab alia causa pendere, quàm à copia materiæ ex qua istæ massulæ conflantur; sed sufficit illas concipere tanquam exiguas columnas, tribus striis in modum cochlearum intortis excavatas, ita ut gyrando transire possint per illos angustos meatus, figuram habentes trianguli curvilinei FGI, qui semper inter tres globulos secundi elementi, se mutuò tangentes reperiuntur. Quippe ex eo quòd sint oblongæ, ac motu celerrimo transeant inter istos globulos secundi elementi, dum interim ipsi alio motu circa polos cœli rotantur, clarè intelligitur illarum strias, in modum cochlearum debere esse intortas; & quidem magis vel minus intortas, prout transeunt per partes axi vorticis remotiores aut viciniores; quia globuli secundi elementi, celeriùs in illis quàm in istis rotantur, ut antè dictum est.

XCI. *Istas particulas ab oppositis polis venientes, contrario modo esse intortas.*

Ac etiam ex eo quòd ipsæ veniant versus medium cœli, ex partibus contrariis; unæ scilicet ab Australi, aliæ à Boreali, dum interim totus vortex circa suum axem, in unas & easdem partes movetur: manifestum est illas quæ veniunt à polo Australi, non in easdem partes debere intortas esse, ac illas quæ veniunt à polo Boreali, sed planè in contrarias. Quod animadversione valdè dignum puto; quia hinc vires magnetis infrà explicandæ, præcipuè dependent.

XCII. *Tres tantùm strias in ipsis esse.*

Sed ne quis fortè existimet, me sine ratione affirmare, tres tantùm strias in istis primi elementi particulis esse posse, cùm tamen globuli secundi, non ita semper omnes se mutuò possint contingere, ut tantùm triangularia spatia circa se relinquant, velim hîc notari,

 alia

alia quævis loca ampliora, quæ inter globulos istos sæpe reperiuntur, habere semper suos globulos, planè æquales iis trianguli FGI, ac quantum ad cætera esse in perpetua mutatione; adeò ut particulæ striatæ primi elementi, per illa transeuntes, eam etiam figuram quam descripsimus, debeant induere. Nam, exempli causâ, quatuor globuli A B C H, se tangentes in punctis KLGE, relinquunt in medio sui spatium quadrangulare, cujus quisque angulus, est omnino æqualis unicuique ex angulis trianguli FGI; cumque quatuor isti globuli moventur, spatium istud assiduè figuram mutat, fitque nunc quadratum, nunc oblongum, ac etiam interdum in duo alia spatia triangularia dividitur; unde fit ut materia primi elementi minùs agitata, quæ in eo exsistit, ad unum vel duos ex ejus angulis debeat confluere, ac residuum spatii relinquere materiæ mobiliori, & figuras suas faciliùs mutanti, ut eas ad omnes istorum globulorum motus accommodet. Atque si fortè unum ex ejus ramentis, in uno ex istis angulis existens, extendat se ibi versus partem illi angulo oppositam, ultra spatium æquale triangulo FGI, debebit inde expelli, ac proinde imminui, cùm accidet ut tertius globulus tangat duos illos, qui angulum in quo versatur conficiunt. Nempe si materia minùs agitata, occupans angulum G, extendat se versus D ultra lineam FI, inde extrudetur à globulo C, atque eatenus minuetur, cùm hîc globulus C accedet ad B, ut claudat triangulum GFI. Et quia particulæ primi elementi, quæ in eo maximæ sunt, & reliquis minùs agitatæ, per longos cœli tractus transeundo, non possunt non sæpe ita versari inter tres globulos ad se invicem accedentes, non videntur posse induere ullam figuram determinatam, & aliquandiu in ipsis permanentem, præter illam quam descripsimus.

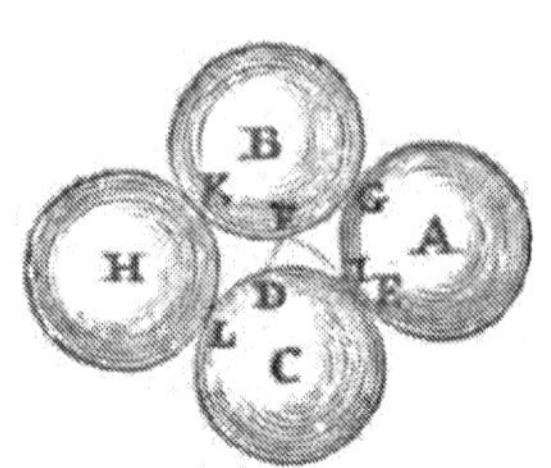

XCIII. *Inter particulas striatas, & omnium minutissimas, varias esse aliarum magnitudines in primo elemento.*

Etsi autem hæ particulæ oblongæ ac striatæ, valde differant à reliqua materia primi elementi, non tamen illas ab hac distinguimus, quandiu tantùm inter globulos secundi versantur; tum quia nullum peculiarem earum effectum ibi advertimus; tum etiam, quia multas alias, non multò minores, nec celeriùs agitatas, in ea contineri arbitramur, ita ut inter omnium minutissimas & istas striatas, innumeri sint aliarum gradus, ut facilè ex inæqualitate viarum quas perlabuntur, agnosci potest.

Sed

Sed quando materia ista primi elementi, ad corpus Solis alteriusve sideris pervenit, ibi omnes ejus minutiæ maximè agitatæ, cùm nullis globulorum secundi elementi obicibus impediantur, in similes motus consentire laborant : Unde fit ut illæ striatæ, nec non etiam aliæ multæ paulò minores, quæ ob figuras nimis angulosas, molemve nimis magnam, tantam agitationem refugiunt, ab aliis minutissimis separentur, ac sibi mutuò facilè adhærentes, propter inæqualitatem suarum figurarum, moles aliquando permagnas componant, quæ intimæ cœli superficiei contiguæ, sideri ex quo emerserunt adjunguntur, & ibi resistentes illi actioni, in qua vim luminis consistere suprà diximus, similes sunt illis maculis quæ in Solis superficie conspici solent. Eadem enim ratione, quâ videmus aquam liquoresque alios quoscunque, cùm igni admoti effervescunt, atque aliquas particulas diversæ à reliquis naturæ, ac minùs ad motum aptas in se continent, densam spumam ex particulis istis conflatam emittere, quæ supra ipsorum superficiem natare, figurasque admodum irregulares & mutabiles habere solet : ita perspicuum est materiam Solis, utrimque ex ejus polis versus eclipticam ebullientem, debere particulas suas striatas, aliasque omnes quæ facilè sibi mutuò adhærent, ac difficulter communi ipsius motui obsequuntur, ex se tanquàm spumam expellere.

XCIV. Quomodo ex iis maculæ in Solis vel stellarum superficie generentur.

Atque hinc facile est cognoscere, cur Solis maculæ non soleant apparere circa ejus polos, sed potiùs in partibus eclipticæ vicinis; & cur figuras habeant valde varias & incertas; & denique cur in orbem circa Solis polos, si non tam celeriter quàm ejus substantia, saltem simul cum ea parte cœli quæ illi proxima est, moveantur.

XCV. Hinc cognosci præcipuas harum macularum proprietates.

At verò, quemadmodum plerique liquores eandem spumam, quam initio effervescendo emittunt, rursus postea diutiùs ebulliendo resorbent & absumunt; ita putandum est, eadem facilitate quâ materia macularum è corpore Solis emergit, atque in ejus superficie cumulatur, paulò post etiam imminui, & partim in ejus substantiam refundi; partimque per cœlum vicinum dispergi. (Non enim ex toto Solis corpore, sed tantùm ex materia quæ recens in illum ingressa est, maculæ istæ formantur.) Ac reliqua materia quæ diutiùs in eo permansit, jamque, ut ita loquar, excocta est & defæcata, summâ vi semper gyrans, partim eas quæ jam factæ sunt abradit, dum interim alia in parte novæ generantur, ex nova materia Solem ingrediente : unde fit ut non omnes in iisdem locis appareant. Et sanè

XCVI. Quomodo istæ maculæ dissolvantur, ac novæ generentur.

tota Solis superficies, partibus circumpolaribus exceptis, materia ex qua componuntur tegi solet; Atqui maculæ tantùm esse dicuntur, ubi materia illa est tam densa & stipata, ut vim luminis à Sole venientis notabiliter obtundat.

XCVII. *Cur in quarundam extremitate colores iridis appareant.*

Præterea potest contingere, ut maculæ istæ, cùm sunt paulò crassiores & densiores, priùs in sua circumferentia quàm in medio atterantur, à puriore materia Solis eas circumfluente; sicque ut extremitates earum circumferentiæ, in acutum desinentes, ejus lumini perviæ sint: unde sequitur ipsas ibi Iridis coloribus pingi debere, ut antehac de prismate vitreo in Meteoris cap. 8. explicui. Et tales aliquando colores in illis observantur.

XCVIII. *Quomodo maculæ in faculas vertantur, vel contrà.*

Sæpe etiam contingit, ut materia Solis circa maculas istas fluendo, supra ipsarum extremitates assurgat; tuncque, inter illas & cœli vicini superficiem intercepta, cogitur ad motum solito celeriorem: Eodem modo quo fluminum rapiditas semper est major in locis vadosis & angustis, quàm in latis & profundis. Unde sequitur Solis lumen ibi aliquanto fortiùs esse debere. Atque ita maculæ in faculas converti solent, hoc est, quædam solaris superficiei partes, quæ priùs aliis erant obscuriores, postea fiunt lucidiores; Ac viceversâ, faculæ in maculas mutari videntur, cùm his una ex parte in subtiliorem Solis materiam demersis, magna copia novæ materiæ aliâ ex parte ipsis accedit, & adhæret.

XCIX. *In quales particulas maculæ dissolvantur.*

Cùm autem istæ maculæ dissolvuntur, non abeunt in minutias planè similes iis ex quibus fuerant conflatæ: sed partim in tenuiores, ac simul solidiores, sive figuras minùs angulosas habentes; quo nomine ad motum sunt aptiores, & ideò facilè per meatus, qui sunt inter globulos cœli circumjacentis, versus alios vortices tendunt; partim in tenuissimas, quæ ex aliarum angulis erasæ, vel in purissimam Solis substantiam convertuntur, vel abeunt etiam versus cœlum; partim denique in crassiores, quæ ex pluribus striatis, aliisve simul junctis compositæ, versus cœlum expelluntur, ubi, cùm sint nimis magnæ ad transeundum per illos angustos meatus, quos globuli secundi elementi circa se relinquunt, ipsa etiam globulorum istorum loca subingrediuntur, & quia figuras habent valdè irregulares & ramosas, non tam facilè ac illi globuli moveri possunt.

C. *Quomodo ex ipsis æther circa Solem*

Sed sibi mutuò nonnihil adhærentes, componunt ibi magnam quandam molem, rarissimam, & aëri (sive potiùsætheri) terræ circumfuso non absimilem, quæ à Sole circumquaque, fortè usque ad

sphæram

sphæram Mercurii, vel etiam ultra illam, se extendit. Nec tamen æther iste in immensum crescere potest, etiamsi novæ semper particulæ ex macularum dissolutione ipsi accedant, quia globulorum secundi elementi, per illud & circa illud continua agitatio, facilè potest totidem alias dissolvere, ac rursus in materiam primi elementi convertere. Quippe omnes Solis aliorumque siderum maculas, ut & totum ætherem ipsis circumfusum, quoniam ejus partes ad motum minùs aptæ sunt, quàm globuli secundi elementi, ad tertium elementum referimus.

& stellæ generetur. Huncque ætherem & istas maculas ad tertium elementum referri.

CI. *Macularum productionem & dissolutionem à causis valde incertis pendere.*

Sed verò macularum productio vel dissolutio, à tam minutis & tam incertis causis dependet, ut minimè sit mirandum, si quando nullæ prorsus in Sole appareant, vel si è contra nonnunquam sint tam multæ, ut totum ejus lumen obscurent. Ex hoc enim quòd pauca aliqua, ex ramentis primi elementi, sibi invicem adhærescant, fit unius maculæ rudimentum, cui facilè postea plura alia junguntur, quæ nisi in priora illa impingendo, partem suæ agitationis amitterent, sibi mutuò non possent adhærere.

CII. *Quomodo eadem macula totum aliquod sidus tegere possit.*

Notandumque est maculas istas cùm primùm generantur, esse corpora mollissima & rarissima, ideoque facilè frangere impetum ramentorum primi elementi, quæ in ipsas impingunt, & illa sibi adjungere; Paulatim autem postea interiorem earum superficiem, continuo motu substantiæ solaris cui contigua est, non tantum abradi & perpoliri, sed etiam condensari & indurari, alia interim earum superficie quæ cœlo obversa est, molli & rara remanente; Ideoque ipsas non facile dissolvi, ex eo quod materia Solis interiorem earum superficiem lambat, nisi simul etiam earum oras circumfluat, & transcendat, sed contra potius semper augeri, quamdiu istæ earum oræ, supra Solis superficiem eminentes, ejus materiæ occursu non densantur. Hincque potest contingere, ut aliquando una & eadem macula supra totam superficiem alicujus sideris se extendat, ibique diu permaneat, priusquam dissolvi possit.

CIII. *Cur Sol aliquando visus sit obscurior; & cur quarundam stellarum magnitudines apparentes mutentur.*

Sic referunt quidam historici, Solem aliquando per plures dies continuos, aliquando etiam per integrum annum, solito pallidiorem, Lunæ instar, sine radiis lucem tristem præbuisse. Notarique potest multas stellas nunc minores majoresve apparere, quam olim ab Astronomis descriptæ sunt. Cujus non alia ratio esse videtur, quam quod pluribus paucioribusve maculis earum lux obtundatur.

CIV. *Cur aliquæ fixæ disparеant, vel ex improviso appareant.*

Quin etiam fieri potest ut aliquod sidus tot & tam densis maculis involvatur, ut visum nostrum prorsus effugiat: Sicque olim Pleiades numeratæ sunt septem, quæ jam sex tantùm conspiciuntur. Itemque fieri potest, ut aliquod sidus nobis antea non visum, brevissimo tempore atque ex improviso, magnâ luce affulgeat. Nempe si totum ejus corpus ingenti & crassa macula fuerit hactenus contectum, jamque accidat ut materia primi elementi, solito copiosius ad illud affluens, supra exteriorem istius maculæ superficiem se diffundat, brevissimo tempore totam conteget; atque tunc istud sidus non minorem lucem ex se emittet, quàm si nulla plane macula involveretur; Potestque postea, vel diu æquè fulgidum remanere, vel paulatim rursus obscurari. Sicque contigit in fine anni 1572, quandam stellam priùs non visam, in signo Cassiopeiæ apparuisse, quæ maximam initio habuit lucem, & sensim postea obscurata, initio anni 1574 disparuit. Ac etiam aliæ nonnullæ in cœlo jam lucent, quæ olim non apparebant: quarum rerum causa hîc fusiùs est explicanda.

CV. *Multos esse meatus in maculis, per quos liberè transeunt particulæ striatæ.*

Sit, exempli causâ, sidus I circumquaque tectum maculâ *d e f g*, quæ non potest esse tam densa, quin poros sive meatus habeat permultos, per quos omnis materia primi elementi, etiam illa quæ constat particulis striatis supra descriptis, transire possit. Cùm enim in principio suæ generationis fuerit mollissima & rarissima, tales pori facilè in ipsa formati sunt; cumque postea densabatur, particulæ istæ striatæ, aliæque primi elementi, continuò per illos transeundo, non permiserunt ut planè clauderentur; sed tantùm eo usque angustati sunt, ut nullæ materiæ particulæ, striatis primi elementi crassiores, viam per ipsos habere possint, ac etiam ut ii meatus, qui particulas striatas ab uno polo venientes admittunt, non aptæ sint ad easdem si regrederentur, nec etiam ad illas quæ veniunt ab alio polo, & contrario modo sunt intortæ, recipiendas.

CVI. *Quæ sit dispositio istorum meatuum & cur particulæ striatæ per illos retrogredi non possint.*

Nempe particulæ striatæ primi elementi, venientes non ab uno aliquo puncto duntaxat, sed à tota cœli regione quæ est versus polum A, & tendentes non versus unicum punctum I, sed versus totum medium cœli H I Q, formant sibi meatus in macula *d e f g*, secundùm lineas rectas axi *f d* parallelas, vel nonnihil utrimque versus *d* convergentes; horumque meatuum aditus, in tota ejus superficiei medietate *e f g* sparsi sunt, & exitus in alia medietate *e d g*; ita scilicet ut particulæ striatæ venientes à parte A, facilè

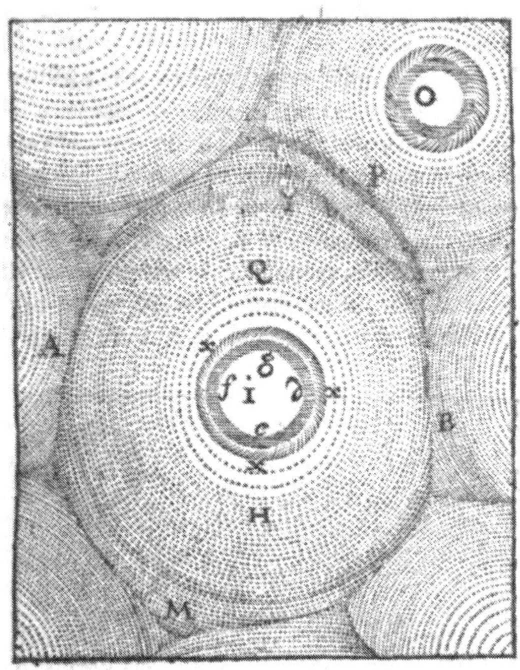

cilè quidem ipsos ingredi possint per partem *efg*, & egredi per adversam *edg*, non autem unquam regredi per hanc *edg*, nec egredi per *efg*: Quia cùm tota ista macula, non constet nisi ex ramentis primi elementi minutissimis, quæ sibi mutuò adhærentia, quosdam quasi ramulos componunt, particulæ striatæ venientes à parte *f*, istorum ramulorum extremitates, sibi in meatibus istis occurrentes, inflectere debuerunt versus *d*; ideoque si per eosdem meatus eis esset regrediendum, à *d* versus *f*, istæ ramulorum extremitates nonnihil assurgentes ipsarum transitum impedirent. Eodemque modo particulæ striatæ venientes à parte B, meatus alios sibi excavarunt, quorum ingressus in tota superficie *edg* sparsi sunt, & egressus in adversa *efg*.

Notandumque est istos etiam meatus, cochlearum instar esse excavatos, ad formam particularum striatarum quas admittunt, ideoque CVII. *Cur etiam quæ veniunt ab uno polo, non transeant per eosdem meatus, quam quæ veniunt ab alio.*

que illos qui unis patent, non patere aliis à polo opposito venientibus & contrario modo intortis.

CVIII. *Quomodo materia primi elementi per istos meatus fluat.*

Ita igitur materia primi elementi, utrimque ex polis per istos meatus, ad sidus I potest pervenire; ac quia ejus particulæ striatæ cæteris sunt crassiores, ideoque majorem habent vim, ad pergendum secundùm lineas rectas, non solent in eo manere, sed ingressæ per *f*, protinus egrediuntur per *d*, atque ibi occurrentes globulis secundi elementi, vel materiæ primi à B venienti, non possunt ulteriùs pergere secundùm lineas rectas, sed in omnes partes reflexæ, per ætherem circumfusum *x x*, versus hemisphærium *efg* revertuntur; & quotquot ingredi possunt meatus maculæ, vel macula-

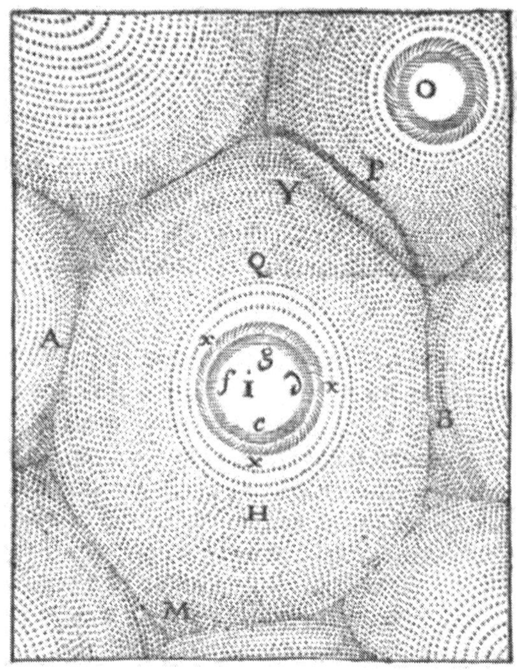

rum, quæ ibi sidus istud tegunt, per illos rursus progrediuntur ab *f* ad *d*; sicque assiduè per medium sidus transeundo, & per ætherem circumfusum redeundo, quendam ibi quasi vorticem componunt.

nunt. Quæ verò ab iſtis meatibus capi non poſſunt, vel occurſu particularum hujus ætheris diſſolvuntur, vel per partes vicinas Eclipticæ QH, in cœlum abire coguntur. Quippe notandum eſt particulas ſtriatas, quæ ſingulis momentis ad ſuperficiem ſideris I appellunt, non eſſe tam multas, ut repleant omnes meatus, ad menſuram ſuam excavatos in maculis *efg*; quia etiam in cœlo non replent omnia intervalla, quæ ſunt inter globulos ſecundi elementi; ſed magna copia ſubtilioris materiæ, illis admixta eſſe debet, propter varios iſtorum globulorum motus; quæ materia ſubtilior cum ipſis ingrederetur iſtos meatus, niſi particulæ ſtriatæ, ab alio ſideris hemiſphærio reflexæ, majorem haberent vim ad illos occupandos. Quæ verò hîc de particulis ſtriatis, per hemiſphærium *efg* ingredientibus ſunt dicta, de iis etiam quæ ingrediuntur per hemiſphærium *edg* ſunt intelligenda, quòd nempe ſibi alios meatus, à prioribus planè diverſos excavarint, per quos ſemper plurimæ fluunt à *d* verſus *f*, in ſidere I ac maculis ipſum circumdantibus; & deinde in omnes partes reflexæ per ætherem *x x* revertuntur ad *d*, cùm interim tot diſſolvuntur, vel exeunt verſus eclipticam, quot novæ à polo B accedunt.

CIX. *Quod alii etiam meatus illos decuſſatim interſecent.*

Reſiduum autem materiæ primi elementi, quod in ſpatio I continetur, circa axem *fd* gyrando, ſemper inde recedere conatur; ideoque quoſdam exiguos meatus ſibi ab initio formavit, ſemperque poſtea conſervat in macula *defg*, qui priores decuſſatim interſecant, & per quos aliquid iſtius materiæ ſolet effluere, quia ſemper aliquid per priores, ſimul cum particulis ſtriatis ingreditur. Cùm enim omnes maculæ partes ſibi invicem adhæreant, non poteſt circumferentia *defg*, nunc major fieri, nunc minor: ideoque ſemper æqualis quantitas materiæ primi elementi, debet in ſidere I contineri.

CX. *Quod lumen ſtellæ per maculam vix poſſit tranſire.*

Et ideò etiam illa vis, in qua lumen conſiſtere ſuprà diximus, vel nulla prorſus in ipſo, vel non niſi admodum debilis eſſe poteſt. Nam quatenus ejus materia circa axem *fd* rotatur, vis omnis quâ recedere conatur ab iſto axe, in macula frangitur, & ad globulos ſecundi elementi non pertingit; nec etiam illa, quâ ejus particulæ ſtriatæ, ab uno polo venientes, rectâ verſus alium tendunt, quicquam poteſt præſtare; non modò quia iſtæ particulæ valde exiguæ ſunt, reſpectu globulorum cœleſtium in quos impingunt, ac etiam aliquantò tardiùs, quàm reliqua materia primi elementi moventur; ſed præcipuè quia illæ quæ ab uno polo veniunt, non magis iſtos globulos in unam partem propellunt, quàm aliæ ex alio polo venientes, in adverſam.

CXI. *Deſcriptio Stellæ ex improviſo apparentis.*

Materia autem cœleſtis in toto vortice, hoc ſidus I circumjacente, comprehenſa, ſuas interim vires poteſt retinere, quamvis fortè illæ non ſufficiant, ad ſenſum luminis in oculis noſtris excitandum: fierique poteſt ut interim iſte vortex, prævaleat aliis vorticibus ſibi vicinis, & fortiùs illos premat quàm ab ipſis prematur. Unde ſequeretur ſidus I augeri debere, niſi macula *d e f g* illud circumſcribens, id impediret. Nam ſi jam circumferentia vorticis I ſit A Y B M, putandum eſt ejus globulos, circumferentiæ iſti proximos, eandem habere vim ad progrediendum ultra ipſam, verſus alios vortices circumpoſitos, ac globulos horum vorticum ad

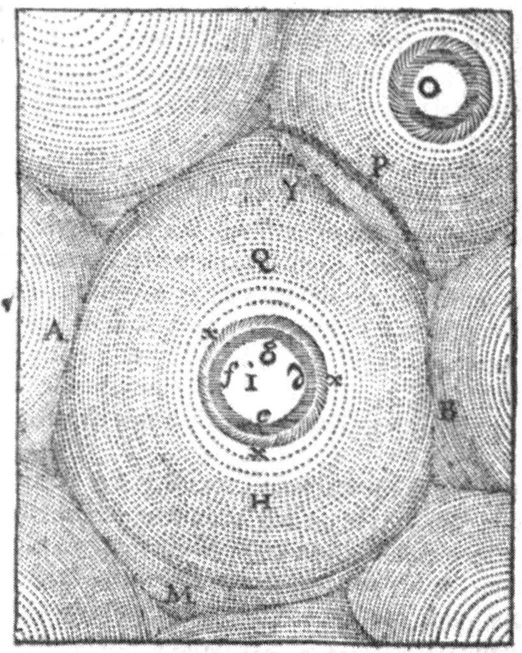

progrediendum verſus I, non majorem nec minorem: hæc enim unica ratio eſt, cur ejus circumferentia ibi potiùs quàm àlibi terminetur.

tur. Si autem cæteris immutatis, contingat ut minuatur illa vis, quâ, exempli causâ; materia vorticis O, tendit versus I (hocque variis ex causis potest contingere, ut si ejus materia in alios vortices transeat, vel multæ maculæ circa sidus in O existens generentur, &c.) necesse est ex legibus naturæ, ut globuli vorticis I qui sunt in circumferentia Y, ultra ipsam pergant versus P; & quia reliqui omnes qui sunt inter I & Y, eò versus etiam tendunt, inde augeretur spatium in quo est sidus I, nisi macula *defg* ipsum terminaret; sed quia hæc macula non permittit illud augeri, globuli cœlestes ei proximi, paulò majora solito intervalla circa se relinquent, & plus materiæ primi elementi in iis intervallis continebitur, quæ quandiu in ipsis erit dispersa, non magnas vires habere potest. Si autem contingat particulas primi elementi, per poros maculæ exeuntes, & in globulos illos impingentes, vel aliam quamvis causam, aliquos ex istis globulis à maculæ superficie sejungere, materia primi elementi spatium intermedium statim replens, satis virium habebit, ad alios globulos istis vicinos, ab eadem maculæ superficie sejungendos; & quò plures ab illa ita sejunget, eò plus virium acquiret: ideoque brevissimo tempore, ac tanquam in momento, supra totam istam superficiem se diffundet; ibique non aliter gyrans, quàm ea quæ intra maculam continetur, non minori vi pellet globulos cœli circumpositos, quàm eosdem pelleret ipsum sidus I, si nulla macula illud involvens ejus actionem impediret: Atque ita magnâ luce ex improviso fulgebit.

CXII. *Descriptio Stellæ paulatim disparentis.*

Jam verò, si fortè contingat, istam maculam esse tam tenuem & raram, ut à materia primi elementi, supra ejus exteriorem superficiem sic effusa, dissolvatur, non facilè postea sidus I rursus disparebit: ad hoc enim opus esset, ut nova macula ipsum totum rursus involveret. Sed si crassior sit quàm ut ita queat dissolvi, densabitur exterior ejus superficies, ob impulsum materiæ ipsam circumfluentis: atque interim si mutentur causæ, ob quas priùs minuta fuerat illa vis, quâ materia vorticis O tendit versus I, jamque è contra augeatur, repelletur rursus materia vorticis I, à P versus Y, & hoc ipso materia primi elementi, supra maculam *defg* diffusa minuetur, & simul novæ maculæ in ejus superficie generabuntur, quæ paulatim ipsius lumen obtundent; & denique, si causa perseveret, planè tollent, atque omnem locum istius materiæ primi elementi occupabunt. Cùm enim globuli vorticis I, qui ſunt in exteriori ejus circumferentia A P B M, magis ſolito prementur, magis etiam prement illos, qui ſunt in interiori circumferentia *x x*, quique ita preſſi, & ramoſis particulis ætheris illius, quem circa ſidera generari diximus, intertexti, non facilem tranſitum præbebunt parti-

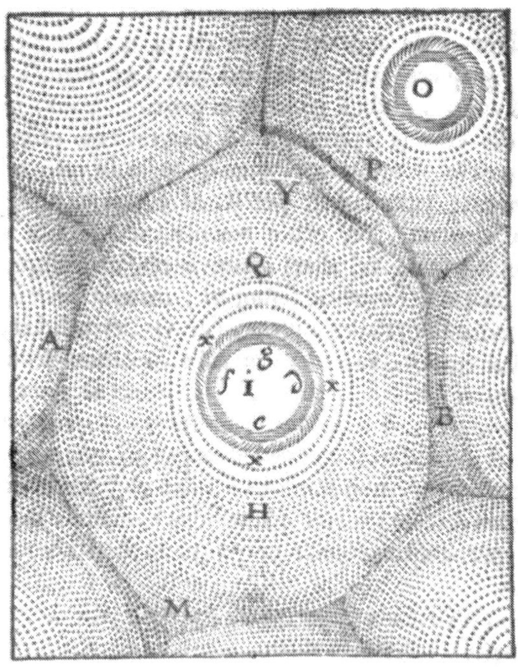

culis ſtriatis, aliiſve non minutiſſimis materiæ primi elementi, ſupra maculam *d e f g* diffuſæ: unde fiet, ut ipſæ ibi perfacilè in maculas congregentur.

CXIII. *In omnibus maculis multos meatus à particulis ſtriatis excavari.*

Obiterque hîc eſt notandum, particulas ſtriatas in omnibus iſtis macularum corticibus continuos ſibi meatus excavare, ac per omnes ſimul, tanquam per unam ſolam maculam, tranſire. Formantur enim iſtæ maculæ ex ipſa materia primi elementi, & ideò initio ſunt molliſſimæ, iſtiſque ſtriatis particulis facilem viam præbent. Quod idem de æthere circumfuſo dici non poteſt: quamvis enim craſſiores ejus particulæ, nonnulla etiam iſtorum meatuum veſtigia retineant,

neant, quoniam ex macularum diſſolutione genitæ ſunt; quia tamen motui globulorum ſecundi elementi obſequuntur, non ſemper eundem ſitum ſervant, nec ideò particulas ſtriatas rectà pergentes, niſi admodum difficulter, admittunt.

CXIV. *Eandem ſtellam poſſe per vices apparere ac diſparere.*

Sed facilè fieri poteſt, ut eadem ſtella fixa per vices appareat & diſpareat, ſingulisque vicibus quibus diſparebit novo cortice macularum involvatur. Talis enim alternatio eſt naturæ valde familiaris, in corporibus quæ moventur; ita ſcilicet ut cùm ab aliqua cauſa, verſus certum terminum impulſa ſunt, non in eo ſubſiſtant, ſed ulteriùs pergant; donec rurſus ab alia cauſa verſus ipſum repellantur. Ita dum pondus funi appenſum, vi gravitatis ab uno latere ad perpendiculum ſuum deſcendit, impetum acquirit, à quo ultra iſtud perpendiculum in oppoſitum latus fertur, donec rurſus gravitas iſto impetu ſuperato, illud verſus perpendiculum moveat, & inde novus in eo impetus oriatur. Ita vaſe ſemel moto, liquor in eo contentus multoties it & redit, antequam ad quietem reducatur; Et ita cùm omnes cœlorum vortices in quodam æquilibrio conſiſtant, ubi unius materia ſemel ab iſto æquilibrio receſſit, poteſt multoties nunc in unam, nunc in adverſam partem excurrere, antequam ab iſto motu quieſcat.

CXV. *Totum aliquando vorticem, in cujus centro eſt ſtella, deſtrui poſſe.*

Fieri etiam poteſt ut totus vortex, in quo talis aliqua ſtella fixa continetur, ab aliis circumjacentibus vorticibus abſorbeatur, & ejus ſtella in aliquem ex iſtis vorticibus abrepta, mutetur in Planetam vel Cometam. Nempe duas tantùm cauſas ſuprà invenimus, quæ impediant ne uni vortices ab aliis deſtruantur; harumque una, quæ conſiſtit in eo, quòd materia unius vorticis objectu vicinorum impediatur, ne verſus alium quem poſſit evagari, non poteſt in omnibus locum habere. Nam ſi, exempli causâ, materia vorticis S à vorticibus L & N ita utrimque prematur, ut hoc impediat ne verſus D ulteriùs progrediatur, non poteſt eâdem ratione impediri à vortice D, ne ſe diffundat verſus L & N, nec etiam ab ullis aliis, niſi qui ſint ei viciniores, pro ratione ſuæ magnitudinis; atque adeò in omnium maximè vicinis non habet locum. Altera autem cauſa, quòd nempe materia primi elementi, in centro cujuſque vorticis ſidus componens, globulos ſecundi circa illud exiſtentes, à ſe repellat verſus alios vortices vicinos, locum quidem habet in omnibus iis vorticibus, quorum ſidera nullis maculis involvuntur; ſed non dubium eſt, quin denſiorum macularum interventus eam tollat;

NB. Vide pag. ſeq.

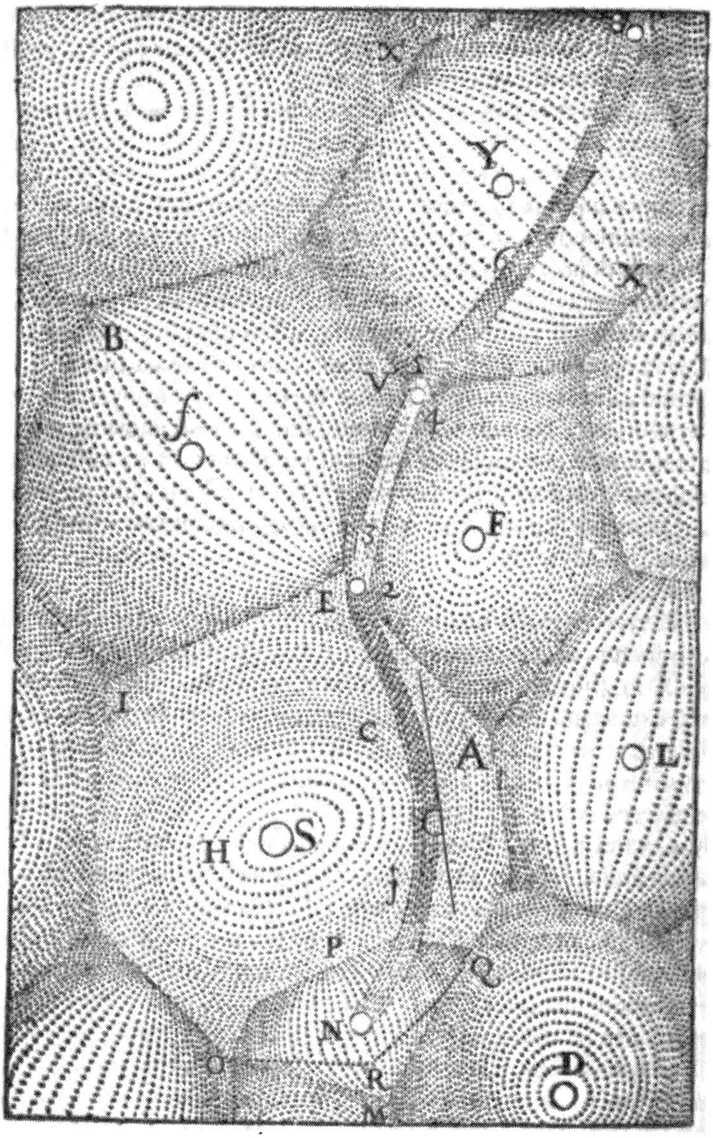

lat; præsertim earum, quæ plurium vorticum instar sibi mutuò incumbunt.

CXVI. *Quomodo destrui possit, antequam multæ maculæ circa ejus stellam sint congregatæ.*

Atque hinc patet non esse quidem periculum, ne ullus vortex ab aliis vicinis destruatur, quamdiu sidus quod in centro suo habet, nullis maculis est involutum; sed cùm illis tegitur & obruitur, pendere tantùm à situ, quem iste vortex inter alios obtinet, ut vel citiùs vel tardiùs ab ipsis absorbeatur. Nempe si talis sit ejus situs, ut vicinorum aliorum vorticum cursui valde resistat, citiùs ab illis destruetur, quàm ut multi macularum cortices, circa ejus sidus densari possint; sed si minori sit ipsis impedimento, lentè tantùm minuetur; interimque maculæ, sidus in ejus medio positum obsidentes, densiores fient, pluresque ac plures, tam supra quàm etiam intra illud congregabuntur. Sic exempli causâ, vortex N ita situs est, ut apertè cursum vorticis S magis impediat, quàm ulli alii vicini: quapropter facilè ab hoc vortice S abripietur, statim atque aliquot maculis illius sidus erit involutum: ita scilicet, ut circumferentia vorticis S, quæ jam terminatur lineâ O P Q, terminetur postea lineâ O R Q; totaque materia, quæ continetur intra lineas O P Q & O R Q, ei accedat, ejusque cursum sequatur; reliquâ materiâ quæ est inter lineas O R Q & O M Q, in alios vicinos vortices abeunte. Nihil enim aliud vorticem N in eo situ, in quo nunc esse supponitur, potest conservare, quàm magna vis materiæ primi elementi, in ejus centro existentis, quæ globulos secundi circumquaque ita propellit, ut ejus impulsui potiùs quàm motibus vicinorum vorticum obsequantur: quæ vis interventu macularum debilitatur, & frangitur.

CXVII. *Quomodo permultæ maculæ circa aliquam stellam esse possint, antequam ejus vortex destruatur.*

Vortex autem C inter quatuor S F G H, duosque alios M & N, qui supra istos quatuor intelligendi sunt, ita est constitutus, ut quamvis densæ maculæ circa ejus sidus congregentur, nunquam tamen totus possit everti, quandiu isti sex sunt viribus inter se æquales. Quippe suppono vortices S, F, & tertium M ipsis incumbentem supra punctum D, circa propria centra gyrare, à D versus C: itemque tres alios G H, & sextum

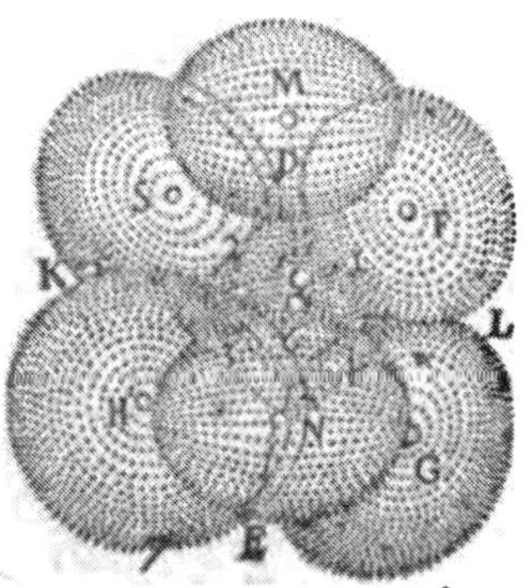

N, su-

N, supra ipsos positum, verti ab E versus C; vorticem autem C, ita inter hos sex esse constitutum, ut ipsos solos tangat, & ejus centrum ab eorum sex centris æquidistet, axisque circa quem gyratur, sit in linea D E. Qua ratione istorum septem vorticum motus inter se optimè conveniunt; & quantumvis multis maculis sidus vorticis C obruatur, adeò ut perexiguas, vel etiam planè nullas habeat vires, ad globulos cœli circa se positos secum in orbem rapiendos; non tamen ulla est ratio, cur alii sex illud è loco suo expellant, quamdiu inter se sunt æquales.

CXVIII. *Quomodo istæ multæ maculæ generentur.*

Sed ut sciamus, quo pacto tam multæ maculæ circa illud generari potuerint, putemus ipsum initio non minorem fuisse, quàm unum ex aliis sex ei circumjacentibus, ita ut circumferentiam suam usque ad puncta 1 2 3 4 extenderet; sidusque permagnum in centro suo habuisse, utpote quod componebatur ex materia primi elementi, quæ per D ex tribus vorticibus S, F, M, & per E ex tribus aliis G, H, N, versus C rectà tendebat, & inde non regrediebatur, nisi in eosdem illos vortices versus K & L; adeò ut istud sidus satis virium habere potuerit, ad totam materiam cœli 1 2 3 4, secum in gyrum agendam. Sed quia, propter inæqualitatem, & incommensurabilitatem quantitatum & motuum, quæ in aliis partibus universi reperitur, nihil in perpetuo æquilibrio stare potest, ubi fortè vortex C minùs virium habere cœpit, quàm alii circumjacentes, pars ejus materiæ in ipsos migravit, & quidem cum impetu; ita ut ea pars quæ sic migravit, fuerit major quàm ista inæqualitas exigebat, ideoque rursus postea nonnihil materiæ, in ipsum ex aliis remigravit, atque ita per vices. Cumque interim multi macularum cortices, circa ejus sidus generarentur, magis ac magis illius vires minuebantur, & idcirco singulis vicibus, minùs materiæ in illum regrediebatur quàm ab ipso exiisset, donec tandem perexiguus evaserit, vel etiam totus fuerit absorptus, solo ejus sidere excepto, quod multis maculis circumvallatum, in materiam aliorum vorticum abire non potest, nec etiam ab istis aliis vorticibus è loco, in quo est, extrudi, quamdiu isti vortices sunt inter se

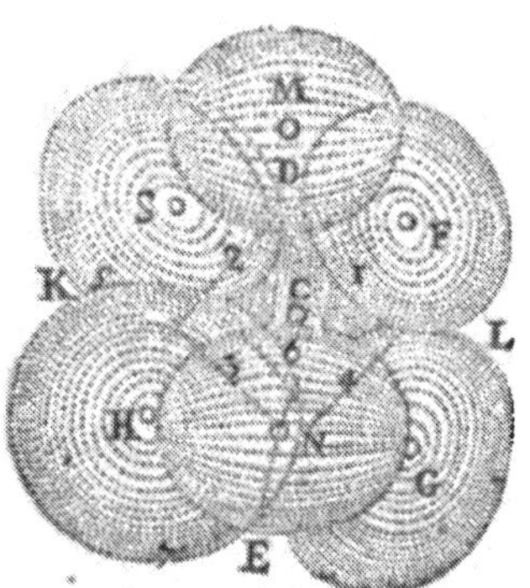

se æquales. Sed interim ejus maculæ magis ac magis densari debent, ac tandem ubi unus aliquis ex vicinis vorticibus, aliis major & potentior evadet, ut si vortex H extendat suam superficiem usque ad lineam 567, tunc facilè hic vortex H totum sidus C, non ampliùs fluidum & lucidum, sed Cometæ vel Planetæ instar, durum & opacum, secum abducet.

CXIX. *Quomodo Stella Fixa mutetur in Cometam vel in Planetam.*

Jam verò considerandum est, quâ ratione debeat moveri talis globus opacus & durus, ex multarum macularum congerie compositus, cùm primùm ab aliquo vortice sibi vicino abreptus est. Nempe ita gyrat cum materia à qua abripitur, ut quandiu minùs habet agitationis quàm ipsa, versus centrum circa quod gyrat detrudatur. Et quia omnes partes ejusdem vorticis non eadem celeritate moventur, nec sunt ejusdem magnitudinis; sed à circumferentia usque ad certum terminum earum motus gradatim fit tardior, ac deinde ab isto termino usque ad centrum gradatim fit celerior, & ipsæ sunt minutiores, ut suprà dictum est: Si globus in illo vortice descendens adeò sit solidus, ut priusquam pervenerit ad terminum in quo partes vorticis omnium tardissimè moventur, acquirat agitationem æqualem agitationi earum partium, inter quas versatur, non ulterius descendit, sed ex illo vortice in alios transit, & est Cometa; Si verò minus habeat soliditatis, atque idcirco infra terminum illum descendat, ibi postea ad certam distantiam à sidere, quod illius vorticis centrum occupat, semper manens, circa ipsum rotatur, & est Planeta.

CXX. *Quò feratur talis Stella, cùm primùm desinit fixa esse.*

NB. Vide fig. pag. seq.

Putemus, exempli causâ, materiam vorticis AEIO, nunc primum secum abripere Sidus N, & consideremus versus quam partem illud feret. Nempe cùm omnis ista materia gyret circa centrum S, ideoque inde recedere conetur, ut suprà explicui, non dubium est quin ea quæ jam versatur in O, pergendo per R, ad Q, detrudat hoc sidus secundùm lineam rectam versus S: Atque ex natura gravitatis infrà explicandâ, intelligetur istum motum sideris N, alteriusve cujusvis corporis, versus centrum vorticis in quo versatur, dici posse ejus descensum. Sic, inquam, ipsum detrudit initio, cùm nondum intelligimus in eo esse alium motum; sed statim etiam illud circumquaque ambiendo, secum defert motu circulari ab N versus A; cumque hic motus circularis, ei det vim recedendi à centro S, pendet tantùm ab ejus soliditate, ut vel multùm de-

 scendat

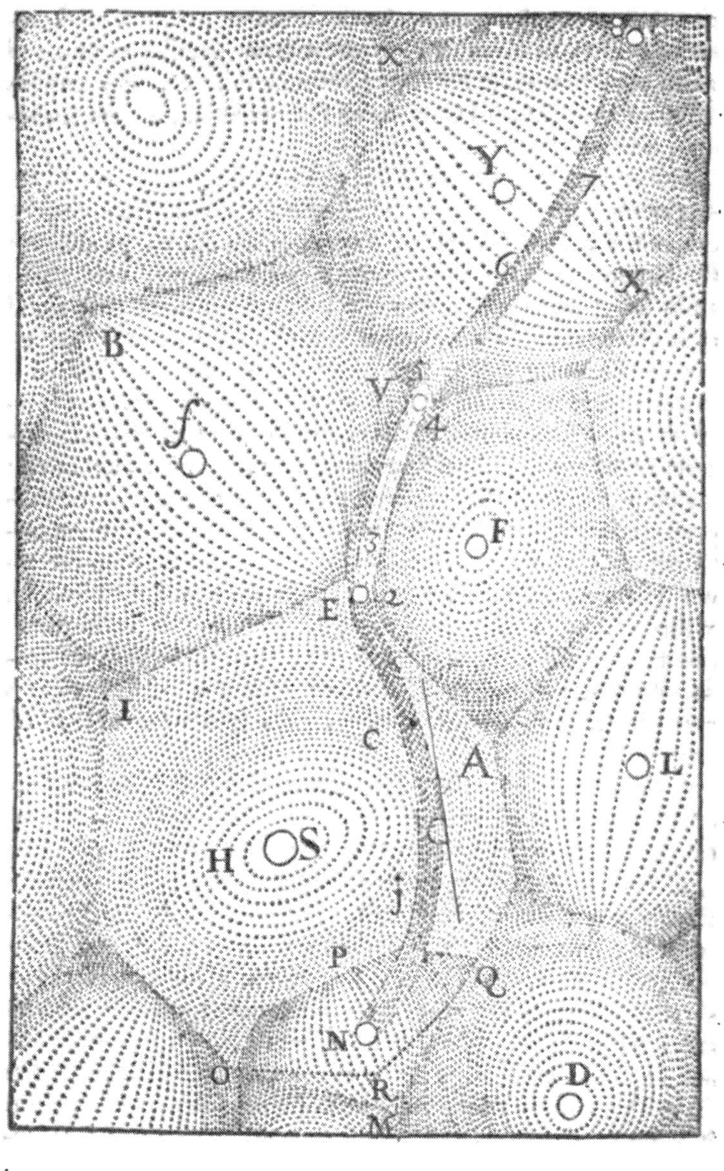
X
Y
X
B
V
F
E
I
C
A
L
H
S
P
Q
N
D
R
M

scendat versus S, nempe si perexigua sit ejus soliditas; vel contra, si magna sit, ab S recedat.

CXXI. *Quid per corporum soliditatem, & quid per eorum agitationem intelligamus.*

Per soliditatem hîc intelligo, quantitatem materiæ tertii elementi, ex qua maculæ hoc sidus involventes componuntur, cum ejus mole & superficie comparatam. Quippe vis, quâ materia vorticis AEIO, id defert circulariter circa centrum S, æstimanda est à magnitudine superficiei, secundùm quam ipsi occurrit; quia quò major est ista superficies, eò plus materiæ in hoc agit. Vis autem, quâ ista materia versus idem centrum S ipsum pellit, æstimanda est à magnitudine spatii quod ab eo occupatur. Quamvis enim omnis illa materia, quæ est in vortice AEIO, conetur recedere ab S, non tamen omnis agit in sidus N, sed tantùm ea ejus pars, quæ reipsa inde recedit, cùm hoc accedit; hæcque est æqualis spatio quod ab eo fuit occupatum. Denique vis quam idem sidus N, à proprio suo motu acquirit, ad perseverandum in eodem illo motu, quam ipsius agitationem voco, non æstimanda est ab ejus superficie, nec à tota ejus mole, sed tantùm ab ea ejus molis parte, quæ constat materiâ tertii elementi, hoc est, particulis materiæ sibi mutuò adhærentibus, ex quibus maculæ ipsum involventes componuntur. Quantum enim ad materiam primi, vel etiam secundi elementi, quæ in eo est, cùm assiduè ex ipso egrediatur, & nova redeat in locum exeuntis; non potest nova ista materia accedens vim retinere, quæ priori jam egressæ fuit impressa, & præterea vix ulla ei fuit impressa, sed tantùm motus, qui aliunde in ea erat, determinatus est versus certam partem; atque hæc determinatio à variis causis assiduè potest mutari.

CXXII. *Soliditatem non à solâ materiâ, sed etiam à magnitudine ac figurâ pendere.*

Sic videmus hîc supra terram aurum, plumbum & alia metalla, cùm semel mota sunt, majorem agitationem, sive majorem vim ad perseverandum in suo motu retinere, quàm ligna & lapides ejusdem magnitudinis & figuræ; ac etiam idcirco magis solida esse putantur, sive plus habere in se materiæ tertii elementi, ac pauciores poros qui materiâ primi & secundi replentur. Sed auri globulus esse potest tam minutus, ut non tantam vim habiturus sit, ad motum sibi impressum retinendum, quàm globus lapideus vel ligneus multò major. Potestque etiam massa auri tales figuras induere, ut globus ligneus ipsâ minor, majoris agitationis sit capax; nempe si extendatur in fila aut bracteas, aut spongiæ instar multis minutis foraminibus excavetur, aut quocunque alio modo plus superficiei acquirat, pro ratione suæ materiæ & molis, quàm ille ligneus globus.

CXXIII. *Quomodo globuli cœlestes, integro aliquo sidere solidiores esse possint.* Atque ita fieri potest ut sidus N, quamvis mole permagnum, & satis multis macularum corticibus involutum, minùs tamen habeat soliditatis, sive minùs aptitudinis ad motus suos retinendos, quàm globuli materiæ secundi elementi ipsum circumjacentes. Hi enim globuli pro ratione suæ magnitudinis, sunt omnium solidissimi qui esse possint, quia nullos in ipsis meatus, aliâ materiâ solidiori repletos intelligimus; & figuram obtinent sphæricam, quæ omnium minimum habet superficiei, pro ratione molis sub se contentæ, ut Geometris est satis notum. Et præterea, quamvis sit permagna disparitas inter ipsorum exiguitatem, & magnitudinem alicujus sideris, hæc tamen ex parte compensatur, eò quòd non vires singulorum ex istis globulis, sed plurium simul, istius sideris viribus opponantur. Cùm enim illi cum aliquo sidere, circa centrum S rotantur, tenduntque omnes, nec non etiam istud sidus, ut ab S recedant, si vis inde recedendi quæ est in sidere, superet vires simul junctas, quæ sunt in tot ex istis globulis, quot requiruntur ad spatium quod sidus occupat, replendum; tunc ipsum recedet ab S, efficietque, ut isti globuli in locum suum descendant; & contra, si illi plus habeant virium, ipsum versus S expellent.

CXXIV. *Quomodo etiam esse possint minus solidi.* Fieri enim etiam facilè potest, ut sidus N multò plus habeat virium, ad perseverandum in suo motu secundùm lineas rectas, quam globuli materiæ cœlestis ipsum circumjacentes, etiamsi minùs materiæ tertii elementi in eo contineatur, quàm secundi, in tot ex istis globulis, quot requirentur ad spatium ipsi æquale occupandum. Quia cùm sint à se mutuò disjuncti, & varios habeant motus; quamvis junctis viribus in illud agant, non possunt tamen omnes suas vires ita simul jungere, ut nulla earum pars inutilis fiat: contra autem omnis materia tertii elementi, ex qua maculæ hoc sidus involventes, aërque ipsum ambiens componuntur, unam tantùm massam facit, quæ cum tota simul moveatur, tota etiam vis, quam habet ad perseverandum in suo motu, versus easdem partes tendit. Similemque ob causam, videre licet in fluminibus, fragmenta glaciei vel ligna quæ aquæ innatant, majori vi persequi cursum suum, secundum lineas rectas, quàm ipsam aquam, & ideò solere multò fortius in riparum sinus impingere, quamvis minùs materiæ tertii elementi in iis contineatur, quàm in mole aquæ ipsis æquali.

Denique

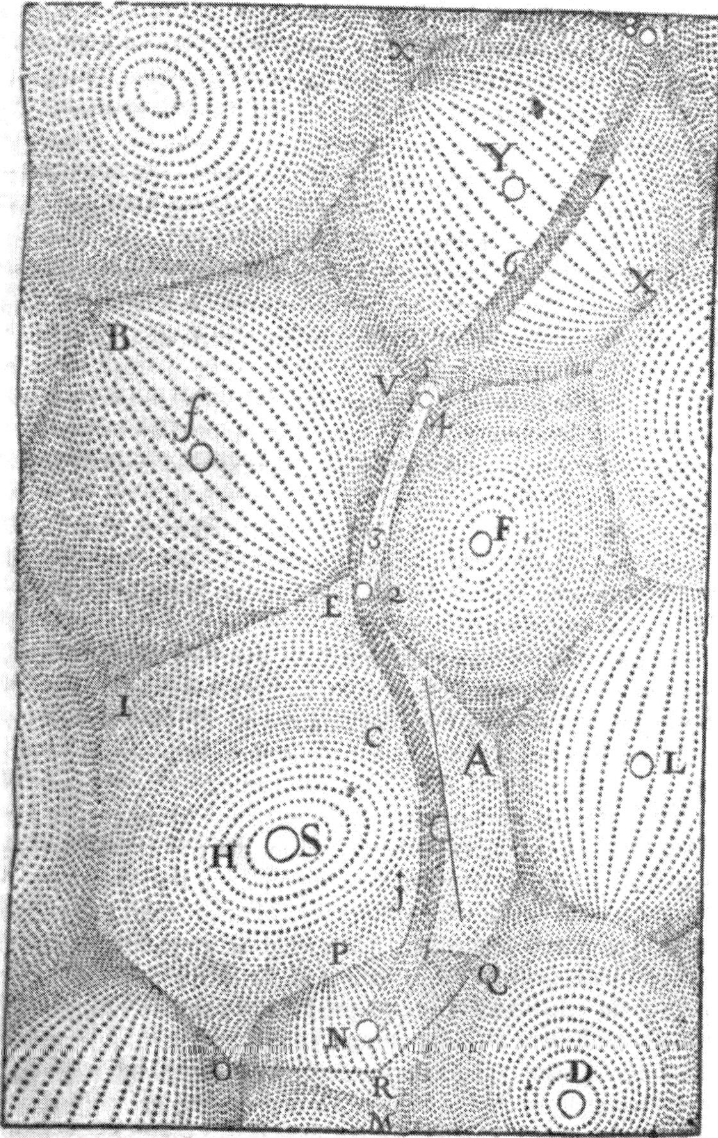
Y
B
V
4
f
F
3
E
2
I
C
A
L
H
S
P
Q
N
D
R
M

CXXV. *Quomodo quidam sint aliquo sidere magis solidi, alii minùs.*

Denique fieri potest, ut idem sidus minùs habebat soliditatis, quàm quidam globuli cœlestes, & plus quàm alii paulò minores; tum propter jam dictam rationem, tum etiam quia, licèt non plus nec minùs sit materiæ secundi elementi, in istis globulis minoribus simul sumptis, quàm in majoribus, cùm æquale spatium occupant, est tamen in ipsis multò plus superficiei; & propter hoc à materiâ primi elementi, quæ angulos iis interjectos replet, nec non etiam à quibuslibet aliis corporibus, faciliùs à cursu suo revocantur, atque versus alias partes deflectuntur, quàm alii majores.

CXXVI. *De principio motus Cometæ.*

Jam itaque si ponamus sidus N, plus habere soliditatis quàm globulos secundi elementi, satis remotos à centro vorticis S; quos supponimus omnes esse inter se æquales, poterit quidem initio in varias partes ferri, & magis vel minùs accedere versus S, pro varia dispositione aliorum vorticum, à quorum viciniâ discedet; potest enim diversimodè ab ipsis retineri vel impelli; ac etiam pro ratione suæ soliditatis, quæ quò major est, eò magis impedit ne aliæ causæ, postea ipsum deflectant de ea parte, in quam primum directum est. Veruntamen non valde magnâ vi potest impelli à vicinis vorticibus, quia supponitur juxta illos priùs quievisse; nec ideò etiam ferri contra motum vorticis A E I O, versus eas partes quæ sunt inter I & S, sed tantùm versus illas quæ sunt inter A & S; ubi tandem debet pervenire ad aliquod punctum, in quo linea quam motu suo describit, tangat unum ex iis circulis, secundùm quos materia cœlestis circa centrum S gyrat; & postquam eò pervenit, ita cursum suum ulteriùs persequitur, ut semper magis ac magis recedat à centro S, donec ex vortice A E I O in alium migret. Ut si moveatur initio secundùm lineam N C, postquam pervenit ad C, ubi hæc linea curva N C tangit circulum, qui ibi describitur à globulis secundi elementi circa centrum S; non potest non statim recedere ab S, per lineam curvam C 2, sitam inter hunc circulum, & rectam eum in puncto C tangentem. Cùm enim delatum sit ad C, à materiâ secundi elementi magis remotâ ab S, quàm ea quæ est in C, ac proinde celeriùs acta, sitque ipsâ solidius, ut supponimus; non potest non habere majorem vim, ad perseverandum in suo motu, secundùm lineam rectam tangentem istum circulum; sed statim atque recessit à puncto C, occurrit materiæ secundi elementi celeriùs motæ, quæ illum nonnihil averti à linea recta, simulque augendo ejus celeritatem efficit ut ulteriùs ascendat secundùm lineam curvam

NB. Vide fig. pag. præc.

vam C 2, quæ eo minùs distat à recta tangente, quò hoc sidus solidius est, & quo majori cum celeritate delatum est ab N ad C.

Dùm autem per hunc vorticem A E I O hac ratione progreditur, tantam vim agitationis acquirit, ut facilè inde in alios vortices migret, atque ex his in alios. Notandumque est, cùm pervenit ad 2, egrediturque limites vorticis in quo est, ipsum adhuc aliquandiu retinere ejus materiam circa se fluentem, nec planè ab eâ liberari, donec satis altè in alium vorticem A E V penetrarit; nempe donec pervenerit ad 3. Eodemque modo ducit secum materiam hujus secundi vorticis, versus 4 in fines tertii, & hujus tertii versus 8 in fines quarti; sicque semper idem facit, quoties ex uno vortice in alium migrat. Et linea quam motu suo describit, diversimodè incurvatur, pro diverso motu materiæ vorticum, per quos transit. Ita ejus pars 2 3 4, planè alio modo inflexa est quàm præcedens N C 2; quia materia vorticis F, vertitur ab A per E versus V, & materia vorticis S, ab A per E versus I; istius autem lineæ pars 5 6 7 8 est ferè recta, quia materia vorticis in quo est, supponitur gyrare circa axem X X. Et sidera ex unis vorticibus, in alios hoc pacto migrantia, sunt Cometæ: Ipsorumque omnia phænomena hîc explicare conabor. CXXVII. *De continuatione motus Cometæ per diversos vortices.*

In primis observatur illos sine ulla regula nobis nota, unum per hanc, alium per illam cæli regionem transmeare; ac intra paucos menses aut dies, à conspectu nostro abire; nec unquam plus, aut certè non multò plus, sed sæpe multò minùs quàm mediam cœli partem percurrere. Ac quidem cùm primùm apparere incipiunt, solere satis magnos videri, nec postea valde augeri, nisi cùm valdè magnam cœli partem percurrunt; cùm autem desinunt, gradatim semper imminui; atque initio, vel saltem circa initia sui motus, videri celerrimè moveri, sub finem autem lentissimè. Ac de uno duntaxat memini me legisse, † quòd circiter mediam cœli partem peragrarit; de illo scilicet qui dicitur anno 1475, primò tenui capite ac tardi motus, inter stellas Virginis apparuisse, ac paulò pòst miræ magnitudinis factus, per polum borealem tam celeriter incessisse, ut portionem circuli magni triginta vel quadraginta graduum, unâ die descripserit; ac tandem prope stellas Piscis Septentrionalis, sive in signo Arietis paulatim videri desiisse. CXXVIII. *Phænomena Cometarum.*

† Apud Lotharium Sarsium, sive Horatium Grassium, in libra Astronomica, ubi tanquam de duobus Cometis loquitur; sed judico unicum fuisse, cujus historiam à duobus auctoribus habet, Regiomontano & Pontano.

Quæ

CXXIX. *Horum phænomenon explicatio.* Quæ omnia hîc facilè intelliguntur. Videmus enim eundem Cometam, aliam cœli partem in vortice F, aliamque in vortice Y permeare, ac nullam esse per quam non possit hoc pacto aliquando transire. Putandumque est ipsum, ferè eandem celeritatem semper retinere; illam scilicet quam acquirit, transeundo per vorticum extremitates, ubi materia cœlestis tam cito movetur, ut intra paucos menses integrum gyrum absolvat, quemadmodum suprà dictum est. Et quia hic Cometa in vortice Y, mediam tantùm partem istius gyri, & multò minùs in vortice F, nunquamque in ullo multò plus percurrit; idcirco tantùm per paucos menses, in eodem vortice manere potest. Atque si consideremus, illum à nobis videri non posse, nisi quamdiu est in illo vortice, prope cujus centrum versamur; atque etiam non prius ibi apparere, quàm materia alterius vorticis ex quo venit, ipsum sequi & circumfluere planè desierit; cognoscemus quo pacto, quamvis idem Cometa maneat, semper ejusdem magnitudinis, & ferè semper æquè celeriter moveatur, debeat tamen videri major & celerior, initio sui cursus apparentis, quàm in fine; ac interdum in medio maximus & celerrimus putari. Nam si putemus oculum spectatoris, esse prope centrum F, Cometa illi multò major & celerior apparebit in 3, ubi primùm videri incipiet, quàm in 4 ubi desinet; quia linea F 3, multò brevior est quàm F 4, & angulus F 43, acutior quàm angulus F 34. Si autem spectator sit versus Y, Cometa quidem illi aliquantò major & celerior apparebit in 5, ubi videri incipiet, quàm in 8 ubi desinet: sed maximus & celerrimus apparebit, dum erit inter 6 & 7, ubi erit spectatori proximus. Adeò ut dum erit in 5, apparere possit inter stellas Virginis, dum inter 6 & 7, prope polum Borealem, & ibi una die triginta vel quadraginta gradus percurrere, ac tandem occultari in 8, prope stellas piscis septentrionalis: eodem modo atque ille mirabilis Cometa anni 1475, qui dicitur à Regiomontano observatus.

CXXX. *Quomodo fixarum lumen ad Terram usque perveniat.* Quæri quidem potest cur Cometæ non appareant, nisi cùm in nostro cœlo versantur; cùm tamen fixæ conspicuæ sint, licèt ab ipso longissimè distent. Sed in eo differentia est, quòd fixæ lumen à ipsis emittentes, multò fortiùs illud vibrent, quàm Cometæ, qui tantùm illud quod à Sole mutuantur, ad nos reflectunt. Et quidem advertendo lumen cujusque stellæ, esse actionem illam, quâ tota

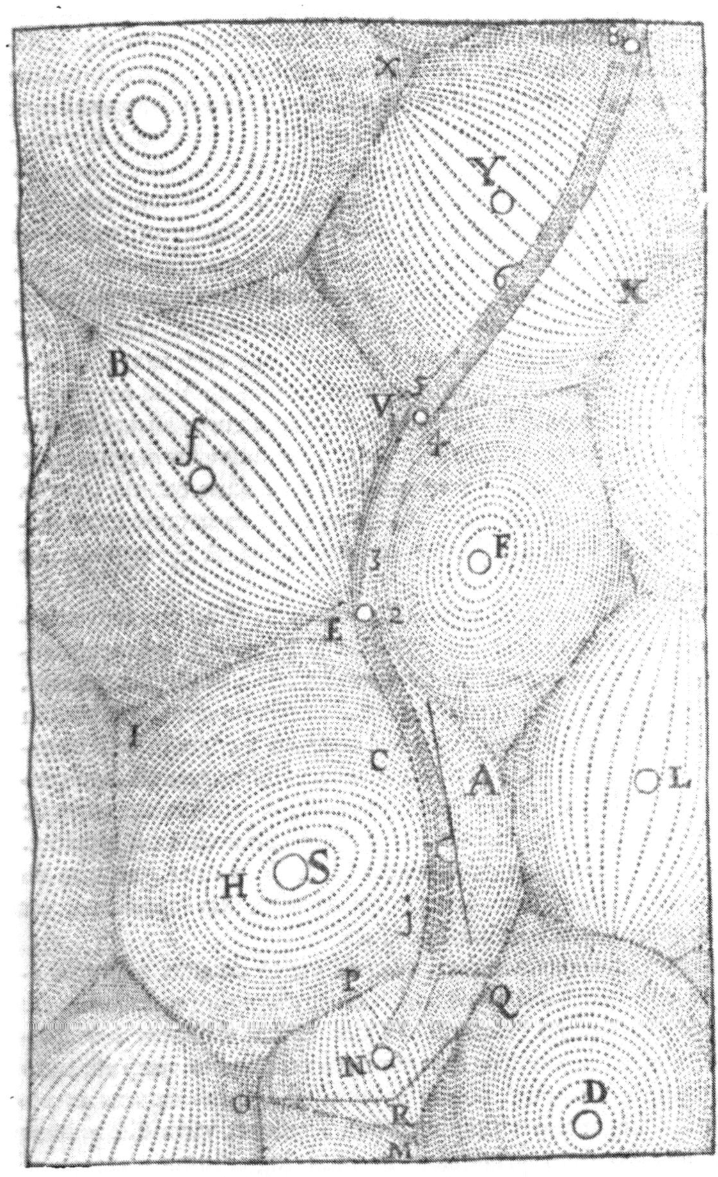
X
Y
6
X
B
f
V
S
4
F
3
E
2
I
C
A
L
H
S
P
Q
N
D
O
R
M

tota materia vorticis in quo versatur, ab ea recedere conatur, secundùm lineas rectas, ab omnibus ejus superficiei punctis eductas, sicque omnem materiam vorticum circumjacentium premit, secundùm easdem rectas lineas, vel alias æquipollentes; (cùm nempe istæ lineæ, per alia corpora obliquè transeuntes in ipsis refringuntur, ut in Dioptrica explicui:) facilè credi potest non modò lumen proximarum stellarum, ut F & f, sed etiam remotiorum, ut Y, vim habere movendi oculos incolarum terræ, qui putandi sunt non longè abesse à centro S. Cùm enim illarum, simulque vorticum ipsas circumjacentium vires, in perpetuo æquilibrio versentur, vis radiorum, ab F venientium versus S, minuitur quidem à materiâ vorticis A E I O ipsis renitente, sed tamen non tota deletur, nisi in centro S; ideoque nonnulla pervenire potest usque ad terram, quæ aliquantulum distat ab isto centro. Itemque radii ab Y ad terram venientes, transeundo per vorticem A E V, nihil in eo suarum virium amittunt, nisi ratione distantiæ; non enim eorum vim magis minuit materia hujus vorticis, ex eo quòd ab F recedere conetur, versus partem suæ circumferentiæ V X, quàm auget ex eo quòd etiam tendat ab F versus aliam partem circumferentiæ A E: atque ita de cæteris.

CXXXI. *An Fixæ in veris locis videantur: & quid sit Firmamentum.*

Hìcque obiter est advertendum, radios ab Y ad terram venientes, obliquè incidere in lineas A E & V X, quæ designant superficies, in quibus vortices isti terminantur, & ideò in ipsis refringi. Unde sequitur, stellas fixas non videri omnes ex terra, tanquam in locis in quibus revera exsistunt, sed tanquam si essent in locis superficiei vorticis A E I O, per quæ transeunt illi earum radii, qui perveniunt ad terram, sive ad viciniam Solis; ac fortè etiam unam & eandem stellam, in duobus aut pluribus ejusmodi locis apparere. Quæ loca, cùm non deprehendantur fuisse mutata, ex quo ab Astronomis notata sunt, non puto aliud quàm istas superficies, per nomen Firmamenti esse intelligendum.

CXXXII. *Cur Cometæ à nobis non videantur, cum sunt extra nostrum cœlum; & obiter, cur carbones sint nigri, & cineres albi.*

Cometarum autem lumen, cùm sit multò debilius quàm Fixarum, non satis habet virium ad oculos nostros movendos, nisi sub angulo satis magno videantur, & ideò ratione distantiæ non apparent, cùm à cœlo nostro sunt nimis remoti: notum enim est, quò magis aliquod corpus à nobis remotum est, eò sub minori angulo videri. Cùm autem ad ipsum propiùs accedunt, variæ esse possunt rationes, ob quas priusquam in illud ingrediantur, conspicui non

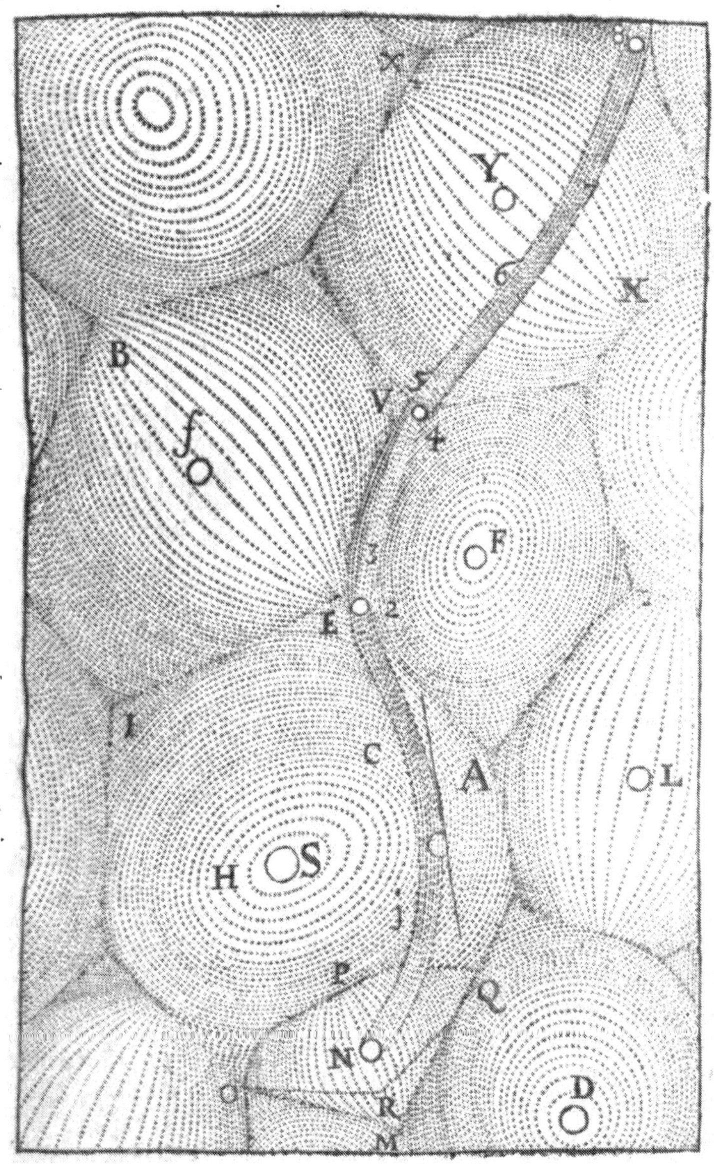
Y
X
B
f
V
5
4
6
F
3
E
2
I
C
A
L
H
S
P
Q
N
D
R
M

non ſint: quarum quænam ſit præcipua, non facilè eſt definire. Nam, exempli causâ, ſi oculus ſpectatoris ſit verſus F, nondum videbit Cometam in 2, quia ibi cingetur adhuc materia vorticis ex quo egreditur; & tamen videbit illum in 4, ubi erit remotior. Cujus rei ratio eſſe poteſt, quòd radii ſideris F tendentes verſus 2, ibi refringantur in ſuperficie convexa materiæ vorticis A E I O, quæ Cometam adhuc involvit, & refractio illa ipſos removeat à perpendiculari, juxta ea quæ in Dioptrica explicui; quia nempe radii iſti multò difficiliùs tranſeunt per hanc materiam vorticis A E I O, quàm per illam vorticis A E V X: unde fit, ut longè pauciores perveniant ad Cometam, quàm ſi refractio iſta non fieret; hique pauciores inde ad oculum reflexi, poſſunt eſſe nimis debiles ad eum movendum. Alia verò ratio eſt, quòd valde ſit credibile, quemadmodum eadem ſemper Lunæ facies terram reſpicit, ita ſemper eandem cujuſque Cometæ partem, verſus centrum vorticis in quo verſatur, converti, eamque ſolam radiis reflectendis aptam eſſe. Sic nempe, cùm Cometa eſt in 2, illa ejus pars quæ radios poteſt remittere, oppoſita eſt centro S, nec ideò videri poteſt ab iis qui ſunt juxta F; ſed progrediendo à 2 ad 3, invertit ſe brevi tempore verſus F, atque ideò ibi tunc incipit videri. Nam rationi valde conſentaneum eſt, primò ut putemus, dum Cometa tranſit ab N per C verſus 2, illam ejus partem quæ ſideri S obverſa eſt, magis agitari & rarefieri propter actionem iſtius ſideris, quàm aliam partem ab eo averſam; ſecundò, ut putemus agitatione iſta, tenuiores & (ut ita loquar) molliores particulas tertii elementi, quæ ſunt in ejus ſuperficie, ab ea ſeparari; unde fit ut radiis reflectendis aptior evadat, quàm ſuperficies alterius partis. Quemadmodum ex iis quæ de igne infrà dicuntur, poterit intelligi, rationem ob quam carbones extincti videntur nigri, non aliam eſſe quàm quòd omnis eorum ſuperficies, tam interna quàm externa, particulis iſtis tertii elementi mollioribus contecta ſit; quæ particulæ molliores cùm ignis vi à reliquis ſeparantur, carbones, qui nigri erant, in cineres non niſi ex duris & ſolidis particulis conflatos, atque ideò albos mutantur; & nulla ſunt corpora reflectendis radiis magis apta quàm alba, nulla minùs quàm nigra. Tertiò, ut putemus partem illam rariorem Cometæ, alia minùs aptam eſſe ad motum, & ideò juxta leges Mechanicæ, debere ſemper eſſe in concava parte lineæ curvæ, quam Cometa motu ſuo deſcribit; quia ſic aliâ paulò tardius incedit, & cùm lineæ iſtius cavitas ſemper reſpiciat centrum vorticis in in quo est Cometa, (ut hîc cavitas ejus partis N C 2 respicit centrum S, cavitas partis 2 3 4 respicit F &c.) ideò illum ex uno vortice in alium transeundo converti: ut videmus in sagittis per aërem volantibus, pennatam earum partem esse semper alia inferiorem cùm ascendunt, & superiorem cùm descendunt. Denique plures aliæ rationes dari possent, cur Cometæ à nobis non videantur, nisi quamdiu transeunt per nostrum cœlum: ex minimis enim momentis pendet, ut idem corpus radiis reflectendis aptum sit vel ineptum: & de ejusmodi particularibus effectis, de quibus satis multa experimenta non habemus, sufficere debent verisimiles causæ, licèt eæ fortè non sint veræ.

NB. Vide fig. pag. 123.

CXXXIII. *De Cometarum coma, & variis ejus phænomenis.*

Præter hæc autem, observatur etiam circa Cometas, longam radiorum veluti comam fulgere, à qua nomen suum acceperunt; atque istam comam semper in parte à Sole præterpropter aversâ videri: adeò ut, si terra stet in lineâ rectâ inter Cometam & Solem, crines in omnes partes dispersi circa illum appareant. Et Cometa anni 1475, cùm primùm visus est, comam præferebat; in fine autem suæ apparitionis, quia in oppositâ cœli regione versabatur, comam post se trahebat. Hæc etiam coma longior est vel brevior; tum ratione magnitudinis Cometæ, in minoribus enim nulla apparet, nec etiam in magnis, cùm à nostro aspectu recedentes perexigui esse videntur; tum etiam ratione loci, cæteris enim paribus, quo terra remotior est à lineâ rectâ, quæ duci potest à Cometa ad Solem, eò ipsius coma longior est; & interdum latente Cometa sub radiis Solis, ejus comæ extremitas instar trabis igneæ sola conspicitur; Ac denique coma ista interdum paulò latior est, interdum angustior; interdum recta, interdum curva; & interdum à Sole directè aversa, interdum non ita præcisè.

CXXXIV. *De quadam refractione, à qua ista coma dependet.*

Quorum omnium rationes ut intelligantur, novum quoddam genus refractionis, de quo in Dioptrica non actum est, quia in corporibus terrestribus non notatur, hîc est considerandum. Nempe ex eo quòd globuli cœlestes, non sint omnes inter se æquales, sed paulatim minuantur à certo termino, intra quem continetur sphæra Saturni, usque ad Solem, sequitur radios luminis, qui per majores ex istis globulis communicantur, cùm ad minores deveniunt, non modò secundùm lineas rectas progredi debere, sed etiam ex parte ad latera refringi & dispergi.

CXXXV. *Explicatio istius refractionis.*

Consideremus exempli causâ hanc figuram, in qua multis globulis

bulis perexiguis incumbunt alii multò majores, putemusque ipsos esse omnes in continuo motu, quemadmodum globulos secundi elementi suprà descripsimus; adeò ut si unus ex ipsis versus aliquam partem pellatur, exempli causâ, A versus B, ejus actio aliis omnibus qui reperientur in linea recta, ab ipso versus illam partem protensâ, sine mora communicetur. Ubi notandum est, actionem quidem istam, ab A usque ad C integram pervenire, sed aliquam tamen ejus partem à C ad B transire posse, ac residuum versus D & F dispergi. Globus enim C non potest pellere globulum 2 versus B, quin simul etiam pellat globulos 1 & 3 versus D & E. Neque est par ratio, cùm globus A pellit duos globos 4 & 5 versus C; quamvis enim hæc ejus actio, à duobus illis globis 4 & 5 ita excipiatur, ut videatur etiam deflecti versus D & E, rectà ta-

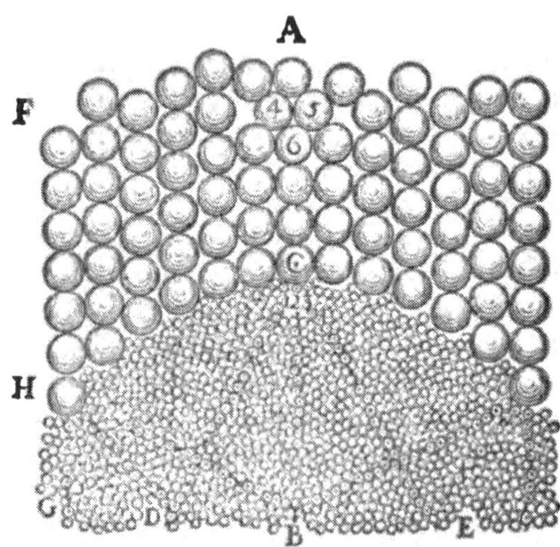

men tendit ad C; tum quia globi isti 4 & 5, æqualiter utrimque ab aliis sibi vicinis suffulti, totam illam restituunt globo 6, tum etiam quia continuus eorum motus efficit, ut nunquam per ullam temporis moram, hæc actio à duobus simul excipiatur, sed tantùm, ut successivè nunc ab uno & mox ab altero transmittatur. Cùm autem globus C, pellit tres simul 1, 2, 3, versus B, non ita potest ejus actio ab illis ad unum aliquem remitti; &, quantumvis moveantur, semper aliqui ex ipsis actionem illam obliquè excipiunt;

piunt; ideoque quamvis præcipuum ejus radium rectà versus B deducant, innumeros tamen alios debiliores, utrimque versus D & E dispergunt. Eodemque modo, si pellatur globus F versus G, cùm ejus actio pervenit ad H, ibi communicatur globulis 7 8 9, qui præcipuum quidem ejus radium mittunt ad G, sed alios etiam versus D & B dispergunt. Hîcque notanda est differentia, quæ oritur ex obliquitate incidentiæ istarum actionum in circulum CH: actio enim ab A ad C, cùm perpendiculariter incidat in illum circulum, radios suos æqualiter utrimque dispergit versus D & E; actio autem ab F ad H, quæ in eundem obliquè incidit, non dispergit suos nisi versus ipsius centrum; saltem si obliquitas incidentiæ supponatur esse graduum 90; si verò supponatur minor, nonnulli quidem ejus actionis radii, etiam in aliam partem mittentur, sed aliis multò debiliores, & ideò vix sensibiles, nisi cùm ista obliquitas est valde parva: contrà autem radii, qui versus centrum circuli obliquè sparguntur, eò sunt fortiores, quò ista obliquitas est major.

CXXXVI. *Explicatio apparitionis comæ.*

Quorum omnium demonstratione perceptâ, facile est illam transferre ad globulos cœlestes; quamvis enim nullus sit locus, in quo sic majusculi ex istis globulis, alios multò minores tangat, quia tamen ipsi gradatim sunt minores & minores, à certo termino usque ad Solem, ut dictum est, facilè credi potest non minorem esse differentiam, inter illos qui sunt supra orbitam Saturni, & illos qui sunt juxta orbitam terræ, quàm inter majores & minores mox descriptos: atque inde intelligi effectum istius inæqualitatis non alium esse debere in hac terræ orbita, quàm si minimi majusculis immediatè succederent; nec alium etiam in locis intermediis, nisi quòd lineæ secundùm quas isti radii disperguntur, non sint rectæ, sed paulatim inflexæ. Nempe si S sit Sol, 2 3 4 5 orbita per quam Terra anni spatio defertur, secundùm ordinem notarum 2 3 4, DEFG terminus ille à quo globuli cœlestes incipiunt gradatim esse minores & minores usque ad Solem (quem terminum suprà diximus, non habere figuram sphæræ perfectæ, sed sphæroïdis irregularis, versus polos multò depressioris, quàm versus eclipticam) & C sit Cometa in nostro cœlo existens: putandum est radios Solis in hunc Cometam impingentes, ita inde reflecti versus omnes partes sphæroïdis DEFGH, ut ii qui perpendiculariter incidunt in F, maxima quidem ex parte rectâ pergant usque ad 3, sed tamen etiam non-

nonnulli ex ipsis hinc inde spargantur; & qui obliquè incidunt in G, non tantùm rectà pergant versus 4, sed etiam ex parte refringantur versus 3; & denique qui incidunt in H, rectà non perveniant ad orbitam terræ, sed tantum reflexi versus 4 & 5, sicque de cæteris. Unde patet, si terra sit in orbitæ suæ parte 3, hunc Cometam ex ea visum iri, cum coma in omnes partes dispersa; quod genus Cometæ Rosam vocant: radii enim directi à C ad 3, ejus caput; alii autem debiliores, qui ex E & G versus 3 reflectuntur, ejus crines exhibebunt. Si verò terra sit in 4, idem Cometa ex eâ videbitur per radios rectos C G 4, & ejus coma, sive potiùs cauda, versus unam tantùm partem protensa, per radios ex H & aliis locis, quæ sunt inter G & H versus 4 reflexos. Eodemque modo, si terra sit in 2, Cometa ex ea videbitur ope radiorum rectorum C E 2, & ejus coma ope obliquorum, qui sunt inter C E 2 & C D 2; Nec alia

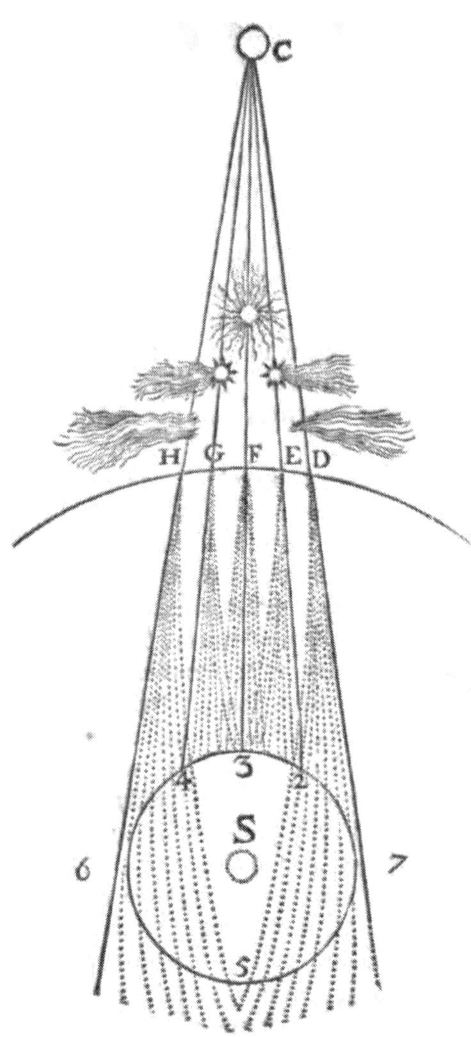

alia erit differentia, nisi quòd oculo existente in 2, Cometa manè videbitur, & coma ipsum præcedet; oculo autem existente in 4, Cometa videbitur vesperi, & caudam suam post se trahet.

Denique si oculus sit versus punctum S, impedietur à radiis Solis ne Cometam ipsum videre possit, sed videbit tantùm ejus comæ partem, instar igneæ trabis, quæ apparebit vel vesperi vel mane, prout oculus propior erit puncto 4 vel puncto 2; atque fortè una mane & alia vesperi poterit apparere, si oculus in ipso puncto medio 5 existat. CXXXVII. *Quomodo etiam trabes appareant.*

Et quidem hæc coma vel cauda interdum recta, interdum nonnihil incurva esse debet; interdumque in recta linea, quæ transit per centra Cometæ & Solis, interdum nonnihil ab ea deflectens; ac denique interdum latior, interdum angustior, vel etiam lucidior, cùm nempe radii laterales versus oculum convergunt. Hæc enim omnia sequuntur ab irregularitate sphæroïdis DEFGH: quippe versus polos, ubi ejus figura depressior est, caudas Cometarum exhibere debet magis rectas & latas; in flexu qui est inter polos & eclipticam, magis curvas, & à Solis opposito deflectentes; & secundùm istius flexus longitudinem magis lucidas, & angustas. Nec puto quicquam hactenus circa Cometas fuisse observatum, saltem quod nec pro fabulâ, nec pro miraculo sit habendum, cujus caussa hîc non habeatur. CXXXVIII. *Cur Cometarum cauda, non semper in parte à Sole directè aversa, nec semper recta videatur.*

Quæri tantùm potest, cur non etiam comæ circa stellas fixas, ac circa altiores planetas Jovem & Saturnum appareant. Sed facilis responsio est, primò ex eo, quòd non soleant videri in Cometis, cùm eorum diameter apparens non est major quàm fixarum, quia tunc isti radii secundarii, non habent satis virium ad oculos movendos: Ac deinde quantum ad fixas, quia cùm lumen à Sole non mutuentur, sed illud ex se ipsis emittant, ista earum coma, si quæ sit, hinc inde in omnes partes spargi debet, atque esse perbrevis; jamque revera circa ipsas talis coma esse videtur: neque enim uniformi lineâ circumscriptæ, sed vagis radiis undique cinctæ apparent; & non malè forsan earum etiam scintillationem (cujus tamen plures aliæ causæ esse possunt) huc referemus. Quantum autem ad Jovem & Saturnum, non dubito quin, ubi aër est admodum purus, breves etiam interdum comæ, in partem à Sole aversam protensæ, circa ipsos videantur; & scio me tale quid alicubi olim legisse, quamvis auctoris non recorder; quodque ait Aristoteles lib. 1 meteorologic. CXXXIX. *Cur tales comæ circa Fixas aut Planetas non appareant.*

capite 6 de fixis, eas etiam ab Ægyptiis comatas nonnunquam visas fuisse, puto de his planetis potiùs esse intelligendum; quod autem refert de coma cujusdam ex stellis quæ sunt in femore canis, à se conspecta, vel ab aliqua in aëre valde obliqua refractione, vel potiùs ab illius oculorum vitio processit; addit enim minùs fuisse conspicuam, cùm oculorum aciem in ipsam intendebat, quàm cùm remittebat.

CXL. *De principio motus Planetæ.*

Nunc verò expositis iis omnibus quæ ad Cometas spectant, revertamur ad Planetas: putemusque sidus N minoris agitationis esse capax, sive minùs habere soliditatis, quàm globulos secundi elementi, qui sunt versus circumferentiam nostri cœli, sed tamen aliquantò plus habere, quàm aliquos ex iis qui sunt versus Solem: Unde intelligemus, illud statim atque à vortice Solis abreptum est, continuò versus ejus centrum descendere debere, donec devenerit ad eos globulos cœlestes, quibus in soliditate, sive in aptitudine ad perseverandum in suo motu per lineas rectas, est æquale; Cumque tandem ibi erit, non ampliùs ad Solem magis accedet, nec etiam ab eo recedet, nisi quatenus ab aliquibus aliis caussis nonnihil hinc inde propelletur, sed inter istos globulos cœlestes libratum, circa Solem assiduè gyrabit, & erit Planeta. Quippe si propiùs accederet versus Solem, ibi versaretur inter globulos cœlestes paullò minores, ac proinde quos superaret vi ad recedendum à centro circa quod gyrat; & celeriùs motos, ac proinde à quibus ista ejus vis simul cùm agitatione augeretur, sicque inde rursus regredi deberet. Si verò à Sole magis recederet, ei occurrerent globuli cœlestes aliquantò minùs celeriter moti, ac proinde qui ejus agitationem minuerent; & paullò majores, ac proinde qui vim haberent, ipsum versus Solem repellendi.

NB. Vide fig. pag. 123.

CXLI. *Caussæ, à quibus ejus errores pendent. Prima.*

Aliæ autem caussæ, quæ Planetam circa Solem ita libratum nonnihil hinc inde propellunt, sunt primò, quòd spatium, in quo simul cum tota materia cœli rotatur, non sit perfectè sphæricum; necesse est enim, ubi hoc spatium latius est, ut ista materia cœli lentiùs fluat, quàm ubi angustius.

CXLII. *Secunda.*

Secundò, quòd materia primi elementi, ex quibusdam vicinis vorticibus versus centrum primi cœli fluendo, & inde ad quosdam alios refluendo, tum globulos secundi elementi, tum etiam Planetam inter ipsos libratum, diversimodè possit commovere.

CXLIII. *Tertia.*

Tertiò, quòd meatus qui sunt in corpore istius planetæ, aptiores

res esse possint ad particulas striatas, aliasve primi elementi, quæ ex certis cœli partibus veniunt, quàm ad reliquas recipiendas: unde fit, ut istorum meatuum orificia, quæ circa polos macularum sidera involventium formari suprà diximus, versus istas cœli partes potiùs, quàm versus alias obvertantur.

CXLIV. *Quarta.*

Quartò, quòd jam antè aliqui motus in isto Planeta esse potuerint, qui diutissimè in eo perseverant, licèt aliæ caussæ repugnent. Ut enim videmus turbinem, ab hoc solo quòd semel à puero intorqueatur, satis virium acquirere, ad perseverandum in suo motu per aliquot horæ minuta, interimque aliquot millia gyrorum absolvere, quamvis mole sit exiguus, & tum aër circumjacens, tum etiam terra cui insistit, ejus motui adversentur; Ita facilè credi potest, ex hoc solo quòd aliquis Planeta cum primum factus est fuerit motus, eum à primâ mundi origine ad hoc usque tempus, absque ulla notabili imminutione celeritatis, circuitus suos continuare potuisse: quia multò brevius est tempus quinque vel sex millium annorum, à quibus mundus stetit, si cum magnitudine alicujus Planetæ comparetur, quàm tempus unius horæ minuti, cum exigui turbinis mole collatum.

CXLV. *Quinta.*

Quinto denique, quod vis ita perseverandi in suo motu, sit multo firmior & constantior in Planeta, quàm in materia cœlesti eum circumjacente; ac etiam firmior in magno Planeta quàm in minore. Quippe ista vis in materia cœlesti pendet ex eo, quod ejus globuli simul conspirent in eundem motum: cumque sint à se mutuo disjuncti, parvis ex momentis fieri potest, ut modo plures, modo pauciores ita simul conspirent. Unde sequitur Planetam nunquam tam celeriter moveri, quàm globulos cœlestes eum circumjacentes; etsi enim æquet illum eorum motum, quo simul cum ipsis fertur, illi interim habent alios plures, quatenus à se mutuo disjuncti sunt. Inde etiam sequitur, cùm horum globulorum cœlestium motus acceleratur, vel tardatur, vel inflectitur, non tantopere, nec tam citò accelerari, vel tardari, inflecti motum Planetæ inter ipsos versantis.

CXLVI. *De prima productione omnium Planetarum.*

Quæ omnia si considerentur, nihil occurret circa phænomena Planetarum, quod non planè conveniat cum legibus naturæ à nobis expositis, cujusque ratio ex jam dictis non facilè reddatur. Nihil enim vetat quò minùs arbitremur, vastissimum illud spatium in quo jam unicus vortex primi cœli continetur, initio in quatuordecim

cim pluresve vortices fuisse divisum, eosque ita fuisse dispositos, ut sidera quæ in centris suis habebant, multis paulatim maculis tegerentur, & deinde isti vortices uni ab aliis destruerentur, modo jam à nobis descripto; unus citiùs, alius tardiùs, pro diverso eorum situ. Adeò ut cùm illi tres, in quorum centris erant Sol, Jupiter & Saturnus, cæteris essent majores; sidera, quæ in centris quatuor minorum Jovem circumstantium versabantur, versus Jovem delapsa sint; & quæ in centris duorum aliorum Saturno vicinorum, versus Saturnum (saltem si verum est duos jam Planetas circa ipsum versari); Et Mercurius, Venus, Terra, Luna & Mars (quæ sidera etiam singula suum vorticem priùs habuerunt), versus Solem; Ac tandem etiam Jupiter & Saturnus, unâ cum minoribus sideribus iis adjunctis, confluxerint versus eundem Solem, ipsis multò majorem, postquam eorum vortices fuerunt absumpti: Sidera autem reliquorum vorticum, si unquam plura fuerint quàm quatuordecim in hoc spatio, in Cometas abierint.

CXLVII. *Cur quidam Planetæ sint aliis à Sole remotiores: idque ab eorum magnitudine solâ non pendere.*

Sicque jam videntes primarios Planetas, Mercurium, Venerem, Terram, Martem, Jovem & Saturnum, ad diversas distantias circa Solem deferri, judicabimus id ex eo contingere, quòd eorum qui Soli viciniores sunt, soliditas sit minor quàm remotiorum; Nec mirabimur Martem terrâ minorem, ipsâ tamen magis à Sole distare, quia solidior nihilominus esse potest; cùm soliditas à solâ magnitudine non pendeat.

CXLVIII. *Cur Soli viciniores celeriùs aliis moveantur; & tamen ejus maculæ sint tardissimæ.*

Et videntes inferiores ex istis Planetis, altioribus celeriùs in orbem ferri, putabimus id ex eo fieri, quòd materia primi elementi, quæ Solem componit, celerrimè gyrando, viciniores cœli partes magis secum abripiat quàm remotiores. Nec interim mirabimur, quòd maculæ quæ in ejus superficie apparent, multò tardiùs ferantur, quàm ullus Planeta: (quippe in brevissimo suo circuitu viginti sex dies impendunt, Mercurius autem in suo plusquàm saxagies majori, vix tres menses, & Saturnus in suo fortè bis millies majori annos tantùm triginta, qui nisi celeriùs ipsis moveretur, plus centum deberet impendere.) Hoc enim putabimus accidere ex eo, quòd particulæ tertii elementi, ortæ à continuâ macularum dissolutione, congregatæ sint circa Solem, atque ibi magnam quandam molem aëris sive ætheris componant, fortè usque ad sphæram Mercurii vel etiam ulteriùs extensam; cujus ætheris particulæ, cùm sint valdè irregulares & ramosæ, sibi invicem sic adhærent, ut non disjunctim

con-

concitentur, quemadmodum globuli materiæ cœlestis, sed omnes simul à Sole rapiantur, & cum ipsis tum maculæ solares, tum etiam pars cœli Mercurio vicina; unde fit, ut non multò plures circuitus quàm Mercurius, eodem tempore absolvant, nec proinde tam citò moveantur.

CXLIX. *Cur Luna circa Terram gyret.*

Deinde videntes Lunam non modò circa Solem, sed simul etiam circa Terram gyrare, judicabimus id vel ex eo contingere, quòd, ut Jovis Planetæ versus Jovem, sic ipsa versus Terram confluxerit, priusquam hæc circa Solem ferretur; vel potiùs quòd, cùm non minorem habeat vim agitationis quàm Terra, in eadem sphæra circa Solem debeat versari; &, cum mole sit minor, æqualem habens vim agitationis, celeriùs debeat ferri. Nam Terrâ existente circa Solem S, in circulo NTZ, cum quo defertur ab N, per T versus Z, si Luna celeriùs acta eodem deveniat, in quacunque parte

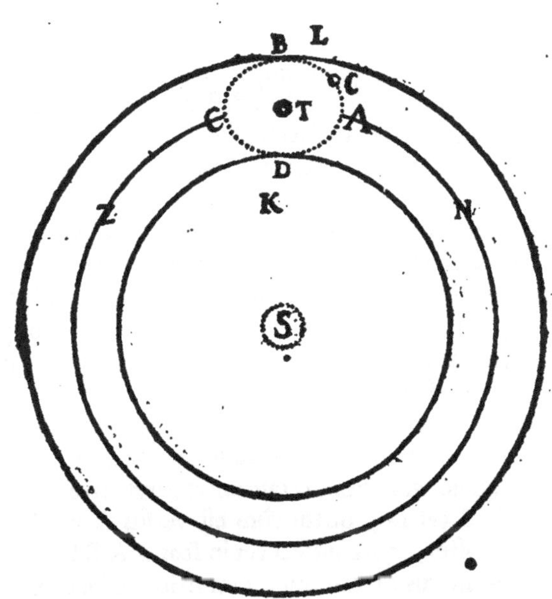

circuli NZ, eam initio esse contingat, brevi accedet ad A, ubi à viciniâ Terræ impedita ne rectâ ulteriùs pergat, deflectet cursum suum versus B: dico versus B, potiùs quàm versus D, quia sic à lineâ rectâ minus deflectet. Dum autem ita perget ab A versus B, omnis

omnis materia cœlestis contenta in spatio ABCD, quæ ipsam defert, contorquebitur in modum vorticis circa centrum T; sicque etiam efficiet ut Terra circa suum axem gyret, dum interim hæc omnia simul, per circulum N T Z circa centrum S ferentur.

CL. *Cur terra circa suum axem vertatur.*

Quanquam aliæ præterea sint caussæ, cur Terra circa proprium axem vertatur; si enim antea fuerit sidus lucidum, in alicujus vorticis centro consistens, ibi proculdubio sic gyrabat; & nunc, materia primi elementi in ejus centro congregata, similes adhuc motus habet ipsamque impellit.

CLI. *Cur Luna celeriùs feratur quàm Terra.*

Nec mirabimur, hanc Terram ferè tricies circa suum axem convolvi, dum Luna tantùm semel circumferentiam circuli A B C D percurrit. Cùm enim hæc circumferentia A B C D, sit circiter sexagies major Terræ ambitu, sic Luna duplo celeriùs adhuc fertur quàm Terra; & cùm ambæ agantur ab eadem materia cœlesti, quam credibile est non minùs celeriter moveri, prope Terram quàm prope Lunam, non videtur alia causa esse majoris in Luna celeritatis, quàm quòd minor sit quàm Terra.

CLII. *Cur semper Lunæ facies, quam proximè eadem sit Terræ obversa.*

Non etiam mirabimur, quòd semper eadem pars Lunæ sit Terræ obversa, vel certè non multùm ab ea deflectat; facilè enim judicabimus id ex eo contingere, quòd alia ejus pars aliquantò sit solidior, & ideò terram circumeundo majorem ambitum debeat percurrere; ad exemplum ejus quod paullò antè notatum est de Cometis. Et certè innumeræ illæ inæqualitates instar montium & vallium, quæ in ejus facie obversâ, perspicillorum ope deprehenduntur, minorem ipsius soliditatem videntur arguere: hujusque minoris soliditatis caussa esse potest, quòd alia ejus facies, quæ nunquam in conspectum nostrum venit, solum lumen directè à Sole missum excipiat; hæc autem etiam illud quod ex terra reflectitur.

CLIII. *Cur Luna celeriùs incedat, & à suo motu medio minùs aberret in conjunctionibus, quàm in quadris: & cur ejus cælum non sit rotundum.*

Neque magis mirabimur, quòd Luna videatur aliquantò celeriùs moveri, & in omnes partes à cursu suo minùs aberrare, cùm plena est vel nova, quàm cùm dimidia tantùm apparet, sive cùm est versus partes cœli B vel D, quàm cùm est versus A vel C: Quia cùm globuli cœlestes, qui continentur in spatio A B C D, ratione magnitudinis & motus diversi sint, tam ab iis qui sunt infra D versus K, quàm ab iis qui sunt supra B versus L, iis autem qui sunt versus N & Z sint similes, liberiùs se diffundunt versus A & C, quàm versus B & D. Unde sequitur ambitum A B C D, non esse circulum perfectum, sed magis ad Ellipsis figuram accedere; ac

mate-

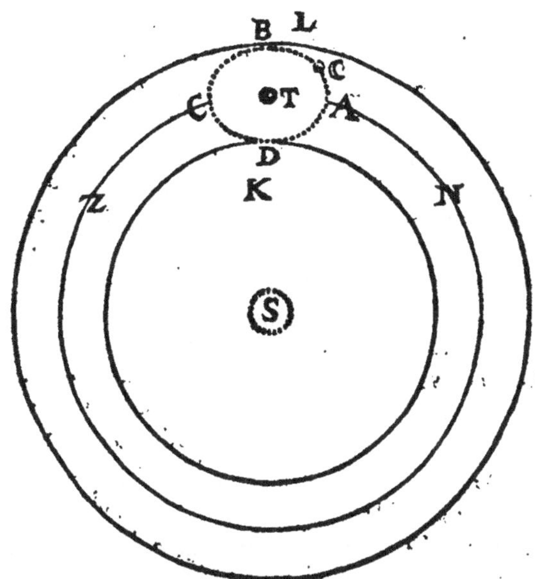

materiam cæli lentiùs ferri inter C & A, quàm inter B & D; Ideoque Lunam, quæ ab ista materia cœli defertur, & propiùs accedere debere versus Terram, si sit in motu ad accedendum, & magis removeri si sit in motu ad recedendum, cùm ipsam contingit esse versus A vel C, quàm cùm est versus B vel D.

CLIV. *Cur secundarii Planetæ qui sunt circa Jovem, tam celeriter; qui verò sunt circa Saturnum, tam tardè vel nullo modo moveantur.*

Neque mirabimur quòd Planetæ, qui juxta Saturnum esse dicuntur, lentissimo vel nullo motu circa ipsum ferantur, contrà autem qui sunt juxta Jovem, circa illum gyrent, & quisque tantò celeriùs, quantò Jovi est vicinior. Hujus enim diversitatis causa esse potest, quòd Jupiter, ut Sol & Terra, circa proprium axem agatur; Saturnus autem, ut Luna & Cometæ, semper eandem sui partem convertat versus centrum vorticis in quo continetur.

CLV. *Cur poli Æquatoris & Eclipticæ multum distent ab invicem.*

Præterea non mirabimur, quòd axis, circa quem Terra diei spatio convolvitur, non sit perpendiculariter erectus supra planum Eclipticæ, in quo anni spatio circa Solem rotatur, sed plusquam viginti tribus gradibus à perpendiculo declinet; unde oritur diversitas æstatis & hyemis in terra. Nam motus annuus Terræ in Ecliptica, præcipuè determinatur à consensu totius materiæ cœlestis, circa Solem

Solem gyrantis, ut patet ex eo, quòd omnes Planetæ in eo quamproximè consentiant: directio autem ejus axis, circa quem fit motus diurnus, magis pendet à partibus cœli, à quibus materia primi elementi versus ipsam fluit. Quippe cùm imaginemur omne spatium, quod jam à primo cœlo occupatur, fuisse olim divisum in quatuordecim pluresve vortices, in quorum centris erant illa sidera, quæ nunc conversa sunt in Planetas, fingere non possumus illorum omnium siderum axes versus easdem partes fuisse conversos; hoc enim cum legibus naturæ non conveniret. Sed valde credibile est materiam primi elementi, quæ in Terræ Sidus confluebat, ex iisdem fere partibus firmamenti venisse, quas nunc adhuc ejus poli respiciunt; atque dum multi macularum cortices, supra hoc sidus paulatim generabantur, particulas striatas istius materiæ primi elementi, multos sibi meatus in his corticibus efformasse, ipsosque ad magnitudinem & figuram suam sic aptasse, ut vel nullum vel non nisi difficilem transitum præbere possint, particulis striatis quæ ex illis firmamenti partibus accedunt: Sicque illas, quæ sibi aptos meatus per globum Terræ, secundùm ejus axem efformarunt, cùm nunc adhuc per ipsum perpetuò fluant, efficere, ut ejus poli versus easdem partes cœli à quibus veniunt, dirigantur.

CLVI. *Cur paullatim ad invicem accedunt.*

Interim tamen, quia duæ conversiones Terræ, annua scilicet & diurna, commodiùs peragerentur, si fierent circa axes parallelos, caussæ hoc impedientes paulatim utrimque immutantur; unde fit, ut successu temporis declinatio Eclipticæ ab Æquatore minuatur.

CLVII. *Ultima & maximè generalis caussa omnium inæqualitatum, quæ in motibus corporum mundanorum reperiuntur.*

Denique non mirabimur, quòd omnes Planetæ, quamvis motus circulares semper affectent, nullos tamen circulos perfectos unquam describant, sed modis omnibus, tam in longitudinem, quàm in latitudinem, semper aliquantulum aberrent. Cùm enim omnia corpora quæ sunt in universo, contigua sint, atque in se mutuò agant, motus uniuscujusque à motibus aliorum omnium dependet, atque ideò innumeris modis variatur. Nec ullum planè phænomenum, in cœlis eminus conspectis observatur, quod non putem hîc satis fuisse explicatum. Superest, ut deinceps agamus de illis, quæ cominus supra Terram videmus.

PRIN-

PRINCIPIORUM PHILOSOPHIÆ
PARS QUARTA.
De Terrâ.

ETsi credi nolim, corpora hujus mundi adspectabilis genita unquam fuisse, illo modo qui suprà descriptus est, ut jam satis præmonui, debeo tamen eandem hypothesim adhuc retinere, ad ea quæ supra terram apparent explicanda: ut tandem si, quemadmodum spero, clarè ostendam, causas omnium rerum naturalium, hâc viâ non autem ullâ aliâ dari posse, inde meirtò concludatur, non aliam esse earum naturam, quàm si tali modo genitæ essent.

I. *Falsam hypothesim quâ jam ante usi sumus, esse retinendam, ad veras rerum naturas explicandas.*

Fingamus itaque Terram hanc quam incolimus, fuisse olim ex sola materia primi elementi conflatam, instar Solis, quamvis ipso esset multò minor; & vastum vorticem circa se habuisse, in cujus centro consistebat: Sed cùm particulæ striatæ, aliæque non omnium minutissimæ minutiæ, istius materiæ primi elementi, sibi mutuò adhærerent, sicque in materiam tertii elementi verterentur, ex iis primò maculas opacas in Terræ superficie genitas esse, similes iis quas videmus circa Solem assiduè generari ac dissolvi; deinde particulas tertii elementi, quæ ex continua istarum macularum dissolutione remanebant, per cœlum vicinum diffusas, magnam ibi molem aëris, sive ætheris, successu temporis composuisse; Ac denique postquam iste æther valde magnus fuit, densiores maculas circa Terram genitas, eam totam contexisse atque obtenebrasse; Cumque ipsæ non possent ampliùs dissolvi, ac fortè permultæ sibi mutuò incumberent, simulque vis vorticis Terram continentis minueretur, tandem ipsam unà cum maculis, & toto aëre quo involvebatur, in alium majorem vorticem, in cujus centro est Sol, delapsam esse.

II. *Quæ sit generatio Terræ, secundùm istam hypothesim.*

Nunc verò, si consideremus illam nondum ita versus Solem delapsam, sed paulò post delapsuram, tres in ea regiones valde diversas

III. *Distinctio Terræ in*

tres regiones: & primæ descriptio. ſas dignoſcemus. Harum prima & intima I, continere tantùm videtur materiam primi elementi, ſe ibi non aliâ ratione quàm in Sole commoventis, nec alterius naturæ, niſi quòd fortè ſit minùs pura; quia quod aſſiduè ex Sole in maculas abit, non ità poteſt ex ea expurgari. Et ſanè idcirco mihi facilè perſuaderem, jam totum ſpatium I, ſolâ ferè materiâ tertii elementi plenum eſſe, niſi inde

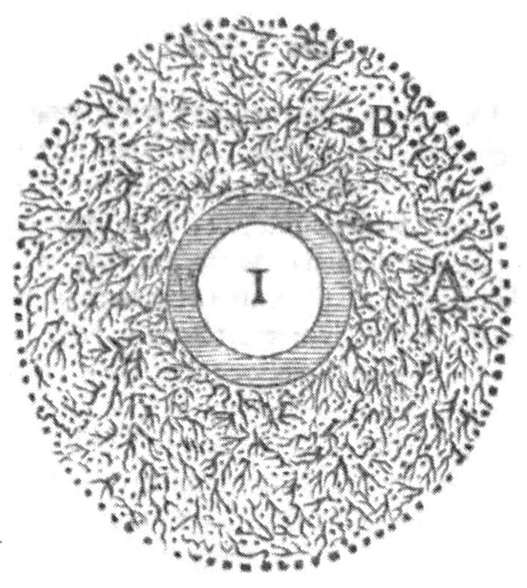

ſequi videretur, corpus Terræ non poſſe manere tam vicinum Soli, quàm nunc eſt, propter nimiam ſuam ſoliditatem.

IV. *Deſcriptio ſecundæ.* Media regio M, tota occupatur à corpore valdè opaco & denſo: cùm enim hoc corpus factum ſit ex particulis minutiſſimis (utpote quæ priùs ad primum elementum pertinebant), ſibi invicem adjunctis, nulli videntur in eo meatus relicti eſſe, niſi tam exigui, ut ſolis illis particulis ſtriatis ſuprà deſcriptis, ac reliquæ materiæ primi elementi, tranſitum præbere poſſint. Hocque experientia teſtatur in maculis Solis, quæ cùm ſint ejuſdem naturæ atque hoc corpus M, niſi quòd ſint multò tenuiores & rariores, tranſitum tamen luminis impediunt; quòd vix poſſent, ſi earum meatus eſſent ſatis lati, ad globulos ſecundi elementi admittendos. Cùm enim iſti meatus, initio in materia fluida vel molli formati ſint, haud dubiè

biè essent etiam satis recti & læves, ad actionem luminis non impediendam.

V. *Descriptio tertiæ.*

Sed istæ duæ interiores Terræ regiones, parum ad nos spectant, quia nemo unquam ad ipsas vivus accessit. Sola tertia superest, ex qua omnia corpora quæ hîc circa nos reperiuntur, oriri posse deinceps ostendemus. Nunc autem nihil adhuc aliud in ipsâ esse supponimus, quàm magnam congeriem particularum tertii elementi multum materiæ cœlestis circa se habentium, quarum intima natura, ex modo, quo genitæ sunt, potest agnosci.

VI. *Particulas tertii elementi, quæ sunt in hâc tertiâ regione, esse debere satis magnas.*

Nempe cùm ortæ sint ex dissolutione macularum, quæ minutissimis primi elementi ramentis, sibi mutuò adjunctis, constabant; unaquæque ex plurimis istiusmodi ramentis componi debet, atque esse satis magna, ut impetum globulorum secundi elementi, circa se motorum, sustineat; quia quæcunque id non potuerunt, rursus in primum vel in secundum elementum sunt resolutæ.

VII. *Ipsas à primo & secundo elemento posse immutari.*

Verum enim verò quamvis illæ globulis secundi elementi totæ resistant, quia tamen singula ramenta ex quibus sunt conflatæ ipsis cedunt, semper eorum occursu nonnihil possunt immutari.

VIII. *Esse majores globulis secundi elementi, sed iisdem esse minùs solidas & minùs agitatas.*

Cumque ramenta ista primi elementi, varias habeant figuras, non potuerunt plurima simul tam aptè conjungi, ad unamquamque ex istis particulis tertii elementi componendam, quin multos angustissimos meatus, soli subtilissimæ materiæ ejusdem primi elementi permeabiles, in illa relinquerent; unde fit, ut quamvis hæ particulæ sint multò majores, quàm globuli cœlestes, non possint tamen esse tam solidæ, nec tantæ agitationis capaces. Ad quod etiam facit, quòd figuras habeant valdè irregulares, & ad motum minùs aptas, quàm sint sphæricæ istorum globulorum. Cùm enim ramenta ex quibus componuntur, innumeris modis diversis conjuncta sint, inde sequitur ipsas & magnitudine & soliditate & figuris, plurimùm ab invicem differre, ac ferè omnes earum figuras esse admodum irregulares.

IX. *Eas ab initio sibi mutuò incubuisse circa Terram.*

Hîcque notandum est, quandiu Terra instar fixarum in peculiari suo vortice versata est, necdum versus Solem delapsa erat, istas particulas tertii elementi, quæ ipsam involvebant, quamvis à se invicem essent disjunctæ, non tamen hinc inde per cœlum temerè sparsas fuisse, sed omnes circa sphæram M conglobatas, unas aliis incubuisse; quia pellebantur versus centrum I, à globulis secundi ele-

 menti,

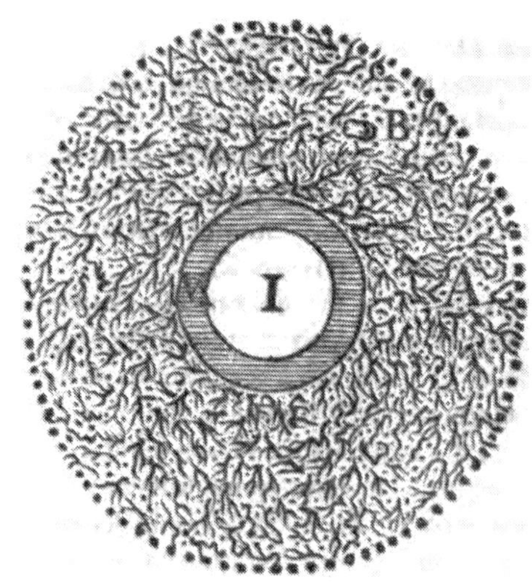

menti, qui majorem ipsis vim agitationis habentes, ab eo centro recedere conabantur.

X. *Varia circa ipsas intervalla materiæ primi & secundi elementi relicta esse.* Notandum etiam, quamvis sibi mutuò sic incumberent, non tam aptè tamen simul junctas fuisse, quin permulta intervalla circa se relinquerent, quæ non modò à materia primi elementi, sed etiam à globulis secundi occupabantur: hoc enim sequi debuit ex eo, quòd figuras haberent valde irregulares ac diversas, & sine ordine unæ aliis adjunctæ essent.

XI. *Globulos secundi elementi, eò minores initio fuisse, quò centro Terræ viciniores.* Notandum præterea inferiores ex globulis, qui particulis istis immisti erant, paulò minores fuisse quàm superiores: Eodem modo quo suprà ostensum est, eos qui prope Solem versantur, gradatim esse minores, prout ei sunt viciniores; Ac etiam istos omnes globulos non majores fuisse, quàm jam illi sint qui reperiuntur circa Solem, infra sphæram Mercurii; sed fortè fuisse minores, quia Sol major est, quàm fuerit unquam Terra; & proinde ipsos minores etiam fuisse, quàm nunc ii sint, qui hîc circa nos versantur. Hi enim superant illos, qui sunt infra sphæram Mercurii, quoniam à Sole sunt remotiores.

XII. *Meatusque inter ipsas* Et notandum istos globulos, vias sibi retinuisse inter particulas tertii elementi, ad mensuram suæ magnitudinis accommodatas; ita ut ut non tam facilè alii globuli paulò majores, per easdem transire possent.

habuisse angustiores.

XIII. *Non semper crassiores, tenuioribus inferiores fuisse.*

Notandum denique tunc frequenter accidisse, ut majores & solidiores ex istis particulis tertii elementi, alias minores & tenuiores sub se haberent, quia cùm uniformi tantùm motu circa Terræ axem volverentur, atque ob irregularitates suarum figurarum, sibi mutuo facilè adhærerent, etsi unaquæque, quo solidior & crassior erat, eo majori vi à globulis secundi elementi circumjacentibus, versus centrum pelleretur, non tamen semper poterant solidiores, se à minùs solidis ita extricare, ut infra ipsas descenderent; sed non raro eundem ordinem, quem cum primum formarentur obtinuerant, retinebant.

XIV. *De prima formatione diversorum corporum, in tertia Terræ regione.*

Cùm autem postea globus Terræ, in tres istas regiones distinctus, versus Solem devolutus est (vortice scilicet in quo antea erat absumto), non magna quidem mutatio, in intima & media ejus regione potuit inde oriri; sed quantùm ad exteriorem, primùm duo, deinde tria, postmodum quatuor, & plura alia corpora diversa, in ea distingui debuerunt.

XV. *De actionibus, quarum ope ista corpora genita sunt; ac primò de generali globulorum cœlestium motu.*

Quorum corporum productionem paulo post explicabo: sed priusquam hoc aggrediar, tres quatuorve præcipuæ actiones, à quibus pendet, hîc sunt considerandæ. Prima est globulorum cœlestium motus, generaliter spectatus. Secunda, gravitas. Tertia, lumen. Et quarta, calor. Per globulorum cœlestium generalem motum, intelligo continuam eorum agitationem, quæ tanta est, ut non modo sufficiat, ad ipsos motu annuo circa Solem, & diurno circa Terram deferendos, sed etiam ad eosdem interea modis aliis quamplurimis agendos. Et quia in quamcumque partem ita moveri cœperint, pergunt postea quantum possunt, secundùm lineas rectas, vel à rectis quamminimùm deflectentes, hinc fit ut hi globuli cœlestes, particulis tertii elementi, corpora omnia tertiæ terræ regionis componentibus, immisti, varios in iis effectus producant, quorum tres præcipuos hîc notabo.

XVI. *De primo hujus primæ actionis effectu, quod reddat corpora pellucida.*

Primus est, quod pellucida reddant, ea omnia corpora terrestria quæ liquida sunt, & constant particulis tertii elementi tam tenuibus, ut globuli isti circa ipsas in omnes partes ferantur. Cùm enim per istorum corporum meatus, hinc inde assiduè moveantur, vimque habeant eorum particulas situ mutandi, facilè sibi vias rectas, sive rectis æquipollentes, & proinde transferendæ actioni luminis idoneas,

neas, in illis efformant. Sicque omnino experimur, nullum esse in Terra liquorem purum, & tenuibus particulis constantem, qui non sit pellucidus: quantum enim ad argentum vivum, crassiores sunt ejus particulæ, quàm ut globulos secundi elementi, ubique circa se admittant; quantum verò ad atramentum, lac, sanguinem, & talia, non sunt liquores puri, sed plurimis pulvisculis durorum corporum inspersi. Et quantum ad corpora dura, observari potest ea omnia esse pellucida, quæ dum formabantur, & adhuc liquida erant, pellucida fuerunt, quorumque partes retinent eundem situm, in quo positæ sunt à globulis materiæ cœlestis, dum circa ipsas nondum sibi mutuò adhærentes movebantur. Contrà verò illa omnia esse opaca, quorum particulæ simul junctæ & connexæ sunt, à vi aliquâ externâ, motui globulorum cœlestium ipsis immistorum non obsequente: quamvis enim multi meatus in his etiam corporibus relicti sint, per quos globuli cœlestes hinc inde assiduè discurrunt; quia tamen hi meatus variis in locis sunt interrupti & interclusi, transmittendæ actioni luminis, quæ nonnisi per vias rectas, vel rectis æquipollentes, defertur, idonei esse non possunt.

XVII. *Quomodo corpus solidum & durum, satis multos meatus habere possit, ad radios luminis transmittendos.*

Utque hîc intelligatur, quomodo corpora dura satis multos meatus habere possint, ad transitum præbendum radiis luminis, ex quavis parte venientibus, poma, vel alii quivis globi satis magni, & quorum superficies sit lævis, reticulo includantur, eoque arctè constricto, ita ut ista poma sibi mutuò adhærentia, unicum quasi corpus componant, in quamcunque partem hoc corpus convertetur, meatus in se continebit, per quos globuli plumbei supra ipsum injecti, versus centrum terræ, vi gravitatis suæ facilè descendent, secundùm lineas rectis æquipollentes; sicque speciem corporis pellucidi, solidi & duri exhibebit. Non enim opus est ut globuli cœlestes, magis rectos & plures meatus inveniant in corporibus terrestribus, per quæ radios luminis transmittunt, quàm sint ii per quos globuli plumbei inter poma ista descendunt.

XVIII. *De secundo istius primæ actionis effectu; quòd una corpora ab aliis secernat, & liquores expurget.*

Secundus effectus est, quòd cùm particulæ duorum vel plurium corporum terrestrium, præsertim liquidorum, confusè simul junctæ sunt, globuli cœlestes quasdam ex ipsis unas ab aliis soleant separare, sicque in varia corpora distinguere; quasdam autem alias accuratiùs permiscere, ipsasque ita disponere, ut unaquæque guttula liquoris ex iis conflati, cæteris omnibus ejusdem liquoris guttulis omnino

omnino similis exsistat. Quippe cum globuli cœlestes moventur in meatibus corporum terrestrium liquidorum, particulas tertii elementi sibi obvias assiduè loco expellunt, donec eas inter aliquas alias ita disposuerint & ordinarint, ut non magis quàm istæ aliæ ipsorum motibus obsistant, vel, cum ita disponi non possunt, donec eas à reliquis segregarint. Sic videmus ex musto fæces quasdam, non modo sursum & deorsum (quod gravitati & levitati tribui posset), sed etiam versus vasis latera expelli, vinumque postea defæcatum, quamvis adhuc ex variis particulis constans, esse pellucidum, & non densius aut crassius in imo quàm in summo apparere. Idemque de cæteris liquoribus puris est existimandum.

XIX. *De Tertio effectu; quòd liquorum guttas reddat rotundas.*

Tertius effectus globulorum cœlestium est, quod aquæ aliorumve liquorum guttas in aëre, aliove liquore ab iis diverso, pendentes, reddant rotundas, ut jam in Meteoris explicui. Cum enim isti globuli cœlestes, longè alias habeant vias in aquæ guttâ quàm in aëre circumjacente, semperque quantum possunt secundum lineas rectas, vel ad rectas quam-proximè accedentes, moveantur; manifestum est illos qui sunt in aëre, objectu aqueæ guttæ minus impediri à motibus suis, secundum lineas à rectis quamminimum deflectentes, continuandis, si ea sit perfectè sphærica, quàm si quamcunque aliam figuram sortiatur. Si quæ enim sit pars in superficie istius guttæ, quæ ultra figuram sphæricam promineat, majori vi globuli cœlestes per aërem discurrentes, in illam impingent, quàm in cæteras, ideoque ipsam versus centrum guttæ protrudent; ac si quæ pars ejus, superficiei centro vicinior sit quàm reliquæ, globuli cœlestes in ipsa gutta contenti, majori vi eam à centro expellent; atque ita omnes ad guttam sphæricam faciendam concurrent. Et cum angulus contingentiæ, quo solo linea circularis à rectâ distat, omni angulo rectilineo sit minor, & in nulla linea curva præterquam in circulari sit ubique æqualis, certum est, lineam rectam nunquam posse magis æqualiter, & minus in unoquoque ex suis punctis inflecti quàm cum denegerat in circularem.

XX. *Explicatio secundæ actionis, quæ gravitas vocatur.*

Vis gravitatis, à tertia ista globulorum cœlestium actione non multum differt; ut enim illi globuli per solum suum motum, quo sine discrimine quaquaversus feruntur, omnes cujusque guttæ particulas, versus ejus centrum æqualiter premunt, sicque ipsam guttam faciunt rotundam; ita per eundem motum, totius molis terræ occursu impediti, ne secundum lineas rectas ferantur, omnes ejus partes

partes versus medium propellunt: atque in hoc gravitas corporum terrestrium consistit.

XXI. *Omnes Terræ partes, si solæ spectentur, non esse graves, sed leves.*

Cujus natura ut perfectè intelligatur, notandum est primo, si omnia spatia circa Terram, quæ ab ipsius Terræ materiâ non occupantur, vacua essent, hoc est, si nihil continerent nisi corpus, quod motus aliorum corporum nullâ ratione impediret nec juvaret (sic enim tantum intelligi potest vacui nomen) & interim hæc terra circa suum axem, spatio viginti quatuor horarum proprio motu volveretur, fore ut illæ omnes ejus partes, quæ sibi mutuo non essent valde firmiter alligatæ, hinc inde versus cœlum dissilirent: Eodem modo, quo videre licet dum turbo gyrat, si arena supra ipsum conjiciatur, eam statim ab illo recedere atque in omnes partes dispergi; & ita Terra non gravis, sed contra potius levis esset dicenda.

XXII. *In quo consistat levitas materiæ cælestis.*

Cum autem nullum sit tale vacuum, nec Terra proprio motu cieatur, sed à materia cœlesti, eam ambiente, omnesque ejus poros pervadente, deferatur, ipsa habet rationem corporis quiescentis; materia autem cœlestis, quatenus tota consentit in illum motum quo Terram defert, nullam habet vim gravitatis, nec levitatis; sed quatenus ejus partes plus habent agitationis quàm in hoc impendant, ideoque semper terræ occursu, à motibus suis secundum lineas rectas persequendis impediuntur, semper ab ea quantum possunt recedunt, & in hoc earum levitas consistit.

XXIII. *Quomodo partes omnes terræ, ab istâ materiâ cælesti deorsum pellantur, & ita fiant graves.*

Notandum deinde, vim quam habent singulæ partes materiæ cœlestis ad recedendum à Terra, suum effectum sortiri non posse, nisi, dum illæ ascendunt, aliquas partes terrestres in quarum locum succedunt, infra se deprimant & propellant. Cum enim omnia spatia quæ sunt circa Terram, vel à particulis corporum terrestrium, vel à materiâ cœlesti occupentur; atque omnes globuli hujus materiæ cœlestis, æqualem habeant propensionem ad se ab eâ removendos, nullam singuli habent vim, ad alios sui similes loco pellendos; sed cum talis propensio non sit tanta in particulis corporum terrestrium, quoties aliquas ex ipsis supra se habent, omnino in eas vim istam suam debent exercere. Atque ita gravitas cujusque corporis terrestris, non propriè efficitur ab omni materiâ cœlesti illud circumfluente, sed præcise tantum ab eâ ipsius parte, quæ, si corpus istud descendat, in ejus locum immediatè ascendit, ac proinde quæ est illi magnitudine planè æqualis. Sit exempli causâ, B corpus terrestre

reſtre in medio aëre exiſtens, & conſtans pluribus particulis tertii elementi, quam moles aëris ipſi æqualis, ac proinde pauciores vel

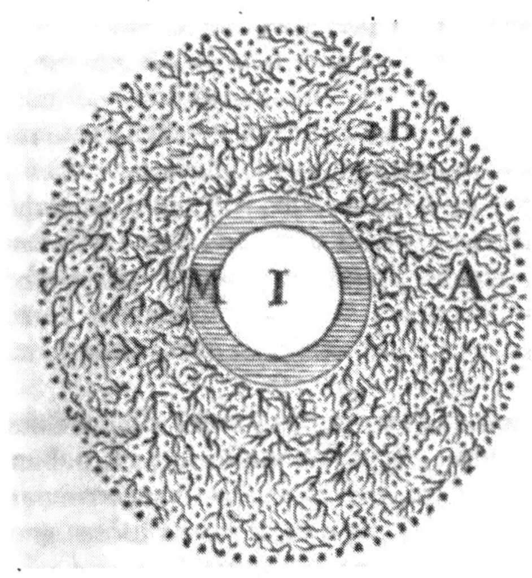

anguſtiores habens poros, in quibus materia cœleſtis contineatur: manifeſtum eſt, ſi hoc corpus B verſus I deſcendat, molem aëris ei æqualem in ejus locum aſcenſuram; Et quia in iſta mole aëris, plus materiæ cœleſtis quàm in eo continetur, manifeſtum etiam eſt, in ipsâ eſſe vim ad illud deprimendum.

Atque ut hic calculus rectè ineatur, conſiderandum eſt, in meatibus iſtius corporis B eſſe etiam aliquid materiæ cœl[e]ſtis, quæ opponitur æquali quantitati ſimilis materiæ cœleſtis, quæ in aëris mole continetur, eamque reddit otioſam; itemque in mole aëris eſſe aliquas partes terreſtres, quæ opponuntur totidem aliis partibus terreſtribus corporis B, nihilque in eas efficiunt: His autem utrimque detractis, quod reliquum eſt materiæ cœleſtis in iſtâ mole aëris, agere in id quod reliquum eſt partium terreſtrium in corpore B; atque in hoc uno ejus gravitatem conſiſtere.

XXIV. *Quanta ſit in quoque corpore gravitas.*

Utque nihil omittatur, advertendum etiam eſt, per materiam cœleſtem non hîc intelligi ſolos globulos ſecundi elementi, ſed etiam materiam primi iis admiſtam, & ad ipſam quoque eſſe referendas illas particulas terreſtres, quæ curſum ejus ſequutæ, cæteris cele-

XXV. *Ejus quantitatem non reſpondere quantitati materiæ cujuſque corporis.*

celeriùs moventur; quales sunt eæ omnes quæ aërem componunt. Advertendum præterea, materiam primi elementi, cæteris paribus, majorem vim habere ad corpora terrestria deorsum pellenda, quàm globulos secundi, quia plus habet agitationis; & hos majorem, quàm particulas terrestres aëris quas secum movent, ob similem rationem. Unde fit, ut ex solâ gravitate non facilè possit æstimari, quantum in quoque corpore materiæ terrestris contineatur. Et fieri potest, ut quamvis, exempli causâ, massa auri vicies plus ponderet, quàm moles aquæ ipsi æqualis, non tamen quadruplo vel quintuplo plus materiæ terrestris contineat: tum, quia tantundem ab utraque subducendum est, propter aërem in quo ponderantur; tum etiam, quia in ipsa aqua, ut & in omnibus aliis liquidis corporibus, propter suarum particularum motum, inest levitas, respectu corporum durorum.

XXVI. *Cur corpora non gravitent in locis suis naturalibus.*

Considerandum etiam, in omni motu esse circulum corporum quæ simul moventur, ut jam suprà ostensum est, nullumque corpus à gravitate sua deorsum ferri, nisi eodem temporis momento, aliud corpus magnitudine ipsi æquale, ac minùs habens gravitatis, sursum feratur. Unde fit, ut in vase, quantumvis profundo & lato, inferiores aquæ alteriusve liquoris guttæ, à superioribus non premantur; nec etiam premantur singulæ partes fundi, nisi à totidem guttis, quot ipsis perpendiculariter incumbunt. Nam exempli causâ, in vase A BC, aquæ gutta 1 non premitur ab aliis 2 3 4 supra ipsam exsistentibus, quia si hæ deorsum ferrentur, deberent aliæ guttæ 5 6 7 aut similes in earum locum adscendere; quæ, cùm sint æquè graves, illarum descensum impediunt. Hæ autem guttæ 1 2 3 4, junctis viribus premunt partem fundi B; quia si efficiant ut descendat, descendent etiam ipsæ, ac in earum locum partes aëris 8 9, quæ sunt ipsis leviores, adscendent.

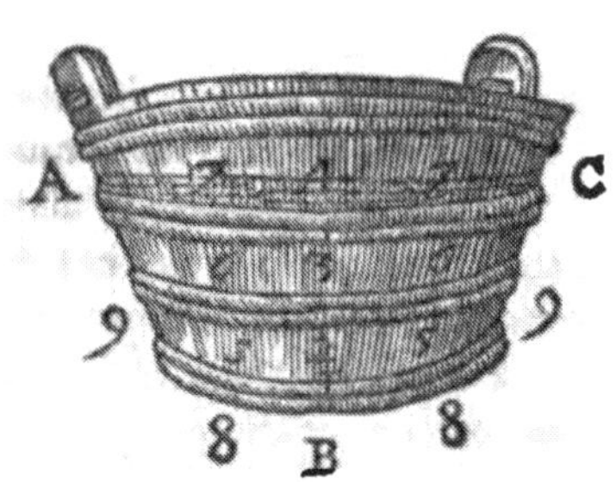

Sed eandem vasis partem B, non plures guttæ premunt quàm hæ 1 2 3 4, vel aliæ ipsis æquipollentes; quia eo temporis momento, quo hæc pars B potest descendere, non plures eam sequi possunt.

Atque

Atque hinc innumera experimenta circa corporum gravitatem, vel potiùs, si sic loqui licet, gravitationem, quæ malè philosophantibus mira videntur, perfacilè est explicare.

XXVII. *Gravitatem corpora deprimere versus centrum Terræ.*

Notandum denique, quamvis particulæ materiæ cœlestis, eodem tempore multis diversis motibus cieantur, omnes tamen earum actiones ita simul conspirare, ac tanquam in æquipondio consistere, unasque aliis opponi, ut ex hoc solo quòd terræ moles objectu suo earum motibus adversetur, quaquaversus æqualiter propendeant ad se ab ejus viciniâ, & tanquam ab ejus centro, removendas; nisi fortè aliqua exterior caussa, diversitatem hac in re constituat. Talesque aliquot caussæ possunt excogitari; sed an earum effectus sit tantus, ut sensu deprehendatur, nondum mihi compertum est.

XXVIII. *De tertiâ actione, quæ est lumen; quomodo particulas aëris commoveat.*

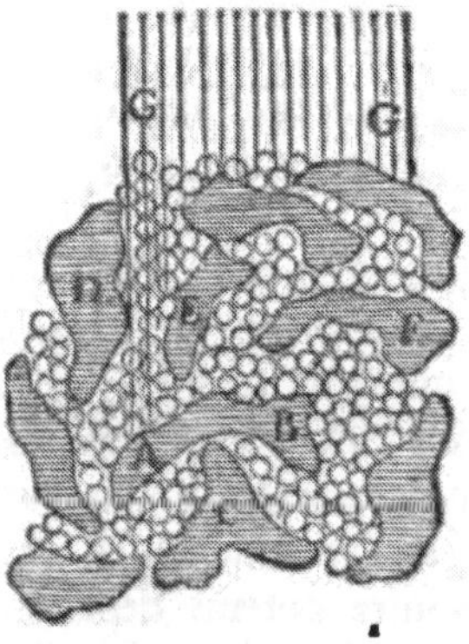

Vis luminis, quatenus à Sole ac stellis in omnes cœli partes se diffundit, jam satis suprà fuit explicata: superest tantùm ut hic notemus, ejus radios à Sole delapsos, Terræ particulas diversimodè agitare. Quippe quamvis in se spectata, nihil aliud sit quàm pressio quædam, quæ fit secundùm lineas rectas, à Sole in Terram extensas: quia tamen ista pressio, non æqualiter omnibus particulis tertii elementi, quæ supremam terræ regionem componunt, sed nunc unis, nunc aliis, ac etiam, nunc uni ejusdem particulæ extremitati, nunc alteri applicatur: facilè potest intelligi, quo pacto ex ipsâ variæ motiones in particulis istis excitentur, Exempli causâ si A B sit una ex particulis tertii elementi, supremam terræ regionem componentibus, quæ incumbat alteri particulæ C, atque inter ipsam & Solem aliæ multæ interjaceant, ut D E F; hæ interjacentes non impedient, ne radii Solis G G, premant extremitatem B, non autem ne premant A; sicque extremitas A deprimetur, atque alia B attolletur. Et quia istæ particulæ assiduè situm mutant, paullò post opponentur radiis Solis tendentibus versus A, non autem aliis tendentibus versus B, sicque extremitas A rursus attolletur, & B deprimetur. Quod idem in omnibus terræ particulis, ad quas Solis radii pertingunt, habet locum; & ideò omnes à Solis lumine agitantur.

XXIX. *De quarta quæ est calor: quid sit, & quomodo sublato lumine perseveret.*

Hæc autem particularum terrestrium agitatio, sive orta sit à lumine, sive ab aliâ quavis causâ, calor vocatur; præsertim cùm est major solito & movet sensum; caloris enim denominatio ad sensum tactus refertur. Notandumque est unamquamque ex particulis terrestribus sic agitatam, perseverare postea in suo motu juxta leges naturæ, donec ab aliquâ aliâ causâ sistatur; atque ideò calorem à lumine ortum, semper aliquamdiu post sublatum lumen remanere.

XXX. *Cur altiùs penetret, quàm lumen.*

Notandum præterea particulas terrestres, à radiis Solis sic impulsas, alias sibi vicinas, ad quas isti radii non perveniunt, agitare; hasque rursus alias, & sic consequenter. Cumque semper tota Terræ medietas à Sole illustretur, tot ejusmodi particulas simul commoveri, ut quamvis lumen in primâ opacâ superficie subsistat, calor tamen ab eo genitus, usque ad intimas partes mediæ terræ regionis debeat pervenire.

XXXI. *Cur corpora ferè omnia rarefaciat.*

Notandum denique istas particulas terrestres, cùm à calore plus solito agitantur, in tam angusto spatio vulgò non posse contineri, quàm cùm quiescunt, vel minùs moventur; quia figuras habent irregulares, quæ minùs loci occupant, cùm certo aliquo modo junctæ quiescunt, quàm cùm assiduo motu disjunguntur. Unde fit, ut calor omnia ferè corpora terrestria rarefaciat, sed una magis, alia minùs, pro vario situ & figurâ particularum, ex quibus constant.

XXXII. *Quomodo suprema Terræ regio, in duo diversa corpora fuerit primùm divisa.*

His variis actionibus animadversis, si rursus consideremus Terram, jam primùm ad viciniam Solis accedentem, & cujus suprema regio constat particulis tertii elementi, sibi mutuò non firmiter annexis, quibus immisti sunt globuli cœlestes, aliquantò minores iis, qui reperiuntur in ea cœli parte per quam transit, vel etiam in eâ ad quam venit; facilè intelligemus, minores istos globulos, majusculis qui eam circumplectuntur loca sua relinquere, hosque majusculos in illa cum impetu ruentes, in multas tertii elementi particulas impingere, præsertim in crassiores, ipsasque infra cæteras detrudere, juvante etiam ad hoc vi gravitatis, atque ita efficere ut istæ crassiores infra cæteras depulsæ, figurasque habentes irregulares & varias, arctiùs inter se nectantur quàm superiores, & motus globulorum cœlestium interrumpant. Quò fit, ut suprema Terræ regio, qualis hîc exhibetur versus A, in duo corpora valdè diversa distin-

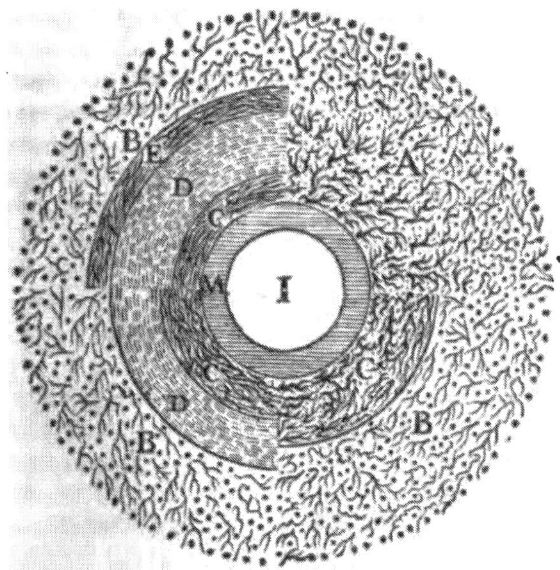

distinguatur, qualia exhibentur versus B & C, quorum superius B est rarum, fluidum & pellucidum; inferius autem C est aliquatenus densum, durum & opacum.

Deinde ex eo quòd existimemus corpus C, à corpore B distinctum fuisse per hoc solùm, quòd ejus partes à globulis cœlestibus deorsum pressæ, sibi invicem adhærerent, intelligemus etiam aliud adhuc corpus, quale est D, inter ista duo debere postea generari. Etenim figuræ particularum tertii elementi, ex quibus constant corpora B & C, admodum variæ sunt, ut suprà notatum est, ipsasque hîc in tria præcipua genera licet distinguere. Nempe quædam sunt in varia quasi brachia divisæ, atque hinc inde expansæ tanquam rami arborum, & alia id genus; atque hæ sunt potissimum, quæ à materiâ cœlesti deorsum expulsæ, sibi mutuò adhærescunt, & corpus C componunt. Aliæ sunt solidiores, figurasque habent, non quidem omnes globi vel cubi, sed etiam cujuslibet ruderis angulosi; atque hæ, si majusculæ sint, infra cæteras vi gravitatis descendunt, si autem sint minusculæ, manent prioribus immistæ, occupantque intervalla quæ ab ipsis relinquuntur. Aliæ denique

XXXIII. *Distinctio particularum terrestrium in tria summa genera.*

 sunt

sunt oblongæ, ac ramis destitutæ, instar bacillorum: atque hæ prioribus etiam se interserunt, cùm satis magna inter ipsas intervalla reperiunt, sed non illis facilè annectuntur.

XXXIV. *Quomodo tertium corpus inter duo priora factum sit.*

Quibus animadversis, rationi consentaneum est ut credamus, cùm primùm particulæ ramosæ corporis C, sibi mutuò cœperunt implicari, plerasque ex oblongis fuisse ipsis interjectas, easque postea, dum ramosæ illæ magis & magis pressæ, paulatim arctiùs jungebantur, supra ipsas adscendisse versus D, atque ibi simul congregatas fuisse, in corpus à duobus aliis B & C valde diversum. Eadem ratione qua videmus in paludosis locis terram calcando, aquam ex ea exprimi, quæ postea ipsius superficiem tegit. Nec dubium etiam, quin interim aliæ plures ex corpore B delapsæ sint, quæ duorum inferiorum corporum C & D molem auxerunt.

XXXV. *Particulas tantùm unius generis in isto corpore contineri.*

Quamvis autem initio, non solæ istæ particulæ oblongæ ramosis interjectæ fuerint, sed aliæ etiam, quæ tanquam rudera aut fragmenta lapidum solidæ erant, notandum tamen has solidiores, non tam facilè supra ramosas adscendisse, quàm illas oblongas; vel, si quæ adscenderent, faciliùs postea infra ipsas rursus descendisse: oblongæ enim, cæteris paribus, plus habent superficiei pro ratione suæ molis; atque ideò à materia cœlesti per meatus corporis C fluente, faciliùs expelluntur: & postquam ad D pervenerunt, ibi transversim jacentes supra superficiem istius corporis C, non facilè meatibus occurrunt, per quos in ipsum regredi possint.

XXXVI. *Duas tantùm in eo esse species istarum particularum.*

Sic itaque multæ oblongæ particulæ tertii elementi, versus D congregatæ sunt; & quamvis initio non fuerint inter se perfectè æquales, nec similes, hoc tamen commune habuerunt, quòd nec sibi mutuò, nec aliis tertii elementi particulis facilè possent adhærere, quodque à materia cœlesti ipsas circumfluente moverentur: propter hanc enim proprietatem à corpore C excesserunt, atque in D sunt simul collectæ; cumque ibi materia cœlestis assiduè circa illas fluat, efficiatque ut variis motibus cieantur, & unæ in aliarum loca transmigrent, successu temporis fieri debuerunt læves, & teretes, & quam-proximè inter se æquales, atque ad duas tantùm species reduci. Nempe quæ fuerunt satis tenues, ut ab illo solo impetu, quo à materia cœlesti agebantur, flecti possent, circa alias paullò crassiores, quæ sic flecti non poterant, convolutæ, ipsas secum detulerunt. Atque hæ duæ particularum species, flexilium scilicet atque inflexilium, sic junctæ faciliùs perseverarunt in suo motu,

quàm

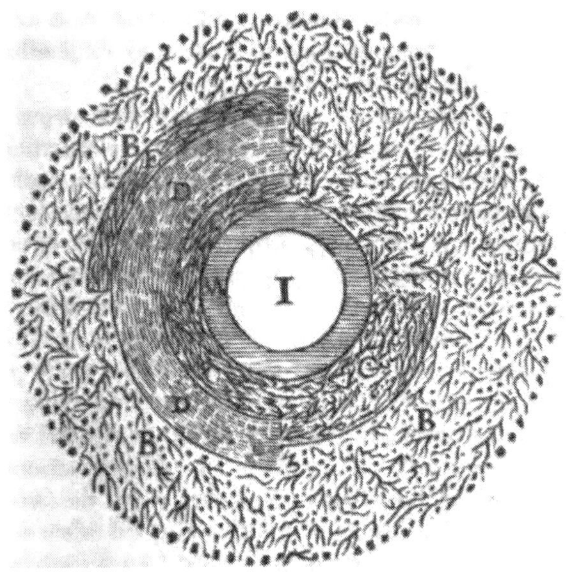

quàm solæ flexiles, vel solæ inflexiles potuissent: unde factum est, ut ambæ in corpore D remanserint; atque etiam ut illæ quæ initio circa alias flecti potuerunt, postea successu temporis, assiduo usu se inflectendi, magis & magis flexiles redderentur, fierentque instar anguillarum aut brevium funiculorum; aliæ autem, cùm nunquam flecterentur, si quam antè flexilitatem habuerint, eam paullatim amitterent, ac telorum instar rigidæ manerent.

Præterea putandum est corpus D, priùs distingui cœpisse à duobus aliis B & C, quàm hæc duo perfectè formata essent, hoc est, priusquam C esset tam durum, ut non ampliùs possent ejus particulæ arctiùs connecti, & inferiùs expelli à motu materiæ cœlestis; ac priusquam particulæ corporis B ita essent omnes ordinatæ, ut isti materiæ cœlesti, faciles & æquales vias undique circa se præberent: ideoque postea multas particulas tertii elementi, fuisse adhuc à corpore B versus C expulsas. Atque hæ particulæ si solidiores fuerint iis quæ congregatæ erant in D, infra ipsas descendentes corpori C se adjunxerunt, ac pro diversa ratione suarum figurarum, vel in ejus superficie manserunt, vel infra ipsam penetrarunt: sicque

XXXVII. *Quomodo infimum corpus C, in plura alia fuerit divisum.*

ſicque hoc unum corpus C in plura alia diviſum eſt; ac etiam fortè in aliquâ ſuâ regione totum fluidum evaſit, iis particulis ibi congregatis, quarum figuræ impediebant ne ſibi mutuò facilè adhærerent. Sed omnia hîc explicari non poſſunt.

XXXVIII. *De formatione alterius quarti corporis ſupra tertium.*

Ubi autem etiam particulæ, minùs ſolidæ iis quæ corpus D componebant, ex B deorſum lapſæ ſunt, hæſerunt in ſuperficie hujus corporis D; ac quia pleræque ex ipſis fuerunt ramoſæ, paulatim ſibi mutuò annexæ, corpus durum E, à duobus B & D, quæ ſunt fluida, valdè diverſum, compoſuerunt. Atque hoc corpus E, initio admodum tenue erat, inſtar cruſtæ vel corticis ſuperficiem corporis D contegentis: ſed cum tempore craſſius evaſit, novis particulis ex corpore B ſe illi adjungentibus; nec non etiam ex D, quia cùm reliquis ejuſdem corporis D planè ſimiles non eſſent, motu globulorum cœleſtium expellebantur, ut mox dicam. Et quia iſtæ particulæ aliter diſponebantur, in iis partibus terræ ubi dies erat vel æſtas, quàm in iis ubi erat nox vel hyems, propter diverſas actiones luminis & caloris, quod huic corpori accedebat in una die, vel in una æſtate, aliquo modo diſtinguebatur ab eo, quod eidem accedebat in die vel æſtate ſequenti; ſicque ex variis quaſi cruſtis vel corticibus, ſibi mutuò ſuperinductis fuit conflatum.

XXXIX. *De hujus quarti corporis accretione, & tertii expurgatione.*

Et quidem non longo tempore opus fuit, ut Terræ ſuprema regio A; in duo corpora B & C diſtingueretur; nec etiam ut multæ particulæ oblongæ coacervarentur verſus D; nec denique, ut prima interior cruſta corporis E formaretur. Sed non niſi ſpatio plurium annorum particulæ corporis D, ad duas ſpecies paulò antè deſcriptas reduci, atque omnes cruſtæ corporis E formari potuerunt. Neque enim initio ratio fuit, cur particulæ quæ confluebant verſus D, non eſſent unæ aliis paullò craſſiores & longiores, nec etiam cur eſſent planè læves & teretes, ſed aliquid adhuc ſcabritiei habere potuerint, quamvis non tantum haberent, ut ideò ramoſis annecterentur; potueruntque etiam ſecundùm longitudinem planæ eſſe vel anguloſæ, ac craſſiores in unâ extremitate quàm in alterâ. Cùm autem ſibi mutuò non adhærerent, ideoque materia cœleſtis aſſiduè circumfluens, vim haberet ipſas movendi, pleræque paullatim mutuo attritu læves & teretes evaſerunt, atque inter ſe æquales & ſecundùm longitudinem æqualiter craſſæ: propterea quòd per eaſdem vias tranſibant, & aliæ in aliarum loca ſuccedebant, quæ loca non poterant majores recipere, nec à minoribus

tota

tota impleri. Sed pleræque etiam, cùm ad communem aliarum normam reduci non poſſent, paulatim motu globulorum cœleſtium, ex hoc corpore D ejectæ ſunt; & harum quidem nonnullæ ſe corpori C adjunxerunt; ſed maxima pars ſurſum aſcendit verſus E & B, materiamque augendo corpori E ſubminiſtravit.

Quippe tempore diei & æſtatis, cùm Sol unam medietatem corporis D, vi luminis & caloris rarefaciebat, non poterat omnis materia iſtius medietatis inter duo corpora vicina D & E contineri; neque hæc corpora vicina, quæ dura erant, locis expellere, atque ideò pleræque ejus materiæ particulæ, per poros corporis E verſus B adſcendebant, quæ deinde tempore noctis & hyemis ceſſante iſtâ rarefactione, ob gravitatem ſuam rurſus deſcendebant. Multæ autem cauſſæ erant, propter quas particulæ tertii elementi, quæ ſic ex corpore D egrediebantur, non poterant omnes poſtea in illud reverti. Nam majore impetu exibant, quàm redibant; quia major eſt vis dilatationis à calore ortæ, quàm gravitatis. Et idcirco multæ per anguſtos meatus corporis E, ſibi viam faciebant ad adſcendendum, quæ poſtea nullam invenientes ad revertendum, in ejus ſuperficie conſiſtebant; ac etiam nonnullæ meatibus iſtis impactæ, ulteriùs adſcendere non valentes, aliis deſcenſuris

XL. *Quomodo hoc tertium corpus fuerit mole imminutum, & ſpatium aliquod inter ſe & quartum reliquerit.*

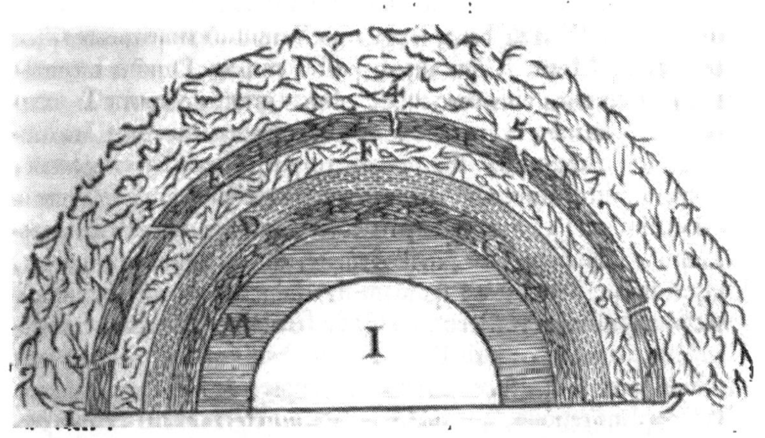

vias occludebant. Præterea quæcunque cæteris erant tenuiores, & à figura lævi & tereti magis diſtabant, ſolo globulorum cœleſtium motu extra corpus D pellebantur, ideoque primæ ſe

 offe-

offerebant ad adscendendum versus E & B: atque horum corporum particulis occurrendo, non rarò figuras suas mutabant, & vel illis adhærebant, vel saltem desinebant aptæ esse ad revertendum versus D. Unde sequi debuit post multos dies & annos, ut magna pars hujus corporis D esset absumpta, & nullæ ampliùs in eo particulæ reperirentur, nisi duarum specierum antè descriptarum: ac etiam ut corpus E esset satis densum & crassum, quia ferè omnes particulæ quæ ex D recesserant, vel ejus poris impactæ densius illud effecerant, vel occursu particularum corporis B mutatæ, illisque annexæ, versus E relapsæ erant, sicque crassitiem ejus auxerant; ac denique ut spatium satis amplum F, inter D & E relinqueretur; quod non aliâ materiâ potuit impleri, quàm eâ ex quâ conflatur corpus B; cujus scilicet particulæ tenuissimæ, per meatus corporis E facilè transierunt, in loca quæ ab aliis paullò crassioribus ex D exeuntibus, relinquebantur.

XLI. *Quomodo multæ fissuræ in quarto factæ sint.* Ita corpus E, quamvis gravius & densius quàm F, ac fortè etiam quàm D, aliquandiu tamen ob suam duritiem, fornicis instar, supra D & F suspensum mansit. Sed notandum est ipsum, cùm primùm formari cœpit, meatus habuisse quam-plurimos, ad mensuram corporis D excavatos. Cùm enim ejus superficiei tunc incumberet, non poterat non præbere transitum istis particulis quæ quotidie vi caloris motæ, interdiu versus B adscendebant, ac noctu rursus descendebant, semperque se mutuò consequentes istos meatus implebant. Cùm autem postea corpore D mole imminuto, non ampliùs ejus particulæ, omnes meatus corporis E occuparunt, aliæ minores particulæ ex B venientes, in earum loca successerunt; cumque hæ istos meatus corporis E non satis implerent, & vacuum in natura non detur, materia cœlestis, quâ solâ omnia exigua intervalla, quæ circa particulas corporum terrestrium reperiuntur, impleri possunt, in illos ruens, eorum figuras immutabat, impetumque faciebat ad quosdam ita diducendos, ut hoc ipso alii vicini angustiores redderentur. Unde facilè contingebat, ut quibusdam partibus corporis E, à se mutuò disjunctis, in eo fierent fissuræ, quæ postea successu temporis majores & majores evaserunt. Eâdem planè ratione, quâ videmus æstate in terra multas rimas aperiri, dum à Sole siccatur, eamque magis & magis hiare quò diutiùs siccitas perseverat.

XLII. *Quomodo.* Cùm autem multæ tales rimæ essent in corpore E, atque ipsæ sem-

semper augerentur, tandem ejus partes tam parum sibi mutuo adhæserunt, ut non amplius in modum fornicis inter F & B posset sustineri, & ideo totum confractum, in superficiem corporis C gravitate sua delapsum est. Cumque hæc superficies satis lata non esset, ad omnia illius fragmenta sibi mutuo adjacentia, & situm quem prius habuerant servantia, recipienda, quædam ex ipsis in latus inclinari

ipsum in varias partes sit confractum.

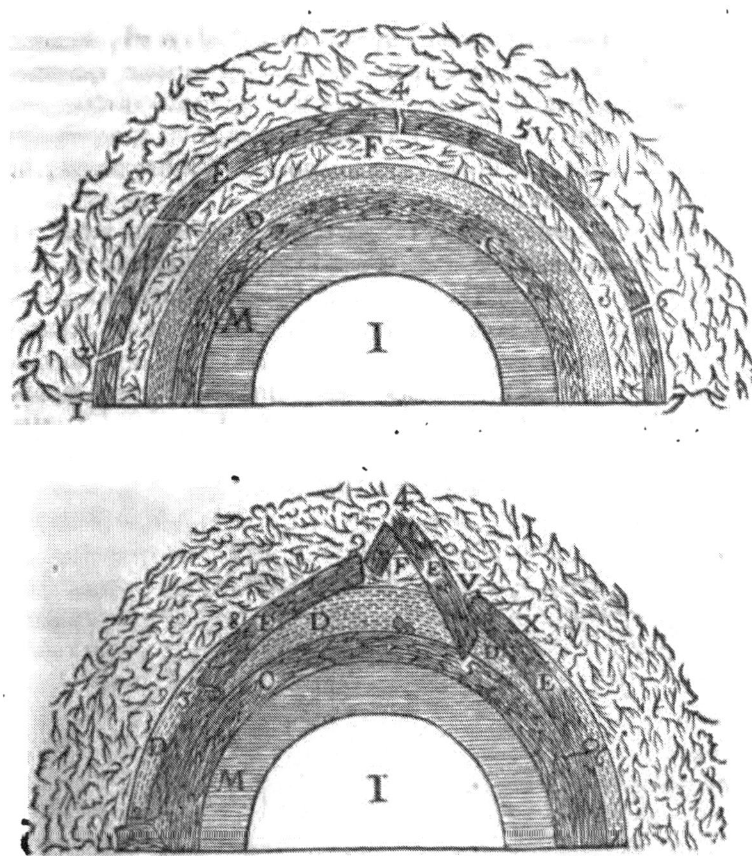

atque una in alia recumbere debuerunt. Nempe si exempli gratia, in eo tractu corporis E, quem hæc figura repræsentat, præcipuæ fissuræ ita fuerint dispositæ in locis 1 2 3 4 5 6 7, ut duo fragmen-

 ta

ta 2 3 & 6 7, paullò priùs quàm reliqua cœperint delabi, & aliorum quatuor fragmentorum extremitates 2, 3, 5, & 6 priùs quàm oppositæ 1, 4 & v; itemque extremitas 5 fragmenti 4 5, aliquantò priùs delapsa sit, quàm extremitas v fragmenti v, 6; non dubium est, quin ipsa jam debeant eo modo esse disposita, supra superficiem corporis C, quo hîc depicta sunt; ita scilicet, ut fragmenta 2 3, & 6 7 proxime jungantur corpori C; alia autem quatuor in latus sint reclinata, & una in alia recumbant, &c.

XLIII. *Quomodo tertium corpus supra quartum ex parte ascenderit, & ex parte infrà remanserit.*

Nec dubium etiam, quin corpus D quod fluidum est, & minùs grave quàm fragmenta corporis E, occupet quidem quantum potest, inferiores omnes cavitates sub istis fragmentis relictas, nec non eorum rimas & meatus; sed præterea etiam, quia totum in illis contineri non potest, quin supra inferiora ex istis fragmentis, ut 2 3 & 6 7, adscendat.

XLIV. *Inde in superficie Terræ ortos esse montes, campos, maria, &c.*

Jamque si consideremus, hîc per corpus B & F aërem intelligi; per C, quandam terræ crustam interiorem crassissimam, ex qua metalla oriuntur; per D, aquam; ac denique per corpus E, terram exteriorem, quæ ex lapidibus, argillâ, arenâ & limo est conflata: facilè etiam per aquam, supra fragmenta 2 3 & 6 7 eminentem, maria; per alia fragmenta molliter tantùm inclinata, & nullis aquis tecta, ut 8 9, & v x, camporum planities; ac per alia

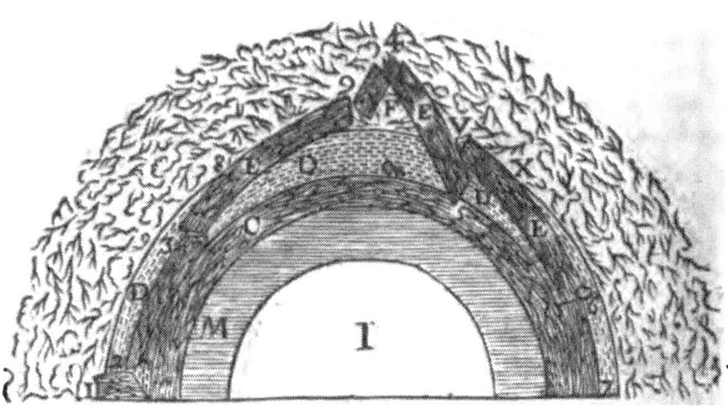

magis erecta ut 1 2, & 9 4 v, montes intelligemus. Et denique advertemus, cùm fragmenta ista vi propriæ gravitatis hoc pacto delapsa

delapsa sunt, eorum extremitates sibi mutuò fortiter allisas, in alia multa minora fragmenta dissiluisse, quæ saxa in quibusdam litoribus maris, ut in 1, & multiplicia montium juga, partim altissima ut in 4, partim remissiora ut in 9 & v, ac etiam scopulos in mari, ut in 3 & 6, composuerunt.

Atque intimæ horum omnium naturæ, ex jam dictis erui possunt. Nam primò ex iis cognoscimus, aërem nihil aliud esse debere, quàm congeriem particularum tertii elementi, tam tenuium & à se mutuò disjunctarum, ut quibuslibet motibus globulorum cœlestium obsequantur; ideoque illum esse corpus valdè rarum, fluidum, & pellucidum, & ex minutiis cujuslibet figuræ posse componi. Quippe nisi ejus particulæ, à se mutuò essent planè disjunctæ, jamdudum adhæsissent corpori E; cumque disjunctæ sint, unaquæque movetur independenter à vicinis, occupatque totam illam exiguam sphæram, quam ad motum circularem circa proprium suum centrum requirit, & ex ea vicinas omnes expellit. Quamobrem nihil refert, cujusnam sint figuræ. XLV. *Quæ sit aëris natura.*

Aër autem frigore facilè densatur, & rarefit calore: cùm enim ejus particulæ ferè omnes sint flexiles, instar mollium plumularum, vel tenuium funiculorum, quò celeriùs aguntur, eò latiùs se extendunt, & idcirco majorem spatii sphæram, ad motum suum requirunt; atque notum est ex dictis, per calorem nihil hîc aliud quàm accelerationem motus in istis particulis, & per frigus ejusdem imminutionem debere intelligi. XLVI. *Cur facilè rarefiat & densetur.*

Denique aër in vase aliquo violenter compressus, vim habet resiliendi, ac per ampliorem locum se protinus extendendi. Unde fiunt machinæ, quæ ope solius aëris, aquas sursum versus, instar fontium; & aliæ quæ tela cum magno impetu, arcuum instar, jaculantur. Hujusque caussa est, quòd aëre ita compresso, unaquæque ejus particula sphæricum illud spatiolum, quod ad motum suum requirit, sibi soli non habeat, sed aliæ vicinæ in ipsum ingrediantur; cumque interim idem calor, sive eadem agitatio istarum particularum, conservetur à motu globulorum cœlestium, assiduè circa ipsas fluentium, eæ suis extremitatibus se mutuò verberent, & loco expellant, sicque omnes simul impetum faciant ad majus spatium occupandum. XLVII. *De violentâ ejus compressione in quibusdam machinis.*

Quantum ad aquam, jam ostendi cur duæ tantùm particularum species in ea reperiantur, quarum unæ sunt flexiles, aliæ inflexiles: XLVIII. *De aquæ naturâ: &*

cur facilè modò in aërem, modò in glaciem vertatur.

les: atque si ab invicem separentur, hæ salem, illæ aquam dulcem componunt. Et quia jam omnes proprietates, cùm salis tum aquæ dulcis, ex hoc uno fundamento deductas, fusè in Meteoris explicui, non opus est, ut plura de ipsis hîc scribam. Sed tantùm notari velim, quàm aptè omnia inter se cohæreant, & quomodo ex tali generatione aquæ sequatur, etiam eam esse debere proportionem, inter ejus particularum crassitiem, & crassitiem particularum aëris; itemque inter ipsas, & vim quâ globuli secundi elementi eas movent, ut cùm isti globuli paullò minùs solito agunt, aquam in glaciem mutent, & particulas aëris in aquam; cùm autem agunt paullò fortiùs, tenuiores aquæ particulas, eas nempe quæ sunt flexiles, in aërem vertant.

XLIX. *De fluxu & refluxu maris.*

Explicui etiam in Meteoris caussas ventorum, à quibus mare variis irregularibus modis agitatur. Sed superest alius regularis ejus motus, quo bis in die singulis in locis attollitur & deprimitur, interimque semper ab Oriente in Occidentem fluit. Ad cujus motus caussam explicandam, ponamus nobis ob oculos exiguum illum cœli vorticem, qui Terram pro centro habet, quique cum illa & cum Luna, in majori vortice circa Solem fertur. Sitque A B C D ille exiguus vortex; E F G H Terra; 1 2 3 4 superficies maris, à quo majoris perspicuitatis caussâ Terram ubique tegi supponimus; & 5 6 7 8 superficies aëris mare ambientis. Jamque consideremus, si nulla in isto vortice Luna esset, punctum T, quod est centrum Terræ, fore in puncto M, quod est vorticis centrum; sed Luna ☾ exsistente versus B, hoc centrum T esse debere inter M & D: quia cùm materia cœlestis hujus vorticis, aliquantò celeriùs moveatur quàm Luna vel Terra, quas secum defert, nisi punctum T aliquantò magis distaret à B quàm à D, Lunæ præsentia impediret, ne illa tam liberè fluere posset inter B & T, quàm inter T & D; cumque locus Terræ in isto vortice non determinetur, nisi ab æqualitate virium materiæ cœlestis eam circumfluentis, evidens est ipsam idcirco nonnihil accedere debere versus D. Atque eodem modo cùm Luna erit in C, Terræ centrum esse debebit inter M & A: sicque semper Terra nonnihil à Luna recedit. Præterea quoniam hoc pacto, ex eo quòd Luna sit versus B, non modò spatium per quod materia cœlestis fluit inter B & T, sed etiam illud per quod fluit inter T & D, redditur angustius, inde sequitur

istam

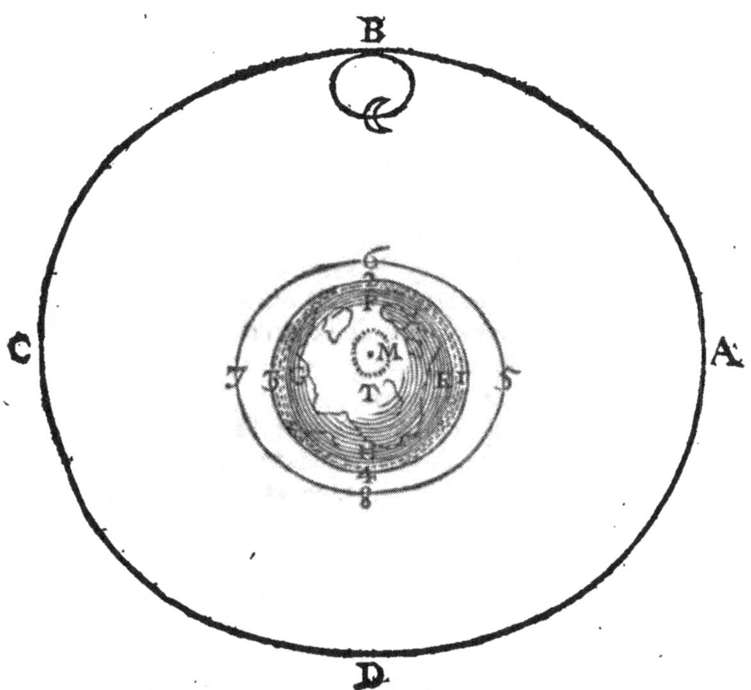

istam materiam cœlestem ibi celeriùs fluere, atque ideò magis premere, tum superficiem aëris in 6 & 8, tum superficiem aquæ in 2 & 4, quàm si Luna non esset in vorticis diametro B D; cumque corpora aëris & aquæ sint fluida, & facilè pressioni isti obsequantur, ipsa minùs alta esse debere supra Terræ partes F & H, quàm si Luna esset extra hanc diametrum B D; ac è contra esse altiora versus G & E, adeò ut superficies aquæ 1, 3, & aëris 5, 7, ibi protuberent.

Jam verò, quia pars terræ quæ nunc est in F, è regione puncti B, ubi mare est quam-minimè altum, post sex horas erit in G, è regione puncti C, ubi est altissimum, & post sex alias horas in H, è regione puncti D, atque ita consequenter. Vel potiùs, quia Luna etiam interim nonnihil progreditur à B versus C, utpote quæ mensis spatio circulum A B C D percurrit, pars Terræ quæ nunc L.

Cur aqua horis $6\frac{1}{5}$ ascendat, & horis $6\frac{1}{5}$ descendat.

nunc est in F, è regione corporis Lunæ, post sex horas cum 12 minutis præterpropter, erit ultra punctum G, in eâ diametro vorticis A B C D, quæ illam ejusdem vorticis diametrum, in quo tunc Luna erit, ad angulos rectos intersecat; tuncque aqua erit ibi altissima; & post sex alias horas cum duodecim minutis, erit ultra punctum H, in loco ubi aqua erit quamminimè alta, &c. Unde clarè intelligitur aquam maris, singulis duodecim horis cum 24 minutis, in uno & eodem loco fluere ac refluere debere.

LI. *Cur æstus maris sint majores, cùm Luna plena est vel nova.*

Notandumque est hunc vorticem A B C D, non esse accuratè rotundum, sed eam ejus diametrum, in qua Luna versatur cùm est nova vel plena, breviorem esse illâ quæ ipsam secat ad angulos rectos, ut in superiore parte ostensum est; unde sequitur fluxus & refluxus maris debere esse majores, cùm Luna nova est vel plena, quam in temporibus intermediis.

LII. *Cur in æquinoctiis sint maximi.*

Notandum etiam, Lunam semper esse in plano Eclipticæ vicino, Terram autem motu diurno secundùm planum æquatoris converti, quæ duo plana in æquinoctiis se intersecant, in solstitiis autem multùm ab invicem distant: unde sequitur, maximos æstus maris esse debere circa initia Veris & Autumni.

LIII. *Cur aër & aqua semper ab Oriente in Occidentem fluant.*

Præterea notandum est, dum Terra fertur ab E per F versus G, sive ab Occidente in Orientem, aquæ tumorem 4 1 2, itemque aëris tumorem 8 5 6, qui nunc parti Terræ E incumbunt, paullatim ad alias ejus partes magis Occidentales migrare; ita ut post sex horas incumbant parti Terræ H, & post horas duodecim parti Terræ G. Idemque etiam de tumoribus aquæ & aëris 2 3 4 & 6 7 8 est intelligendum: Unde fit, ut aqua & aër ab Orientalibus Terræ partibus, in ejusdem partes Occidentales fluxu continuo ferantur.

NB. Vide fig. pag. præc.

LIV. *Cur in eadem poli altitudine, regiones quæ mare habent ad Orientem, sint aliis magis temperatæ.*

Qui fluxus, licèt non admodum celer, manifestè tamen deprehenditur ex eo, quòd magnæ navigationes sint multò tardiores & difficiliores, versus partes Orientales quàm versus Occidentales; & quòd in quibusdam maris angustiis, aqua semper fluat versus occasum; & denique quòd cæteris paribus, eæ regiones quæ Mare habent in Oriente, ut Brasilia, non tantum Solis calorem sentiant, quàm eæ quæ longos terræ tractus habent ad Orientem & Mare ad Occidentem, ut Guinea: quoniam aër qui à mari venit, frigidior est, quàm qui à Terra.

LV. *Cur nullus*

Notandum denique, totam quidem Terram mari non tegi, ut paullò

paullò antè assumpsimus, sed tamen, quia Oceanus per omnem ejus ambitum se diffundit, idem de illo quantum ad generalem aquarum motum esse intelligendum, ac si totam involveret. Lacus autem & stagna, quorum aquæ ab Oceano sunt disjunctæ, nullos ejusmodi motus patiuntur: quia eorum superficies tam latæ non sunt, ut multò magis in una parte quàm in alia, ob Lunæ præsentiam à materia cœlesti premantur. Atque propter inæqualitatem sinuum & anfractuum, quibus cingitur Oceanus, ejus aquarum incrementa & decrementa diversis horis ad diversa litora perveniunt, unde innumeræ eorum varietates oriuntur.

fit fluxus nec refluxus in lacubus & stagnis: aut cur in variis litoribus variis horis fiat.

LVI.

Quomodo ejus caussæ particulares, in singulis litoribus sint investigandæ.

Quarum omnium varietatum causæ particulares deduci poterunt ex dictis, si consideremus aquas Oceani, cùm Luna nova est vel plena, in locis à litoribus remotis versus Eclipticam & Æquatorem hora sexta tam matutina quàm vespertina, esse altissimas, & ideò versus litora fluere; hora autem duodecima esse maximè depressas, & ideò à litoribus ad illa loca refluere: ac prout litora sunt vicina vel remota, prout aquæ ad ipsa tendunt per vias magis rectas vel obliquas, latas vel angustas, profundas vel vadosas, ad ipsa citiùs aut tardiùs, & in majore aut minore copia deferri; Ac etiam propter admodum varios & inæquales eorum anfractus, sæpe contingere, ut aquæ versus unum litus tendentes, iis quæ ab alio litore veniunt occurrant, utque ita earum cursus diversimode mutetur: Ac denique varios ventos, & quorum nonnulli quibusdam in locis ordinarii sunt, istas aquas diversis modis impellere. Nihil enim puto ullibi observari circa fluxum & refluxum maris, cujus caussæ in his paucis non contineantur.

LVII.

De natura Terræ interioris.

Circa terram interiorem C, notare licet eam constare particulis cujusvis figuræ, ac tam crassis, ut globuli secundi elementi, ordinario suo motu eas secum non abripiant, sed tantùm deorsum premendo graves reddant, ac per meatus, qui plurimi inter ipsas reperiuntur, transeundo, nonnihil commoveant. Quod etiam facit materia primi elementi, eos ex istis meatibus, qui angustissimi sunt, replens: ac idem faciunt particulæ terrestres superiorum corporum D & E, quæ sæpe in eos qui sunt omnium latissimi descendunt, atque inde nonnullas ex crassis hujus corporis particulis secum abducunt. Quippe credibile est, superiorem ejus superficiem constare partibus ramosis, sibi quidem mutuò valdè firmiter annexis; utpote quæ dum hoc corpus formaretur, impetum globulorum cœlestium per corpora B & D discurrentium, primæ sustinuerunt & fregerunt; sed inter quas nihilominus permulta sunt intervalla satis lata, ut per ipsa particulæ aquæ dulcis, & salis, nec non etiam aliæ angulosæ aut ramosæ, ex corpore E delapsæ, transire possint.

LVIII. *De natura argenti vivi.*

Verùm infra istam superficiem, partes corporis C minùs arctè sibi mutuò adhærent; ac etiam fortè in quadam ab ipsâ distantia, multæ simul sunt congregatæ, quæ figuras habent tam teretes & tam læves, ut quamvis ob gravitatem suam sibi mutuò incumbant, nec, quemadmodum aquæ partes, globulos secundi elementi undique circa se fluere permittant, facilè tamen agitentur, tum à minutioribus ex istis globulis, qui nonnulla etiam spatia inter ipsas inveniunt, tum præcipuè à materia primi elementi, quæ omnes angustissimos angulos ibi relictos replet. Atque ideò liquorem componunt valde ponderosum & minimè pellucidum, cujusmodi est argentum vivum.

LIX. *De inæqualitate caloris interiorem Terram pervadentis.*

Præterea quemadmodum videmus eas maculas, quæ quotidie circa Solem generantur, figuras habere admodum irregulares & varias, ita existimandum est mediam Terræ regionem M, quæ ex materiâ istis maculis simili conflata est, non ubique esse æqualiter densam; & ideò quibusdam in locis transitum præbere majori copiæ

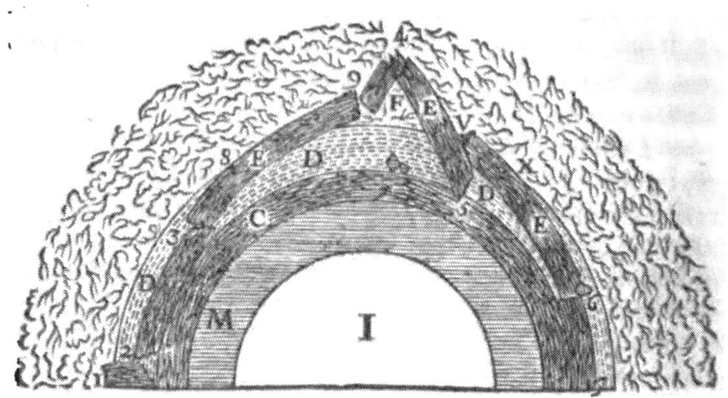

primi elementi, quàm in reliquis; atque hanc materiam primi elementi, per corpus C transeuntem, ejus partes quibusdam in locis

fortiùs

fortiùs quàm in aliis commovere, ſicut etiam calor à Solis radiis excitatus, atque, ut ſuprà dictum eſt, uſque ad intima Terræ pertingens, non uniformiter agit in hoc corpus C, quia faciliùs ei communicatur per fragmenta corporis E, quàm per aquam D : atque altitudo montium efficit, ut quædam Terræ partes Soli obverſæ, multò magis incaleſcant, quàm ab illo averſæ; ac denique aliter incaleſcunt verſus Æquatorem, aliter verſus polos, calorque iſte per vices variatur propter viciſſitudinem tum diei & noctis, tum præcipuè æſtatis & hyemis.

LX. *De iſtius caloris actione.*

Unde fit, ut omnes particulæ hujus terræ interioris C ſemper aliquantulum, & modò plus modò minùs moveantur; non eæ ſolùm quæ vicinis non annexæ ſunt, ut particulæ argenti vivi, & ſalis, & aquæ dulcis, & aliæ quævis in majoribus ejus meatibus contentæ; ſed etiam eæ quæ ſunt omnium duriſſimæ, ac ſibi mutuò quàm firmiſſimè adhærent. Non quidem quòd hæ ab invicem planè ſeparentur; ſed eodem modo quo videmus arborum ramos, ventis impulſos agitari, & eorum intervalla nunc majora reddi, nunc minora, quamvis iſtæ arbores idcirco radicibus ſuis non evellantur; ita putandum eſt craſſas & ramoſas corporis C particulas, ita connexas eſſe atque implexas, ut non ſoleant vi caloris ab invicem planè disjungi, ſed aliquantulum duntaxat concutiantur, & meatus circa ſe relictos modò magis modò minùs aperiant. Cumque duriores ſint aliis particulis, ex ſuperioribus corporibus D & E, in meatus iſtos delapſis, ipſas facilè motu iſto ſuo contundunt & comminuunt, ſicque ad duo genera figurarum reducunt, quæ hîc ſunt conſideranda.

LXI. *De ſuccis acribus & acidis, ex quibus fiunt atramentum ſutorium, alumen, &c.*

Nempe particulæ quarum materia paullò ſolidior eſt, quales ſunt ſalis, meatibus iſtis interceptæ, atque contuſæ, ex teretibus & rigidis planæ ac flexiles redduntur: non aliter quàm ferri candentis virga rotunda, crebris malleorum ictibus in laminam oblongam poteſt complanari: cumque interim hæ particulæ vi caloris actæ, hinc inde per meatus iſtos ſerpant, duris eorum parietibus alliſæ, atque affrictæ, gladiolorum inſtar acuuntur, ſicque in ſuccos quoſdam acres, acidos, erodentes vertuntur: qui ſucci poſtea cum metallicâ materiâ concreſcentes, atramentum ſutorium; cum lapideâ, alumen; & ſic alia multa componunt.

LXII. *De materia oleaginea bituminis, ſulphuris, &c.*

Particulæ autem molliores, quales ſunt pleræque ex terrâ exteriori E delapſæ, nec non etiam eæ aquæ dulcis, ibi penitùs eliſæ, eam tenues evadunt, ut motu materiæ primi elementi diſcerpantur,

 atque

atque in multos minutissimos & quam-maximè flexiles ramulos dividantur: qui ramuli terrestribus aliis particulis adhærentes, componunt sulphur, bitumen, & alia omnia pinguia sive oleaginea, quæ in fodinis reperiuntur.

LXIII. *De Chymicorum principiis; & quomodo metalla in fodinas adscendant.*

Atque sic tria hîc habemus, quæ pro tribus vulgatis Chymicorum principiis, sale, sulphure ac Mercurio sumi possunt, sumendo scilicet succum acrem pro sale, mollissimos ramulos oleagineæ materiæ pro sulphure, ipsumque argentum vivum pro illorum Mercurio. Credique potest omnia metalla ideò tantùm ad nos pervenire, quòd acres succi per meatus corporis C fluentes, quasdam ejus particulas ab iis disjungant, quæ deinde materiâ oleagineâ involutæ, atque vestitæ, facilè ab argento vivo calore rarefacto sursum rapiuntur, & pro diversis suis magnitudinibus ac figuris, diversa metalla constituunt. Quæ fortasse singula descripsissem hoc in loco, si varia experimenta, quæ ad certam eorum cognitionem requiruntur, facere hactenus licuisset.

LXIV. *De Terra exteriore, & de origine fontium.*

Jam verò consideremus terram exteriorem E, cujus fragmenta quædam sub mari delitescunt, alia in campos extenduntur, alia in montes attolluntur. Et notemus inprimis, quàm facilè in ea possit intelligi, quo pacto fontes & flumina oriantur; & quamvis semper in mare fluant, nunquam tamen ipsorum aqua deficiat, nec mare augeatur aut dulcescat. Quippe cùm infrà campos & montes magnæ sint cavitates aquis plenæ, non dubium est, quin multi quotidie vapores, hoc est, aquæ particulæ vi caloris ab invicem disjunctæ, ac celeriter motæ, usque ad exteriorem camporum superficiem, atque ad summa montium juga perveniant; videmus enim etiam plerosque istiusmodi vapores, ulteriùs usque ad nubes attolli; ac faciliùs per terræ meatus adscendunt, ab ejus particulis suffulti, quàm per aërem, cujus fluidæ ac mobiles particulæ, ipsos ita fulcire non possunt. Postquam autem isti vapores sic adscenderunt, frigore succedente torpescunt, & amissa vaporis forma rursus in aquam vertuntur; quæ aqua descendere non potest per eosdem illos meatus, per quos vapor adscendit, quia sunt nimis angusti; sed aliquantò latiores vias invenit, in intervallis crustarum sive corticum, quibus tota exterior terra conflata est; quæ viæ ipsam obliquè secundùm vallium & camporum declivitatem deducunt. Atque ubi istæ subterraneæ aquarum viæ, in superficie montis, vel vallis, vel campi terminantur, ibi fontes scaturiunt, quorum rivi multi simul congregati, flumina com-

componunt, & per decliviores exterioris terræ superficiei partes in mare labuntur.

Quamvis autem assiduè multæ aquæ ex montibus versus mare fluant, nunquam tamen idcircò cavitates ex quibus adscendunt, possunt exhauriri, nec mare augeri. Hæc enim terra exterior, non potuit modo paullò antè descripto generari, nempe ex fragmentis corporis E, in superficiem corporis C cadentibus, quin aqua LXV. *Cur mare non augeatur ex eo, quod flumina in illud fluant.*

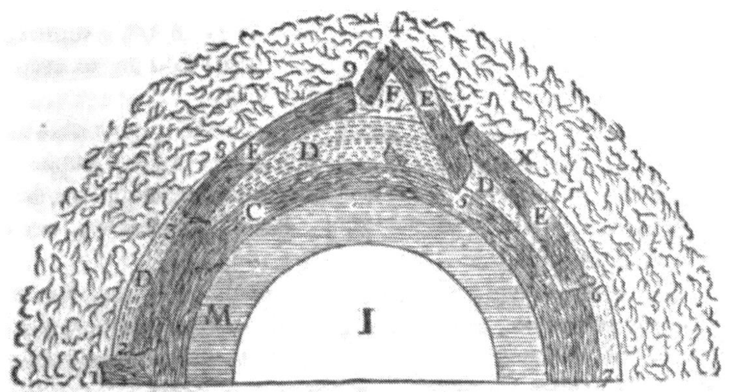

D multos sibi patentissimos meatus, sub istis fragmentis retinuerit: per quos tanta semper ejus quantitas, à mari versus radices montium redit, quanta ex montibus egreditur. Atque ita, ut animalium sanguis in eorum venis & arteriis, sic aqua in terræ venis & in fluviis circulariter fluit.

Et quamvis mare sit salsum, solæ tamen aquæ dulcis particulæ in fontes adscendunt, quia nempe sunt tenues ac flexiles, particulæ autem salis cùm sint rigidæ ac duræ nec facilè in vapores mutari, nec ullo modo per obliquos terræ meatus transire possunt. Et quamvis assiduè ista aqua dulcis in mare per flumina revertatur, non ideo mare dulcescit, quia semper æqualis quantitas salis in eo manet. LXVI. *Cur fontes non sint salsi, nec mare dulcescat.*

Sed tamen non valde mirabimur, si fortè in quibusdam puteis, à mari valde remotis, multùm salis reperiatur. Cùm enim terra multis rimis fatiscat, fieri facilè potest, ut aqua salsa non percolata, usque ad illos puteos perveniat; sive quia maris superficies æquè LXVII. *Cur in quibusdam puteis aqua sit salsa.*

X 3 alta

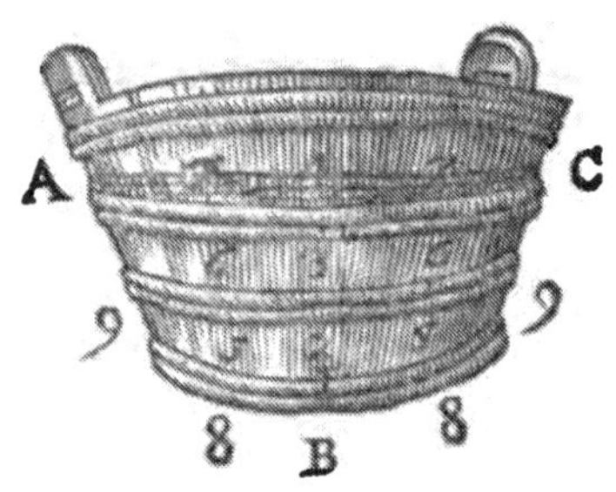

alta est atque ipsorum fundus; sive etiam, quia ubi viæ sunt satis latæ, facilè salis particulæ, à particulis aquæ dulcis, per corporis duri declivitatem sursum attolluntur. Ut experiri licet in vase, cujus labra nonnihil sint repanda, quale est A B C; dum enim aqua salsa in eo evaporatur, omnes ejus oræ salis crusta vestiri solent.

LXVIII. *Cur etiam ex quibusdam montibus sal effodiatur.* Atque hinc etiam potest intelligi, quo pacto in montibus nonnullis, magnæ salis moles instar lapidum concreverint. Quippe aqua maris eò adscendente, ac particulis flexilibus aquæ dulcis ulteriùs pergentibus, solum sal in cavitatibus, quæ casu ibi fuerunt, remansit, ipsasque implevit.

LXIX. *De nitro aliisque salibus, à sale marino diversis.* Sed & aliquando salis particulæ, nonnullos satis angustos terræ meatus pervadunt, atque ibi nonnihil de figurâ & quantitate suâ deperdentes, in nitrum, vel sal ammoniacum, vel quid simile mutantur. Quinetiam plurimæ terræ particulæ oblongæ, non ramosæ, ac satis rigidæ, ab origine suâ nitri & aliorum salium formas habuerunt. Neque enim in alio sitæ sunt eæ formæ, quàm quòd illorum particulæ sint oblongæ, non flexiles, nec ramosæ, ac prout de cætero variæ sunt, varias salis species componunt.

LXX. *De vaporibus, spiritibus, & exhalationibus à terrâ interiori ad exteriorem adscendentibus.* Præter vapores ex aquis sub terrâ latentibus eductos, multi etiam spiritus acres, & oleagineæ exhalationes, nec non vapores argenti vivi, aliorum metallorum particulas secum vehentes, ex terrâ interiori ad exteriorem adscendunt: atque ex diversis eorum misturis omnia fossilia componuntur. Per spiritus acres intelligo particulas succorum acrium, nec non etiam salium volatilium, ab invicem sejunctas, & tam celeriter se commoventes, ut vis qua in omnes partes moveri perseverant, prævaleat eorum gravitati. Per exhalationes autem intelligo particulas ramosas, tenuissimas, oleagineæ materiæ, sic etiam motas. Quippe in aquis, & aliis succis, & oleis, particulæ tantùm repunt; sed in vaporibus, spiritibus, & exhalationibus, volant.

LXXI. *Quomodo ex varia* Et quidem spiritus majori vi sic volant, & faciliùs angustos quosque terræ meatus pervadunt, atque ipsis intercepti firmiùs hærent, & ideò

& ideò duriora corpora efficiunt, quàm exhalationes, aut vapores. Cumque permagna inter hæc tria sit diversitas, pro diversitate particularum ex quibus constant, multa etiam ex ipsis lapidum, aliorumque fossilium non transparentium genera oriuntur, cùm in angustis terræ meatibus inclusa hærent, ipsiusque particulis permiscentur; & multa genera fossilium transparentium, atque gemmarum, cùm in rimis & cavitatibus terræ primùm in succos colliguntur, & deinde paulatim, maximè lubricis & fluidis eorum particulis abeuntibus, reliquæ sibi mutuò adhærescunt.

eorum mistura, varia lapidum, aliorumque fossilium genera oriantur.

LXXII. *Quomodo metalla ex terrâ interiore ad exteriorem perveniant, & quomodo minium fiat.*

Sic etiam vapores argenti vivi, terræ rimulas & majusculos meatus perreptando, particulas aliorum metallorum sibi admistas in iis relinquunt, & ita illam auro, argento, plumbo, aliisque prægnant; ipsique deinde ob eximiam suam lubricitatem ulteriùs pergunt, aut deorsum relabuntur; aut etiam aliquando ibi hærent, cùm meatus per quos regredi possent, sulphureis exhalationibus impediuntur. Atque tunc ipsæ argenti vivi particulæ, minutissima istarum exhalationum quasi lanugine vestitæ, minium componunt. Ac denique spiritus & exhalationes, nonnulla etiam metalla, ut æs, ferrum, stibium, ex terra interiore ad exteriorem adducunt.

LXXIII. *Cur non in omnibus terræ locis metalla inveniantur.* N B. Vide fig. pag. 162.

Notandumque est, ista metalla ferè tantùm adscendere ex iis partibus terræ interioris, quibus fragmenta exterioris immediatè conjuncta sunt. Ut ex. gr. in hac figura, ex 5 versus v, quia per aquas evehi non possunt. Unde fit, ut non passim omnibus in locis metalla reperiantur.

LXXIV. *Cur potissimùm inveniantur in radicibus montium, versus Meridiem & Orientem.*

Notandum etiam, hæc metalla per terræ venas versus radices montium solere attolli, ut hîc versus v, ibique potissimùm congregari, quia ibidem terra pluribus rimis quàm in aliis locis fatiscit; & quidem in iis montium partibus, quæ Soli meridiano vel Orienti obversæ sunt, magis quàm in aliis congregari, quia major ibi est calor, cujus vi attolluntur. Et ideò etiam in illis præsertim locis, à fossoribus quæri solent.

LXXV. *Fodinas omnes esse in terrâ exteriore; nec posse unquam ad interiorem fodiendo perveniri.*

Neque putandum est, ulla unquam fodiendi pertinacia, usque ad interiorem terram posse perveniri: tum quia exterior nimis est crassa, si ad hominum vires comparetur; tum præcipuè propter aquas intermedias, quæ eò majore cum impetu salirent, quò profundior esset locus in quo primùm aperirentur earum venæ, fossoresque omnes obruerent.

Exha-

LXXVI. *De sulphure, bitumine, argilla, oleo.*

Exhalationum particulæ tenuissimæ, quales paullò ante descriptæ sunt, nihil nisi purum aërem solæ componunt, sed tenuioribus spirituum particulis facilè annectuntur, illasque ex lævibus & lubricis ramosas reddunt; ac deinde hæ ramosæ, succis acribus ac metallicis quibusdam particulis admistæ, sulphur constituunt; & admistæ particulis terræ, multis etiam ejusmodi succis gravidæ, faciunt bitumen; & cum solis particulis terræ conjunctæ, faciunt argillam; & denique solæ in oleum vertuntur, cùm earum motus ita languescit, ut sibi mutuò planè incumbant.

LXXVII. *Quomodo fiat terræ motus.*

Sed cùm celeriùs agitantur, quàm ut ita in oleum verti possint, si fortè in rimas & cavitates terræ magna copia affluant, pingues ibi & crassos fumos componunt, non absimiles iis qui ex candela recens exstinctâ egrediuntur; ac deinde, si quæ forte ignis scintilla in istis cavitatibus excitetur, illi fumi protinus accenduntur, atque subitò rarefacti, omnes carceris sui parietes magna vi concutiunt, præsertim cùm multi spiritus ipsis sunt admisti: & ita oriuntur terræ motus.

LXXVIII. *Cur ex quibusdam montibus ignis erumpat.*

Contingit etiam aliquando, cùm hi motus fiunt, ut parte terræ disjecta & aperta, flamma per juga montium cœlum versus erumpat. Idque ibi potiùs fit, quàm in humilioribus locis; tum quia sub montibus plures sunt cavitates, tum etiam, quia magna illa fragmenta, quibus constat terra exterior, in se invicem reclinata, faciliorem ibi præbent exitum flammæ, quàm in ullis aliis locis. Et quamvis claudatur terræ hiatus, simul ac flamma hoc pacto ex eo erupit, fieri potest, ut tanta sulphuris aut bituminis copia, ex montis visceribus ad ejus summitatem expulsa sit, ut ibi longo incendio sufficiat. Novique fumi postea in iisdem cavitatibus rursus collecti, & accensi, facilè per eundem hiatum erumpunt; unde fit, ut montes nonnulli crebris ejusmodi incendiis sint infames, ut Ætna Siciliæ, Vesuvius Campaniæ, Hecla Islandiæ, &c.

LXXIX. *Cur plures concussiones fieri soleant in terræ motu: Sicque per aliquot horas aut dies interdum duret.*

Denique, durat aliquando terræ-motus per aliquot horas, aut dies; quia non una tantùm continua cavitas esse solet, in qua pingues & inflammabiles fumi colliguntur, sed plures diversæ, terra multo sulphure aut bitumine satura disjunctæ: cumque exhalatio in unis accensa, terram semel concussit, aliqua mora intercedit, priusquam flamma per meatus sulphure oppletos, ad alias possit pervenire.

LXXX. *De natura*

Sed hîc superest ut dicam, quo pacto in istis cavitatibus flamma possit *ignis, ejusque ab aëre diversitate.*

possit accendi, simulque ut explicem ignis naturam. Particulæ terrestres, cujuscunque sint magnitudinis aut figuræ, cùm singulæ seorsim primi elementi motum sequuntur, ignis formam habent; ut etiam habeant aëris formam, cùm inter globulos secundi elementi volitantes, eorum agitationem imitantur. Sicque prima & præcipua inter aërem & ignem differentia est, quòd multò celeriùs hujus quàm illius particulæ agitentur. Jam enim suprà satis ostensum est, motum materiæ primi elementi, multò celeriorem esse quàm secundi. Sed alia etiam est permagna differentia, quòd etsi crassiores tertii elementi particulæ, quales sunt eæ quibus constant vapores argenti vivi, possint aëris formam induere, non tamen ad ejus conservationem sint necessariæ, ac contra ille purior sit, minusque corruptioni obnoxius, cùm solis minutissimis particulis constat. Crassiores enim, nisi calore continuo agitentur, pondere suo deorsum labentes, spontè exuunt ejus formam. Ignis autem, sine crassiusculis corporum terrestrium particulis, quibus alatur & renovetur, esse non potest.

LXXXI. *Quomodo primum excitetur.*

Cùm enim globuli secundi elementi, occupent omnia intervalla circa Terram, quæ satis magna sunt ad illos capiendos, & sibi mutuò omnes ita incumbant, ut uni absque aliis moveri non possint (nisi fortè circulariter circa proprium axem), quamvis materia primi elementi, omnes exiguos angulos à globulis istis relictos replens, in ipsis quam-celerrimè moveatur, si tamen non habeat plus spatii, quàm quod in istis angulis continetur, non potest ibi habere satis virium ad particulas terrestres, quæ omnes à se mutuò, & à globulis secundi elementi sustinentur, secum rapiendas, nec proinde ad ignem generandum. Sed ut ignis alicubi primùm excitetur, debent aliquâ vi expelli globuli cœlestes, ab intervallis nonnullarum particularum terrestrium, quæ deinde ab invicem disjunctæ, atque in solâ materiâ primi elementi natantes, celerrimo ejus motu rapiantur & quaquaversùs impellantur.

LXXXII. *Quomodo conservetur.*

Utque ille ignis conservetur, debent istæ particulæ terrestres esse satis crassæ, solidæ, atque ad motum aptæ, ut à materia primi elementi sic impulsæ, vim habeant globulos cœlestes, à loco illo in quo est ignis, & in quem redire parati sunt, repellendi; atque ita impediendi ne globuli isti, rursus ibi occupent intervalla primo elemento relicta, sicque vires ejus frangendo ignem exstinguant.

LXXXIII. *Cur egeat alimento.*

Ac prætereà particulæ terrestres, in globulos istos impingentes, non possunt ab iis impediri, ne ulteriùs pergant, & egrediendo ex eo loco in quo primum elementum suas vires exercet, ignis formam admittant, abeantque in fumum. Quapropter nullus ibi ignis diu remaneret, nisi eodem tempore aliquæ ex istis particulis terrestribus, in aliquod corpus aëre crassius impingendo, alias satis solidas particulas ab eo disjungerent, quæ prioribus succedentes, & à materiâ primi elementi abreptæ, novum ignem continuò generarent.

LXXXIV. *Quomodo ex silicibus excutiatur.*

Sed ut hæc accuratiùs intelligantur, consideremus primò varios

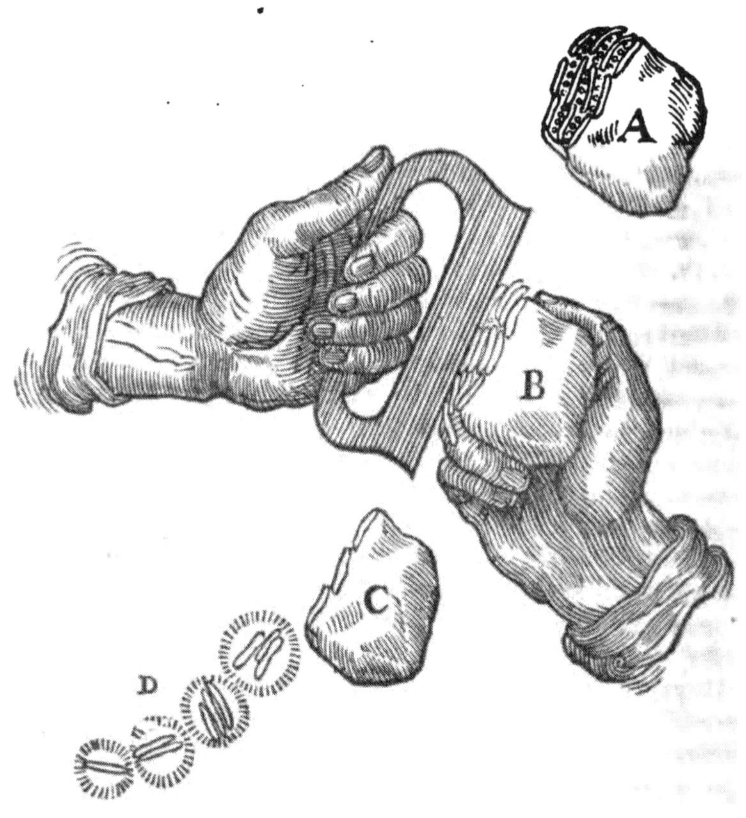

modos quibus ignis generatur, deinde omnia quæ ad ejus conservationem

tionem requiruntur, ac denique, quales sint ejus effectus. Nihil usitatius est, quàm ut ex silicibus ignis excutiatur; hocque ex eo fieri existimo, quòd silices sint satis duri & rigidi, simulque satis friabiles. Ex hoc enim quòd sint duri & rigidi, si percutiantur ab aliquo corpore etiam duro, spatia quæ multas eorum particulas interjacent, & à globulis secundi elementi solent occupari, solito fiunt angustiora, & ideò isti globuli exsilire coacti, nihil præter solam materiam primi elementi circa illas relinquunt; deinde ex eo quòd sint friabiles, simul ac istæ silicum particulæ non ampliùs ictu premuntur, ab invicem dissiliunt, sicque materiæ primi elementi, quæ sola circa ipsas reperitur, innatantes, ignem componunt. Ita si A sit silex, inter cujus anteriores particulas globuli secundi elementi conspicui sunt, B repræsentabit eundem silicem, cùm ab aliquo corpore duro percutitur, & ejus meatus angustiores facti, nihil ampliùs nisi materiam primi elementi possunt continere; C verò eundem jam percussum, cùm quædam ejus particulæ ab eo separatæ, ac solam materiam primi elementi circa se habentes, in ignis scintillas sunt conversæ.

LXXXV. *Quomodo ex lignis siccis.*

Si lignum, quantumvis siccum, hoc pacto percutiatur, non idcirco scintillas ita emittet, quia cùm non adeò durum sit, prima ejus pars quæ corpori percutienti occurrit, flectitur versus secundam, eamque attingit, priusquàm hæc secunda flecti incipiat versus tertiam. Sicque globuli secundi elementi, non eodem tempore ex multis eorum intervallis, sed successivè nunc ex uno, nunc ex alio discedunt. Atqui si hoc lignum aliquandiu & satis validè fricetur, inæqualis ejus particularum agitatio & vibratio, quæ oritur ex istâ frictione, potest ex pluribus earum intervallis globulos secundi elementi excutere, simulque ipsas ab invicem disjungere, atque ita in ignem mutare.

LXXXVI. *Quomodo ex collectione radiorum Solis.*

Accenditur etiam ignis ope speculi concavi, vel vitri convexi, multos Solis radios versus eundem aliquem locum dirigentis. Quamvis enim istorum radiorum actio, globulos secundi elementi pro subjecto suo habeat, multò tamen concitatior est ordinario eorum motu, & cùm procedat à materiâ primi elementi, ex qua Sol est conflatus, satis habet celeritatis ad ignem excitandum, radiique tam multi simul colligi possunt, ut satis etiam habeant virium, ad particulas corporum terrestrium eâdem istâ celeritate agitandas.

LXXXVII. *Quomodo solo motu valde violento.*

Quippe nihil refert, à qua caussa particulæ terrestres celerrimè moveri primùm incipiant. Sed quamvis antea fuerint sine motu, si tantùm innatent materiæ primi elementi, ex hoc solo protinus celerrimam agitationem acquirunt; eâdem ratione quâ navis, nullis funibus alligata, in aqua torrente esse non potest, quin simul cum ipsâ feratur. Et quamvis eæ terrestres particulæ, nondum primo elemento sic innatent, si tantùm à qualibet alia causa satis celeriter agitentur, hoc ipso se mutuò, & globulos secundi elementi circa se positos, ita excutient, ut statim ei innatare incipiant, & porro ab illo in motu suo conservabuntur. Quamobrem omnis motus valdè concitatus, sufficit ad ignem excitandum. Et talis in fulmine ac turbinibus solet reperiri, cùm scilicet nubes excelsa, in aliam humiliorem ruens, aërem interceptum explodit; ut in Meteoris explicui.

LXXXVIII. *Quomodo à diversorum corporum misturâ.*

Quanquam sanè vix unquam iste solus motus ibi est ignis caussa; nam ferè semper aëri admiscentur exhalationes, quarum talis est natura, ut facilè vel in flammam, vel saltem in corpus lucidum vertantur. Atque hinc ignes fatui circa Terram, & fulgetræ in nubibus, & stellæ trajicientes & cadentes in alto aëre excitantur. Quippe jam dictum est exhalationes constare particulis tenuissimis, & in multos quasi ramulos divisis, quibus involutæ sunt aliæ paullò crassiores, ex succis acribus aut salibus volatilibus eductæ. Notandumque est hos ramulos solere esse tam minutos & confertos, ut nihil per illorum interstitia, præter materiam primi elementi transire possit; inter particulas autem istis ramulis vestitas, esse quidem alia majora intervalla, quæ globulis secundi elementi solent impleri, tuncque exhalatio non ignescit; sed interdum etiam accidere, ut occupentur à particulis alterius exhalationis aut spiritus, quæ inde secundum elementum expellentes, primo duntaxat locum relinquunt, ejusque motu protinus abreptæ flammam componunt.

LXXXIX. *In fulmine, in stellis trajicientibus.*

Et quidem in fulmine, vel fulgetris, caussa quæ plures exhalationes simul compingit, manifesta est, propter unius nubis in aliam lapsum. In aëre autem tranquillo, unâ exhalatione frigore densatâ & quiescente, facilè alia, ex loco calidiore adveniens, aut particulis ad motum aptioribus constans, aut etiam aliquo leni vento impulsa, in ejus poros impetum facit, atque ex iis secundum elementum expellit: cumque particulæ prioris exhalationis nondum

tam

tam arctè simul junctæ sunt, quin hoc aliarum impetu disjungi possint, hoc ipso in flammam erumpunt: quâ ratione stellas trajicientes accendi puto.

XC. *In iis quæ lucent & non urunt: ut in stellis cadentibus*

Cùm autem exhalationis particulæ, in corpus tam crassum & viscidum coaluerunt, ut non ita disjungantur, lucem duntaxat aliquam emittunt, similem illi quæ in lignis putridis, in piscibus sale conditis, in guttis aquæ marinæ, & similibus solet apparere. Ex hoc enim solo, quòd globuli secundi elementi, à materiâ primi pellantur, fit lumen, ut ex suprà dictis satis patet. Cumque plurium particularum terrestrium simul junctarum, intervalla tam angusta sunt, ut soli primo elemento locum dent, etsi fortè hoc primum elementum, non satis habeat virium ad ipsas disjungendas, facilè tamen habet satis, ad globulos secundi elementi circumjacentes, actione illâ quam pro lumine sumendam esse diximus, impellendos. Et tales puto esse stellas cadentes; sæpe enim earum materia humi delapsa, viscida & tenax esse deprehenditur: quanquam sanè non sit certum, fuisse illam ipsam viscidam materiam, quæ habuit lucem, potuit enim esse aliqua tenuis flamma ei adhærens.

XCI. *In guttis aquæ marinæ, in lignis putridis, & similibus.*

At in guttis aquæ marinæ, cujus naturam suprà explicuimus, facile est videre quo pacto lux excitetur: nempe dum illæ earum particulæ quæ sunt flexiles, sibi mutuò manent implexæ, aliæ quæ sunt rigidæ ac læves, vi tempestatis, alteriusve cujuslibet motus, ex gutta excutiuntur, & spiculorum instar vibratæ, facilè ex ejus vicinia globulos secundi elementi expellunt, sicque lucem producunt. In lignis autem putridis, & piscibus qui siccari incipiunt, & talibus, non aliunde lucem oriri puto, quàm quòd in iis dum sic lucent, multi sint meatus tam angusti, ut solum primum elementum admittant.

XCII. *In iis quæ incalescunt & non lucent: ut in fœno incluso.*

Quod verò alicujus spiritus aut liquoris particulæ, meatus corporis duri, vel etiam liquidi, subeundo, ignem aliquando possint excitare, ostendunt fœnum madidum alicubi conclusum, calx aquâ aspersa, fermentationes omnes, liquoresque non pauci Chymicis noti, qui dum inter se permiscentur, incalescunt, ac etiam aliquando inflammantur. Non enim alia ratio est cur fœnum recens, si recondatur antequam sit siccum, paullatim incalescat, flammamque sponte concipiat, quàm quòd multi spiritus vel succi per herbarum viridium poros, ab earum radicibus versus summitates fluere assueti, atque ibi vias ad mensuram suam accommodatas haben-

habentes, maneant aliquandiu in herbis excisis; quæ, si interim angusto loco includantur, particulæ istorum succorum ex unis herbis in alias migrantes, multos meatus in ipsis jam siccari incipientibus inveniunt, paullò angustiores, quàm ut illos simul cum globulis secundi elementi subire possint; ideoque per illos fluentes, solâ materiâ primi elementi circumdantur, à qua celerrimè impulsæ, ignis agitationem acquirunt. Ita, exempli causâ, si spatium quod est inter duo corpora B & C, repræsentet unum ex meatibus alicujus herbæ virentis, ac funiculi 1 2 3 exiguis orbiculis circumdati, sumantur pro particulis succorum sive spirituum, à globulis secundi elementi per ejusmodi meatus vehi solitis; spatium autem inter corpora D & E, sit alius meatus angustior herbæ siccescentis, quem subeuntes eædem particulæ 1 2 3, non ampliùs secundum elementum, sed primum duntaxat circa se habere possint; Perspicuum est ipsas inter B & C, motum moderatum secundi elementi, sed inter D & E motum celerrimum primi sequi debere. Nec refert, quòd perexigua tantùm quantitas istius primi elementi, circa ipsas reperiatur. Satis enim est, quòd ipsi totæ innatent: quemadmodum videmus navem secundo flumine delabentem, non minùs facilè ipsius cursum sequi, ubi tam angustum est, ut ejus ripas utrimque ferè attingat, quàm ubi est latissimum. Sic autem celeriter motæ, multò plus habent virium ad particulas corporum circumjacentium concutiendas, quàm ipsum primum elementum: ut navis etiam in pontem aliumve obicem impingens, fortiùs illum quatit quàm aqua fluminis, à quo defertur. Et idcirco in duriores fœni particulas irruendo, facilè ipsas separant ab invicem, præsertim cùm plures simul, à diversis partibus in eandem ruunt; cumque satis multas hoc pacto disjungunt, secumque abducunt, fit ignis; cùm autem concutiunt duntaxat, nondumque habent vim multas simul ab invicem disjungendi, lentè tantùm fœnum calefaciunt & corrumpunt.

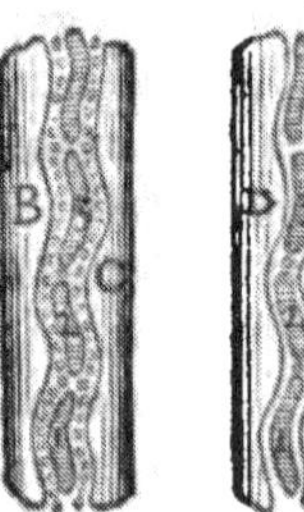

XCIII. *In calce aquâ aspersa, & reliquis.* Eâdem ratione credere licet, cùm lapis excoquitur in calcem, multos ejus meatus, solis antea globulis secundi elementi pervios, adeò laxari, ut aquæ particulas, sed primo tantùm elemento cinctas, admittant. Atque, ut hîc omnia simul complectar, quoties aliquod

aliquod corpus durum, admistione liquoris alicujus incalescit, existimo id ex eo fieri, quòd multi ejus meatus sint talis mensuræ, ut istius liquoris particulas, solâ materiâ primi elementi cinctas, admittant. Nec disparem rationem esse puto, cùm unus liquor alteri liquori affunditur: semper enim alteruter constat particulis ramosis, aliquo modo implexis & nexis; atque ita corporis duri vicem subit: ut de ipsis exhalationibus paullò antè intellectum est.

XCIV. *Quomodo in cavitatibus terræ ignis accendatur.*

His autem omnibus modis, non tantùm in terræ superficie, sed etiam in omnibus cavitatibus, ignis potest accendi. Nam ibi spiritus acres, crassarum exhalationum meatus ita possunt pervadere, ut in iis flammam accendant; & saxorum vel silicum fragmenta, secreto aquarum lapsu, aliisve causis exesa, ex cavitatum fornicibus in substratum solum decidendo, tum aërem interceptum magnâ vi possunt explodere, tum etiam silicum collisione ignem excitare; atque ubi semel unum corpus flammam concepit, facilè ipsam etiam aliis vicinis corporibus, ad eam recipiendam aptis, communicat. Flammæ enim particulæ istorum corporum particulis occurrentes, ipsas movent, & secum abducunt. Sed hoc non tam spectat ad ignis generationem, quàm ad ejus conservationem; de qua deinceps est agendum.

XCV. *Quomodo candela ardeat.*

NB. Vide fig. pag. seq.

Consideremus, exempli causâ, candelam accensam A B, putemusque in omni spatio C D E, per quod ejus flamma se extendit, multas quidem volitare particulas ceræ, vel cujuslibet alterius materiæ oleagineæ, ex qua hæc candela conflata est, multosque etiam globulos secundi elementi, sed tam hos quàm illas materiæ primi elementi sic innatare, ut ejus motu rapiantur; & quamvis se mutuò sæpe tangant, & impellant, non tamen omni ex parte suffulciant, quemadmodum solent aliis in locis, ubi nullus est ignis.

XCVI. *Quomodo ignis in ea conservetur.*

Materia autem primi elementi, quæ magnâ copiâ in hac flammâ reperitur, semper conatur egredi ex loco in quo est, quia celerrimè movetur; & quidem egredi sursum versus, hoc est, ut se removeat à centro Terræ, quia ut suprà dictum est, ipsis globulis cœlestibus, aëris meatus occupantibus, est levior, & tum hi globuli, tum omnes particulæ terrestres aëris circumjacentis, descendere conantur in ejus locum, ideoque protinus flammam suffocarent, si solo primo elemento constaret. Sed particulæ terrestres, ab ellychnio F G assiduè egredientes, statim atque primo elemento immersæ sunt, ejus cursum sequuntur, & occurrentes iis aëris particulis,

ticulis, quæ paratæ erant ad descendendum in locum flammæ; ipsas repellunt, sicque ignem conservant.

XCVII. *Cur ejus flamma sit acuminata: & fumus ex ea egrediatur.*

Cùm autem hæ sursum versus præcipuè tendant, hinc fit, ut flamma soleat esse acuminata. Et quia multò celeriùs aguntur, quàm istæ particulæ aëris quas sic repellunt, non possunt ab iis impediri, quò minùs ulteriùs pergant versus H, ubi paullatim agitationem suam deponunt, sicque vertuntur in fumum.

XCVIII. *Quomodo aer & alia corpora flammam alant.*

Qui fumus nullum in toto aëre locum reperiret, quia nullibi vacuum est, nisi prout egreditur ex flamma, tantundem aëris versus ipsam circulari motu regrederetur. Nempe dum fumus adscendit ad H, pellit inde aërem versus I, & K, qui aër lambendo summitatem candelæ B, ac radices ellychnii F, ad flammam accedit, eique alendæ inservit. Sed ad hoc non sufficeret, propter partium suarum tenuitatem, nisi multas ceræ particulas, calore ignis agitatas, per ellychnium secum adduceret. Atque ita flamma debet assiduè renovari, ut conservetur, & non magis eadem manet quàm flumen, ad quod novæ semper aquæ accedunt.

XCIX. *De motu aëris versus ignem.*

Motum autem circularem aëris & fumi licet experiri, quoties magnus ignis in cubiculo aliquo excitatur. Si enim cubiculum ita sit clausum, ut præter tubum camini per quem fumus exit, unum tantùm aliquod foramen sit apertum, sentietur continuò magnus ventus, per hoc foramen ad focum tendens, in locum fumi abeuntis.

C. *De iis quæ ignem extinguunt.*

Atque ex his patet, ad ignis conservationem duo requiri; primùm, ut in eo sint particulæ terrestres, quæ à primo elemento impulsæ, vim habeant impediendi, ne ab aëre aliisve liquoribus supra ipsum positis, suffocetur. Loquor tantùm de liquoribus supra ignem positis: quia, cùm solâ suâ gravitate versus illum ferantur, nullum periculum est, ne ab iis qui infra ipsum sunt, possit extingui. Sic flamma candelæ inversæ, obruitur à liquore qui alias eam conservat; Et contrà, ignes alii fieri possunt, in quibus sint particulæ

ticulæ terrestres tam solidæ, tam multæ, ac tanto cum impetu vibratæ, ut ipsam aquam affusam repellant, & ab ea exstingui non possint.

CI. *Quid requiratur, ut aliquod corpus alendo igni aptum sit.*

Alterum quod ad ignis conservationem requiritur, est, ut adhæreat alicui corpori, ex quo nova materia possit ad illum accedere, in locum fumi abeuntis: ideoque istud corpus debet in se habere multas particulas satis tenues, pro ratione ignis conservandi; easque inter se, vel etiam aliis crassioribus ita junctas, ut impulsu particularum illius ignis, cùm ab invicem, tum etiam à vicinis secundi elementi globulis sejungi possint, sicque in ignem converti.

CII. *Cur flamma ex spiritu vini linteum non urat.*

Dico particulas istius corporis, esse debere satis tenues, pro ratione ignis conservandi; nam ex. ca. si vini spiritus linteo aspersus flammam conceperit, depascet quidem hæc flamma tenuissima totum istum vini spiritum, sed linteum quod alius ignis facilè combureret, non attinget; quoniam ejus particulæ non sunt satis tenues, ut ab ea moveri possint.

CIII. *Cur spiritus vini facillime ardeat.*

Et quidem spiritus vini facillimè alit flammam, quia non constat, nisi particulis valdè tenuibus; & quia in iis ramuli quidam sunt, tam breves quidem & flexiles, ut sibi mutuò non adhæreant, tunc enim spiritus in oleum verteretur, sed tales ut multa perexigua spatia circa se relinquant, quæ non à globulis secundi elementi, sed à sola materia primi possint occupari.

CIV. *Cur aqua difficillime.*

Contrà autem aqua videtur igni valde adversa, quia particulis constat non modò crassiusculis, sed etiam lævibus & glabris; quò fit, ut nihil obstet, quominus globuli secundi elementi undique illas cingant & sequantur; atque insuper flexilibus, quò fit, ut facilè subeat meatus corporum quæ uruntur, & ex iis ignis particulas arcendo, impediat ne aliæ ignescant.

CV. *Cur vis magnorum ignium ab aqua aut salibus injectis augeatur.*

Sed tamen nonnulla corpora talia sunt, ut aquæ particulæ eorum meatibus immissæ ignem juvent; quia inde cum impetu resilientes, ipsæ ignescunt. Ideò fabri carbones fossiles aquâ aspergunt. Et aquæ parva copia, ingentibus flammis injecta, ipsas auget. Quod etiam salia potentiùs præstant: cùm enim eorum particulæ rigidæ sint, & oblongæ, spiculorum instar in flamma vibrantur, & in alia corpora impingentes magnam vim habent ad ipsorum minutias concutiendas: unde fit, ut metallis liquefaciendis soleant adjungi.

CVI. *Qualia sint*

Illa autem quæ alendo igni communiter adhibentur, ut ligna, & si-

corpora quæ facile uruntur. & similia, constant variis particulis, quarum quædam sunt tenuissimæ, aliæ paullò crassiores, & gradatim aliæ crassiores, & pleræque sunt ramosæ, magnique meatus ipsas interjacent; quò fit ut ignis particulæ meatus istos ingressæ, primò quidem tenuissimas, ac deinde etiam mediocres, & earum ope crassiores celerrimè commoveant; sicque globulos cœlestes, primò ex angustioribus intervallis, ac deinde etiam ex reliquis excutiant, ipsasque omnes (solis crassissimis exceptis, ex quibus cineres fiunt) secum abripiant.

CVII. *Cur quædam inflammentur, alia non.* Et cùm ejusmodi particulæ, quæ ex corpore quod uritur, simul egrediuntur, sunt tam multæ ut vim habeant globulos cœlestes ex aliquo aëris vicini spatio expellendi, spatium illud flammâ implent; si verò sint pauciores, fit ignis sine flammâ: qui vel paulatim per fomitis sui meatus serpit, cùm materiam quam possit depascere, ibi nanciscitur, ut in istis funibus sive ellychniis quorum usus est in bello ad tormentorum pulverem incendendum.

CVIII. *Cur ignis aliquandiu in prunis se conservet.* Vel certè, si nullam talem materiam circa se habet, non conservatur, nisi quatenus inclusus poris corporis cui inhæret, tempore aliquo eget ad omnes ejus particulas ita dissolvendas, ut se ab iis possit liberare. Hocque videre est in carbonibus accensis, qui cineribus tecti, per multas horas ignem retinent, propter hoc solùm, quòd ille ignis insit quibusdam particulis tenuibus & ramosis, quæ aliis crassioribus implicatæ, quamvis celerrimè agitentur, non tamen nisi unæ post alias egredi possunt, ac fortè priusquam ita egrediantur, longo motu deteri, & singulæ in plures alias dividi debent.

CIX. *De pulvere tormentario ex sulphure, nitro & carbone confecto; ac primò de sulphure.* Nihil verò celeriùs ignem concipit, nec minùs diu illum conservat, quàm pulvis tormentarius, ex sulphure, nitro, & carbone confectus. Quippe vel solum sulphur quam-maximè inflammabile est, quia constat particulis succorum acrium, quæ tam tenuibus & spissis materiæ oleagineæ ramulis sunt involutæ, ut permulti meatus inter istos ramulos, soli primo elemento pateant. Unde fit, ut etiam ad usum medicinæ sulphur calidissimum censeatur.

CX. *De nitro.* Nitrum autem constat particulis oblongis & rigidis, sed in hoc à sale communi diversis, quòd in unâ extremitate sint crassiores, quàm in alia: ut vel ex eo patet, quòd aquâ solutum, non ut sal commune, figurâ quadratâ in ejus superficie concrescat, sed vasis fundo & lateribus adhæreat.

Et

Et quantum ad magnitudinem particularum, putandum est talem esse inter illas proportionem, ut eæ succorum acrium, quæ sunt in sulphure, à primo elemento commotæ, facillimè globulos secundi, ex intervallis ramulorum materiæ oleagineæ excutiant, simulque nitri particulas, quæ ipsis sunt crassiores, exagitent. CXI. *De sulphuris & nitri conjunctione.*

Atque hæ nitri particulæ, quâ parte sunt crassiores, gravitate suâ deorsum tendunt, earumque ideò præcipuus motus est in parte acutiore, quæ sursum erecta, ut in B, agitur in gyrum, primò exiguum, ut in C; sed qui (nisi quid impediat) statim fit major, ut in D; cùm interim sulphuris particulæ, celerrimè versus omnes partes latæ, ad alias nitri particulas brevissimo tempore perveniunt. CXII. *De motu particularum nitri.*

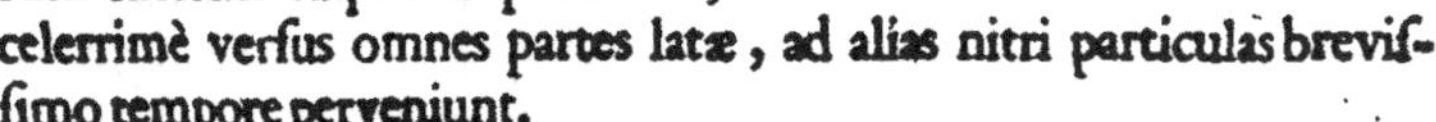

Et quoniam harum nitri particularum singulæ multum spatii exigunt, ad circulos sui motus describendos, hinc fit, ut hujus pulveris flamma plurimum dilatetur: & quia circulos istos describunt eâ cuspide, quæ sursum versus erecta est, hinc tota ejus vis tendit ad superiora: & cùm valde siccus & subtilis est, innoxiè in manu potest accendi. CXIII. *Cur flamma hujus pulveris valde dilatetur, & præcipue agat versus superiora.*

Sulphuri autem & nitro carbo admiscetur, atque ex hac mistura, humore aliquo aspersâ, granula sive pilulæ fiunt, quæ deinde exsiccantur. Quippe in carbone multi sunt meatus; tum quia plurimi antea fuerunt in corporibus, quorum ustione factus est, tum etiam quia, cùm corpora ista urebantur, multùm fumi ex iis evolavit. Et duo particularum genera duntaxat in eo reperiuntur: unum est crassiuscularum, quæ, cùm solæ sunt, cineres componunt; aliud tenuiorum, quæ facilè quidem ignescunt, quia jam antè ignis vi fuerunt commotæ, sed longis & multiplicibus ramis implexæ, non sine aliquâ vi disjungi possunt; ut patet ex eo, quòd aliis in fumum præcedente ustione abeuntibus, ipsæ ultimæ remanserunt. CXIV. *De carbone.*

Itaque facilè sulphur & nitrum, latos carbonis meatus ingrediuntur, & ramosis ejus particulis involvuntur atque constringuntur; præsertim cùm humore aliquo madefacta, & in grana, vel exiguas pilulas, compacta, postea siccantur. Hujusque rei usus est, ad efficiendum, ut nitri particulæ, non tantùm unæ post alias, sed multæ simul, uno & eodem temporis momento incendantur. Etenim cùm primùm ignis aliunde admotus, grani alicujus superficiem tangit, CXV. *De granis hujus pulveris, & in quo præcipua ipsius vis consistat.*

git, non ſtatim illud inflammat & diſſolvit, ſed tempore quodam illi opus eſt, ut ab iſta grani ſuperficie, ad interiores ejus partes perveniat; ibique ſulphure priùs incenſo, paullatim etiam nitri particulas exagitet, ut tandem ipſæ viribus aſſumtis, & majus ſpatium ad gyros ſuos deſcribendos exigentes, carbonis vincula diſcerpant, totumque granum confringant. Et quamvis hoc tempus ſit admodum breve, ſi ad horas aut dies referatur; notandum tamen, eſſe ſatis longum, ſi comparetur cum ſumma illa celeritate, quâ granum ita diſſiliens, flammam ſuam per totum aërem vicinum ſpargit. Nam cùm ex. ca. in bellico tormento, pauca quædam pulveris grana, ellychnii, alteriuſve fomitis igne contacta, prima omnium accenduntur, flamma ex iis erumpens, in minimo temporis momento, per omnia granorum circumjacentium intervalla diſpergitur; ac deinde, quamvis non tam ſubitò ad interiores ipſorum partes poſſit penetrare, quia tamen eodem tempore multa attingit, efficit ut multa ſimul incendantur & dilatentur, ſicque magna vi tormentum explodant. Ita carbonis reſiſtentia valde auget celeritatem, qua nitri particulæ in flammam erumpunt; & granorum diſtinctio neceſſaria eſt, ut ſatis magnos circa ſe habeant meatus, per quos flamma pulveris primùm accenſi, ad multas pulveris reſidui partes liberè accedat.

CXVI. *De lucernis diutiſſime ardentibus.* Poſt illum ignem, qui omnium minimè durabilis eſt, conſideremus, an dari poſſit aliquis alius qui è contrà ſine ullo alimento, diutiſſimè perſeveret. Ut narratur de lucernis quibuſdam, quæ aliquando in hypogæis, ubi mortuorum corpora ſervabantur, poſt multos annos inventæ ſunt accenſæ. Nempe in loco ſubterraneo & arctiſſimè clauſo, ubi nullis vel minimis ventis aër unquam commovebatur, potuit fortaſſe contingere, ut multæ ramoſæ fuliginis particulæ, circa flammam lucernæ colligerentur, quæ ſibi mutuò incumbentes manerent immotæ, atque ita exiguum quaſi fornicem componentes, ſufficerent ad impediendum, ne aër circumjacens iſtam flammam obrueret, ac ſuffocaret; nec non etiam ad ejuſdem flammæ vim ſic frangendam, & obtundendam, ut nullas ampliùs olei vel ellychnii particulas, ſi quæ adhuc reſiduæ erant, poſſet inflammare. Quo fiebat, ut materia primi elementi, ſola ibi remanens, & tanquam in exigua quadam ſtella celerrimè ſemper gyrans, undique à ſe repelleret globulos ſecundi, quibus ſolis, inter particulas circumpoſitæ fuliginis, tranſitus adhuc patebat, ſicque lumen

per

per totum conditorium diffunderet; exiguum quidem & subobscurum; sed quod externi aëris motu, cùm locus aperiretur, facilè vires posset resumere, ac fuligine discussâ lucernam ardentem exhibere.

CXVII. *De reliquis ignis effectibus.*

Nunc veniamus ad eos ignis effectus, qui nondum ex modis quibus oritur & conservatur, potuerunt agnosci. Quippe jam ex dictis patet, quomodo luceat, quomodo calefaciat, quomodo corpora omnia quibus alitur, in multas particulas dissolvat; nec non etiam, quomodo ex istis corporibus, primo loco maximè tenues & lubricæ, deinde aliæ non quidem fortè prioribus crassiores, sed magis ramosæ atque implexæ particulæ egrediantur, eæ scilicet quæ caminorum parietibus adhærentes, fuliginem componunt; solæque omnium crassissimæ in cineres remaneant. Sed superest ut breviter ostendamus, quo pacto ejusdem ignis vi, quædam ex corporibus quibus non alitur, liquescunt & bulliunt, alia siccantur & durescunt, alia exhalantur, alia in calcem, alia in vitrum convertuntur.

CXVIII. *Quænam corpora illi admota liquescant & bulliant.*

Corpora omnia dura conflata ex particulis, quæ non multò difficiliùs unæ quàm aliæ à vicinis suis separantur, & aliquâ ignis vi possunt disjungi, dum istam vim patiuntur, liquescunt. Nihil enim aliud est liquidum esse, quàm constare particulis à se mutuò disjunctis, & quæ in aliquo sint motu. Cumque tantus est istarum particularum motus, ut quædam ex ipsis in aërem vel ignem vertantur, sicque solito plus spatii ad motum suum exigentes, alias expellant, corpora ista liquida effervescunt & bulliunt.

CXIX. *Quænam siccentur & durescant,*

Corpora autem quibus insunt multæ particulæ tenues, flexiles, lubricæ, aliis crassioribus aut ramosis intertextæ, sed non valde firmiter annexæ, igni admota illas exhalant, hocque ipso siccantur. Nihil enim aliud est siccum esse, quàm carere fluidis illis particulis, quæ cùm simul sunt congregatæ, aquam aliumve liquorem componunt. Atque hæ fluidæ particulæ, durorum corporum meatibus inclusæ, illos dilatant, aliasque ipsorum particulas motu suo concutiunt; quod eorum duritiem tollit, vel saltem imminuit: sed iis exhalatis, aliæ quæ remanent arctiùs jungi, & firmiùs necti solent, sicque corpora durescunt.

CXX. *De aquis ardentibus, insipidis, acidis.*

Et quidem particulæ quæ sic exhalantur in varia genera distinguuntur. Nam primò, ut eas omittam quæ sunt adeò mobiles & tenues, ut solæ nullum corpus præter aërem conflare possint,

 post

post ipsas omnium tenuissimæ, quæque facillimè exhalantur, sunt illæ quæ Chymicorum vasis undique accuratè clausis exceptæ, ac simul collectæ, componunt aquas ardentes, sive spiritus, quales ex vino, tritico, aliisque multis corporibus elici solent. Sequuntur deinde aquæ dulces, sive insipidæ, quales sunt eæ quæ ex plantis, aliisve corporibus destillantur. Tertio loco sunt aquæ erodentes & acidæ, sive succi acres, qui ex salibus non sine magnâ ignis vi educuntur.

CXXI. *De sublimatis & oleis.* Quædam etiam particulæ crassiores, quales sunt eæ argenti vivi, & salium, quæ vasorum summitati adhærentes, in corpora dura concrescunt, satis magná vi opus habent, ut in sublime attollantur. Sed olea omnium difficillimè ex duris & siccis corporibus exhalantur; idque non tam ignis vi, quam arte quadam perfici debet. Cùm enim eorum particulæ tenues sint, & ramosæ, magna vis eas frangeret atque discerperet, priusquam ex istorum corporum meatibus educi possent. Sed iis affunditur aqua copiosa, cujus particulæ leves & lubricæ, meatus istos pervadentes, paullatim illas integras eliciunt, ac secum abripiunt.

CXXII. *Quod mutato ignis gradu mutetur ejus effectus.* Atque in his omnibus ignis gradus est observandus; eo enim variato, semper aliquo modo effectus variatur. Ita multa corpora, lento primùm igni, ac deinde gradatim fortiori, admota, siccantur, & varias particulas exhalant: quales non emitterent sed potiùs tota liquescerent, si ab initio validis ignibus torquerentur.

CXXIII. *De calce.* Modus etiam ignem applicandi, variat ejus effectum: Sic quædam, si tota simul incalescant, liquefiunt; sed si valida flamma ipsorum superficiem lambat, illam in calcem convertit. Quippe corpora omnia dura, quæ solâ ignis actione in pulverem minutissimum reducuntur, fractis scilicet vel expulsis tenuioribus quibusdam eorum particulis, quæ reliquas simul jungebant, vulgò apud Chymicos dicuntur in calcem verti. Nec alia inter cineres & calcem differentia est, quàm quòd cineres sint reliquiæ eorum corporum, quorum magna pars igne consumta est, calx verò sit eorum, quæ ferè tota post absolutam ustionem manent.

CXXIV. *De vitro, quomodo fiat.* Ultimus ignis effectus, est calcis & cinerum in vitrum conversio. Postquam enim ex corporibus, quæ uruntur, tenuiores omnes particulæ avulsæ ac rejectæ sunt, cæteræ quæ pro calce vel cineribus manent, tam solidæ sunt & crassæ, ut ignis vi sursum attolli non possint; figurasque habent ut plurimùm irregulares & angulosas; unde

unde fit, ut unæ aliis incumbentes, sibi mutuò non adhæreant, nec etiam, nisi fortè in minutissimis quibusdam punctis, se contingant. Cùm autem postea validus & diuturnus ignis, pergit in illas vim suam exercere, hoc est, cùm tenuiores particulæ tertii elementi, unà cum globulis secundi à materia primi abreptæ, celerrimè circa ipsas in omnes partes moveri pergunt, paullatim earum anguli atteruntur, & superficies lævigantur, & fortè etiam nonnullæ ex ipsis inflectuntur, sicque unæ super alias repentes, & fluentes, non punctis duntaxat, sed exiguis quibusdam superficiebus se contingunt, & hoc pacto simul connexæ vitrum componunt.

CXXV. *Quomodo ejus particulæ simul jungantur.*

Quippe notandum est, cùm duo corpora, quorum superficies aliquam latitudinem habent, sibi mutuò secundum lineam rectam occurrunt, ipsa non posse tam propè ad invicem accedere, quin spatium aliquod intercedat, quod à globulis secundi elementi occupetur; cùm autem unum supra aliud oblique ducitur, vel repit, ea multò arctiùs jungi posse. Nam ex. ca. si corpora B & C, sibi invicem occurrant secundùm lineam A D, globuli cœlestes eorum superficiebus intercepti, contactum immediatum impediunt. Si au-

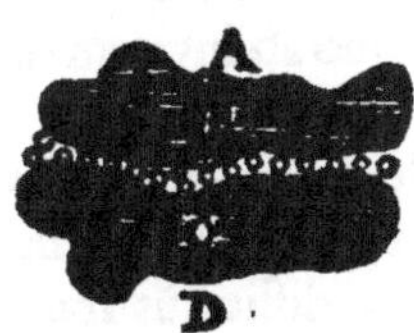

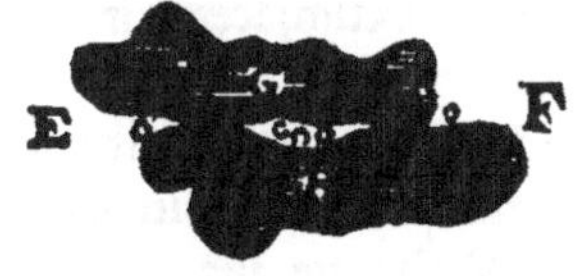

tem corpus G, hinc inde moveatur supra corpus H, secundùm lineam rectam E F, nihil impediet quominus immediatè ipsum tangat; saltem si utriusque superficies sint læves & planæ; si autem sint rudes & inæquales, paullatim hoc ipso motu lævigantur & explanantur. Itaque putandum est, calcis & cinerum particulas ab invicem disjunctas, hic exhiberi per corpora B & C; particulas autem vitri simul junctas, per corpora G & H. Atque ex hac solâ diversitate, quam perspicuum est in illas, per vehementem & diuturnam ignis actionem, debere induci, omnes vitri proprietates acquirunt.

CXXVII. *Cur sit liquidum cùm candet, omnesque figuras facile induat.*

Vitrum enim cùm adhuc candet, liquidum est, quia ejus particulæ facilè moventur, illa ignis vi qua jam ante fuerunt lævigatæ, atque inflexæ. Cum vero incipit refrigerari, quaslibet figuras potest indue-

induere. Hocque omnibus corporibus igne liquefactis est commune; dum enim adhuc liquida sunt, ipsorum particulæ non ægrè se accommodant ad quaslibet figuras, & cùm postea frigore concrescunt, easdem retinent, quas ultimo induerunt. Potest etiam in fila capillorum instar tenuia extendi, quia ejus particulæ jam concrescere incipientes, faciliùs unæ supra alias fluunt, quàm ab invicem disjungantur.

CXXVII. *Cur, cùm frigidum est, sit valde durum.*
Cùm deinde vitrum planè refriguit, est valde durum, sed simul etiam valde fragile, atque eò fragiliùs quo citiùs refriguit. Nempe duritiei caussa est, quod constet tantùm particulis satis crassis & inflexilibus, quæ non ramulorum intextu, sed immediato contactu sibi invicem adhærent. Alia enim pleraque corpora ideò mollia sunt, quòd eorum particulæ sint flexiles, vel certè desinant in ramulos quosdam flexiles, qui sibi mutuò annexi eas jungunt. Nulla autem duorum corporum firmior adhæsio esse potest, quàm ea quæ oritur ex ipsorum immediato contactu; cùm scilicet ita se invicem tangunt, ut neutrum sit in motu ad se ab alio sejungendum; quod accidit vitri particulis, statim atque ab igne remotæ sunt; quia earum crassities, & contiguitas, & figuræ inæqualitas impediunt, ne possint ab aëre circumjacente in eo motu, quo ab invicem disjungebantur, conservari.

CXXVIII. *Cur valde fragile.*
At nihilominus vitrum est valde fragile, quia superficies secundùm quas ejus particulæ se invicem tangunt, sunt admodum exiguæ ac paucæ. Multaque alia corpora molliora difficiliùs franguntur, quia eorum partes ita sunt intertextæ, ut separari non possint, quin ipsarum multi ramuli rumpantur & evellantur.

CXXIX. *Cur ejus fragilitas minuatur si lentè refrigeretur.*
Est etiam fragilius cùm celeriter, quàm cùm lentè refriguit: ejus enim meatus sunt satis laxi dum candet, quia tunc multa materia primi elementi, simul cum globulis secundi, ac etiam fortè cum nonnullis ex tenuioribus tertii particulis, per illos transit. Cùm autem refrigeratur sponte, redduntur angustiores; quia soli globuli secundi elementi, per ipsos transeuntes, minùs spatii requirunt; atque si refrigeratio nimis celeriter fiat, vitrum priùs est durum, quàm ejus meatus ita potuerint arctari; quo fit, ut globuli isti semper postea impetum faciant, ad ejus particulas ab invicem disjungendas; cumque hæ particulæ solo contactu suo junctæ sint, non potest una tantillum ab aliâ separari, quin statim aliæ plures, ei vicinæ secundùm eam superficiem in quâ ista separatio fieri cœpit, etiam

etiam separentur, atque ita vitrum planè frangatur. Quam ob caussam, qui vitrea vasa conficiunt, ea gradatim ex fornacibus removent, ut lentè refrigerentur. Atque si vitrum frigidum igni apponatur, ita ut in una parte multò magis quàm in aliis vicinis calefiat, hoc ipso in illa parte frangetur; quia non possunt ejus meatus calore dilatari, meatibus vicinarum partium immutatis, quin illa ab illis disjungatur. Sed si vitrum lento primum igni, ac deinde gradatim vehementiori admoveatur, & secundùm omnes partes æqualiter incalescat, non frangetur; quia omnes ejus meatus, æqualiter & eodem tempore laxabuntur.

Præterea vitrum est pellucidum, quia dum generatur liquidum est, & materia ignis undique circa ejus particulas fluens, innumeros ibi meatus sibi excavat, per quos postea globuli secundi elementi liberè transeuntes, actionem luminis in omnes partes secundùm lineas rectas transferre possunt. Neque enim ad hoc necesse est, ut sint accuratè recti, sed tantum, nullibi sint interrupti: Adeò ut si, ex. ca., fingamus vitrum constare particulis accuratè sphæricis & æqualibus, sed tam crassis, ut globuli secundi elementi transire possint per spatium illud triangulare, quod inter tres se mutuò tangentes manere debet, vitrum illud erit planè pellucidum, quamvis sit multò solidius omni eo, quod nunc habetur. CXXX. *Cur sit pellucidum.*

Cùm autem materiæ ex qua fit vitrum, metalla vel alia corpora permiscentur, quorum particulæ magis igni resistunt, & non tam facilè lævigantur, quàm aliæ quæ ipsum componunt, hoc ipso fit minùs pellucidum, & varios induit colores, prout istæ duriores particulæ, meatus ejus magis, aut minùs, & variis modis, intercludunt. CXXXI. *Quomodo fiat coloratum.*

Denique vitrum est rigidum: ita scilicet, ut nonnihil quidem à vi externa flecti possit absque fractura, sed postea cum impetu resiliat, arcus instar, & redeat ad priorem figuram: ut evidenter apparet, cùm in fila valde tenuia ductum est. Atque proprietas hoc pacto resiliendi, generaliter habet locum in omnibus corporibus duris, quorum particulæ immediato contactu, non ramulorum intextu, sunt conjunctæ. Cùm enim innumeros habeant meatus, per quos aliqua semper materia movetur, quia nullibi vacuum est, & quorum figuræ aptæ sunt ad liberum isti materiæ transitum præbendum; quia ejus ope antea formati fuerunt; talia corpora nullo modo flecti possunt, quin istorum meatuum figura nonnihil varietur; quo fit, CXXXII. *Cur sit rigidum instar arcus; & generaliter, cur rigida, cum inflexa sunt, sponte redeant ad priorem figuram.*

ut particulæ materiæ, per illos transire assuetæ, vias ibi solito minùs commodas invenientes, impetum faciant in eorum parietes, ad priorem figuram ipsis reddendam. Nempe si, exempli causâ, in arcu laxo, meatus, per quos transire solent globuli secundi elementi, sint circulares, putandum est eosdem in arcu intenso sive inflexo, esse ellipticos, & globulos per ipsos transire laborantes, impingere in eorum parietes secundum minores diametros istarum ellipsium, sicque vim habere illis figuram circularem restituendi. Et quamvis ista vis, in singulis globulis secundi elementi exigua sit, quia tamen assiduè quamplurimi, per ejusdem arcus quamplurimos poros meare conantur, illorum omnium vires simul junctæ, atque in hoc conspirantes, ut arcum reducant, satis magnæ esse possunt. Arcus autem diu intentus, præsertim si sit ex ligno, aliâve materiâ non admodum durâ, vim resiliendi paulatim amittit: quia ejus meatuum figuræ, longo attritu particularum materiæ per ipsos transeuntis, sensim ad earum mensuram magis & magis aptantur.

CXXXIII. *De magnete. Repetitio eorum ex ante dictis, quæ ad ejus explicationem requiruntur.*

Hactenus naturas aëris, aquæ, terræ, & ignis, quæ hujus globi quem incolimus, elementa vulgò censentur, simulque præcipuas eorum vires & qualitates explicare conatus sum; sequitur nunc, ut etiam agam de magnete; cum enim ejus vis per totum hunc Terræ globum sit diffusa, non dubium est, quin ad generalem ejus considerationem pertineat. Jam itaque revocemus nobis in memoriam, particulas illas striatas primi elementi, quæ supra in tertiæ partis articulo 87 & sequentibus, satis accuratè descriptæ sunt. Atque id omne, quod ibi ab articulo 105 ad 109, de sidere I dictum est, de Terrâ hîc intelligentes, putemus esse multos meatus in mediâ ejus regione, axi parallelos, per quos particulæ striatæ ab uno polo venientes, liberè ad alium pergant, eosque ad illarum mensuram ita esse excavatos, ut ii qui recipiunt particulas striatas, à polo Australi venientes, nullo modo possint recipere alias, quæ veniunt à polo Boreali; nec contra, qui recipiunt Boreales, Australes admittant: quia scilicet in modum cochlearum intortæ sunt, unæ in unam partem, aliæ in oppositam. Ac præterea etiam easdem particulas, per unam tantùm partem istorum meatuum ingredi posse, non autem regredi per adversam; propter tenuissimas quasdam ramulorum extremitates, in spiris istorum meatuum, inflexas versus eam partem, secundùm quam progredi solent, & ita in adversam partem assurgentes, ut ipsarum regressum impediant. Unde fit, ut postquam

istæ

istæ particulæ striatæ, per totam mediam Terram secundùm lineas rectas, vel rectis æquipollentes, ejus axi parallelas, ab uno hemisphærio ad aliud transiverunt, ipsæ per ætherem circumfusum, revertantur ad illud idem hemisphærium, per quod priùs Terram ingressæ sunt, atque ita rursus illam permeantes, quendam ibi quasi vorticem componant.

CXXXIV. *Nullos in aëre, nec in aqua esse meatus recipiendis particulis striatis idoneos.*

Et quoniam ex illo æthere, per quem particulas striatas, ab uno polo ad alium reverti dixeramus, quatuor diversa corpora genita esse posse ostendimus; nempe Terræ crustam interiorem sive metallicam, aquam, terram exteriorem, & aërem : Notavimusque, articulo 113 tertiæ partis, nulla nisi in crassioribus istius ætheris particulis, meatuum ad mensuram particularum striatarum efformatorum, vestigia manere potuisse; Advertendum est hoc in loco, istas omnes crassiores particulas, ad interiorem Terræ crustam initio confluxisse; nullasque in aqua nec in aëre esse posse; tum quia nullæ ibi particulæ satis crassæ; tum etiam quia, cùm ista corpora fluida sint, ipsorum particulæ assiduè situm mutant, & proinde si qui olim in iis fuissent tales meatus, cùm certum & determinatum situm requirant, jamdudum istâ mutatione corrupti essent.

CXXXV. *Nullos etiam esse in ullis corporibus terræ exterioris præterquam in ferro.*

Ac præterea cùm suprà dictum sit, Terræ crustam interiorem, constare partim ramosis particulis sibi mutuò annexis, partim aliis quæ per ramosarum intervalla hinc inde moventur, isti etiam meatus in his mobilioribus esse non possunt, propter rationem mox allatam, sed in ramosis duntaxat. Et quantum ad terram exteriorem, nulli quidem etiam in eâ tales meatus initio fuerunt, quoniam inter aquam & aërem formata est : sed cùm postea varia metalla, ex terra interiore ad hanc exteriorem adscenderint, quamvis ea omnia, quæ ex mobilioribus & solidioribus illius particulis conflata sunt, ejusmodi meatus habere non debeant, certè illud quod ex ramosis & crassis, sed non adeò solidis particulis constat, non potest iis esse destitutum. Et valde rationi consentaneum est, ut credamus ferrum tale esse.

CXXXVI. *Cur tales meatus sint in ferro.*

Nullum enim aliud metallum tam difficulter malleo flectitur, vel igne liquescit, nec ullum etiam adeò durum, sine alterius corporis misturâ reddi potest: quæ tria indicio sunt, ejus ramenta magis ramosa sive angulosa esse, quàm cæterorum, & ideò sibi invicem firmiùs annecti. Nec obstat quòd nonnullæ ejus glebæ satis facilè primâ vice,

 igni

igni liquescant, tunc enim earum ramenta, nondum sibi mutuò annexa, sed una ab aliis disjuncta sunt, & ideò caloris vi facilè agitantur. Præterea quamvis ferrum sit aliis metallis durius & minùs fusile, est tamen etiam unum ex minimè ponderosis, & facilè rubigine corrumpitur, aut aquis fortibus eroditur: quæ omnia indicio sunt, ejus particulas non esse aliorum metallorum particulis solidiores, ut sunt crassiores, sed multos in iis meatus contineri.

CXXXVII. *Qua ratione etiam sint in singulis ejus ramentis.*

Nolo tamen hîc affirmare, in singulis ferri ramentis esse integra foramina, in modum cochlearum intorta, per quæ transeant particulæ striatæ; ut etiam nolo negare, quin talia multa in ipsis reperiantur: sed hîc sufficiet, si putemus istiusmodi foraminum medietates, in singulorum ramentorum superficiebus ita esse insculptas, ut, cùm istæ superficies aptè junguntur, foramina integra componant. Et facilè credi potest, crassiores illas ramosas, & foraminosas interioris terræ particulas, ex quibus fit ferrum, vi spirituum sive succorum acrium, illam permeantium, ita fuisse divisas, ut dimidiata ista foramina, in superficiebus ramentorum quæ ab ipsis separabantur, remanerent; atque hæc ramenta postea per venas terræ exterioris, tum ab istis spiritibus, tùm etiam ab exhalationibus & vaporibus protrusa, paullatim in fodinas adscendisse.

CXXXVIII. *Quomodo isti meatus apti reddantur, ad particulas striatas ab utravis parte venientes, admittendas.*

Notandumque est ipsa sic adscendendò, non semper in easdem partes converti posse, quia sunt angulosa, & diversas inæqualitates in terræ venis offendunt; atque cùm particulæ striatæ, quæ à terra interiore cum impetu venientes, per totam exteriorem sibi vias quærunt, istorum ramentorum meatus ita sitos inveniunt, ut, ad motum suum secundùm lineas rectas continuandum, per illa eorum orificia, per quæ prius egredi consueverant, ingredi conentur, ipsas ibi occurrere, perexiguis istis ramulorum extremitatibus, quas inter meatuum spiras eminere, ac regressuris particulis striatis assurgere supra dictum est; hasque ramulorum extremitates initio quidem illis resistere, sed ab ipsis sæpe-sæpius impulsas, successu temporis omnes in contrariam partem flecti, aut etiam nonnullas frangi; cumque postea isti meatus, ramentorum quibus insunt, situ mutato, alia sua orificia particulis striatis obvertunt, has rursus occurrere extremitatibus ramulorum in meatibus assurgentium, ipsasque paullatim in aliam partem inflectere, & quo sæpius atque diutius hoc iteratur, eò ramulorum istorum in utramque partem inflexionem faciliorem evadere.

Et

CXXXIX. *Quæ sit natura magnetis.*

Et quidem ea ramenta, quæ sæpe hoc pacto per exterioris terræ venas adscendendo, modò in unam, modò in aliam partem conversa fuere, sive sola simul collecta sint, sive aliorum corporum meatibus impacta, glebam ferri componunt. Ea verò quæ vel semper eundem situm retinuerunt; vel certè, si, ut ad fodinas pervenirent, illum aliquoties mutare coacta fuerint, saltem ibi postea, lapidis alteriusve corporis meatibus firmiter impacta, per multos annos immota remanserunt, faciunt magnetem. Atque ita vix ulla est ferri gleba, quæ non aliquo modo ad magnetis naturam accedat, & nullus omnino est magnes, in quo non aliquid ferri contineatur; etsi fortè aliquando istud ferrum aliquibus aliis corporibus tam arctè adhæreat, ut faciliùs igne corrumpi, quàm ab iis educi possit.

CXL. *Quomodo fusione fiat chalybs, & quodvis ferrum.*

Cùm autem ferri glebæ igni admotæ liquefiunt, ut in ferrum aut chalybem vertantur, earum ramenta vi caloris agitata, & ab heterogeneis corporibus disjuncta, hinc indè se contorquent, donec applicent se unà aliis, secundùm eas superficies, in quibus dimidiatos meatus recipiendis particulis striatis idoneos, insculptos esse paullò antè dictum est; ac etiam donec istorum meatuum medietates tam aptè congruant, ut integros meatus efforment. Quod ubi accidit, statim particulæ striatæ, quæ non minùs in igne quàm in aliis corporibus reperiuntur, per illos liberius quàm per alia loca fluentes, impediunt ne exiguæ superficies, ex quarum apto situ & conjunctione exsurgunt, tam facilè quàm priùs situm mutent, & ipsarum contiguitas, vel saltem vis gravitatis, quæ ramenta omnia deorsum premit, impedit ne facilè disjungantur. Cumque interim ramenta ipsa, propter agitationem ignis pergant moveri, multa simul in eundem motum conspirant, & totus liquor ex iis conflatus, in varias quasi guttulas aut grumulos distinguitur: ita scilicet, ut omnia illa ramenta quæ simul moventur, unam quasi guttam conficiant, quæ gutta suam superficiem motu suo statim lævigat & perpolit. Occursu enim aliarum guttarum, quidquid est rude atque angulosum in ramentis, ex quibus constat, ab ejus superficie ad partes interiores detruditur, atque ita omnes cujusque guttulæ partes quam arctissimè simul junguntur.

CXLI. *Cur chalybs sit valde durus, rigidus, & fragilis.*

Et totus liquor, hoc pacto in guttulas sive grumulos distinctus, si celeriter frigescat, concrescit in chalybem admodum durum, rigidum, & fragilem, fere ut vitrum. Quippe durus est, quia constat ramen-

ramentis sibi mutuò arctissimè conjunctis; & rigidus, hoc est, talis, ut si flectatur, sponte redeat ad priorem figuram, quia flexione istâ ejus ramentorum exiguæ superficies non disjunguntur, sed soli meatus figuras mutant, ut supra de vitro dictum est; denique est fragilis, quia guttulæ, sive grumuli, quibus constat, sibi mutuò non adhærent, nisi per superficierum suarum contactum; atque hic contactus, non nisi in paucissimis & perexiguis locis immediatus esse potest.

CXLII. *Quæ sit differentia inter chalybem, & aliud ferrum.*

Non autem omnes glebæ æquè aptæ sunt, ut in chalybem vertantur; ac etiam illæ eædem, ex quibus optimus & durissimus chalybs fieri solet, vile tantùm ferrum dant, cùm igne non convenienti funduntur. Nam si glebæ ramenta sint adeò angulosa & confragosa, ut sibi mutuò prius adhæreant, quàm superficies suas aptè possint ad invicem applicare, atque in guttulas distingui; vel si ignis non sit satis fortis, ad liquorem ita in guttulas distinguendum, & ramenta ipsas componentia simul constringenda; vel contra si sit tam fortis, ut istorum ramentorum aptum situm disturbet, non chalybs, sed ferrum minùs durum & magis flexile habetur.

CXLIII. *Quomodo chalybs temperetur.*

Ac etiam chalybs jam factus, si rursus igni admoveatur, etsi non facilè liquescat, quia ejus grumuli nimis crassi sunt & solidi, ut ab igne integri moveantur; & ramenta quibus unusquisque grumulus constat, nimis arctè compacta, ut locis suis planè extrudi possint; mollitur tamen, quia omnes ejus particulæ calore concutiuntur: & postea si lentè refrigeretur, non resumit priorem duritiem, nec rigorem, nec fragilitatem, sed fit flexile instar ferri vilioris. Dum enim hoc pacto refrigeratur, ramenta angulosa & confragosa, quæ ex grumulorum superficiebus, ad interiores eorum partes vi caloris protrusa erant, foras se exserunt, & una aliis implicata, tanquam uncis quibusdam perexiguis unos grumulos aliis annectunt; quo fit, ut ramenta ista, non ampliùs tam arctè in grumulis suis compacta sint, atque ut grumuli non ampliùs immediato contactu, sed tanquam hamis vel uncis quibusdam alligati, sibi mutuò adhæreant; & ideò chalybs non admodum durus, nec rigidus, nec fragilis, sed mollis & flexilis evadat. In quo non differt à ferro communi, nisi quod chalybi iterum candefacto, & deinde celeriter refrigerato, prior durities & rigiditas reddatur, non autem ferro, saltem tanta. Cujus ratio est, quod ramenta in chalybe, non tam longè absint à situ, ad maximam duritiem convenienti, quin facilè illum ignis vi resumant, & in celer-

rima

rima refrigeratione retineant: cùm autem in ferro talem situm nunquam habuerint, nunquam etiam illum resumunt. Et quidem ut ita chalybs aut ferrum candens celerrimè refrigeretur, in aquam, aliosve liquores frigidos mergi solet; ac contrà in oleum vel alia pinguia, ut lentius frigescat: & quia quò durior, & rigidior, eò etiam fragilior evadit, ut gladii, serræ, limæ, aliave instrumenta ex eo fiant, non semper in frigidissimis liquoribus exstingui debet, sed in temperatis, prout in unoquoque ex istis instrumentis, magis minusve fragilitas est vitanda quàm durities optanda. & ideò dum certis liquoribus ita mergitur, non immertiò dicitur temperari.

CXLIV. *Quæ sit differentia inter meatus magnetis, chalybis, & ferri.*

Quantum autem ad meatus, recipiendis particulis striatis idoneos, satis quidem patet ex dictis, permultos tam in chalybe quàm in ferro esse debere; ac etiam eos esse in chalybe magis integros & perfectos, ramulorumque extremitates in ipsorum spiris eminentes, cùm semel in unam partem flexæ sunt, non tam facilè in contrariam posse inflecti; quanquam etiam in hoc faciliùs, quàm in magnete flectantur; ac denique omnes istos meatus, non in chalybe aut alio ferro, ut in magnete, orificia sua recipiendis particulis striatis, ab Austro venientibus idonea, in unam partem, & idonea recipiendis aliis à Boreâ venientibus, in contrariam convertere; sed eorum situm varium atque incertum esse debere, propterea quod ignis agitatione turbatur. Et in brevissimâ illâ morâ, qua hæc ignis agitatio frigore sistitur, tot tantùm ex istis meatibus versus Austrum & Boream converti possunt, quot particulæ striatæ à polis Terræ venientes, sibi tunc temporis per illos viam quærunt. Et quia istæ particulæ striatæ, omnibus ferri meatibus multitudine non respondent, omne quidem ferrum aliquam vim magneticam accepit ab èo situ, quem habuit respectu partium terræ, cùm ultimò candefactum refriguit, vel etiam ab eo in quo diu immotum stetit, si diu in eodem situ steterit immotum; sed pro multitudine meatuum quos in se continet, potest habere adhuc majorem.

CXLV. *Enumeratio proprietatum virtutis magneticæ.*

Quæ omnia ex principiis Naturæ, supra expositis, ita sequuntur, ut quamvis non respicerem ad illas magneticas proprietates, quas hîc explicandas suscepi, ea tamen non aliter se habere judicarem. Deinceps autem videbimus, horum ope tam aptè & perspicuè omnium istarum proprietatum dari rationem, ut hoc etiam videatur sufficere, ad persuadendum ea vera esse, quamvis ex Naturæ principiis sequi nesciremus. Et quidem magneticæ proprietates,

tes, quæ ab ipsarum admiratoribus notari solent, ad hæc capita possunt referri.

1. Quod in magnete duo sint poli, quorum unus ubique locorum, versus Terræ polum Borealem, alius versus Australem se convertit.

2. Quod isti magnetis poli, pro diversis Terræ locis quibus insistunt, diversimodè versus ejus centrum se inclinent.

3. Quod si duo magnetes sint sphærici, unus versus alium eodem modo se convertat, ac quilibet ex ipsis versus Terram.

4. Quod postquam sunt ita conversi, ad invicem accedant.

5. Quod si in contrario situ detineantur, se mutuò refugiant.

6. Quod si magnes dividatur plano, lineæ per suos polos ductæ parallelo, partes segmentorum quæ priùs junctæ erant, se mutuò etiam refugiant.

7. Quod si dividatur plano, lineam per polos ductam ad angulos rectos secante, duo puncta prius contigua, fiant poli diversæ virtutis, unus in uno, alius in alio segmento.

8. Quod quamvis in uno magnete sint tantùm duo poli, unus Australis, alius Borealis, in unoquoque tamen ex ipsius fragmentis, duo etiam similes poli reperiantur; adeò ut ejus vis, quatenus ratione polorum diversa videtur, eadem sit in quavis parte, ac in toto.

9. Quod ferrum à magnete istam vim recipiat, cùm tantùm ei admovetur.

10. Quod pro variis modis quibus ei admovetur, eam diversimodè recipiat.

11. Quod ferrum oblongum, quomodocunque magneti admotum, illam semper secundùm suam longitudinem recipiat.

12. Quod magnes de vi sua nihil amittat, quamvis eam ferro communicet.

13. Quod ipsa brevissimo quidem tempore ferro communicetur, sed temporis diuturnitate magis & magis in eo confirmetur.

14. Quod chalybs durissimus eam majorem recipiat, & receptam constantius servet, quàm vilius ferrum.

15. Quod major ei communicetur à perfectiore magnete, quàm à minus perfecto.

16. Quod ipsa etiam Terra sit magnes, & nonnihil de sua vi ferro communicet.

17. Quod

17. Quod hæc vis in Terra, maximo magnete, minùs fortis appareat, quàm in plerisque aliis minoribus.

18. Quod acus à magnete tactæ, suas extremitates eodem modo versus Terram convertant, ac magnes suos polos.

19. Quod eas non accuratè versus Terræ polos convertant, sed variè variis in locis ab iis declinent.

20. Quod ista declinatio cum tempore mutari possit.

21. Quod nulla sit, ut quidam aiunt, vel fortè quod non eadem, nec tanta sit, in magnete supra unum ex suis polis perpendiculariter erecto, quàm in eo, cujus poli æqualiter à Terra distant.

22. Quod magnes trahat ferrum.

23. Quod magnes armatus, multò plus ferri sustineat, quàm nudus.

24. Quod ejus poli, quamvis contrarii, se invicem juvent ad idem ferrum sustinendum.

25. Quod rotulæ ferreæ, magneti appensæ, gyratio in utramvis partem, à vi magneticâ non impediatur.

26. Quod vis unius magnetis varie possit augeri vel minui, variâ magnetis alterius aut ferri ad ipsum applicatione.

27. Quod magnes, quantumvis fortis, ferrum à se distans, ab alterius debilioris magnetis contactu, retrahere non possit.

28. Quod contra magnes debilis, aut exiguum ferrum, sæpe aliud ferrum sibi contiguum separet à magnete fortiore.

29. Quod polus magnetis, quem dicimus Australem, plus ferri sustineat in his Borealibus regionibus, quàm ille quem dicimus Borealem.

30. Quod limatura ferri circa unum, aut plures magnetes, certis quibusdam modis se disponat.

31. Quod lamina ferrea polo magnetis adjuncta, ejus vim trahendi vel convertendi ferri deflectat.

32. Quod eandem nullius alterius corporis interpositio impediat.

33. Quod magnes ad Terram aliosve vicinos magnetes aliter conversus manens, quàm sponte se converteret si nihil ejus motui obstaret, successu temporis suam vim amittat.

34. Quod denique ista vis etiam rubigine, humiditate & situ minuatur, atque igne tollatur; non autem ullâ aliâ nobis cognita ratione.

CXLVI. *Quomodo particulæ striatæ per Terræ meatus fluant.*

Ad quarum proprietatum caussas intelligendas, proponamus nobis ob oculos Terram A B, cujus A est polus Australis, & B Borealis: notemusque, particulas striatas, ab Australi cœli parte E venientes, alio plane modo intortas esse, quam venientes à Boreali F; quo fit, ut unæ aliarum meatus ingredi plane non possint. Notemus etiam, Australes quidem, rectà pergere ab A versus B, per mediam Terram, ac deinde per aërem ei circum-

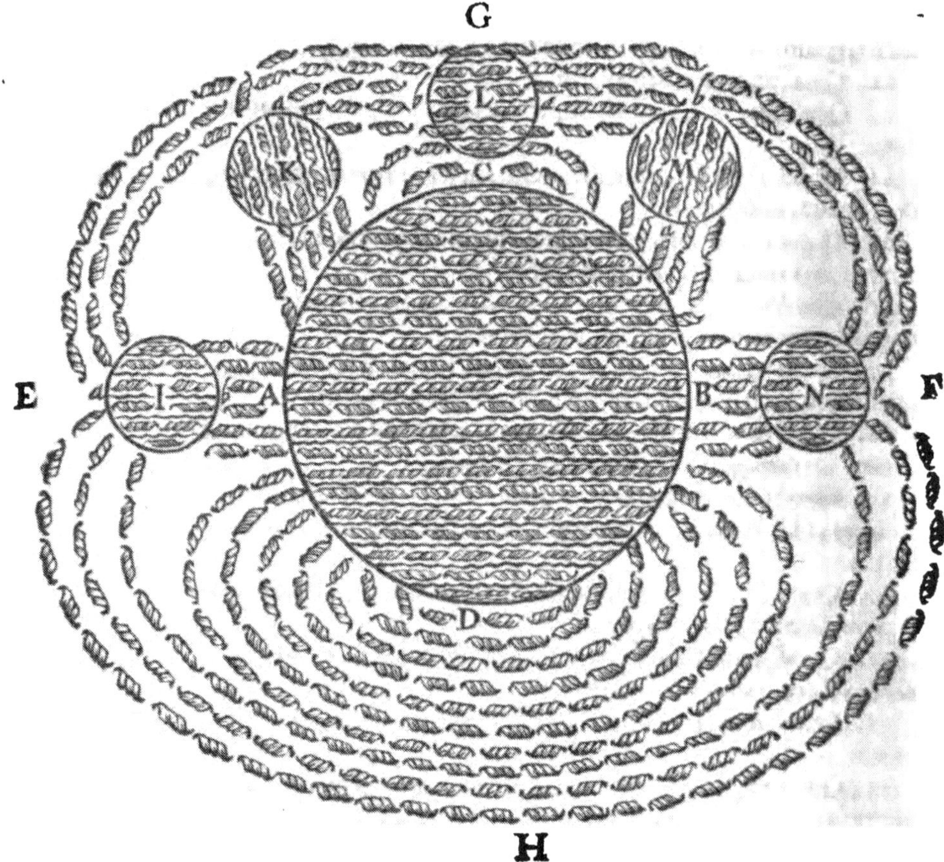

fusum reverti à B versus A; eodemque tempore Boreales transire à B ad A, per mediam Terram, & reverti ab A ad B per aërem

aërem circumfusum: quia meatus per quos ab una parte ad aliam venerant, sunt tales, ut per ipsos regredi non possint.

CXLVII. *Quod difficilius transeant per aërem, aquam, & terram exteriorem, quam per interiorem.*

Interim verò quot novæ semper accedunt à partibus cœli E & F, tot per alias partes cœli G & H abscedunt; vel in itinere dissipantur, & figuras suas amittunt: non quidem transeundo per mediam Terræ regionem; quia ibi meatus habent ad mensuram suam excavatos, per quos sine ullo offendiculo celerrimè fluunt; sed redeundo per aërem, aquam & alia corpora terræ exterioris, in quibus nullos ejusmodi meatus habentes, multò difficilius moventur, particulisque secundi & tertii elementi assiduè occurrunt, quas cùm loco expellere laborant, interdum ab ipsis comminuuntur.

CXLVIII. *Quod facilius transeant per magnetem, quam per alia corpora hujus terræ exterioris.*

Jam verò si fortè istæ particulæ striatæ magnetem ibi offendant, cùm in eo inveniant meatus ad suam figuram conformatos, eodemque modo dispositos ac meatus terræ interioris, ut paullò antè diximus, non dubium est, quin multò faciliùs per illum transeant, quàm per aërem vel alia corpora terræ exterioris: saltem cùm iste magnes ita situs est, ut habeat suorum meatuum orificia conversa versus eas Terræ partes, à quibus veniunt eæ particulæ striatæ, quæ per illa liberè ingredi possunt.

CXLIX. *Qui sint poli magnetis.*

Et quemadmodum in terra, sic in magnete, punctum medium ejus partis, in qua sunt orificia meatuum, per quæ ingrediuntur particulæ striatæ, venientes ab Australi cœli parte, dicemus polum Australem; punctum autem medium alterius partis, per quam hæ particulæ striatæ egrediuntur, & aliæ venientes à Septentrione ingrediuntur, dicemus polum Borealem. Nec moramur, quod vulgò alii polum quem vocamus Australem, vocent Borealem; neque enim ea de re vulgus, cui soli jus competit nomina rebus malè convenientia frequenti usu approbandi, loqui solet.

CL. *Cur isti poli se convertant versus polos Terræ.*

Cùm autem hi poli magnetis, non respiciunt eas Terræ partes, à quibus veniunt eæ particulæ striatæ, quibus liberum transitum præbere possunt, tunc istæ particulæ striatæ, obliquè in magnetis meatus irruentes, illum impellunt eâ vi quam habent, ad perseverandum in suo motu secundùm lineas rectas, donec ipsum ad naturalem situm reduxerint: sicque quoties à nulla externa vi retinetur, efficiunt, ut ejus polus Australis, versus polum Terræ Borealem convertatur, & Borealis versus Australem. Quoniam eæ quæ à Terræ polo Boreali, per aërem ad Austrum tendunt, venere prius ab Australi cœli parte per mediam Terram, & venere à Boreali quæ ad Boream revertuntur.

CLI. *Cur etiam certa ratione versus ejus centrum se reclinent.*

Efficiunt etiam ut magnes, pro diversis terræ locis quibus insistit, unum ex polis suis, altero magis aut minùs versus illam inclinet. Nempe in Æquatore quidem *a*, polus Australis magnetis L, versus B Borealem Terræ; & *b* Borealis ejusdem magnetis, versus Australem Terræ dirigitur, ac neuter altero magis deprimitur, quia particulæ striatæ cum æquali vi ab utraque parte ad illos accedunt. Sed in polo Terræ Boreali, polus *a* magnetis N omnino

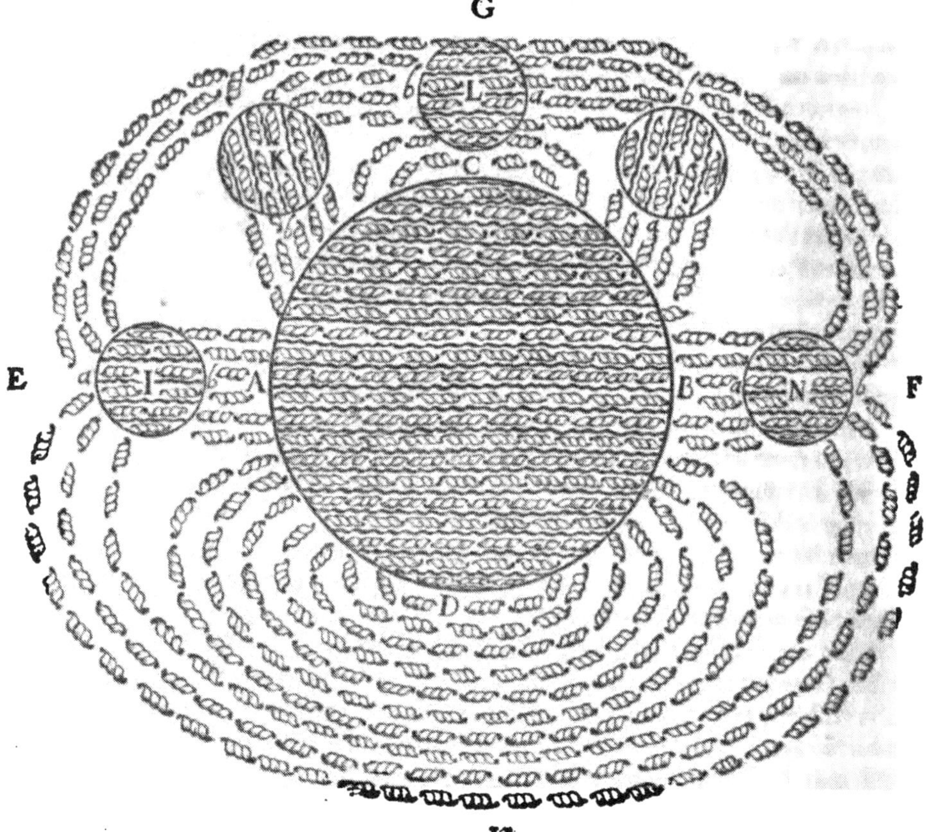

deprimitur, & *b* ad perpendiculum erigitur. In locis autem intermediis, magnes M polum suum *b* magis aut minùs erigit, & polum

lum *a* magis aut minùs deprimit, prout magis aut minùs vicinus est polo Terræ B. Quorum caussa est, quòd Australes particulæ striatæ, magnetem N ingressuræ, ab interioribus Terræ partibus per polum B, secundùm lineas rectas surgant; Boreales verò ab hemisphærio Terræ DAC, circumquaque per aërem versus eundem magnetem N venientes, non magis obliquè progredi debeant, ut ad ejus superiorem partem, quàm ut ad inferiorem accedant: Australes verò ingressuræ magnetem M, à toto Terræ tractu qui est inter B & M adscendentes, vim habeant ejus polum *a* obliquè deprimendi, ne à Borealibus, quæ à tractu Terræ AC ad alium ipsius polum *b*, non minùs facilè accedunt cùm erectus est, quàm cùm depressus, impediantur.

CLII. *Cur unus magnes ad alium se convertat & inclinet eodem modo atque ad Terram.*

Cùm autem istæ particulæ striatæ, per singulos magnetes eodem planè modo ac per Terram fluant, non aliter duos magnetes sphæricos unum ad alium, quàm ad totam Terram debent convertere. Notandum enim ipsas circa unumquemque magnetem, multò majore copiâ semper esse congregatas, quàm in aëre inde remoto: quia nempe in magnete habent meatus, per quos multò faciliùs fluunt quàm per aërem circumjacentem, à quo idcirco juxta magnetem retinentur; ut etiam, propter meatus quos habent in Terrâ interiore, major est earum copia in toto aëre, aliisque corporibus Terram ambientibus, quàm in cœlo. Et ita quantum ad vim magneticam, eadem planè omnia putanda sunt de uno magnete, respectu alterius magnetis, ac de Terra, quæ ipsa maximus magnes dici potest.

CLIII. *Cur duo magnetes ad invicem accedant, & quæ sit cujusque sphæra activitatis.*

Neque verò duo magnetes, se tantum ad invicem convertunt, donec polus Borealis unius polum Australem alterius respiciat, sed præterea postquam sunt ita conversi, ad invicem accedunt donec se mutuo contingant, si nihil ipsorum motum impediat. Notandum enim est particulas striatas celerrimè moveri, quandiu versantur in meatibus magnetum, quia ibi feruntur impetu primi elementi ad quod pertinent, cumque inde egrediuntur, occurrere particulis aliorum corporum, easque propellere, quoniam hæ ad secundum aut tertium elementum pertinentes, non tantum habent celeritatis. Ita illæ quæ transeunt per magnetem O, celeritate qua feruntur ab A ad B, atque à B ad A, vim acquirunt ulteriùs progrediendi secundùm lineas rectas, versus R & S, donec ibi tam multis particulis secundi aut tertii elementi occur-

occurrerint, ut ab ipsis utrimque reflectantur versus V. Totumque spatium R V S per quod ita sparguntur, vocatur sphæra virtutis, sive activitatis, hujus magnetis O; quam patet eò majorem esse debere, quo magnes est major, præsertim quo longior secun-

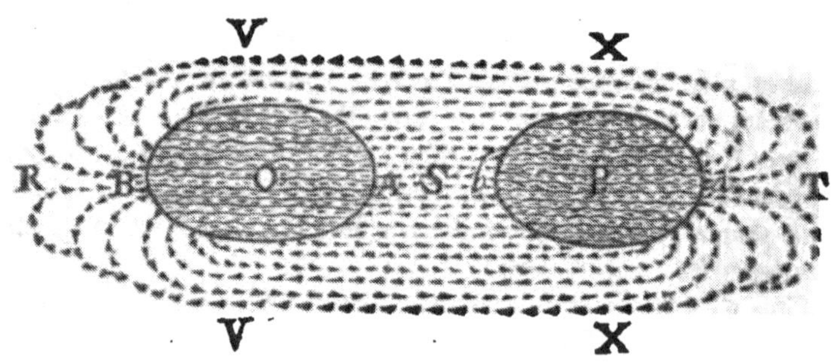

dùm lineam A B, quia particulæ striatæ longiùs per illum progredientes, majorem agitationem acquirunt. Ita etiam quæ transeunt per magnetem P, rectà utrimque pergunt versus S & T, atque inde reflectuntur versus X, totumque aërem in sphæra suæ activitatis contentum propellunt. Sed non ideò expellunt, si nullum habeat locum quo possit recedere, ut nullum habet, cùm istorum magnetum sphæræ virtutis sunt ab invicem disjunctæ; sed cùm in unam coalescunt, tunc primò facilius est particulis striatis, quæ veniunt ab O versus S, rectà pergere usque ad P, in locum earum quæ ex T per X ad S & *b* revertebantur, quàm reflecti versus V & R, quo non difficulter pergunt venientes ab X; faciliusque est venientibus à P ad S, pergere usque ad O, quàm reflecti versus X, quo etiam non difficulter pergunt venientes ab V; sicque istæ particulæ striatæ, non aliter transeunt per hos duos magnetes O & P, quàm si unicus esset. Deinde facilius est particulis striatis, rectà pergentibus ab O ad P, atque à P ad O, aërem intermedium expellere ab S versus R & T, in locum magnetum O & P, sicque efficere, ut hi magnetes ad invicem accedant, donec se contingant in S, quàm per totum istum aërem eniti ab A ad *b*, atque ab V ad X; quæ duæ viæ breviores fiunt, cùm hi duo magnetes ad invicem accedunt, vel, si unus retineatur, cùm saltem alter ad ipsum venit.

CLIV. *Cur inter-* Poli autem cognomines duorum magnetum, non sic ad invicem acce-

accedunt, sed contra potius, si nimis prope admoveantur, recedunt. Particulæ enim striatæ ab eo unius magnetis polo, qui alteri magneti obversus est, venientes, cum hunc alterum ingredi non possint, spatium aliquod exigunt inter istos duos magnetes quo transeant, ut ad alium magnetis ex quo egressæ sunt polum revertantur. Nempe egredientes ab O per polum A, cum ingredi non possint in P per ejus polum *a*, spatium aliquod exigunt inter A & *a*, per quod transeant versus V & B, atque vi, qua motæ sunt à B ad A, pellunt magnetem P; sicque egredientes à P pellunt magnetem O: saltem cum eorum axes B A & *a b* sunt in eadem linea recta. Sed cùm tantillo magis in unam partem, quàm in aliam inflexi sunt, tunc isti magnetes se convertunt, modo paullò antè explicato; vel si hæc eorum conversio impediatur, non autem motus rectus, tunc rursus unus magnes alium fugat secundùm lineam rectam. Ita si magnes O exiguæ cymbæ impositus, aquæ sic innatet, ut semper ejus axis maneat ad perpendiculum erectus, & magnes P, cujus polus Australis Australi alterius obversus est, manu moveatur versus Y, hinc fiet, ut magnes O recedat versus Z, antequam à magnete P tangatur. In quamcunque enim partem cymba se convertat, requiritur semper aliquod spatium inter istos duos magnetes, ut particulæ striatæ, ex iis per polos A & *a* egredientes, versus V & X transire possint.

dum se invicem refugiant.

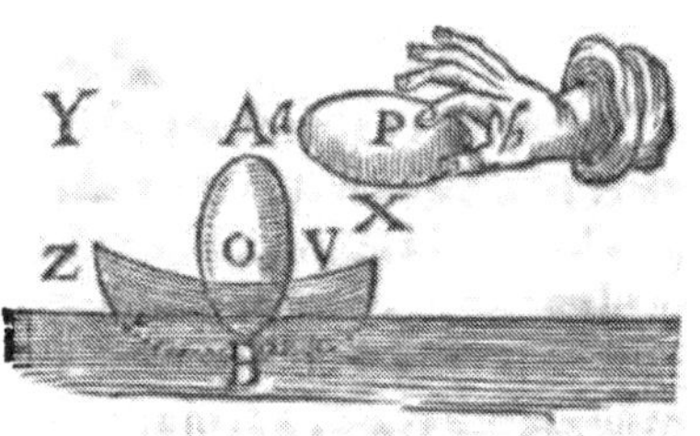

CLV.
Cur segmentorum magnetis partes, quæ ante sectionem junctæ erant, se mutuò etiam refugiant.

Et ex his facillimè intelligitur, cur si magnes secetur plano parallelo lineæ per ejus polos ductæ, segmentumque liberè suspendatur supra magnetem ex quo resectum est, sponte se convertat, & situm contrarium ejus quem priùs habuerat, affectet; ita ut, si partes A & *a* priùs junctæ fuerint, itemque B & *b*, postea *b* vertat se versus A, & *a* versus B: quia nempe antea pars Australis unius, Australi alterius juncta erat, & Borealis Boreali,

readi, post divisionem verò particulæ striatæ per Australem partem unius egressæ, per Borealem alterius ingredi debent; & egressæ per Borealem, ingredi per Australem.

CLVI. *Cur duo puncta, quæ priùs in uno magnete contigua erant, in ejus fragmentis sint poli diversæ virtutis.*

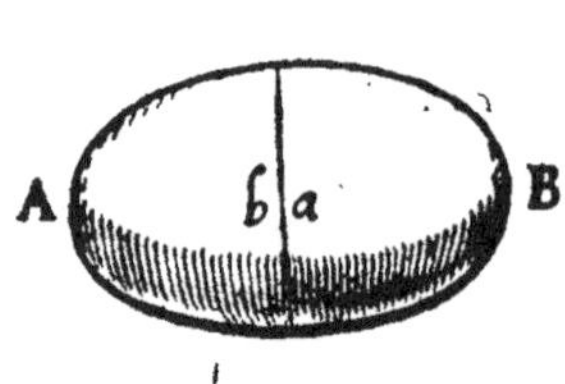

Manifestum etiam est, cur si magnes dividatur plano, lineam per polos ductam ad angulos rectos secante, poli segmentorum quæ ante sectionem se mutuò tangebant, ut *b* & *a*, sint contrariæ virtutis: quia particulæ striatæ, quæ per unum ex istis polis egrediuntur, per alium ingredi debent.

CLVII. *Cur eadem sit vis in quavis magnetis parte, ac in toto.*

Nec minùs manifestum est, eandem esse vim in quavis magnetis parte ac in toto: neque enim ista vis alia est in polis, quàm in reliquis partibus, sed tantùm major videtur, quia per illos egrediuntur particulæ striatæ, quæ per longissimos magnetis meatus transierunt, & quæ inter omnes ab eadem parte venientes mediæ sunt. Saltem in magnete sphærico, ad cujus exemplum, in reliquis ibi poli esse censentur, ubi maxima vis apparet. Nec etiam ista vis alia est in uno polo quàm in alio, nisi quatenus particulæ striatæ per unum ingressæ per alium egrediuntur: atqui nulla est tantilla pars magnetis, in quâ, si habent ingressum, non habeant etiam egressum.

CLVIII. *Cur magnes suam vim ferro sibi admoto communicet.*

Nec mirum est, quòd ferrum magneti admotum, vim magneticam ab illo acquirat. Jam enim habet meatus recipiendis particulis striatis idoneos, nihilque ipsi deest ad istam vim acquirendam, nisi quòd exiguæ quædam ramulorum, ex quibus ejus ramenta constant, extremitates, hinc inde in istis meatibus promineant; quæ omnes versus unam & eandem partem flecti debent, in iis meatibus per quos transire possunt particulæ striatæ ab Austro venientes, & versus oppositam in aliis. Atqui magnete admoto, particulæ striatæ magna vi & magna copia, torrentis instar, in ferri meatus irruentes, istas ramulorum extremitates hoc pacto inflectunt; ac proinde ipsi dant id omne, quòd in eo ad vim magneticam desiderabatur.

CLIX. *Cur ferrum pro variis modis, quibus magneti admovetur, ipsam diversimodè recipiat.*

Et quidem pro variis partibus magnetis, ad quas ferrum applicatur, variè accipit istam vim. Sic pars R ferri R S T, si applicetur polo Boreali magnetis P, fiet polus Australis ferri, quia per illam ingredientur particulæ striatæ ab Austro venientes, & per partem T ingredientur Boreales, ex polo A per aërem reflexæ. Eadem pars R, si jacet supra æquatorem magnetis, & respiciat ejus polum

polum Borealem, ut in C, fiet rursus polus Australis ferri; sed si invertatur, & respiciat polum Australem, ut in D, tunc amittet vim poli Australis, & fiet polus Borealis. Denique si S pars media istius ferri, tangat polum magnetis A, particulæ striatæ Boreales illud in-

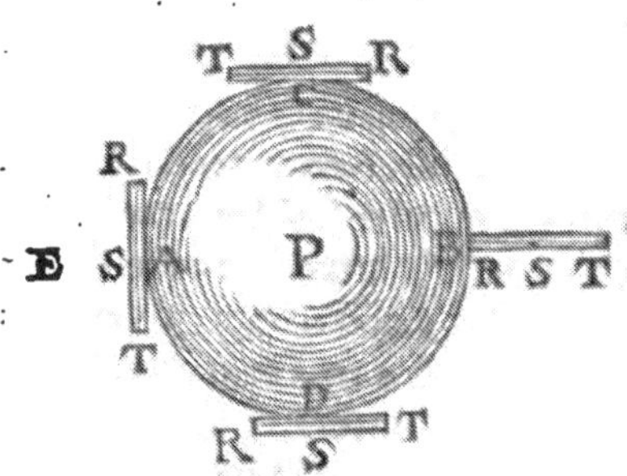

gressæ per S, utrimque egredientur per R & T; sicque in utraque extremitate recipiet vim poli Australis, & in medio vim poli Borealis.

CLX. *Cur ferrum oblongum eam non recipiat, nisi secundum suam longitudinem.*

Quæri tantùm potest, cur istæ particulæ striatæ, ex magnetis polo A, ferri partem S ingredientes, non rectà pergant versus E, sed potiùs hinc inde reflectantur versus R & T, sicque hoc ferrum secundùm suam longitudinem potiùs quàm secundùm latitudinem, vim magneticam recipiat; sed facilis responsio est, quia multò magis apertas & faciles vias inveniunt in ferro, quàm in aëre, à quo idcirco versus ferrum reflectuntur.

CLXI. *Cur magnes nihil amittat de sua vi, quamvis eam ferro communicet.*

Facilis etiam responsio est, si quæratur cur magnes nihil amittat de sua vi, cùm eam ferro communicat. Nulla enim in magnete mutatio fit, propterea quòd particulæ striatæ ex eo egredientes, ferrum potiùs quàm quodvis aliud corpus ingrediuntur: nisi forsan quòd liberiùs per ferrum, quàm per alia corpora transeundo, copiosiùs etiam ex magnete, cùm ferrum ei adjunctum est, egrediantur; quo tantum abest, ut ejus vis minuatur, quin potiùs augetur.

CLXII. *Cur hæc vis celerrime ferro communicetur, sed diuturnitate temporis in eo confirmetur.*

Et brevissimo tempore ista vis ferro accedit, quia particulæ striatæ celerrimè per ipsum fluunt; sed longâ morâ in eo confirmatur, quia quo diutius ramulorum extremitates in unam partem flexæ manserunt, eo difficiliùs in contrariam reflectuntur.

CLXIII. *Cur chalybs ad eam recipiendam aptior sit, quam vilius ferrum.*

Et chalybs istam vim majorem accipit quàm vilius ferrum, quia plures & perfectiores habet meatus, particulis striatis recipiendis idoneos: Eamque constantiùs servat, quia ramulorum in iis meatibus prominentium extremitates habet minùs flexiles.

CLXIV. *Cur major ei communicetur à*

Et major ei communicatur à majore & perfectiore magnete; tum quia particulæ striatæ, majori cum impetu in ejus meatus irruentes,

perfectiore magnete, quàm à minùs perfecto.

ramulorum in iis prominentium extremitates magis inflectunt; tum etiam quia plures simul eò ruentes, plures ejusmodi meatus sibi aperiunt. Notandum enim est, plures esse tales meatus in chalybe, qui scilicet ex solis ferri ramentis constat, quàm in magnete in quo multum est materiæ lapideæ, cui ferri ramenta infixa sunt; atque ideò cùm paucæ tantùm particulæ striatæ, ex magnete debili ferrum ingrediantur, non omnes ejus meatus aperiunt, sed paucos tantùm, & quidem illos, qui extremitatibus ramulorum quam-maximè flexilibus claudebantur.

CLXV. *Cur ipsa etiam terra vim magneticam ferro tribuat.*

Unde fit, ut etiam vile ferrum, in quo scilicet istæ ramulorum extremitates sunt valde flexiles, ab ipsa Terra magnete quidem maximo, sed admodum debili, nonnullam vim magneticam brevissimo tempore possit accipere. Nempe si sit oblongum, nulla tali vi adhuc imbutum, & unâ suâ extremitate versus Terram inclinetur: protinus ex hoc solo acquiret, in ista extremitate versus Terram inclinata, vim poli Australis in his Borealibus regionibus; & momento illam amittet, ac planè contrariam acquiret, si eadem ejus extremitas attollatur, & opposita deprimatur.

CLXVI. *Cur vis magnetica in Terra debilior sit, quam in parvis magnetibus.*

Sed si quæratur, cur ista vis in Terra maximo magnete, debilior sit quàm in aliis minoribus: Respondeo, me non putare illam esse debiliorem, sed potiùs multò fortiorem, in mediâ illâ Terræ regione, quam totam particulis striatis perviam esse supra dictum est; verùm istas particulas striatas, ab ipsâ egressas, maximâ ex parte reverti per interiorem illam superioris Terræ regionis crustam, ex qua metalla oriuntur, & in qua sunt etiam multi meatus, iis recipiendis idonei; atque idcircò perpaucas usque ad nos pervenire. Judico enim istos meatus, tum in illa crusta interiore, tum etiam in magnetibus, & ferri ramentis, quæ in venis hujus exterioris continentur, planè alio modo conversos esse, quàm meatus mediæ regionis; ita ut particulæ striatæ, quæ per hanc mediam regionem ab Austro ad Boream fluunt, revertantur à Borea ad Austrum, per omnes quidem superioris partes, sed præcipuè per ejus crustam interiorem, itemque per magnetes & ferrum exterioris; quò cum maxima earum pars se conferat, paucæ supersunt quæ per hunc nostrum aërem, & alia circumjacentia corpora, meatibus idoneis destituta, sibi viam quærant. Quæ si rectè conjicio, magnes è terra excisus, & in cymba super aquam liberè collocatus eandem illam faciem, quâ semper antea dum terræ hærebat, Septentriones

triones spectavit, debet adhuc in Septentriones convertere: ut Gilbertus virtutis magneticæ præcipuus indagator, & ejus quæ in Terra est primus inventor, expertum se esse affirmat. Nec moror quòd alii contrarium putent se vidisse; forsan enim iis imposuit, quòd cùm illa ipsa pars terræ, ex qua magnetem excidi curaverant, esset magnes, poli magnetis excisi ad eam se converterent; ut paullò antè dictum est, unius magnetis fragmentum ad aliud converti.

Jam verò, cùm ista virtus magnetica non communicetur ferro oblongo, nisi secundùm ejus longitudinem, certum est acum ipsâ imbutam, suas semper extremitates versus easdem terræ partes debere convertere, versus quas magnes sphæricus polos suos convertit; & semper ejusmodi acus suæ magneticæ virtutis polos in extremitatibus istis præcisè habere. CLXVII. *Cur acus magnete tacta semper suæ virtutis polos in extremitatibus suis habeant.*

Et quia faciliùs earum extremitates à reliquis partibus dignosci possunt, quàm poli magnetis, ipsarum ope notatum est, magneticæ virtutis polos non ubique Terræ polos accuratè respicere, sed variè variis in locis ab iis declinare. Cujus declinationis caussa, ut jam antè Gilbertus animadvertit, ad solas inæqualitates quæ sunt in hac terræ superficie, referri debet. Manifestum enim est, in unis hujus exterioris terræ partibus, multò plura ferri ramenta, pluresque magnetes reperiri, quàm in aliis; quo fit, ut particulæ striatæ, à terra interiori egredientes, majori copiâ versus quædam loca fluant, quàm versus alia, sicque ab itineribus suis sæpe deflectant. Et quia polorum magnetis, vel extremitatum acus conversio, pendet à solo cursu istarum particularum, omnes earum inflectiones sequi debet. Hujusque rei experimentum facere licet in magnete, cujus figura non sit sphærica: nam si acus exigua supra diversas ejus partes collocetur, non semper eodem planè modo ad ejus polos se convertet, sed sæpe ab ipsis aliquantum declinabit. Nec putandum est in eo disparem esse rationem, quòd inæqualitates quæ sunt in extimâ terræ superficie, ad totam ejus molem comparatæ, perexiguæ sint; non enim cum ipsa, sed cum acubus aut magnetibus in quibus declinatio fit, sunt comparandæ, sicque satis magnas esse apparet. CLXVIII. *Cur poli magneticæ virtutis non semper accurate versus Terræ polos dirigantur, sed ab iis varie declinent.*

Sunt qui dicunt, istam declinationem non semper in iisdem terræ locis eandem manere, sed cum tempore mutari: quod minimè mirum videri debet; non modò quia ferrum quotidie, ex unis CLXIX. *Cur etiam interdum ista declinatio cum tempore mutetur.*

 terræ

terræ partibus in alias ab hominibus transfertur; sed etiam quia ejus glebæ, quæ sunt in hac terra exteriore, quibusdam in locis cum tempore corrumpi possunt, & aliæ in aliis generari, sive ab interiore terra submitti.

CLXX. *Cur in magnete supra unum ex suis polis erecto minor esse possit; quàm cùm ejus poli æqualiter à Terra distant.*

Sunt etiam qui dicunt, istam declinationem nullam esse in magnete sphærico, supra polum suum Australem, in his Borealibus regionibus, vel supra Borealem in Australibus, perpendiculariter stante, illumque hoc pacto cymbæ impositum, quandam æquatoris sui partem, semper accuratè eandem versus Boream, & oppositam versus Austrum convertere. Quod an verum sit, nullo mihi adhuc experimento compertum est. Sed facilè mihi persuadeo non omnino eandem, nec fortè etiam tantam esse declinationem, in magnete ita constituto, quàm in eo cujus poli æqualiter à Terra distant. Nam particulæ striatæ, in hac superiore Terræ regione, non modo per lineas æqualiter ab ejus centro distantes, ab uno polo ad alium revertuntur, sed etiam ubique (præterquam sub æquatore) nonnullæ ab interioribus ejus partibus adscendunt: & magnetis supra polos erecti conversio ab his ultimis, declinatio verò à prioribus præcipuè dependet.

CLXXI *Cur magnes trahat ferrum.*

Præterea magnes trahit ferrum, sive potiùs magnes & ferrum ad invicem accedunt: neque enim ulla ibi tractio est, sed statim atque ferrum est intra sphæram activitatis magnetis, vim ab eo mutuatur, & particulæ striatæ ab utroque egredientes, aërem intermedium expellunt; quo fit, ut ambo ad invicem, non alter quàm duo magnetes accedant. Imò etiam ferrum liberiùs movetur quàm magnes, quia constat iis tantùm ramentis, in quibus particulæ striatæ suos habent meatus, magnes autem multâ materiâ lapideâ gravatur.

CLXXII. *Cur magnes armatus, multò plus ferri sustineat, quàm nudus.*

Sed multi mirantur magnetem armatum, sive laminam ferream magneti adjunctam, plus ferri posse sustinere, quàm solum magnetem. Cujus tamen ratio detegi potest ex eo, quòd etiamsi plus sibi appensi ferri sustineat, non tamen idcirco plus ad se alliciat, si vel minimùm ab eo removeatur; nec etiam plus sustineat, si corpus aliquod, quantumvis tenue, interjaceat: hinc enim apparet, istam majorem ejus vim, ex sola differentia contactus oriri: quòd nempe laminæ ferreæ meatus aptissimè congruant cum meatibus ferri ipsi appensi, & ideo particulæ striatæ, per hos meatus ex uno ferro in aliud transeuntes, omnem aërem intermedium expellant, effi-

efficiantque, ut eorum superficies se invicem immediatè contingentes, difficillimè disjungantur: jamque supra ostensum est, nullo glutino duo corpora melius ad invicem posse alligari, quàm immediato contactu. Meatus autem magnetis, non ita congruunt cum meatibus ferri, propter materiam lapideam quæ in eo est; hincque fit, ut semper aliquantulum spatii inter magnetem & ferrum debeat remanere, per quod particulæ striatæ, ex unius meatibus ad meatus alterius perveniant.

CLXXIII. *Cur ejus poli, quamvis contrarii, se invicem juvent ad ferrum sustinendum.*

Mirantur etiam nonnulli, quòd quamvis poli magnetis contrariæ virtutis esse videantur, se tamen invicem juvent ad ferrum sustinendum: ita ut, si ambo laminis ferreis armentur, possint ferè duplo plus ferri simul sustinere, quàm unus solus. Nempe si A B est magnes, cujus polis adjunctæ sunt laminæ C D & E F, ita utrimque prominentes, ut ferrum G H iis applicatum, superficie satis lata ipsas tangat; hoc ferrum G H duplo ferè gravius esse potest, quàm si ab una tantùm ex istis laminis sustineretur. Sed hujus rei ratio evidens est, ex motu particularum striatarum jam explicato: quamvis enim in eo contrariæ sint, quod quæ per unum polum ingrediuntur, non possint etiam ingredi per alium, hoc non impedit quò minùs in sustinendo ferro consentiant; quia venientes ab Australi magnetis polo A, per laminam chalybeam C D reflexæ, ingrediuntur unam ferri partem *b*, in qua faciunt ejus polum Borealem; atque inde fluentes usque ad Australem *a*, occurrunt alii laminæ chalybeæ F E, per quam adscendunt ad B, polum magnetis Borealem; & viceversâ egressæ ex B, per armaturam E F, ferrum appensum H G, aliamque armaturam D C, revertuntur ad A.

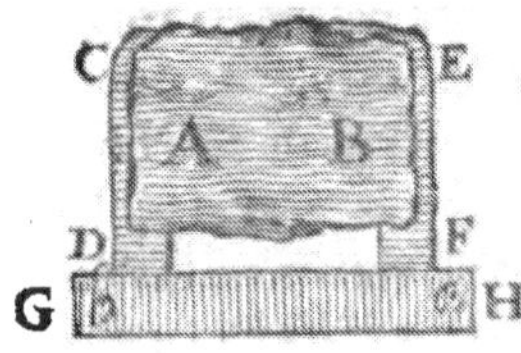

CLXXIV. *Cur gyratio rotulæ ferreæ, à vi magnetis cui appensa est, non impediatur.*

Hic autem motus particularum striatarum per magnetem & ferrum, non ita videtur consentire cum motu circulari ferrearum rotularum, quæ turbinis instar contortæ, diutius gyrant è magnete pendentes, quàm cùm ab eo remotæ terræ insistunt. Et sanè si particulæ striatæ motu tantùm recto agerentur, & singulos ferri meatus per quos ingredi debent, è regione meatuum magnetis ex quibus egrediuntur, offenderent, judicarem eas sistere debere gyrationem istarum rotularum. Sed quia semper ipsæmet gyrant,

 unæ

unæ in unam partem, aliæ in contrariam, & obliquè transire debent ex meatibus magnetis in meatus ferri, quomodocunque rotula vertatur, æquè facilè in ejus meatus ingrediuntur, ac si esset immota, minusque ipsius motus impeditur à contactu magnetis, cùm ei sic appensa gyratur, quàm à contactu Terræ, cùm suo pondere illam premit.

CLXXV. *Quomodo & quare vis unius magnetis augeat vel minuat vim alterius.*

Variis modis vis unius magnetis augetur vel minuitur, alterius magnetis aut ferri accessu. Sed una in hoc generalis regula est, quòd quoties ita siti sunt isti magnetes, ut unus in alium particulas striatas mittat, se invicem juvent; contra autem, si unus ab alio eas abducat, sibi obstent. Quia quò celeriùs & copiosiùs istæ particulæ, per unumquemque magnetem fluunt, eò major in eo est virtus, & magis agitatæ, ac plures ab uno magnete vel ferro in alium mitti possunt, quàm eo absente ab aëre, aliove ullo corpore in ejus locum constituto. Sic non modò, cùm polus Australis unius magnetis, polo Boreali alterius conjunctus est, se invicem juvant ad ferrum aliis suis polis appensum sustinendum; sed etiam cùm disjuncti sunt, & ferrum inter utrumque collocatur. Ex. gr., magnes C juvatur à magnete F, ad ferrum D E sibi conjunctum retinendum; & viceversâ, magnes F juvatur à magnete C, ad hujus ferri extremitatem E in aëre sustinendam: potest enim esse tam gravis, ut ab eo solo sic sustineri non posset, si alia extremitas D alteri corpori, quàm magneti C innitetur.

CLXXVI. *Cur magnes, quantumvis fortis, ferrum sibi non contiguum à magnete debiliore attrahere non possit.*

Sed interim quædam vis magnetis F, impeditur à magnete C, nempe illa quam habet ad ferrum D E ad se alliciendum. Notandum enim est hoc ferrum, quamdiu tangit magnetem C, attrahi non posse à magnete F quem non tangit, etiamsi hunc illo multò potentiorem esse supponamus. Cujus ratio est, quòd particulæ striatæ per hos duos magnetes, & per hoc ferrum, tanquam per unicum magnetem, modo supra explicato transeuntes, æqualem ferè habeant vim in toto spatio quod est inter C & F, nec ideo possint ferrum D E, non solâ istâ vi magneticâ, sed insuper contactu suo magneti C alligatum, versus F adducere.

Atque

Atque hinc patet, cur sæpe magnes debilis aut exiguum ferrum, detrahat aliud ferrum à magnete fortiore. Notandum enim est hoc nunquam fieri, nisi cùm magnes debilior tangit illud ferrum, quod detrahit à magnete fortiori. Quippe cùm duo magnetes, ferrum oblongum polis dissimilibus tangunt, unus in una extremitate, alius in alia, & deinde isti duo magnetes ab invicem removentur, ferrum intermedium non semper debiliori, nec etiam semper fortiori, sed modo uni, modo alteri adhæret: nullamque puto esse rationem, cur uni potiùs quàm alteri adhæreat, nisi quòd eum cui adhæret, in majori superficie quàm alium tangat. CLXXVII. *Cur magnes debilis, aut ferrum; à magnete fortiori ferrum sibi contiguum possit detrahere.*

Ex eo verò, quòd magnes F juvet magnetem C, ad ferrum D E sustinendum, manifestum est cur ille polus magnetis, qui à nobis vocatur Australis, plus ferri sustineat quàm alter, in his Borealibus regionibus: etenim à Terra maximo magnete juvatur, eodem planè modo ac magnes C à magnete F; contra autem alius polus, propter situm non convenientem, à Terra impeditur. CLXXVIII. *Cur in his Borealibus regionibus, polus Australis magnetis sit fortior Boreali.*

Si paullò curiosiùs consideremus, quo pacto limatura ferri circa magnetem se disponat, multa ejus ope advertemus, quæ hactenus dicta confirmabunt. Nam in primis notare licet, ejus pulvisculos non confusè coacervari, sed unos aliis incumbendo, quosdam quasi tubulos componere, per quos particulæ striatæ liberiùs quàm per aërem fluunt, quique idcirco earum vias designant. Quæ viæ ut clarè ipsis oculis cerni possint, spargatur aliquid istius limaturæ supra planum, in quo sit foramen cui magnes sphæricus ita immissus sit, ut polis suis utrimque planum tangat, eo modo quo Astronomorum globi Horizontis circulo immitti solent, ut sphæram rectam repræsentent, & limatura ibi sparsa disponet se in tubulos, qui flexus particularum striatarum circa magnetem, sive etiam circa globum Terræ, à nobis supra descriptos exhibebunt. Deinde si alius magnes eodem modo isti plano juxta priorem inseratur, & polus Australis unius, Borealem alterius respiciat, limatura circum sparsa ostendet etiam, quo pacto particulæ striatæ, per istos duos magnetes tanquam per unicum moveantur. Ejus enim tubuli, qui ab uno ex polis se mutuò respicientibus, ad alium porrigentur, erunt omnino recti; alii verò, qui ab uno ex adversis polis ad alium pertingent, erunt circa magnetes inflexi: ut hîc sunt lineæ CLXXIX. *De iis quæ observari possunt in ferri limatura circa magnetem sparsa.*

BRVXT

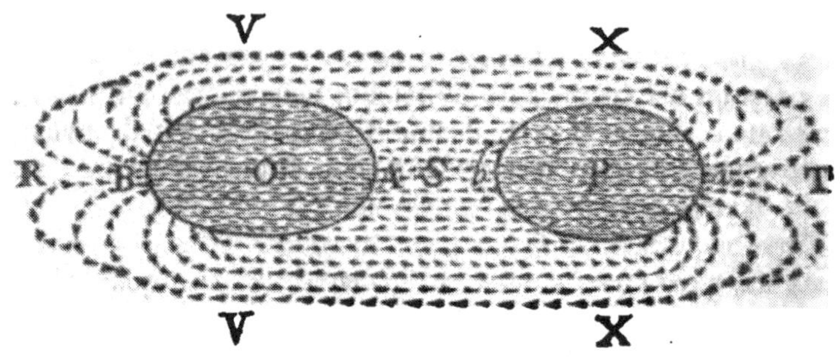

BRVXT *a*. Notari etiam poteſt, cùm aliquid limaturæ ferri ex polo, ex. gr. Auſtrali, unius magnetis pendet, ſi polus Auſtralis alterius magnetis infrà poſiti, verſus illam convertatur, & *paullatim* ei appropinquetur, quo pacto tubuli ex ea confecti primò ſurſum ſe retrahunt & inflectunt: quia ſcilicet ex particulæ ſtriatæ, quæ per illos fluunt, repelluntur ab aliis quæ veniunt à magnete inferiore. Ac deinde, ſi iſte inferior magnes multò potentior ſit ſuperiore, tubuli iſti diſſolvuntur, & limatura decidit in inferiorem: quia ſcilicet particulæ ſtriatæ ex hoc inferiori adſcendentes, impetum faciunt in ſingulos iſtius limaturæ pulviſculos, quos cùm ingredi non poſſint, niſi per eaſdem illorum ſuperficies quibus magneti ſuperiori adhærent, eos ab hoc ſuperiore disjungunt. Contrà verò, ſi polo Auſtrali ſuperioris magnetis, cui limatura ferri adhæret, polus Borealis inferioris obvertatur, hæc limatura tubulos ſuos rectà verſus inferiorem dirigit, & quantum poteſt producit; quia utrimque particulis ſtriatis, ab uno magnete in alium tranſeuntibus, viam præbent; ſed non ideo à ſuperiori ſeparatur, niſi priùs inferiorem tetigerit, propter vim contactus, de qua egimus paullò antè. Atque propter iſtam eandem vim, ſi limatura magneti quantumvis forti adhærens, tangatur ab alio debiliori magnete, vel tantùm à ferreo aliquo bacillo, nonnullæ ejus partes fortiorem magnetem relinquent, & debiliorem, ſive ferreum bacillum, ſequentur; illæ ſcilicet, quæ majori ſuperficie hunc quàm illum tangent. Cùm enim exiguæ iſtæ ſuperficies variæ ſint, & inæquales, ſemper accidit, ut quaſdam limaturæ

maturæ particulas uni magneti vel ferro, alias alteri firmiùs jungant.

Lamina ferrea, quæ polo magnetis admota, ejus vim sustinendi ferri multum auget, ut antè dictum est, impedit ejusdem vim ferri ad se alliciendi aut convertendi. Nempe lamina D C D, impedit ne magnes A B, cujus polo adjuncta est, acum E F ad se alliciat, aut convertat. Jam enim advertimus particulas striatas, quæ progrederentur à B versus E F, si absque hac lamina esset, in ea reflecti ex C versus extremitates D D, propterea quòd liberiùs per ipsam quàm per aërem fluunt, sicque vix ullæ ad acum E F perveniunt. Eodem modo quo supra diximus, paucas à media Terræ regione ad nos pervenire, quia maxima earum pars, per interiorem crustam superioris Terræ regionis, ab uno polo ad alium revertitur; unde fit, ut debilis tantùm vis magnetica totius Terræ hîc apud nos sentiatur. CLXXX. *Cur lamina ferrea polo magnetis conjuncta, ejus vim trahendi vel convertendi ferri impediat.*

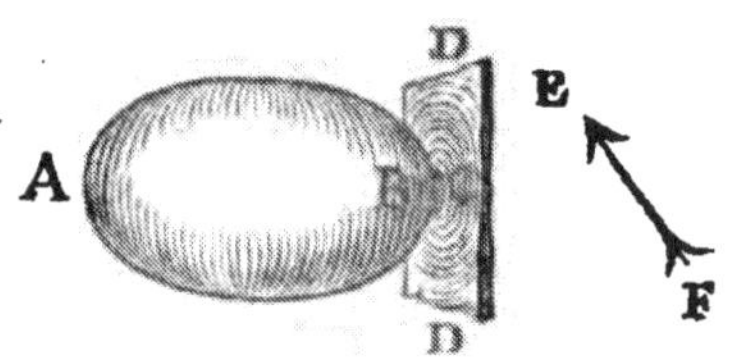

Sed præter ferrum, aut magnetem, nullum aliud corpus in locum laminæ C D poni potest, à quo magnes A B impediatur, ne vim suam in acum E F exerceat. Nullum enim habemus in hac exteriore terra, quamtumvis solidum & durum, in quo non sint plurimi meatus; non quidem ad mensuram particularum striatarum efformati, sed multò majores, utpote qui etiam globulos secundi elementi recipiunt; & per quos idcirco istæ particulæ striatæ, non minùs liberè transire possunt, quàm per aërem, in quo istos etiam globulos secundi elementi obvios habent. CLXXXI. *Cur eandem nullius alterius corporis interpositio impediat.*

Si ferrum aut magnes diu detineatur aliter conversus ad Terram, aliosve vicinos magnetes, quam sponte se converteret si nihil ejus motum impediret, hoc ipso vires suas paullatim amittit; quia tunc particulæ striatæ, ex Terra vel aliis magnetibus vicinis advenientes, obliquè vel aversè ipsius meatibus occurrendo, paullatim eorum figuras mutant, & corrumpunt. CLXXXII. *Cur magnetis positio non conveniens, ejus vires paullatim imminuat.*

Denique vis magnetica humiditate, rubigine, ac situ valde minuitur; & valido igne planè deletur. Rubigo enim ex ferri ramentis efflorescens, meatuum orificia occludit; idemque præstat CLXXXIII. *Cur rubigo, humiditas & situs, eas etiam immi-*

nuat, & vehemens ignis plane tollat. ſtat aëris humiditas & ſitus, quia rubiginis initia ſunt. Ignis autem agitatio iſtorum ramentorum poſitionem planè diſturbat. Nihilque puto hactenus circa magnetem verè ac pro certo fuiſſe obſervatum, cujus ratio ex iis quæ explicui, non facilè intelligatur.

CLXXXIV. *De vi attractionis in ſuccino, cerâ, reſinâ, & ſimilibus.* Hîc autem occaſione magnetis qui trahit ferrum, aliquid addendum eſt de ſuccino, gagate, cerâ, reſinâ, vitro & ſimilibus, quæ omnia minuta corpora etiam trahunt. Quamvis enim mei non ſit inſtituti, particularia ulla explicare, niſi quatenus requiruntur ad generaliora, de quibus egi, confirmanda; nec examinare poſſim iſtam vim in gagate vel ſuccino, niſi priùs ex variis experimentis plures alias eorum proprietates deducam, & ita intimam ipſorum naturam inveſtigem: quia tamen eadem vis in vitro etiam eſt, de quo mihi paullò antè fuit agendum, ad ignis effectus demonſtrandos, niſi eam explicarem, alia forſan quæ de illo ſcripſi, poſſent in dubium revocari. Præſertim quia fortè nonnulli, videntes iſtam vim in ſuccino, cerâ, reſinâ, & oleagineis ferè omnibus reperiri, putabunt ipſam in eo conſiſtere, quòd tenues quædam & ramoſæ iſtorum corporum particulæ, frictione commotæ, (frictio enim ad illam vim excitandam requiri ſolet,) per aërem vicinum ſe diffundant, ac ſibi mutuò adhæreſcentes protinus revertantur, & minuta corpora quæ in itinere offendunt, ſecum trahant. Quemadmodum videmus ejuſmodi pinguium liquefactorum guttas, bacillo appenſas, levi motu ita excuti poſſe, ut unâ earum parte bacillo adhærente, alia pars ad aliquam diſtantiam ab eo recedat, ſtatimque revertatur, nec non feſtucas, aliave obvia corpuſcula ſecum adducat. Nihil enim tale in vitro licet imaginari, ſaltem ſi natura ejus ſit talis, qualem eam ſuprà deſcripſimus; ac proinde in ipſo alia iſtius attractionis cauſſa eſt aſſignanda.

CLXXXV. *Quæ ſit cauſa iſtius attractionis in vitro.* Nempe ex modo quo illud generari dictum eſt, facilè colligitur, præter illa majuſcula intervalla, per quæ globuli ſecundi elementi, verſus omnes partes tranſire poſſunt, multas etiam rimulas oblongas inter ejus particulas reperiri, quæ cùm ſint anguſtiores, quàm ut iſtos globulos recipiant, ſoli materiæ primi elementi tranſitum præbent, putandumque eſt, hanc materiam primi elementi, omnium meatuum quos ingreditur figuras induere aſſuetam, per rimulas iſtas tranſeundo, in quaſdam quaſi faſcio-

fasciolas tenues, latas, & oblongas efformari, quæ, cùm similes rimulas in aëre circumjacente non inveniant, intra vitrum se continent, vel certè ab eo non multùm evagantur, & circa ejus particulas convolutæ, motu quodam circulari, ex unis ejus rimulis in alias fluunt. Quamvis enim materia primi elementi fluidissima sit, quia tamen constat minutiis inæqualiter agitatis, ut in tertiæ partis artic. 87 & 88 explicui, rationi consentaneum est, ut credamus multas quidem ex maximè concitatis ejus minutiis, à vitro in aërem assiduè migrare, aliasque ab aëre in vitrum earum loco reverti; sed cum eæ quæ revertuntur, non sint omnes æquè concitatæ, illas quæ minimum habent agitationis, versus rimulas, quibus nulli meatus in aëre correspondent, expelli, atque ibi unas aliis adhærentes, fasciolas istas componere: quæ fasciolæ, idcirco successu temporis figuras acquirunt determinatas, quas non facilè mutare possunt. Unde fit, ut si vitrum satis validè fricetur, ita ut nonnihil incalescat, ipsæ hoc motu foras excussæ, per aërem quidem vicinum se dispergant, aliorumque etiam corporum vicinorum meatus ingrediantur, sed quia non tam faciles ibi vias inveniunt, statim ad vitrum revolvantur, & minutiora corpora, quorum meatibus sunt implicitæ, secum adducant.

CLXXXVI. *Eandem ipsius caussam in reliquis etiam videri.*

Quod autem hic de vitro notavimus, de plerisque aliis corporibus etiam credi debet; nempe quod interstitia quædam inter eorum particulas reperiantur, quæ cum nimis angusta sint, ad globulos secundi elementi admittendos, solam materiam primi recipiunt, & cùm sint majora iis quæ in aëre circumjacente soli isti materiæ primi elementi etiam patent, implentur minùs agitatis ejus minutiis; quæ sibi mutuò adjunctæ, particulas componunt diversas quidem habentes figuras, juxta diversitatem istorum interstitiorum, sed maxima ex parte fasciolarum instar tenues, latas & oblongas; ita ut circa particulas corporum quibus insunt, se convolvendo, assiduè moveri possint. Interstitia enim à quibus figuram suam mutuantur, cùm debeant esse valde angusta, ut globulos secundi elementi non admittant, nisi essent oblonga rimarum instar, vix possent esse majora iis, quæ inter aëris particulas, à globulis ejusdem secundi elementi non occupantur. Quapropter etsi non negem, aliam caussam attractionis antè expositam, in aliquibus fortè corporibus locum habere posse; quia tamen non est ita generalis, & attractio ista in valde multis corporibus observatur, non aliam puto in illis, vel saltem in maxima illorum parte, quàm in vitro esse quærendam.

CLXXXVII. *Ex dictis intelligi, quænam caussæ esse possint reliquorum omnium mirabilium effectuum, qui ad occultas qualitates referri solent.*

Cæterùm hîc notari velim, particulas istas in meatibus corporum terrestrium, ex materiâ primi elementi efformatas, non modò variarum attractionum, quales sunt in electro & in magnete, sed & aliorum innumerabilium & admirandorum effectuum caussas esse posse. Quæ enim in unoquoque corpore formantur, aliquid singulare habent in sua figura, quo differunt à reliquis omnibus, in aliis corporibus formatis: cumque retineant maximam agitationem primi elementi, cujus sunt partes, minimas ob caussas fieri potest, ut vel extra corpus in quo sunt non evagentur, sed tantùm in ejus meatibus hinc inde discurrant; vel contra celerrimè ab eo discedant, & alia omnia corpora terrestria pervadentes, ad loca quantumlibet remota brevissimo tempore perveniant, ibique materiam suæ actioni recipiendæ idoneam invenientes, raros aliquos effectus producant. Et sanè quisquis considerabit, quàm miræ sint magnetis & ignis proprietates, ac quàm diversæ ab iis quas vulgo in aliis corporibus observamus; quàm ingens flamma ex minima scintilla momento temporis possit accendi, quàm magna sit ejus vis; ad quam immanem distantiam stellæ fixæ lumen suum circumquaque diffundant, & reliqua, quorum caussas, meo judicio, satis evidentes, & principiis omnibus notis, & ab omnibus admissis, figura scilicet, magnitudine, situ & motu particularum materiæ, in hoc scripto deduxi: facile sibi persuadebit, nullas esse vires in lapidibus aut plantis tam occultas, nulla sympathiæ vel antipathiæ miracula tam stupenda, nihil denique in natura universa, quod ad caussas tantùm corporales, sive mente & cogitatione destitutas, debeat referri, cujus ratio ex iisdem illis principiis deduci non possit: adeò ut aliqua alia ipsis adjungere non sit necesse.

CLXXXVIII. *De iis, quæ èx tractationibus de animali & de homine, ad rerum materialium cognitionem mutuanda sunt.*

Plura non adderem in hac quarta Principiorum Philosophiæ parte, si (quemadmodum mihi antehac in animo fuit) duas adhuc alias, quintam scilicet de viventibus, sive de animalibus & plantis, ac sextam de homine essem scripturus. Sed quia nondum omnia, de quibus in iis agere vellem, mihi planè perspecta sunt, nec scio an satis unquam otii habiturus sim ad ipsas absolvendas, ne priores idcirco diutius retineam, vel quid in iis desideretur, quod

quod ad alias reservarim, pauca quædam de sensuum objectis hîc subjungam. Quippe hactenus hanc Terram, totumque adeò hunc mundum aspectabilem, instar machinæ descripsi, nihil præter figuras & motus in eo considerans; sensus autem nostri multa alia nobis exhibent, colores scilicet, odores, sonos & similia, de quibus si planè tacerem, præcipuam explicationis rerum naturalium partem viderer omisisse.

CLXXXIX. *Quid sit sensus, & quomodo fiat.*

Sciendum itaque humanam animam, etsi totum corpus informet, præcipuam tamen sedem suam habere in cerebro, in quo solo non modo intelligit, & imaginatur, sed etiam sentit: hocque opere nervorum, qui filorum instar, à cerebro ad omnia reliqua membra protenduntur, iisque sic annexi sunt, ut vix ulla pars humani corporis tangi possit, quin hoc ipso moveantur aliquot nervorum extremitates per ipsam sparsæ, atque earum motus, ad alias eorum nervorum extremitates, in cerebro circa sedem animæ collectas transferatur, ut in Dioptricæ capite quarto satis fusè explicui. Motus autem qui sic in cerebro à nervis excitantur, animam, sive mentem intimè cerebro conjunctam, diversimodè afficiunt, prout ipsi sunt diversi. Atque hæ diversæ mentis affectiones, sive cogitationes ex istis motibus immediatè consequentes, sensuum perceptiones, sive, ut vulgò loquimur, sensus appellantur.

CXC. *De sensuum distinctione: ac primo de internis, hoc est, de animi affectibus, & de appetitibus naturalibus.*

Horum sensuum diversitates, primò ab ipsorum nervorum diversitate, ac deinde à diversitate motuum, qui in singulis nervis fiunt, dependent. Neque tamen singuli nervi, faciunt singulos sensus à reliquis diversos, sed septem tantùm præcipuas differentias in iis notare licet, quarum duæ pertinent ad sensus internos, aliæ quinque ad externos. Nempe nervi qui ad ventriculum, œsophagum, fauces, aliasque interiores partes, explendis naturalibus desideriis destinatas, protenduntur, faciunt unum ex sensibus internis, qui appetitus naturalis vocatur; Nervuli verò qui ad cor & præcordia, quamvis perexigui sint, faciunt alium sensum internum, in quo consistunt omnes animi commotiones, sive pathemata, & affectus, ut lætitiæ, tristitiæ, amoris, odii, & similium. Nam, exempli causâ, sanguis ritè temperatus, facilè ac plus solito in corde se dilatans, nervulos circa orificia sparsos ita laxat & movet, ut inde alius motus in cerebro sequatur, qui naturali quodam sensu hilaritatis afficit men-

mentem: ac etiam aliæ quævis caussæ, nervulos istos eodem modo moventes, eundem illum lætitiæ sensum dant. Ita imaginatio fruitionis alicujus boni, non ipsa sensum lætitiæ in se habet, sed spiritus ex cerebro ad musculos, quibus illi nervi inserti sunt, mittit, eorumque ope orificia cordis expanduntur, & ejus nervuli moventur eo motu ex quo sequi debet ille sensus. Ita audito grato nuncio, mens primùm de ipso judicat, & gaudet gaudio illo intellectuali, quod sine ullâ corporis commotione habetur, quodque idcirco Stoïci dixerunt cadere posse in sapientem; deinde cùm illud imaginatur, spiritus ex cerebro ad præcordiorum musculos fluunt, & ibi nervulos movent, quorum ope alium in cerebro motum excitant, qui mentem afficit lætitiæ animalis sensu. Eâdem ratione sanguis nimis crassus, malignè in cordis ventriculos fluens, & non satis ibi se dilatans, alium quendam motum, in iisdem præcordiorum nervulis facit, qui cerebro communicatus, sensum tristitiæ ponit in mente, quamvis ipsa fortè nesciat cur tristetur: aliæque plures caussæ idem præstare possunt. Atque alii motus istorum nervulorum, efficiunt alios affectus, ut amoris, odii, metus, iræ, &c. quatenus sunt tantùm affectus, sive animi pathemata, hoc est, quatenus sunt confusæ quædam cogitationes, quas mens non habet à se solâ, sed ab eo quòd à corpore, cui intimè conjuncta est, aliquid patiatur. Nam distinctæ cogitationes, quas habemus de iis quæ amplectenda sunt, vel optanda, vel fugienda, &c. toto genere ab istis affectibus distinguuntur. Non alia ratio est appetituum naturalium, ut famis, sitis, &c. qui à nervis ventriculi, faucium, &c. pendent, suntque à voluntate comedendi, bibendi, &c. planè diversi, sed, quia ut plurimum ista voluntas sive appetitio eos comitatur, idcirco dicuntur appetitus.

CXCI. *De sensibus externis: ac primo de Tactu.*

Quantum ad sensus externos, quinque vulgo numerantur, propter quinque diversa objectorum genera, nervos iis servientes moventia, & totidem genera cogitationum confusarum, quæ ab istis motibus in anima excitantur. Nam primo nervi in universi corporis cutem desinentes, illa mediante à quibuslibet terrenis corporibus tangi possunt, & ab illis integris moveri, uno modo ab illorum duritie, alio à gravitate, alio à calore, alio ab humiditate, &c. quotque diversis modis vel moventur, vel à motu suo ordinario impediuntur, tot in mente diversos sensus excitant,

ex

ex quibus tot tactiles qualitates denominantur. Ac præterea cùm isti nervi solito vehementiùs agitantur, sed ita tamen, ut nulla læsio in corpore inde sequatur, hinc fit sensus titillationis, menti naturaliter gratus, quia vires corporis, cui arctè conjuncta est, ei testatur; si vero aliqua læsio inde sequatur, fit sensus doloris. Atque hinc patet, cur corporea voluptas & dolor tam parum distent ab invicem in objecto, quamvis in sensu contrarii sint.

Deinde alii nervi, per linguam & partes ei vicinas sparsi, ab eorundem corporum particulis, ab invicem disjunctis, & simul cum saliva in ore natantibus, diversimodè moventur, prout ipsorum figuræ sunt diversæ, sicque diversorum saporum sensus efficiunt. CXCII. *De Gustu.*

Tertiò, duo etiam nervi, sive cerebri appendices extra calvariam non exsertæ, moventur ab eorundem corporum particulis disjunctis, & in aëre volantibus, non quidem quibuslibet, sed iis quæ satis subtiles ac simul satis vividæ sunt, ut in nares attractæ per ossis spongiosi meatus, usque ad illos nervos perveniant, & à diversis eorum motibus fiunt diversorum odorum sensus. CXCIII. *De Odoratu.*

Quartò, duo alii nervi in intimis aurium cavernis reconditi, excipiunt tremulos & vibratos totius aëris circumjacentis motus. Aër enim membranulam tympani concutiens, subjunctam trium ossiculorum catenulam, cui isti nervi adhærent, simul quatit; atque ab horum motuum diversitate, diversorum sonorum sensus oriuntur. CXCIV. *De Auditu.*

Denique nervorum opticorum extremitates, tunicam, retinam dictam, in oculis componentes, non ab aëre nec à terrenis ùllis corporibus ibi moventur, sed à solis globulis secundi elementi, unde habetur sensus luminis & colorum: ut jam satis in Dioptrica & Meteoris explicui. CXCV. *De Visu.*

Probatur autem evidenter, animam non quatenus est in singulis membris, sed tantùm quatenus est in cerebro, ea quæ corpori accidunt in singulis membris nervorum ope sentire: primò ex eo quòd morbi varii, solum cerebrum afficientes, omnem sensum tollant, vel perturbent; ut & ipse somnus, qui est in solo cerebro, quotidie nobis magnâ ex parte adimit sentiendi facultatem, quam postmodum vigilia restituit. Deinde ex eo quòd cerebro CXCVI. *Animam non sentire, nisi quatenus est in cerebro.*

rebro

rebro illæso, si tantùm viæ per quas nervi à membris externis ad illud porriguntur obstructæ sint, hoc ipso illorum membrorum sensus etiam perit. Ac denique ex eo quòd dolor aliquando sentiatur, tanquam in quibusdam membris, in quibus nulla tamen est doloris caussa, sed in aliis per quæ transeunt nervi, qui ab illis ad cerebrum protenduntur. Quod ultimum innumeris experimentis ostendi potest, sed unum hîc ponere sufficiet. Cùm puellæ cuidam, manum gravi morbo affectam habenti, velarentur oculi quoties Chirurgus accedebat, ne curationis apparatu turbaretur, eique post aliquot dies brachium ad cubitum usque, ob gangrænam in eo serpentem fuisset amputatum, & panni in ejus locum ita substituti, ut eo se privatam esse planè ignoraret, ipsa interim varios dolores, nunc in uno ejus manus quæ abscissa erat digito, nunc in alio se sentire querebatur: quòd sanè aliunde contingere non poterat, quàm ex eo, quòd nervi qui priùs ex cerebro ad manum descendebant, tuncque in brachio juxta cubitum terminabantur, eodem modo ibi moverentur, ac priùs moveri debuissent in manu, ad sensum hujus vel illius digiti dolentis, animæ in cerebro residenti imprimendum.

CXCVII. *Mentem esse talis naturæ, ut à solo corporis motu varii sensus in ea possint excitari.*

Probatur deinde talem esse nostræ mentis naturam, ut ex eo solo quòd quidam motus in corpore fiant, ad quaslibet cogitationes, nullam istorum motuum imaginem referentes, possit impelli; & speciatim ad illas confusas, quæ sensus, sive sensationes dicuntur. Nam videmus verba, sive ore prolata, sive tantùm scripta, quaslibet in animis nostris cogitationes & commotiones excitare. In eadem charta, cùm eodem calamo & atramento, si tantùm calami extremitas certo modo supra chartam ducatur, literas exarabit, quæ cogitationes præliorum, tempestatum, furiarum, affectusque indignationis & tristitiæ in lectorum animis concitabunt; si verò alio modo ferè simili calamus moveatur, cogitationes valde diversas, tranquillitatis, pacis, amœnitatis, affectusque planè contrarios amoris & lætitiæ efficiet. Respondebitur fortasse, scripturam vel loquelam nullos affectus, nullasque rerum à se diversarum imaginationes immediatè in mente excitare, sed tantummodo diversas intellectiones; quarum deinde occasione anima ipsa variarum rerum imagines in se efformat. Quid autem dicetur de sensu doloris & titillationis? Gladius corpori nostro admovetur, illud scindit, ex hoc solo sequitur dolor, qui sanè

ſanè non minùs diverſus eſt à gladii, vel corporis quod ſcinditur locali motu, quàm color, vel ſonus, vel odor, vel ſapor. Atque ideo cùm clarè videamus, doloris ſenſum in nobis excitari ab eo ſolo, quod aliquæ corporis noſtri partes contactu alicujus alterius corporis localiter moveantur, concludere licet, mentem noſtram eſſe talis naturæ, ut ab aliquibus etiam motibus localibus, omnium aliorum ſenſuum affectiones pati poſſit.

CXCVIII. Nihil à nobis in objectis externis ſenſu deprehendi, præter ipſorum figuras, magnitudines & motus.

Præterea non deprehendimus ullam differentiam inter nervos, ex qua liceat judicare, aliud quid per unos quàm per alios, ab organis ſenſuum externorum ad cerebrum pervenire, vel omnino quidquam eò pervenire præter ipſorum nervorum motum localem. Videmuſque hunc motum localem, non modo ſenſum titillationis, vel doloris exhibere, ſed etiam luminis & ſonorum. Nam ſi quis in oculo percutiatur, ita ut ictus vibratio ad retinam uſque perveniat, hoc ipſo videbit plurimas ſcintillas luminis fulgurantis, quod lumen extra ejus oculum non erit: Atque ſi quis aurem ſuam digito obturet, tremulum quoddam murmur audiet, quod à ſolo motu aëris in ea incluſi procedet. Denique ſæpe advertimus calorem, aliaſve ſenſiles qualitates, quatenus ſunt in objectis, nec non etiam formas rerum purè materialium, ut exempli gratia, formam ignis, à motu locali quorundam corporum oriri, atque ipſas deinde alios motus locales, in aliis corporibus efficere. Et optimè comprehendimus quo pacto à varia magnitudine, figura & motu particularum unius corporis, varii motus locales in alio corpore excitentur; nullo autem modo poſſumus intelligere, quo pacto ab iiſdem (magnitudine ſcilicet, figura & motu) aliquid aliud producatur, omnino diverſæ ab ipſis naturæ, quales ſunt illæ formæ ſubſtantiales & qualitates reales, quas in rebus eſſe multi ſupponunt; nec etiam quo pacto poſtea iſtæ qualitates aut formæ, vim habeant in aliis corporibus motus locales excitandi. Quæ cùm ita ſint, & ſciamus eam eſſe animæ noſtræ naturam, ut diverſi motus locales ſufficiant ad omnes ſenſus in ea excitandos; experiamurque illos reipſâ varios ſenſus in ea excitare, non autem deprehendamus quicquam aliud, præter ejuſmodi motus, à ſenſuum externorum organis, ad cerebrum tranſire: omnino concludendum eſt, non etiam à nobis animadverti, ea, quæ in objectis externis, luminis, coloris, odoris, ſaporis, ſoni, caloris, frigoris & aliarum tactilium qua-

qualitatum, vel etiam formarum ſubſtantialium nominibus indigitamus, quicquam aliud eſſe quàm iſtorum objectorum varias diſpoſitiones, quæ efficiunt ut nervos noſtros variis modis movere poſſint.

CXCIX. *Nulla naturæ phænomena in hac tractatione fuiſſe prætermiſſa.*

Atque ita facili enumeratione colligitur, nulla naturæ phænomena fuiſſe à me in hac tractatione prætermiſſa. Nihil enim inter naturæ phænomena eſt recenſendum, niſi quod ſenſu deprehenditur. Atqui exceptis magnitudine, figura & motu, quæ qualia ſint in unoquoque corpore explicui, nihil extra nos poſitum ſentitur, niſi lumen, color, odor, ſapor, ſonus, & tactiles qualitates; quæ nihil aliud eſſe, vel ſaltem à nobis non deprehendi quicquam aliud eſſe in objectis, quàm diſpoſitiones quaſdam in magnitudine, figura & motu conſiſtentes, hactenus eſt demonſtratum.

CC. *Nullis me in ea principiis uſum eſſe, quæ non ab omnibus recipiantur; hancque Philoſophiam non eſſe novam, ſed maximè antiquam & vulgarem.*

Sed velim etiam notari, me hîc univerſam rerum materialium naturam ita conatum eſſe explicare, ut nullo planè principio ad hoc uſus ſim, quod non ab Ariſtotele, omnibuſque aliis omnium ſeculorum Philoſophis fuerit admiſſum: adeò ut hæc Philoſophia non ſit nova, ſed omnium maximè antiqua & vulgaris. Nempe figuras & motus, & magnitudines corporum conſideravi, atque ſecundùm leges Mechanicæ, certis & quotidianis experimentis confirmatas, quidnam ex iſtorum corporum mutuo concurſu ſequi debeat, examinavi. Quis autem unquam dubitavit, quin corpora moveantur, variaſque habeant magnitudines & figuras, pro quarum diverſitate ipſorum etiam motus varientur, atque ex mutuâ colliſione, quæ majuſcula ſunt in multa minora dividantur, & figuras mutent? Hoc non uno tantùm ſenſu, ſed pluribus, viſu, tactu, auditu deprehendimus; hoc etiam diſtinctè imaginamur & intelligimus: quod de reliquis, ut de coloribus, de ſonis & cæteris, quæ non ope plurium ſenſuum, ſed ſingulorum duntaxat percipiuntur, dici non poteſt: ſemper enim eorum imagines in cogitatione noſtra ſunt confuſæ, nec quidnam illa ſint ſcimus.

CCI. *Dari particulas corporum inſenſiles.*

At multas in ſingulis corporibus particulas conſidero, quæ nullo ſenſu percipiuntur: quod illi fortaſſe non probant, qui ſenſus ſuos pro menſura cognoſcibilium ſumunt. Quis autem poteſt dubitare, quin multa corpora ſint tam minuta, ut ea nullo ſenſu deprehendamus, ſi tantùm conſideret, quidnam ſingulis horis adjiciatur

jiciatur iis quæ lentè augentur, vel quid detrahatur ex iis quæ minuuntur. Crescit arbor quodie, nec potest intelligi majorem illam reddi, quàm priùs fuit, nisi simul intelligatur aliquod corpus ei adjungi. Quis autem unquam sensu deprehendit, quænam sint illa corpuscula, quæ in una die arbori crescenti accesserunt? Atque saltem illi, qui agnoscunt quantitatem esse indefinitè divisibilem, fateri debent ejus partes reddi posse tam exiguas, ut nullo sensu percipiantur. Et sanè mirum esse non debet, quòd valde minuta corpora sentire nequeamus; cùm ipsi nostri nervi, qui moveri debent ab objectis, ad sensum efficiendum, non sint minutissimi, sed funiculorum instar, ex multis particulis se minoribus conflati; nec proinde à minutissimis corporibus moveri possint. Nec puto quemquam ratione utentem negaturum, quin longè meliùs sit, ad exemplum eorum quæ in magnis corporibus accidere sensu percipimus, judicare de iis quæ accidunt in minutis corpusculis, ob solam suam parvitatem sensum effugientibus, quàm ad hæc explicanda, novas res nescio quas, nullam cum iis quæ sentiuntur similitudinem habentes, excogitare.

CCII. *Democriti Philosophiam non minùs differre à nostra, quàm à vulgari.*

At Democritus etiam corpuscula quædam imaginabatur, varias figuras, magnitudines & motus habentia, ex quorum coacervatione mutuisque concursibus, omnia sensilia corpora exsurgerent; & tamen ejus philosophandi ratio vulgo ab omnibus rejici solet. Verùm nemo unquam illam rejecit, propterea quòd in ea considerarentur quædam corpora tam minuta, ut sensum effugerent, quæ varias magnitudines, figuras & motus habere dicerentur; quia nemo potest dubitare, quin multa revera talia sint, ut modò ostensum est. Sed rejecta est, primò quia illa corpuscula indivisibilia supponebat, quo nomine etiam ego illam rejicio: deinde quia vacuum circa ipsa esse fingebat, quod ego nullum dari posse demonstro: tertiò quia gravitatem iisdem tribuebat, quam ego nullam in ullo corpore cùm solum spectatur, sed tantùm quatenus ab aliorum corporum situ & motu dependet, atque ad illa refertur, intelligo: Ac denique quia non ostendebat, quo pacto res singulæ, ex solo corpusculorum concursu orirentur, vel si de aliquibus id ostenderet, non omnes ejus rationes inter se cohærebant; saltem quantum judicare licet ex iis, quæ de ipsius opinionibus memoriæ prodita sunt. An autem ea quæ hactenus de Philosophia scripsi, satis cohæreant, aliis judicandum relinquo.

CCIII. *Quomodo figuras & motus particularum insensilium cognoscamus.* At insensilibus corporum particulis, determinatas figuras & magnitudines & motus assigno, tanquam si eas vidissem, & tamen fateor esse insensiles; atque ideo quærent fortasse nonnulli, unde ergo quales sint agnoscam. Quibus respondeo, me primò quidem ex simplicissimis & maximè notis principiis, quorum cognitio mentibus nostris à natura indita est, generaliter considerasse, quænam præcipuæ differentiæ inter magnitudines & figuras & situs corporum, ob solam exiguitatem suam insensilium, esse possent, & quinam sensiles effectus, ex variis eorum concursibus sequerentur. Ac deinde cùm similes aliquos effectus in rebus sensibilibus animadverti, eas ex simili talium corporum concursu ortas existimasse; præsertim cùm nullus alius ipsas explicandi modus excogitari posse videbatur. Atque ad hoc arte facta non parum me adjuverunt: nullum enim aliud, inter ipsa & corpora naturalia discrimen agnosco, nisi quod arte factorum operationes, ut plurimum peraguntur instrumentis adeò magnis, ut sensu facilè percipi possint: hoc enim requiritur, ut ab hominibus fabricari queant. Contra autem naturales effectus, ferè semper dependent ab aliquibus organis adeò minutis, ut omnem sensum effugiant. Et sanè nullæ sunt in Mechanicâ rationes, quæ non etiam ad Physicam, cujus pars vel species est, pertineant: nec minùs naturale est horologio, ex his vel illis rotis composito, ut horas indicet, quàm arbori ex hoc vel illo semine ortæ, ut tales fructus producat. Quamobrem ut ii qui in considerandis automatis, sunt exercitati, cùm alicujus machinæ usum sciunt, & nonnullas ejus partes aspiciunt, facilè ex istis, quo modo aliæ quas non vident sint factæ, conjiciunt; ita ex sensilibus effectibus, & partibus corporum naturalium, quales sint eorum caussæ & particulæ insensiles, investigare conatus sum.

CCIV. *Sufficere si de insensilibus qualia esse possint, explicuerim, etsi fortè non talia sint.* At quamvis fortè hoc pacto intelligatur, quomodo res omnes naturales fieri potuerint, non tamen ideo concludi debet, ipsas revera sic factas esse. Nam quemadmodum ab eodem artifice, duo horologia fieri possunt, quæ quamvis horas æquè bene indicent, & extrinsecus omnino similia sint, intus tamen ex valde dissimili rotularum compage constant; ita non dubium est, quin summus rerum opifex, omnia illa quæ videmus, pluribus diversis modis

potue-

potuerit efficere. Quod equidem verum esse libentissimè concedo, satisque à me præstitum esse putabo, si tantùm ea quæ scripsi talia sint, ut omnibus naturæ phænomenis accuratè respondeant. Hocque etiam ad usum vitæ sufficiet, quia & Medicina, & Mechanica, & cæteræ artes omnes, quæ ope Physicæ perfici possunt, ea tantùm quæ sensilia sunt, ac proinde inter naturæ phænomena numeranda, pro fine habent. Et ne quis fortè sibi persuadeat, Aristotelem aliquid ampliùs præstitisse, aut præstare voluisse, ipsemet in primo Meteorologicorum, initio capitis septimi expresse testatur, de iis quæ sensui non sunt manifesta, se putare sufficientes rationes & demonstrationes afferre, si tantùm ostendat ea ita fieri posse, ut à se explicantur.

Sed tamen ne qua hîc veritati fraus fiat, considerandum est quædam esse quæ habentur certa moraliter, hoc est, quantum sufficit ad usum vitæ, quamvis si ad absolutam Dei potentiam referantur, sint incerta. Ut exempli gratia, si quis legere velit epistolam, Latinis quidem literis, sed non in vera significatione positis, scriptam, & conjiciens ubicunque in ea est A, legendum esse B, ubi B legendum C, atque ita pro unaquaque litera proximè sequentem esse substituendam, inveniat hoc pacto Latina quædam verba ex iis componi, non dubitabit quin illius epistolæ verus sensus in istis verbis contineatur, etsi hoc solâ conjecturâ cognoscat, & fieri forsan possit, ut qui eam scripsit, non literas proximè sequentes, sed aliquas alias loco verarum posuerit, atque sic alium in ea sensum occultaverit: hoc enim tam difficulter potest contingere, ut non credibile videatur. Sed qui advertent, quàm multa de magnete, de igne, de totius Mundi fabricâ, ex paucis quibusdam principiis hîc deducta sint, quamvis ista principia tantùm casu & sine ratione à me assumpta esse putarent, fortè tamen agnoscent, vix potuisse contingere, ut tam multa simul cohærerent, si falsa essent.

CCV. *Ea tamen quæ explicui, videri saltem moraliter certa.*

Præterea quædam sunt, etiam in rebus naturalibus, quæ absolutè ac plusquam moraliter certa existimamus, hoc scilicet innixi Metaphysico fundamento, quòd Deus sit summè bonus & minimè fallax, atque ideo facultas quam nobis dedit ad verum à falso dijudicandum, quoties eâ rectè utimur, & quid ejus ope distinctè percipimus, errare non possit. Tales sunt Mathematicæ demonstrationes: talis est cognitio quòd res materiales exsistant: & talia

CCVI. *Imo plusquam moraliter.*

sunt evidentia omnia ratiocinia, quæ de ipsis fiunt. In quorum numerum fortassis etiam hæc nostra recipientur ab iis, qui considerabunt, quo pacto ex primis & maximè simplicibus cognitionis humanæ principiis, continua serie deducta sint. Præsertim si satis intelligant, nulla nos objecta externa sentire posse, nisi ab iis aliquis motus localis in nervis nostris excitetur; talemque motum excitari non posse à stellis fixis, longissimè hinc distantibus, nisi fiat etiam aliquis motus in illis, & in toto cœlo interjacente: his enim admissis, cætera omnia, saltem generaliora quæ de Mundo & Terra scripsi, vix aliter quam à me explicata sunt, intelligi posse videntur.

CCVII. *Sed me omnia mea Ecclesiæ auctoritati submittere.*

At nihilominus memor meæ tenuitatis, nihil affirmo: sed hæc omnia tum Ecclesiæ Catholicæ auctoritati, tum prudentiorum judiciis submitto; nihilque ab ullo credi velim, nisi quod ipsi evidens & invicta ratio persuadebit.

FINIS.

RENATI DESCARTES
SPECIMINA
PHILOSOPHIÆ:
SEU
DISSERTATIO
DE
METHODO
Rectè regendæ rationis, & veritatis in ſcientiis inveſtigandæ:
DIOPTRICE,
ET
METEORA.
Ex Gallico tranſlata, & ab Auctore perlecta, variiſque in locis emendata.

Ultima Editio cum optima collata, diligenter recognita, & mendis expurgata.

AMSTELODAMI,
Apud DANIELEM ELSEVIRIUM,
cIↃ IↃC LXXVII.
Cum Privilegio S. Cæſareæ Majeſtatis.

Summa Privilegii Cæsarei.

S. Cæs. Majestatis Privilegio cautum est, ne quis Bibliopolarum, Typographorum, &c. Opera Philosophica Renati Cartesii, intra fines S. R. Imperii, ditionumque S. C. Majestatis hæreditariarum in ulla forma, integre aut pro parte, edat, venundet, aut quolibet modo distrahat, præter Danielem Elsevirium Amstelodamensem; idque intra decennium proximum; sub comminatione pœnæ quinque Marcarum auri. Uti latius in ipso Privilegio die 29 *Novembris* 1675. *Viennæ dato, videre est.*

INDEX
MATERIARUM CONTENTARUM
in Dissertatione de Methodo recte utendi ratione, & veritatem in scientiis investigandi.

INDEX
Materiarum contentarum in Dioptrica.

CAPUT I.
De Lumine.

CAPUT II.
De Refractione.

Caput III.

De Oculo.

Caput IV.

De Sensibus in genere.

Caput V.

De Imaginibus quæ formantur in fundo oculi.

7. Quo-

Caput VI.

De Visione.

CAPUT VII.

De modis visionem perficiendi.

CAPUT VIII

De figuris, quas pellucida corpora requirunt, ad detorquendos refractione radios, omnibus modis visioni inservientibus.

CAPUT IX.

Descriptio Specillorum.

CAPUT X.

De modo expoliendi vitra.

3. Quo-

INDEX

Materiarum contentarum in Meteoris.

CAPUT I.

De natura terrestrium corporum.

CAPUT II.

De vaporibus & exhalationibus.

Caput III.

De Sale.

CAPUT IV.

De Ventis.

CAPUT V.

De nubibus.

CAPUT VI.

De nive, pluvia & grandine.

CAPUT VII.

De tempestatibus, fulmine, & ignibus aliis in aëre accensis.

Caput VIII.

De Iride.

Caput IX.

De nubium colore; & de halonibus seu coronis, quæ circa sidera interdum apparent.

CAPUT X.

De Parheliis.

R. DES

R. DES CARTES LECTORI SUO

S. D.

HÆc ſpecimina Gallice à me ſcripta, & anno 1637 *vulgata, paullo poſt ab amico in linguam Latinam verſa fuere, ac verſio mihi tradita, ut quicquid in ea minus placeret, pro meo jure mutarem. Quod variis in locis feci: ſed forſan etiam alia multa prætermiſi; hæcque ab illis ex eo dignoſcentur, quod ubique fere fidus interpres verbum verbo reddere conatus ſit; ego vero ſententias ipſas ſæpe mutarim, & non ejus verba, ſed meum ſenſum emendare ubique ſtuduerim.* Vale.

DIS-

DISSERTATIO
DE
METHODO
rectè utendi ratione,
Et veritatem in scientiis investigandi.

ULLA res æquabiliùs inter homines est distributa quàm bona mens: eâ enim unusquisque ita abundare se putat, ut nequidem illi qui maximè inexplebiles cupiditates habent, & quibus in nulla unquam alia re Natura satisfecit, meliorem mentem quàm possideant optare consueverint. Qua in re pariter omnes falli non videtur esse credendum; sed potiùs vim incorruptè judicandi, & verum à falso distinguendi, (quam propriè bonam mentem seu rectam rationem appellamus) naturâ æqualem omnibus nobis innatam esse. Atque ita nostrarum opinionum diversitatem, non ex eo manare quod simus aliis alii majore rationis vi donati, sed tantùm ex eo quòd cogitationem non per easdem vias ducamus, neque ad easdem res attendamus. Quippe ingenio pollere haud sufficit, sed eodem rectè uti palmarium est. Excelsiores animæ, ut majorum virtutum, ita & vitiorum capaces sunt: Et plus promovent qui rectam perpetuò viam insistentes, lentissimo tantùm gradu incedunt, quàm qui sæpe aberrantes celeriùs gradiuntur. I. *Varia circa scientias considerationes.*

Ego sanè nunquam existimavi plus esse in me ingenii quàm in quolibet è vulgo: quinimo etiam non rarò vel cogitandi celeritate, vel distinctè imaginandi facilitate, vel memoriæ capacitate atque usu, quosdam alios æquare exoptavi. Nec ullas ab his alias dotes esse novi quibus ingenium præstantius reddatur. Nam rationem quod attinet, quia per illam solam homines sumus, æqualem in omnibus esse facilè credo: neque hîc discedere libet à communi sententiâ Philosophorum, qui dicunt inter *accidentia* sola, non autem inter *formas substantiales individuorum ejusdem speciei*, plus & minus reperiri.

 Sed

Sed profiteri non verebor me singulari deputare felicitati, quòd à primis annis in eas cogitandi vias inciderim, per quas non difficile fuit pervenire ad cognitionem quarundam regularum sive axiomatum, quibus constat Methodus, cujus ope gradatim augere scientiam, illamque tandem, quam pro ingenii mei tenuitate & vitæ brevitate maximam sperare liceat, acquirere posse confido. Jam enim ex eâ tales fructus percepi, ut quamvis de me ipso satis demissè sentire consueverim; & dum varias hominum curas oculo Philosophico intueor, vix ullæ unquàm occurrant quæ non vanæ & inutiles videantur; non possim quin dicam, me ex progressu quem in veritatis indagatione jam fecisse arbitror, summa voluptate perfundi; talemque de iis quæ mihi quærenda restant spem concepisse, ut si inter occupationes eorum qui meri homines sunt, quædam solidè bona & seria detur, credere ausim illam eandem esse quam elegi.

Me verò fortasse fallit opinio, nec aliud est quàm orichalcum & vitrum, quod pro auro & gemmis hîc vendito. Novi quam proclives simus in errorem cùm de nobis ipsis judicamus, & quàm suspecta etiam esse debeant amicorum testimonia, cùm nobis favent. Sed in hoc libello declarare institui quales vias in quærenda veritate sequutus sim, & vitam omnem meam tanquam in tabella delineare; ut cuilibet ad reprehendendum pateat accessus, & ipse post tabulam delitescens liberas hominum voces in mei ipsius emendationem exaudiam, atque hunc adhuc discendi modum, cæteris quibus uti soleo adjungam.

Ne quis igitur putet me hîc traditurum aliquam Methodum, quam unusquisque sequi debeat ad rectè regendam rationem; illam enim tantum quam ipsemet sequutus sum exponere decrevi. Qui aliis præcepta dare audent, hoc ipso ostendunt, se sibi prudentiores iis quibus ea præscribunt, videri: ideóque si vel in minima re fallantur, magna reprehensione digni sunt. Cùm autem hîc nihil aliud promittam quàm historiæ, vel, si malitis, fabulæ narrationem, qua inter nonnullas res, quas non inutile erit imitari, plures aliæ fortasse erunt quæ fugiendæ videbuntur; spero illam aliquibus ita profuturam, ut nemini interim nocere possit, & omnes aliquam ingenuitati meæ gratiam sint habituri.

Ab ineunte ætate ad literarum studia animum adjeci; & quoniam à Præceptoribus audiebam illarum ope certam & evidentem cognitionem

tionem eorum omnium quæ ad vitam utilia sunt acquiri posse, incredibili desiderio discendi flagrabam. Sed simul ac illud studiorum curriculum absolvi, quo decurso mos est in eruditorum numerum cooptari, planè aliud cœpi cogitare. Tot enim me dubiis totque erroribus implicatum esse animadverti, ut omnes discendi conatus nihil aliud mihi profuisse judicarem, quàm quòd ignorantiam meam magis magisque detexissem.

Attamen tunc degebâm in una ex celeberrimis totius Europæ scholis, in qua, sicubi in universo terrarum orbe, doctos viros esse debere cogitabam. Omnibus iis quibus alii ibidem imbuebantur utcunque tinctus eram. Nec contentus scientiis quas docebamur, libros de quibuslibet aliis magis curiosis atque à vulgo remotis tractantes quotquot in manus meas inciderant evolveram. Aliorum etiam de me judicia audiebam, nec videbam me quoquam condiscipulorum inferiorem æstimari; quamvis jam ex eorum numero nonnulli ad Præceptorum loca implenda destinarentur. Ac denique hoc sæculum non minus floridum, & bonorum ingeniorum ferax quàm ullum præcedentium esse arbitrabar. Quæ omnia mihi audaciam dabant de aliis ex me judicandi, & credendi nullam in mundo scientiam dari, illi parem cujus spes facta mihi erat.

Non tamen idcirco studia omnia quibus operam dederam in scholis negligebam: fatebar enim linguarum peritiam quæ ibi acquiritur, ad veterum scripta intelligenda requiri; Artificiosas fabularum narrationes ingenium quodammodo expolire, & excitare; Casus historiarum memorabiles animum ad magna suscipienda impellere, & ipsas cum prudentiâ lectas non parum ad formandum judicium conferre: Omnem denique bonorum librorum lectionem eodem ferè modo nobis prodesse, acsi familiari colloquio præstantissimorum totius antiquitatis ingeniorum, quorum illi monumenta sunt, uteremur; & quidem colloquio ita præmeditato, ut non nisi optimas & selectissimas quasque ex suis cogitationibus nobis declarent; Eloquentiam vires habere permagnas & ad ornatum vitæ multum conferre; Poësi nihil esse amœnius aut dulcius; multa in Mathematicis disciplinis haberi acutissimè inventa, quæque cùm curiosos oblectant, tùm etiam in operibus quibuslibet perficiendis, & Artificum labore minuendo plurimum juvant: multa in scriptis quæ de moribus tractant præcepta, multasque ad virtutem cohortationes utilissimas contineri: Theologiam Cœlo potiundi rationem docere: Philosophiam

phiam verisimiliter de omnibus disserendi copiam dare, & non parvam sui admirationem apud simpliciores excitare; Jurisprudentiam, Medicinam & scientiarum reliquas, honores & divitias in cultores suos congerere; nec omnino ullam esse, etiam ex maximè superstitiosis & falsis, cui aliquam operam dedisse non sit utile, saltem ut possimus quid valeant judicare, & non facilè ab ullâ fallamur.

Verùm jam satis temporis linguarum studio, & lectioni librorum veterum, eorumque historiis & fabulis me impendisse arbitrabar: Idem enim ferè est agere cum viris prisci ævi, quod apud exteras gentes peregrinari. Expedit aliquid nosse de moribus aliorum populorum, ut incorruptiùs de nostris judicemus, nec quidquid ab iis abludit statim pro ridiculo atque inepto habeamus, ut solent ii qui nunquam ex natali solo discesserunt. Sed qui nimis diu peregrinantur, tandem velut hospites & extranei in patriâ fiunt; quique nimis curiosè illa quæ olim apud veteres agebantur investigant, ignari eorum quæ nunc apud nos aguntur esse solent. Præterea fabulæ plurimas res quæ fieri minimè possunt, tanquam si aliquando contigissent repræsentant, invitantque nos hoc pacto vel ad ea suscipienda quæ supra vires, vel ad ea speranda quæ supra sortem nostram sunt. Atque ipsæ etiam historiæ, quantumvis veræ, si pretium rerum non augent nec immutant ut lectu digniores habeantur, earum saltem viliores & minùs illustres circumstantias omittunt: unde fit ut ea quæ narrant nunquam omnino qualia sunt exhibeant, & qui suam vivendi rationem ad illarum exempla componere nimium student, proni sint in deliria antiquorum Heroum, & tantùm hyperbolica facta meditentur.

Eloquentiam valde æstimabam, & non parvo Poëseos amore incendebar: sed utramque inter naturæ dona potiùs quàm inter disciplinas numerabam. Qui ratione plurimùm valent, quique ea quæ cogitant quam-facillimo ordine disponunt, ut clarè & distinctè intelligantur, aptissimè semper ad persuadendum dicere possunt, etiamsi barbarâ tantùm Gothorum linguâ uterentur, nec ullam unquam Rhetoricam didicissent. Et qui ad ingeniosissima figmenta excogitanda, eaque cum maximo ornatu & suavitate exprimenda sunt nati, optimi Poëtæ dicendi essent, etsi omnia Poëticæ Artis præcepta ignorarent.

Mathematicis disciplinis præcipuè delectabar, ob certitudinem atque

atque evidentiam rationum quibus nituntur; sed nondum præcipuum earum usum agnoscebam: & cùm ad artes tantùm Mechanicas utiles esse mihi viderentur, mirabar fundamentis adeò firmis & solidis nihil præstantius fuisse superstructum. Ut è contrario veterum Ethnicorum moralia scripta palatiis superbis admodum & magnificis, sed arenæ tantùm aut cœno inædificatis, comparabam. Virtutes summis laudibus in cœlum tollunt; easque cæteris omnibus rebus longe anteponendas esse rectè contendunt; sed non satis explicant quidnam pro virtute sit habendum, & sæpe quod tam illustri nomine dignantur, immanitas potiùs & durities, vel superbia, vel desperatio, vel parricidium dici debet.

Theologiam nostram reverebar, nec minus quàm quivis alius beatitudinis æternæ compos fieri exoptabam. Sed cùm pro certo atque explorato accepissem, iter quod ad illam ducit doctis non magis patere quàm indoctis, veritatesque à Deo revelatas humani ingenii captum excedere, verebar ne in temeritatis crimen inciderem si illas imbecillæ rationis meæ examini subjicerem. Et quicunque iis recognoscendis atque interpretandis vacare audent, peculiari ad hoc Dei gratiâ indigere ac supra vulgarium hominum sortem positi esse debere mihi videbantur.

De Philosophia nihil dicam, nisi quòd, cùm scirem illam à præstantissimis omnium sæculorum ingeniis fuisse excultam, & nihil tamen adhuc in eâ reperiri, de quo non in utramque partem disputetur, hoc est, quod non sit dubium & incertum; non tantùm ingenio meo confidebam, ut aliquid in eâ melius à me quàm à cæteris inveniri posse sperarem. Et cùm attenderem quod diversæ de eadem re opiniones sæpe sint, quarum singulæ à viris doctis defenduntur, & ex quibus tamen nunquam plus unâ vera esse potest; quidquid ut probabile tantùm affertur propemodum pro falso habendum esse existimabam.

Quod ad cæteras scientias, quoniam à Philosophia principia sua mutuantur, nihil illas valde solidum & firmum, tam instabilibus fundamentis superstruere potuisse arbitrabar. Nec gloria nec lucrum quod promittunt satis apud me valebant, ut ad illarum cultum impellerent. Nam lucrum quod attinet; non in eo me statu esse putabam, ut à fortuna cogerer liberales disciplinas in illiberalem usum convertere. Gloriam verò etsi non planè ut Cynicus aspernari me profiterer; illam tamen non magni faciebam, quæ non nisi falso nomine, hoc est ob scientiarum non verarum cognitionem, acquiri posse videbatur: Ac denique jam satis ex omnibus, etiam maximè vanis & falsis degustasse me judicabam, ut facilè caverem ne me unquam vel Alchymistæ promissa, vel Astrologi prædictiones, vel Magi imposturæ, vel cujuslibet alterius ex iis qui videri volunt ea se scire quæ ignorant, inanis jactantia fallere posset.

Quapropter ubi primùm mihi licuit per ætatem, è præceptorum custodiâ exire, literarum studia prorsus reliqui: Captoque consilio nullam in posterum quærendi scientiam, nisi quam vel in me ipso, vel in vasto mundi volumine possem reperire, insequentes aliquot annos variis peregrinationibus impendi: Atque interea temporis, exercitus, urbes aulasque exterorum principum invisendo, cum hominibus diversorum morum & ordinis conversando, varia hinc inde experimenta colligendo, & me ipsum in diversis fortunæ casibus probando, sic ad omnia quæ in vita occurrebant attendebam, ut nihil ex quo eruditior fieri possem mihi viderer omittere. Quippe multò plus veritatis inveniri arbitrabar, in iis ratiocinationibus quibus singuli homines ad sua negotia utuntur, & quorum malo successu paulò pòst puniri solent, quum non rectè judicarunt, quàm in iis quas doctor aliquis otiosus in Musæo sedens, excogitavit circa entia rationis, aut similia quæ ad usum vitæ nihil juvant; & ex quibus nihil aliud expectat, nisi fortè quòd tantò plus inanis gloriæ sit habiturus, quò illæ à veritate ac sensu communi erunt remotiores; quia nempe tantò plus ingenii atque industriæ ad eas verisimiles reddendas debuerit impendere. Ac semper scientiam verum à falso dignoscendi summo studio quærebam, ut rectum iter vitæ clarius viderem, & majori cum securitate persequerer.

Fateor tamen me vix quidquam certi didicisse quamdiu sic tantùm aliorum hominum mores consideravi, tot enim in iis propemodum diversitates animadvertebam, quot antea in opinionibus Philosophorum: Atque hunc tantùm ferè fructum ex iis percipiebam, quòd cùm notarem multa esse, quæ licèt moribus nostris planè insolentia & ridicula videantur, communi tamen assensu apud quasdam alias gentes comprobantur, discebam nihil nimis obstinatè esse credendum quod solum exemplum vel consuetudo persuaserit: Et ita sensim multis me erroribus liberabam, mentemque veris rationibus agnoscendis aptiorem reddebam. Sed postquam sic aliquandiu quidnam in mundo ab aliis ageretur inspexissem, & nonnulla

inde

inde experimenta collegissem, semel etiam mihi proposui seriò me ipsum examinare, & omni ingenii vi quidnam à me optimum fieri posset inquirere. Quod felicius, ut opinor, mihi successit, quàm si priùs nec à patria, nec à scholasticis studiis unquam recessissem.

II. *Præcipuæ illius Methodi, quam investigavit Auctor, regulæ.*

Eram tunc in Germaniâ, quò me curiositas videndi ejus belli, quod nondum hodie finitum est, invitarat; Et quum ab inauguratione Imperatoris versus castra reverterer, hyemandum fortè mihi fuit in quodam loco, ubi quia nullos habebam cum quibus libenter colloquerer, & prospero quodam fato omnibus curis liber eram, totos dies solus in hypocausto morabar, ibique variis meditationibus placidissimè vacabam. Et inter cætera, primum ferè quod mihi venit in mentem, fuit, ut notarem illa opera quibus diversi artifices, inter se non consentientes, manum adhibuêre, raró tam perfecta esse quàm illa quæ ab uno absoluta sunt. Ita videmus ædificia quæ ab eodem Architecto incepta & ad summum usque perducta fuêre, ut plurimùm elegantiora esse & concinniora, quàm illa quæ diversi, diversis temporibus novos parietes veteribus adjungendo construxerunt. Ita antiquæ illæ civitates, quæ cùm initio ignobiles tantùm pagi fuissent in magnas paulatim urbes creverunt, si conferantur cum novis illis, quas totas simul metator aliquis in planicie liberè designavit, admodum indigestæ atque inordinatæ reperiuntur. Et quamvis singula earum ædificia inspicienti, sæpe plus artis atque ornatus in plerisque appareat quàm in ullis aliarum; consideranti tamen omnia simul, & quomodo magna parvis adjuncta plateas inæquales & curvas efficiant, cæco potiùs & fortuito quodam casu, quàm hominum ratione utentium voluntate sic disposita esse videntur: Quibus si addimus, fuisse tamen semper Ædiles aliquos in istis urbibus quorum officium erat procurare ut privatorum ædes publico ornatui quantum fieri posset inservirent; perspicuè intelligemus quàm difficile sit, alienis tantùm operibus manum admovendo, aliquid facere valde perfectum. Ita etiam putare licet illos populos, qui cùm olim valde barbari atque inculti fuissent, non nisi successu temporis urbanitatem asciverunt, nec ullas leges nisi prout ab incommodis quæ ex criminibus & discordiis percipiebant, fuêre coacti, condiderunt, non tam bene institutâ republicâ solere uti, quàm illos qui à primo initio quo simul congregati fuêre, prudentis alicujus legislatoris constitutiones observarunt. Sic certè non dubium est quin status veræ religionis, qui legibus

legibus à Deo ipso sancitis gubernatur, sit omnium optimè constitutus, & cum nullo alio comparandus. Sed ut de rebus quæ ad homines solos pertinent potiùs loquamur, si olim Lacedæmoniorum respublica fuit florentissima, non puto ex eo contigisse, quòd legibus uteretur quæ sigillatim spectatæ meliores essent aliarum civitatum institutis, nam contrà multæ ex iis ab usu communi abhorrebant, atque etiam bonis moribus adversabantur, sed ex eo quod ab uno tantùm legislatore conditæ sibi omnes consentiebant, atque in eundem scopum collimabant. Eodem modo mihi persuasi, scientias, quæ libris continentur, illas saltem quæ perspicuis demonstrationibus carentes, verisimilibus tantùm argumentis fulciuntur, quia non nisi ex variis diversorum hominum sententiis simul collectis conflatæ sunt, non tam propè ad veritatem accedere, quàm opiniones quas homo aliquis sola ratione naturali utens, & nullo præjudicio laborans, de rebus quibuscunque obviis habere potest. Eodemque etiam modo cogitavi, quoniam infantes omnes antè fuimus quàm viri, & diu vel cupiditatum vel præceptorum consilia sumus sequuti, quæ ut plurimum inter se pugnabant, & fortè neutra quod optimum erat semper suadebant, jam fieri vix posse ut judicia nostra tam recta sint & firma, quàm si ratio in nobis æquè matura atque nunc, ab ineunte ætate exstitisset, eique soli nos regendos tradidissemus.

Verumtamen insolens foret, omnia urbis alicujus ædificia diruere, ad hoc solùm ut iisdem postea meliori ordine & formâ extructis, ejus plateæ pulchriores evaderent. At certè non insolens est dominum unius domus illam destrui curare, ut ejus loco meliorem ædificet: Imò sæpe multi hoc facere coguntur, nempe cùm ædes habent vetustate jam fatiscentes, vel quæ infirmis fundamentis superstructæ ruinam minantur. Eodemque modo mihi persuasi, non quidem rationi esse consentaneum, ut privatus aliquis de publicis rebus reformandis cogitando, eas priùs à fundamentis velit evertere ut posteà meliùs instituat. Nec quidem scientias vulgatas, ordinemve eas docendi in scholis usu receptum sic debere immutari unquam putavi. Sed quod ad eas opiniones attinet, quas ego ipse in eum usque diem fueram amplexus, nihil melius facere me posse arbitrabar, quàm si omnes simul & semel è mente mea delerem, ut deinde vel alias meliores vel certè easdem, sed postquam maturæ rationis examen subiissent, admitterem: credebamque hoc pacto longè

longè meliùs me ad vitam regendam posse informari, quàm si veteris ædificii fundamenta retinerem, iisque tantùm principiis inniterer, quibus olim juvenilis ætas mea, nullo unquam adhibito examine an veritati congruerent, credulitatem suam addixerat. Quamvis enim in hoc varias difficultates agnoscerem, remedia tamen illæ sua habebant, & nullo modo erant comparandæ cum iis quæ in reformatione publicæ alicujus rei occurrunt. Magna corpora si semel prostrata sunt, vix magno molimine rursus eriguntur, & concussa vix retinentur, atque omnis illorum lapsus est gravis. Deinde inter publicas res si quæ fortè imperfecta sunt, ut vel sola varietas quæ in iis apud varias gentes reperitur, non omnia perfecta esse satis ostendit, longo illa usu tolerabilia sensim redduntur, & multa sæpe vel emendantur vel vitantur, quibus non tam facile esset humanâ prudentiâ subvenire; ac denique illa fere semper ab assuetis populis commodiùs ferri possunt quàm illorum mutatio. Eodem modo quo videmus regias vias quæ inter amfractus montium deflexæ & contortæ sunt, diuturno transeuntium attritu tam planas & commodas reddi solere, ut longè melius sit eas sequi, quàm juga montium transcendendo & per præcipitia ruendo rectius iter tentare. Et idcirco leves istos atque inquietos homines maximè odi, qui cùm nec à genere nec à fortuna vocati sint ad publicarum rerum administrationem, semper tamen in iis novi aliquid reformare meditantur. Et si vel minimum quid in hoc scripto esse putarem, unde quis me tali genere stultitiæ laborare possit suspicari, nullo modo pati vellem ut vulgaretur. Nunquam ulteriùs mea cogitatio provecta est, quàm ut proprias opiniones emendare conarer, atque in fundo qui totus meus est ædificarem. Et quamvis, quia meum opus mihi ipsi satis placet, ejus exemplar hîc vobis proponam, non ideò cuiquam auctor esse velim, ut simile quid aggrediatur. Poterunt fortasse alii, quibus Deus præstantiora ingenia largitus est, majora perficere; sed vereor ne hoc ipsum quod suscepi tam arduum & difficile sit, ut valde paucis expediat imitari. Nam vel hoc unum, ut opiniones omnes quibus olim fuimus imbuti deponamus, non unicuique est tentandum. Et maxima pars hominum sub duobus generibus continetur, quorum neutri potest convenire. Nempe permulti sunt, qui cùm plus æquo propriis ingeniis confidant, nimis celeriter solent judicare, nunquamque satis temporis sibi sumunt ad rationes omnes cir-

 cum-

cumſpiciendas, & idcirco ſi ſemel auſint opiniones omnes vulgò receptas in dubium revocare, & velut à tritâ viâ recedere, non facilè illi ſemitæ quæ rectiùs ducit ſemper inſiſtent, ſed vagi potiùs & incerti in reliquam vitam aberrabunt; Alii verò ferè omnes cùm ſatis judicii vel modeſtiæ habeant ad exiſtimandum nonnullos eſſe in mundo qui ipſos ſapientia antecedant & à quibus poſſint doceri, debent potiùs ab illis opiniones quas ſequuturi ſunt accipere, quàm alias proprio ingenio inveſtigare.

Quod ad me, procul dubio in horum numero fuiſſem, ſi unùm tantùm præceptorem habuiſſem, & nunquam diverſas illas opiniones cognoviſſem, quæ ab omni memoriâ doctiſſimos quoſque colliſerunt. Sed dudum in ſcholis audiveram, nihil tam abſurdè dici poſſe quod non dicatur ab aliquo Philoſophorum; Notaveramque inter peregrinandum non omnes eos, qui opinionibus à noſtro ſenſu valde remotis ſunt imbuti, barbaros idcirco & ſtolidos eſſe putandos; ſed pleroſque ex iis vel æquè bene, vel etiam meliùs quàm nos ratione uti; conſideraveram præterea quantùm idem homo cum eadem ſua mente, ſi à primis annis inter Gallos aut Germanos vivat, diverſus evadat ab eo qui foret, ſi ſemper inter Sinas aut Americanos educaretur; Et quantùm etiam in multis rebus non magni momenti, ut circa veſtium quibus induimur formam, illud idem quod nobis maximè placuit ante decem annos, & fortè poſt decem annos rurſus placebit, nunc ridiculum atque ineptum videatur; adeò ut exemplo potiùs & conſuetudine quàm ulla certa cognitione ducamur. Ac denique advertebam circa ea quorum veritas non valde facilè inveſtigatur, nulli rei eſſe minùs credendum quàm multitudini ſuffragiorum; longè enim veriſimilius eſt unum aliquem illa invenire potuiſſe, quàm multos. Et quia neminem inter cæteros eligere poteram, cujus opiniones dignæ viderentur, quas potiſſimùm amplecterer, aliiſque omnibus anteferrèm, fui quodammodo coactus, proprio tantum conſilio uti ad vitam meam inſtituendam.

Sed ad exemplum eorum qui noctu & in tenebris iter faciunt, tam lento & ſuſpenſo gradu incedere decrevi, ac tam diligenter ad omnia circumſpicere, ut ſi non multùm promoverem, ſaltem me à lapſu tutum ſervarem. Nec ſtatim conari volui me iis opinionibus, quas olim nulla ſuadente ratione admiſeram, liberare; ſed ut veterem domum inhabitantes, non eam antè diruunt, quàm novæ in ejus locum exſtruendæ exemplar fuerint præmeditati; Sic priùs

quâ

quâ ratione certi aliquid possem invenire cogitavi, & satis multum temporis impendi in quærenda vera Methodo quæ me duceret ad cognitionem eorum omnium quorum ingenium meum esset capax.

Studueram antea in scholis, inter Philosophiæ partes, Logicæ, & inter Mathematicas disciplinas, Analysi Geometricæ atque Algebræ; tribus artibus sive scientiis quæ nonnihil ad meum institutum facere posse videbantur. Sed illas diligentiùs examinando, animadverti quantùm ad Logicam, syllogismorum formas aliaque ferè omnia ejus præcepta, non tam prodesse ad ea quæ ignoramus investiganda, quàm ad ea quæ jam scimus aliis exponenda; vel etiam, ut ars Lullii, ad copiosè & sine judicio de iis quæ nescimus garriendum. Et quamvis multa quidem habeat verissima & optima, tam multis tamen aliis, vel supervacuis vel etiam interdum noxiis, adjuncta esse, ut illa dignoscere & separare non minùs sæpe difficile sit, quàm Dianam aliquam aut Minervam ex rudi marmore excitare. Quantùm autem ad veterum Analysin atque ad Algebram recentiorum, illas tantùm ad speculationes quasdam quæ nullius usus esse videbantur se extendere; Ac præterea Analysin circa figurarum considerationem tam assiduè versari, ut dum ingenium acuit & exercet, imaginandi facultatem defatiget & lædat: Algebram vero, ut solet doceri, certis regulis & numerandi formulis ita esse contentam, ut videatur potiùs ars quædam confusa, cujus usu ingenium quodammodo turbatur & obscuratur, quàm scientia quâ excolatur & perspicacius reddatur. Quapropter existimavi quærendam mihi esse quandam aliam Methodum, in quâ quicquid boni est in istis tribus ita reperiretur, ut omnibus interim earum incommodis careret. Atque ut legum multitudo sæpe vitiis excusandis accommodatior est, quàm iisdem prohibendis; adeò ut illorum populorum status sit optimè constitutus, qui tantùm paucas habent, sed quæ accuratissimè observantur: Sic pro immensa ista multitudine præceptorum, quibus Logica referta est, sequentia quatuor mihi suffectura esse arbitratus sum, modò firmiter & constanter statuerem, ne semel quidem ab illis toto vitæ meæ tempore deflectere.

Primum erat, ut nihil unquam veluti verum admitterem nisi quod certò & evidenter verum esse cognoscerem; hoc est, ut omnem præcipitantiam atque anticipationem in judicando diligentissimè vitarem; nihilque amplius conclusione complecterer, quàm

 quod

quod tam clarè & distinctè rationi meæ pateret, ut nullo modo in dubium possem revocare.

Alterum, ut difficultates quas essem examinaturus, in tot partes dividerem, quot expediret ad illas commodiùs resolvendas.

Tertium, ut cogitationes omnes quas veritati quærendæ impenderem certo semper ordine promoverem: incipiendo scilicet à rebus simplicissimis & cognitu facillimis, ut paulatim & quasi per gradus ad difficiliorum & magis compositarum cognitionem ascenderem; in aliquem etiam ordinem illas mente disponendo, quæ se mutuò ex natura sua non præcedunt.

Ac postremum, ut tum in quærendis mediis, tum in difficultatum partibus percurrendis, tam perfectè singula enumerarem & ad omnia circumspicerem, ut nihil à me omitti essem certus.

Longæ illæ valde simplicium & facilium rationum catenæ, quarum ope Geometræ ad rerum difficillimarum demonstrationes ducuntur, ansam mihi dederant existimandi, ea omnia quæ in hominis cognitionem cadunt eodem pacto se mutuò sequi; & dummodo nihil in illis falsum pro vero admittamus, semperque ordinem quo una ex aliis deduci possunt observemus, nulla esse tam remota ad quæ tandem non perveniamus, nec tam occulta quæ non detegamus. Nec mihi difficile fuit agnoscere à quarum investigatione deberem incipere. Jam enim sciebam res simplicissimas & cognitu facillimas, primas omnium esse examinandas; & cùm viderem ex omnibus qui hactenus in scientiis veritatem quæsiverunt, solos Mathematicos demonstrationes aliquas, hoc est, certas & evidentes rationes invenire potuisse, satis intelligebam illos circa rem omnium facillimam fuisse versatos; mihique idcircò illam eandem primam esse examinandam, etiamsi non aliam inde utilitatem expectarem, quàm quòd paulatim assuefacerem ingenium meum veritati agnoscendæ, falsisque rationibus non assentiri. Neque verò idcircò statim omnes istas particulares scientias, quæ vulgò Mathematicæ appellantur, addiscere conatus sum; sed quia advertebam, illas, etiamsi circa diversa objecta versarentur, in hoc tamen omnes convenire, quòd nihil aliud quàm relationes sive proportiones quasdam quæ in iis reperiuntur, examinent; has proportiones solas mihi esse considerandas putavi, & quidem maximè generaliter sumptas; in iisque tantùm objectis spectatas, quorum ope facilior earum cognitio redderetur; & quibus eas non ita alligarem, quin

facilè

facilè etiam ad alia omnia quibus convenirent, possem transferre. Ac deinde quia animadverti ad ea quæ circa istas proportiones quæruntur agnoscenda, interdum singulas separatim esse considerandas, & interdum multas simul comprehendendas & memoriâ retinendas; existimavi optimum fore si tantùm illas in lineis rectis supponerem, quoties sigillatim essent considerandæ; quia nempe nihil simplicius, nec quod distinctius, tum phantasiæ tum sensibus ipsis posset exhiberi, occurrebat; atque si easdem characteribus sive notis quibusdam quam brevissimis fieri posset designarem, quoties tantùm essent retinendæ, pluresque simul complectendæ. Hoc enim pacto, quicquid habent boni Analysis Geometrica & Algebra, mihi videbar assumere, & unius defectum alterius ope emendando, quicquid habent incommodi vitare.

Ac revera dicere ausim, pauca illa præcepta, quæ selegeram accuratè observando, tantam me facilitatem acquisivisse ad difficultates omnes circa quas illæ duæ scientiæ versantur, extricandas, ut intra duos aut tres menses quos illi studio impendi, non modò multas quæstiones invenerim quas ante difficillimas judicaram, sed etiam tandem eò pervenerim, ut circa illas ipsas quas ignorabam, putarem me posse determinare, quibus viis & quousque ab humano ingenio solvi possent. Quippe cùm à simplicissimis & maximè generalibus incepissem, ordinemque deinceps observarem, singulæ veritates quas inveniebam, regulæ erant, quibus postea utebar ad alias difficiliores investigandas. Et ne me fortè quis putet incredibilia hîc jactare, notandum est cujusque rei unicam esse veritatem, quam quisquis clarè percipit, de illa tantumdem scit quantum ullus alius scire potest. Ita postquam puer, qui primas tantùm Arithmeticæ regulas in ludo didicit, illas in numeris aliquot simul colligendis rectè observavit, potest absque temeritate affirmare, se circa rem per additionem istam quæsitam, id omne invenisse quod ab humano ingenio poterat inveniri. Methodus autem illa quæ verum ordinem sequi & enumerationes accuratas facere docet; Arithmeticæ certitudine non cedit.

Atque hæc mihi Methodus in eo præcipuæ placebat, quòd per illam viderer esse certus in omnibus me uti ratione, si non perfectè, saltem quàm optimè ipse possem; sentiremque ejus usu paulatim ingenii mei tenebras dissipari, & illud veritati distinctiùs & clariùs percipiendæ assuefieri. Cumque illam nulli speciali materiæ alligassem, sperabam me non minùs feliciter eâ esse usurum in aliarum scientiarum difficultatibus resolvendis, quàm in Geometricis vel Algebraicis. Quanquam non idcirco statim omnes quæ occurrebant examinandas suscepi: nam in hoc ipso, ab ordine quem illa præscribit descivissem: sed quia videbam illarum cognitionem à principiis quibusdam, quæ ex Philosophia peti deberent dependere, in Philosophia autem nulla hactenus satis certa principia fuisse inventa; non dubitavi quin de iis quærendis mihi ante omnia esset cogitandum. Ac præterea quia videbam illorum disquisitionem quam-maximi esse momenti, nullamque aliam esse in qua præcipitantia & anticipatio opinionum diligentiùs essent cavendæ; non existimavi me priùs illam aggredi debere, quàm ad maturiorem ætatem pervenissem; tunc enim viginti tres annos tantùm natus eram; Nec priusquàm multùm temporis in præparando ad id ingenio impendissem; tum erroneas opiniones quas ante admiseram evellendo, tum varia experimenta ratiocinationibus meis materiam præbitura colligendo, tum etiam magis & magis eam Methodum quam mihi præscripseram excolendo, ut in ea confirmatior evaderem.

III. *Quædam Moralis scientiæ regulæ, ex hac Methodo depromptæ.*

Ac denique ut illi qui novam domum, in locum ejus quam inhabitant volunt extruere, non modò veterem priùs evertunt, lapides, ligna, cæmentum, aliaque ædificanti utilia sibi comparant, Architectum consulunt, vel ipsimet se in Architecturâ exercent & exemplar domus faciendæ accuratè describunt; sed etiam aliam aliquam sibi parant, quam interim dum illa ædificabitur possint non incommodè habitare: sic ne dubius & anxius hærerem circa ea, quæ mihi erant agenda, quamdiu ratio suaderet incertum esse circa ea de quibus debebam judicare; atque ut ab illo tempore vivere inciperem quàm felicissimè fieri posset, Ethicam quandam ad tempus *mihi* effinxi, quæ tribus tantùm aut quatuor regulis continebatur; quas hîc non pigebit adscribere.

Prima erat, ut legibus atque institutis patriæ obtemperarem, firmiterque illam religionem retinerem quam optimam judicabam, & in qua Dei beneficio fueram ab ineunte ætate institutus; atque me in cæteris omnibus gubernarem juxta opiniones quammaximè moderatas, atque àb omni extremitate remotas, quæ communi usu receptæ essent apud prudentissimos eorum cum quibus mihi esset vivendum. Cùm enim jam inde inciperem iis omnibus quibus antè addi-

addictus fueram diffidere; utpote quas de integro examinare deliberabam; certus eram nihil melius facere me posse, quàm si interea temporis prudentiorum actiones imitarer. Et quamvis fortè nonnulli sint apud Persas aut Sinas non minus prudentes quàm apud nos, utilius tamen judicabam illos sequi cum quibus mihi erat vivendum: Atque ut rectè intelligerem, quidnam illi revera optimum esse sentirent; ad ea potiùs quæ agebant, quàm ad ea quæ loquebantur attendebam: non modò quia hominum mores eò usque corrupti sunt, ut perpauci quid sentiant dicere velint, sed etiam quia permulti sæpe ipsimet ignorant: est enim alia actio mentis per quam aliquid bonum vel malum esse judicamus, & alia per quam nos ita judicasse agnoscimus; atque una sæpissime absque altera reperitur. Ex pluribus autem sententiis æqualiter usu receptis moderatissimas semper eligebam, tum quia ad executionem facillimæ, atque ut plurimum optimæ sunt; omne quippe nimium vitiosum esse solet; tum etiam, ut si fortè aberrarem, minùs saltem à rectâ viâ deflecterem mediam tenendo, quàm si unam ex extremis elegissem cùm altera fuisset sequenda. Et quidem inter extremas vias, sive (ut ita loquar) inter nimietates, reponebam promissiones omnes quibus nobismet ipsis libertatem mutandæ postea voluntatis adimimus. Non quòd improbarem leges quæ humanæ fragilitati atque inconstantiæ subvenientes, quoties bonum aliquod propositum habemus, permittunt ut nos ad semper in eodem perseverandum voto astringamus; vel etiam quæ ob fidem commerciorum quæcunque aliis promisimus, modò ne bonis moribus adversentur, cogunt nos præstare. Sed quia videbam nihil esse in mundo quod semper in eodem statu permaneret, quantùmque ad me, vitam sic instituebam ut judicia mea in dies meliora, nunquam autem deteriora fore sperarem; graviter me in bonam mentem peccare putassem, si ex eo quòd tunc res quasdam ut bonas amplectebar, obligassem me ad easdem etiam postea amplectendas, cùm forsan bonæ esse desiissent, vel ipse non ampliùs bonas judicarem.

Altera regula erat, ut quàm maximè constans & tenax propositi semper essem; nec minus indubitanter atque incunctanter in iis peragendis perseverarem, quæ ob rationes valde dubias, vel fortè nullas susceperam, quàm in iis de quibus planè eram certus. Ut in hoc viatorum consilium imitarer, qui si fortè in mediâ aliquâ sylvâ aberrarint, nec ullum iter ab aliis tritum, nec etiam versus quam

partem

partem eundum sit agnoscant, non ideò vagi & incerti modò versus unam, modò versus alteram tendere debent, & multò minùs uno in loco consistere, sed semper rectà quantùm possunt versus unam & eandem partem progredi; nec ab ea postea propter leves rationes deflectere, quamvis fortè initio planè nullas habuerint, propter quas illam potiùs quàm aliam quamlibet eligerent: hoc enim pacto, quamvis fortè ad ipsum locum ad quem ire distinaverant, non accedent, ad aliquem tamen tandem devenient, in quo commodiùs quàm in media sylva poterunt subsistere. Eodem modo quia multa in vita agenda sunt quæ differre planè non licet, certissimum est, quoties circa illa quid re-vera sit optimum agnoscere non possumus, illud debere nos sequi quod optimum videtur; vel certè si quædam talia sint, ut nulla nos vel minima ratio ad unum potiùs quàm contrarium faciendum impellat, alterutrum tamen debemus eligere, & postquam unam semel sententiam sic sumus amplexi, non ampliùs illam ut dubiam, in quantum ad praxim refertur, sed ut planè veram & certam, debemus spectare; quia nempe ratio propter quam illam elegimus vera & certa est. Atque hoc sufficiens fuit ad me liberandum omnibus istis anxietatibus & conscientiæ morsibus, quibus infirmiores animæ torqueri solent; quia multa sæpe uno tempore ut bona amplectuntur, quæ postmodum vacillante judicio mala esse sibi persuadent.

Tertia regula erat, ut semper me ipsum potiùs quàm Fortunam vincere studerem, & cupiditates proprias quàm ordinem mundi mutare: Atque in universum ut mihi firmiter persuaderem nihil extra proprias cogitationes absolutè esse in nostra potestate; adeò ut quidquid non evenit, postquam omne quod in nobis erat egimus ut eveniret, inter ea quæ fieri planè non possunt, & Philosophico vocabulo impossibilia appellantur, sit à nobis numerandum. Quod solum sufficere mihi videbatur, ad impediendum nequid in posterum optarem quod non adipiscerer, atque ad me hoc pacto satis felicem reddendum. Nam cùm ea sit voluntatis nostræ natura, ut erga nullam rem unquam feratur, nisi quam illi noster intellectus ut aliquo modo possibilem repræsentat; si bona omnia quæ extra nos posita sunt tanquam æqualiter nobis impossibilia consideremus, non magis dolebimus quòd ea fortè nobis desint, quæ natalibus nostris deberi videntur, quàm quòd Sinarum vel Mexicanorum reges non simus. Et rerum necessitati voluntatem nostram accuratissimè accommodantes,

dantes, ut jam non tristamur quòd nostra corpora non sint tam parum corruptioni obnoxia quàm est adamas, vel quòd alis ad volandum instar avium non simus instructi; ita neque sanitatis desiderio torquebimur, si ægrotemus; nec libertatis, si carcere detineamur. Sed fateor longissima exercitatione, & meditatione sæpissime iteratâ opus esse, ut animum nostrum ad res omnes ita spectandas assuefacere possimus. Atque in hoc uno, mihi persuadeo positam fuisse omnem artem illorum Philosophorum, qui olim fortunæ imperio se eximebant, & inter ipsos corporis cruciatus ac paupertatis incommoda de felicitate cum suis Diis contendebant. Nam cùm assiduè terminos potestatis sibi à Naturâ concessæ contemplarentur, tam planè sibi persuadebant nullam rem extra se positam, sive nihil præter suas cogitationes ad se pertinere, ut nihil etiam amplius optarent, & tam absolutum in eas imperium istius meditationis usu acquirebant, hoc est, cupiditatibus aliisque animi motibus regendis ita se assuefaciebant, ut non sine aliqua ratione se solos divites, solos potentes, solos liberos, & solos felices esse jactarent; quia nempe nemo hac Philosophiâ destitutus, tam faventem semper Naturam atque Fortunam habere potest, ut votorum omnium quemadmodum illi compos fiat.

Ut autem hanc Ethicam meam concluderem, diversas occupationes quibus in hac vitâ homines vacant, aliquamdiu expendi, atque ex iis optimam eligere conatus sum: Sed non opus est ut quid de aliis mihi visum sit hîc referam; dicam tantùm nihil me invenisse, quod pro me ipso melius videretur, quàm si in eodem instituto in quo tunc eram perseverarem; hoc est, quàm si totum vitæ tempus in ratione mea excolenda, atque in veritate juxta Methodum quam mihi præscripseram investiganda consumerem. Tales quippe fructus hujus Methodi jam degustaram, ut nec suaviores ullos nec magis innocuos in hac vitâ decerpi posse arbitrarer; Cùmque illius ope quotidiè aliquid detegerem, quod & vulgo ignotum & alicujus momenti esse existimabam, tantâ delectatione animus meus implebatur, ut nullis aliis rebus affici posset. Ac præterea tres regulæ mox expositæ satis rectæ mihi visæ non fuissent, nisi in veritate per hanc Methodum investigandâ perseverare decrevissem. Nam cùm Deus unicuique nostrum, aliquod rationis lumen largitus sit ad verum à falso distinguendum, non putassem, me, vel per unam diem, totum alienis opinionibus regendum tradere debere, nisi statuissem easdem proprio ingenio examinare, statim atque me ad hoc rectè faciendum satis parassem. Nec, quamdiu illas sequebar, absque errandi metu fuissem, nisi sperassem, me nullam interim occasionem, meliores si quæ essent inveniendi, prætermissurum. Nec denique cupiditatibus imperare, ac rebus quæ in potestate mea sunt contentus esse potuissem, nisi viam illam fuissem sequutus, per quam confidebam me ad omnem rerum cognitionem perventurum cujus essem capax, simulque ad omnium verorum bonorum possessionem ad quam mihi liceret aspirare. Quippe cùm voluntas nostra non determinetur ad aliquid vel persequendum vel fugiendum, nisi quatenus ei ab intellectu exhibetur tanquam bonum vel malum; sufficiet, si semper rectè judicemus, ut rectè faciamus, atque si quam-optimè possumus judicemus, ut etiam quam-optimè possumus faciamus; hoc est, ut nobis virtutes omnes simulque alia omnia bona, quæ ad nos possunt pervenire, comparemus; quisquis autem se illa sibi comparasse confidit, non potest non esse suis contentus ac beatus.

Postquam verò me his regulis instruxissem, illasque simul cum rebus fidei, quæ semper apud me potissimæ fuerunt, reservassem, quantùm ad reliqua quibus olim fueram imbutus, non dubitavi quin mihi liceret omnia ex animo meo delere. Quod quia mihi videbar commodiùs præstare posse inter homines conversando, quàm in illâ solitudine in qua eram, diutius commorando, vix dum hyems erat exacta cùm me rursus ad peregrinandum accinxi: nec per insequentes novem annos aliud egi, quàm ut hac illac orbem terrarum perambulando, spectatorem potiùs quàm actorem comœdiarum, quæ in eo quotidie exhibentur, me præberem. Cùmque præcipuè circa res singulas observarem quidnam posset in dubium revocari, & quidnam nobis occasionem malè judicandi præberet, omnes paulatim opiniones erroneas quibus mens mea obsessa erat avellebam. Nec tamen in eo Scepticos imitabar, qui dubitant tantùm ut dubitent, & præter incertitudinem ipsam nihil quærunt. Nam contrà totus in eo eram ut aliquid certi reperirem: Et quemadmodum fieri solet, cùm in arenoso solo ædificatur, tam altè fodere cupiebam ut tandem ad saxum vel ad argillam pervenirem: Atque hoc satis feliciter mihi succedere videbatur. Nam cùm ad falsitatem vel incertitudinem propositionum quas examinabam detegendam, non vagis tantùm & debilibus conjecturis, sed firmis & evidentibus argumengumentis uti cônarer, nulla tam dubia occurrebat quin ex eà semper aliquid certi colligerem; nempe vel hoc ipsum, nihil in ea esse certi. Et sicut veterem domum diruentes multam ex ea materiam servant, novæ extruendæ idoneam; ita malè fundatas opiniones meas dejiciendo, varias res observabam, & multa experimenta colligebam, quæ postea certioribus stabiliendis usui mihi fuêre. Ac præterea pergebam semper in ea quam mihi præscripseram Methodo exercenda; nec tantummodò generaliter omnes meas cogitationes juxta ejus præcepta regere studebam, sed etiam nonnullas interdum horas mihi assumebam, quibus illâ expressiùs in quæstionibus Mathematicis resolvendis utebar; vel etiam in quæstionibus ad alias quidem scientias pertinentibus, sed quas ab earum non satis firmis fundamentis sic abducebam, ut propemodum Mathematicæ dici possent: quod satis apparebit me fecisse in multis quæ in hoc volumine continentur. Ita non aliter in speciem me gerendo, quàm illi qui vitæ suaviter & innoxiè traducendæ studentes, omnique alio munere soluti, voluptates à vitiis secernunt, & nullâ honestâ delectatione sibi interdicunt, ut otium sine tædio ferre possint; propositum interim meum semper urgebam, magisque ut existimo in veritatis cognitione promovebam, quàm si in libris evolvendis, vel litteratorum sermonibus audiendis omne tempus consumpsissem.

Verumtamen isti novem anni effluxerunt, antequam de ullâ ex iis quæstionibus quæ apud eruditos in controversiam adduci solent, determinatè judicare, atque aliqua in Philosophia principia vulgaribus certiora quærere ausus fuissem. Tantam enim in hoc difficultatem esse, docebant exempla permultorum summi ingenii virorum, qui sine successu hactenus idem suscepisse videbantur; ut fortasse diutius adhuc fuissem cunctatus, nisi audivissem à quibusdam jam vulgò credi, me hoc ipsum quod nondum aggressus fueram, perfecisse. Nescio quidnam illis dedisset occasionem istud sibi persuadendi; nec certè ullam ex meis sermonibus capere potuerant, nisi fortè quia videbant me liberius ignorantiam meam profiteri, quàm soleant alii ex iis qui docti haberi volunt; vel etiam quia interdum rationes exponebam, propter quas de multis dubitabam, quæ ab aliis ut certa admittuntur; non autem quod me unquam audivissent de ullâ circa res Philosophicas scientiâ gloriantem: Sed cùm talis animus in me esset, ut pro alio quàm revera eram haberi nollem, putavi mihi viribus omnibus esse contendendum, ut eâ laude dignus evaderem quæ jam mihi à multis tribuebatur. Qua re impulsus ante octo annos, ut omnibus me avocationibus quæ inter notos & familiares degentibus occurrunt liberarem, secessi in hasce regiones, in quibus diuturni belli necessitas invexit militarem disciplinam tam bonam, ut magni in eâ exercitus non ob aliam causam ali videantur, quàm ut omnibus pacis commodis securiùs incolæ frui possint; Et ubi in magnâ negotiosorum hominum turbâ, magis ad res proprias attendentium quàm in alienis curiosorum, nec earum rerum usu carui quæ in florentissimis & populosissimis urbibus tantùm habentur, nec interim minùs solus vixi & quietus, quàm si fuissem in locis maximè desertis & incultis.

IV. *Rationes quibus existentia Dei & animæ humanæ probatur, quæ sunt Metaphysicæ fundamenta.*

Non libenter hîc refero primas cogitationes, quibus animum applicui postquam huc veni; tam Metaphysicæ enim sunt & à communi usu remotæ, ut verear ne multis non sint placituræ: sed ut possit intelligi an satis firma sint Philosophiæ meæ fundamenta, videor aliquo modo coactus de illis loqui. Dudum observaveram permultas esse opiniones, quas, etsi valde dubiæ sint & incertæ, non minùs constanter & intrepidè sequi debemus, quatenus ad usum vitæ referuntur, quàm si certæ essent & exploratæ; ut jam antè dictum est. Sed quia tunc veritati quærendæ, non autem rebus agendis, totum me tradere volebam, putavi mihi planè contrarium esse faciendum, & illa omnia in quibus vel minimam dubitandi rationem possem reperire, tanquam apertè falsa esse rejicienda; ut experirer an illis ita rejectis, nihil præterea superesset de quo dubitare planè non possem. Sic quia nonnunquam sensus nostri nos fallunt, quidquid unquam ab illis hauseram inter falsa numeravi; Et quia videram aliquando nonnullos etiam circa res Geometriæ facillimas errare, ac paralogismos admittere, sciebamque idem mihi posse accidere quod cuiquam alii potest, illas etiam rationes omnes, quas antea pro demonstrationibus habueram, tanquam falsas rejeci; Et denique quia notabam, nullam rem unquam nobis veram videri dum vigilamus, quin eadem etiam dormientibus possit occurrere, cùm tamen tunc semper aut ferè semper sit falsa; supposui nulla eorum quæ unquam vigilans cogitavi, veriora esse quàm sint ludibria somniorum. Sed statim postea animadverti, me, quia cætera omnia ut falsa sic rejiciebam, dubitare planè non posse quin ego ipse interim essem: Et quia videbam veritatem hujus pronunciati; Ego cogito, ergo sum sive

sive existo, adeò certam esse atque evidentem, ut nulla tam enormis dubitandi causa à Scepticis fingi possit, à qua illa non eximatur, credidi me tutò illam posse, ut primum ejus, quam quærebam, Philosophiæ fundamentum admittere.

Deinde attentè examinans quis essem, & videns fingere quidem me posse corpus meum nihil esse, itemque nullum planè esse mundum, nec etiam locum in quo essem; sed non ideo ullâ ratione fingere posse me non esse; quinimò ex hoc ipso quod reliqua falsa esse fingerem, sive quidlibet aliud cogitarem, manifestè sequi me esse: Et contrà, si vel per momentum temporis cogitare desinerem, quamvis interim & meum corpus, & mundus, & cætera omnia quæ unquam imaginatus sum revera existerent, nullam ideo esse rationem cur credam me durante illo tempore debere existere; Inde intellexi me esse rem quandam sive substantiam, cujus tota natura sive essentia in eo tantùm consistit ut cogitem, quæque ut exsistat, nec loco ullo indiget, nec ab ulla re materiali sive corporeâ dependet. Adeò ut Ego, hoc est, mens per quam solam sum is qui sum, sit res à corpore planè distincta, atque etiam cognitu facilior quàm corpus, & quæ planè eadem, quæ nunc est, esse posset, quamvis illud non exsisteret.

Post hæc inquisivi, quidnam in genere requiratur ut aliqua enunciatio tanquam vera & certa cognoscatur: cùm enim jam unam invenissem, quam talem esse cognoscebam, putavi me posse etiam inde percipere in qua re ista certitudo consistat. Et quia notabam, nihil planè contineri in his verbis, Ego cogito, ergo sum, quod me certum redderet eorum veritatis, nisi quod manifestissimè viderem fieri non posse ut quis cogitet nisi exsistat, credidi, me pro regulâ generali sumere posse, omne id quod valde dilucidè & distinctè concipiebam verum esse; Et tantummodo difficultatem esse nonnullam, ad rectè advertendum quidnam sit quod distinctè percipimus.

Quâ re positâ, observavi me de multis dubitare, ac proinde naturam meam non esse omnino perfectam; evidentissimè enim intelligebam dubitationem non esse argumentum tantæ perfectionis quàm cognitionem. Et cùm ulteriùs inquirerem à quonam haberem ut de naturâ perfectiore quàm mea sit cogitarem, clarissimè etiam intellexi me hoc habere non posse, nisi ab eo cujus Natura esset revera perfectior. Quantùm attinet ad cogitationes, quæ de variis aliis rebus extra me poſitis, occurrebant, ut de cœlo, de terra, de lumine, de calore, aliiſque rebus innumeris, non eadem ratione quærendum eſſe putabam, à quonam illas haberem; cùm enim nihil in illis reperirem quod ſupra me poſitum eſſe videretur, facilè poteram credere, illas, ſi quidem veræ eſſent, ab ipſamet Naturâ meâ, quatenus aliquid perfectionis in ſe habet, dependere; ſi verò falſæ, ex nihilo procedere; hoc eſt, non aliam ob cauſam in me eſſe quàm quia deerat aliquid Naturæ meæ, nec erat planè perfecta. Sed non idem judicare poteram de cogitatione, ſive Idea Naturæ quæ perfectior erat quàm mea. Nam fieri planè non poterat ut illam à nihilo accepiſſem. Et quia non magis poteſt id quod perfectius eſt, à minùs perfecto procedere, quàm ex nihilo aliquid fieri, non poteram etiam à me ipſo illam habere; Ac proinde ſupererat ut in me poſita eſſet à re, cujus natura eſſet perfectior; imò etiam quæ omnes in ſe contineret perfectiones, quarum Ideam aliquam in me haberem; hoc eſt, ut verbo abſolvam, quæ Deus eſſet. Addebam etiam, quandoquidem agnoſcebam aliquas perfectiones quarum expers eram, neceſſarium eſſe ut exiſteret præter me aliquod aliud ens, (liceat hìc ſi placet uti vocibus in ſcholâ tritis) ens, inquam, me perfectius, à quo penderem, & à quo quidquid in me erat accepiſſem. Nam ſi ſolus & ab omni alio independens fuiſſem adeò ut totum id, quantulumcunque ſit, perfectionis cujus particeps eram, à me ipſo habuiſſem, reliqua etiam omnia quæ mihi deeſſe ſentiebam, per me acquirere potuiſſem, atque ita ipſemet eſſe infinitus, æternus, immutabilis, omniſcius, omnipotens, ac denique omnes perfectiones poſſidere quas in Deo eſſe intelligebam.

Nota hoc in loco & ubique in ſequentibus, nomen Ideæ generaliter ſumi pro omni re cogitata, quatenus habet tantum eſſe quoddam objectivum in intellectu.

Etenim ut Naturam Dei, (ejus nempe quem rationes modò allatæ probant exiſtere) quantum à me naturaliter agnoſci poteſt, agnoſcerem, non aliud agendum mihi erat quàm ut conſiderarem circa res omnes, quarum Ideas aliquas apud me inveniebam, eſſetne perfectio, illas poſſidere; certuſque eram nullas ex iis quæ imperfectionem aliquam denotabant, in illo eſſe, ac nullas ex reliquis illi deeſſe. Sic videbam nec dubitationem, nec inconſtantiam, nec triſtitiam, nec ſimilia in Deum cadere: nam egomet ipſe illis libenter caruiſſem. Præterea multarum rerum ſenſibilium & corporearum Ideas habebam, quamvis enim me fingerem ſomniare, & quidquid vel videbam vel imaginabar, falſum eſſe, negare tamen non poteram

teram Ideas illas in mente mea revera exsistere. Sed quia jam in me ipso perspicuè cognoveram naturam intelligentem à corporeâ esse distinctam, in omni autem compositione unam partem ab alterâ, totumque à partibus pendere advertebam, atque illud quod ab aliquo pendet perfectum non esse; idcirco judicabam in Deo perfectionem esse non posse, quòd ex istis duabus naturis esset compositus, ac proinde ex illis compositum non esse. Sed si quæ res corporeæ in mundo essent, vel si aliquæ res intelligentes, aut cujuslibet alterius naturæ, quæ non essent omnino perfectæ, illarum exsistentiam à Dei potentia, necessariò ita pendere, ut ne per minimum quidem temporis momentum absque eo esse possent.

Cùm deinde ad alias veritates quærendas me accingerem, considerarémque in-primis illam rem circa quam Geometria versatur, quam nempe concipiebam ut corpus continuum, sive ut spatium indefinitè longum, latum, & profundum, divisibile in partes tum magnitudine, tum figura omnimodè diversas, & quæ moveri sive transponi possint omnibus modis, (hæc enim omnia Geometræ in eo quod examinant esse supponunt) aliquas ex simplicissimis eorum demonstrationibus in memoriam mihi revocavi. Et primò quidem notavi magnam illam certitudinem quæ iis omnium consensu tribuitur, ex eo tantùm procedere quòd valde clarè & distinctè intelligantur, juxta regulam paulò ante traditam; Deinde etiam notavi nihil planè in iis esse, quod nos certos reddat illam rem circa quam versantur exsistere: Nam quamvis satis viderem, si, exempli causa, supponamus dari aliquod triangulum, ejus tres angulos necessariò fore æquales duobus rectis; nihil tamen videbam quod me certum redderet, aliquod triangulum in mundo esse. At contrà cùm reverterer ad Ideam entis perfecti quæ in me erat, statim intellexi exsistentiam in ea contineri, eadem ratione quâ in Idea trianguli æqualitas trium ejus angulorum cum duobus rectis continetur; vel ut in idea circuli, æqualis à centro distantia omnium ejus circumferentiæ partium, vel etiam adhuc evidentius; Ac proinde ad minimum æquè certum esse Deum, qui est illud ens perfectum, exsistere, quàm ulla Geometrica demonstratio esse potest.

Sed tota ratio propter quam multi sibi persuadent, tum Dei existentiam, tum animæ humanæ naturam, esse res cognitu valde difficiles, ex eo est quòd nunquam animum à sensibus abducant, & supra res corporeas attollant; sintque tam assueti nihil unquam conſiderare quod non imaginentur, hoc eſt, cujus aliquam imaginem tanquam rei corporeæ in phantaſiâ ſuâ non fingant, ut illud omne de quo nulla talis imago fingi poteſt, intelligi etiam non poſſe illis videatur. Atque hoc ex eo ſatis patet, quòd vulgò Philoſophi in ſcholis pro axiomate poſuerint, nihil eſſe in intellectu quod non priùs fuerit in ſenſu: in quo tamen certiſſimum eſt Ideas Dei & animæ rationalis nunquam fuiſſe: mihique idem facere illi videntur qui ſuâ imaginandi facultate ad illas uti volunt, ac ſi ad ſonos audiendos vel odores percipiendos, oculis ſuis uti conarentur; niſi quòd in eo etiam differentia ſit, quòd ſenſus oculorum in nobis non minùs certus ſit quàm odoratus vel auditus; cùm è contrà, nec imaginandi facultas, nec ſentiendi, nullius unquam rei nos certos reddere poſſit, niſi intellectu ſive ratione cooperante.

Quòd ſi denique adhuc aliqui ſint quibus rationes jam dictæ nondum ſatis perſuaſerint Deum eſſe, ipſorumque animas abſque corpore ſpectatas eſſe res revera exiſtentes, velim ſciant alia omnia pronunciata, de quibus nullo modo ſolent dubitare, ut quod ipſimet habeant corpora, quòd in mundo ſint ſidera, terra, & ſimilia; multò magis eſſe incerta. Quamvis enim iſtorum omnium ſit certitudo, ut loquuntur Philoſophi, moralis, quæ tanta eſt, ut nemo niſi deliret de iis dubitare poſſe videatur; nemo tamen etiam, niſi ſit rationis expers, poteſt negare, quoties de certitudine Metaphyſicâ quæſtio eſt, quin ſatis ſit cauſæ ad dubitandum de illis, quòd advertamus fieri poſſe ut inter dormiendum, eodem planè modo credamus nos alia habere corpora, & alia ſidera videre, & aliam terram, &c. quæ tamen omnia falſa ſint: Unde enim ſcitur eas cogitationes quæ occurrunt dormientibus potiùs falſas eſſe quàm illas quas habemus vigilantes, cùm ſæpe non minùs vividæ atque expreſſæ videantur? Inquirant præſtantiſſima quæque ingenia quantum libet, non puto illos rationem aliquam poſſe invenire, quæ huic dubitandi cauſæ tollendæ ſufficiat, niſi exſiſtentiam Dei ſupponant. Etenim hoc ipſum quod paulò ante pro regulâ aſſumpſi, nempe illa omnia quæ clarè & diſtinctè concipimus vera eſſe, non aliam ob cauſam eſt certum, quàm quia Deus exiſtit, eſtque Deus ens ſummum & perfectum, adeò ut quidquid entis in nobis eſt, ab eo neceſſariò procedat; Unde ſequitur Ideas noſtras ſive notiones, cùm in omni eo in quo ſunt claræ & diſtinctæ, entia quædam ſint, atque à Deo procedant, non poſſe in eo non eſſe veras. Ac proinde quod multas ſæpe habeamus, tiones, in quibus aliquid falsitatis continetur, non aliunde contingit quàm quia etiam in iisdem aliquid est obscurum & confusum; atque in hoc non ab ente summo sed à nihilo procedunt; hoc est, obscuræ sunt & confusæ, quia nobis aliquid deest, sive quia non omnino perfecti sumus. Manifestum autem est non magis fieri posse, ut falsitas sive imperfectio à Deo sit, quatenus inperfectio est, quam ut veritas sive perfectio à nihilo. Sed si nesciremus quicquid entis & veri in nobis est, totum illud ab ente summo & infinito procedere, quantumvis claræ & distinctæ essent Ideæ nostræ, nulla nos ratio certos redderet illas idcirco esse veras.

At postquam Dei & mentis nostræ cognitio nobis hanc regulam planè probavit, facilè intelligimus ob errores somniorum, cogitationes quas vigilantes habemus, in dubium vocari non debere: Nam si quis etiam dormiendo ideam aliquam valde distinctam haberet, ut exempli causâ si quis Geometra novam aliquam demonstrationem inveniret, ejus profectò somnus non impediret quominùs illa vera esset. Quantum autem ad errorem somniis nostris maximè familiarem, illum nempe qui in eo consistit, quòd varia nobis objecta repræsentet eodem planè modo quo ipsa nobis à sensibus externis inter vigilandum exhibentur, non in eo nobis oberit quod occasionem det ejusmodi ideis quas à sensibus vel accipimus vel putamus accipere, parum credendi; possunt enim illæ etiam dum vigilamus non rarò nos fallere, ut cùm ii qui morbo regio laborant omnia colore flavo infecta cernunt, aut cùm nobis astra vel alia corpora valde remota, multò minora quàm sint apparent. Omnino enim sive vigilemus sive dormiamus solam evidentiam rationis judicia nostra sequi debent. Notandumque est hîc me loqui de evidentia nostræ rationis, non autem imaginationis, nec sensuum. Ita exempli causâ, quamvis Solem clarissimè videamus, non ideo debemus judicare illum esse ejus tantùm magnitudinis quam oculi nobis exhibent; & quamvis distinctè imaginari possimus caput Leonis capræ corpori adjunctum, non inde concludendum est chimæram in mundo existere. Ratio enim nobis non dictat ea quæ sic vel videmus vel imaginamur, idcirco revera existere. Sed planè nobis dictat, omnes nostras Ideas sive notiones aliquid in se veritatis continere; alioqui enim fieri non posset ut Deus qui summe perfectus & verax est, illas in nobis posuisset. Et quia nostræ ratiocinationes sive judicia nunquam tam clara & distincta sunt dum dormimus quàm dum vigilamus, etiamsi nonnunquam imaginationes nostræ magis vividæ & expressæ sint, ratio etiam nobis dictat, cùm omnes nostræ cogitationes veræ esse non possint, quia non sumus omnino perfecti, verissimas ex iis illas esse potiùs quas habemus vigilantes, quàm quæ dormientibus occurrunt.

V. *Quæstionum Physicarum ab Auctore investigatarum ordo; ac in specie motus cordis, & quarundam aliarum ad Medicinam spectantium perplexarum opinionum enodatio; tum quæ sit inter nostram & brutorum animam differentia.*

Libentissimè hîc pergerem, & totam catenam veritatum quas ex his primis deduxi exhiberem; Sed quoniam ad hanc rem opus nunc esset, ut de variis quæstionibus agerem inter doctos controversis, cum quibus contentionis funem trahere nolo, satius fore credo ut ab iis abstineam, & solùm in genere quænam sint dicam, quò sapientiores judicare possint, utrùm expediat rempublicam literariam de iis specialiùs edoceri. Perstiti semper in proposito nullum aliud principium supponendi, præter illud quo modò usus sum ad existentiam Dei & animæ demonstrandum, nullamque rem pro vera accipiendi, nisi mihi clarior & certior videretur, quàm antea Geometrarum demonstrationes fuerant visæ. Nihilominus ausim dicere, me non solum reperisse viam, qua brevi tempore mihi satisfacerem, in omnibus præcipuis quæstionibus quæ in Philosophia tractari solent; sed etiam quasdam leges observasse, ita à Deo in natura constitutas, & quarum ejusmodi in animis nostris notiones impressit, ut postquam ad eas satis attendimus, dubitare nequeamus, quin in omnibus quæ sunt aut fiunt in mundo, accuratè observentur. Deinde legum istarum seriem perpendens, animadvertisse mihi videor multas majorisque momenti veritates, quàm sint ea omnia quæ antea didiceram, aut etiam discere posse speraveram.

Sed quia præcipuas earum peculiari tractatu explicare sum conatus, quem ne in lucem edam, rationes aliquæ prohibent, non possum quænam illæ sint commodiùs patefacere, quàm si tractatus illius summam hîc paucis enarrem. Propositum mihi fuit in illo complecti omnia, quæ de rerum materialium natura scire putabam antequam me ad eum scribendum accingerem. Sed quemadmodum pictores, cùm non possint omnes corporis solidi facies in tabula plana æqualiter spectandas exhibere; unam è præcipuis deligunt, quam solam luci obvertunt, cæteras verò opacant, & eatenus tantùm videri sinunt, quatenus præcipuam illam intuendo id fieri potest: Ita veritus ne dissertatione meâ, omnia quæ animo volvebam comprehendere non possem, statui solùm in ea copiosè exponere quæ de lucis natura concipiebam; deinde ejus occasione aliquid de Sole &

stellis

stellis fixis adjicere, quòd ab iis tota ferè promanet; item de cœlis, quòd eam transmittant; de Planetis, de Cometis & de Terra, quòd eam reflectant; & in specie de omnibus corporibus quæ in terra occurrunt, quòd sint aut colorata, aut pellucida, aut luminosa; tandemque de homine, quòd eorum sit spectator. Quinetiam ut aliquas his omnibus umbras injicerem, & liberiùs, quid de iis sentirem, dicere possem, nec tamen receptas inter doctos opiniones aut sequi aut refutare tenerer, totum hunc Mundum disputationibus ipsorum relinquere decrevi, & tantùm de iis quæ in Novo contingerent tractare, si Deus nunc alicubi in spatiis imaginariis sufficientem ad eum componendum materiæ copiam crearet, variéque & sine ordine diversas hujus materiæ partes agitaret, ita ut ex ea æquè confusum Chaos atque Poëtæ fingere valeant componeret; deinde nihil aliud ageret quàm ordinarium suum concursum naturæ commodare, ipsamque secundùm leges à se constitutas agere sineret. Ita primùm hanc materiam descripsi, & eo modo eam depingere conatus sum, ut nihil, meâ quidem sententiâ, clarius aut intelligibilius sit in mundo, exceptis iis quæ modò de Deo & de Anima dicta sunt. Nam etiam expressè supposui, nullas in ea ejusmodi formas aut qualitates esse, quales sunt eæ de quibus in Scholis disputatur, nec quidquam in genere cujus cognitio non adeò mentibus nostris sit naturalis, ut nullus ipsam à se ignorari fingere possit. Præterea quænam essent naturæ leges ostendi; nulloque alio assumpto principio quo rationes meas stabilirem, præter infinitam Dei perfectionem, illas omnes demonstrare studui, de quibus dubitatio aliqua oboriri posset, probareque eas tales esse, ut etiam si Deus plures mundos creasset, nullus tamen esse posset in quo non accuratè observarentur. Postea ostendi quomodo maxima pars materiæ istius, Chaos, secundùm has leges, ita se dispositura & collocatura esset, ut nostris Cœlis similis evaderet. Quomodo interea aliquæ illius partes Terram compositura essent, quædam Planetas & Cometas, & quædam aliæ Solem & stellas fixas. Et hoc loco in tractationem de Luce digressus, prolixè exposui quænam ea esse deberet quæ Solem & stellas componeret, & quomodo inde temporis momento immensa cœlorum spatia trajiceret, & à Planetis Cometisque ad terram reflecteret. Ibidem etiam multa de substantia, situ, motibus, & omnibus diversis istorum cœlorum, astrorumque qualitatibus inserui; adeò ut me satis multa dicere putarem

rem ad ostendendum nihil in hujus Mundi Cœlis, astrisque observari, quod non deberet aut saltem non posset similiter in mundo quem describebam apparere. Inde ad tractandum de Terra progressus sum, ostendique quomodo, etiamsi, prout expressè supposueram, Deus nullam gravitatem materiæ è qua composita erat indidisset, attamen omnes ejus partes accuratè ad centrum tenderent; Item quomodò cùm ipsius superficies aquis & aëre operiretur, Cœlorum & Astrorum, sed præcipuè Lunæ dispositio, in ea fluxum & refluxum efficere deberet, omnibus suis circumstantiis illi qui in maribus nostris observatur similem; nec non quendam aquarum & aëris ab ortu ad occasum motum, qualis inter Tropicos animadvertitur; Quomodò montes, maria, fontes & fluvii in ea naturaliter produci possent, & metalla in fodinis enasci, plantæque in agris crescere; & in genere omnia corpora, quæ vulgò mixta aut composita vocant, in ea generari. Et inter cætera, quia nihil aliud in mundo post Astra, præter Ignem esse agnosco quod lumen producat, studui omnia quæ ad ignis naturam pertinent perspicuè declarare, quomodò fiat, quomodò alatur, & cur in eo aliquando solus calor sine lumine, aliquando verò solum lumen sine calore deprehendatur; quomodò varios colores in diversa corpora inducere possit, diversasque alias qualitates; quomodò quædam liquefaciat, quædam verò induret; quomodòque omnia propemodum consumere, aut in cineres & fumum convertere possit; & denique quomodò ex his cineribus sola actionis suæ vi vitrum efficere. Cùm enim ista cinerum in vitrum transmutatio non minùs sit admiranda quàm quævis alia quæ in natura contingat, volui me aliquantùm in ejus particulari descriptione oblectare.

Nolebam tamen ex his omnibus inferre Mundum hunc eo quo proponebam modo fuisse creatum. Multò enim verisimilius est Deum ipsum ab initio talem qualis futurus erat fecisse. Verumtamen certum est & vulgò inter Theologos receptum, eandem esse actionem quâ ipsum nunc conservat, cum eâ quâ olim creavit: ita ut etiamsi nullam ei aliam quàm Chaos formam ab initio dedisset, dummodò post naturæ leges constitutas, ipsi concursum suum ad agendum ut solet commodaret, sine ulla in creationis miraculum injuria credi possit, eo solo res omnes purè materiales, cum tempore quales nunc esse videmus effici potuisse. Natura autem ipsarum multò faciliùs capi potest, cùm ita paulatim orientes conspiciunspiciuntur, quàm cùm tantùm ut absolutæ & perfectæ considerantur.

A descriptione corporum inanimatorum & plantarum transivi ad animalia, & speciatim ad hominem. Sed quia nondum tantam istorum adeptus eram cognitionem, ut de iis eâdem quâ de cæteris Methodo tractare possem, hoc est, demonstrando effectus per causas, & ostendendo ex quibus seminibus, quove modo natura ea producere debeat, contentus fui supponere, Deum formare corpus hominis uni è nostris omnino simile, tam in externa membrorum figura, quàm in interna organorum conformatione, ex eadem cum illa quam descripseram materia, nullamque ei ab initio indere animam rationalem, nec quidquam aliud quod loco animæ vegetantis aut sentientis esset; sed tantùm in ipsius corde aliquem sine lumine ignem, qualem antea descripseram excitare; quem non putabam diversum esse ab eo qui fœnum congestum antequam siccum sit calefacit; aut qui vina recentia ab acinis nondum separata fervere facit. Nam functiones quæ consequenter in hoc humano corpore esse poterant expendens, inveniebam perfectè omnes quæ nobis non cogitantibus inesse possunt; ac proinde absque cooperatione animæ, hoc est, illius nostri partis à corpore distinctæ, cujus antè dictum est naturam in cogitatione tantùm sitam esse; easdemque in quibus potest dici animalia ratione destituta nobiscum convenire; ita tamen ut nullam earum animadverterem, quæ cùm à mente pendeant, solæ nostræ sunt quatenus homines sumus; quas nihilominus ibi postea reperiebam, cùm Deum animam rationalem creasse, eamque isti corpori certo quodam quem describebam modo conjunxisse, supposuissem.

Sed ut cognosci possit quâ ratione illic materiam istam tractarem, volo hîc apponere explicationem motus cordis, & arteriarum; qui cùm primus & generalissimus sit qui in animalibus observatur, ex eo facilè judicabitur quid de reliquis omnibus sit sentiendum. Et ut minor in iis quæ dicturus sum percipiendis occurrat difficultas, auctor sum iis qui in Anatomia non sunt versati, ut antequam se ad hæc legenda accingant, cor magni alicujus animalis pulmones habentis, coram se dissecari curent: (in omnibus enim satis est humano simile) sibique duos qui inibi sunt ventriculos sive cavitates ostendi; Primò illam quæ in latere dextro est, cui duo valde ampli canalis respondent; videlicet vena cava, quæ præcipuum est sanguinis receptaculum, & veluti truncus arboris, cujus omnes aliæ corporis venæ sunt rami; & vena arteriosa, malè ita appellata, cùm re-vera sit arteria, quæ originem à corde habens, postquam inde exiit in multos ramos dividitur, qui deinde per pulmones disperguntur. Secundò illam quæ est in latere sinistro, cui eodem modo duo canales respondent, æquè ampli atque præcedentes, si non magis; scilicet arteria venosa, malè etiam ita nominata, cùm nihil aliud sit quàm vena, quæ à pulmonibus oritur, ubi in multos ramos dividitur, cum venæ arteriosæ & asperæ arteriæ, per quam aër quem spiramus ingreditur, ramis permixtos; & magna arteria quæ è corde exiens ramos suos per totum corpus dispergit. Vellem etiam, ipsi diligenter ostendi undecim pelliculas, quæ veluti totidem valvulæ aperiunt & claudunt quatuor ostia seu orificia quæ sunt in istis duobus cavis; nimirum tres in ingressu venæ cavæ, ubi ita sunt collocatæ, ut nullo modo impedire possint quò minùs sanguis quem continent, in dextrum cordis ventriculum fluat, licèt ne inde exeat accuratè prohibeant. Tres in ingressu venæ arteriosæ, quæ contrario modo dispositæ, sinunt quidem sanguinem in illa cavitate contentum ad pulmones transire, sed non eum qui in pulmonibus est eò reverti. Et sic duas alias in orificio arteriæ venosæ, quæ permittunt ut sanguis è pulmonibus in sinistrum cordis ventriculum fluat, sed reditum ejus arcent. Et tres in ingressu magnæ arteriæ, quæ sinunt ipsum è corde exire, sed ne illuc redeat impediunt. Nec opus est aliam quærere causam numeri istarum pelliculàrum, nisi quòd cùm arteriæ venosæ orificium sit figuræ ovalis ratione loci in quo est, duabus commodè claudi possit; cùm alia quæ rotunda sunt, meliùs tribus obstrui queant. Præterea cuperem ut ostenderetur ipsis magnam arteriam & venam arteriosam, constitutionis esse multò durioris & firmioris quàm arteria venosa & vena cava; & istas duas postremas dilatari priusquam cor ingrediantur, ibique duo veluti marsupia efficere, quæ vulgò cordis auriculæ vocantur, & sunt ex simili cum ipso carne compositæ: Multóque semper plus caloris esse in corde quàm in ulla alia corporis parte; Denique istum calorem posse efficere, ut si guttula aliqua sanguinis in ipsius cavitates ingrediatur, statim intumescat & dilatetur; sicut omnibus in universum liquoribus contingit, cùm guttatim in aliquod valdè calidum vas stillant.

Post hæc enim non opus est ut quidquam aliud dicam ad motum cordis

cordis explicandum, nisi quòd cùm ipsius cavitates non sunt sanguine plenæ, illuc necessariò defluat, è vena quidem cava in dextram, & ex arteria venosa in sinistram; quia hæc duo vasa sanguine semper plena sunt, & ipsorum orificia quæ cor spectant tunc obturata esse non possunt. Sed simul atque duæ sanguinis guttæ ita illuc sunt ingressæ, nimirum in unamquamque cavitatem una, cùm necessariò sint valde magnæ, eò quòd ostia per quæ ingrediuntur ampla sint, & vasa unde procedunt plena sanguine, statim eæ rarefiunt & dilatantur, propter calorem quem illic inveniunt. Quâ ratione fit ut totum cor intumescere faciant, simulque pellant & claudant quinque valvulas, quæ sunt in ingressu vasorum unde manant, impediantque ne major sanguinis copia in cor descendat; Et cùm magis magisque rarefiant, simul impellant & aperiant sex reliquas valvulas, quæ sunt in orificiis duorum aliorum vasorum, per quas exeunt; hac ratione efficientes, ut omnes venæ arteriosæ & magnæ arteriæ rami, eodem penè cum corde momento intumescant; quod statim postea, sicut etiam istæ arteriæ, detumescit, quia sanguis qui eò ingressus est refrigeratur, & ipsarum sex valvulæ clauduntur, & quinque venæ cavæ & arteriæ venosæ aperiuntur, transitumque præbent duabus aliis guttis sanguinis, quæ iterum faciunt ut cor & arteriæ intumescant, sicut præcedentes. Et quia sanguis qui ita in cor ingreditur, per istas duas ipsius auriculas transit, inde fit ut ipsarum motus, cordis motui contrarius sit, & cùm intumescit detumescant.

Cæterùm ne ii qui vim demonstrationum Mathematicarum ignorant, & in distinguendis veris rationibus à verisimilibus non sunt exercitati, audeant istud sine prævio examine negare; monitos eos volo motum hunc quem modò explicavi, adeò necessariò sequi ex sola organorum dispositione, quam suis in corde oculis intueri possunt, & ex calore qui digitis percipitur, naturaque sanguinis quæ experientia cognoscitur; atque horologii motus, ex vi, situ & figura ponderum & rotarum quibus constat.

Sed si quæratur quâ ratione fiat ut sanguis venarum ita continuò in cor defluens non exhauriatur, & arteriæ nimis plenæ non sint, cùm omnis sanguis qui per cor transit in eas ingrediatur; Non opus est ut aliud respondeam præter id quod jam à quodam Medico Anglo scriptum est; cui laus hæc tribuenda est quòd primam in ista materia glaciem fregerit, primusque docuerit multas esse exiguas vias in arteriarum extremitatibus, per quas sanguis quem à corde accipiunt

Herveus de Motu Cordis.

piunt

piunt in ramulos venarum ingreditur; unde iterum ad cor redit; adeò ut motus ipsius nihil aliud sit quàm perpetua quædam circulatio. Id quod optimè probat ex ordinaria experientia Chirurgorum, qui brachio mediocri cum adstrictione ligato supra locum ubi venam aperiunt, efficiunt ut sanguis inde copiosiùs exsiliat, quam si non ligassent. Planè autem contrarium eveniret si brachium infrà ligarent, inter manum videlicet & aperturam, aut si illud supra valde arctè adstringerent. Manifestum enim est, vinculum mediocriter adstrictum, posse quidem impedire ne sanguis qui jam in brachio est, ad cor per venas redeat; non autem ne novus semper ex arteriis affluat; eò quòd infra venas sint collocatæ, & duriores ipsarum tunicæ non ita facilè comprimi possint; quódque etiam sanguis è corde veniens, majore cum vi per ipsas ad manum transire contendat, quàm inde ad cor per venas redire. Quoniam verò sanguis iste ex brachio exit per aperturam in una venarum factam, necessariò meatus aliqui infra vinculum, hoc est, circa brachii extremum, esse debent, per quos illuc ex arteriis venire queat. Optimè etiam id quod de motu sanguinis dicit, probat ex quibusdam pelliculis, ita variis in locis valvularum instar circa venas dispositis, ut ipsi à medio corporis ad extrema transire non permittant, sed tantùm ab extremis ad cor redire; præterea experientiâ, quæ ostendit omnem qui in corpore est sanguinem, inde brevissimo tempore exire posse per unicam scissam arteriam, etiamsi arctissimè prope cor esset ligata, atque inter ipsum & vinculum scissa; adeò ut nulla esset suspicandi occasio, sanguinem egredientem aliunde quàm ex corde venire.

Sed multa alia sunt quæ hanc quam dixi, veram istius motus sanguinis causam esse testantur; ut primò differentia quæ observatur inter sanguinem qui è venis exit, & eum qui ex arteriis promanat; quæ aliunde oriri non potest quàm ex eo quòd transeundo per cor rarefactus & veluti distillatus fuerit, atque ita subtilior, vividior & calidior sit, statim atque inde exiit, hoc est, cùm in arteriis continetur, quàm esset paulò antequàm in eas ingrederetur, hoc est, cùm in venis stabulabatur. Et si probè attendatur, comperietur hoc discrimen non apparere manifestè, nisi in vicinia cordis; minùs autem in locis ab eo remotioribus. Deinde tunicarum è quibus vena arteriosa & magna arteria constant durities, satis ostendit sanguinem ipsas majore cùm vi quàm venas pulsare. Cur etiam sinistra cordis cavitas & magna

magna arteria, ampliores essent & latiores cavitate dextrâ & venâ arteriosâ; nisi arteriosæ venæ sanguis pulmones solùm ingressus ex quo per cor transiit, subtilior esset, & magis, faciliúsque rarefieret quam sanguis immediatè ex venâ cavâ procedens? Et quid ex pulsus contrectatione conjicere possunt Medici, nisi sciant sanguinem prout naturam mutat, magis aut minùs, celeriùs vel tardiùs quàm antea à cordis calore rarefieri posse? Et si expendatur quomodò iste calor aliis membris communicetur, nonne fatendum est id fieri ope sanguinis, qui per cor transiens ibidem calefit, indéque per totum corpus diffunditur? Unde fit ut si ex aliquâ parte sanguis dematur, eâdem operâ dematur calor. Et quamvis cor ardore ferrum candens æquaret, non sufficeret tamen ad pedes & manus adeò ac sentimus calefaciendum, nisi continuò illuc novum sanguinem mitteret. Deinde etiam ex eo cognoscitur verum respirationis usum esse, satis recentis aëris in pulmones inferre, ad efficiendum ut sanguis qui eò ex dextro cordis ventriculo defluit, ubi rarefactus & quasi in vapores mutatus fuit, ibi incrassescat & denuò in sanguinem convertatur, priusquàm in sinistrum refluat; sine quo, alendo qui illic est igni aptus esse non posset. Idque ex eo confirmatur, quòd videamus animalia pulmonibus destituta, unicum tantùm cordis ventriculum habere; quódque in infantibus qui eo uti non possunt quamdiu sunt in matrum uteris inclusi, foramen quoddam deprehendamus per quod sanguis è venâ cavâ in sinistram cordis cavitatem defluit; & brevem tubum per quem è venâ arteriosâ in magnam arteriam, non trajecto pulmone, transit. Deinde quomodò fieret concoctio in ventriculo, nisi cor eò calorem per arterias immitteret, unáque fluidiores aliquas sanguinis partes, quæ injecti cibi comminutionem adjuvant? Nonne etiam actio, quæ istius cibi succum in sanguinem convertit, facilis est cognitu, si consideretur illum iteratis vicibus, & fortè plùs quàm centies aut ducenties singulis diebus per cordis ventriculos totum distillare? Quâ verò aliâ re indigemus ad explicandum nutritionem, & variorum qui in corpore sunt humorum productionem; nisi ut dicamus impetum quo sanguis dum rarefit, à corde ad extremitates arteriarum transit, efficere ut aliquæ ipsius partes subsistant in membris ad quæ accedunt, ibique locum occupent aliquarum partium quas inde expellunt; & secundùm situm, aut figuram, aut exilitatem pororum quos offendunt, quasdam potiùs in certa loca confluere quàm aliàs; eâdem ratione quâ fieri solent quædam cribra, quæ per hoc unum quòd diversimodè sint perforata, variis frumenti speciebus à se invicem separandis inserviunt. Denique id quod hîc super omnia observari meretur, generatio est spirituum animalium, qui sunt instar venti subtilissimi, aut potiùs flammæ purissimæ, quæ continuè è corde magnâ copiâ in cerebrum ascendens, inde per nervos in musculos penetrat, & omnibus membris motum dat: ita ut non opus sit aliam imaginari causam, quæ efficiat ut partes sanguinis, quæ, eò quòd sint magis cæteris agitatæ & penetrantiores, aptissimæ sunt ad istos spiritus componendos, potiùs ad cerebrum quàm aliò contendant; nisi quòd arteriæ quæ eas illuc deferunt, rectissimâ omnium lineâ à corde procedant; & quòd secundùm Mechanices regulas, quæ eædem sunt atque regulæ naturæ, cùm variæ res simul ad eandem partem contendunt, ubi satis spatii non est omnibus recipiendis, sicut contingit in partibus sanguinis, quæ è sinistro cordis ventriculo exeunt, & ad cerebrum tendunt, necesse sit ut debiliores & minus agitatæ inde avertantur à validioribus, quæ hac ratione eò solæ perveniunt.

Particulatim satis ista omnia exposueram in tractatu quem antea in lucem edere cogitabam. In quo consequenter ostenderam quænam debeat esse fabrica nervorum & musculorum corporis humani, ad efficiendum ut spiritus animales ipso contenti, vires habeant ejus membra movendi; sicut videmus capita, paulò pòst quàm abscissa fuerunt, adhuc moveri & terram mordere, etiamsi non ampliùs sint animata: Quænam mutationes in cerebro fieri debeant ad vigiliam, somnum & insomnia producendum: Quomodo lumen, soni, odores, sapores, calor, & omnes aliæ externorum objectorum qualitates, in eo per sensuum organa diversas imprimere ideas possint: Quomodo fames, sitis, aliique interni affectus suas etiam illuc immittere valeant: Quid in eo per sensum communem intelligi debeat, in quo ideæ istæ recipiuntur; per memoriam, quæ eas conservat; & per phantasiam, quæ eas diversimodè mutare potest, & novas componere; quæque etiam spiritus animales variè in musculos immittendo, eosdem omnes motus qui unquam absque voluntatis imperio in nobis fiunt, eodemque modo tum objectis externis sensuum organa pulsantibus, tum etiam affectibus & temperamentis externis respondentes, in istius corporis membris potest efficere. Quod nullo modo videbitur mirum iis, qui scien-

tes.

tes quàm varii motus in automatis humanâ industriâ fabricatis edi possint; idque ope quarumdam rotularum aliorumve instrumentorum, quæ numero sunt paucissima, si conferantur cum multitudine ferè infinita ossium, musculorum, nervorum, arteriarum, venarum aliarumque partium organicarum, quæ in corpore cujuslibet animalis reperiuntur; considerabunt humani corporis machinamentum tanquam automatum quoddam manibus Dei factum, quod infinities meliùs sit ordinatum, motusque in se admirabiliores habeat, quàm ulla quæ arte humana fabricari possint. Et hîc particulariter immoratus eram in ostendendo, si darentur ejusmodi machinæ, figurâ externâ organisque omnibus, simiæ vel cuivis alteri bruto animali simillimæ, nullâ nos ratione agnituros ipsas naturâ ab istis animantibus differre. Si autem aliquæ exstarent quæ nostrorum corporum imaginem referrent, nostrasque actiones quantùm moraliter fieri posset imitarentur; nobis semper duas certissimas vias reliquas fore ad agnoscendum, eas non propterea veros homines esse. Quarum prima est, illas nunquam sermonis usum habituras, aut ullorum signorum, qualia adhibemus ad cogitationes nostras aliis aperiendas. Nam concipi quidem potest machina ita composita ut vocabula aliqua proferat; imò etiam ut quædam enunciet quæ præsentiæ objectorum, ipsius organa externa moventium, appositè respondeant: veluti si aliquo loco tangatur, ut petat quid se velimus; si alio, ut clamet nos ipsam lædere, & alia ejusmodi: Sed non ut voces proprio motu sic collocet aptè ad respondendum omnibus iis quæ coram ipsa proferentur; quemadmodum quilibet homines, quantumvis obtusi ingenii, possunt facere. Secunda est, quòd etiamsi tales machinæ, multa æquè bene aut forsitan meliùs quàm ullus nostrûm facerent, in quibusdam aliis sine dubio aberrarent; ex quibus agnosci posset eas cum ratione non agere; sed solummodo ex organorum suorum dispositione. Cùm enim ratio instrumentum sit universale, quod in omni occasione usui esse potest, contrà autem organa ista particulari aliqua dispositione ad singulas suas actiones indigeant: inde fit ut planè sit incredibile, satis multa diversa organa in machina aliqua reperiri, ad omnes motus externos variis casibus vitæ respondentes, solâ eorum ope peragendos, eodem modo quo à nobis rationis ope peraguntur. Hac autem eâdem duplici viâ cognosci etiam potest discrimen quod inter homines & bruta intercedit. Observatu enim dignum est,

 nullos

nullos reperiri homines adeò hebetes & stupidos, ne amentibus quidem exceptis, ut non possint diversas voces aptè construere, atque ex iis orationem componere, quâ cogitationes suas patefaciant: Contrà verò nullum esse aliud animal, quantumvis perfectum aut felici sidere natum, quod simile quidquam faciat. Hocque ex organorum defectu non contingit; videmus enim picas & psittacos easdem quas nos voces proferre, nec tamen sicut nos loqui posse, hoc est, ita ut ostendant se intelligere quid dicant. Cùm nihilominus homines à nativitate surdi & muti, sicque non minùs, sed potiùs magis quàm bruta, destituti organis quibus alii in loquendo utuntur, soleant propriâ industriâ quædam signa invenire quibus mentem suam aperiant iis quibuscum versantur, & quibus vacat linguam ipsorum addiscere. Istud autem non tantùm indicat bruta minore rationis vi pollere quàm homines, sed illa planè esse rationis expertia. Videmus enim exiguâ admodum opus esse ratione ad loquendum: & quia observatur ingenii quædam inæqualitas inter ejusdem speciei animantia, non minùs quàm inter homines, & alia aliis institutionis esse capaciora; non est credibile simiam, aut psittacum in sua specie perfectissimum, in eo infantem stupidissimum, aut saltem mente motum, æquare non posse, nisi ipsorum anima, naturæ à nostrâ planè discrepantis esset. Notandumque est loquelam, signaque omnia quæ ex hominum instituto cogitationes significant, plurimùm differre à vocibus & signis naturalibus quibus corporei affectus indicantur: nec cum veteribus quibusdam putandum, bruta loqui, sed nos ipsorum sermonem non intelligere. Si enim id verum esset, cùm multis organis prædita sint, iis quæ in nobis sunt analogis, mentem suam æquè nobis patefacere possent ac sui similibus. Singulari etiam animadversione dignum est, quòd quamvis multa sint animantia, quæ plus industriæ quàm nos in quibusdam suarum actionum patefaciant; eadem tamen nullam omnino in multis aliis demonstrare conspiciantur. Ita ut id quod meliùs nobis faciunt, non probet ipsa esse ratione prædita; inde enim sequeretur, majorem in illis inesse rationem quàm in ullo nostrûm, eaque nos in omni etiam aliâ re debere superare: sed potiùs probat, ipsa, ratione esse destituta, & naturam in iis secundùm organorum dispositionem agere: prout videmus horologium ex rotis tantùm & ponderibus compositum, æqualiùs quàm nos cum omni nostrâ prudentiâ, horas numerare & tempora metiri.

Postea

Postea descripseram animam rationalem, ostenderamque, eam nullo modo è materiæ potentiâ educi posse, sicut alia de quibus egeram, sed necesse esse ipsam creari: Nec sufficere ut instar nautæ in navi, ipsa in corpore habitet, nisi forsan ad illius membra movenda; sed requiri ut cum ipso arctiùs jungatur uniaturque, ad sensus & appetitus nostris similes habendos, & ita verum hominem componendum. Cæterùm copiosior paulò hîc fui in argumento de animâ tractando, quòd sit maximi ponderis. Nam post illorum errorem qui Deum esse negant, quem me satis supra refutasse opinor, nullus est qui faciliùs debiles animas à recto virtutis tramite avertat, quàm si putent, brutorum animam ejusdem esse cum nostrâ naturæ; ac proinde nihil nobis post hanc vitam timendum aut sperandum superesse, non magis quàm muscis aut formicis. Cùm autem rectè cognoscitur quantùm differant, multò meliùs postea capiuntur rationes quæ probant animam nostram naturæ esse planè à corpore independentis, & ex consequenti opus non esse ut cum ipso moriatur: ac denique quia nullæ animadvertuntur causæ quæ eam destruant, naturâ ferimur ad judicandum ipsam esse immortalem.

VI. *Quid requiri putet Auctor, ad ulterius progrediendum in Naturæ perscrutatione, quàm hactenus factum sit; & quæ rationes ipsum ad scribendum impulerint.*

Tertius autem nunc agitur annus, ex quo perveni ad finem tractatus quo ista omnia continentur, incipiebamque eum recognoscere, ut postea typographo traderem; cùm rescivi, viros, quibus multùm defero, & quorum auctoritas non multò minùs in meas actiones potest, quàm propria ratio in cogitationes, opinionem quandam Physicam improbasse, paulò antè ab alio in lucem editam; cui nolo dicere me adhæsisse, sed tantùm nihil in illa ante ipsorum censuram observasse, quod suspicari possem aut religioni aut reipublicæ noxium esse; nec proinde quod me impediturum fuisset ipsam tueri, si ratio veram esse persuasisset; hocque mihi metum incussisse ne pariter inter meas aliqua inveniretur in quâ à vero aberrassem; Quanquam sanè magno semper studio curavi, ne ullis novis opinionibus fidem adhiberem, quarum demonstrationes certissimas non haberem, aut quidquam scriberem quod in ullius damnum cedere posset. Hoc verò satis fuit ad me movendum ut à proposito illas evulgandi desisterem. Etiamsi enim rationes quibus ad cogitationes meas edendas inductus fueram validissimæ essent, genius tamen meus, qui semper à libris scribendis abhorruit, fecit ut statim multas alias invenirem, quibus me ab illo labore susci-

suscipiendo excusarem. Et istæ rationes ab utraque parte tales sunt, ut non solùm meâ eas hîc recensere aliquatenus intersit, sed etiam fortasse reipublicæ literariæ illas cognoscere.

Nunquam ea magni feci quæ ab ingenio meo proficiscebantur, & quamdiu nullos alios ex ea quâ utor Methodo fructus percepi, nisi quod mihi in quibusdam dubiis satisfeci ad scientias speculativas pertinentibus, aut meos mores componere conatus sum secundùm rationes quas me docebat, non putavi me quicquam eâ de re scribere teneri. Nam quod ad mores attinet, unusquisque adeò suo sensu abundat; ut tot possent inveniri reformatores quot capita, si aliis liceret, præterquam iis quos Deus supremos suorum populorum Rectores constituit, aut quos satis magnâ gratiæ & zeli mensura donavit, ut Prophetæ sint, aliquid in eo immutandum suscipere. Et licèt speculationes meæ valde mihi arriderent, credidi tamen, alios etiam habere suas, quæ fortè magis adhuc ipsis placeant. Sed statim atque notiones aliquas generales Physicam spectantes, mihi comparavi, earumque periculum facere incipiens in variis particularibus difficultatibus, observavi quousque illæ me deducere possint, & quantùm à principiis differant quæ hactenus in usu fuerunt; Credidi me eas occultas detinere non posse, absque gravi peccato adversus legem jubentem ut, quantum in nobis est, generale omnium hominum bonum procuremus. Ex iis enim cognovi, ad notitias vitæ valde utiles posse perveniri; & loco Philosophiæ illius speculativæ quæ in scholis docetur, posse Practicam reperiri, quâ cognitis viribus & actionibus ignis, aquæ, aëris, astrorum, cœlorum aliorumque corporum quæ nos circumstant, adeò distinctè atque diversas opificum nostrorum artes novimus; adhibere pariter ea possemus ad omnes usus quibus inservire apta sunt; atque ita nos velut dominos & possessores naturæ efficere. Quod sanè esset optandum non tantùm ad infinitorum artificiorum inventionem, quæ efficerent ut sine labore fructibus terræ, & omnibus ipsius commodis frueremur: sed præcipuè etiam ad valetudinis conservationem, quæ sine dubio primum est hujus vitæ bonum, & cæterorum omnium fundamentum. Animus enim adeò à temperamento & organorum corporis dispositione pendet, ut si ratio aliqua possit inveniri, quæ homines sapientiores & ingeniosiores reddat quàm hactenus fuerunt, credam illam in Medicina quæri debere. Verum quidem est, eam quæ nunc est in usu, pauca quorum adeò insignis sit utilitas conti-

continere. Sed quamvis ipsam contemnere nullo modo sit animus, confido tamen nullum fore, etiam inter eos qui illam profitentur, qui non confiteatur, omnia quæ hactenus in ea inventa sunt, nihil propemodum esse, respectu eorum quæ scienda adhuc restant: hominesque ab infinitis tam corporis quàm animi morbis immunes futuros, imò etiam fortassis à senectutis debilitatione, si satis magnam causarum à quibus mala ista oriuntur, & omnium remediorum quibus natura nos instruxit, notitiam haberent. Cùm autem proposuerim totam meam vitam collocare in scientiæ adeò necessariæ investigatione, & inciderim in viam quæ mihi talis videtur, ut si quis eam sequatur, haud dubiè ad optatum finem sit perventurus, nisi aut brevitate vitæ aut experimentorum defectu impediatur: judicabam nullum melius esse adversùs duo ista impedimenta remedium, quam si fideliter publico communicarem id omne, quantulumcunque esset, quod reperissem, & præclara ingenia incitarem, ut ulteriùs pergere contenderent, singulique quod in sua facultate esset ad experimenta facienda conferrent, atque etiam eorum omnium quæ addiscerent publicum particeps facerent, eo fine ut ultimi incipiendo ubi præcedentes desiissent, & ita multorum vitas & labores conjungendo, omnes simul longiùs progrederemur quàm singuli privatim possent.

Quinetiam de experientiis observabam, eas tantò magis necessarias, quantò quis majorem notitiam est adeptus. Initio enim præstat iis tantùm uti quæ sponte sensibus nostris occurrunt, & quas ignorare non possumus, si vel tantillum ad eas attendamus, quàm rariores & abstrusiores investigare. Cujus rei ratio est, quòd rariores illæ sæpius decipiant, quamdiu vulgatiorum causæ ignorantur; circumstantiæque à quibus pendent ferè semper adeò particulares & exiguæ sint, ut observatu sint difficillimæ. Sed tamen hac in re ordinem secutus sum: Primùm conatus sum generatim invenire principia, seu primas causas omnium quæ sunt aut possunt esse in mundo; ad Deum solum qui ipsum creavit attendendo, easque aliunde non educendo quàm ex quibusdam veritatis seminibus, animis nostris à naturâ inditis. Postea expendi quinam essent primi & maximè ordinarii effectus, qui ex his causis deduci possent; videorque mihi hac viâ cognovisse cœlos, astra, terram, imò etiam in terra aquam, aërem, ignem, mineralia, & quædam ejusmodi alia, quæ sunt omnium maximè communia, simplicissimaque, ac

proin-

proinde cognitu facillima. Deinde cùm volui ad particulariora descendere, tam multa diversa mihi occurrerunt, ut crediderim opus esse ingenio plusquam humano, ad formas aut species corporum, quæ in terrâ sunt, ab infinitis aliis, quæ in eâ possent esse, si Deo placuisset illas ibi collocare, dignoscendas, ipsasque deinde ad usum nostrum referendas; nisi per effectus causis obviam eamus, & multis particularibus experimentis adjuvemur. Deinde animo revolvens omnia objecta quæ unquam sensibus meis occurrerant, dicere non verebor me nihil in iis observasse, quod satis commodè per inventa à me principia explicare non possem. Sed confiteri me etiam oportet, potentiam Naturæ esse adeò amplam & diffusam, & principia hæc adeò esse simplicia & generalia, ut nullum ferè ampliùs particularem effectum observem, quem statim variis modis ex iis deduci posse non agnoscam; nihilque ordinariè mihi difficilius videri, quàm invenire quo ex his modis inde dependeat. Hinc enim aliter me extricare non possum, quàm si rursus aliqua experimenta quæram; quæ talia sint, ut eorum idem non sit futurus eventus, si hoc modo quàm si illo explicetur. Cæterum eò usque nunc perveni ut mihi satis bene videar percipere, quâ ratione pleraque illorum sint facienda quæ huic fini inservire possunt. Sed video etiam, illa esse talia & tam multiplicia ut neque manus meæ, neque fortunæ, etiamsi millecuplo majores essent, ad omnia possent sufficere; prout autem deinceps plura aut pauciora faciendi copia erit, majores etiam aut minores, in Naturæ cognitione progressus mihi promitto. Id quod in composito à me tractatu declarare sperabam, ibique adeò clarè patefacere quænam exinde ad publicum utilitas esset reditura, ut eos omnes quibus commune hominum bonum est cordi, hoc est, omnes re-vera, & non in speciem tantùm honestos viros, inducturus essem tum ad mecum communicanda quæ jam fecissent experimenta, tum ad me juvandum in investigatione eorum quæ supersunt faciendâ.

Sed ab illo tempore aliæ mihi occurrerunt rationes, quibus ad mutandam sententiam adductus sum, & ad cogitandum me debere quidem pergere in scribendis omnibus iis quæ alicujus esse momenti putarem, statim atque eorum veritatem deprehendissem; idque non minore cum curâ quàm si ea in lucem edere vellem; tum ut tantò majorem haberem ea bene examinandi occasionem; Nam sine dubio accuratiùs semper id elaboratur, quod à pluribus lectum iri creditur,

quàm

quàm quod in privatum tantùm usum scribitur; & sæpe quæ mihi visa sunt vera, cùm primùm illa concepi; falsa esse postea cognovi cùm ipsa chartæ volui mandare; tum etiam ut nullam amitterem occasionem publicam utilitatem quantum in me esset procurandi, & si mea scripta alicujus sint pretii, ii in quorum manus post obitum meum devenient, illis prout commodum videbitur uti queant: Sed me nullo modo permittere debere ut me vivo in lucem exirent, ne vel oppositiones, & controversiæ quibus fortè vexarentur, vel etiam qualiscunque fama quam conciliare possent, aliquam mihi darent occasionem, tempus quod institutioni meæ destinaveram amittendi. Etiamsi enim verum sit unumquemque teneri quantum in se est aliorum bonum procurare; illumque propriè nullius esse pretii qui nemini prodest; attamen verum etiam est curas nostras ultra tempus præsens debere extendi, bonumque esse omittere ea quæ fortè aliquam viventibus utilitatem essent allatura, eo fine ut alia faciamus quæ multò magis nepotibus nostris sunt profutura. Quemadmodum etiam dissimulare nolo, exiguum id quod huc usque didici, nihil ferè esse præ eo quod ignoro, & ad cujus cognitionem pervenire non despero. Eodem enim ferè modo agitur cum iis qui paulatim veritatem in scientiis detegunt, atque cum ditescentibus, quibus facilius est magna lucra facere, quàm antea multò minora cùm adhuc pauperes erant. Vel possunt cum exercituum præfectis conferri, quorum vires pro victoriarum ratione incrementa sumere solent, & quibus post cladem acceptam majore prudentia opus est ad residuas copias conservandas, quàm cùm prælio superiores fuerunt ad urbes & provincias occupandas. Verè enim is prælio decernit, qui conatur superare omnes difficultates & errores, à quibus impeditur ne ad cognitionem veritatis perveniat; & prælio vincitur, qui de re alicujus momenti falsam opinionem admittit; majoreque postea opus habet dexteritate, ad se in pristinum statum restituendum, quàm ad magnos progressus faciendos cùm jam principia certa habet. Quod ad me attinet, si quas in scientiis veritates inveni (confido autem, ea quæ hoc volumine continentur, ostensura me aliquas invenisse), possum dicere illas tantùm esse consequentias, quinque aut sex præcipuarum difficultatum quas superavi, quasque pro totidem pugnis numero in quibus victoriam reportavi. Imò non verebor dicere, me putare, nihil mihi ampliùs deesse ut voti compos fiam, quàm duas aut tres ejusmodi obtinere; & me non esse adeò ætate provectum, quin secundùm ordinarium naturæ cursum, satis mihi ad hanc rem otii superesse possit. Sed credo me eò plus teneri, temporis quod mihi restat parcum esse, quò plus spei illud bene collocandi habeo. Et multas procul dubio illud amittendi occasiones haberem, si meæ Physicæ fundamenta in lucem ederem. Etiamsi enim omnia ferè adeò sint evidentia, ut opus tantùm sit ea intelligere ad assentiendum; nullumque inter illa sit, cujus demonstrationes dare posse non sperem; attamen quia fieri non potest, ut cum omnibus aliorum diversis opinionibus conveniant, sæpius me à proposito avocandum iri prævideo, oppositionum quas excitabunt occasione.

Objici quidem potest oppositiones istas utiles fore, cùm ut errores meos agnoscam, tum ut si quid boni habeam, alii majorem illius hac ratione intelligentiam consequantur; & quia plures oculi plus vident uno, ut meis nunc uti incipientes, suis me vicissim inventis juvent. Sed etiamsi me valde errori obnoxium agnoscam; & nunquam ferè fidam, primis quæ mihi occurrunt cogitationibus; experientia tamen quam habeo eorum quæ mihi objici possunt, impedit quominùs ullum inde fructum sperem. Jam enim sæpe expertus sum judicia, tam eorum quos pro amicis habui, quàm aliorum quorundam, quibus me indifferentem esse putabam; quinetiam nonnullorum malignorum & invidorum, quos sciebam conaturos in apertum protrahere id quod amicitiæ velum ab amicorum oculis abscondebat. Sed raró accidit, ut aliquid mihi objectum sit quod nullo modo prævidissem, nisi id esset valdè à meo argumento remotum; adeò ut ferè nullum unquam offenderim opinionum mearum Censorem, qui mihi non videretur aut minùs rigidus, aut minus æquus me ipso. Sicut etiam nunquam observavi, veritatem aliquam antea ignotam, disputationum Scholasticarum ope in lucem protractam fuisse. Nam dum unusquisque contendit vincere, plerumque potiùs ad verisimilitudinem, quàm ad rationum utrimque allatarum momenta attendi solet; & qui diu boni fuerunt advocati, non ideo postea meliores sunt judices.

Quod ad utilitatem, quam alii ex mearum meditationum communicatione percepturi essent, non posset etiam valde magna esse; quia nondum eas eò usque deduxi, ut nulla supersint addenda, antequam ad praxim revocentur. Et puto me posse sine jactantia dicere, si quis earum perficiendarum sit capax, me potiùs eum esse quàm

quàm alium quemquam. Non quod ingenia in orbe esse non possint quæ meum multis parasangis superent; sed quia fieri non potest ut rem adeò bene concipiat & suam reddat, qui eam ab alio discit, atque ille qui ipsemet eam invenit. Quod adeò in hac materiâ verum est, ut quamvis sæpe aliquas ex meis opinionibus explicaverim viris acutissimis, & qui me loquente eas videbantur valde distinctè intelligere; attamen cùm eas retulerunt, observavi ipsos ferè semper illas ita mutavisse, ut pro meis agnoscere ampliùs non possem. Quâ occasione posteros hîc oratos volo, ut nunquam credant, quidquam à me esse profectum, quod ipse in lucem non edidero. Et nullo modo miror absurda illa dogmata, quæ veteribus illis Philosophis tribuuntur, quorum scripta non habemus; nec propterea judico ipsorum cogitationes valdè à ratione fuisse alienas, cùm habuerint præstantissima suorum sæculorum ingenia; sed tantùm eas nobis perperam fuisse relatas. Sicut etiam videmus, nunquam ferè contigisse ut ab aliquo suorum sectatorum superati fuerint. Et credo fervidissimos eorum qui nunc Aristotelem sequuntur, se beatos putaturos si eum in naturæ cognitione æquarent; etiam sub hac conditione, ut postea nihil ampliùs addiscerent. In quo similes sunt hederæ, quæ nunquam contendit altiùs ascendere quàm arbores quæ ipsam sustinent; imò sæpe descendit, postquam ad fastigium usque sublata fuit. Mihi enim videntur etiam illi descendere, id est, aliquo modo se indoctiores reddere quàm si à studiis desisterent; qui non contenti omnia ea scire quæ claræ & dilucidè apud suum Auctorem explicata sunt, volunt præterea illic invenire solutionem multarum difficultatum, de quibus ne verbo quidem meminit, & fortè nunquam cogitavit. Attamen ipsorum philosophandi ratio valdè commoda est ingeniis infra mediocritatem positis. Distinctionum enim & principiorum quibus utuntur obscuritas, causa est ut de omnibus æquè confidenter loqui possint, ac si illa optimè novissent; & ita adversus subtilissimos acutissimosque omnia quæ dicunt defendere, ut falsi argui nequeant. Quâ in re similes mihi videntur cæco, qui ut æquo Marte adversus videntem decertaret, eum in profundam & obscuram aliquam cellam deduxisset. Ac possum dicere istorum interesse ut ab edendis Philosophiæ quâ utor principiis abstineam. Nam cùm simplicissima & evidentissima sint; idem propemodum facerem, ea luce donando, ac si aliquas aperirem fenestras, per quas lux in illam cellam ingrederetur, in quam ad pugnandum descenderunt. Imò neque præstantiora ingenia habent, cur optent ea cognoscere. Nam si velint scire de omnibus loqui, & eruditionis famam sibi comparare; eò faciliùs pervenient, si verisimilitudine contenti sint, quæ sine magno labore in omni genere materiæ inveniri potest, quàm veritatem investigando, quæ paulatim tantùm in quibusdam patefit, & cùm de aliis loquendum est, ad ingenuam ignorantiæ suæ confessionem impellit. Si verò paucarum aliquot veritatum notitiam præferant vanæ, nihil ignorandi professioni, sicut proculdubio præferenda est, & meum institutum sectari velint, non opus habent ut quidquam ipsis amplius dicam, præter id quod jam in hac dissertatione à me audierunt. Nam si ulteriùs quàm fecerim progrediendi sint capaces, multò potiori ratione erunt per se inveniendi id omne quod me hactenus invenisse puto; quoniam cum nihil unquam nisi ordine examinaverim, certum est, id quod mihi è tenebris eruendum restat, multò ex se difficilius & occultius esse, quàm id quod antea reperire potui; & minor multò ipsis esset voluptas id à me quàm à seipsis discere. Præterquam quòd habitus quem sibi comparabunt, facilia primùm quærendo, & paulatim atque per gradus ac alia difficiliora transeundo, ipsis plus omnibus meis documentis profuturus sit. Sicut quod ad me attinet, si à juventute edoctus essem omnes veritates, quarum postea demonstrationes investigavi, & sine labore illas didicissem, opinor me fortasse nunquam multò plures cogniturum fuisse; saltem nunquam acquisiturum fuisse habitum & facilitatem quâ me semper novas & novas inventurum spero, prout animum ad eas investigandum applicabo. Et, ut verbo dicam, si quod in mundo est opus, quod ita bene ab alio non possit absolvi, atque ab eo qui inchoavit, illud est in quo versor & laboro.

Verum quidem est, quantùm ad experimenta spectat quæ huic scopo inservire queunt, unum hominem illis omnibus faciendis non esse parem. Sed nullas etiam alias utiliter adhibere posset manus, quàm suas, nisi fortè opificum, aut aliorum ejusmodi mercenariorum, quos lucri spes (magnæ efficaciæ medium) impelleret ad accuratè faciendum omnia quæ ipsis præscriberet. Nam quod ad voluntarios attinet, qui curiositate aut discendi studio moti, sponte forsan operas suas offerrent, præter quàm quòd ordinariè multa promittant & pauca præstent, nullúmque unquam ferè ipsorum propositum, finem optatum sortiatur; procul dubio vellent operam suam

compen-

compensari aliquarum difficultatum explicatione, aut saltem inutilibus comitatis officiis & sermonibus, in quibus sine magno detrimento partem otii sui impendere non posset. Et quod ad experimenta jam ab aliis facta, etiamsi ea cum ipso communicare vellent, quod nunquam facturi sunt qui ipsa pro secretis habent, plerumque tot sunt comitata circumstantiis, rebusque superfluis, ut inde veritatem elicere difficillimum illi foret. Præterquam quòd omnia fermè adeò malè explicata inveniret, aut etiam falsa (quia qui illa fecerunt, ea tantùm in iis videre voluerunt quæ principiis suis conformia putabant), ut si aliqua proposito ipsius accommoda essent, pretium tamen temporis æquare non possent, quod in delectu illorum faciendo impendendum esset. Adeò ut si quis esset in hoc terrarum orbe, quem constaret capacem esse maxima quæque, & in publicum utilissima inveniendi; & eâ de causâ cæteri homines, omnibus modis eum adjuvare contenderent in proposito suo assequendo; non videam eos aliud in ipsius gratiam facere posse, quàm in experimenta quibus indigeret sumptus conferre; & de cætero impedire ne tempus ipsi ullius importunitate eriperetur. Sed præterquam quòd non tantùm mihi tribuo, ut aliquid extraordinarium polliceri velim, nec me adeò vanis cogitationibus pasco, ut putem, rempublicam multùm mea consilia curare debere; non sum etiam adeò abjecto animo, ut à quolibet accipere vellem beneficium, cujus me indignum esse credi posset.

Omnes istæ considerationes simul junctæ, in causa fuerunt à tribus annis cur noluerim in lucem edere tractatum quem præ manibus habebam; imò ut statuerem nullum alium quamdiu viverem publici juris facere, qui adeò generalis esset, aut ex quo Physices meæ fundamenta intelligi possent. Sed postea rursum duæ aliæ causæ fuerunt quæ me moverunt, ut hîc particularia quædam specimina subjungerem, & publico aliquam actionum mearum consiliorumque rationem redderem: Quarum prima est; quòd si illud omitterem, multi qui resciverunt propositum quod antea habui scripta aliqua prælo subjiciendi, suspicari possent causas propter quas ab eo abstinerem, minus mihi honorificas esse quàm revera sunt. Quamvis enim immodicè gloriam non appetam, aut etiam (si id effari liceat) ab illa abhorream, quatenus ipsam contrariam esse judico quieti, quam supra omnia magni facio; attamen nunquam etiam studui actiones meas tanquam crimina occultare, aut multas præcautiones adhibui ut ignotus essem; tum quia credidissem adversus meipsum injurius esse, tum etiam quia id mihi inquietudinem aliquam attulisset, quæ rursum perfectæ animi traquillitati quam quærebam adversa fuisset. Et quia dum me ita indifferenter habui inter innotescendi aut delitescendi curam, non potui impedire quin aliquatenus in ore hominum versarer, putavi debere me allaborare saltem ne malè audirem. Altera ratio quæ me ad hæc scribendum compulit est, quòd quotidie magis ac magis perspiciens moram quam patitur illud quod de me erudiendo cepi consilium, propter infinita experimenta quibus indigeo, & quæ sine alienâ ope facere non possum, etiamsi non adeò suffenus sim, ut sperem publicum in partem consiliorum meorum venire velle; attamen nolo etiam mihi adeò deesse, ut occasionem dem post victuris, mihi aliquando exprobandi, me potuisse ipsis varia multò meliora relinquere quàm fecerim, nisi nimium neglexissem ipsis significare, quâ in re instituta mea possent promovere.

Et putavi facile mihi esse eligere aliquas materias, quæ neque essent multis controversiis obnoxiæ, neque me cogerent plura quàm velim ex meis principiis exponere; & tamen satis clarè patefacerent quid in scientiis præstâre possim aut non possim. Quod an feliciter mihi successerit aliis judicandum relinquo; at pergratum mihi erit si examinentur; &, ut tantò major sit ejus rei occasio, rogo omnes eos qui adversus ea objectiones aliquas facere volent, ut eas ad meum bibliopolam mittant, à quo monitus, meum responsum eodem tempore adjungere conabor; istâ enim ratione, lectores utraque scripta simul videntes, tantò faciliùs de veritate judicium ferent. Non enim prolixa illis opponere responsa polliceor, sed tantùm mea errata ingenuè, si agnoscam, confiteri, aut si ea animadvertere non possim, simpliciter dicere quod putabo ad rerum à me scriptarum defensionem requiri; nullâ additâ novæ alicujus materiæ explicatione, ne me sine fine ab una ad aliam transire sit necesse.

Quod si quædam eorum, de quibus egi initio Dioptrices & Meteororum, primâ fronte offendant, quia hypotheses voco & nolle probare videor; rogo ut integri tractatus cum attentione legantur, & spero hæsitantibus satisfactum iri. Rationes enim mihi videntur in iis tali serie connexæ, ut sicut ultimæ demonstrantur à primis quæ illarum causæ sunt, ita reciprocè primæ ab ultimis, quæ ipsarum

ipsarum sunt effecta, probentur. Nec est quod quis putet me hîc in vitium quod Logici Circulum vocant, incidere; nam cùm experientia maximam effectuum istorum partem certissimam esse arguat, causæ à quibus illos elicio, non tam iis probandis quàm explicandis inserviunt; contraque ipsæ ab illis probantur. Nec hypotheses alio fine vocavi, quàm ut sciatur confidere me eas posse deducere ex primis illis veritatibus quas supra exposui; sed datâ operâ noluisse facere, ad impediendum, ne quædam ingenia, quæ uno die addiscere se posse putant, ea in quibus alius vinginti annis desudavit, statim atque illa ipsis uno tantùm aut altero verbo aperui, (& quæ eò magis errori sunt obnoxia, minúsque veritatis percipiendæ capacia, quò subtiliora & alacriora sunt;) inde possint occasionem arripere, absurdam aliquam Philosophiam illis principiis, quæ pro meis habebunt, superstruendi, ejusque rei mihi culpa tribuatur. Nam quod ad opiniones attinet quæ in solidum meæ sunt, nolo ipsarum novitatem excusare; quoniam si rationes quibus innituntur, bene perpendantur, confido eas adeò simplices & sensui communi conformes inventum iri, ut minùs extraordinariæ & paradoxæ videantur, quàm ullæ aliæ quæ de iisdem argumentis possint haberi. Nec me etiam primum ullarum inventorem esse jacto, sed tantùm me nunquam illas pro meis adoptasse, vel quòd ab aliis priùs receptæ fuissent, vel quòd non fuissent; verùm unicam hanc ob causam, quòd mihi eas ratio persuasisset.

Quod si artifices non ita citò possint executioni mandare inventionem in Dioptrica explicatam, non credo ipsam idcirco culpari meritò posse. Magna enim dexteritate & exercitatione opus est, ad machinas quas descripsi faciendas, & ita ut nulla circumstantia desit adaptandas; nec minùs mirarer si primo experimento id ipsis succederet, quàm si quis unâ die eximiè testudine canere addiscere posset, eo solo quod optimus canendi modus ipsi descriptus fuisset.

Cæterum nolo hîc speciatim quidquam dicere de progressibus, quos deinceps me in scientiis spero facturum, aut erga publicum ullo me devincire promisso, quod incertus sim implere nécne valeam. Sed tantummodo dicam, decrevisse me quod superest vitæ tempus nullâ aliâ in re collocare, quàm in ejusmodi naturæ notitiâ mihi comparandâ è quâ in Medicinæ usum certiores regulæ quàm hactenus exstiterint, depromi possint: Geniumque meum adeò ab omni

alio

alio propositi genere abhorrere, præsertim quod aliquibus prodesse non possit, nisi aliis noceat; ut si occasione aliqua ad id sectandum adigerer, non credam me posse eximium quid in eo præstare. Quod hîc apertè profiteor, etiamsi non ignorem professionem hanc inutilem esse ad mihi auctoritatem aut existimationem aliquam comparandam; quam etiam adeò non affecto, ut me semper magis illis devinctum arbitraturus sim, quorum favore otio meo absque impedimento frui licebit, quàm iis qui mihi dignitates amplissimas offerrent.

DIO-

DIOPTRICES

CAPUT PRIMUM.

De Lumine.

TOtius vitæ nostræ regimen à sensibus pendet; quorum cùm visus sit nobilissimus & latissimè patens, non dubium est quin utilissima sint inventa, quæ vim illius augere queunt. Et quidem difficile est ullum excogitare quod magis juvet, quàm miranda illa specilla, quæ brevi tempore quo cognita sunt, jam in cœlo nova sidera, & in terra nova alia corpora, numerosiora iis quæ antea visa fuerant, detexere. Adeò ut promota luminis nostri acie ultra terminos, quibus imaginatio majorum sistebatur, viam simul nobis videantur aperuisse, ad majorem & magis absolutam naturæ cognitionem. Sed hoc inventum adeò utile & mirandum, non sine aliquo scientiarum nostrarum opprobrio, vagis experimentis, & casui fortuito debemus. Ante annos circiter triginta, quidam Jacobus Metius vixit; Alcmariæ (quæ civitas est Hollandiæ) natus; homo humaniorum artium prorsus expers; licèt patrem & fratrem Matheseos cultores habuerit. Hujus summa voluptas erat specula & vitra ustoria formare; nonnulla etiam hyeme componens ex glacie; quæ materies, experientiâ teste, non omnino ad id inepta est. Quum igitur hac occasione multa, eaque variæ formæ vitra ad manum haberet, prospero quodam fato duo simul oculo objecit; quorum alterum, medium paulò crassius habebat quàm extremitates, alterum vice versâ extremitates quàm medium multò tumidiores; & adeò feliciter illa duabus tubi extremitatibus applicuit, ut primum de quo loquimur telescopium inde exstiterit. Atque ad hujus unius normam, omnia deinceps, quæ in hunc usque diem habuimus, elaborata sunt; neque adhuc, quod sciam, ullus extitit, qui demonstraverit sufficienter, quam figuram hæc vitra exigant. Licèt enim exinde multa egregia ingenia fuerint, quæ hanc materiam non parùm excoluere; atque ea occasione varia in Opticis invenere præstantiora iis, quæ à majoribus habemus; tamen quoniam operosiora inventa, rarò simul ac nata sunt, summum

I. *Visus præstantia; & quantum nuper inventis perspicillis adjuvetur.*

 perfe-

perfectionis gradum adipiscuntur; satis multæ difficultates hîc relictæ sunt, ut scribendi materiam mihi suppeditent. Et quoniam constructio eorum de quibus loquar à dexteritate & industria artificum pendet, qui literis ut plurimum non vacarunt; conabor efficere ut quivis facilè capiat quæ dicam: nihilque reticebo, nec supponam quod petendum sit ex aliâ disciplinâ. Quapropter exordiar à lucis, ejusque radiorum explicatione; postea partibus oculi breviter descriptis, qua ratione visio fiat accuratè exponam: tandemque notatis iis omnibus quæ ad illam perficiendam licet optare, quibus artificiis eâ ipsa possint præstari, docebo.

II. *Sufficere naturam luminis concipere, ad omnes ejus proprietates intelligendum.*

Hîc autem de luce vel lumine loquendi, cùm aliam causam non habeam, quàm ut explicem quo pacto ejus radii oculos intrent, & occursu variorum corporum flecti possint; non necesse erit inquirere quænam genuina sit ejus natura, sed duas aut tres comparationes hîc afferam, quas sufficere arbitror, ut juvent ad illam concipiendam, eo modo qui omnium commodissimus est, ad ejus proprietates, quas jam experientia docuit, explicandas; & ex consequenti etiam ad alias omnes quæ non ita facilè usu notantur detegendas. Non aliter quàm in Astronomia, ex hypothesibus etiam falsis & incertis, modò iis omnibus quæ in cœlo observantur accuratè congruant, multæ conclusiones, circa ea quæ non observata sunt, verissimæ & certissimæ deduci solent.

Nemo nostrum est, cui non evenerit aliquando ambulanti noctu sine funali, per loca aspera & impedita, ut baculo usus sit ad regenda vestigia: & tunc notare potuimus, per baculum intermedium nos diversa corpora sentire, quæ circumcirca occurrebant: Itidem nos dignoscere, num adesset arbor, vel lapis, vel arena, vel aqua, vel herba, vel lutum, vel simile quiddam. Fatendum quidem, hoc sentiendi genus obscurum & satis confusum esse in iis, qui non longo usu edocti sunt: sed consideremus illud in iis qui cùm cæci nati sint, toto vitæ tempore debuerunt eo uti; & adeò perfectum, consummatumque inveniemus, ut dicere possimus illos quodammodo manibus cernere, aut scipionem tanquam sexti cujuspiam sensus organum iis datum, ad defectum visus supplendum.

III. *Quomodo radii ejus in instanti ad nos à Sole perveniant,*

Nunc itaque ad comparationem instituendam, cogitemus lumen in corpore luminoso nihil esse præter motum quemdam, aut actionem promptam & vividam, quæ per aërem & alia corpora pellucida interjecta, versùs oculos pergit; eodem planè modo quo motus

tus aut resistentia corporum quæ hic cæcus offendit per interpositum scipionem ad manum ejus tendit. Statimque ex hoc mirari desinemus, lumen illud à summo Sole, nullâ morâ interpositâ, radios suos in nos effundere; novimus enim illam actionem, quâ alterum baculi extremum movetur, similiter nullâ interpositâ morâ ad alterum transire, & eodem modo ituram, licèt majori intervallo distarent istius baculi extrema, quàm à cœli vertice terra abest.

IV. *Quomodo ejus ope colores videantur; & quænam sit natura colorum in genere.*

Neque magis videbitur mirum, illius ope tantam colorum varietatem apparere; Et præterea forsan credemus nihil esse hos colores in corpore colorato, nisi diversos modos quibus hoc illos recipit, & remittit ad oculos; si consideremus differentiam illam, quam cæcus in arbore, aqua, lapide & similibus deprehendit, interjecto scipione, non minorem illi videri, quam nobis hæc; quæ in rubro, flavo, viridi & cunctis aliis coloribus: & interim tamen illas differentias in nullo corpore quidquam esse, præter varias rationes movendi aut resistendi motibus illius baculi.

V. *Non opus esse speciebus intentionalibus ad eos videndum: neque ut in objectis aliquid sit nostris sensibus simile.*

Unde etiam nascetur occasio judicandi, non necessarium esse supponere, materiale quidpiam ex objectis ad oculos nostros manare, ut lumen & colores videamus; neque quidquam in istis objectis esse, quod simile sit ideis quas de iis mente formamus: Quemadmodum nihil ex corporibus, quæ cæco occurrunt, per baculum ad manum illius fluit; constatque, motum aut resistentiam horum corporum, quæ sola percepti sensus causa est, nihil simile habere ideis, quas inde animo apprehendit. Et hac ratione mentem habebimus liberam ab omnibus illis exiguis simulacris per aërem volitantibus, quæ *Species intentionales* Philosophi, mirum in modum iis divexati, nominarunt. Facili etiam negotio controversiam decidere poterimus, quæ agitatur super loco unde actio prodit, sensum Visionis efficiens. Ut enim cæcus noster corpora, quæ circumcirca offendit, non tantummodò per actionem illorum (quum scilicet ipsa moventur) sentit; sed etiam per solum motum dexteræ suæ, quum illa tantummodò resistunt: ita concedendum est, visus objecta posse percipi, non tantummodò actionis vi, quæ ex iis emanans ad oculos nostros diffunditur; sed etiam vi illius, quæ oculis innata ad illa pergit.

VI. *Nos interdiu videre ope radiorum qui ab*

Verumtamen quoniam hæc actio nil nisi lumen est, notandum neminem præter eos, qui per tenebras instar felium cernunt, saltem si qui sint, illam in oculis suis habere: & maximam hominum partem

objectis in oculos nostros veniunt. Contrà feles noctu videre ope radiorum qui ab ipsorum oculis in objecta tendunt.

tem tantummodò per eam actionem videre, quæ ab objectis venit. Usus namque docet hæc objecta aut luminosa, aut illuminata esse debere, ut videantur, non oculos nostros, ut videant. Sed quoniam inter baculum hujus cæci, & aërem, aut alia corpora pellucida, quibus interjectis cernimus, non leve discrimen est, alia insuper comparatio est hîc in medium proferenda.

VII.

Quænam sit materia quæ radios transmittit: & quomodò diversorum objectorum radii simul in oculum ingredi possint: aut ad diversos oculos tendentes per eundem aëris locum sine permixtione transire: aut ita ut alii non sint aliis impedimento: nec ab aëris fluiditate impediantur; nec à ventorum agitatione; nec à vitri aut aliorum ejusmodi pellucidorum corporum duritie: & quî fieri possit ut nihilominus sint recti.

Contemplemur vindemiæ tempore uvis calcatis refertum lacum;

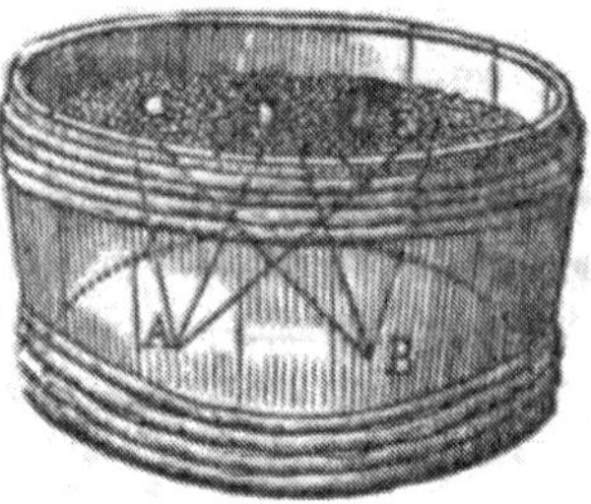

cujus fundum foramine uno aut altero pertusum sit, ut A B. ex quibus profluat mustum quod continet. Ubi quidem particulæ vini, quæ hærent exempli gratiâ circa C, eodem momento simul ac foramen A patuerit, rectà descensum ad illud affectant, & simul ad foramen B. Eodemque tempore quæ circa *D* & *E*, per hæc ipsa foramina descendere properant; ita tamen ut nulla harum actionum alteram impediat, & ne ipsi quidem ramusculi immixtorum scaporum resistant; licèt hi se invicem suffulti non descendant per eadem foramina A & B; & insuper interea variis modis moveantur, ab iis qui uvas calcant. Deinde cogitemus, quum consensu Philosophorum ferè unanimi vacuum in rerum naturâ non detur, & tamen omnia corpora, vel experientiâ teste plurimis poris pervia hient, necessariò hos meatus materia quadam repletos esse, perquam subtili & fluida; quæ serie non interruptâ ab astris ad nos extensa sit. Quæ materia si vino hujus lacus comparetur, & partes minus fluidæ seu crassiores aëris, aut aliorum corporum pellucidorum, scapis qui immixti sunt; facillimè intelligemus, omnes particulas materiæ subtilis, quas Sol nobis adversus tangit, rectâ linea ad oculos nostros tendere, eodem quo patescunt momento, non impedientibus aliis alias, neque obstantibus crassioribus particulis pellucidiorum corporum interjectis; sive diversa ratione moveantur, ut aër qui ferè continuò ventis agitatur, sive sine motu sint, quemadmodum vitrum aut crystallus. Tum etiam notandum, esse discrimen inter motum, & propensionem ad motum. Nam facilè concipimus animo, particulas vini, quæ hærent, exempli gratia, circa C, simul ad B & A tendere, quum interim revera ad utrumque eodem tempore moveri nequeant; & illas exactè in linea recta

B & A

B & A versus pergere; licet non semper adeò accuratè rectà eò versus moveantur, obstantibus scapis interjectis.

VIII. *Quid proprie sint isti radii: & quomodo infiniti à singulis illuminati corporis punctis exeant.*

Postquam itaque intelleximus, non esse tam motum, quàm actionem, sive propensionem ad motum, in corpore luminoso, id quod lucem illius nominamus; facilè colligere possumus radios hujus lucis nihil esse, præter lineas secundùm quas hæc actio tendit. Ita ut infiniti sint hujusmodi radii, qui ex singulis punctis corporis luminosi, ad singula illius, quod illuminant, diffunduntur; eodem prorsus modo, quo concipere possumus innumeras rectas lineas, juxta quas actiones ex singulis punctis superficiei vini CDE, tendunt versùs A, & alias præterea innumeras, juxta quas, actiones ex iisdem punctis manantes, quoque feruntur ad B, non impediente alteram alterâ.

Porrò hi radii semper quidem exquisitè recti concipi debent, quotiescunque non nisi unum corpus pellucidum permeant, quod ubivis uniforme sit. At verò quoties alia quædam corpora offendunt, facilè detorquentur, aut debilitantur, non secus ac motus pilæ aut lapidis in aërem missi, per ea quæ occurrunt. Quippe haud difficulter credi potest, actionem aut propensionem ad motum, (quam jam dixi pro lumine habendam) iisdem legibus cum ipso motu obnoxiam esse. Atque ut satis accuratè hanc tertiam comparationem exsequamur; consideremus, illa corpora quæ pila de manu jacta offendere potest, aut mollia, aut dura, aut liquida esse. Si mollia, qualia sunt lintea, arena, lutum, omnino supprimunt & sistunt illius motum. Si dura, sine mora aliorsum reverberant: idque non una ratione. Nam superficies illorum vel lævis & æqua est, vel scabra & aspera. Rursum quæ lævis; vel plana, vel curvata. Quæ aspera, scabredinem ducit, vel à diversimodè curvatis partibus quibus constat; quarum singulæ tamen ipsæ satis læves sunt: vel præterea à variis angulis seu punctis, vel ab hujusmodi partibus, quæ mollitie & duritie discrepant, vel ab earumdem motu, qui mille modis variari potest. Et notandum, pilam extra motum suum, simplicem illum ac regularem quo de loco ad locum fertur, insuper secundi cujusdam capacem esse, quo scilicet circa centrum rotatur; itidem celeritatem motus hujus posterioris, diversas posse habere proportiones ad velocitatem illius prioris. Itaque quum aliquot pilæ ab eadem parte profectæ, superficiem corporis alicujus lævem offendunt, æqualiter & eodem ordine resiliunt; adeò ut si superficies exactè

exactè plana sit, eandem inter se distantiam servent, quâ ante occursum sejungebantur. Ast si promineat superficies illa, vel retrocedat, pilæ quoque pro ratione illius curvaturæ, vel recedunt ab invicem, vel appropinquant: Ut hic videmus pilas A, B, C, quæ

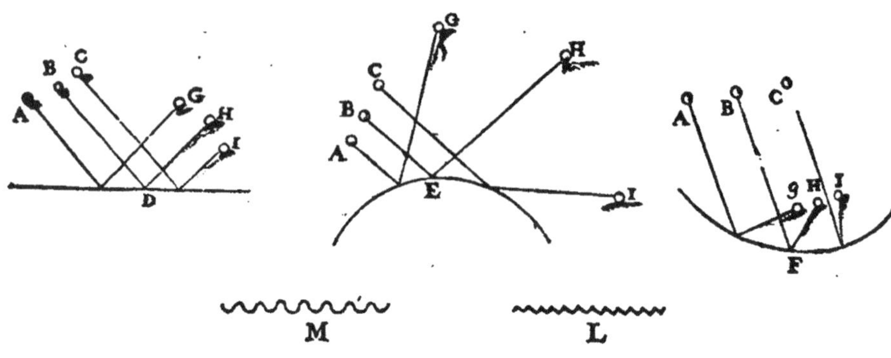

illisæ superficiei corporum D, E, F, resiliunt ad G, H, I. At si incurrant in superficiem asperam, quales sunt L, M, huc illuc repercussæ feruntur, singulæ pro situ loci illius, quem in superficie tetigere. Atque extra hoc nihil in motus sui ratione mutant, quoties asperitas illius nonnisi ex diversimodè inflexis partibus surgit. Sed illa etiam ex multis aliis causis oriri potest; & hac ratione efficere, ut pilæ quæ modo simplici & recto motu ferebantur, parte motus istius recti amissa, circularem illius loco recipiant, cujus variæ possunt esse proportiones ad residuum recti ejusdem motus, pro vario situ superficiei cui obviant. Atque hoc qui pilæ lusu delectantur abundè observant, cùm nimirum illa impulsa pavimentum inæquale contingit, aut obliquo reticulo vibratur. Demum etiam consideremus; Pilam impulsam, quoties obliquo itinere in superficiem corporis liquidi incurrit, quod magis aut minùs facilè penetrat, quàm illud unde processit, eam subeundo à recta via divertere, cursumque suum mutare. Ut si, exempli gratiâ exsistentes, in aëre juxta punctum A, illam B versus vibremus; recto quidem impetu ab A defertur ad B; nisi vel pondere, vel alia quadam causa detorqueatur; huc verò (ubi aquæ CBE superficiem pono) postquam devenit, facta declinatione, iterum per lineam rectam

rectam I versus tendit; quemadmodum ipsa etiam experientia docet.

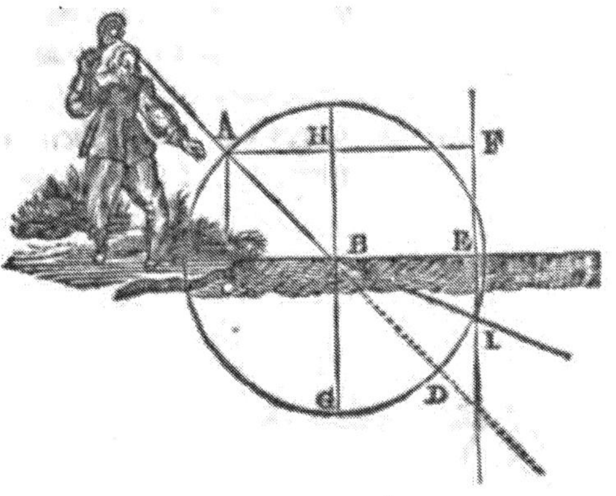

IX. *Quid sit corpus nigrum. quid album: Item quid sit speculum; & quomodo specula tam plana quàm convexa radios reflectant. In quo consistat natura mediorum colorum.*

Cogitemus itaque, eadem ratione corpora dari, quæ dum luminis radiis percutiuntur, eosdem suffocant, & omne illorum robur frangunt; & hæc sunt, quæ nigra nominamus; nullum nisi communem cum tenebris colorem habentia. Dari etiam quæ reverberant, & quidem alia eodem, quo recipiunt ordine; hæc scilicet, quorum superficies nitidè polita, usum speculorum tam planorum quàm curvatorum præstare potest. Alia quæ confusè huc & illuc. Et rursum in iis alia hos radios repercutere, actione illa per nullam mutationem violata; hæc nempe quæ alba dicimus: Alia verò mutationem inducere, similem illi quam recipit motus pilæ, obliquo reticulo præstrictæ; & hæc sunt rubra, flava, cærulea, vel alio ejusmodi colore insignia. Equidem ego me posse explicare arbitror, & experientia duce demonstrare, in quo natura colorum consistat; sed idipsum terminos hujus argumenti excedit

X. *Quomodo colorata corpora radios reflectant; & quid sit refractio.*

Et sufficit hoc loco nos monere; radios qui in corpora colorata, sed non polita, cadunt, quaquaversum semper resilire; licèt ab una duntaxat parte progressos: Ut, quamvis ii qui incidunt in superficiem corporis albi A, B, non veniant nisi à funali C, tamen alii alio ita detorquentur, ut ubicunque posueris oculum, velut, exempli gratiâ, juxta D, plurimi semper radii occurrant, ex singulis plagis hujus superficiei A B. Et insuper si supposueris hoc corpus perquam subtile & tenue esse, chartæ instar aut lintei, ut lumini pervium pateat; licet oculus ad aversam funalis partem admoveatur, ut ad E, aliqui tamen

tamen radii ab singulis hujus corporis particulis ad illum resilient. Denique etiam cogitemus, eâdem ratione radios detorqueri, quâ pilam diximus, quum obliquè in superficiem corporis liquidi diffunduntur, quod magis aut minùs facilè penetrant, quàm illud per quod ante manarunt; & hic se inflectendi modus, refractio in iis dicitur.

CAPUT SECUNDUM.

De Refractione.

I. *Quomodo fiat reflexio.*

Uandoquidem deinceps necessarium erit, quantitatem hujus refractionis exactè nosse, & illa redditur intellectu facilior, per comparationem quâ usi sumus; non alienum fore autumo, explicationem ejus hîc aggredi, & quædam de reflexione præmittere, quò facilior cognitio illius sit. Cogitemus itaque pilam, ab A, B versùs actam, contingere in puncto B superficiem terræ C B E, quæ ejus progressui resistens illam retrocedere cogit. Sed videamus in quam partem. Ne autem novis difficultatibus implicemur, fingamus terram exactè planam duramque esse: pilam etiam, sive descendat, sive ascendat, eâdem velocitate ferri; parum curantes quâ vi agatur, cessante reticuli impetu; neglecto quoque omni effectu magnitudinis, ponderis & figuræ. Isthæc enim attendere supervacuum fuerit, quum nihil eorum locum habeat in luminis actione, ad quam omnia hîc referri debent. Tantummodò notandum, vim illam quæcunque demum sit, quæ motum nostræ pilæ producit, planè diversam ab ea esse, quâ determinatur, ut potiùs huc quàm illuc tendat: Ut perspicuè palam est, reticuli impetum esse qui pilam movet; sed eundem potuisse ipsam versùs alias partes movere, eâdem facilitate quâ versùs B. Quum contrà reticuli situs sit, qui illam

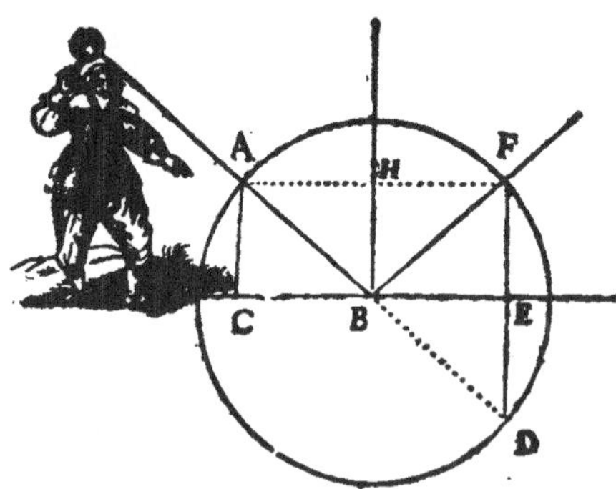

illam ita disponit ut feratur ad B, & qui potuisset eodem modo disponere, licèt per aliam vim fuisset expulsa. Unde jam liquet fieri posse, ut hæc pila per terræ occursum detorqueatur, mutata scilicet dispositione quâ inclinabat ad B: permanente interea vi sui motus, quum nihil commune habeant.

Hinc etiam planum, minimè credendum esse, necessariò pilam aliquo momento hærere in puncto B, priusquam digrediatur ad F, juxta quorumdam Philosophorum opinionem. Nam interrupto hoc motu exiguâ tantummodo morâ, nulla exstaret causa quâ incitante vires resumere posset. Observandum præterea quemadmodum motus, & in universum omnia genera quantitatum, ita etiam hanc pilæ determinationem, posse dividi in omnes partes, quibus illam constare imaginamur. Et manifestum est attendenti, hanc quâ pila descendit ab A ad B, mixtam ex duabus aliis concipi posse; quarum altera illam premit ab AF ad CE, altera eodem tempore, à sinistra AC, dextrorsum propellit ad FE, ita ut hæ duæ junctæ, illam deducant ad punctum B, secundum rectam AB. Inde obvium quoque est, obstantem terræ molem unam tantùm harum dispositionum impedire posse, alteram nullo modo. Sic potest quidem auferre eam, quâ ruebat pila ab AF ad CE, quum spatium subjectum totum occupet; sed quâ ratione resisteret alteri, quâ dextrorsum ferebatur, cui hoc respectu nullatenus opposita est?

II. Non esse necesse ut corpora mota, aliquo momento hæreant in illis à quibus reflectuntur.

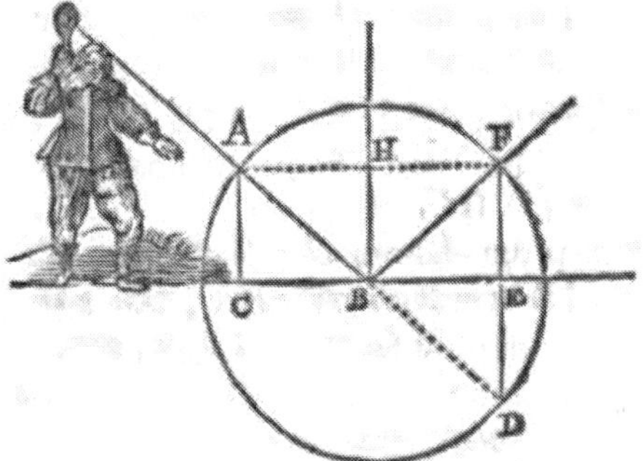

Ut accuratè igitur inquiramus, ad quam partem pila illisa debeat resilire, describamus circulum ex centro B, qui transeat per punctum A, & dicamus, spatio temporis eodem, quo progressa est ab A ad B, necessariò illam à B, ad aliquod punctum hujus circuli circumferentiæ reverti debere. Nam omnia puncta quæ eodem intervallo distant à B, quo distat A, in hac circumferentia occurrunt; & pilæ motum jam supra æquè velocem finximus. Tandem

III. Cur angulus reflexionis sit æqualis angulo incidentiæ.

dem ad designandum ipsum punctum, quod ex omnibus hujus circumferentiæ tangere debet, erigamus ad normam tres rectas, A C, H B, & F E supra C E, hac ratione ut nec majus nec minus spatium interjaceat A C & H B, quàm H B & F E: deinde dicamus, idem tempus quod pilam dextrorsum porrexit ab A, uno punctorum lineæ A C, usque ad B unum ex punctis lineæ H B, illam resilientem ab H B, sistere debere in aliquo puncto lineæ F E. Non singula puncta hujus lineæ F E, eâdem distantiâ hoc respectu ab H B remota sunt, & eâdem quâ singula lineæ A C, & ex priori dispositione tantumdem eò inclinat quantùm antea. Jam eodem momento aliquod punctum lineæ F E, & simul aliquod circumferentiæ A F D, contingere nequit, nisi in puncto D vel F; Nam extra hæc duo nullibi mutuò secantur; terra autem obstante ad D progredi non potest; sequitur itaque illam necessariò tendere debere ad F. Et sic manifestum est, quâ ratione reflexio fiat, scilicet semper ad angulum æqualem illi, quem vulgò incidentiæ nominant; Ut si radius ex puncto A emanet in B, superficiem speculi plani C B E, resilit ad F, ita ut reflexionis angulus F B E, neque cedat, neque exsuperet magnitudine alterum illum incidentiæ A B C.

IV. *Quantum motus pilæ retardetur cum linteum trajicit.*

Hinc progrediamur ad refractionem: & primò fingamus, pilam ab A ad B expulsam offendere, non terram, sed linteum C B E, tam tenue ut illud facillimè forare, & impetu suo perrumpere possit, amissâ tantùm velocitatis suæ parte, ex. gr. dimidiâ. Quo posito ut cognoscamus quam viam insistere debeat, consideremus denuò, motum illius non eundem esse cum dispositione quâ potiùs huc quàm illuc fertur; Unde sequitur singulorum quantitates separatim examinandas. Consideremus itidem, ex duabus partibus, quibus hanc dispositionem constare scimus, alteram tantùm per lintei occursum mutari posse; hanc scilicet quæ deorsum pilam agebat. Illa verò quâ dextrorsum ferebatur, constans & inviolata manebit; nam linteum expansum hoc respectu nullo modo illi oppositum est. Deinde ducto circulo A F D ex centro B, & impositis C B E ad perpendiculum, tribus lineis rectis A C, H B, F E, hac ratione, ut spatium interjacens F E, & H B, duplum illius sit, quod est inter H B & A C; videbimus hanc pilam ituram ad punctum I. Quum enim perrumpendo linteum C B E, dimidiam suæ velocitatis partem amittat, duplum temporis ei impendendum est,

ut

ut infra ex B, ad aliquod punctum circumferentiæ A F D pertingat, ejus quod insumsit superne, ut accederet ab A ad B. Et quum nihil ex dispositione, quâ dextrorsum ferebatur, intereat, in duplo istius temporis quo à linea

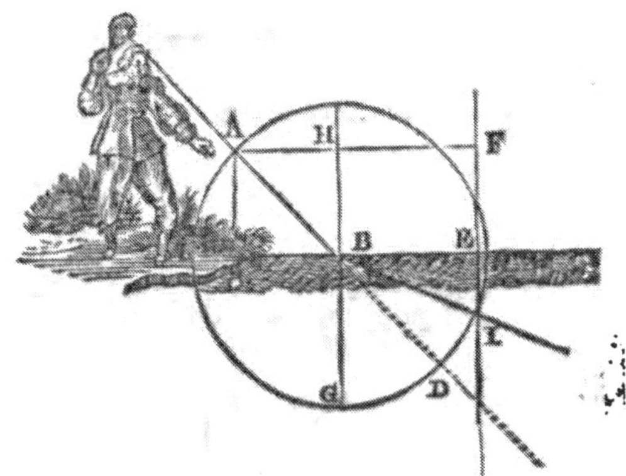

A C devenit ad H B, duplum ejusdem itineris in eandem partem conficere debet, & consequenter accedere ad aliquod punctum rectæ F E, eodem momento quo accedit ad aliquod circumferentiæ circuli A F D, quod factu impossibile foret, nisi progrederetur ad I. Nam in unico illo puncto recta F E, & circulus A F D, sub linteo sese invicem secant.

V. *Et quantum cum in aquam ingreditur.*

Fingamus jam pilam, D versus ab A expulsam, offendere in puncto B non illud linteum, sed aquam; cujus superficies C B E, exquisitè dimidiam velocitatis partem retundat, ut linteum paulo antea. Reliquis omnibus quemadmodum suprà positis, videmus pilam à B, rectà tendere debere non ad D, sed ad I. Primò etenim certum est, superficiem aquæ, eo versus illam detorquere eodem modo quo linteum; quum eodem modo illi opposita sit, & tantumdem illius roboris infringat. Corpus autem aquæ quod attinet, quo totum spatium à B ad I repletum est, licèt magis aut minùs resistat, quàm aër suprà ibidem locatus, non tamen sequitur, illud pilam magis aut minus detorquere; nam eâdem facilitate ubivis dehiscens, non majori operâ hac quàm illac transitum permittit; saltem si (quod ubivis fecimus) fingamus nec levitatem, nec pondus, nec figuram, nec magnitudinem pilæ, nec aliam similem externam causam, cursum quem tenet immutare.

VI. *Cur refractio tanto sit major, quanto incidentia*

Et quidem hîc notari potest, tantò magis illam detorqueri per superficiem aquæ aut lintei, quò magis obliquè in illam impingit, adeò ut si ad angulos rectos dirigatur, velut impulsa ab H ad

est obliquior: & nulla, cùm incidentia est perpendicularis. Et cur aliquando bombardarum pilæ versus aquam displosæ in eam non possint ingredi, sed versus aërem reflectantur.

ad B, ulteriùs in linea recta sine ulla declinatione progrediatur ad G. Sed si agatur secundùm lineam qualis est A B, quæ vel superficiei aquæ vel lintei C B E tam oblique incumbat, ut linea F E ducta quemadmodum supra, circulum A D secare non possit, illam minimè penetrabit, sed à superficie B, resiliet in aërem L, eodem planè modo, ac si in terram incurrisset. Quod nonnulli cum dolore experti sunt, quoniam animi gratiâ explosis in alveum rivi ex murali machina globis, obambulantes in adversâ fluminis ripâ vulnerarunt.

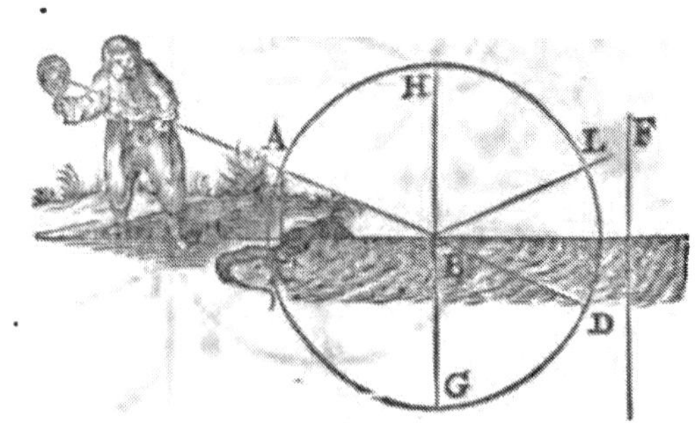

Sed aliam præterea suppositionem hîc assumamus; fingamus pilam actam ab A ad B, denuo inde impelli reticulo C B E, quod vim ejus motus augeat, ex. gr. unâ tertiâ parte, ut ita exin duobus momentis tantumdem spatii conficere queat, quantum antea confecit tribus. Hoc idem erit ac si offenderet in B puncto ejuscemodi corpus, cujus superficiem unâ tertiâ facilius quàm aërem permearet. Et ex iis quæ demonstravimus sequitur manifestè, si describatur ut supra circulus A D, & rectæ, A C, H B, F E, hac ratione, ut distantia inter F E & H B una tertia minor sit quam illa, quæ inter H B & A C, punctum I, in quo recta F E, & circularis A D, sese mutuò secant, designaturum illum locum quem pila petet, digressa à puncto B.

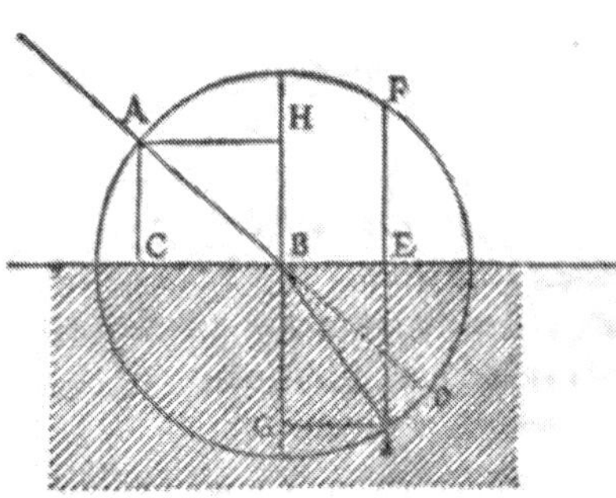

Quæ conclusio etiam inverti potest, dicique pilam venientem secundùm lineam rectam ab A ad B, in hoc autem puncto

cto à recto itinere divertentem, tendentemque inde ad I, indicio esse; vim qua intrat corpus CBI, talem esse ad illam qua erumpit ex corpore ACBE, qualis distantia quæ inter AC & HB, ad illam quæ inter HB & FI, hoc est, qualis linea CB ad BE.

VII. *Quantum radii reflectantur à pellucidis corporibus in quæ penetrant.*

Tandem verò quoniam lucis actio sequitur hac in re easdem leges, quas pilæ motus, dicendum quoties radii illius obliquo motu ex pellucido corpore in aliud transferuntur, quod magis aut minus facile illos admittit, quam primum, ibi ita detorqueri, ut semper minus inclinent in superficie quæ his corporibus est communis, ea parte in qua est illud corpus, quod eas facilius recipit, quam ea, in qua alterum positum est, idque exacte ea proportione, qua facilius prius, quam posterius illos recipit. Notandum autem hanc inclinationem metiendam esse per quantitatem rectarum CB vel AH, & EB vel IG, aut similium inter se collatarum; Non vero per quantitatem angulorum, quales sunt ABH, aut GBI, & multo minus per illam similium DBI, qui refractionis anguli dicuntur. Nam proportio horum angulorum, ad singulos inclinationum gradus mutatur; Illa vero linearum AH & IG, vel similium, eadem manet, in omni refractione, quæ ab eodem corpore venit. Ut ex. gr. Si radius aërem permeans ab A ad B, tacta in puncto B superficie vitri CBR, digrediatur ad I in hoc vitro; veniat deinde alius

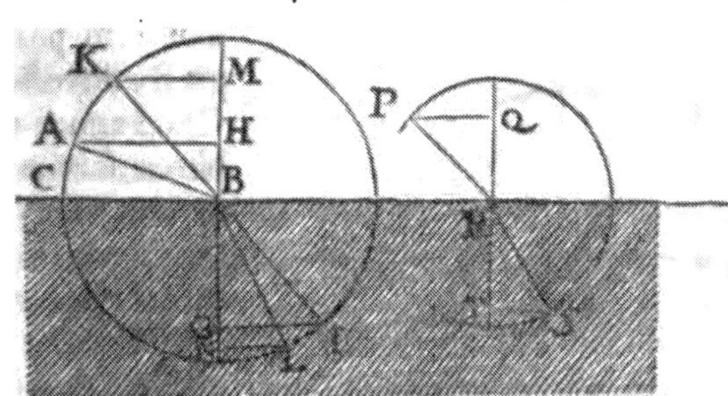

à K ad KB, qui decedat ad L: tertius præterea à P ad R, qui abeat ad S. Eadem ratio linearum KM & LN, aut QP & ST esse debet ad invicem, quæ est linearum AH & IG, non autem eadem angulorum KBM & LBN aut PRQ, & SRT, quæ ABH ad IBG.

 Ita

VIII. *Quomodo refractionum magnitudinem metiri oporteat.*

Ita jam cognovimus qua ratione refractiones dimetiendæ sint; Sed insuper, ut omnino determinentur illarum quantitates, necessarium est ad experimenta descendere, quum proveniant ex particulari corporum constitutione in quibus fiunt. his autem ita ad eandem mensuram reductis, facillimè & certissimè talia experimenta sumi possunt; nam sufficit in unum radium inquirere, qui probè cognitus, reliquos omnes ejusdem superficiei prodet, nullumque errandi periculum adest, si præterea in aliis quibusdam examinetur. Ut si velimus nosse quantitatem refractionum quæ fiunt in superficie CBR, separante aërem AKP à vitro LIS, sufficit examinare illam radii ABI, quærendo scilicet rationem lineæ AH ad IG. Sed si deinde errorem vereamur, idem in aliquibus aliis fieri debet, ut in KBL, aut PRS, & deprehensa eadem proportione inter KM & LN, item inter PQ & ST, quam inter AH & IG, nulla de veritate rei dubitandi occasio relicta erit.

IX. *Radios facilius trajicere vitrum quam aquam, & aquam quam aërem, & cur id fiat.*

Sed mirum forsan videbitur hæc experimenta facientibus, in superficiem, ubi refractio evenit, magis inclinari luminis radios, aërem permeantes, quàm aquam, & adhuc magis, aquam quàm vitrum: contra omnino quam pila, quæ magis à parte aëris quam à parte aquæ in superficiem interjectam inclinatur, & nullo modo in vitrum penetrat. Occurrat ex. gr. pila expulsa in aërem ab A ad B in puncto B superficiei aquæ CBE, decedet inde ad V. ast si radius loco pilæ contingat B, digredietur ad I. Quod tamen non mirabimur, si in mentem venerint quæ supra de natura luminis diximus: id scilicet motum quemdam esse, sive actionem receptam in materia subtilissima, quæ aliorum corporum poros replet;

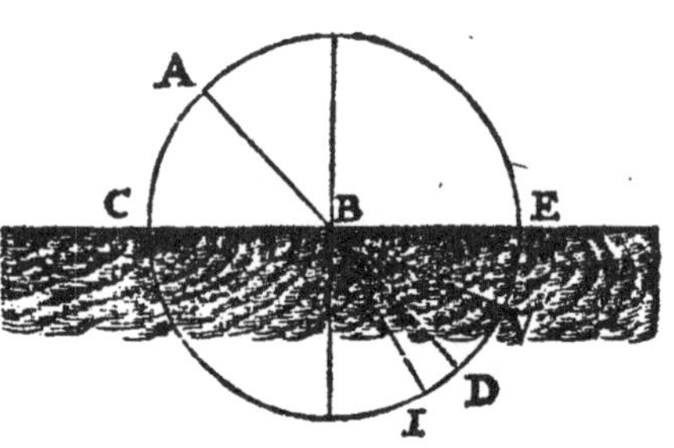

ac præterea si consideremus, pilæ plus suæ agitationis decedere, si incurrat in corpus molle quam si in durum; illamque facilius per mensam nudam, quam per eandem tapeto instratam devolvi. Nam eadem ratione hujus materiæ subtilis actio, magis impeditur

ditur ab aëris partibus, quæ molles & malè nexæ, non satis firmiter resistunt, quàm ab illis aquæ; paulò validiùs obnitentibus; & magis adhuc ab his quàm à partibus vitri aut crystalli. Sic quantò firmiores & solidiores exiguæ partes corporis alicujus pellucidi sunt, tantò faciliùs lumini transitum permittunt: Neque enim ut pila subiens aquam, ita & lumen, ut sibi transitus pateat, quasdam ex ejus partibus loco movet.

Jam verò cùm sciamus causam refractionum quæ fiunt in aquâ, vitro & pellucidis cunctis aliis corporibus, circa nos undiquaque occurrentibus, observare debemus, refractiones semper ibi similes esse, intrante radio & exeunte. Ut si radius progressus ab A ad B, transeundo per aërem in vitrum à B declinet ad I, ille qui resiliet

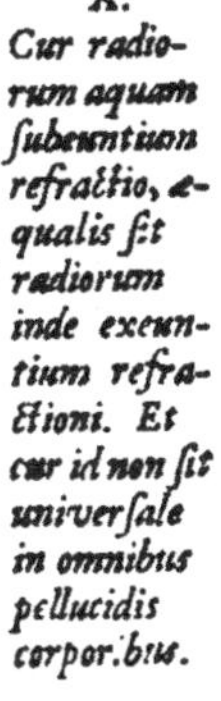
X. *Cur radiorum aquam subeuntium refractio, æqualis sit radiorum inde exeuntium refractioni. Et cur id non sit universale in omnibus pellucidis corporibus.*

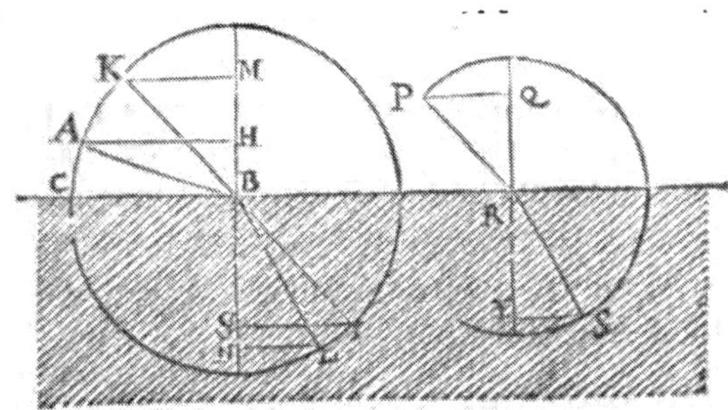

ab I ad B, itidem declinabit à B ad A. Interea tamen alia corpora exstare queunt, præsertim in cœlo, ubi refractiones ex aliis causis ortæ non ita reciprocantur.

XI. *Radios aliquando incurvari posse, nec tamen ex eodem pellucido corpore exire.*

Atque etiam potest contingere ut radii incurventur, licèt unum tantummodò corpus pellucidum permeent, quemadmodum interdum pilæ motus incurvescit, quoniam illa suo pondere horsum fertur & aliorsum, per vim quâ vibratur, aut ob multas alias causas. Nam confidenter tres illas comparationes quibus usi sumus, tam idoneas profiteri ausim, ut singula quæ in iis notantur, commodè ad similia quædam ad lumen pertinentia, referri possint. nobis autem illa tantùm explicare animus fuit, quæ præsenti argumento maximè inserviunt.

XII. *Quomodo fiat refractio in singulis*

Neque vos diutiùs hìc morabor, ubi monuero, curvas superficies corporum pellucidorum, radios per singula puncta transeuntes, eodem

curvarum superficierum punctis.

eodem modo detorquere, quo planæ, in iisdem punctis illas contingentes, detorquerent. Sic ex. gr. refractio radiorum AB, AC, AD, qui venientes à lumine A, incidunt in superficiem gibbam globi crystallini BCD, eodem modo considerari debent, ac si

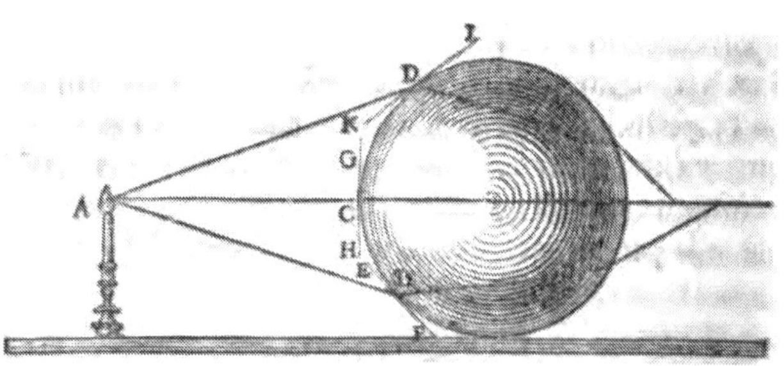

AB incideret in superficiem planam EBF, & AC, in GHC, & AD, in IDK, & ita alii. Unde patet hos radios diversimodè vel colligi vel dispergi posse, prout à superficiebus diversimodè curvatis excipiuntur. Sed jam tempus est delineationem structuræ oculi ordiri, ut intelligamus, quomodo radii illam ingressi disponantur ad sensum visionis efficiendum.

CAPUT TERTIUM.

De Oculo.

I. Membranam vulgo retinam dictam, nihil aliud esse quam nervum opticum.

SI qua arte posset oculus ita secari, plano per mediam pupillam transeunte, ut nullus ex eo liquor efflueret, nec ulla pars loco moveretur, talis ejus sectio appareret, qualem hæc figura repræsentat. ABCB est membrana satis crassa & dura, componens quoddam veluti vas, receptaculum omnium partium interiorum. DEF est membranula tenuior, intra priorem aulæi instar expansa. ZH nervus vulgò opticus dictus, ingenti numero parvorum capillamentorum compositus, quorum extrema per totum spatium GHI diffunduntur; ubi innumeris exiguis venis atque arteriis mixta, speciem quandam carnis tenerrimæ componunt, quæ tertiæ membranulæ instar totum interius secundæ fundum tegit.

git. K, L, M, tres sunt liquores valde pellucidi, totas has tuniculas distendentes, figurâ quâ singulos hîc delineatos videmus.

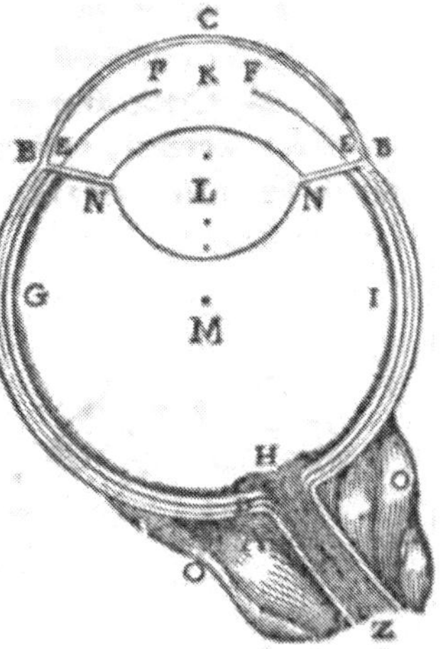

II. *Quales sint refractiones ab oculi humoribus productæ.*

Et experientia me docuit, medium L, qui Crystallinus humor dicitur, præter propter eamdem refractionem producere quam vitrum aut Crystallus, & duos reliquos paulò minorem, ferè qualem aqua communis, unde fit ut faciliùs medius quam reliqui duo, & adhuc faciliùs hi quàm aër luminis radios admittant. In priori membrana pars BCB pellucida est, & magis gibba quàm residuum. In alterâ superficies interior partis EF, fundum oculi respiciens, tota obscura & nigra est, habetque in medio anterioris partis rotundum foramen exiguum, foris respicientibus nigerrimum apparens, quod pupillam appellamus.

III. *In quem usum pupilla coarctetur & dilatetur.*

Non autem semper eâdem magnitudine patet hic hiatus; Sed EF pars secundæ membranulæ in qua est, liberrimè innatans liquidissimo humori K, speciem exigui musculi habet, qui diducitur, aut contrahitur, prout objecta, quæ contuemur vel propiùs vel longiùs absunt, vel magis aut minus illuminantur, vel prout magis aut minùs curiosè illa contemplari animus est. Et fidem huic rei pueri oculus cuivis dubitanti astruere poterit. Nam si jusseris ut vicinum aliquod objectum attentè respiciat, videbis aliquantò arctiùs pupillam ejus contrahi, quàm si aliud multò remotiùs & non majori luce illustratum ipsi respiciendum proponas. Et deinde si feceris ut idem objectum in quod respicit, nunc minori, nunc majori luce refulgeat, clausis scilicet vel apertis fenestris cubiculi in quo erit, animadvertes, pupillam fieri eo angustiorem, quò majori luce perstringetur. Ac denique si ad eamdem lucem, idem corpus ex eodem loco iste puer inspiciat, minori ambitu patebit ejus pupilla, dum conabitur accuratè minutissimas illius partes agnoscere, quàm dum quasi aliud agens vagis oculis integrum apprehendet.

IV. *Motum istum pupillæ voluntarium esse.* Et observandum, hunc motum voluntarium esse dicendum, licèt ut plurimum à nobis ignorantibus peragatur; neque enim ob hoc minùs dependet, aut minùs sequitur ex voluntate quam habemus bene videndi. Quemadmodum labiorum & linguæ motus, pronunciationi inserviens, voluntarius dicitur, quoniam loquendi voluntatem sequitur; licèt sæpissimè ignoremus, qualem singulæ literæ requirant.

V. *Humorem crystallinum esse musculi instar, qui totius oculi figuram mutare potest: & filamenta, processus ciliares dicta, illius esse tendines.*

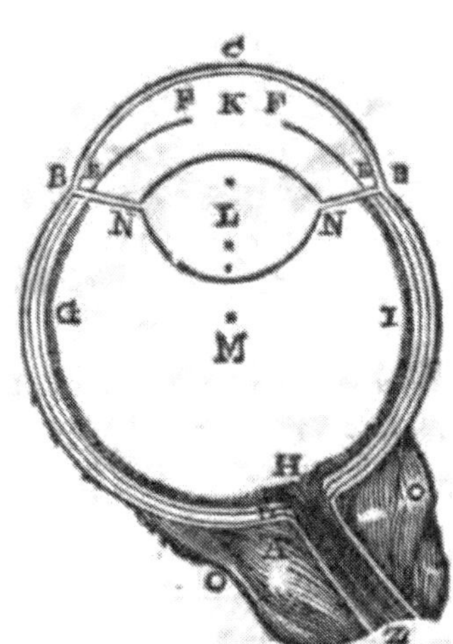

EN, EN sunt plurima filamenta nigra, undiquaque amplexa humorem L, & orta ex membrana secunda, inde ubi tertia terminatur, quæ speciem perexiguorum tendinum præ se ferunt, & eorum ope hic humor, pro intentione, qua visus noster in res propinquas aut longe dissitas fertur, mox in majorem gibbum curvatus, mox magis in planum porrectus, totam oculi figuram nonnihil immutat. Quod etiam experientia constat; Nam si intentius contemplanti turrim aut montem procul remotum, scriptum aliquod ante oculos prope apponatur, nullam literam nisi confuse dignoscere poterit, antequam eorum figura paululum fuerit immutata. Denique O O sunt sex aut septem musculi extrinsecus oculo affixi, quorum ope quaquaversum moveri potest, & fortè etiam pressus aut revulsus quoad figuram immutari. Plura circa hanc materiam notari solent, & Anatomicorum libros augere, quæ de industriâ hîc omitto; quoniam jam dicta sufficere arbitror, ad explicandum quidquid facit ad nostrum argumentum; & quia reliqua quæ ad hoc non juvarent, ab iis quæ juvare possunt animadvertendis cogitationes nostras avocarent.

CAPUT QUARTUM.

De sensibus in genere.

Æterum hic quædam de sensibus in genere subjungenda sunt, ut feliciùs deinceps visionis explicatio procedat. Omnibus jam constat, animam esse quæ sentit, non corpus. Videmus enim, quoties illa vel ecstasi, vel alta contemplatione distracta, velut extra corpus ponitur, hoc totum torpidum sine sensu stupere, quæcunque etiam objecta admoveantur. Nec magis obscurum est, illam non proprie sentire quatenus est in organis sensuum exteriorum, sed quatenus in cerebro, ubi illam facultatem exercet, quam nuncupant sensum communem. Sic vulnera & morbi quæ cerebrum lædunt, in universum omnes sensus tollunt, quum corpus interea nihilominus animatum sit. I. *Animam sentire, non corpus; idque quatenus est in cerebro, non qua alia membra animat.*

Scimus etiam, illam impressionem qua objecta partes corporis externas afficiunt, non nisi per interpositos nervos usque ad animam pervenire. Nam varia sunt affectuum genera, quæ licet unico tantummodo nervo noxia sint, omnem sensum illarum partium corporis tollunt, per quas male affecti nervi rami sparguntur; integro interea sensu reliquarum. II. *Ipsam nervorum ope sentire.*

Ut autem uberius cognoscamus qua ratione anima in cerebro residens, per nervos interjectos impressionem corporum externorum recipiat, tria in iis distinguenda occurrunt: primò membranulæ quibus involvuntur, ex cerebrum circumdantibus tunicis ortæ, quæ multis ramis in modum tubulorum diffusæ, aliæ aliò per totum corpus sparguntur, eodem modo quo arteriæ & venæ. Deinde substantia illorum interior, quæ in tenuissima quædam veluti capillamenta divisa, per tubulorum istorum longitudines, à cerebro unde descendit, usque ad membrorum extrema, quibus adhæret, porrigitur; adeò ut in singulis tubis multa hujusmodi capillamenta, non dependentia ab invicem, imaginari debeamus. Postremò spiritus animales qui instar venti, aut aëris subtilissimi, ex ventriculis seu cavis cerebri progressi, per eosdem tubos ad musculos evehuntur. III. *Interiorem istorum nervorum substantiam ex multis tenuissimis capillamentis constare.*

Fatentur quidem Medici & Anatomici, hæc tria in nervis reperiri: usum autem eorundem à nemine bene distinctum novi. Quum enim viderent, non tantùm sensui, sed & motui membrorum ner- IV. *Eosdem esse nervos qui sensibus & qui motibus inserviunt.*

vos inservire, & contingere interdum paralyses, quæ sensu integro remanente, motum tollerent, modò duo eorum genera fecerunt, quorum alterum soli motui, alterum solis sensibus assignarunt; modò sentiendi facultatem in membranulis collocarunt, & movendi vim in substantia interiore; quibus cunctis tam ratio, quàm experientia reclamat. Quis enim nervum aliquem notavit unquam motui inservientem, qui non simul alicui sensuum inserviret? Et quomodò si ex membranis dependeat sensus, diversæ objectorum impressiones per eas in cerebrum penetrarent?

V. *Spiritus animales in istorum nervorum membranis contentos membra regere; substantiam illorum internam sensibus inservire: & quomodo ope nervorum fiat sensus.*

Evitandarum itaque harum difficultatum causâ, credendum est, spiritus per nervos in musculos dilapsos, eorumque mox hunc mox illum, magis aut minùs inflantes, prout largius aut parciùs à cerebro subministrantur, motum omnium membrorum efficere: & capillamenta exigua ex quibus interior nervorum substantia componitur, sensibus inservire. Et quoniam hoc loco non necessarium de motu loqui, nobis sufficit advertere, exigua illa capillamenta, inflatis tubulis, ut diximus, & assiduo spirituum affluxu expansis inclusa, non collidi, neque sibi invicem obstare, atque ad extremitates omnium membrorum porrigi, quæ aliquo modo sentire possunt; adeo ut si levissimè tantùm pars illorum impellatur, cui adhæret aliquis nervorum, eodem etiam momento, illa cerebri pars moveatur, ex qua nervus ille descendit, quemadmodum si alterum extremum restis distensæ tangas, alterum etiam ipso momento commovetur. Quum autem hæc capillamenta, tubulis ita circumdata procurrant, quos spiritus semper paululum inflant & distendunt, nullo negotio intelligemus, licèt essent multò tenuiora quàm bombycum fila, & imbecilliora quàm aranearum, tamen à capite ad remotissima membra sine ullo ruptionis periculo posse descendere; neque diversos membrorum situs motum illorum impedire.

VI. *Ideas quas sensus externi in phantasiam mittunt, non esse imagines objectorum; aut saltem opus non esse ut eis similes sint.*

Observandum præterea, animam, nullis imaginibus ab objectis ad cerebrum missis egere ut sentiat, (contrà quàm communiter Philosophi nostri statuunt) aut ad minimùm, longè aliter illarum imaginum naturam concipiendam esse quàm vulgò fit. Quum enim circa eas nil considerent, præter similitudinem earum cum objectis quæ repræsentant, non possunt explicare, qua ratione ab objectis formari queant, & recipi ab organis sensuum exteriorum, & demum nervis ad cerebrum transvehi. Nec alia causa imagines istas fingere eos impulit, nisi quod viderent mentem nostram efficacificaciter pictura excitari ad apprehendendum objectum illud, quod exhibet: ex hoc enim judicarunt, illam eodem modo excitandam, ad apprehendenda ea quæ sensus movent, per exiguas quasdam imagines in capite nostro delineatas. Sed nobis contra est advertendum, multa præter imagines esse, quæ cogitationes excitant; ut exempli gratiâ, verba & signa, nullo modo similia iis quæ significant. Et licèt concedere possimus (ut quantum fieri potest, receptam opinionem sequamur) objecta quæ sentimus, verè in cerebro nostro adumbrari, ad minimum notandum erit, numquam imaginem omnino similem esse objecto quod repræsentat; nam aliàs nullum inter hoc & illam discrimen foret; sed rudem similitudinem sufficere: & sæpe etiam perfectionem imaginum in hoc consistere, ut non assimilentur quantum possent. Quemadmodum videmus icones illas quæ à typographis in libris excuduntur, etsi nihil extra paulum atramenti chartæ huc illuc ingestum habeant, sylvas, urbes, homines, dispositas acies & tempestates nobis repræsentare: & tamen ex innumeris qualitatibus horum objectorum, quas cogitationi nostræ exhibent, nullam esse præter figuram, cujus revera similitudinem referant. Atque etiam hanc similitudinem valde esse imperfectam, cùm in superficie plana, corpora diversimodè surgentia aut subsidentia exhibeant; & secundùm regulas scenographiæ, meliùs sæpe circulos repræsentent per ellipses, quàm per alios circulos; & quadrata per rhombos, quàm per alia quadrata, & ita de cæteris, adeò ut sæpius ad absolutam imaginis perfectionem, & adumbrationem objecti accuratam, dissimilitudo in imagine requiratur.

VII. *Diversos motus tenuium uniuscujusque nervi capillamentorum sufficere ad diversos sensus producendos.*

Eodem igitur modo imagines in cerebro nostro formatæ, considerandæ sunt, & notandum tantùmmodo quæri, quâ ratione animam moveant, ad percipiendas diversas illas qualitates objectorum è quibus manant, non autem quomodo ipsæ iis similes sint. Ut quum cæcus noster varia corpora baculo suo impellit, certum est ea nullas imagines ad cerebrum illius mittere; sed tantùm diversimodè movendo baculum, pro variis qualitatibus, quæ in iis sunt, eâdem operâ manus etiam nervos diversimodè movere, & deinceps loca cerebri, unde ii descendunt: cujus rei occasione mens totidem diversas qualitates in his corporibus dignoscit, quot varietates deprehendit in eo motu, qui ab iis in cerebro excitatur.

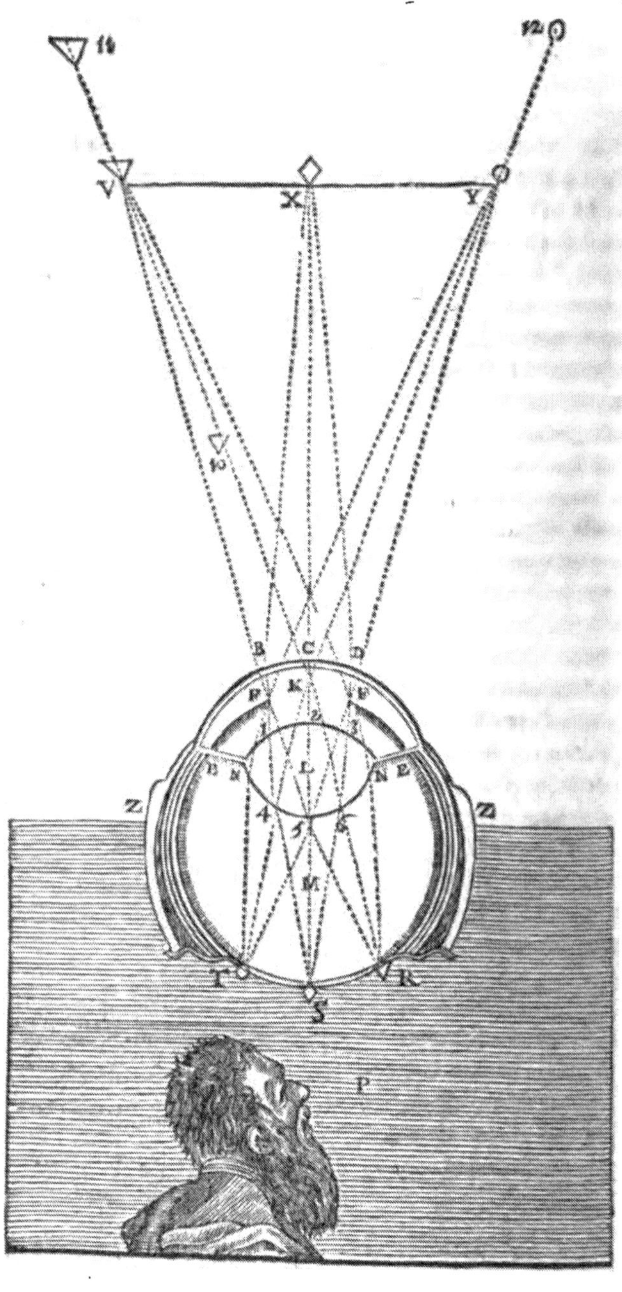
11
12
V
X
Y
10
B
C
D
K
F
F
L
E N
N E
Z
Z
M
T
R
S
P

CAPUT QUINTUM.

De Imaginibus quæ formantur in fundo oculi.

Anifestè itaque videmus, non opus esse ad sentiendum, ut anima contempletur ullas imagines, quæ reddant id ipsum quod sentitur. Sed hoc interim non impedit, quominùs objecta quæ contuemur satis perfectas in oculi fundo repræsentent: ut ingeniosè à quibusdam explicatum est, per comparationem earum quæ in cubiculo apparent, si lumini inde excluso, non nisi unicus aditus concedatur per exiguum foramen vitrea lente clausum, & albo panno ad debitum intervallum radii ingressi excipiantur. Nam oculi vice hoc conclave fungi ajunt; foramen pupillæ, vitrum crystallini humoris, seu potiùs omnium illarum oculi partium, quæ refractionem aliquam efficiunt, & pannum, ejus tuniculæ interioris, retinæ dictæ, quam extremitates nervi optici componunt. I. *Comparatio istarum imaginum cum iis quæ in obscuro cubiculo conspiciuntur.*

Omnia tamen magis explorata & certa erunt, si evulsum recens defuncti hominis, aut, si illius copia non sit, bovis vel alterius magni alicujus animalis oculum ita secemus, ut ablata eâ parte trium ejus membranarum quæ cerebro obversa est, satis magna pars humoris M appareat nuda, nec tamen iste humor effundatur, sed contineatur chartâ, vel ovi putamine, vel alia quavis materiâ albâ & tam tenui, ut quamvis non sit pellucida, omnem tamen luminis transitum non excludat, qualis hîc exhibetur versus T S R; huncque oculum foramini asseris ad id facti, quale est Z Z sic immittamus, ut ejus pars anterior B C D, respiciat aream varia objecta Sole illustrata, ut V X Y sustinentem: posterior autem ubi est corpus album R S T, respiciat conclave interius P, quod, totum tenebrosum, nullum lumen recipere debet, præter illud, quod intrat per oculum, cujus omnes partes à C ad S sunt pellucidæ. Hoc enim ita parato, si respiciamus in corpus album R S T, non sine voluptate, & forsan etiam admiratione picturam quandam in eo videbimus, omnia objecta extra cubiculum ad V X Y posita, scitè satis imitantem: Modò tamen omnia sic administrentur, ut iste oculus naturalem suam & objectorum distantiæ debitam figuram quàm proximè retineat; nam si paulò magis prematur quàm illa requirit, statim confusior imago apparebit. II. *Explicatio istarum imaginum in oculo animalis mortui.*

Est-

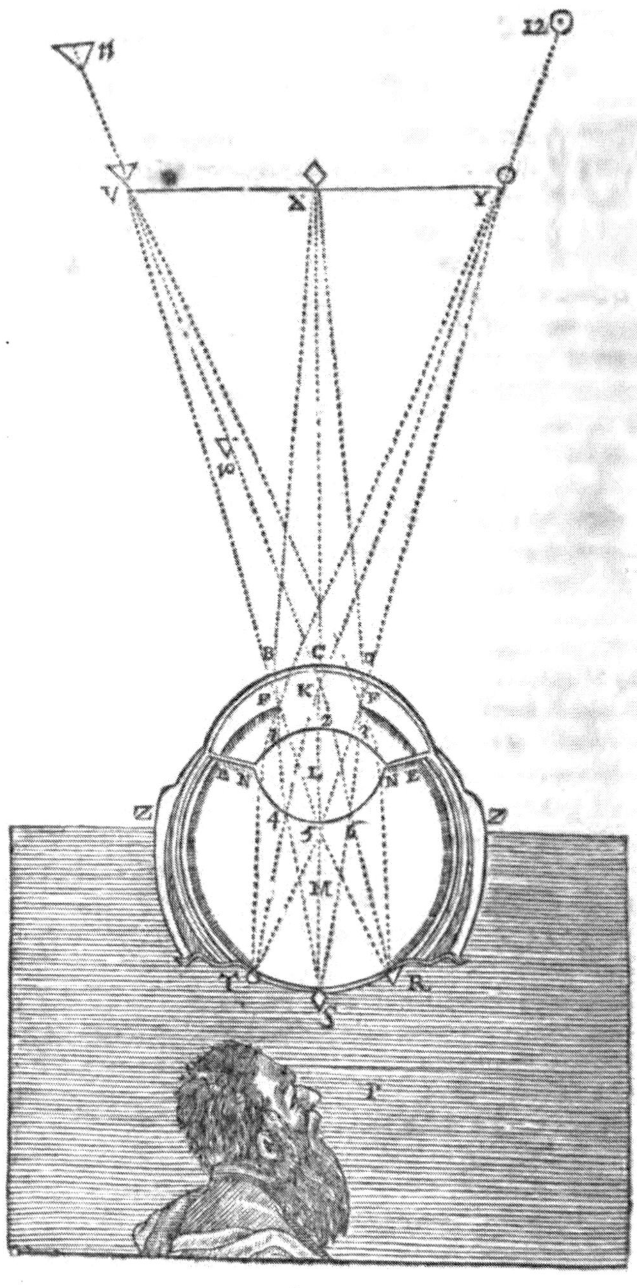
11
12
V
X
Y
10
B
C
D
K
L
M
R
S

Estque hîc observandum paulò validius illum esse comprimendum & figuram ejus reddendam oblongiorem, si objecta appareant ex propinquo, quàm si magis removeantur. Sed hujus imaginis delineatio uberiùs explicanda est: nam eâdem operâ multa discemus, quæ ad visionem pertinent.

III. *Hujus oculi figuram paulò longiorem esse reddendam, cùm objecta propinqua sunt, quàm cùm sunt remota.*

Primò igitur advertamus, ex singulis punctis objectorum V X Y, tot radios penetrantes ad corpus album R S T, in oculum manare, quot pupillæ hiatus recipere potest, & omnes ex eodem puncto digressos, permeando superficies BCD, 123, & 456, eâ ratione incurvari, ut iterum præter propter in eodem puncto concurrere possint, secundùm ea quæ tam de refractionum quàm de trium humorum KLM naturâ diximus. Et quidem ut imago, de qua hîc agimus, omnibus numeris absoluta sit, ea trium harum superficierum figura requiritur, quæ omnes radios ex eodem puncto delapsos, quantum fieri potest in eodem puncto corporis albi R S T recolligat. Ut hîc videmus radios venientes ex puncto X, congregari omnes in puncto S, ex V, in R, & ex Y in T. Et præterea, nullum radium venire ad S, nisi ex puncto X; nec ullum ferè ad R, nisi ex puncto V; nec ad T, nisi ex puncto Y; & ita de reliquis.

IV. *Multos in hunc oculum radios ab unoquoque objecti puncto ingredi: omnes illos qui ab eodem puncto procedunt, in fundo oculi congregari debere circa idem punctum; figuramque suam in hunc finem esse collocandam: diversorum radiorum puncta ibidem in diversis punctis congregari debere.*

Quibus animadversis, si recordemur eorum quæ generatim supra audivimus de coloribus & lumine, atque etiam in particulari de corporibus albis, facile intelligemus, quam ob causam inclusi cubiculo P, & oculorum aciem in corpus album R S T dirigentes, effigiem objectorum V X Y ibi videamus. Nam primo certum est, lumen (hoc est, actionem, qua Sol aut aliud corpus luminosum, materiam quandam subtilissimam quæ in omnibus pellucidis corporibus reperitur, propellit) missum ad R, ab objecto V; quod rubrum exempli gratia fingamus (id est, ita dispositum, ut ejus occasione hujus materiæ subtilis particulæ, præter motum rectum assumant etiam circularem circa proprium centrum; inter quem & rectum ea proportio sit, quæ requiritur ad sensum rubri coloris efficiendum), cum corpori albo in R occurrat (id est, ejuscemodi corpori, ut quaquaversum materiam istam subtilem, modo quo movetur non mutato, repellat), inde ad oculos nostros resilire per poros hujus corporis, quod in eam rem tenue & lumini non planè impervium admovi-

V. *Quomodo colores videantur per chartam albam, quæ est in fundo istius oculi. Imagines quæ ibi formantur similitudinem objectorum referre.*

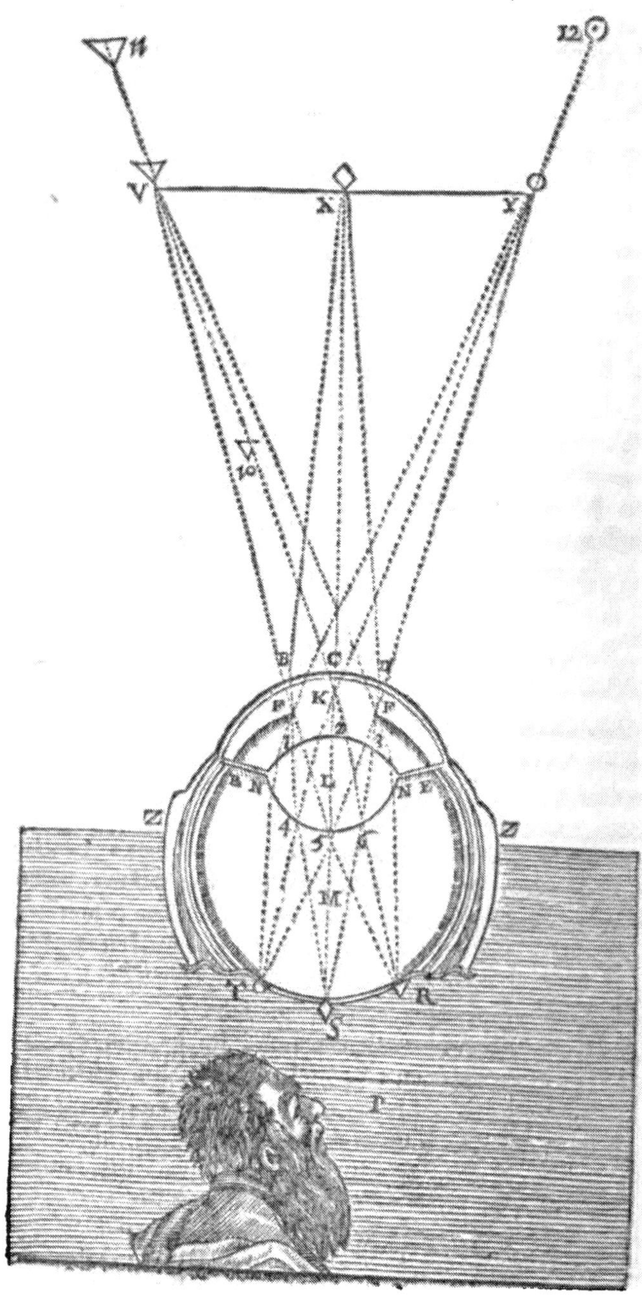
11
12
V
X
Y
10
B
C
D
K
F
F
L
M
R
S
T

movimus, & ita efficere ut punctum R rubri coloris videatur. Eodemque modo lumen rectum ad S, ab objecto X, quod luteum esse suppono, & ad T, ab Y, quod suppono cæruleum, & inde ad oculos nostros provectum, S luteo, & T cæruleo colore tinctum debet exhibere. Et sic tria puncta R S T, cùm eundem inter se ordinem, eundemque colorem retineant, quem tria altera V X Y, iis exactè similia sunt.

Hujus autem picturæ perfectio ex tribus maximè dependet: nempe ex eo quod per hiatum pupillæ plures radii à singulis corporum punctis intrent, quemadmodum hîc X B 14 S, X C 25 S, X D 36 S, & quotquot præterea inter eos possumus imaginari, eò veniunt ex solo puncto X. Deinde ex eò quòd hi radii sic in oculo refringantur, ut ex diversis punctis digressi, præter propter in totidem aliis corporis albi R S T, reddantur. Postremò ex eo quòd cùm capillamenta exigua E N, & superficies interior membranulæ E F, sint nigra, itemque cubiculum P sit omni ex parte clausum & obscurum, nullumque aliunde lumen eo accedat, quod actionem radiorum promanantium ab objectis V X Y turbare possit. Nam si ea pupillæ angustia foret, ut unos solummodo radios ex singulis objecti punctis acciperet, atque remitteret ad singula puncta corporis R S T, non satis virium in iis esset, ut inde in cubiculum P ad oculum nostrum deferrentur. Pupilla verò laxiore existente, siquidem nulla in oculo refractio fieret, radii à singulis punctis objecti eò venientes, per totum spatium R S T spargerentur; adeò ut ex. gr. tria puncta V X Y, tres radios mitterent ad R, qui unà inde ad oculum nostrum resilientes, punctum illud R mixto quodam colore ex flavo, rubro, & cæruleo, exhiberent, atque simile punctis S & T, ad quæ itidem puncta V X Y singulos radios mitterent.

VI. *Quomodo pupillæ magnitudo istarum imaginum perfectioni inserviat.*

Idem quoque propemodum eveniret, si refractio quæ fit in oculo, major aut minor foret, quàm magnitudo illius requirit. Major enim, radios emanantes ab X, antequam progrediantur, ad S colligeret, velut in puncto M. Contra verò minor non nisi illud prætervectos cogeret, ex. gr. versus P; atque ita tangerent corpus album R S T in plurimis punctis, ad quæ eodem modo alii radii ex aliis objecti partibus ferrentur. Postremò nisi corpora E N, E F, nigra forent, hoc est, ita comparata, ut lumen exceptum non remittant, sed extinguant, radii à corpore albo R S T, eò reflexi,

VII. *Quomodo etiam eodem inserviat refractio quæ fit in oculo, & obstitura esset si major foret aut minor quam reipsa est.*

 inde

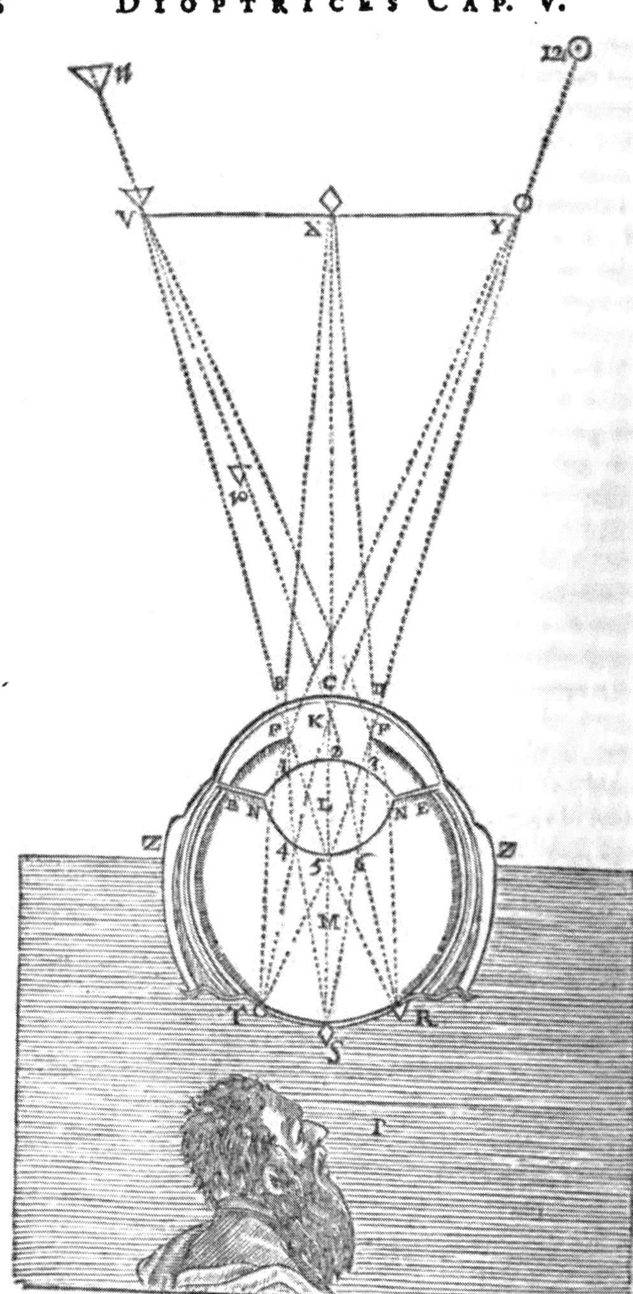
11
12
V
X
Y
10
B
C
D
P
K
F
1
2
3
E N
L
N E
Z
Z
4
5
6
M
T
R
S
T

inde reverti possent, qui venirent à T versus S & R; qui ab R, versus T & S: & qui ab S, versus R & T: & hoc modo alter alterius actionem turbaret; quod etiam facerent radii resilientes ex cubiculo, ad R S T, si alio lumine illustraretur, quàm illo quod objecta V X Y eò mittunt.

VIII. *Quomodo internarum istius oculi partium nigredo, & cubiculi obscuritas in quo istæ imagines conspiciuntur, eodem etiam inserviat: cur nunquam adeò perfectæ sint in suis extremitatibus atque in medio: & quomodo intelligi debeat quod vulgò dicitur, visionem fieri per axem.*

Sed cognitis iis quæ ad hujus picturæ perfectionem conferunt, operæ pretium etiam est ejus defectus intueri. Horum primus & maximus est, nulla ratione oculum, qualemcunque figuram habeat, radios omnes ex diversis punctis missos, in totidem aliis colligere posse, sed multum agere si tantummodo omnes ab uno puncto venientes, velut ab X, in alio quodam sistat, velut in S, quod medium est posterioris oculi partis; quod cùm fit, non nisi pauci eorum qui veniunt ex puncto V, coire possunt accuratè in puncto R, aut ex Y accuratè in T, & reliqui necessariò nonnihil inde abscedunt, ut postmodum explicabimus. Atque hinc extremitates hujus imaginis, nunquam tam distinctè quàm medium apparent; quemadmodum satis notarunt, qui circa Optica commentati sunt. Hoc enim est quod dixerunt, visionem potissimùm fieri secundùm axem; hoc est secundùm lineam rectam, per centrum cristallini humoris & pupillæ protensam, qualis hîc est linea X K L S, axis visionis iis dicta.

IX. *Amplitudinem pupillæ, dum colores vividiores facit, figuras minus distinctas reddere; ac proinde mediocrem tantum esse debere. Objecta quæ sunt à latere illius ad cujus distantiam oculus dispositus est, ab eo remotiora aut propiora, minus distinctè in eo repræsentari, quàm si æquali propè distantia abessent.*

Hîc autem observemus, quò major pupillæ hiatus est, eo magis radios venientes, exempli gratiâ ex puncto V, circa punctum R dispergi, & ita quantum hæc laxitas colorum vim & nitorem intendit, tantùm detrahit ex accurata lineamentorum picturæ distinctione; ideoque non nisi mediocris esse debet. Notemus præterea hos radios magis circa punctum R dispersum iri, quàm jam sparguntur, si punctum V, unde manant, propiùs oculo adjaceret, ut si esset in 10, aut longiùs ab eodem distaret, ut si esset in 11, non mutato interim puncto X, ad cujus distantiam oculi figuram suum commensum habere suppono: Ideoque imaginis hujus partem R obscuriorem adhuc essent reddituri. Quorum omnium demonstratio nobis aperta erit, quum ulteriùs progressi videbimus quam figuram corpora pellucida requirant, ad radios ex aliquo puncto delapsos in alio quodam post transitum colligendos.

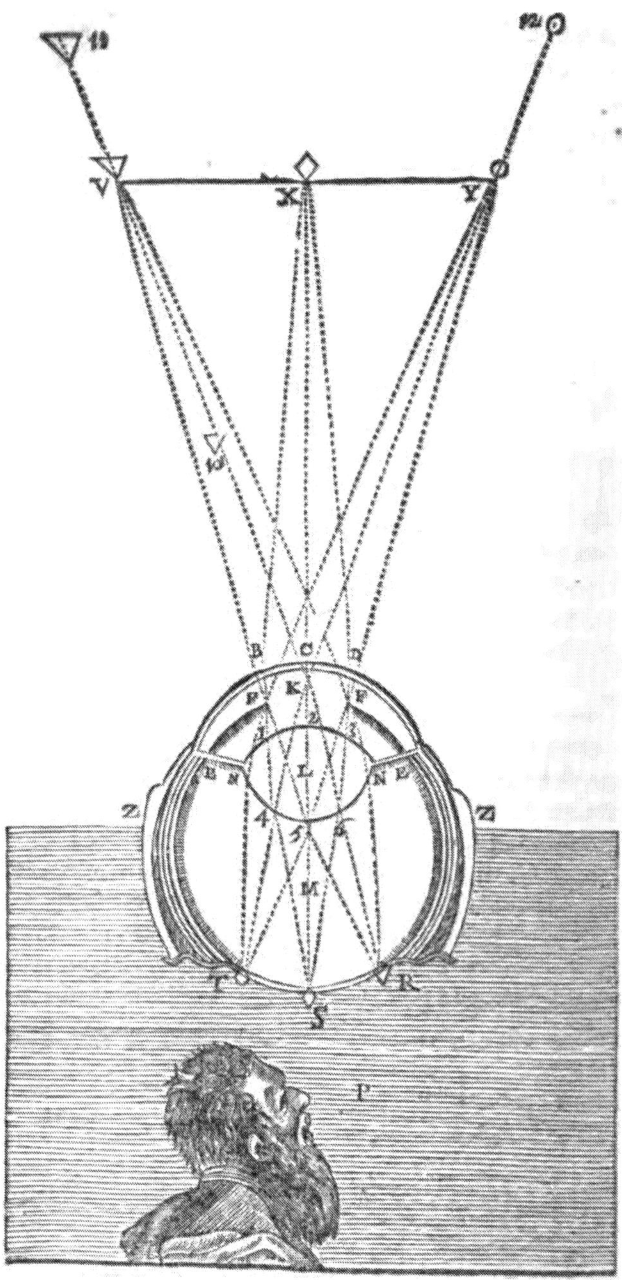
V
X
Y
B
C
D
K
F
L
M
T
S
R
P

X. *Imagines istas esse inversas, figurasque illarum mutari aut contrahi, pro ratione distantiæ aut situs objectorum.*

Reliquæ autem hujus picturæ imperfectiones in eo sunt, quòd semper inversa appareat, hoc est, contrario planè situ quàm obtinent corpora quæ imitatur; & quod præterea ejus partes aliæ magis, aliæ minùs contrahantur, pro varietate situs & intervalli rerum quas exhibent; eodem ferè modo, quo in scenographicâ tabulâ fieri solet. Ita hîc manifestè videmus, T quod ad sinistram, Y quod ad dextram, reddere; & R quod ad dextram, V quod ad sinistram. Et præterea imaginem corporis V non plus spatii occupare in R, quàm occuparet illa corporis 10, minoris quidem, sed magis propinqui; nec minùs quàm illa corporis 11, quod majus, sed longiùs remotum est, nisi forsan eo ipso quòd magis distincta sit. Et postremò videmus, lineam V X Y, quæ recta est, exprimi per curvam R S T.

XI. *Imagines istas perfectiores esse in oculo animalis vivi quàm mortui; & in oculo hominis quàm bovis.*

Ita consideratâ hâc imagine in oculo mortui vel hominis vel bestiæ, & rationibus perpensis, dubitare non possumus, quin similis quædam exprimatur in membrana interiore oculi viventis hominis, in cujus locum corpus album R S T substituimus; atque etiam quin longè meliùs ibidem depingatur, quum spiritibus referti humores, magis pelluceant, & figuram huic operi debitam, exactiorem habeant. Et quod ad bovis oculum attinet, fortè etiam in eo pupillæ figura, quia non rotunda, imaginis perfectioni nonnihil obstat.

XII. *Illas quæ apparent ope lentis vitreæ in cubiculo obscuro, ibi eodem modo atque in oculo formari: & in iis experimentum capi posse multorum, quæ hîc dicta confirmant.*

Nec magis ambigere possumus, imagines albo panno in tenebroso cubiculo exceptas, eodem modo quo in oculi fundo formari, & ob easdem rationes. Sed cùm multò majores & pluribus modis ibi fiant, quàm in oculo, multa particularia commodiùs in iis observantur; quorum hîc monere animus est, ut quilibet illa possit experiri, si nondum hactenus expertus est. Primò itaque, si nullum vitrum foramini per quod radii cubiculum illud ingredi debent, apponatur; modò ne sit nimis latè patens, imagines quidem in panno apparebunt, sed imperfectæ admodum, & confusæ, & tantò magis, quantò latiùs patuerit foramen. Et quo major erit distantia inter illud & linteum, eo quoque majores imagines erunt; ita ut magnitudinis illarum eadem ferè sit ratio ad hoc intervallum, quæ magnitudinis corporum à quibus illæ fluunt, ad spatium ipsa objecta & foramen idem interjacens. Ut si A B C sit objectum, D foramen, E G F imago, qua-

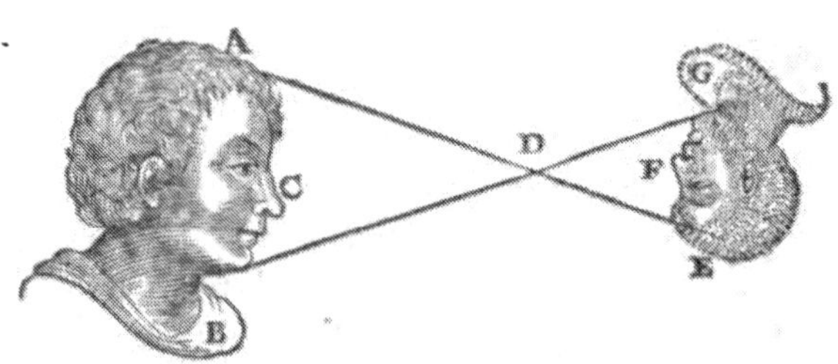

quale est A B ad C D, tale erit E G ad FD. Postea vitrea lente huic foramini immissa, observandum, certam quandam distantiam determinatam esse, ex qua si objecerimus pannum, simulacra lucida atque admodum distincta refulgent; simulac verò paululum accedimus ad vitrum, aut ab eodem recedimus, statim ea turbantur, & minùs distinctè apparent. Hæc autem distantia dimetienda erit, non secundùm spatium quod linteum & foramen intercedit, sed secundùm illud quod linteum & vitrum: ut quantum hoc vitrum ulteriùs promoveris, aut introrsum ad te reduxeris, tantum simul & linteum vel adducere vel removere oporteat. Pendetque hæc distantia, partim ex figura hujus vitri, & partim ex spatio quod illud & res objectas interjacet: nam licèt eodem loco hæ maneant, quò minùs superficies vitri erunt incurvatæ, eò longiùs hoc linteum removendum; & eodem vitro manente, accedentibus propiùs objectis, paulò magis linteum removendum erit, quàm si longiùs eadem abessent. Atque ex hac distantia, imaginum oritur magnitudo, eodem ferè modo quo tum, quum nullum foramini vitrum applicatur. Fieri autem illud foramen majus potest, si vitro inserto obturetur, quàm si apertum & vacuum relinquatur; imaginibus ob id non minùs distinctis: Et quò erit majus, eò simulacra nitidiora atque illustriora videbuntur: adeò ut si partem vitri tegas, magis quidem obscura quàm antea debeant apparere, sed non idcirco minùs spatii in panno occupare. Et quò majora & lucidiora hæc simulacra sunt, eò perfectiùs videntur: adeò quidem ut si oculum admodum profundum struere possemus, cujus pupilla esset valde ampla, & in quo superficies refractionem efficientes figuram haberent, quæ huic magnitudini responderet, eò ampliores objectorum corporum imagines in ejus fundo exprimerentur. Et si duas aut plures lentes vitreas parum connexas jungamus, idem ferè efficient quod una, quæ ad eandem crassitiem, quam illæ omnes simul sumptæ, intumescit; hîc enim exigui momenti est superficierum numerus, in quibus re-

fra-

fractiones fiunt. Ast si ex certo intervallo hæc vitra ab invicem removeamus, secundum eriget imaginem, quam primum invertit, tertium iterum invertet, & ita porrò. Quorum omnium ratio manifesta est ex iis quæ supra audivimus, & quidem majus operæ pretium erit, mediocri meditatione illam inquirenti, quàm obiter singula fusius hîc enarrata legenti.

XIII. *Quomodo hæ imagines ab oculo in cerebrum transeant.*

Cæterum corporum simulacra, non tantùm in ima oculi parte formantur, sed ulteriùs quoque ad cerebrum penetrant; quod facilè intelligemus, si cogitemus radios ab objecto V in oculum

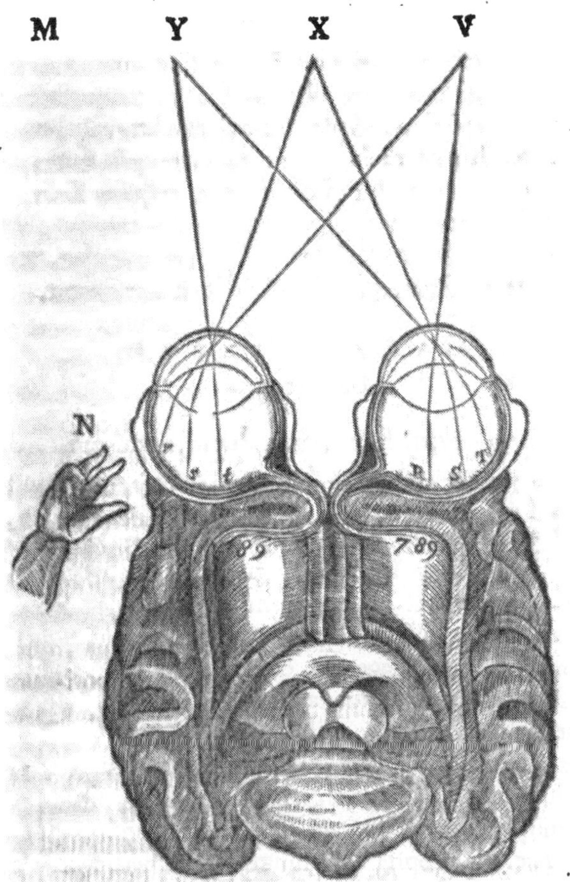

venientes, contingere in puncto R, extremum alicujus ex capilla-

 mentis

mentis nervi Optici, quod oritur è regione 7 superficiei interioris cerebri 7, 8, 9; & venientes ab objecto X, in puncto S extremitatem alterius cujusdam capillamenti impellere, cujus initium est in puncto 8; & delapsos ab objecto Y; aliud in puncto T, quod prorepit è regione cerebri 9, & ita porrò. Et præterea quum lumen nihil extra motum, aut nisum quemdam ad motum sit, radios illius progressos ab V ad R, vim totum capillamentum R 7 movendi habere, & consequenter regionem cerebri 7; & venientes ab X ad S, totum nervum S 8, & insuper aliâ ratione movendi, quàm movetur R 7, quum corpora X & V diversimodè colorata sint: & ita venientes ab Y punctum 9 movere. Unde patet in superficie cerebri interiore, quæ cavitates illius respicit, denuò quamdam picturam delineari 7 8 9, satis similem objectis V X Y. Atque inde ulteriùs hanc promovere possem, ad glandulam quamdam exiguam, quæ in medio circiter harum cavitatum occurrit, propria sensus communis sedes. Imò præterea hîc ostendere non arduum foret, quâ ratione interdum per arterias gravidæ mulieris transeat, usque ad certum aliquod fœtus membrum, quem in utero gestat, & ibi istas malaciæ notas imprimat, quas tantopere docti admirantur.

CAPUT SEXTUM.

De Visione.

I. *Visionem non fieri ope imaginum, quæ ab oculis transeunt in cerebrum; sed ope motuum qui ipsas componunt.*

LIcèt autem hæc pictura, sic transmissa in cerebrum, semper aliquid similitudinis ex objectis, à quibus venit, retineat; non tamen ob id credendum est, ut supra quoque monuimus, hanc similitudinem esse quæ facit ut illa sentiamus; quasi denuò alii quidam oculi in cerebro nostro forent, quibus illam contemplari possemus. Sed potiùs motus esse à quibus hæc pictura componitur, qui immediatè in animam nostram agentes, quatenus illa corpori unita est, à natura instituti sunt, ad sensus tales in eâ excitandos. Quod latiùs hîc exponere libet.

II. *Istorum motuum vi percipi lumen, & colores: item sonos, sapores, titillationem & dolorem.*

Omnes qualitates, quas in visus objectis percipimus, ad sex primarias reduci queunt, ad lumen scilicet, colorem, situm, distantiam, magnitudinem, & figuram. Et primò quantum ad lumen & colorem, quæ sola propriè ad sensum visionis pertinent, cogitandum illam animæ nostræ naturam esse, ut per vim motuum, qui in

illâ

illâ cerebri regione occurrunt, unde tenuia nervorum opticorum fila oriuntur, luminis sensum percipiat: per eorumdem autem motuum diversitatem, sensum coloris. Quemadmodum per motus nervorum, auribus respondentium, sonos dignoscit; & ex motibus nervorum linguæ, varios sapores; & in universum, ex motu nervorum totius corporis moderato, quamdam titillationem sentit; & dolorem, ex violento; quum interea in his omnibus similitudine nullâ opus sit, inter ideas, quas illa percipit, & motus qui earum sunt causæ.

III. *Cur ictus in oculo acceptus, efficiat ut veluti plurima conspiciantur lumina, & in auribus ut soni audiantur; atque ita eadem vis diversas sensiones in diversis organis producat.*

Atque his facilè adhibebimus fidem, modò notemus, quibus oculus vulnere læditur, videri, se infinitas ignium & fulgurum vibrationes cernere, licèt oculos clausos habeant, aut in conclavi obscuro commorentur; ut ita hic sensus non alii rei sit imputandus, quam agitationis vehementiæ, quæ capillamenta exigua nervi optici instar violenti luminis cujusdam movet. Et eadem agitatio aures feriens, sonum quemdam efficere posset; aut alias partes corporis, dolorem.

IV. *Cur clausis paulò post conspectum Solem oculis, varios colores videre videamur*

Hoc etiam inde confirmatur, quòd si aliquando Solem seu lumen aliud valde fulgidum obstinati contuemur, illa impressio etiam aliquanto post in oculis duret; adeò ut licèt postea claudantur, varios tamen colores nobis videamur videre, mutantes & transeuntes ad invicem, prout paulatim evanescunt; hoc enim non aliunde procedit, nisi quod capillamenta nervi optici insolito motu concussa & agitata, non tam subitò residant, quàm aliàs. Sed agitatio quâ adhuc post oculos clausos palpitant, & quasi contremiscunt, quum non satis valida sit, ad reddendum tam illustre lumen, quàm fuit illud à quo venit, colores minus intensos & velut dilutos repræsentat. Et hi colores paulatim expallescendo mutantur; quod satis docet, illorum naturam tantùm in motus diversitate consistere, neque aliam esse quàm suprà posuimus.

V. *Cur aliquando diversi colores appareant in corporibus tantum pellucidis, sicut in iride tempore pluvio.*

Ipsum etiam postremò ex eo manifestum fit, quòd sæpe in pellucidis corporibus hi colores appareant, ubi certum est nihil esse quod eos producere possit, extra diversos illos modos quibus radii luminis admittuntur: ut quum in nubibus Iris apparet, & magis adhuc, quum simile aliquid in vitro cernimus, cujus superficies in varias hedras polita est.

VI. *Sensum luminis majorem aut minorem*

Hîc verò operæ pretium est curiosiùs advertere, in quo consistat quantitas luminis quod videtur (hoc est, impetus quo singula nervi optici capillamenta moventur); non enim semper æqualis est lumi-

esse, prout objectum propius aut remotius est; item prout pupilla, atque imago quæ in oculi fundo depingitur major aut minor est.

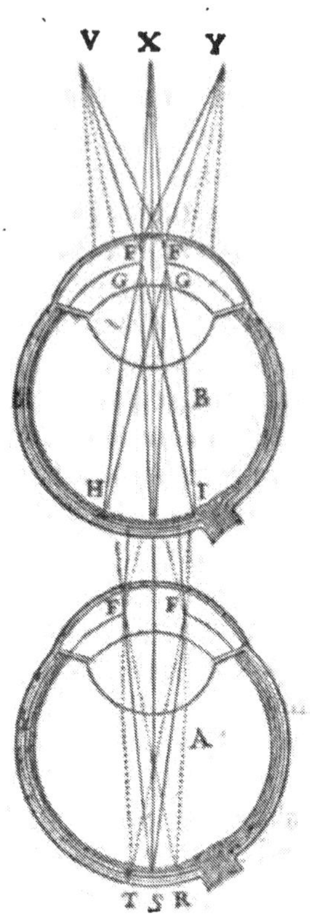

lumini quod ex objectis emanat: sed vel pro ratione distantiæ corporum, vel magnitudinis pupillæ variat; vel pro ratione spatii, quod ex singulis corporum punctis manantes radii in oculi fundo occupant. Sic constat, exempli gratiâ, punctum X plures radios ad oculum B missurum quàm nunc mittat, si pupilla FF pateret usque ad G; & illud totidem mittere in hunc oculum B, qui minùs ab ipso distat, & cujus pupilla valde angusta est, quot in oculum A, cujus quidem pupilla multò major est, sed quod etiam multò magis ab ipso distat. Et quamvis non plures ex diversis punctis V X Y simul spectatis oculum A ingrediantur, quàm oculum B, quia tamen in ejus fundo non nisi per spatium TR extenduntur, quod minus est spatio HI, per quod in fundo oculi B sparguntur, majori vi agere debent in singulas extremitates nervi optici quas ibi contingunt, quàm in illas oculi B. Quod ad calculum revocare minimè arduum est. Nam si, exempli gratiâ, spatium HI quadruplum sit spatii TR, & extremitates quatuor capillamentorum millium nervi optici contineat, TR continebit tantum mille, & consequenter singula capillamentorum in parte ima oculi A, millesimâ roboris parte movebuntur, quod omnes radii uniti habent, & in fundo oculi B, quartâ tantùm millesimæ.

VII. *Quomodo capillamentorum nervi optici multitudo visionem distinctam reddat.*

Observandum etiam partes corporum, quæ contemplamur, non dignósci posse, nisi quatenus colore quodammodo differunt; & horum colorum distinctam perceptionem non pendere tantùm ex eo, quòd omnes radii à singulis corporum punctis venientes, in fundo oculi in totidem aliis circiter coëant; vel ex eo quòd nulli alii aliunde

aliunde effusi ad eadem puncta admittuntur: sed etiam ex multitudine capillamentorum nervi optici, quorum extremitates continentur in illo spatio quod imago in oculi fundo occupat. Si enim, exempli gratiâ, objectum VXY ex decem partium millibus componatur, quæ aptæ sint ad radios tot diversis modis in fundum oculi RST mittendos, & consequenter ad repræsentanda eodem tempore decem colorum millia, anima tamen ad summum mille tantùm discernet, si fingamus mille tantùm capillamenta nervi optici exstare in spatio RST; etenim tunc decem particulæ objecti agentes simul in singula capillamentorum, uno duntaxat modo ex denis mixto & confuso, illa movere possunt: Unde fit ut illud spatium quod ab unoquolibet ex his capillamentis occupatur, non nisi pro unico puncto debeat haberi.

Atque hoc est quod efficit ut pratum infinitâ colorum varietate distinctum procul inspicientibus totum album aut cæruleum videatur: Et generatim ut omnia corpora remota, minùs distincta appareant quàm propinqua; Denique etiam, ut, quò latiùs ejusdem corporis simulacrum in oculi fundo diducere possumus, eò distinctiùs videri queat. Quod notatum magno usui postea erit. VIII.

Cur prata diversis coloribus variegata, eminus unius tantum coloris appareant, & cur omnia corpora minus distincte eminus quàm cominus conspiciantur, atque imaginis magnitudo visionem distinctiorem reddat.

Situm (id est, regionem in qua singulæ objecti partes respectu corporis nostri locatæ sunt) quod attinet, illum non aliter oculorum ministerio deprehendimus quàm manuum; & notitia illius ex nulla imagine pendet, nec ex ulla actione ab objectis veniente, sed ex solo situ exiguarum partium cerebri, è quibus nervi expullulant. Hic enim situs, mutato situ membrorum quibus illi nervi inseruntur, aliquantulum varians à natura ita institutus est, ut non tantùm animam certam facere possit, in qua regione singulæ partes corporis cui inest, aliarum respectu existant; sed insuper efficere ut attentionem inde ad omnia loca transferre queat, quæ in lineis rectis occurrunt, quas imaginari possumus ab extremitatibus singularum ex his partibus in infinitum productas. Ut cùm cæcus ille, de quo jam sæpe mentio facta est, manum suam A versus E, vel alteram manum C etiam versus E obvertit, nervi IX.

Quomodo agnoscamus situm objecti quod intuemur, aut ejus quod digito nobis eminus monstratur.

huic manui inſerti, mutationem quamdam in cerebro illius efficiunt, per quam anima cognoſcit non tantùm locum A vel C, ſed & omnia reliqua quæ occurrunt in lineâ rectâ AE, vel CE, imò ulterius progreſſa, uſque ad objecta B & D, loca etiam ubi illa exiſtant, determinat; incerta interea, vel ſaltem non attendens, ubi utraque manus exiſtat. Atque ita quoties oculus aut caput noſtrum huc vel illuc inflectitur, mens noſtra ejus rei admonetur à mutatione, quam nervi muſculis, hujus motus miniſtris, inhærentes, in cerebro noſtro efficiunt.

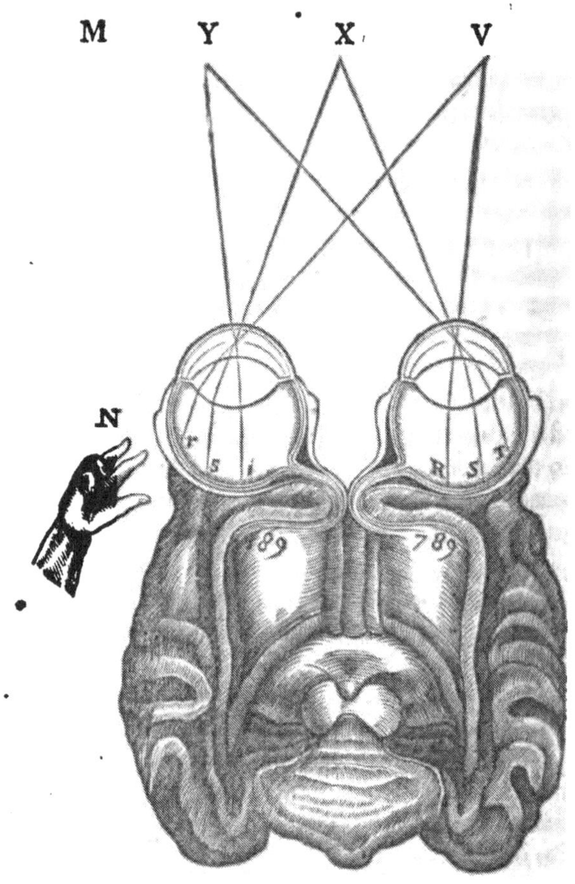

X. *Cur inverſio imaginis* Exempli gratiâ cogitandum in oculo R S T ſitum capillamenti

menti nervi optici, quod eſt in puncto R, vel S, vel T, reſpondere ad alium quemdam partis cerebri 7, vel 8, vel 9, qui facit ut anima ſingula loca cognoſcat, quæ jacent in recta, aut quaſi recta linea R V, vel S X, vel T Y. Ut ita mirari non debeamus, corpora in naturali ſitu videri, quamvis imago in oculo delineata contrarium habeat. Quemadmodum cæcus noſter ſimul objectum B, quod eſt ad dextram ope manus ſiniſtræ, & D quod ad ſiniſtram ope manus dextræ animadvertit. Et quemadmodum ille idem non judicat corpus duplex eſſe, licèt duabus manibus illud tangat, ſic etiam oculi noſtri quum ambo verſus eundem locum aciem ſuam dirigunt, non niſi unicum objectum menti debent exhibere, quamvis in unoquoque eorum peculiaris ejus imago formetur.

quæ ſit in oculo, non impediat ne objecta recta appareant: & cur id quod duobus oculis conſpicitur, aut duabus manibus tangitur, non ideo duplex appareat.

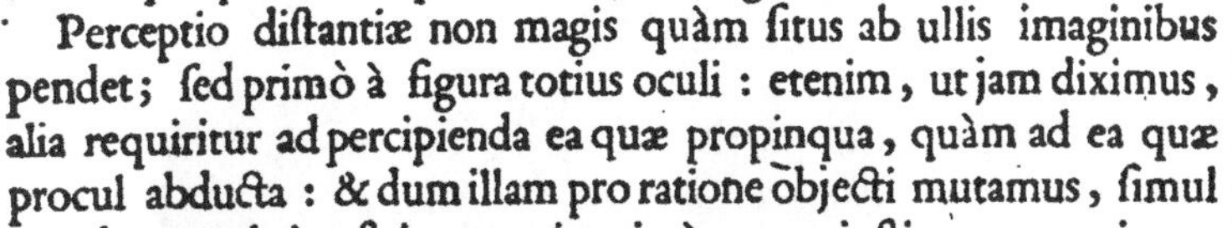

XI. *Quomodo motus qui immutant oculi figuram, efficiant ut objectorum diſtantia deprehendatur.*

Perceptio diſtantiæ non magis quàm ſitus ab ullis imaginibus pendet; ſed primò à figura totius oculi: etenim, ut jam diximus, alia requiritur ad percipienda ea quæ propinqua, quàm ad ea quæ procul abducta: & dum illam pro ratione objecti mutamus, ſimul quædam cerebri noſtri pars variat, ita à natura inſtituta, ut animam de hac diſtantiâ certam reddat.

XII. *Etiamſi motus iſti nobis inſciis fiant, nos tamen quid ſignificent agnoſcere.*

Et hoc ut plurimum nobis inſciis accidit; eodem planè modo quo corpus aliquod manu complexi, ſtringentes, ad illius figuram & magnitudinem hanc aptamus, atque ita illud cognoſcimus, licèt interea non ſit opus, ut qua ratione manus noſtra movetur aut diſponitur advertamus.

XIII. *Amborum oculorum conſpiratio, animadvertendæ diſtantiæ inſervit; nec non unius oculi ſi loco ſuo moveatur.*

Diſtantiam præterea diſcimus, per mutuam quamdam conſpirationem oculorum. Ut enim cæcus noſter duo bacilla tenens A E & C E, de quorum longitudine incertus, ſolumque intervallum manuum A & C, cum magnitudine angulorum A C E, & C A E exploratum habens, inde, ut ex Geometriâ quâdam omnibus innatá, ſcire poteſt ubi ſit punctum E. Sic quum noſtri oculi R S T & r s t ambo, vertuntur ad X, magnitudo lineæ S s, & angulorum X S s & X s S, certos nos reddunt ubi ſit punctum X. Et idem operâ alterutrius poſſumus indagare, loco illum movendo, ut ſi verſus X illum ſemper dirigentes, primò ſiſtamus in puncto S, & ſtatim pòſt in puncto s, hoc ſufficiet ut magnitudo lineæ S s, & duo-

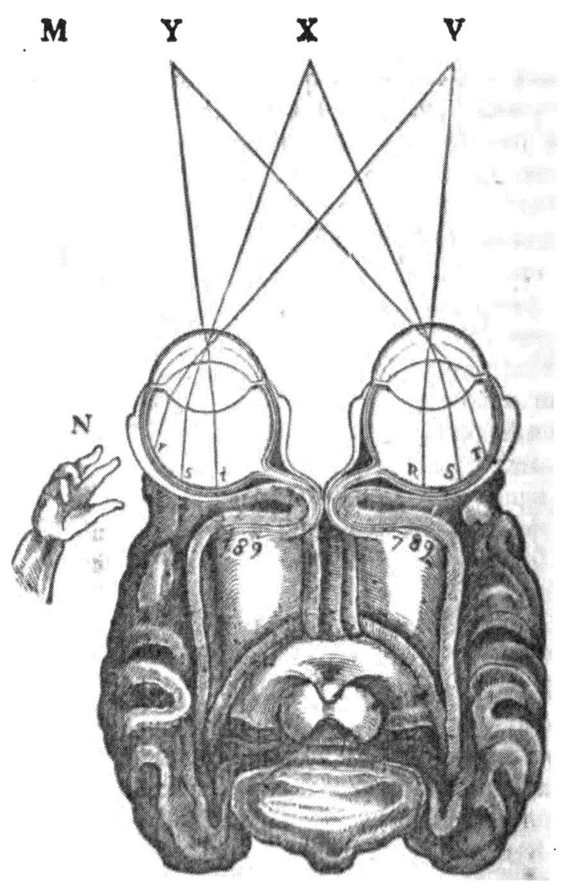

& duorum angulorum XSs & XsS nostræ imaginationi simul occurrant, & distantiam puncti X nos edoceant: idque per actionem mentis, quæ licèt simplex judicium esse videatur, ratiocinationem tamen quamdam involutam habet, similem illi, qua Geometræ per duas stationes diversas, loca inaccessa dimetiuntur.

XIV. *Quomodo distinctio aut confusio figuræ, & majus aut minus lumen, efficiant ut distantia animadvertatur.*

Alio adhuc modo distantias noscimus, per distinctionem scilicet aut confusionem figurarum, & simul per vehementiam luminis aut debilitatem: Sic dum fixo obtutu inspicimus X, radii venientes ab objectis 10 & 12, non ita exactè coëunt in punctis R & T, quàm si hæc objecta in V & Y posita forent: Unde illa vel longiùs

giùs remota, vel propiùs adducta colligimus quàm est X. Præterea ex eo quòd lumen ex objecto 10 ad oculum nostrum defluens longè vehementius est, quàm si idem objectum ad Y remotum foret, magis illud esse propinquum dijudicamus: & quum hoc quod spargit objectum 12 debilius sit, quàm si foret ad Y, ulteriùs illud remotum esse hinc discimus.

NB. Vide fig. pag. 78.

XV. *Objectorum quæ intuemur præcedaneam cognitionem, ipsorum distantiæ melius dignoscendæ inservire: idemque situm efficere.*

Denique cùm jam aliunde prænovimus qualis sit magnitudo alicujus corporis, vel ejus situs, vel quàm distincta sit ejus figura & quàm vividi colores, vel tantùm qualis sit vis luminis ex eo emissi, possumus hac præcognitione uti, non quidem propriè ad videndam, sed tamen ad visu percipiendam ejus distantiam. Ut si corpus aliquod oculis familiare, procul contueamur, meliùs de distantia judicabimus, quàm si magnitudo illius minùs cognita foret. Et si ultra nemus obumbratum, rupem Soli expositam videamus, solus hujus sylvæ situs illam non procul abesse dictabit. Et si duas naves, majorem alteram, alteram minorem vela facientes contemplemur, hac ratione inæqualiter remotas ut æqualis magnitudinis videantur, ex differentia figurarum, colorum, & luminis quod ad oculos nostros mittent, utra remotior sit advertemus.

XVI. *Quomodo uniuscujusque objecti magnitudo & figura dignoscatur.*

Modum autem quo magnitudinem & figuram objectorum videmus, non opus est verbosiùs explicare, quum tota illo contineatur, quo distantiam & situm partium cernimus. Magnitudinem videlicet æstimamus, ex cognitione seu opinione quam de distantiâ habemus, cum magnitudine imaginum in oculi fundo formatarum, comparatâ, & non absolutè per imaginum magnitudinem. ut clarum fit inde, quòd, licet exempli gratiâ, centies illæ majores sint, quum objecta valdè propinqua sunt, quàm cum decuplo magis removentur, non tamen ob id centies majora nobis appareant, sed propemodum æqualia, utique si distantiâ non decipiamur. Manifestum etiam est, figuram dignosci, per cognitionem seu opinionem quam de situ diversarum partium corporis habemus, non per similitudinem imaginum quæ in oculo pinguntur; nam hæ plerumque rhombo vel ellipsi constant, quum quadrata & circulos nobis exhibent.

XVII. *Cur nos aliquando visus fallat; & phrenetici, aut qui dormiunt,*

Ne autem vel minimum dubium relinquatur, quin visio hoc modo quo diximus fiat, rationes præterea hîc intuebimur, ob quas interdum nos soleat fallere. Primò, quia mens est quæ videt, non oculus, idque cerebri ope magis immediatè quàm oculi, inde fit ut phrenetici

putent se videre quod non vident. netici & dormientes, varias aliquando species videant, aut sibi videre videantur, quæ oculis propterea non objiciuntur: atque hoc evenit, si vapores cerebrum pulsantes partes illius, quæ visioni inserviunt, eodem modo disponant quo ipsas mediante oculo disponerent objecta externa, si adessent.

XVIII. *Cur aliquando objecta duplicia videantur; & tactus efficiat ut objectum duplex esse putetur.* Deinde, quia impressiones extrinsecus venientes ad sensum communem per intermedios nervos transeunt, si horum situs per causam insolitam detorqueatur, objecta alibi quàm ubi sunt repræsen-

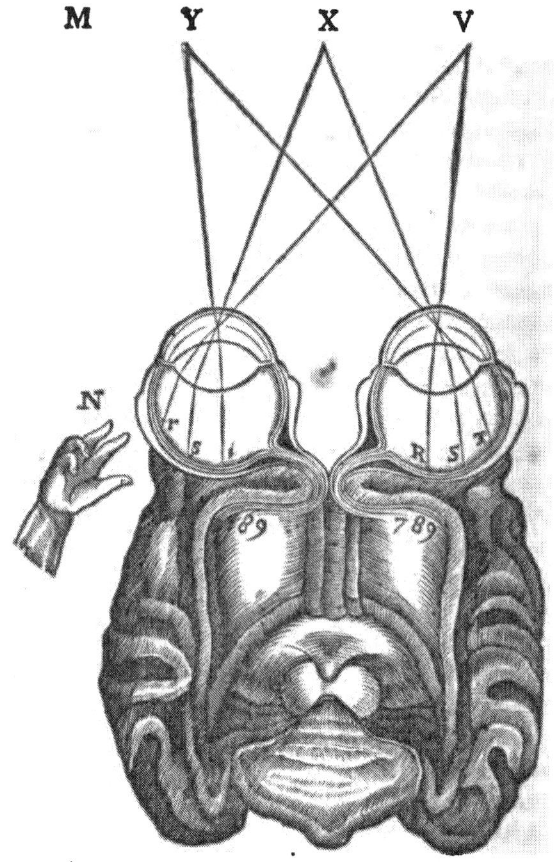

tare potest. Ut si oculus rst sua sponte dispositus ad respiciendum versus

verſus X, cogatur à digito N ſeſe obvertere verſus M, partes cerebri unde hi nervi prorepunt, non eodem planè modo diſponentur, ac diſponerentur, ſi oculus iſte à propriis muſculis eò deflecteretur, nec tamen etiam eodem ac ſi revera verſus X reſpiceret, ſed medio quodammodo, tanquam ſi reſpiceret Y, atque ita hujus oculi ope objectum M apparebit eò loci, ubi eſt Y, & Y ubi eſt X, & X, ubi eſt V, & quoniam hæc eadem objecta eodem tempore in veris locis videbuntur ope alterius oculi RST, duplicata apparebunt. Eodem modo quo globulus G, duobus digitis D & A decuſſatis attrectatus, inſtar duorum ſentitur.

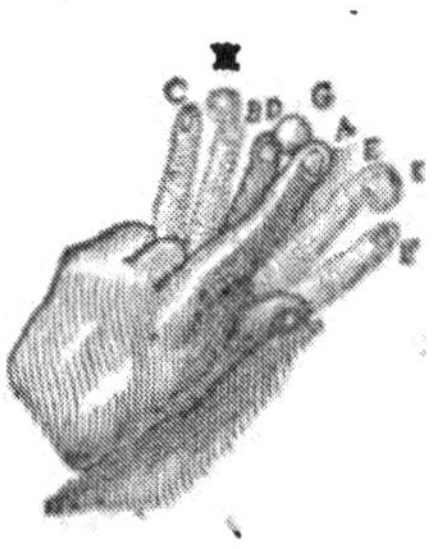

Etenim dum hi digiti ſe mutuò ita decuſſatos retinent, muſculi eos diducere nituntur, A in C, & D in F, unde fit ut partes cerebri, ex quibus nervi his muſculis inſervientes originem ducunt, diſponantur eo modo, qui requiritur ut iidem digiti A in B & D in E eſſe, ac conſequenter duos ibi globulos H & I tangere videantur.

Præterea quoniam ſumus aſſueti judicare, actiones à quibus viſus noſter movetur, ex iis locis venire verſus quæ debemus obtutum dirigere, ut illas percipiamus; quoties accidit ut aliunde procedant facillimè fallunt. Ita qui oculos flava bile ſuffuſos habent, aut per vitrum flavum vident; aut in cubiculo degunt, quod nullum lumen niſi per ejuſmodi vitra recipit, flavo colore omnia corpora quæ cernunt infecta putant. Et ille qui in cubiculo tenebroſo, * quod ſupra deſcripſimus corpus album RST intuetur, illi tribuit colores, qui ſunt objectorum VXY, quoniam in illud ſolum aciem ſuam intendit. Et oculi A, B, C, D, E, F, videntes objecta, T, V, X, Y, Z, & per tranverſa vitra N, O, P, & in ſpeculis Q, R, S, illa judicant eſſe in punctis G, H, I K, L, M; & V, Z, minora, & X, & majora quàm revera ſunt: Vel etiam X, &, minora & ſimul inverſa, quum ſcilicet

XIX. *Cur icterici, aut qui per flavum vitrum conſpiciunt, omnia quæ vident flava eſſe judicent. Et quis ſit locus è quo conſpicitur objectum per vitrum planum cujus ſuperficies non ſunt parallelæ, & per vitrum concavum, curque tunc objectum minus quàm ſit appareat. Item quis ſit locus è quo per vitrum convexum videtur, & cur ibi aliquando majus & remotius, aliquando verò minus & propius appareat quàm revera ſit, aut etiam inverſum. Denique quis ſit locus imaginum quæ conſpiciuntur in ſpeculis tam planis quam convexis aut concavis: & cur ibi appareant rectæ aut inverſæ, majores aut minores, & propiores aut remotiores quàm ſunt ipſa objecta.*

* *Vide penultimam figuram.*

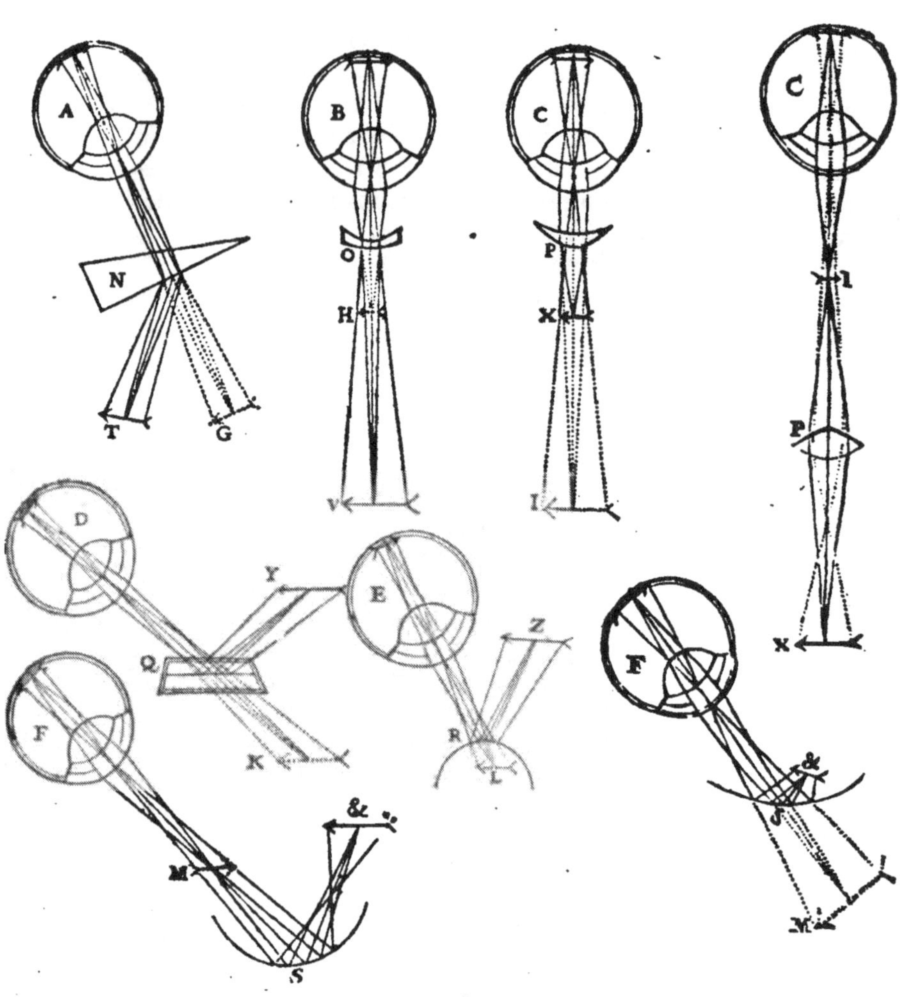

ſcilicet longius ab oculis C F poſita ſunt: his vitris & ſpeculis radios ab objectis venientes ita detorquentibus, ut ab his oculis diſtinctè nequeant videri, niſi ita diſpoſitis acſi puncta G, H, I, K, L, M, intueri vellent, ut facilè cognoſcent ii qui ſatis ad hæc attendent. Et

Et eâdem operâ videbunt, quantum in Catoptricis majores nostri aberrarint, quoties in speculis concavis & convexis locum imaginum determinare conati fuerunt.

XX. *Cur facilè decipiamur in judicando de distantia; quomodoque probari possit nos non solere distantiam 100 aut 200 pedibus majorem imaginari.*

Notandum etiam modos distantiæ cognoscendæ quotquot habemus, valde dubios & incertos esse. quantum enim ad oculi figuram, illa ferè nihil amplius mutat, quum objectum ultra quatuor aut quinque pedes remotum abest; etiam quum propiùs adest tam parum variat, ut vix quicquam accurati ex illa mutatione discerni possit. Et quantum ad angulos inclusos lineis ex duobus oculis, aut ex duabus ejusdem oculi stationibus, ad objecta ductis, illi etiam ferè iidem semper manent, quum paulò longiùs prospicimus. Ex quibus fit, ut ne quidem sensus noster communis, ideam distantiæ capere posse videatur, ultra centum aut ducentos pedes abductæ. Atque hoc patet ex eo quod Luna, & Sol, qui sunt è numero corporum remotissimorum quæ contueamur, & quorum diametri ad circumferentiam circiter sunt ut unum ad centum, pedales ut plurimum, vel ad summum bipedales nobis videantur, licèt ratio dictet, illos longè maximos & remotissimos esse. Hoc enim non evenit, quòd majores illos fingere nequeamus, quum turres & montes multò majores imaginemur & videamus, sed propterea quòd cogitatione ultra centenos aut ducenos pedes illos removere non possumus, inde sequitur diametrum illorum unius aut alterius pedis videri.

XXI. *Cur Sol & Luna majores videantur Horizonti proximi, quàm ab eo remoti: apparentemque objectorum magnitudinem ex angulo visionis non esse mensurandam.*

Ipse quoque situs in hoc nos decipit, nam plerumque hæc astra circa Meridianum in cœli vertice minora apparent, quàm cùm sunt in ortu vel occasu, & occurrunt inter ipsa & oculos nostros diversa objecta quæ judicium de distantia meliùs informant. Et Astronomi cum suis machinis illa dimetientes, satis experiuntur hoc, quòd ita jam majora, jam minora appareant, non ex eo contingere, quòd modò sub majori, modò sub minori angulo videantur, sed ex eo quòd longiùs dissita judicentur, quia tam versus horizontem quàm versus verticem sub eodem semper angulo ea conspici deprehendunt. Ex quibus patet, non omnino verum esse Opticæ veterum axioma, quo magnitudines corporum apparentes visionis angulis statuuntur proportionales.

XXII. *Cur alba & luminosa objecta, propiora & majora quàm sunt appareant.*

Fallimur etiam in eo, quòd corpora alba vel luminosa, & in universum omnia illa, quibus inest multum roboris ad movendum visionis sensum, semper paulò majora & propiora appareant, quàm si minùs virium haberent. Causa verò ob quam propiora videntur, hæc

hæc est: quòd motus quo pupilla arcendi vehementioris luminis gratiâ constringitur, tam arctè cum altero cohæret, qui totum oculum disponit ad subtiliùs pervidenda objecta propinqua, eorumque distantiam dignoscendam, ut neuter ad effectum deduci queat, quin aliquantulum ex altero admisceatur. Eodem ferè modo, quo anteriores duos digitos contrahere nequimus, quin simul tertius paululum cum illis incurvetur. Et ratio ob quam corpora luminosa vel alba majora apparent, non tantùm in eo consistit, quòd judicium magnitudinis ex distantiæ æstimatione pendeat, sed etiam in eo quòd imagines eorum majores in oculi fundo formentur. Notandum enim, extremitates capillamentorum nervi optici, quamvis minimas, tamen alicujus esse crassitiei, adeo ut singulæ ex illis in una sui parte ab uno objecto, & in alia ab alio attingi possint: quum autem unico tantùm modo singulis vicibus moveri queant; quoties aliqua, quantumvis exigua, ex illis partibus à corpore aliquo valde lucido impellitur, dum interim aliæ non nisi à minùs illustribus tanguntur, totum capillamentum ejus objecti quod lucidissimum est motum sequitur, & solam ejus imaginem ad cerebrum transfert. Ut si sint extremitates capillamentorum 1, 2, 3, & radii, in fundo oculi stellæ imaginem pingentes, diffundantur in 1, paululumque tantùm, in circuitu sex vicinarum, 2, oras contingant, (in quas supponimus nullos alios radios effundi, præter admodum debiles à partibus cœli huic stellæ vicinis) effigies ejus stellæ per totum spatium extendetur in quo sunt sex capillamentorum extremitates, 2, & fortè etiam per illud totum quod aliæ duodecim, 3, occupant, nempe si lucis actio sit tam fortis ut illas etiam valeat commovere.

XXIII. *Cur omnia corpora valde parva aut valde remota appareant rotunda.*

Unde cognoscimus stellas, quamvis pro vera magnitudine exiguas, tamen pro vasto illo intarvallo quo distant, longè majores quàm sint apparere; Et præterea quamvis globosæ non essent, tales tamen illas apparituras; ut etiam turris quadrata, procul visa, rotunda apparet. Et nulla corpora, quæ parvas in oculo imagines repræsentant, figuram angulorum suorum exprimere possunt.

XXIV. *Quomodo remotiores fiant in tabulis secundum Perspectivæ regulas delineatis.*

Denique quod attinet ad judicium de distantia objecti visi, quod à magnitudine, figura, colore, aut lumine ejus pendet, quàm totum illud sit fallax, vel sola Perspectiva satis docet. Sæpe enim imagines secundùm ejus præcepta pictæ, ex hoc solo quòd sint minores, habeantque lineamenta minùs distincta, & colores obscuriores, vel

vel potiùs debiliores, quàm nobis persuadeamus esse oportere, ut objectum vicinum repræsentent, multò remotiores quàm revera sint, apparent.

CAPUT SEPTIMUM.

De modis visionem perficiendi.

POstquam satis accuratè quæsivimus, qua ratione visio fiat; breviter hîc repetamus, & nobis quasi ob oculos ponamus omnes conditiones requisitas ad ejus perfectionem; ut cognoscentes, quomodo natura singulis jam prospexerit, exactè per enumerationem discamus, quantum arti addendum reliquerit. Omnia quæ hîc attendi debent, ad tria primaria reduci queunt; objecta scilicet, organa interiora, quæ actiones illorum recipiunt, & exteriora, quæ has actiones disponunt, ut quo decet modo recipiantur. Quantum ad objecta, sufficit nosse alia propinqua & accessa, remota alia esse & inaccessa; & præterea quædam magis, quædam minus illuminata; ut nempe advertamus nobis liberum esse accessa magis aut minus removere, lumenque quo illustrantur augere vel minuere, prout magis commodum est; in aliis autem nihil tale licere. Deinde quod attinet ad organa interna, nervos scilicet & cerebrum, certum est, illorum structuræ per artem nihil adjici posse; neque enim nostrûm aliquis novum corpus sibi fabricare potest, & si forsan Medicorum opera nonnihil ad immutandam corporis humani constitutionem possit juvare, hoc est extra nostrum argumentum. Ac proinde sola organa exteriora nostræ considerationi relinquuntur: quo nomine, non modò corpora omnia quæ inter oculum & objecta locari possunt, sed etiam oculi partes omnes, quæ pellucidæ sunt, complector.

I. *Tria in visione esse consideranda, objecta, organa interiora, & exteriora.*

Et omnia quæ hîc curanda sunt, ad quatuor capita reduco: Quorum primum, ut omnes radii, qui in aliquâ extremitatum nervi optici sistuntur, ex unico tantum objecti puncto quoad fieri potest, fluant, neque ullo modo in spatio interjacente violentur: id enim nisi fiat, imagines, quas formant, nunquam satis distinctæ erunt, nec fideliter corpus, à quo emanant, repræsentabunt. Secundum, ut hæc simulacra magna sint, non quidem extensione loci (neque enim ultra exiguum illud spatium, quod est in oculi fundo occupare pos-

II. *Quatuor tantum ad visionem perfectam reddendam requiri.*

possunt) sed lineamentorum & ductuum suorum extensione. Certum quippe, quò illa majora, eò meliùs dignosci posse. Tertium ut radiis tantum roboris ad movenda nervi optici capillamenta sit, ut sentiri possint, non tamen tantum ut visum lædant. Quartum, ut ex plurimis objectis imagines in oculo simul formentur, atque ita eodem obtutu inspicientibus plurima pateant.

III. *Quomodo natura primo istorum prospexerit; & quid supersit quod ars illi addat.*

Natura autem ut primo prospiceret multa adhibuit. Etenim pellucidis, & nullo colore imbutis humoribus oculum replens, effecit ut actiones extrinsecus venientes, sine ulla mutatione ad fundum illius pertingant. Tum etiam per refractiones, quæ in humorum istorum superficiebus fiunt, hoc egit, ut radii secundùm quos hæ actiones tendunt, ex eodem objecti puncto provecti, in eodem nervi optici puncto iterum coëant; & consequenter reliqui ab aliis punctis venientes, tam accuratè ac fieri potest, in totidem aliis colligantur. Credere enim debemus naturam hac in re quicquid fieri potest præstitisse, quia nihil in contrarium experimur. Sed potius videmus illam defectus minuendi causâ, qui necessariò semper aliquis in hac radiorum collectione reperitur, vim pupillam tantum arctandi nobis dedisse, quantum vehementia luminis permittit. Deinde per colorem nigrum, quo omnes oculi partes non pellucidas, retinæ obversas, imbuit, curavit ne radii ulli peregrini versus illam reflecterentur. Ac denique per mutationem figuræ oculi effecit, ut licèt objecta, jam magis, jam minùs removeantur, radii tamen à singulis punctis venientes, quantum possint exactè in totidem aliis in oculi fundo colligantur.

IV. *Quod discrimen sit inter juvenum & senum oculos.*

Verumtamen non adeò solicitè postremæ huic necessitati cavit, ut nihil arti addendum reliquerit; non modò enim nemini nostrûm vulgò concessit, superficies oculorum tantum incurvare, ut objecta valde propinqua, nempe non nisi uno aut dimidio digito à nobis distantia, cernere possimus; sed magis etiam quibusdam defuit, quorum oculos ita formavit, ut non nisi contemplandis longè positis inserviant, quod senioribus familiare est; nec minùs iis, quibus contra tales oculos dedit, ut propinqua tantùm contueri possint; quod junioribus sæpius usu venit. Adeo ut oculi oblongiores & angustiores quàm par sit, initio formari videantur, inde paulatim progredientibus annis dilatari & comprimi.

V. *Quomodo mederi oporteat myopum & senum oculis.*

Ut igitur arte hos defectus tollamus, primò necessarium erit figuras quærere, quas superficies vitri aut alterius pellucidi corporis

ris requirunt, ad incidentes radios ita incurvandos, ut omnes ex aliquo objecti puncto emissi, ita illas permeando disponantur, ac si ex alio puncto longiùs aut propiùs posito venirent: propiùs scilicet, in eorum usum, quorum acies ad remota non valet; longiùs, tam pro senioribus quàm in universum pro omnibus iis qui objecta propiùs admota cernere volunt, quam oculi figura permittit. Nam oculus ex. gr. B vel C, ad id factus, ut omnes radios effusos ex puncto H vel I, in medio sui fundi colligat, quum simul illos ex puncto V vel X colligere nequeat; perspicuum est interjecto vitro P vel O, quod omnes radios puncti V vel X ad oculum mittit, tanquam si venirent ex puncto H vel I, hunc defectum sublatum iri.

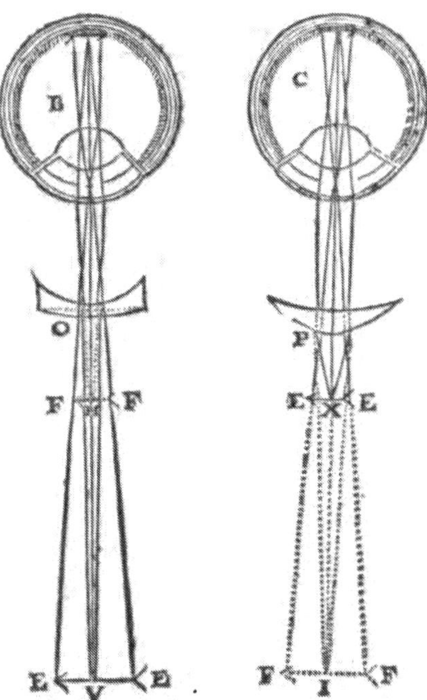

VI. *Inter multa vitra quæ illi rei inservire possunt, facillima politu sunt deligenda: item ea quæ meliùs efficiunt, ut objecta à diversis punctis manantia, videantur à totidem aliis diversis punctis procedere.*

Deinde quum non unius tantùm figuræ vitra, idem accuratè efficere possint, ad eligenda nostræ intentioni aptissima, duæ conditiones præterea veniunt considerandæ. Harum prima, ut figuræ simplicissimæ, id est, delineatu ac politu facillimæ sint. Altera, ut illorum ope radii ex aliis objecti punctis digressi, ut E, E, ad eundem circiter modum oculum intrent, ac si ex totidem aliis punctis venirent, ut F, F. Et notemus hîc *circiter*, non, *quantum fieri potest*, dici; præterquam enim quòd difficile forsitan foret, ex infinito numero figurarum huic eidem rei inservientium, eam quæ omnium aptissima est geometricè demonstrare, esset etiam inutile: neque enim eædem procul dubio essent aptissimæ ad visum illustrandum, quum ne oculus quidem ipse omnes radios ex diversis punctis manantes, in totidem aliis colligat.

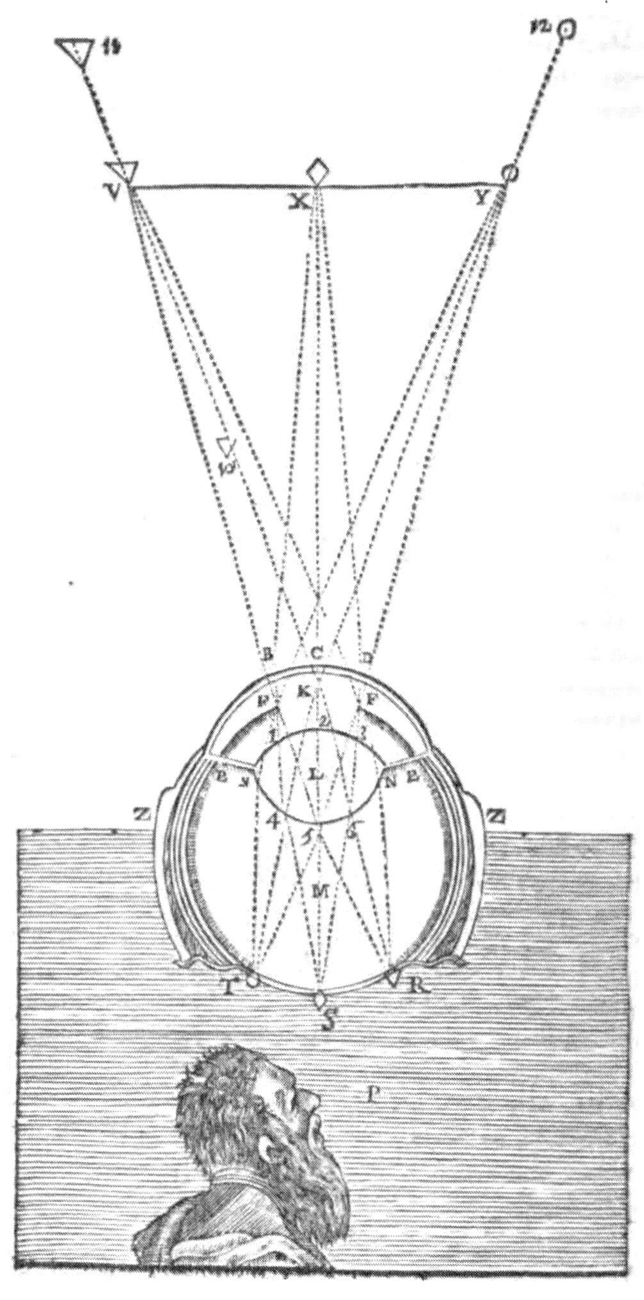
V
X
Y
B
C
D
K
F
L
M
T
S
R
Z
Z
P

VII. Nec omnino possumus hac in re eligere, nisi præter propter, quum figura oculi accurata minimè nobis explorata sit. Opera præterea danda erit, quoties hujusmodi corpus oculis nostris admovebimus, ut naturam quantum fieri poterit, in omnibus, quæ in fabrica illorum observavit, arte imitemur, nec ullum commodum quod illa dedit negligamus, nisi forsan ut aliud majus eo ipso lucremur.

Non opus esse alium hac in re delectum habere quàm circumcircà, & cur.

VIII. In magnitudine imaginum observandum est, tribus illam tantummodo rebus inniti: distantiæ scilicet, quæ inter objectum & locum ubi radii, ex singulis punctis ad oculi fundum missi, decussantur; deinde distantiæ, quæ inter eundem locum & oculi fundum; & postremò refractioni horum radiorum. Sic cuivis patet, imaginem RST majorem fore, si objectum VXY propiùs accederet ad K, ubi radii VKR, & YKT decussantur; aut potiùs ad superficiem BCD, ubi propriè decussari incipiunt, ut postea videbimus: vel etiam si oculum magis oblongum reddere possemus, ut distantia major foret, inter superficiem BCD, quæ hos radios decussat, & fundum oculi RST: Aut tandem, si refractione non tam introrsum ad S, sed potius extrorsum, si fieri posset, incurvarentur. Et quidquid ultra hæc tria imaginemur aut moliamur, nihil tamen inveniemus, quo imago grandior reddi possit.

Imaginum magnitudinem pendere tantùm ab objectorum distantia, à loco ubi se radii qui in oculum ingrediuntur decussatim secant, & ab ipsorum refractione.

IX. Ipsum etiam posteriori loco nobis notatum, vix memorabile est, quum nunquam nisi parum admodum, imago illius ope augeatur, idque cum tantâ difficultate, ut semper minori operâ per alia fieri possit; quemadmodum mox intelligemus. Ipsam etiam naturam videmus hoc neglexisse: Nam procurans ut radii VKR, & YKT, introrsum curventur ad S, permeando superficiem BCD & 1 2 3; imaginem RST minorem delineavit, quàm si ita cuncta ordinasset, ut extrorsum curvarentur, ut fit ad 5, in superficie 4 5 6, aut si omnino rectos reliquisset. Nec magis opus est primum considerare, nisi pateat accessus ad objecta; si verò pateat, manifestum est, quò propiùs illa contueamur, tantò majorem imaginem in oculo reddi. Naturâ autem non permittente, propiùs oculis admota, quàm ad distantiam dimidii pedis, aut circiter, commodè à nobis cerni, ut artificium quantum potest huic obstaculo medeatur, opus solummodo vitrum, quale est P, de quo paulò antè locuti sumus, interponere; cujus ope radii venientes ex puncto proximo quoad licet, in oculum intrant, tanquam si ex alio ulteriùs remoto venirent.

Refractionem non esse hîc magna consideratione dignam; ut nec objectorum accessibilem distantiam: & quid ubi inaccessibilia sunt facere conveniat.

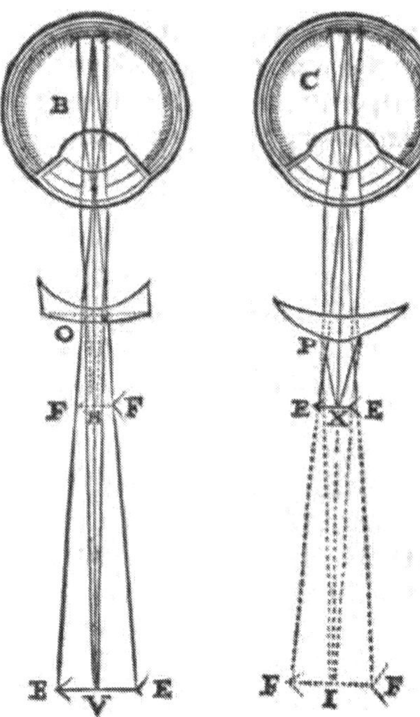

rent. Maximum itaque quod hac operâ fieri potest, est, ut tantùm duodecima vel decimaquinta istius distantiæ pars, requiratur inter oculum & objectum, quæ ibi aliàs esse deberet: & ita radii ex variis objecti punctis manantes, decies aut quindecies propiores oculo decussati (vel etiam paulò magis, quum non ampliùs in oculi superficie decussandi initium sumant, sed potiùs in vitro cui propiùs objectum adhærebit) imaginem delineabunt, cujus diameter decies aut quindecies major erit, quàm omisso hoc vitro fuisset: & consequenter superficies ducenties circiter major erit, totiesque objectum distinctius repræsentabitur: & eâdem operâ multò majus simul apparebit; non quidem accuratè ducenties, sed magis aut minùs, prout magis aut minùs remotum illud judicabimus. Si enim, exempli gratiâ, inspiciendo objectum X, per transversum vitrum P, oculum nostrum C disponamus, eodem modo quo disponi deberet, ad contemplandum aliud objectum, quod viginti aut triginta passibus à nobis distaret, & nullam aliunde loci cognitionem, in quo illud situm sit, habentes, triginta passibus abesse judicemus, decies millies majus videbitur, quàm revera est; adeò ut elephas ex pulice possit fieri: certum enim est imaginem quam pulex in oculi fundo delineat, quum tam propè adest, æquè magnam esse ac illa quam elephas depingit, triginta passibus inde remotus.

X. *In quo consistat inventio perspicillorum pu-*

Et huic soli innititur inventio conspicillorum unico vitro constantium, quorum in augendis & subtiliùs pervidendis rebus, familiaris & ubivis cognitus usus est: licèt vera illorum figura parum hac-

tenus

tenus innotuerit. Et quoniam ut plurimum quoties illis utimur, ſcimus objectum valdè propinquum eſſe, nunquam tam magnum videri poteſt, quàm ſi ulterius remotum imaginaremur.

licarium, unico vitro conſtantium, & quis ſit illorum effectus.

XI. *Augeri poſſe imagines, efficiendo ut radii procul ab oculo decuſſentur, ope tubuli aqua pleni: quantoque longior eſt iſte tubulus, tantò magis imaginem augere; & idem præſtare ac ſi natura tantò longiorem oculum feciſſet.*

Unicus tantùm adhuc modus has imagines augendi reſtat, quo nempe efficimus, ut radii ex diverſis punctis miſſi, quàm longiſſimè fieri poteſt ab oculi fundo decuſſentur: ſed utiliſſimus omnium ſine dubio, & maximi momenti eſt. Unicus, utpote qui ad objecta tam acceſſa quàm inacceſſa, uſum ſui præbere poſſit, & cujus effectus nullis terminis circumſcribitur: ita ut hujus ope, imagines ſemper in majus augendo uſque ad indefinitam quantitatem expandere poſſimus. Ut quum, exempli gratiâ, primus humorum quibus oculus refertus eſt, eandem propemodum refractionem efficiat, quam aqua communis, ſi proximè admoveamus tubum aquâ plenum, ut EF, cujus extremitas claudatur vitro GHI, quod figuram habeat ſimilem membranulæ BCD, illum humorem tegenti, & eodem modo ad intervallum, quo ab ima oculi parte diſtabit reſpondentem; nulla ampliùs refractio fiet in illa membranula BCD, ſed ea quæ antea ibi fiebat, efficiens ut omnes radii ex eodem puncto digreſſi, in eâ regione incurvarentur, atque ut poſtea in eodem nervi optici puncto coïrent, & conſequenter omnes ex diverſis punctis allabentes, ibi decuſſarentur, ut poſtea in diverſis aliis punctis hujus nervi ſiſterentur, fiet in ipſo tubi aditu GHI: & ita hi radii ibi decuſſati, imaginem RST longè majorem delineabunt, quàm ſi tantùm in ſuperficie BCD id fieret; & quò magis in longum hic tubus porrectus erit, tantò majores

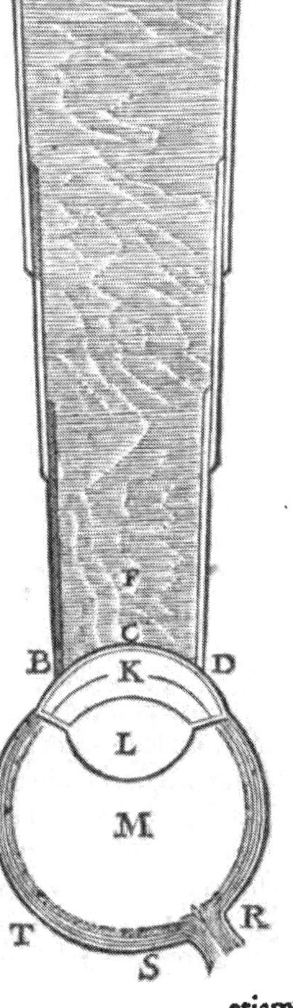

etiam imagines erunt. Et ſic aqua EF, peragente munus humoris K, vitro GHI, membranulæ BCD, & tubi aditu GI, pupillæ, viſio eadem ratione fiet, ac ſi oculum natura in tantum porrexiſſet, quanta eſt longitudo hujus tubi.

XII. *Pupillam oculi obſtare: tantum abeſt ut adjuvet, cùm quis ejuſmodi tubulo utitur.*

Ubi haud aliud fuerit conſiderandum, niſi quod naturalis pupilla, non tantùm inutilis ſit hoc caſu, ſed etiam noceat, anguſtiâ ſuâ radios excludendo, qui aliàs in latera fundi oculi inciderent, & ita impediendo imagines tantum diffundi, quantum diffunderentur ſi minùs anguſta foret.

XIII. *Nec refractionem vitri quod aquam in tubulo continet, nec membranarum quibus humores oculi involvuntur ulla conſideratione eſſe dignas.*

Atque hîc eſt advertendum, particulares illas refractiones quæ paulò aliter in vitro GHI, quàm in aquâ EF fiunt, minimi momenti eſſe, & vix dignas conſideratione: nam quum hoc vitrum ubivis æquè craſſum ſit, licèt exterior ſuperficies, magis hos radios incurvet quàm aqua, ſtatim interior rurſus in eundem ſitum illos reducet. Et ob eandem hanc cauſam, nullam ſupra mentionem fecimus refractionum quas efficiunt membranæ humores oculi involventes, ſed tantummodo illarum quas pariunt ipſi humores.

XIV. *Id ipſum æque fieri poſſe tubulo ab oculo ſeparato, atque conjuncto.*

Sed quum aquam hac ratione quâ diximus, oculo jungere, operoſum, nec magis obvium accuratè determinare figuram vitri GHI, quum illam membranæ BCD, cujus vicem ſupplere debet, non ſatis noſcamus: alio invento uti conſultius erit, & efficere unius aut plurium vitrorum ope, vel etiam aliorum corporum pellucidorum, tubo incluſorum, ſed non tam propè oculis junctorum, quin paululum aëris intercedat, ut in ipſo tubi aditu radii ex eodem puncto venientes ita incurventur, ut poſtea coëant in alio puncto, quod non multum abſit à fundo oculi, per tubum iſtum reſpicientis: & præterea ut iidem radii ex tubo egredientes rurſus flectantur & diſponantur tanquam ſi non fuiſſent ante incurvati, ſed tantùm ex propiori loco venirent. Et ſimul ut ii qui ex diverſis punctis allabentur, in primo tubi aditu decuſſati, non rurſus egrediendo decuſſentur; ſed eodem modo ad oculum tendant, ac ſi ex objecto majori aut propiori venirent. Ut ſi tubus HF, ſolido vitro impleatur, cujus ſuperficies GHI illius figuræ ſit, ut omnes radios venientes ab X verſus S mittat, & altera ſuperficies KM illius, ut eoſdem egredientes ita frangat, ut inde ad oculum tendant, tanquam ſi venirent à puncto x; (quod ita locatum fingo, ut eandem proportionem inter ſe lineæ xC, & CS, habeant, quam XH, & HS;

& HS; punctum enim X, multò remotius ab oculo putandum est, quàm in figurâ potuit exhiberi) ii, qui ab V, illos necessariò in superficie GHI secabunt, ideoque jam remoti ab illis existentes, cùm ad alteram tubi extremitatem pervenerint, superficies KM non poterit efficere ut rursus ad invicem accedant, saltem si sit concava, qualis hîc supponitur; sed ad oculum eos remittet, eodem ferè modo, ac si venirent ex puncto Y. quo ipso imaginem tantò majorem delineabunt, quantò tubus longior erit. Neque hîc necessarium figuram superficiei BCD accuratè nosse, ad determinandam illam corporum pellucidorum, quæ huic usui destinamus.

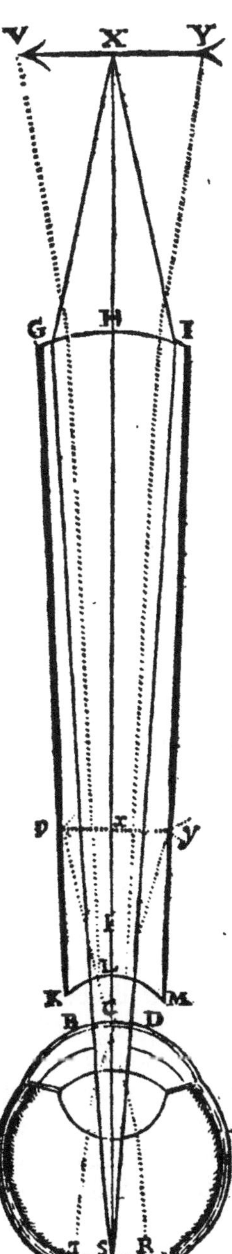

XV. *Quâ in re consistat inventio Telescopii.*

Sed quoniam & hîc difficultas non levis, in inveniendis scilicet vitris, aut aliis corporibus ejuscemodi, satis crassis ad implendum tubum, satis itidem pellucidis lumini transmittendo: totum interius tubi spatium vacuum relinqui potest, & duo tantùm vitra, ejusdem effectus, cujus duæ superficies GHI, & KLM, duabus extremitatibus illius applicari. Atque hoc unico totum telescopiorum inventum nititur, quod occasionem hoc argumentum tractandi mihi dedit.

XVI. *Quomodo impediri possit ne vis radiorum in oculos ingredientium nimis magna sit.*

Tertio autem requisito ad perfectionem visionis quatenus organa exteriora illam juvant (ne scilicet actiones singula capillamenta nervi optici moventes, nimis debiles aut vehementes sint) ipsa natura egregiè prospeſpexit, data nobis poteſtate pupillam oculi, vel contrahendi, vel diducendi: Sed interim etiam aliquem arti locum reliquit. Primò enim ſi actio ſit tam vehemens, ut pupilla quantum etiam arctetur, illam ſufferre nequeat, (quod Solem intuentibus evenit) facile eſt huic rei mederi, applicato ad oculum corpore aliquo nigro, unico anguſto foramine pertuſo, quod munus pupillæ peragat, vel etiam reſpiciendo per nigrum byſſinum, aut ſimile aliud corpus, quod excluſâ radiorum parte, non plures ex illis oculum ingredi permittat, quàm quot nervo optico moderatè & ſine læſione movendo ſufficient.

XVII. *Quomodo contrà impediri poſſit cùm nimis debilis eſt, & objecta acceſſibilia ſunt.*

Sin contrà debilior eſt actio quàm ut ſentiri queat, roborari poteſt (certè ſi ad objecta pateat acceſſus) radiis Solis illa exponendo, iisque etiam ſpeculi vel vitri uſtorii ope collectis, ut tantò plus virium habeant; modò tamen ne tantum iis detur ut objecta urant & corrumpant.

XVIII. *Et quomodo cùm acceſſibilia ſunt, & teleſcopio utimur.*

Præterea quoties ſpecillis de quibus diximus utimur, quum pupillam inutilem reddant, & exterior tubi apertura quæ lumen admittit, illius officio fungatur, hæc etiam eſt quæ prout viſionis vim frangere vel augere cupiemus, arctanda erit vel laxanda. Et notandum ſi hæc apertura nihil pupillâ laxior foret, radios minùs vehementer acturos in ſingulas fundi oculi partes, quàm ſi ſpecilla non admoverentur, idque eadem proportione, qua hæc ſpecilla imagines, quæ ibi formantur, augerent; etiam non numeratis iis radiis, qui, à ſuperficiebus vitrorum interpoſitorum rejecti, nihil prorſus virium haberent.

XIX. *Quanto majus pupillâ fieri poſſit horum conſpiciliorum orificium, & cur majus fieri debeat.*

Sed multò majorem iſtam aperturam facere licet, & quidem eò majorem, quò vitrum radiis replicandis deſtinatum puncto illi propius eſt, ad quod exterius vitrum in quo radii iſti plicantur ipſos agit. Nam ſi, exempli gratiâ, vitrum G H I efficiat, ut omnes radii puncti illius quod contemplamur, tendant ad S, iique iterum erigantur per vitrum K L M, ita ut inde paralleli ad oculum deferantur: ad inveniendam maximam latitudinem, quam tubi apertura admittit, diſtantia inter K & M æqualis ſumenda eſt diametro pupillæ, & inde ductis duabus rectis ex puncto S, per K & M, ſcilicet S K proferenda ad *g*, & S M ad *i*, *g i* diametrum quæſitam dabit. Nam manifeſtum eſt, licèt major foret, non plures radios oculum ingreſſuros, ex puncto ad quod aciem noſtram dirigimus, & eos qui præterea ex aliis locis accederent, quoniam viſioni non prodeſſent, iis qui prodeſſent ſe admiſcendo, illam tantùm magis confuſam reddituros. Sed ſi loco vitri K L M, adhibeamus *k l m*, quod

ob

ob ſuam figuram propius ad S accedere debet, iterum diſtantia inter puncta *k* & *m*, æqualis diametro pupillæ ſumenda erit, inde ductis rectis S *l* G & S *m* I, G I diametrum aperturæ dabit, quæ quærebatur; quæ, ut videmus, tanto major eſt quàm *g i*, quantò S L major quàm S *l*. Et ſi hæc linea S *l* non major erit quàm oculi pupilla, æquè ferè viſio acuta erit & lucida, ac ſi perſpicillum abeſſet, & objecta tantò propiora forent, quanto jam majora videntur. Adeò ut ſi, exempli gratiâ, tubi longitudo efficiat, ut objecti imago triginta milliaria diſtantis, tam ingens in oculo formetur, quàm ſi non ultra triginta paſſus remotum foret, latitudo aditus, qualem hîc determinavi, tam lucidè hoc objectum exhibebit, quàm ſi verè triginta paſſus diſtans, ſine teleſcopio illud intueremur. Et ſi hanc diſtantiam inter S & *l* adhuc minorem reddamus, adhuc magis perſpicuè cuncta apparebunt.

XX. *Objectorum acceſſibilium cauſâ, non opus eſſe ita augere tubuli orificium.*

Sed hoc præcipuè tantùm uſui eſt cùm objecta ſunt inacceſſa: nam quoties ad illa licet accedere, quò propiùs eis ſpecillum admovemus, eò arctior ejus apertura exterior eſſe poteſt. Nec ullum inde vis viſionis capit detrimentum. quemadmodum hîc videmus totidem radios ex puncto X, parvum vitrum *g i*, quot magnum G I, intrare. Et omnino hæc apertura non major eſſe poteſt vitris ipſam claudentibus; quæ ob requiſitam figuram, certam quamdam magnitudinem, paulò pòſt determinandam, excedere non debent.

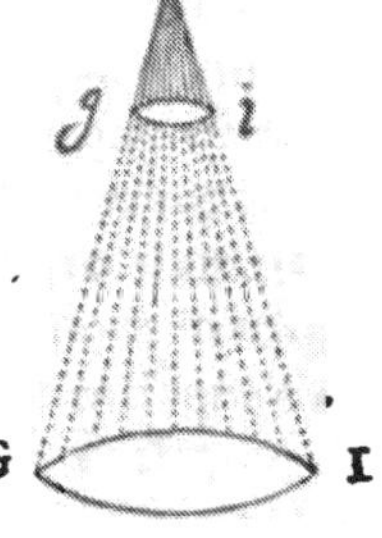

Si

XXI. *Ad diminuendam radiorum vim cum utimur conspiciliis, præstare illorum orificium angustius facere quàm id vitro colorato tegere.* Si interdum lumen ab objectis nimis vehemens effundatur, facilè illud minuetur, tectis circumcirca extremitatibus vitri exterioris: & hoc meliùs erit, quàm aliud magis obscurum, aut coloratum substituere; quod multi, Solem contemplantes facere solent: quo enim angustior aditus, eò meliùs singula dignoscentur, ut suprà de pupilla agentes diximus. Observandum etiam præstare, hujus vitri oram extrinsecus tegere quam intrinsecus, ne forsan reflexiones, quæ ibi nonnullæ fierent radios aliquos ad oculum mittant; ii enim ad visionem nihil conferentes, ut superflui ei nocerent.

Et ad id angustius reddendum, præstare extrema vitri extrinsecus tegere quàm intrinsecus.

XXII. *Ad quid utile sit multa objecta eodem tempore videre; & quid fieri oporteat ne ea re opus sit.* Unicum tantummodo superest, quod hæc organa exteriora spectat, scilicet ut maximam quoad fieri potest copiam objectorum eodem tempore conspiciamus. Et notandum hoc nullo modo requiri ad perfectionem meliùs videndi, sed tantùm ad commoditatem videndi plura; imò fieri non posse ut ampliùs quàm unum objectum simul distinctè intueamur: adeò ut hæc commoditas plura confusè interea videndi, nullum usum habeat, nisi ut sciamus, in quam partem oculus postea detorquendus, ad contuendum id quod accuratiùs volumus considerare. Et huic rei natura ita prospexit ut omnem aliquid addendi occasionem arti præripuerit: imò quò magis ope quorumdam specillorum, magnitudinem lineamentorum, imaginum in oculo formatarum, augemus, eò pauciora illa objecta reddunt; quoniam spatium quod occupant nulla ratione potest augeri; nisi fortè aliquantulum, si nempe invertantur, qua arte ob alias causas censeo esse abstinendum. Sed facile est, si ad objecta pateat accessus, illa ipsa eo in loco ponere, in quo perfectissimè per specillum possint videri; si verò non pateat, specillum ipsum machinæ imponere ita aptatæ, ut ejus ope commodissimè in quodlibet determinatum objectum convertatur. Atque ita licèt hanc quartam conditionem nequeamus adimplere, nihil tamen ejus desiderabitur, propter quod erat expetenda.

XXIII. *Usu acquiri posse facilitatem videndi objecta propinqua aut remota.* Postremò ne quidquam hîc omittamus, est advertendum defectus oculi, qui in eo consistunt, quod figura crystallini humoris, vel etiam magnitudo pupillæ, non satis pro arbitrio nostro immutentur, usu paulatim minui posse & corrigi: nam quum hic humor, & hæc tunicula pupillam continens sint veri musculi, functio illorum ipso usu augetur & facilior redditur, quemadmodum & reliquorum totius corporis musculorum. Et propterea venatores ac nautæ in jugi exercitio

citio longè posita videndi, sculptores etiam, aut alii subtilium operum artifices, in exercitio admodum propinqua, plerumque promptitudinem acquirunt, acutius illa quam reliqui homines intuendi.

Et ita procul dubio Indi, qui fixo obtutu Solem contemplati feruntur, nihil læsa vel obscurata luminis acie, quotidie illustria objecta inspicientes, assuefacti fuere magis, quam nos pupillam contrahere. Verum hæc medicinæ magis propria (cujus est correctis naturalibus organis, visionis vitia tollere) quam Dioptricæ, quæ defectibus iisdem applicato aliquo organo artificiali, medetur. XXIV. *Unde factum sit ut Gymnosophistæ illæso oculo Solem intueri potuerint.*

CAPUT OCTAVUM.

De figuris quas pellucida corpora requirunt, ad detorquendos refractione radios omnibus modis visioni inservientibus.

HÆc autem organa qua ratione perfectissima fieri possint, ut accuratius mox percipiamus, necessarium est, non prætermittere explicationem figurarum, quas exigunt superficies corporum pellucidorum, ad detorquendos & incurvandos luminis radios, omnibus modis qui visioni conducunt; quæ si non cuivis satis clara & perspicua videbitur, utpote Geometrica & paulo difficilior, ad minimum illis satis manifesta erit, qui prima hujus scientiæ elementa perceperunt. Et in primis, ne ulli diu exspectatione suspensi teneantur, sciendum omnes figuras, de quibus sermo hic instituitur, ex ellipsi & circulo, vel ex hyperbola vel ex linea recta compositas fore. I. *De quibus figuris hic agendum sit.*

Ellipsis est linea curva, quam Mathematici, transversim conum vel cylindrum secando, repræsentare solent: qua etiam topiarios interdum uti videmus, inter cæteras areolarum & pulvillorum figuras, quas in hortis suis diversimode concinnant: à quibus quidem satis crassè & incorrectè describitur, sic tamen ut meliùs natura illius hinc innotescat, quam ex cylindri aut coni sectione. Duos palos humi defigunt, alterum ex. gr. in puncto H, alterum in puncto I, & nodo junctis duabus extremitatibus restis, paxillis illam circumponunt, hoc modo quo videmus B H I. Deinde immisso digito, II. *Quid sit Ellipsis, & quomodo sit describenda.*

 hos

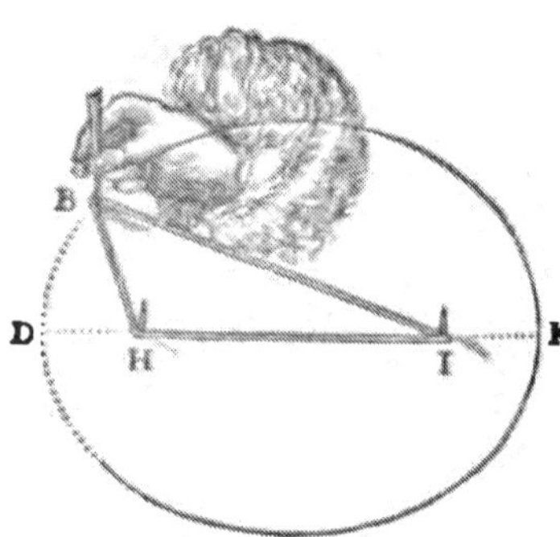

hos palos circumeundo, & restim semper eadem vi adducendo, ut æqualiter scilicet intendatur, lineam curvam DKB humi designant, quæ est ellipsis. Et, si non mutatâ longitudine funis, palos tantùm H & I aliquantò propiùs ad invicem admoveant, aliam denuò Ellipsim describent, sed alterius speciei quàm prior: & si adhuc propiùs, itidem aliam: postremò si omnino conjungant, circulum describent. At si longitudinem restis eadem proportione imminuant, qua distantiam paxillorum, describent quidem ellipses diversarum magnitudinum, sed quæ erunt omnes ejusdem speciei. Atque ita perspicuum est illas infinitarum variarum specierum esse posse; adeò ut unaquæque non minùs distet à qualibet alia, quàm omnium ultima à circulo; Et præterea illas cujusque speciei, infinitarum magnitudinum esse posse. Item etiam hinc apparet, si ex aliquo puncto pro arbitrio in ellipsi electo, ut ex. gr. B, duas rectas agamus ad puncta H & I, ubi pali ad *illam* designandam defixi fuere: has duas lineas BH, & BI junctas, maximæ illius diametro DK æquales fore: quod vel ipsa constructio probat. Pars enim funis extensa ab I ad B, & inde replicata ad H, eadem est quæ porrecta ab I ad K, vel ad D, inde itidem recurrit ad H. Ita ut DH sit æquale IK, & HD plus DI (quæ tantum valent, quantum HB plus BI) toti DK æquales sint. Et insuper Ellipses, quæ describuntur observando semper eandem proportionem inter harum maximam diametrum, & distantiam inter puncta H & I sunt ejusdem speciei. Atque ob quandam proprietatem horum punctorum H & I, quàm paulò post discemus, foci nobis vocabuntur, unus interior, alter exterior; scilicet si referantur ad illam ellipseos mediam partem quæ ad D, I erit exterior, si verò ad alteram quæ ad K, idem I erit interior. Et quoties in posterum absolute foci mentio fiet, semper exterior intelligendus erit. Præterea etiam sciendum, si per hoc punctum B, duas rectas LBG, & CBE ducamus, quæ se mutuò ad angulos rectos intersecent, & quarum altera LG, angulum HBI, in in duas partes æquales dividat, alteram CE hanc ellipsin contacturam in puncto B, ita ut ipsam non secet; cujus demonstrationem hîc addere supersedeo, quoniam Geometræ jam satis illam sciunt, & alii non sine tædio illi percipiendæ incumberent. Sed quod imprimis hîc explicare statui, tale est.

Si ex hoc eodem puncto B, extra ellipsim proferamus rectam lineam A A, parallelam maximæ diametro D K, & illâ B A æquali

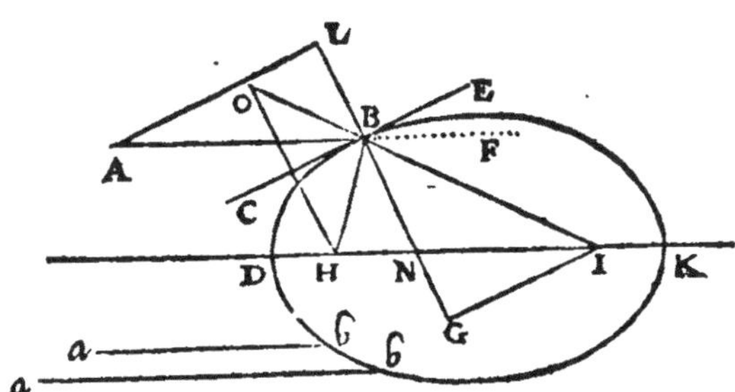

sumptâ lineæ B I, ex punctis A & I, in L G duas perpendiculares A L & I G statuamus, hæ duæ posteriores A L & I G, eandem rationem ad invicem habebunt, quàm D K & H I. Adeò ut si linea A B sit luminis radius, & hæc Ellipsis D B K in superficie corporis solidi pellucidi existat, per quod, juxta ea quæ suprà diximus, radii faciliùs quàm per aërem transeant, eâdem proportione, quâ linea D C, alterâ H I major est: hic radius A B ita detorquebitur in puncto B, à superficie corporis hujus pellucidi, ut inde digressurus sit versus I. Et quoniam hoc punctum B pro arbitrio in Ellipsi assumptum est, omnia quæ hîc de radio A B dicuntur, in universum de omnibus intelligi debent, qui paralleli axis D K, in aliquod punctum hujus ellipsis cadunt; scilicet omnes ibi ita detortum iri, ut inde digressi coëant in puncto I.

Atque hæc ita demonstrantur: primo, quia lineæ A B & N I, itemque A L & G I sunt parallelæ, triangula rectangula A L B & I G N sunt similia: Unde sequitur A L esse ad I G ut A B ad N I; vel, quia B I & A B sunt æquales, ut B I ad N I. Deinde si H O ducatur parallela ipsi N B, & I B producatur usque ad O, manifestum erit B I esse ad N I, ut O I est ad H I; propter triangula similia B N I, & O H I. Denique, quoniam duo anguli *III, Demonstratio proprietatis Ellipsis in refractionibus.*

 HBG

HBG & GBI sunt æquales ex constructione, angulus HOB, qui est æqualis ipsi GBI, est etiam æqualis ipsi OHB, qui nem-

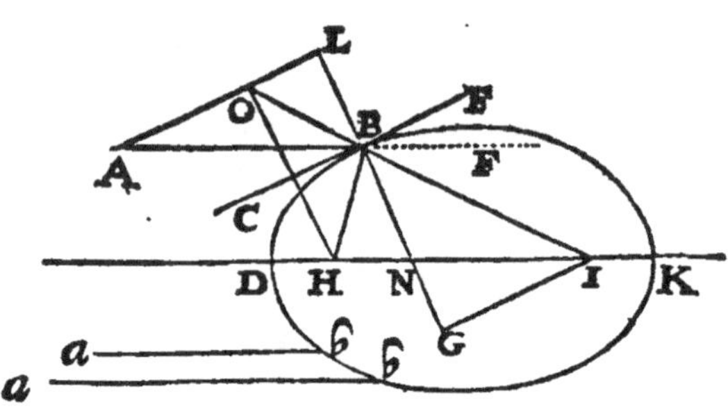

pe est æqualis ipsi HBG: ac proinde triangulum HBO est isosceles; & cum linea OB sit æqualis ipsi HB, tota OI est æqualis ipsi DK; quoniam duæ simul HB & IB sunt ipsi æquales. Et ita ut ab initio ad finem omnia repetamus, AL se habet ad IG, ut BI ad NI, & BI ad NI, ut OI ad HI, & OI est æqualis DK; unde AL est ad IG, ut DK ad HI.

IV. *Nullis aliis adhibitis lineis præter circulos aut ellipses, posse fieri ut radii paralleli in unum punctum coëant, aut ut ii qui ab eodem puncto prodeunt, paralleli evadant.*

Adeo quidem ut si, ad describendam Ellipsin DKB, lineis DK & HI hanc proportionem demus, quam experientia didicimus, utilem metiendis refractionibus omnium radiorum, qui obliquè ex aëre in vitrum, aut aliud corpus pellucidum, quo uti volumus, transeunt: & ex hoc vitro corpus expoliamus ejus figuræ, qualem describeret hæc Ellipsis, si in orbem circa suum axem DK rotaretur; radii in aëre paralleli huic axi, ut AB, *ab*, vitrum convexum illapsi ita in ejus superficie detorquebuntur, ut omnes inde progressuri sint versus focum I, qui ex duobus H & I, remotissimus est ab eo loco, ex quo procedunt. Novimus enim radium AB in puncto B, à superficie curva vitri, quod repræsentat Ellipsis DBK, eadem ratione detorqueri debere ac detorqueretur à superficie plana ejusdem vitri, quam linea recta CBE repræsentat, in qua ex B refringi debet versus I, quum AL & IG sint ad invicem, quales DK & HI; id est, quales esse debent ad dimetiendas refractiones. Et puncto B pro arbitrio in Ellipsi selecto, quidquid de hoc radio AB demonstratum est, debet etiam de aliis intelligi, qui erunt paralleli ipsi DK, & in alia hujus ellipseos puncta cadent; adeo ut omnes debeant tendere versus I.

Præ-

Præterea quoniam omnes radii, qui ad centrum circuli vel globi tendunt, perpendiculariter incidentes in superficiem illius, nullam refractionem pati debent: si ex centro I circulum describamus, quo intervallo visum erit, dummodo consistat intra D & I, ut B Q B,

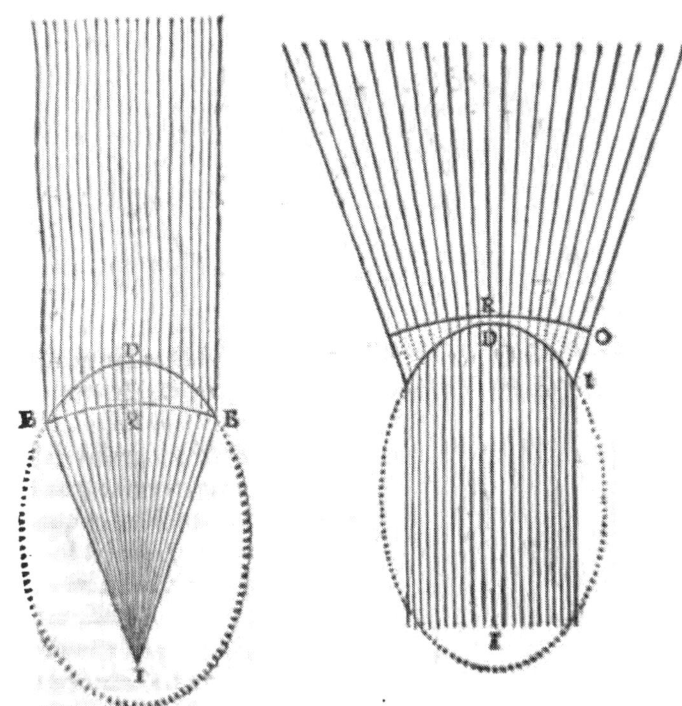

lineæ D B & Q B, circa axem D Q rotatæ, describent figuram vitri, quæ in aëre in puncto I, omnes radios colliget, qui ab altera parte paralleli huic axi in aëre fuerunt: & viceversa omnes venientes ex puncto I, parallelos ab altera parte exhibebit.

Et si ex eodem centro I, describamus circulum R O, intervallo quo volumus ultra punctum D, selecto inde pro arbitrio in ellipsi puncto B; sic tamen ne longius distet à D, quàm à K, ducamus rectam B O, tendentem ad I; lineæ R O, O B, & B D, in orbem

V.
Quomodo fieri possit ut radii qui ab uno vitri latere sunt

paralleli, ab altero disgregentur, tanquam si omnes ab eodem puncto exirent.

orbem rotatæ circa axem R D I, figuram vitri describent, quæ omnes radios parallelos huic axi ab Ellipsis parte, huc illuc ab alterâ parte disperget, tanquam si omnes venirent ex puncto I. Patet enim radium ex. gr. P B, tantum detorqueri debere à superficie concava vitri D B A, quantum A B à convexa seu gibba vitri D B R;

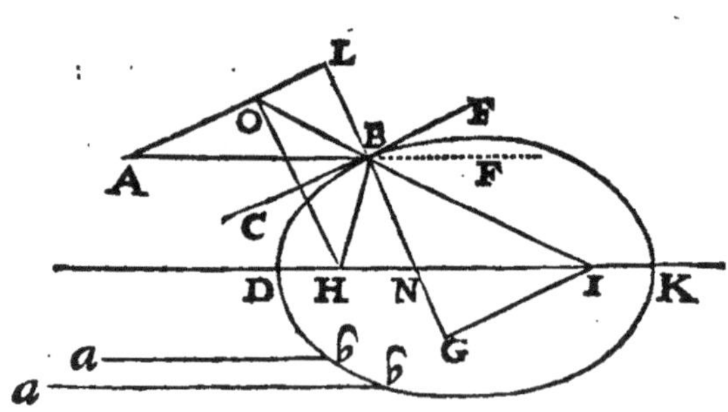

& consequenter B O in eâdem lineâ rectâ esse debere, in qua B I, quum & P B in eadem rectâ sit, in qua B A, & ita de reliquis.

VI. *Quomodo fieri possit ut cùm ab utroque latere sunt paralleli, in minus spatium ab uno quàm altero latere contrahantur.*

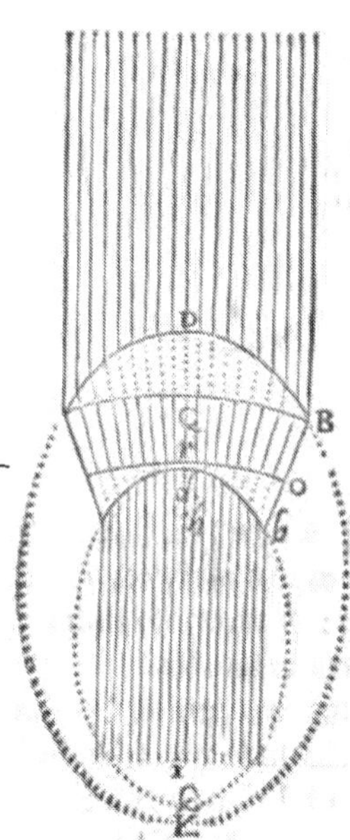

Si verò in eâdem Ellipsi, aliam minorem ejusdem speciei describamus ut *d b k*, cujus focus I in eodem loco consistat, in quo alter præcedentis etiam I, & alius focus *b*, in eadem rectâ lineâ, in qua D H, & versus eandem partem, sumptoque pro arbitrio B, ut antea, rectam B *b* ducamus tendentem ad I, lineæ D B, B *b*, *b d*, in orbem rotatæ circa axem D *d*, describent figuram vitri, quæ omnes radios ante occursum parallelos, post transitum iterum parallelos reddet; sed in minus spatium coactos, à parte minoris Ellipseos *d b*, quàm à parte majoris. Et si ad evitandam crassitiem vitri D B, *b d*, ex centro I describamus circulos Q B, & *r o*, super-

superficies D B Q & *r o b d*, situm & figuram duorum vitrorum minus crassorum repræsentabunt, quæ idem efficere poterunt.

VII. *Quomodo idem obtineri queat, efficiendo præterea ut radii sint inversi.*

Et si duo vitra D B Q & *d b q*, similia quidem, sed magnitudine inæqualia, hac ratione disponamus, ut axes eorum in eadem recta porrigantur, & duo illorum foci I, in eodem loco concurrant, superficiesque circulares B Q & *b q*, sibi invicem obvertantur, idem etiam omnino agent.

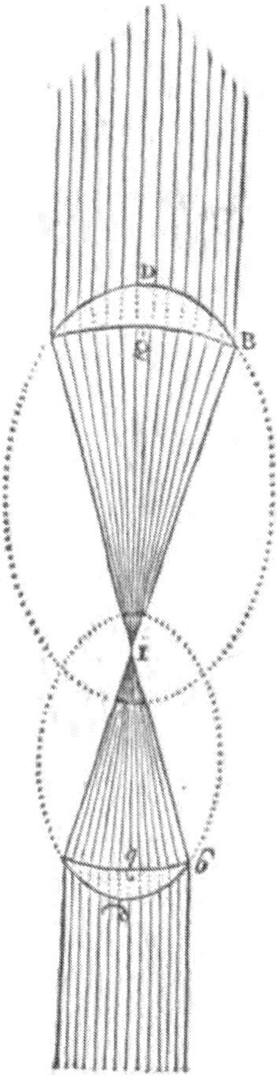

VIII. *Qua ratione fieri possit ut omnes radii ab uno puncto procedentes, in alio puncto congregentur.*

Et si hæc duo vitra D B Q & *d b q*, similia quidem, sed magnitudine inæqualia jungamus, vel quo libitum intervallo disjungamus, ita tamen ut eorum axes in eadem recta linea existant, & superficies illorum Ellipticæ adversæ sint, omnes radios venientes ex foco alterutrius I, in alterius itidem I sistent.

IX. *Et ut omnes ii qui ab aliquo puncto exeunt, disgregentur quasi ab alio puncto promanarent.*

Et si duo diversa D B Q & D B O R, etiam hac ratione jungamus, ut superficies illorum D B & B D mutuò obvertantur, omnes radios venientes ex foco I vitri D B Q, dispergent, tanquam si venirent ex I, foco alterius vitri D B O R: aut viceversa, omnes tendentes ad punctum I, colligent in altero I.

X. *Et ut omnes ii qui dis-*

Et postremò duo D B O R & D B O R adversis superficiebus D B, B D juncta, radios qui unum perlapsi tenderent inde ad

 pun-

gregati sunt, quasi ad idem punctum tenderent, iterum disgregentur, quasi ab eodem puncto prodirent.

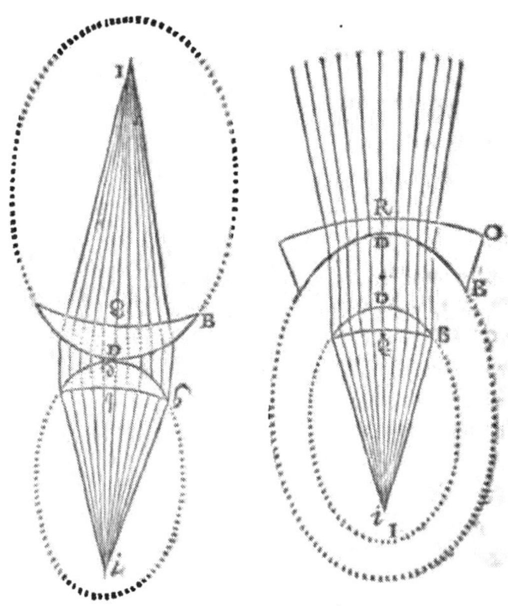

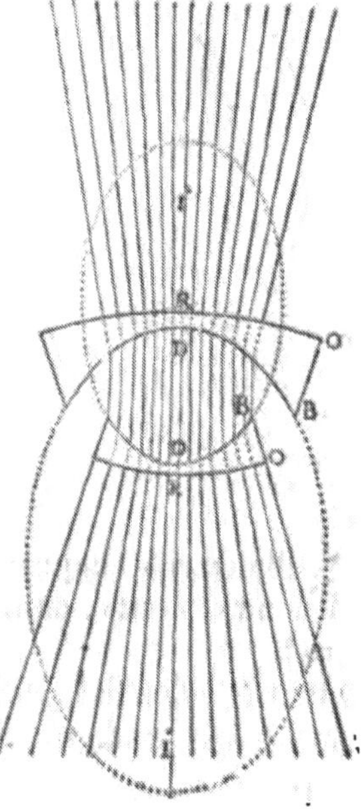

punctum I, denuò ex altero egredientes diffundent; tanquam si venirent ex alio puncto I. Et hanc distantiam punctorum I pro arbitrio augere possumus, magnitudinem Ellipsis, ex qua pendet, mutando. Atque ita solâ Ellipsi & lineâ circulari figuram præscribere possumus omnibus vitris, quibus radios, venientes ex uno puncto, aut tendentes ad unum, aut parallelos, alios in alios horum trium mutemus, omnibus modis quos possumus imaginari.

XI. *Quid sit Hyperbola, & eam describendi modus.*

Hyperbola est etiam linea curva,

curva, quam Mathematici per sectionem coni non secus quàm Ellipsim explicant. Sed ut meliùs illam cognoscamus, topiarium iterum producemus, qui inter alias figurarum varietates, quibus aream sui horti distinguit, hanc etiam adhibeat. Denuo duos palos defigit in punctis H & I, annexaque extremitati longæ regulæ, resti paulò breviori, alteram regulæ extremitatem perforat, & ita injicit paxillo I, nodum autem in altera extremitate restis nexum, palo H. Inde posito digito in puncto X, ubi mutuo junctæ sunt regula & restis, descendit ad D, arctè interea regulæ junctam & velut agglutinatam restim tenens: quâ operâ, prout deducit digitum, regulam circa paxillum rotans, lineam curvam X B D, Hyperbolæ partem in terra describit. Et postea conversâ regulâ in alteram partem, eâque prolatâ ad Y, eodem modo alteram partem Y D designat. Et præterea si transferat nodum suæ restis in paxillum I, & extremitatem regulæ in paxillum H, aliam Hyperbolen S K T describet planè similem & oppositam priori. Sed si regulâ & paxillis non mutatis longiorem tantùm restim admoveat, Hyperbolen alterius speciei designabit; & si adhuc paulò longiorem,

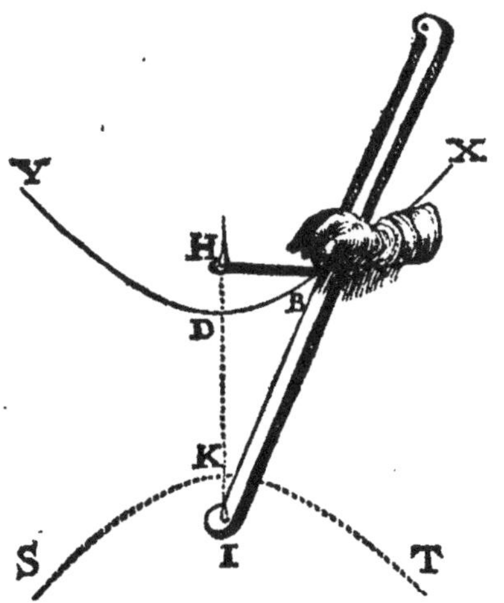

adhuc alterius, donec ipsam regulæ planè æqualem reddens, rectam lineam loco Hyperboles describet. Deinde si paxillorum distantiam mutet eâdem proportione, quâ differentiam quæ inter longitudinem funis & regulæ, Hyperbolas ejusdem quidem speciei describet, sed quarum partes similes, magnitudine different. Et tandem si æqualiter augeat longitudinem restis & regulæ, manente differentia illarum, & paxillorum intervallo, non aliam Hyperbolen describet, sed majorem illius partem. Illa enim hujus lineæ natura est, ut licet semper magis magisque ad eandem partem inclinet, tamen in infinitum protensa, nunquam extremitates suas committat.

tat. Et ita videmus ipsam plurimis modis ad lineam rectam referari, quemadmodum Ellipsis ad circularem; item infinitas diversarum specierum esse, & singularum specierum infinitas, quarum partes similes, magnitudine differant. Et praeterea si ex aliquo puncto, ut B, pro arbitrio in alterutra ex iis electo, duas rectas ducamus ad puncta H & I, in quibus duo pali descriptioni inservientes defigi debent, & quae itidem nominabimus focos; differentia harum linearum H B & I B, semper aequalis erit lineae D K, quae distantiam Hyperbolarum oppositarum designat. *Hocque* ex eo apparet, quod B I tanta praecisè longitudine B H superet, quantâ restis eadem regula brevior est; & quod etiam D I, eadem parte longior sit quam D H. Nam si à D I, auferas K I, cui aequalis est D H, D K illorum differentiam habemus. Denique etiam videmus Hyperbolas, quae servata eadem proportione inter D K & H I describuntur, omnes ejusdem speciei esse. Et insuper est observandum, si per punctum B, pro arbitrio in Ellipsi assumptum, rectam C E ducamus, dividentem angulum H B I in duas aequales partes, hanc eandem C E, Hyperbolem in puncto B tangere: cujus demonstrationem Geometrae in numerato habent.

XII. *Demonstratio proprietatis hyperbolae quod ad refractiones.*

Hinc etiam notemus, si ex eodem puncto B, ad interiora Hyperboles rectam B A, parallelam axi D K, ducamus, & simul per idem punctum B, lineam L G, ad angulos rectos secantem C E

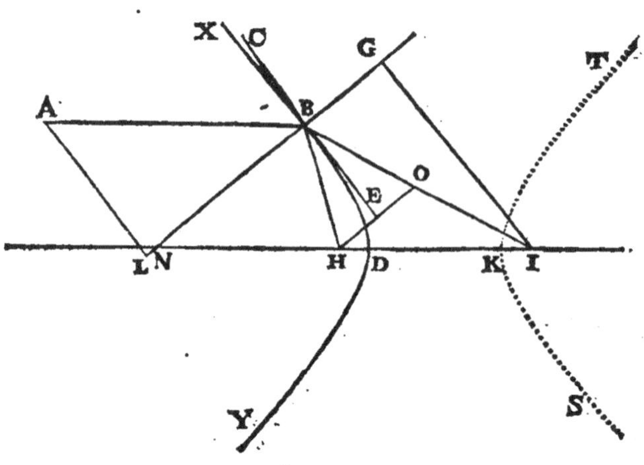

pro-

proferamus, & deinde sumpta B A æquali B I, à punctis A & I duas perpendiculares in L G mittamus: has duas posteriores A L & I G, eandem proportionem inter se habituras, quam duæ D K & H I. Et consequenter si hanc Hyperboles figuram vitro dederimus, cujus refractiones metimur per proportionem, quæ inter lineas D K & H I, illam omnes radios axi suo in hoc vitro parallelos, extrinsecus collecturam in puncto I, saltem si convexum sit hoc vitrum; nam si concavum, alios aliò disperget, tanquam si venirent ex hoc puncto I.

Quorum hæc est demonstratio. Primò, quia lineæ A B & N I, itemque A L & G I, sunt parallelæ, triangula rectangula A L B & I G N sunt similia: unde sequitur, A L esse ad I G ut A B ad N I; vel, quia B I & A B sunt æquales, ut B I ad N I. Deinde si H O parallelam ducamus ad L G, manifestum est ita se habere B I ad N I, quemadmodum O I ad H I, ob similitudinem triangulorum B N I & O H I. Postremò, duobus angulis E B H & E B I ex constructione æqualibus, & H O, quæ parallela L G, secante ad angulos rectos C E, duo triangula, B E H, & B E O, omnino erunt æqualia. Et ita B H, basi unius, æquali existente B O basi alterius, relinquitur O I differentia inter B H & B I, quam supra diximus esse æqualem D K: Ideoque A L est ad I G, quemadmodum D K ad H I. Unde sequitur, observatâ semper inter lineas D K & H I proportione, quæ apta est dimetiendis refractionibus vitri, aut similis materiæ, qua uti animus est; (sicut in describenda Ellipsi fecimus; hoc tantùm excepto; quod D K non possit hîc esse nisi brevissima, cùm è contrà, ubi de Ellipsi agebatur, debuerit esse longissima) si describa-

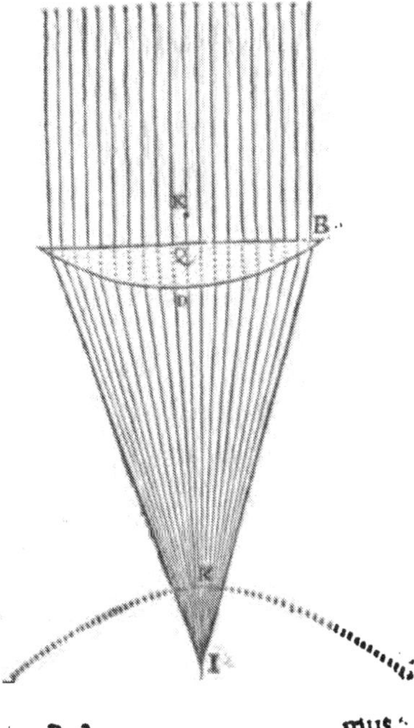

 mus

mus partem Hyperboles quantamlibet, ut D B, & à B ad angulos rectos deducamus in K D, rectam B Q, duas lineas B D & Q B in orbem circa axem D K rotatas, figuram vitri delineaturas, quæ omnes radios illud permeantes, & parallelos axi in aëre, à parte superficiei planæ B D (in qua nullam refractionem patiuntur) colliget ab altera parte, in puncto I.

XIII. *Quomodo ex solis hyperbolis & lineis rectis fieri possint vitra, quæ radios omnibus iisdem modis mutent, atque illi qui ellipsibus & circulis constant.*

Et si facta Hyperbole *d b*, quæ similis sit præcedenti, rectam *r o* ubicunque libuerit ducamus; sic tamen ut Hyperbolâ non sectâ, ad perpendiculum in axem illius *d k* incidat, & duo puncta *b* & *o*, per aliam rectam parallelam axi *d k*, jungamus, tres lineæ *r o*, *o b*, & *b d*, rotatæ circa axem *d k*, describent figuram Vitri, omnes radios axi parallelos à parte superficiei planæ, huc illuc ab alterâ parte dispergentem, tanquam si venirent ex puncto I.

Et si breviori sumptâ lineâ H I, ad describendam Hyperbolen vitri *r o b d*, quàm erat ad describendam alteram vitri

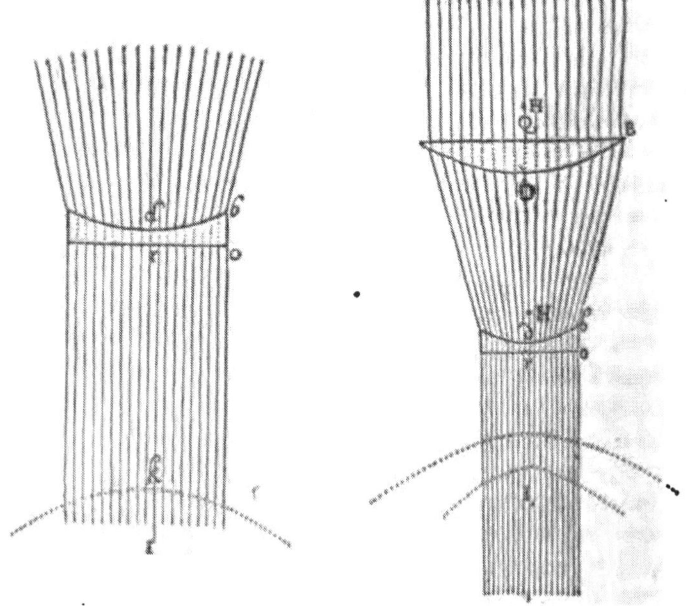

D B Q, disponamus hæc duo vitra tali ratione, ut axes illorum

DQ,

DQ, *rd*, in eadem recta jaceant, & duo foci in eodem loco I; adversis duabus superficiebus Hyperbolicis, omnes radios axi ante occursum parallelos, post transitum itidem parallelos, & magis in arctum coactos à parte vitri *robd*, quàm à parte alterius, reddent.

Et si duo DBQ & *dbq*, similia quidem sed magnitudine inæqualia, ita disponamus, ut axes illorum DQ & *dq*, etiam in eâdem rectâ porrigantur, & duo foci in eodem loco I concurrant, adversis duabus superficiebus Hyperbolicis, idem agent quod proximè præcedentes; radios scilicet axi ab una parallelos etiam ab altera parallelos reddent, & simul in arctius spatium cogent à parte minoris vitri.

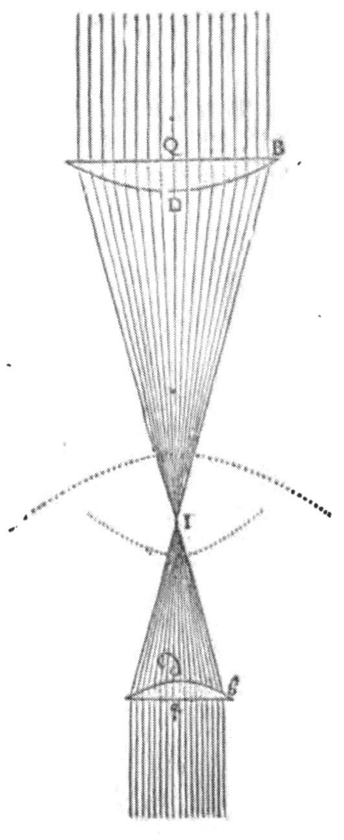

Et si planas superficies duorum vitrorum DBQ & *dbq* jungamus, aut disjungamus intervallo quo lubet, obversis tantùm superficiebus planis, quamvis eorum axes in eandem rectam non coïncidant, modò tantùm sint paralleli; vel potius si componamus aliquod vitrum, figuram duorum ita junctorum repræsentans, illius ope efficiemus, ut radii venientes ex uno punctorum I, in altero ab opposita parte coëant.

Et si fabricemur aliquod vitrum, quod habeat figuram duorum DBQ & *robd*, ita junctorum, ut eorum superficies planæ se mutuò contingant, illud omnes radios venientes ex uno punctorum I disgregabit, tanquam si venirent ex altero.

Et

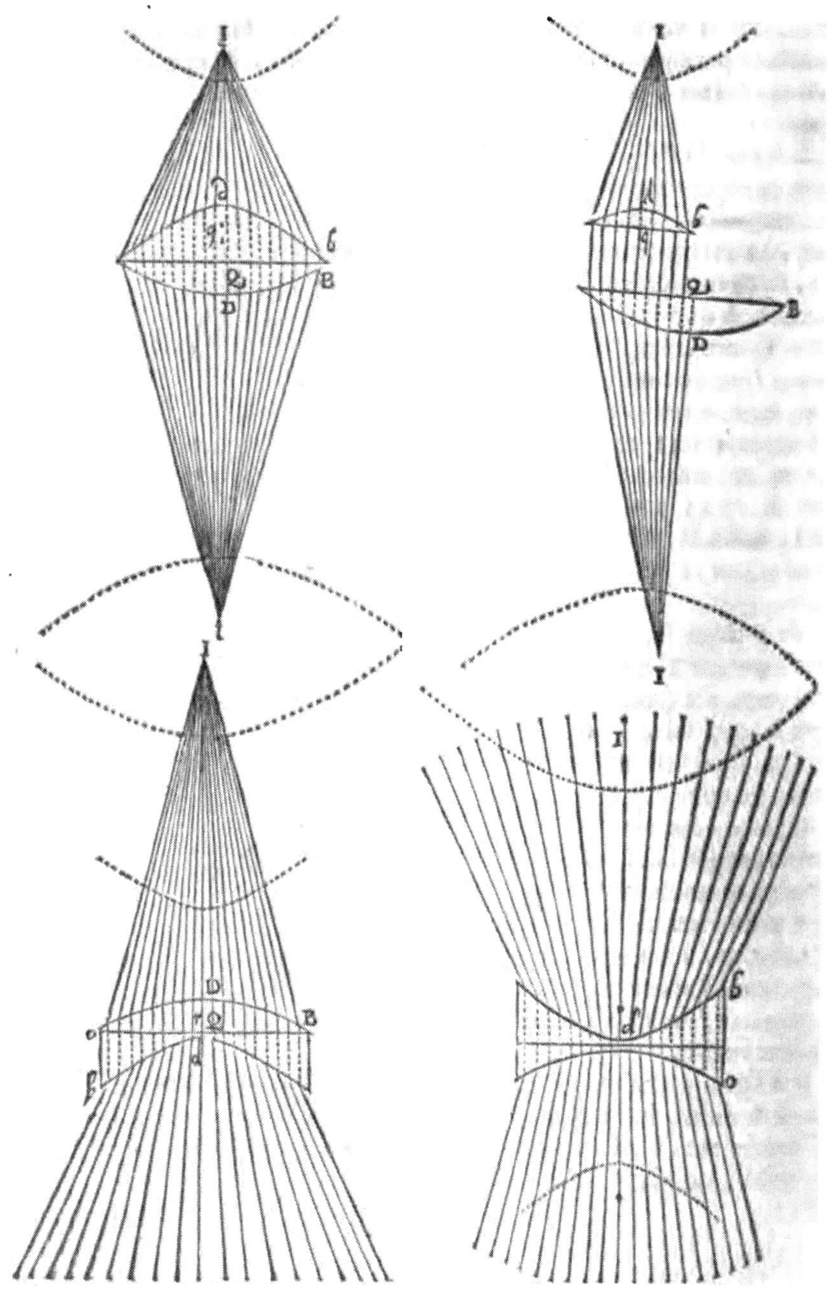
I
a
q
b
Q
B
D
I
I
a
q
b
Q
B
D
I
I
I
D
Q
B
c
q
d
f
b
d
o

Et postremo si vitrum componamus ejusdem figuræ, quam reddunt duo *r o b d*, quum ipsorum duæ planæ superficies conjunctæ sunt, efficiemus ut omnes radii qui convergentes in hoc vitrum ferentur, tanquam si essent ultra ipsum coituri in puncto I, postquam illud pertransiverint, divergant, tanquam si venirent ex altero puncto I.

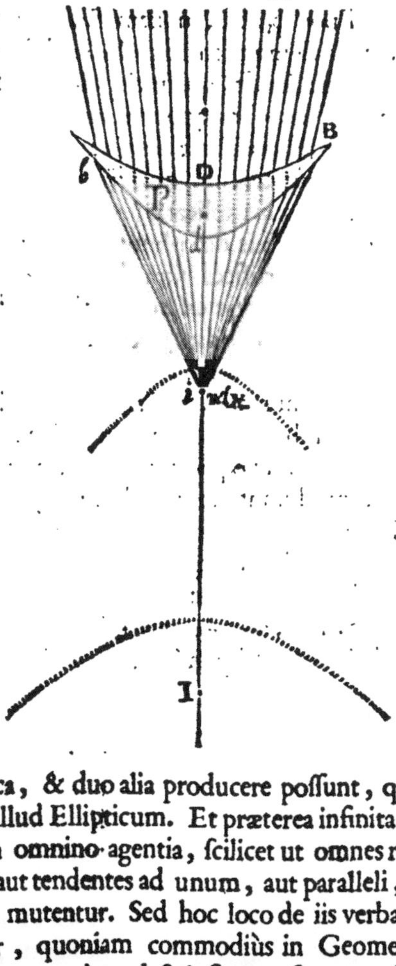

Atque hæc omnia mea quidem sententia tam perspicua sunt, ut sola contemplatio figurarum, ad rei cognitionem sufficere possit.

Porro, easdem mutationes radiorum quas explicavimus, primo per duo vitra elliptica, deinde per totidem hyperbolica, & duo alia producere possunt, quorum hoc Hyperbolicum, illud Ellipticum. Et præterea infinita alia possumus imaginari, idem omnino agentia, scilicet ut omnes radii venientes ex uno pũncto, aut tendentes ad unum, aut paralleli, ex aliis in alios horum trium mutentur. Sed hoc loco de iis verba facere supervacuum arbitror, quoniam commodiùs in Geometria poterunt explicari; atque ea quæ jam descripsimus, sunt omnium aptissima ad nostrum institutum, quemadmodum hîc ostendere conabor; & eâdem operâ, exponendo præcipuas omnes differentias, quæ inter ipsa esse possunt, quænam præ cæteris sint eligenda demonstrabo.

XIV. *Etiamsi multæ aliæ figuræ sint, quæ eosdem effectus producere queant, nullas tamen præcedentibus, ad conspicilia esse aptiores.*

Harum differentiarum prima consistit in eo quòd figura unius delineatu longè facilior sit quàm alterius: & certum est, post lineam

XV. *Figuras solis hyperbo-*

lis, & lineis rectis constantes, delineatu esse faciliores.

rectam circularem, & parabolam, ex quibus solis talis vitri figura componi non potest, nullam Ellipsi aut Hyperbola simpliciorem dari, ut cuivis inquirenti liquebit. Adeò quidem ut quum linea recta delineatu facilior sit, quàm circularis, & Hyperbole haud difficilior quàm Ellipsis, vitra quorum figuræ ex Hyperbolis & rectis lineis componuntur, facillimè omnium expoliri posse videntur. Hinc secundum locum tenent, quæ circulis & Ellipsibus constant; reliquæ omnes nobis non explicatæ, majoris sunt operæ. Saltem quantum ex motuum quibus describuntur simplicitate potest judicari: Nam si qui forsan artifices vitra sphærica commodiùs expoliant quàm plana, hoc contingit ex accidenti, & ad hujus scientiæ theoriam, quam solam explicandam suscepi, non spectat.

XVI, *Quæcunque sit vitri figura, non posse id accurate efficere, ut radii à diversis punctis prodeuntes, in totidem aliis diversis punctis congregentur.*

Secunda differentia in eo est, quòd inter plura vitra eodem modo radios immutantia, qui referuntur ad unum aliquod punctum, aut paralleli ab altera parte veniunt, illa, quorum superficies sunt minùs, aut minùs inæqualiter, incurvatæ, ita ut refractiones minùs inæquales producant, radios ad aliqua puncta relatos, vel ab alia parte venientes, semper aliquantò accuratiùs quàm reliqua immutent. Sed ad perfectam hujus cognitionem, observatu necessarium est, solam inæqualitatem curvaturæ linearum, quibus figuræ horum vitrorum componuntur, obstare, quò minùs dispositio radiorum qui referuntur ad plura diversa puncta, aut paralleli veniunt ex pluribus diversis partibus, æquè exactè mutetur, atque illa radiorum qui ad unum tantùm punctum referuntur, aut veniunt ex una eademque parte paralleli.

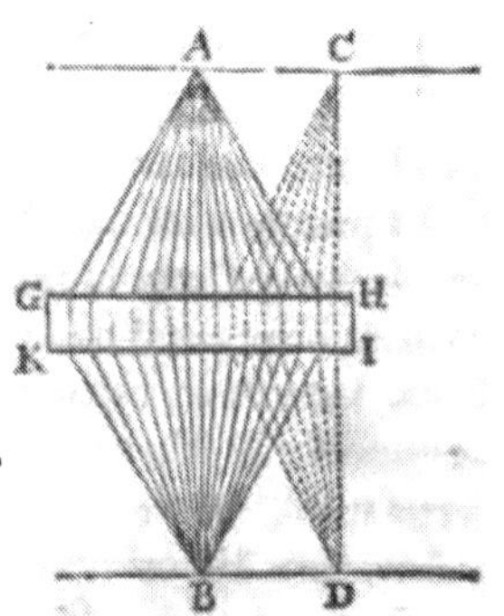

Si enim ex. gr. ad radios venientes ex puncto A, colligendos in puncto B, superficies vitri interpositi G H I K, omnino planæ esse deberent, ita scilicet, ut linea recta G H, quæ unam ex iis repræsentat, vim haberet efficiendi ut omnes isti radii venientes à puncto A, fierent paralleli dum essent in vitro, & eadem ratione altera linea recta K I, efficeret ut iidem egredientes ex vitro tenderent versus B; eædem hæ lineæ G H & K I, efficerent etiam ut radii omnes venientes à puncto C, tenderent versus D, & generaliter ut omnes

omnes ii qui ex aliquo punctorum lineæ rectæ AC (quam ſuppono parallelam ipſi GH) verſus unum aliquod ex punctis rectæ BD (quam facio parallelam ipſi IK, & tantumdem ab eà diſtantem quantum AC diſtat à GH) flecterentur: Cùm enim hæ lineæ GH & IK, nullo modo incurvatæ ſint, omnia puncta aliarum AC & BD, referuntur ad ipſas eodem modo.

Simili ratione ſi eſſet vitrum quale LMNO (cujus ſuppono ſuperficies LMN & LON eſſe duo æqualia ſphæræ ſegmenta;) quod vim haberet efficiendi ut radii omnes egreſſi ex puncto A cogerentur in puncto B; haberet eodem modo efficiendi ut omnes ex puncto C cogerentur in D; & generaliter, ut omnes, qui procederent ex uno aliquo punctorum ſuperficiei CA (quam ſuppono eſſe ſegmentum ſphæræ idem centrum habentis quod LMN) colligerentur in uno aliquo ex punctis ſuperficiei DB (quam itidem ſuppono eſſe ſegmentum ſphæræ idem habens centrum quod LCN, & ab iſto centro æquè diſtare atque AC diſtat ab LMN) quoniam omnes partes harum ſuperficierum LMN & LON ſunt æqualiter curvatæ, reſpectu omnium punctorum quæ ſunt in ſuperficiebus CA, & BD.

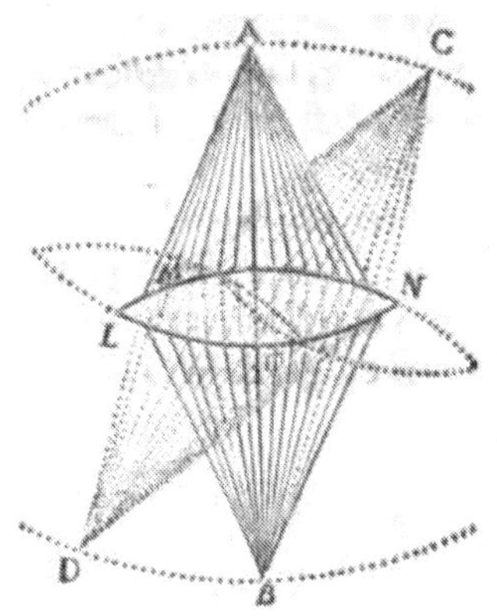

Sed quia nullæ lineæ ſunt in natura præter rectam & circularem, quarum omnes partes eodem modo ſe habeant ad omnia puncta alicujus alterius lineæ, & neutra ex his ſufficit ad componendam figuram vitri, quæ omnes radios venientes ex aliquo puncto, accuratè in alio colligere poſſit, ſatis liquet, nullam earum quæ huic rei inſerviunt, omnes radios ex aliquot punctis elapſos, accuratè in aliis punctis coacturam. Et ad ſeligendas ex iis, quæ radios minùs diſpergunt circa locum in quo illos colligere volumus, minùs curvatæ, & minùs inæquales, cæteris præferendæ erunt, ut quantum poſſint, ad circularem aut ad rectam proximè accedant; & potiùs ad rectam, quàm ad circularem, propterea quod hujus partes habent tantùm eundem reſpectum ad illa puncta, quæ æqualiter ab ejus centro diſtant, nec ullum aliud eodem modo reſpiciunt quo illud centrum.

XVII. *Vitra hyperbolica omnium optima eſſe in hunc finem.*

 Unde

Unde facilè concluditur, Ellipsin ab Hyperbola hac in re superari, & nullam excogitari posse vitri figuram, quæ omnes radios ex diversis punctis venientes, in totidem aliis æquè remotis à vitro ac priora tam accuratè colligat, quàm illa quæ constat ex duabus æqualibus Hyperbolis. Et quidem etiamsi hîc accuratæ totius hujus rei demonstrationi supersedeam, facilè tamen est applicare ea quæ jam dixi ad alios modos inflectendi radios, qui respiciunt diversa puncta, vel paralleli veniunt ex diversis partibus; atque ita cognoscere vitra Hyperbolica, vel ad hoc esse omnium aptissima, vel certè nullis aliis tam insigniter minùs apta, ut iis idcirco debeant postponi, quibus jam diximus esse præferenda, ex eo quòd faciliùs poliantur.

XVIII. *Radios à diversis punctis procedentes, magis dispergi vitro hyperbolico trajecto, quàm elliptico: quantoque ellipticum densius est, tantò minùs illud trajiciendo dispergi.*

Tertia horum vitrorum differentia in eo consistit, quòd una efficiant ut radii, qui ea pertranseuntes decussantur, paulò magis post illam decussationem ab invicem removeantur, & alia paulò minùs. Ut si ex. gr. radii G G veniant ex centro Solis, I I ex sinistra ejus

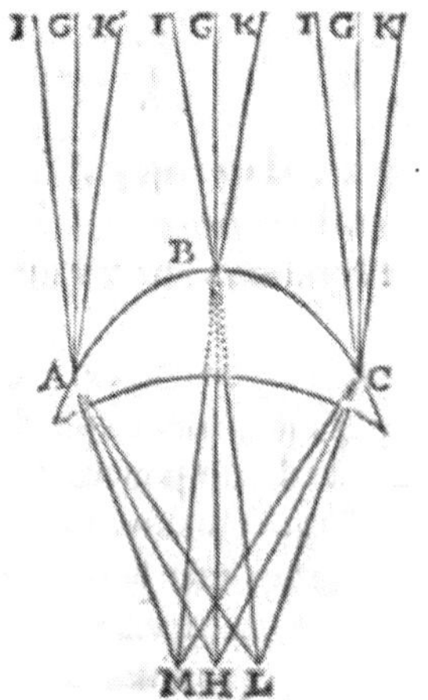

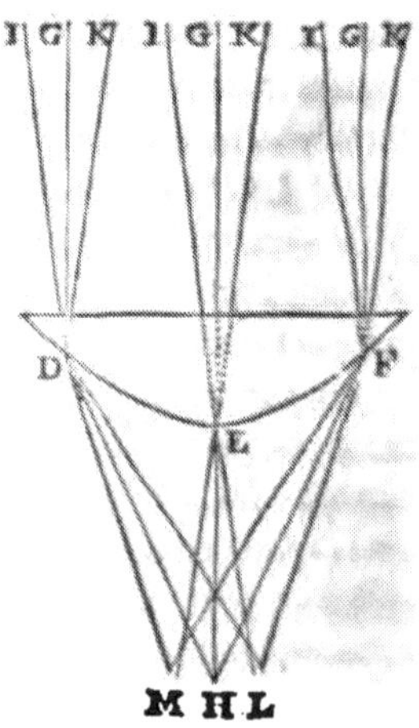

circumferentiæ parte, & K K ex dextra, postquam pertransiverint vitrum Hyperbolicum DEF, magis ab invicem removebuntur quàm priùs (hoc est, angulus MFL, major erit angulo IFK, & ita de cæteris); & contrà, postquam pertransiverint Ellipticum ABC,

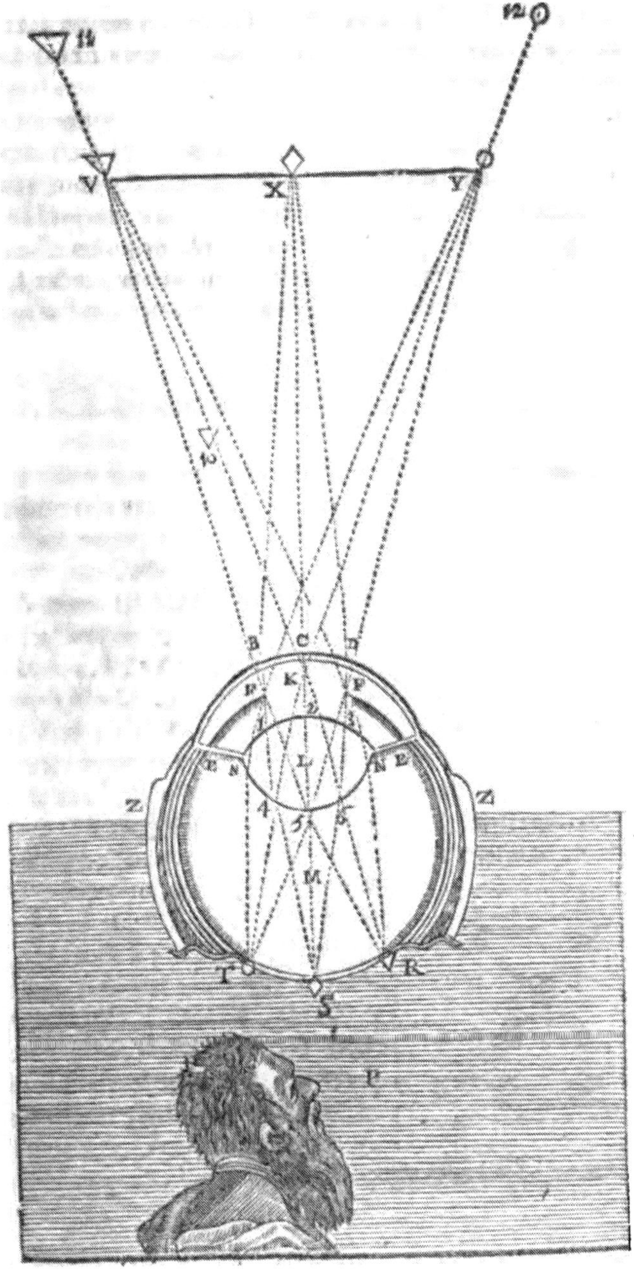
11
12
V
X
Y
10
B
C
D
K
F
F
L
E
N
N
E
Z
Z
M
T
R
S
P

ABC, magis ad invicem accedent (hoc est, angulus MCL, minor erit angulo ICK), adeò ut hoc Ellipticum puncta LHM sibi invicem propiora reddat, quàm Hyperbolicum; Et quidem tantò magis propinqua reddit quantò crassius est.

XIX. *Quantamcunque densitatem habeat, non posse id imaginem quam isti radii pingunt, nisi quarta aut tertia parte minorem reddere quàm faciat hyperbolicum: & inæqualitatem tanto majorem esse, quanto major est vitri refractio. Nullam vitro figuram dari posse quæ imaginem istam majorem reddat hyperbolica, aut minorem elliptica.*

Sed quantam demum crassitiem illi demus, nunquam nisi ad summum quartâ vel tertiâ parte propiùs quàm Hyperbolicum illa junget. Atque hæc diversitas à quantitate refractionum quæ in vitro fiunt ita pendet, ut crystallus montana, quæ illas paulò majores reddit, quàm vitrum, posset etiam hanc paulò majorem efficere. Sed nullius figuræ vitrum potest excogitari quod hæc puncta *LHM*, multò magis sejungat quàm Hyperbolicum, nec quod magis cogat quàm Ellipticum.

XX. *Quomodo intelligendum sit, radios à diversis punctis premanantes decussari in prima superficie, quæ efficere potest ut in totidem aliis diversis punctis congregentur.*

Hîc autem ex occasione notare possùmus, quo sensu suprà dictum sit, radios ex diversis punctis manantes, aut diversis partibus parallelos, omnes in prima superficie decussari, quæ efficiat ut in totidem aliis iterum colligantur. Ut quum audivimus, illos objecti VXY, qui imaginem RST in oculi fundo delineant, decussari in primâ illius superficie BCD. Hoc enim ex eo pendet, quod, exempli gratiâ, tres radii VCR, XCS, & YCT, reverâ decussentur in hac superficie BCD, in puncto C. Unde sequitur licèt radius VDR longè altiùs occurrat radio VBT, & VBR inferiùs radio YDT, quia tamen ad eadem puncta tendunt, ad quæ VCR & YCT, eadem ratione considerari posse, acsi in eodem loco decussarentur. Et quum eadem hæc superficies BCD illos ita disponat, ut omnes ad eadem puncta tendant, potiùs cogitare debemus ibi universos decussari, quàm superiùs aut inferiùs. Non obstante quòd & aliæ superficies 1 2 3 & 4 5 6 illos detorquere possint. Quemadmodum duo bacilla curva, ACD, & BCE, licèt multùm à punctis F & G recedant, ad quæ irent, si recta essent, & tantumdem atque nunc in puncto C decussarentur, nihilominus tamen revera in hoc puncto C decussantur.

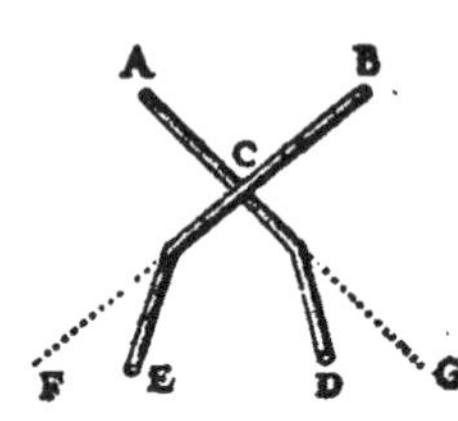

Sed interim adeò curva esse possent, ut iterum in alio puncto decussarenturrentur. Et eadem ratione radii permeantes duo vitra convexa D B Q & *d b q* in ſuperficie prioris decuſſantur, deinde iterum in altera poſterioris; ii ſaltem qui ex diverſis partibus allabuntur; alios enim qui ex eadem manant, palàm eſt demum in puncto I decuſſari.

N B. Vide fig. pag. 119.

XXI. *Vitra Elliptica magis urere quàm Hyperbolica: & quomodo metiri oporteat vim ſpeculorum aut vitrorum urentium. Nulla poſſe fieri quæ lineâ rectâ urant in infinitum.*

Obiter etiam obſervemus, radios ſolis, vitro Elliptico A B C collectos, vehementiùs urere quàm ſi per Hyperbolicum D E F collecti forent. Neque enim tantummodo radiorum ex centro Solis manantium, ut G G, ratio habenda, ſed etiam aliorum, qui cum ex aliis ejus partibus fluant, non multò minùs virium habent quàm illi, qui ex centro: adeò ut vehementia caloris quem excitant, æſtimari debeat ex magnitudine vitri vel ſpeculi quod il-

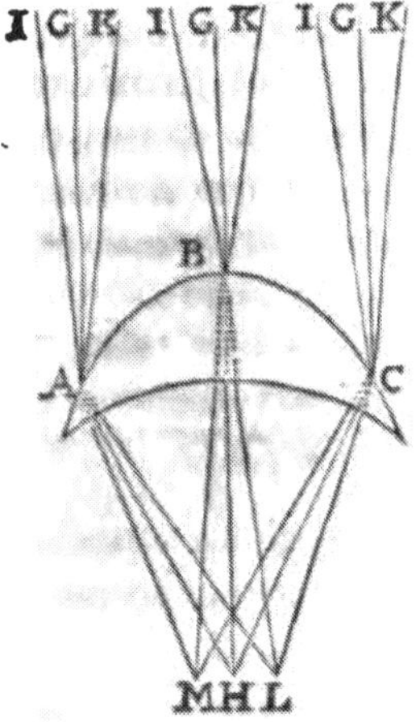

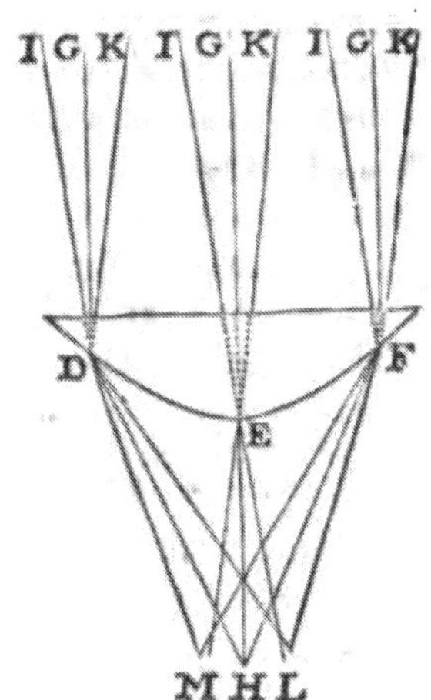

los colligit, comparata cum magnitudine ſpatii in quo colligit. Ita, exempli gratiâ, ſi diameter vitri A B C ſit quadruplo major diſtantia, quæ eſt inter puncta L & M, radii ejus ope collecti ſedecies tantum roboris habebunt, quantum haberent vitrum planum permeantes, quod illos nullo modo detorqueret. Et quoniam diſtantia inter puncta M & L major vel minor eſt, pro ratione intervalli, quod eſt inter illa & vitrum A B C, vel ſimile aliud corpus radios ibi cogens, nec ipſam magnitudo diametri hujus corporis, nec particularis ejus figura, niſi una quarta, aut ad ſummum tertia parte, poteſt augere; certum eſt, hanc lineam comburenburentem in infinitum, quam quidam somniarunt, vanam & imaginariam esse.

XXII. *Minima vitra aut specula tot radios congregare ad urendum, in spatio in quo eos congregant, atque maxima, quæ figuras minimis istis similes habent, in æquali spatio: istaque maxima nullam aliam prærogativam habere, quàm eos in spatio majori & remotiori congregandi: atque ita specula aut vitra valde parva fieri posse, quæ tamen magnam urendi vim habeant. Speculum comburens cujus diameter non excedit 100 partem distantiæ ad quam radios congregat, non posse efficere ut vehementius urant aut calefaciant, quàm illi qui directè à Sole procedunt.*

Et si duo vitra vel comburentia specula sumamus, quorum unum altero majus, qualiacunque demum sint, dummodò similium figurarum, majus quidem radios Solis in spatio majori colliget, longiùs etiam à se reddet, quàm minus: interim in singulis partibus hujus spatii, non plus virium hi radii habebunt, quàm in altero, in quo minus illos colligit. Atque ita vitra & specula valde exigua fieri possunt, æquè vehementer comburentia, ac maxima. Et speculum comburens, cujus diameter non multo major est centesima circiter parte distantiæ, quæ inter illum, & locum in quo radios Solis colligere debet; id est, cujus eadem sit ratio ad hanc distantiam, quæ diametri Solis, ad eam quæ inter nos & Solem, licèt angeli manu expoliatur, non magis calefaciet illum locum, in quo radios quam maximè colliget, quàm illi radii, qui ex nullo speculo reflexi directè ex Sole manant. Atque hoc etiam ferè eodem modo de vitris comburentibus intelligi debet. Unde patet, eos qui non consummatam Optices cognitionem habent, multa fingere quæ fieri non possunt; & specula illa famosa quibus Archimedes navigia procul incendisse fertur, vel admodum magna fuisse, vel potiùs fabulosa esse.

XXIII. *Vitra elliptica plures*

Quartum discrimen, in vitris de quibus agimus notandum, ad ea imprimis pertinet, quæ mutant dispositionem radiorum ex pro-

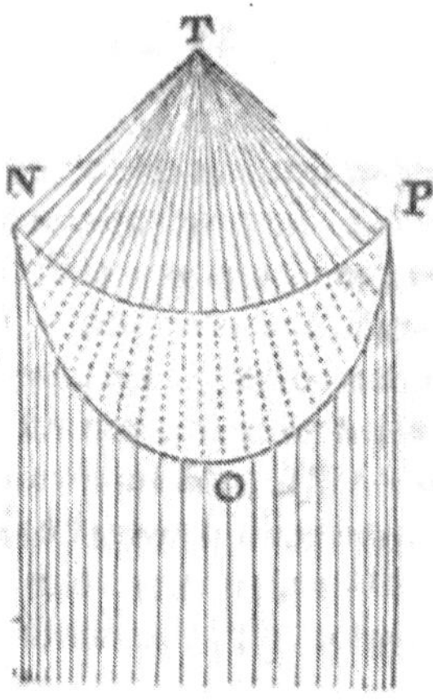

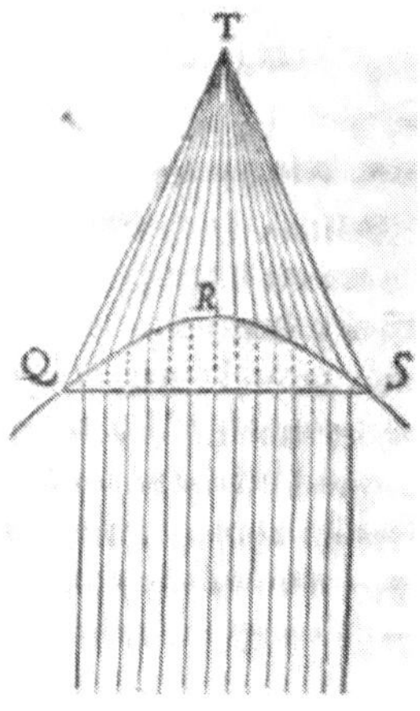

pin-

pinquo aliquo puncto manantium, & in eo consistit, quòd alia, nempe quorum superficies illi puncto obversa quàm maximè est concava, pro ratione ipsorum magnitudinis majorem copiam radiorum admittant, quàm alia, licèt diametrum non habeant majorem. Et in hac re vitrum Ellipticum N O P (quod tam magnum supponimus, ut extremitates illius N & P, sint puncta determinantia minimam Ellipsis diametrum) Hyperbolicum Q R S superat, licèt pro arbitrio magnum fingatur; & ad hunc effectum nullo alio inferius est.

ex eodem puncto radios accipere posse ut eos postea parallelos reddant, quàm ullius alterius figuræ.

Postremò hæc vitra etiam in hoc differunt, quòd ad eadem effecta producenda, circa radios qui referuntur ad unicum punctum, vel sunt paralleli, illa quæ sunt quarumdam figurarum debeant esse plura numero, vel efficere ut radii qui alia puncta vel alias partes respiciunt, pluribus vicibus decussentur, quàm quæ sunt aliarum: Ut suprà vidimus ad radios ex uno puncto manantes, in alio colligendos, aut dispergendos tanquam si ex alio venirent, aut rursus ad dispergendos illos, qui versus aliquod punctum tendunt, tanquam si ex aliquo alio egrederentur, semper duo vitra Elliptica esse adhibenda, quum ad idem efficiendum unico tantùm Hyperbolico opus sit. Et parallelos servato parallelismo, in minus spatium quàm antea occupabant arctari posse, tam per duo vitra Hyperbolica convexa, quæ radios ex diversis punctis venientes bis decussant, quàm per convexum & concavum, quæ semel tantùm eosdem decussant. Sed manifestum est nunquam pluribus vitris utendum, quoties unum sufficit, nec procurandum ut sæpius radii decussentur, ubi semel decussati idem præstare possunt.

XXIV. *Sæpe vitra hyperbolica ellipticis esse præferenda, quòd uno tantumdem atque duobus effici possit.*

Atque ex his omnibus est concludendum, vitra Elliptica & Hyperbolica, cunctis aliis, quæ possunt excogitari, præstare; Et præterea ferè semper Hyperbolica Ellipticis esse præferenda. Quibus præmissis hîc deinceps exponam qua ratione mihi videatur unumquodque genus specillorum fieri debere, ut quàm maximam perfectionem acquirat.

CAPUT NONUM.

Descriptio Specillorum.

I. *Qualis eligenda sit perspicillorum materia: & cur fere semper fiat aliqua reflexio in corporum pellucidorum superficie: curque reflexio ista validior sit in crystallo quam in vitro.*

Rimò omnium necessarium est, pellucidam materiam eligere, politu facilem, & tamen satis duram, ad figuram quæ ipsi dabitur retinendam; præterea minimum coloratam, & quam minime reflexioni obnoxiam. Et quidem in hunc usque diem non alia reperta fuit, quæ omnes has conditiones perfectiùs expleat, quàm vitrum valde purum & translucidum, ex cinere subtilissimo conflatum. Licèt enim Crystallus montana purior & pellucidior videatur, tamen quum superficies illius plures radios quàm vitrum reflectant, ut experientia docere videtur, non tam apta forsan nostro proposito fuerit. Hîc autem ad cognoscendam hujus reflexionis causam, & quare potiùs in superficiebus tum vitri tum crystalli fiat, quàm in medio illorum, item quare major in superficie crystalli quàm vitri, nobis in memoriam revocandum est quâ ratione supra naturam luminis descripserimus; dicentes illam nihil esse in pellucido corpore, præter actionem aut inclinationem ad motum, materiæ cujusdam subtilissimæ, omnes illius poros replentis, & cogitandum poros omnium corporum pellucidorum, adeò æquales & rectos esse, ut facillimè hanc materiam subtilem sine morâ & offensione transmittant; Sed nunquam poros duorum corporum pellucidorum diversæ naturæ, ut illi aëris & vitri seu crystalli, tam accuratè ad invicem respondere, quin semper nonnullæ particulæ materiæ subtilis manantes, exempli gratiâ, ex aëre ad vitrum, inde resiliant, partibus solidis superficiei illius occurrentes: & eâdem ratione ex vitro in aërem delatæ, partibus solidis superficiei aëris obviæ, eò unde venerant reflectantur; sunt enim in aëre multæ, quæ respectu hujus materiæ subtilis, solidæ possunt nominari. Quibus cognitis si consideremus crystallum componi ex partibus solidis crassioribus, & poros habere angustiores, quàm vitrum, quemadmodum ex majori ejus duritie simul & pondere satis patet, facilè credemus illam plures ex istius materiæ subtilis particulis superficie suâ repulsuram, & ex consequenti paucioribus radiis aditum præbituram quàm vel aër vel vitrum; licèt interea faciliorem transitum, quàm illa, præbeat, iis quibus præbet, juxta ea quæ suprà dicta sunt.

Itaque

Itaque selecto purissimo vitro, minimè colorato, & paucissimos radios reflectente, si illius ope defectui eorum opem ferre volumus, quorum acies non tantum ad remota valet, quantum ad propinqua, vel contrà non tantum ad propinqua quantum ad remota, aptissimæ ad hoc figuræ erunt, quæ ex Hyperbolis constant. Ut si, exempli gratiâ, oculus B, vel C, à natura comparatus sit ad colligendos in suo fundo omnes radios manantes ex puncto H vel I, at non illos ex V, vel X, ut tamen & hoc V, vel X, accuratè cernat, interponendum est vitrum O, vel P, cujus superficies, una concâva, II.

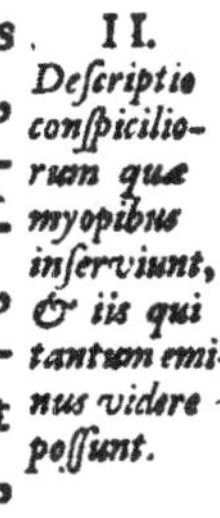
Descriptio conspiciliorum quæ myopibus inserviunt, & iis qui tantum eminus videre possunt.

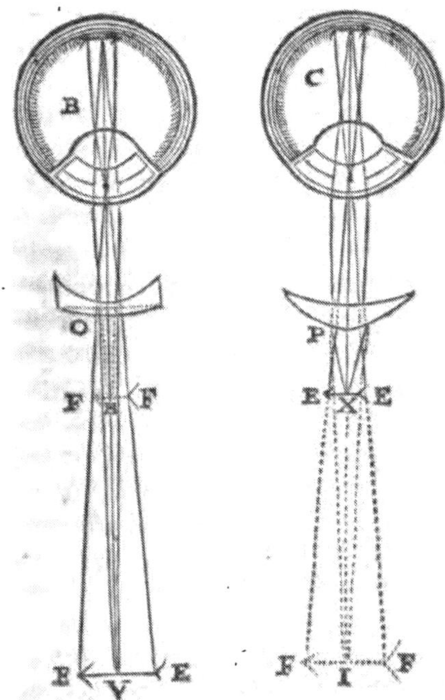

altera convexa ope duarum Hyperbolarum descriptæ sunt, & concava quæ oculo est obvertenda, habet pro foco punctum H, vel I, & convexa punctum V, vel X.

Atque si punctum I, vel V, satis remotum sit ab oculo, nempe ad quindecim aut viginti pedes aut ampliùs; tunc loco Hyperbolæ, cujus focus esse deberet, sufficiet uti lineâ rectâ, & sic facere III.

Cur supponi possit radios à pun-

 unam

…to ſatis remoto prodeuntes eſſe quaſi parallelos: & cur non ſit neceſſe conſpiciliorum quibus utuntur ſenes figuram valde accuratam eſſe.

unam ex ſuperficiebus vitri omnino planam; nempe interiorem, quæ oculo obverti debet, ſi ſit punctum I quod ita remotum ſupponimus; & exteriorem, ſi ſit punctum V. Tum enim tanta objecti pars, quanta eſt pupillæ magnitudo, loco unius puncti erit, quum non plus ſpatii in oculi fundo occupet, quàm extremitatem unius capillamenti nervi optici.

Neque etiam neceſſarium eſt, quoties objecta paulò magis vel minùs diſtantia volumus contueri, alia ſtatim adhibere vitra; ſed ſufficit ad uſum habere duo, quorum alterum diſtantiæ rerum, quas vulgò contemplamur, minimæ congruat, & alterum maximæ; vel etiam unum quod inter hæc duo medium ſit. Cùm enim oculi quibus aptari debent, non omnino immoti ſint & rigidi, facilè ad figuram talis vitri mutantur.

IV.
Quomodo perſpicilla pulicaria ex unico vitro fieri debeant.

Quod ſi etiam ope unius vitri cupiamus efficere, ut objecta acceſſa (id eſt, quæ oculo quantum volumus poſſunt admoveri) multò majora & magis diſtinctè appareant, quàm dum reſpiciuntur ſine ſpecillis: commodiſſimum erit ſuperficiem hujus vitri interiorem omnino planam reddere, exteriorem autem Hyperbolicam; cujus focus in eo loco ſit, in quo objectum libuerit collocare. Notandum tamen hîc commodiſſimum dici, non omnino optimum; nam concedo quidem ſi huic ſuperficiei figuram Ellipſeos demus, cujus itidem focus ibidem ſit ubi objectum, & alteri figuram ſegmenti ſphæræ, cujus centrum in eodem hoc foco, effectum paulò majorem fore: ſed multò minùs commodè tale vitrum poterit expoliri. Hic autem focus, ſive Hyperbolæ, ſive Ellipſis, tam propinquus eſſe debet, ut objecto (quod non niſi valdè exiguum eſſe poteſt) ibi locato, non majori intervallo diſtet à vitro, quàm neceſſe eſt, ut lumen quo debet illuſtrari ex circumjacentibus locis ad illud accedat. Atque hoc vitrum thecâ aliquâ eſt ita includendum, ut totum illa contegatur, mediâ tantùm ejus parte exceptâ, quæ magnitudine pupillam æquet, vel etiam ſit paulò minor. Debentque omnes hujus thecæ partes, quæ oculo obvertentur, nigræ eſſe. Et præterea non erit inutile ipſius oras holoſerico nigro circumdare, ut tantò commodiùs, oculo quàm proximè admota, radios omnes luminis excludat, præter eos, qui per partem vitri detectam admittentur. Sed extrinſecus præſtabit ejus ſuperficiem albam eſſe, vel potiùs terſam & politam, figuramque habentem ſpeculi concavi, ut omnes radios luminis in ſe effuſos ad objectum reflectat. Et ad ſuſtinendum objectum

ctum eo in loco, in quo esse debet ut ope specilli conspiciatur, non improbo perexiguas illas ampullas ex vitro vel crystallo, quarum usus in Gallia jam vulgaris est & frequens. Sed ut aliquantò plus artis adhibeamus, meliùs erit si fulcro aliquo, brachioli instar, ex theca protenso sustineatur. Et denique ut abunde luminis adsit, totum specillum simul cum objecto erit Soli obvertendum. Ut si A sit vitrum, C pars interior thecæ cui inclusum est, D exterior, E objectum, G brachiolum sustinens, H oculus, & I Sol, cujus radii directè in oculum non penetrant, ob interjectum tam conspicillum quàm objectum, sed effusi in corpus album, vel speculum D, resiliunt inde primo ad E, & tandem ab E ad oculum.

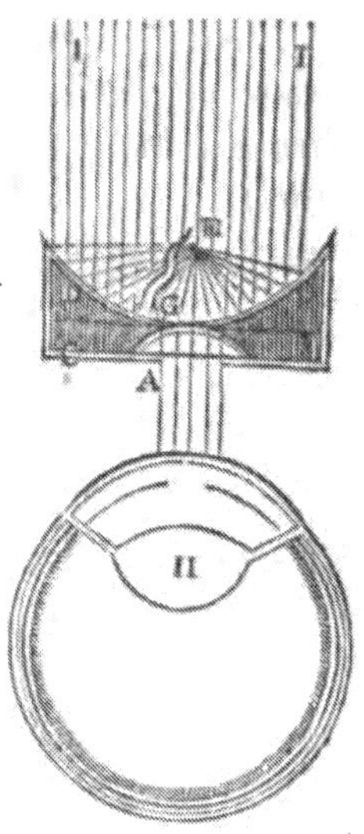

Si vero aliquod specillum ad astra & alia objecta remota & inaccessa contemplanda volumus fabricare; duobus Hyperbolicis vitris, convexo uno & altero concavo, duabus tubi extremitatibus, ut hic videri possunt, insertis, id erit componendum. Et primò *a b c* superficies vitri concavi *a b c d e f*, figuram Hyperbolicam exigit; cujus focus eâ distantiâ absit, à qua oculus cui hoc perspicillum paratur quàm accuratissimè sua objecta cernit. Hic ex.gr. oculo G ita disposito, ut distinctiùs cognoscat objecta quæ ad H, quàm ulla alia, H debet esse focus Hyperboles *a b c*. & pro senioribus qui rectiùs objecta remota quàm propinqua vident, hæc superficies *a b c* omnino plana esse debet; contrà pro iis, quorum acies ad propinqua valet, satis concava. Altera superficies *d f* figuram alterius Hyperbolæ exposcit, cujus focus I transversum pollicem aut circiter ab ea distet, ita ut oculi fundum contingat cum ejus superficiei perspicillum erit conjunctum. Hæ tamen proportiones non tam absolutè necessariæ sunt, quin multùm etiam mutari possint, ita ut non aliter facta superficie *a b c* pro senibus, nec pro myopibus quàm pro cæteris, omnibus oculis idem perspicillum possit inservire, si tantùm ejus tubus nunc aliquantulum diducatur, nunc contrahatur. Et quod ad superficiem *d e f*, forsan ob difficultatem ipsam

V. *Quid requiratur in telescopiis, ut sint perfecta.*

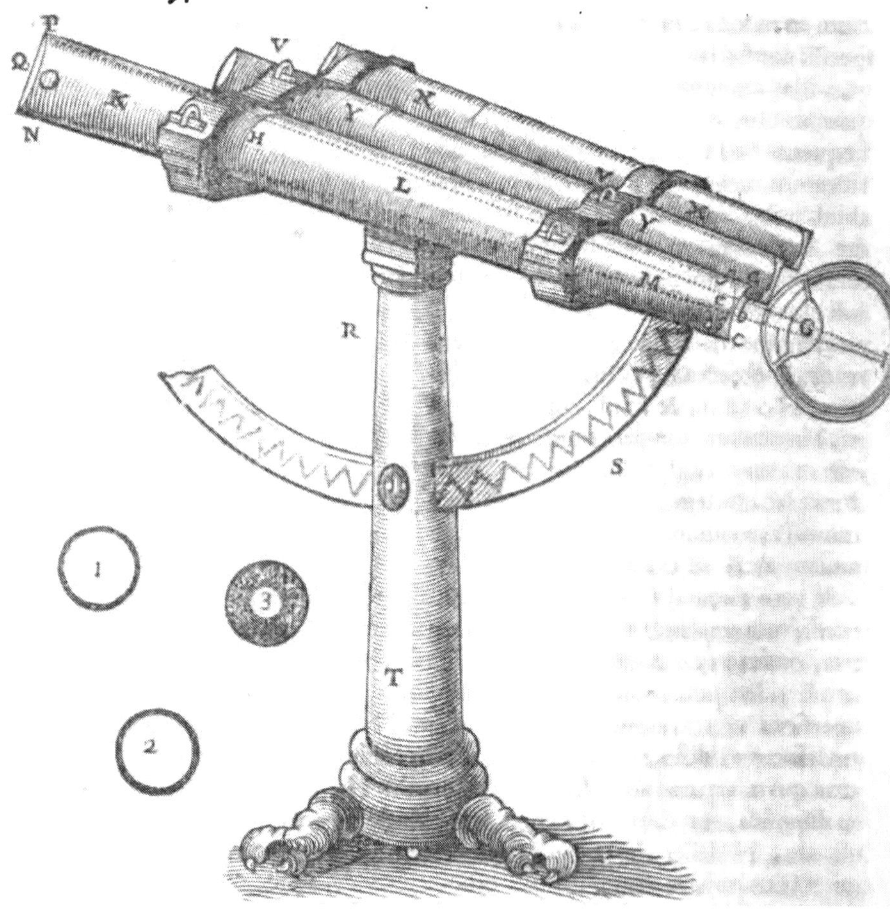

ipsam multum excavandi, præstabit figuram Hyperboles illi dare, à qua focus aliquantò magis distet, quàm dictum est, quod usus feliciùs quàm mea præcepta docebit. Et in universum hoc tantùm dico; quò propiùs aderit hoc punctum I, reliquis paribus, eò majora objecta visum iri, quia tunc oculus ita erit disponendus, ac si propiora essent; & visionem magis fortem sive perspicuam futuram, quia tunc alterius vitri diameter poterit major esse. Verùm si nimis vicinum fiat, illam non adeò distinctam fore, quia tunc multi radii nimis obliquè pro ratione aliorum, in vitri superfiperficiem cadent. Diameter autem hujus vitri, sive pars quæ retecta esse debet, cùm tubo K L M inclusum est, satis magna erit, si aliquantulum excedat pupillæ quàm maximè diductæ quantitatem. Et quod ad ejus crassitiem attinet, nunquam nimis exigua esse potest; licèt enim illam augendo imagines objectorum paulò majores reddantur, quia tunc radii à diversis punctis venientes paulò magis in eâ parte, quæ oculum respicit, divergunt, fit etiam è contra ut pauciora & minùs distinctè appareant; suntque aliæ viæ commodiores ad imaginum magnitudines augendas. Quantùm ad vitrum convexum N O P Q, superficies illius N O P, objecta respiciens, omnino plana esse debet, & altera N O P Hyperbolica; cujus focus accuratè in eundem locum cadat, in quem alterius Hyperboles *d e f*; & quò perfectius telescopium desideramus, eò magis focus iste removendus est à puncto O. Præterea magnitudo diametri hujus vitri, determinatur à duabus rectis lineis I *d* N & I *f* P, ductis à foco I, per *d* & *f*, extremitates diametri vitri hyperbolici *d e f*; quam diametro pupillæ æqualem esse suppono. Sed etiamsi diameter vitri N O P Q aliquantò minor sit, tamen objecta propterea non magis confusa, nec minora, sed tantùm minori luce perfusa apparebunt. Quapropter quoties illa nimis lucida erunt, diversi circuli nigri chartacei, vel similes in promptu habendi, ut 1 2 3, ad obtegendas illius oras, & partem ejus retectam, quantùm lumen ex objectis effusum permiserit, angustissimam reddendam. Crassities autem hujus vitri, neque prodesse neque obesse potest, nisi forsan ideo potest obesse, quòd vitrum quamvis purissimum & maximè tersum, semper tamen radios aliquantò plures reflectat, quàm aër. Tubus K L M ex materia firmâ & solidâ fieri debet, ut duo vitra duabus illius extremitatibus immissa, accuratè semper eodem situ ibi hæreant. Totus etiam intrinsecus niger esse debet, atque holoserico nigro circa oram ad M vestiri, ut arctè oculo junctus omnem lucem excludat, eâ exceptâ quæ permeabit vitrum N O P Q. Longitudinem autem illius, & latitudinem, distantia & magnitudo duorum vitrorum certam reddit. Postremò necessarium erit hunc tubum machinæ cuidam imponi, ut R S T, cujus operâ verti in omnes plagas possit, & firmiter sisti è regione objectorum, quæ volumus contemplari. Et hujus quoque rei gratiâ dioptra vel duo pinnacidia, ut V V, huic machinæ affigenda erunt. Et insuper etiam, quia quò magis hæc perspicilla objectorum imagines augent, eò pauciores simul repræ-

repræſentant, non abs re fuerit iis, quæ illas quàm maximè augent, alia minùs perfecta adjungere, ut eorum ope tanquam per gradus, ad cognitionem loci, in quo erit objectum quod perfectiſſima exhibebunt, deveniatur. Talia hîc ſunt X X & Y Y, quæ perfectiſſimo Q L M ita adjuncta eſſe ſuppono, ut ſi vertatur machina cui impoſita ſunt, donec per dioptras V V planeta Jovis appareat, idem etiam per ſpecillum X X apparebit, & præterea hujus ſpecilli ope quatuor alii minores planetæ Jovem comitantes dignoſcentur. Deinde ſi machina rurſus ita dirigatur ut unus aliquis ex his minoribus planetis per centrum hujus ſpecilli X X conſpiciatur, conſpicietur etiam per aliud ſpecillum Y Y; ubi quia ſolus & multò major quàm priùs apparebit, diverſæ etiam regiones in eo diſtinguentur. Et denique ex his regionibus, quæ per centrum hujus ſpecilli Y Y ſpectabitur, ſpectabitur etiam per tertium ſpecillum K L M, cujus ope variæ res minores quæ in illa regione erunt, diſcernentur. Sed ſciri non poſſet iſtas res eſſe in tali regione, talis ex planetis qui Jovem comitantur, ſine ope aliorum; nec etiam illud in loca determinata, verſus quæ volumus reſpicere, commodè dirigere poſſemus.

His autem tribus perſpicillis, quartum aut plura perfectiora poterunt adjungi; ſaltem ſi artificibus induſtria ad id requiſita non deſit. Et nullum quidem inter hæc perfectiſſima & imperfectiora diſcrimen eſt, niſi quòd eorum vitrum convexum debeat majus eſſe, & ejus focus remotior. Denique ſi manuum induſtria præſtare poſſit, quod ars docet; hujus inventi beneficio poterimus res tam particulares & minutas in aſtris videre, quàm ſint eæ quas vulgò in terra percipimus.

VI. *Qualia itidem eſſe debeant perſpicilla pulicaria, ut ſint perfecta.*

Si verò ſpecillum habere cupiamus, cujus ope objecta propinqua & acceſſa quàm diſtinctiſſimè fieri poteſt conſpiciantur, & multò diſtinctiùs quàm ope illius quod paulò ante hunc in uſum deſcripſimus, illud itidem duobus vitris hyperbolicis, uno concavo, convexo altero, duabus tubi extremitatibus incluſis erit componendum, & concavo *a b c d e f* eadem figura danda, quæ proximè præcedenti, ut & ſuperficiei interiori convexi N O P. Exterior autem N R P, quam illud totam planam habebat, hîc admodum convexa requiritur, & hyperbolica, cujus focus exterior *z* ita propinquus ſit, ut objecto ibi locato, non plus ſpatii illud

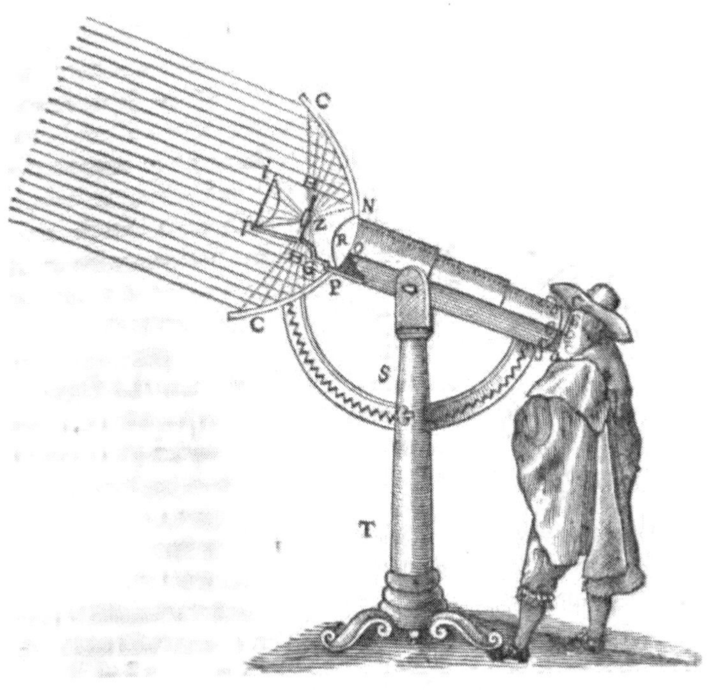

illud & vitrum interjaceat, quàm admittendæ luci ad illud illuminandum requiritur. Et diameter hujus vitri non tanta requiritur, quanta in præcedenti ſpecillo, nec etiam tam exigua ſufficit quàm illa vitri A, paulò ante deſcripti, ſed talis circiter eſſe debet, ut recta NP, quæ illum deſignat, tranſeat per focum interiorem Hyperboles NRP, & in hac Hyperbola utrimque terminetur. Si enim minor foret, pauciores radios ab objecto z reciperet; ſin major, paulò plures tantùm admitteret; ita ut vitri craſſities, quæ tunc multò major evaderet, non minùs de illorum vi detraheret quàm ejuſdem latitudo augeret; & præterea non tantùm luminis verſus objectum z reflecti poſſet. E re quoque erit hoc conſpicillum machinæ cuidam ut ST, imponere, quâ ſemper Soli obverſum teneatur. Et vitrum NOPR ſpeculo parabolico concavo includendum erit, ut CC, quod omnes Solis radios reflectat ad punctum Z, in quo objectum parvo brachiolo G, alicunde ex speculo protenso sustineatur. Et præterea hoc brachiolum fulcire debet aliquod corpus nigrum & opacum, quale HH, quod objectum Z undiquaque circumstet, & accurate magnitudinem vitri NOPR adæquet; ut nempe impediat ne qui radii Solis directe incidant in hoc vitrum; inde enim intrantes tubum, quidam eorum procul dubio ad oculum resilirent, & nonnihil de visionis perfectione detraherent: quia, quamvis hic tubus debeat intrinsecus fieri nigerrimus, nullum tamen corpus tam perfecte nigrum esse potest ut omnem vim luminis aliunde in illud delapsi obtundat, & nullos omnino radios reflectat; præsertim si lumen illud sit satis forte, quale est Solis. Præterea corpus opacum HH, debet habere in medio foramen, quale Z, ejusdem magnitudinis cujus objectum, ut si id forsan quodammodo sit pellucidum, etiam per directos Solis radios illuminetur; imò si necesse sit, per eosdem comburenti vitro II, quod æquè latum sit ac NOPR, collectos in puncto Z, ut omni ex parte tantum luminis in objectum mittatur, quantum sine periculo ustionis poterit ferre. Et facile erit velata parte speculi CC, vel vitri II, nimiam illorum vim temperare. Neminem ignorare existimo, quare hîc tam solicitè curem, ut quàm plurima luce objectum illustretur, & ut quàm plurimi ex eo radii ad oculum pertingant. Vitrum enim NOPR, quod in hoc specillo pupillæ vice fungitur, & in quo radii ex diversis punctis manantes decussantur, cum multò vicinius sit objecto quàm oculo, efficit ut hi radii per multò majus spatium se extendant, in membranula illa quæ ex extremitatibus nervi optici conflatur, quàm sit ipsa superficies objecti ex quo veniunt; Et satis patet, illos tantò minùs virium habere, quantò spatium per quod extenduntur est majus, ut è contrà multò plus habent cùm à vitro vel speculo ustorio in multò minori spatio colliguntur. Atque hinc tantùm longitudo hujus perspicilli dependet,

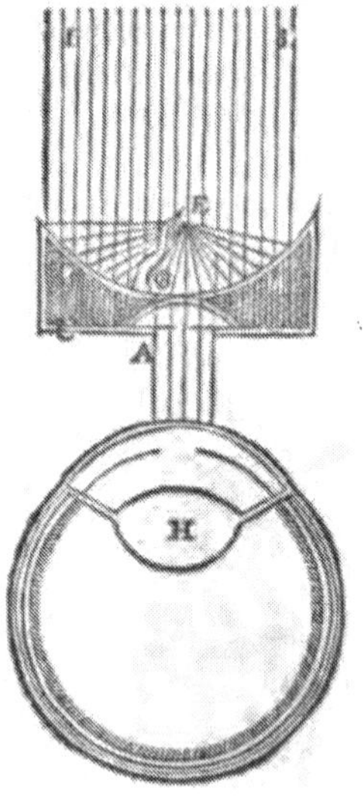

det, id eſt, diſtantia quæ eſt inter Hyperbolen N O P & ejus focum. Quantò enim illa major eſt, tantò magis imago objecti in oculi fundo expanditur, ideoque tantò diſtinctiùs minutas illius partes ibi depingit; ſed hoc ipſum vim luminis ita minuit, ut tandem non omnino ſentiretur, nempe ſi nimis longum eſſet hoc ſpecillum. Adeò ut ejus maxima longitudo non niſi experientia poſſit determinari. Et præterea etiam varia ſit pro varietate objectorum, quorum ſcil. nonnulla magnam vim luminis, alia non niſi perexiguam ſine uſtione ferre poſſunt. Non quidem ignoro quædam adhuc alia poſſe excogitari, quibus hujus luminis vis aliquantò magis augeretur: ſed difficilior eſſet illorum uſus, & vix ullum occurret unquam objectum, quod majorem requirat. Poſſent etiam alia vitra poni in locum Hyperbolici N O P R, quæ paulò plures radios quàm hoc ab eodem objecti puncto reciperent; ſed vel non efficerent, ut omnes radii ex diverſis objecti punctis venientes tam proximè ad totidem alia puncta verſus oculum concurrerent, vel ad hoc duobus vitris loco unius eſſet utendum; atque ita radiorum vis non minùs ſuperficierum numero minueretur, quàm figurâ augeretur; & denique illa multò difficiliùs poſſent poliri.

VII. *Ad his perſpicillis utendum, præſtare alterum oculum velo aliquo obſcuro tegere, quàm eum muſculorum ope claudere. Utile quoque eſſe viſus ſui aciem antea debilitare, in loco valde obſcuro ſe continendo: atque etiam imaginationem diſpoſitam habere, quaſi ad res valde remotas & obſcuras intuendum.*

Supereſt hîc tantùm ut advertamus, quoniam hæc perſpicilla non niſi unico oculo admoventur, operæ eſſe ut alium interim oculum obſcuro aliquo velo tegamus; ſic enim pupilla ejus quo utemur magis aperietur, quàm ſi alium vel luci expoſitum relinquamus, vel ope muſculorum palpebras moventium claudamus: tanta enim eſt inter utrumque affinitas, ut vix unus aliquo modo moveri poſſit, quin alter ſtatim ad ejus imitationem diſponatur. Præterea non erit inutile, non tantùm hoc conſpicillum arctè oculo adjungere, ut nullam niſi per illud recipiat lucem; ſed etiam priùs aliquamdiu in obſcuro loco ſtetiſſe, ut viſus acies tantò tenerior exiſtens à minima luce affici poſſit; & præterea imaginationem noſtram eodem modo diſponere, ac ſi res valde remotas & obſcuras vellemus intueri, ut tantò magis pupilla dilatetur, & ideo à pluribus objecti punctis radios admittat. Jam enim ſuprà notatum eſt, hunc motum pupillæ non immediatè ſequi voluntatem quam habemus illam aperiendi, ſed potiùs ideam vel opinionem quam de obſcuritate vel diſtantia objecti concepimus.

VIII. *Qui fiat ut*

Cæterùm, ſi nonnihil ad ea omnia quæ ſupra dicta ſunt animum refle-

minus antehac felices fuerint artifices in accuratis telescopiis, quam in aliis perspicillis. reflectamus, & potissimùm ad illa quæ ex parte objectorum externorum requiruntur, ut visionis sensus quàm perfectissimus evadat; non difficulter intelligemus per varias horum specillorum formas illud omne præstari quod ab arte est expectandum: nec ideo est operæ pretium ut hoc fusiùs demonstrem. Item etiam facilè agnoscemus nulla ex iis quæ priùs ab aliis descripta fuerant ullo modo perfecta esse potuisse; quia maxima differentia est inter lineas circulares & Hyperbolas, & nunquam nisi lineæ circulares adhibitæ sunt ad eos effectus, ad quos Hyperbolas requiri demonstratum est. Adeò ut nihil unquam boni hac in re factum sit, nisi cùm artificum manus tam feliciter aberravit, ut loco sphæricæ figuræ, Hyperbolicam vel ad hanc proximè accedentem, vitrorum superficiebus indiderit. Atque hoc præcipuè impedivit ne rectè fierent illa specilla, quæ videndis objectis inaccessis idonea sunt: indigent enim vitro convexo multò majori quàm cætera: & non modò difficilius est feliciter aberrare in poliendo magno vitro, quàm in parvo; sed præterea major est differentia inter superficies Hyperbolicam & sphæricam in partibus à centro satis remotis, quæ in majoribus vitris esse debent, quàm in vicinis ex quibus solis constant minora. Jam verò quoniam artifices non facilè forsan per se invenirent modum hæc vitra secundùm figuram Hyperbolicam accuratè poliendi, superest ut ipsis deinceps viam ostendam, per quam mihi persuadeo illos satis commodè eò perventuros.

CAPUT DECIMUM.

De modo expoliendi vitra.

I. *Quomodo magnitudo refractionum vitri quo uti volumus sit invenienda.*

SElecto vitro aut crystallo, quo uti placet, primò necessaria est inquisitio proportionis, quæ juxta superiùs tradita, refractionum illius mensura existat; atque illa obvia & exposita erit operâ hujus instrumenti: E F I est assiculus aut regula, maximè plana & recta, ex qualibet materia, dummodo non nimis polita, vel pellucida sit, ut lumen in illam effusum facillimè ab umbrâ dignoscatur. E H & F L sunt duæ dioptræ, id est, laminæ parvæ cujuscunque materiæ, dummodo non sit transparens, ad perpendiculum erectæ, in E F I, & foramine exiguo singulæ pertusæ, ut A & L: suntque hæc duo foramina tam directè sibi invicem opposita, ut radius

AL

A L illa permeans parallelus feratur lineæ E F. Præterea R P Q est particula ejus vitri quod volumus examinare, in formam prismatis

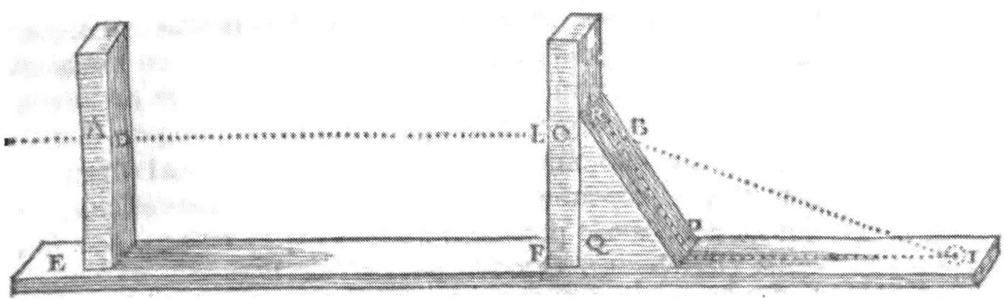

sive trianguli polita, ejusque angulus R Q P rectus est, & P R Q acutior quam R P Q, tria latera, vel potius (quia in vitri crassitie latitudinem habent) tres facies R Q, Q P, & R P, sunt planæ & politæ, ideoque dum facies P Q asciculo E F I incumbit, & facies Q R laminæ F L, radius Solis duo foramina permeans A & L per medium vitrum P Q R, irrefractus penetrat ad B, quoniam perpendiculariter in superficiem Q R incurrit. Sed postquam pervenit ad punctum B, ubi obliquè aliam superficiem R P contingit, non nisi declinans ad aliquod punctum asserculi E F, egredi potest, ut ex. gr. ad I. Et omnis hujus instrumenti usus in hoc consistit, ut ita radius exceptus per hæc duo foramina A & L emittatur, ut manifestum reddat, quomodo referatur punctum I (hoc est, centrum parvæ Ellipseos, quam hic radius in asciculo E F I illuminat) ad duo alia puncta B & P; quorum alterum B, designat locum in quo recta, quæ transit per centra duorum foraminum A & L, in superficie R P terminatur; & alterum P est locus in quo hæc superficies R P, simulque illa asciculi E F I secantur à puncto quod imaginari possumus per puncta B & I, simulque per centra foraminum A & L, transire.

His tribus punctis B P I accuratè ita cognitis, & consequenter etiam triangulo quod describunt, hoc triangulum in chartam aut aliud planum circino est transferendum. Deinde ex centro B, per punctum P describendus circulus N P T, & sumpto

II. *Quomodo inveniantur puncta urentia, & vertex hyperbolæ; cujus vitrum illud, cujus refractiones cognitæ sunt,*

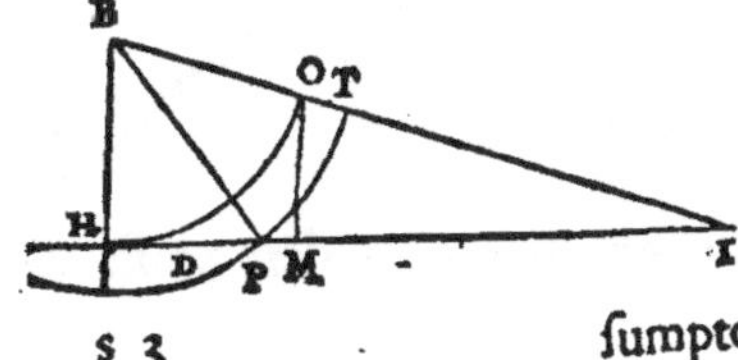

figuram æmulari debet: & quomodo punctorum istorum distantia augeri aut minui possit.

sumpto arcu N P, æquali arcui P T, ducenda recta P N, secans I P productam in puncto H. Hinc denuo ex puncto B, per H describendus circulus H D, secans B I in puncto O. Et habebitur proportio inter lineas H I & O I, pro mensura communi omnium refractionum, quæ produci possunt à differentia quæ est inter aërem & vitrum quod examinatur. * Qua de re si nondum certi sumus, ex eodem vitro alia parva triangula rectangula, diversa ab hoc polire poterimus; quibus si eodem modo utamur ad investigandam hanc proportionem, semper similem illam inveniemus, atque ita nullo modo poterimus dubitare, quin revera eadem sit, quam quærebamus. Quod si postea in recta linea H I, M I æquale O I sumamus, & H D æquale D M, D pro vertice habebimus, & H & I pro focis Hyperboles, cujus figuram specilla à nobis designata requirunt.

* Idem facilius obtinere licet, si cum D. Hugenio ex P super B P erigamus tantùm perpendicularem: quippe ea ex B I versus I rectam auferet, quæ ad I P proportionem habet, quæ refractionem metitur.

Et hæc tria puncta H D I propius jungere possumus, vel longius removere quantum lubet; aliam tantum lineam propiorem aut remotiorem, puncto B ducendo, parallelam lineæ H I, & ducendo ex hoc puncto B, tres rectas B H, B D, & B I, quæ illam secent. Ut hic videmus eodem modo ad invicem referri tria puncta H D I & *h d i*, quo tria H D I.

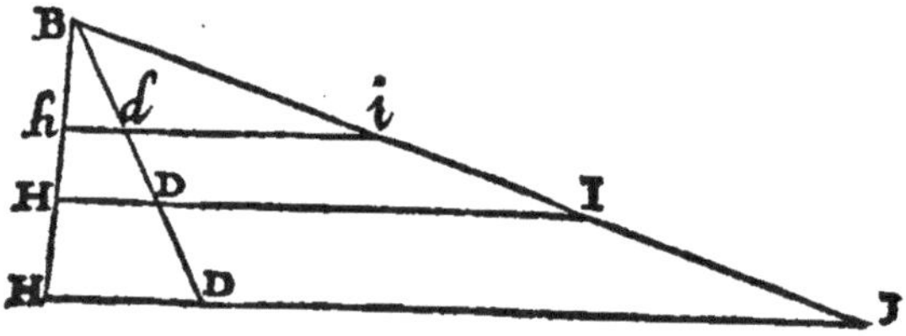

III. *Quomodo hæc hyperbola fune describi possit, vel multorum punctorum inventione.*

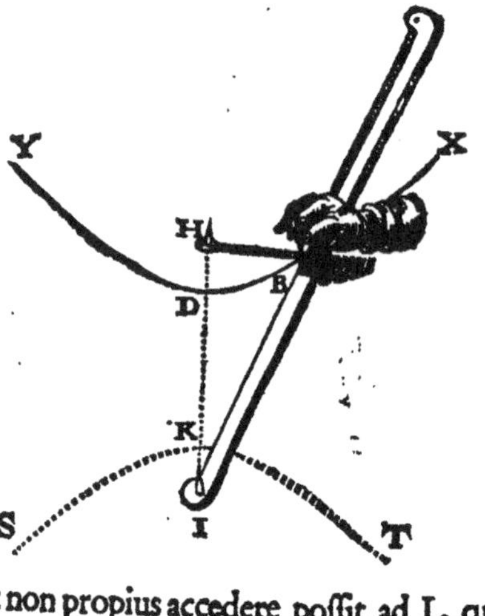

Deinde cognitis his tribus punctis, facile est hyperbolen describere, eo modo quo supra vidimus, defixis scilicet duobus paxillis in punctis H & I, & resti hærente in palo H, ita regulæ alligata, ut non propius accedere possit ad I, quam usque ad D.

Sed

Sed si malimus ope vulgaris circini plura puncta per quæ tendit quærendo, illam delineare: sumptis punctis H D M & O, ut supra, alterum pedem hujus circini ponamus in puncto H, & altero promoto paulo ultra punctum D, velut ad I, ex centro H describamus circulum 1 3 3, inde sumpta M 2 æquali H I, ex centro I per punctum 2, describamus circulum 2 3 3, priorem in punctis 3 3 secan-

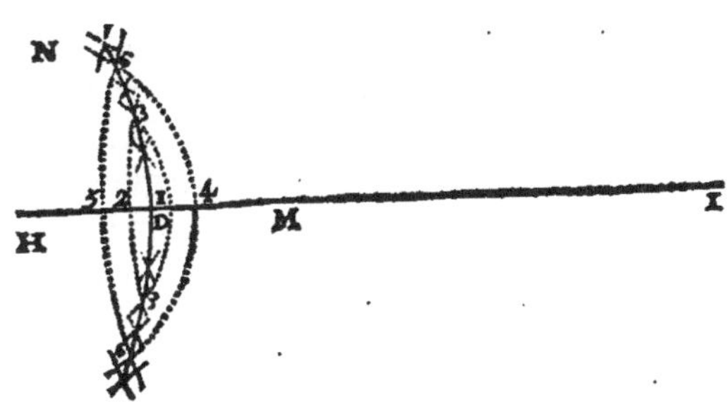

tem, per quæ hæc Hyperbole ferri debet. Ut & per punctum D, ejusdem verticem. Reponamus postea eodem modo, unum circini brachium in punctum H, & altero diducto paulò ultra punctum I, velut ad 4, describamus circulum 4 6 6 ex centro H. Inde M 5 æquali sumpto H 4, ex centro I per 5 circulum 5 6 6 describamus, priorem in punctis 6 6, quæ in Hyperbola, secantem. Et ita continuata statione alterius brachii circini in puncto H, & reliquis omnibus ut antè observatis, quantumlibet punctorum hujus Hyperboles possumus invenire.

Quod fortasse non incommodum erit, ad rude aliquod exemplar fabricandum, quod præter propter figuram vitri poliendi repræsentet; sed accuratum aliquod, alio invento opus est, cujus opera uno ductu Hyperbole delineari possit, quemadmodum per circinum circulus. & quidem ego sequenti melius nullum novi. Primò ex centro T, medio lineæ H I, describendus circulus H V I, inde ex puncto D erigenda perpendicularis in H I, secans hunc circulum in puncto V, & ducta recta per hoc punctum V ex T, habebitur angulus H T V; talis, ut si imaginemur illum rotari circa axem H T, linea T V su- IV. *Quomodo inveniatur conus, in quo eadem hyperbola, à plano axi parallelo secetur.*

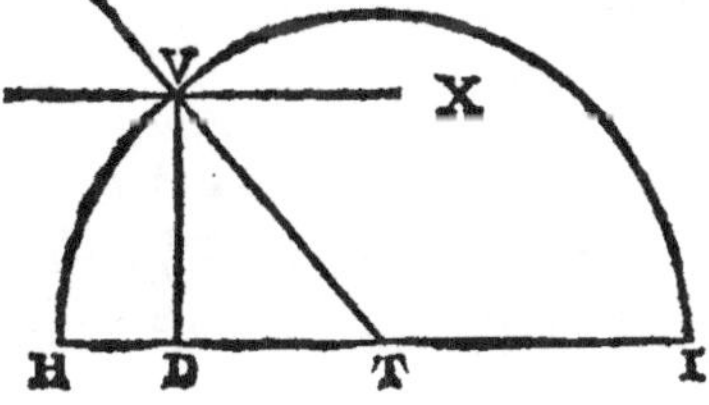

per-

perficiem coni ſit deſcriptura, in qua, facta ſectione à plano VX quod eſt parallelum axi HT, & in quod DV ad angulos rectos cadit, Hyperbole omnino ſimilis & æqualis priori deprehendetur. Et omnia alia plana huic parallela, conum ſecantia, Hyperbolas ſimiles quidem omnino, ſed inæquales ſua ſectione efficient, & quarum foci propiores vel remotiores erunt, prout hoc planum ab axe diſtabit.

V. *Quomodo ope machinæ uno ductu hæc hyperbola deſcribi queat.* Cujus rei veſtigia ſecuti, talem machinam poterimus fabricare. AB eſt cylindrus ligneus vel metallicus; qui circa cardines 1 2 rotatus, alterius figuræ axem HI repræſentat. CG ſunt duæ laminæ, vel aſſeres plani & lævigati, imprimis eâ regione, quâ ſe invicem contingunt, hac ratione ut ſuperficies, quam inter utrumque poſſumus imaginari parallelam cylindro AB, & ſectam ad angulos rectos, plano quod ire imaginamur per duo puncta 1 2 & KOG, repræſentet planum VX quod conum ſecat. Et NP latitudo ſuperioris CG, æqualis eſt diametro vitri expoliendi, vel non multùm eundem excedit. Denique KLM eſt regula, quæ rotata cum cylindro AB in polis 1 2, hac ratione ut angulus ALM ſemper æqualis maneat angulo HTV, repræſentat lineam TV conum deſcribentem. Et notandum, hanc regulam ita per cylindrum actam eſſe, ut per foramen L, arctè illam recipiens, attolli pro arbitrio & deprimi poſſit, & præterea alicubi velut ad K, pondus aliquod eſſe ſeu preſſorium curvum, quo ſemper ad laminam CG premitur. Itemque in ejus extremitate M eſſe cuſpidem chalybeam, & ita temperatam ut vim habeat ſecandi laminam ſuperiorem CG, non autem

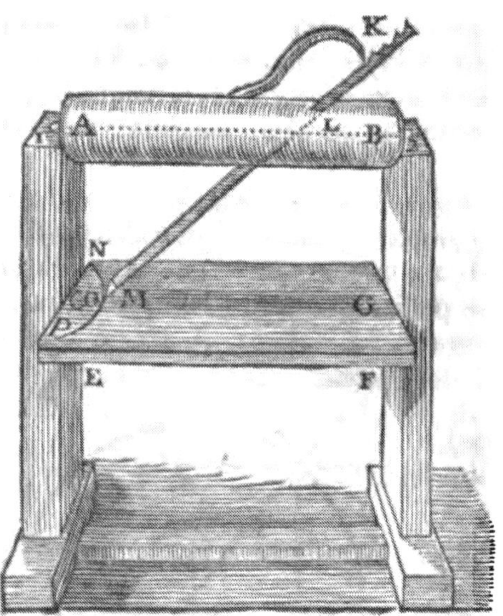

autem alteram EF ei substratam. Quibus intellectis, satis patet, si regula KLM circa polos 1 2 ita moveatur, ut cuspis chalybea M, ab N per O tendat ad P, & reciprocando à P per O ad N, ab ipsa divisum iri hanc laminam CG, in duas alias CNOP & GNOP, in quibus latus NOP, linea terminabitur, convexa in CNOP, & concava in GNOP, quæ accuratè figuram Hyperboles habebit. Et hæ duæ laminæ CNOP, GNOP, si chalybeæ vel ex alia materia satis dura sint, non tantum loco exemplaris erunt, sed etiam instrumenti ad formandas quasdam rotas, à quibus, ut mox audiemus, vitra figuram suam ducere possunt. Hic tamen defectus quidam superest; in eo scilicet quod chalybea cuspis M, cum paulo aliter versa sit cum accedit ad N vel ad P, quam cum est in O, non possit ubique uniformem & æque acutam vel obtusam horum instrumentorum aciem efficere. Ideoque melius arbitror, machina sequenti, licet operosiore, uti.

VI. *Alia machina, quæ istius hyperbolæ figuram dat*

ABKLM unicum tantummodo membrum est, quod integrum in cardinibus 1 2 movetur, & cujus pars ABK perinde est

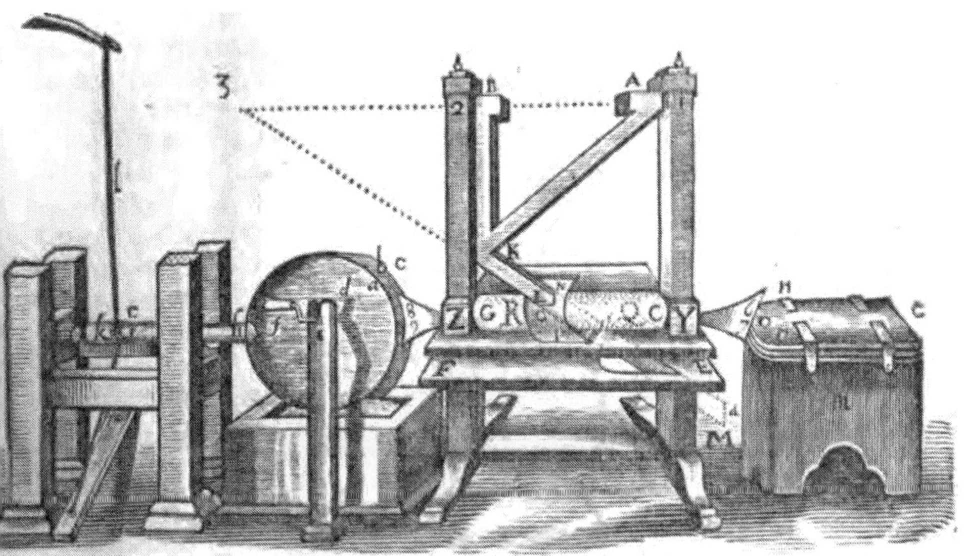

quam habeat figuram, sed KLM debet esse regula, vel aliud simile corpus planas habens superficies, quæ lineis rectis parallelis ter-

omni rei quæ ea ad vitra polienda indiget, & quomodo illa sit utendum.

minentur. Oportetque ut hæc regula KLM ita sit inclinata, ut recta 4 3 quæ medium ejus crassitiei designat, usque ad eam productа, quam fingere possumus per polos 1 2 transire, efficiat angulum 2 3 4, æqualem illi qui supra notis HTV designabatur. CG, EF, sunt duo asseres paralleli axi 1 2, & quorum superficies adversæ, planæ admodum & læves, secantur ad angulos rectos plano 1 2 G O C. Non tamen arctè mutuo cohærent, ut in præcedenti machina, sed tanto intervallo præcise distant ab invicem, quantum requirit inserendus cylindrus QR, teres exquisite & ubivis ejusdem crassitiei. Præterea singulæ fissuram habent N O P, hujus longitudinis & latitudinis, ut regula KLM immissa, huc & illuc, cardinibus suis innixa libere feratur, quantum requiritur ad designandam partem Hyperboles inter hos duos asseres, magnitudine diametro vitri poliendi æqualem. Hæc

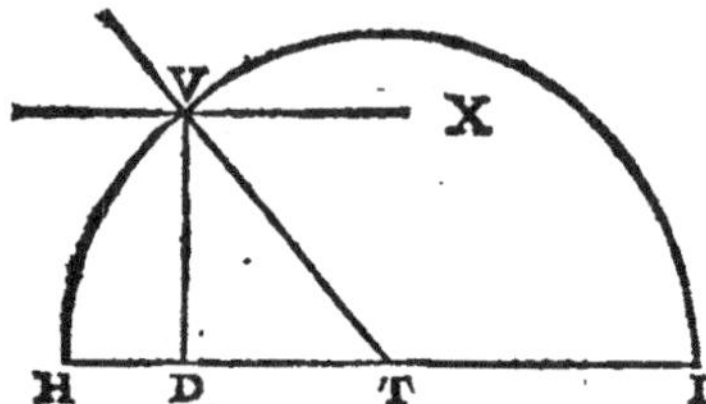

regula quoque per cylindrum QR obliquè inserta est, hac ratione ut ut licèt hic cum illa moveatur in polis 1 2, ſemper tamen inter duos aſſeres CG, FE maneat clauſus, & axi 1 2 parallelus. Poſtremò Y 67 & Z 89 ſunt inſtrumenta, poliendo in formam Hyperbolæ cuilibet corpori inſervientia, & manubria illorum YZ tantæ ſunt craſſitiei, ut eorum ſuperficies quas planas eſſe notandum eſt, ſuperficies aſſerum CG & EF ab utraque parte omnino contingant, & nihilominus inter ipſas, utpote admodum læves, hinc & inde poſſint moveri. Habentque ſingula rotundum foramen 5, 5, in quo altera cylindri QR extremitas ita incluſa eſt, ut hic cylindrus poſſit circa proprium axem 55 circumvolvi, non efficiendo ut iſta manubria eodem modo volvantur propter eorum ſuperficies planas, quæ hinc & inde à ſuperficiebus aſſerum quos contingunt cohibentur; ſed non poſſit in ullam aliam partem ferri, quin illa ſimul in eandem ferantur. Et ex his omnibus liquet, regulam KLM propulſam ab N ad O & ab O ad P, vel à P ad O, & ab O ad N, moto ſecum cylindro QR, eâdem operâ movere hæc inſtrumenta Y 67 & Z 89, hac ratione, ut unaquæque eorum pars motu ſuo accuratè Hyperbolen deſcribat, eandem quam interſectio linearum 34 & 55: quarum una, ſcilicet 34, motu ſuo delineat conum, altera 55, planum eundem ſecans. Cuſpis ſeu acies horum inſtrumentorum, variis modis fieri poteſt, pro vario uſu quem illam volumus præſtare. Et ad figuram vitris convexis dandam, commodiſſimum videtur, primò uti inſtrumento Y 67, ac plures laminas chalybeas ſecare, ſimiles CNOP ſuprà deſcriptæ. Inde tam opera laminarum, quàm inſtrumenti Z 89, rotam qualis eſt *d*, circumcirca in latitudine ſuâ *abc* excavare, ut ita omnes ſectiones, quas imaginari poſſumus factas à planis, in quibus *ee* rotæ axis exiſtit, figuram Hyperboles, quam machina deſcribit, conſequantur. Et denique vitrum expoliendum mymphuri ut *hik* affigere, atque ita apponere juxta rotam *d*, ut ſi tracto fune *ll*, mymphur circa ſuum axem vertatur, & eodem tempore vertatur etiam rota circa ſuum, vitri ſuperficies inter hæc duo poſita figuram quam ipſi dare volumus accipiat.

Quantum ad modum inſtrumento Y 67 utendi, notandum, laminas *cnop* non niſi uſque ad medium ſingulis vicibus ſecandas eſſe, ut ex. gr. ab *n* ad *o*, & propterea repagulum in machina ad P figendum eſt, quod impediat ne regula KLM mota ab N ad O,

 pro-

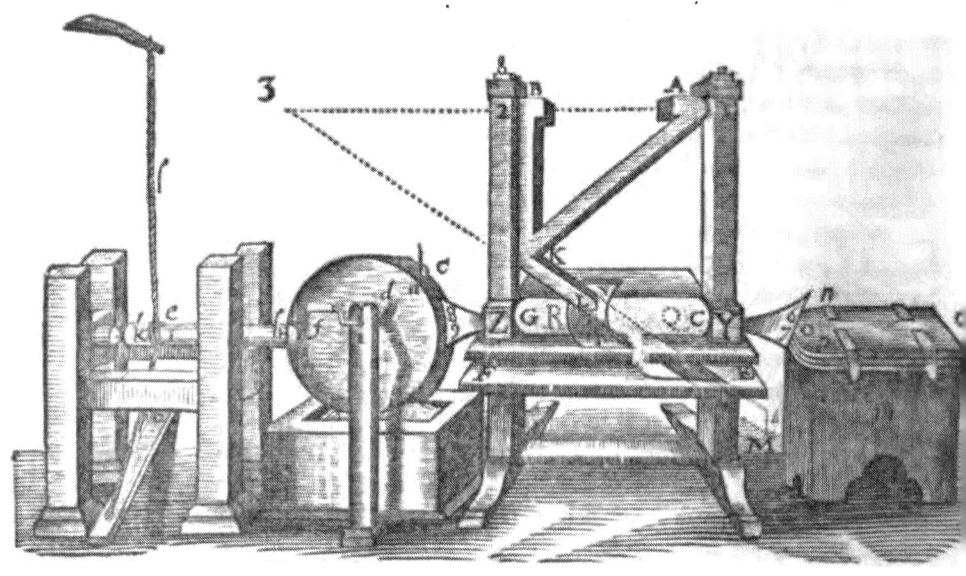

propius accedat ad P, quam requiritur ad hoc, ut linea 3 4 quæ medium craſſitiei illius notat, perveniat uſque ad planum 1 2 GOC, quod imaginamur aſſeres ad rectos angulos ſecare. Et ferrum hujus inſtrumenti talem figuram exigit, ut omnes ejus aciei partes in hoc eodem plano 1 2 GOC exiſtant, quum linea 3 4 ibidem ſiſtitur; neque ullas alias hoc ferrum habeat partes, quæ tunc ultra illud planum verſus P protendantur, ſed tota ejus craſſitiei declivitas reſpiciat verſus N. Cæterum pro arbitrio vel acutum vel obtuſum fieri poteſt, parum aut multum inclinatum, & longitudinis cujuſlibet, omnia prout res exigere videbitur. Inde cuſis laminis *cnop*, & lima proxime ad illam figuram perductis quam requirunt, vi adigendæ atque premendæ ad inſtrumentum Y 6 7, & mota regula KLM, ab N ad O, & viceverſa ab O ad N, unam illarum partem perficiemus; deinde ut alia plane ſimilis fiat, repagulum aliquod ibi eſſe debet, quod impediat quo minus verſus hoc inſtrumentum progredi poſſint, ultra locum in quo ſunt cum prima earum medietas NO abſolvitur: & tunc paululum iis reductis, mutandum eſt ferrum inſtrumenti Y 6 7, & aliud loco illius ſubſtituendum, cujus acies accurate ſit in eodem plano, & ejuſdem figuræ, ræ, ac acies prioris, ſed cujus omnis declivitas reſpiciat verſus P: adeò ut ſi hæc duo ferramenta adverſa componas, duæ illorum acies unicam tantùm efficere videantur. Inde tranſlato ad N repagulo, quod antea P verſus locatum erat, ad impediendum nimium regulæ KLM progreſſum; movenda eſt hæc regula ab O ad P, & à P ad O, donec hæ laminæ *cnop* inſtrumento Y 6 7, tam propinquæ erunt, quàm antea, & hoc pacto abſolventur.

Quod attinet ad rotam *d*, quæ ex materia admodum dura eſſe debet, poſtquam limâ figuram quam exigit, præter propter acceperit, facilis elaboratu erit, primò per laminas *cnop*, modò initio fuerint tam bene cuſæ, ut licèt poſteà candentes in aquam merſæ ſint, ad duritiem acquirendam, nihil tamen idcirco ex earum figura ſit mutatum; debentque huic rotæ ita admoveri, ut acies illarum *nop*, & hujus axis *ee*, in eodem plano ſint. Et denique adſit aliquod pondus aliudve machinamentum, quo urgente laminæ iſtæ rotam premant; dum interim ipſa circa ſuum axem vertetur. Præterea etiam hæc rota elaborabitur ope inſtrumenti Z 8 9, cujus ferrum æquali declivitate ab utraque parte procumbere debet, & de cætero, quamlibet figuram admittit, dummodo omnes partes ejus aciei 8 9, exiſtant in plano ſuperficies aſſerum CGEF ad angulos rectos ſecante. Ut autem utamur hoc inſtrumento Z 8 9, movenda regula KLM, in polis 1 2, hac ratione ut motu continuo procedat à P ad N; inde viceverſâ ab N ad P, dum interim rota circa ſuum axem vertetur. Quá operâ acies inſtrumenti omnem inæqualitatem, ſi quæ remanſit in latitudine rotæ ab una ad alteram partem, lævigabit, & cuſpis illius (habebit enim & aciem & cuſpidem) omnem illam, quæ in longum porrecta occurret.

VII. *Quid in vitris concavis & quid in convexis ſpeciatim obſervandum ſit.*

Poſtquam verò hæc rota ultimam recepit manum, facillime vitrum per diverſos duos motus, rotæ ſcilicet & mymphuris cui affigendum eſt, poterit expoliri, dummodo adſit aliqua vis, qua, non impedito torni motu, ſemper ad rotam agatur, atque inferior hujus rotæ pars continuo per aliquem alveum feratur, arenæ, ſmiridi, pulveri lapidis Gothlandici, ſtanno combuſto, vel ſimili materiæ, lævigandis & expoliendis vitris commodæ immerſa.

Atque his ita conſideratis, intellectu facile eſt, qua ratione figura concava vitris danda ſit, factis ſcil. primò laminis *cnop*, ope inſtrumenti Z 8 9; deinde rota expolita, tam ope harum laminarum quàm inſtrumenti Y 6 7, & reliquis omnibus eo quo diximus

mus modo observatis. Notandum tamen, rotam qua ad convexa utimur, pro arbitrio magnam esse posse; illam autem quâ ad concava, tantam esse non debere, ut ejus semidiameter distantiâ, quæ erit inter lineas 1 2 & 5 5, in machina cujus ope formabitur, sit major. Et in concavis poliendis multò celeriùs hæc rota vertenda est quàm mymphur; contrà verò in convexis, mymphur velociùs rotandus; quia mymphuris motus multò vehementiùs oras vitri, quàm medium atterit, rotæ verò minùs. Utilitas autem horum motuum diversorum manifesta est: vitra enim si manu in patinâ expoliantur; modo, qui unicus in hunc usque diem receptus est, licèt patina eam exactè haberet figuram quam vitra exigunt, non tamen eadem nisi casu ipsis dari potest. Si verò utamur motu solius mymphuris, centrum vitri centro patinæ jungentis, omnes figuræ defectus qui in patina reperientur, circulos in vitro describent; & vitri medium in quo minimus erit motus, nunquam satis atteretur.

Multa hìc sunt ad Geometriam spectantia, quorum demonstrationes omitto; mediocriter enim in hâc scientiâ exercitatis, satis omnia illa per se patent, & reliqui sine dubio faciliores ad habendam dictis meis fidem, quàm ad illa legenda se præbebunt.

VIII. *Ordo observandus ad se in istorum vitrorum politura exercendum. Vitra convexa quæ longioribus telescopiis inserviunt, accuratius cæteris esse polienda.*

Cæterùm ut ordine singula procedant, vellem primò ut artifices in poliendis vitris planis ab una parte; & convexis ab altera, exercerentur, & quidem in iis quæ Hyperbolen referant, cujus foci duos aut tres pedes ab invicem distent. Nam hæc longitudo sufficit specillo satis perfectè objecta inaccessa exhibituro. Deinde multa vitra concava expoliri vellem, una aliis magis cava, & ordine unum post aliud vitro convexo conjungendo, experiri quodnam ex ipsis perfectius telescopium componeret; habitâ etiam ratione oculi qui ipso esset usurus; quia constat hæc vitra magis concava requiri, pro iis qui tantum proxime admota cernunt, quam pro aliis. Vitro concavo sic invento, quum idem ad omnia alia specilla eidem oculo possit inservire, nihil amplius ad telescopiorum structuram requiritur, nisi tantum ut exercitatione atque usu, facilitas acquiratur alia vitra convexa poliendi, quæ longius quam primum à concavo removenda sint; & gradatim poliendi alia, quæ magis magisque abducenda sint, atque etiam quæ sint pro ratione tanto majora, donec hac in re ad summum quod fieri poterit perveniatur. Sed quo longius hæc vitra convexa à concavis removenda erunt, & consequenter ab oculo,

oculo, eo exquisitius quoque polienda, quoniam iidem errores, longius in iis à debito loco radios detorquent. Ut si vitrum F, radium CF tantundem refringit, quantum vitrum E refringit AE; adeo ut anguli AEG, & CFH sint æquales; satis liquet CF tendentem ad H, longius recedere à puncto D, ad quod tenderet si nullam refractionem pateretur, quam AE tendens ad G, à puncto B.

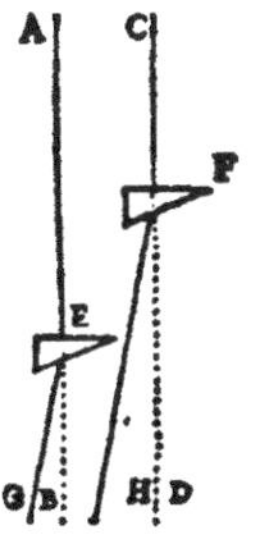

IX. *Quænam sit præcipua perspicillorum pulicariorum utilitas.*

Postremum, & quidem præcipuum quod hic vellem, est ut vitra ab utraque parte convexa polirentur, pro specillis quibus objecta propinquiora contemplamur; & primum factis iis, quæ tubis valde brevibus includi debent, quoniam hæc facillima, illa gradatim postea aggredi, quæ longiores tubos exigunt, donec ad ea perveniatur quæ longissimos, qui usui esse possint, desiderant. Et ne forsan difficultas, quæ in fabrica horum specillorum occurrere posset, quenquam deterreat, hic adhuc dicam, licet initio illorum usus non tantum omnibus abblandiatur quantum telescopiorum, quæ videntur in cælum nos esse evectura, & ibi in astris corpora æque particularia & forsan æque diversa, ac ea quæ hic in terra videmus, exhibitura, me nihilominus illa longe utiliora judicare; quoniam spes est eorum ope, diversas mistiones & dispositiones minutarum partium, quibus animalia & plantæ, & forsan etiam alia corpora quibus undiquaque cingimur, constant, nos inspecturos, & non parum inde adjumenti ad pernoscendam eorum naturam habituros. Jam enim secundum opinionem plurimorum philosophorum omnia hæc corpora non nisi ex partibus elementorum diversimode mixtis componuntur: & secundum meam, tota illorum essentia & natura, saltem inanimatorum, tantum in magnitudine, figura, situ, & motibus partium consistit.

X. *Quomodo fieri possit ut duarum ejusdem vitri superficierum centra directe sibi invicem opponantur.*

Superest adhuc nonnulla difficultas circa hæc vitra, quoties utrimque convexa aut concava fieri debent; ut scilicet centra duarum ejusdem vitri superficierum directe sibi invicem opponantur: sed hæc facile tolli potest, si primo eorum circumferentia fiat torno exacte rotunda, & æqualis ei manubrii vel mymphuris, cui agglutinanda erunt ut poliantur; deinde cum ei agglutinabuntur, & gypsum, aut pix, aut bitumen quo jungentur, ductile adhuc & se quax

quax erit, ſi annulo accurate ad eorum menſuram facto, & tantæ latitudinis ut extremitates vitri & mymphuris ſimul includat, inſerantur. Particularia plura inter poliendum obſervanda hic omitto; ac etiam nolim in praxi eadem omnia quæ deſcripſi obſervari; quia non tam ipſas machinas, quam machinarum fundamenta & cauſas explicare conatus ſum: Et artificibus imperitis inventa hic deſcripta non commendo, ſed ea ſpero ſatis egregia, & ſatis magni momenti viſum iri, ut nonnullos ex maxime induſtriis & curioſis noſtri ævi, ad eorum executionem ſuſcipiendam invitent.

METEORA.

CAPUT I.

De Natura terrestrium corporum.

ITa natura homines comparati sumus, ut magis plerumque admiremur quæ supra nos, quam quæ vel infra, vel in eadem altitudine circa nos sunt. Et quanquam nubes vix excedant quorundam montium vertices, sæpe quoque infra fastigia nostrarum turrium vagentur; quia tamen oculos ad cœlum erectos contemplatio illarum exigit, tam sublimes illas imaginamur, ut ipsi Poëtæ & Pictores regiam Dei sedem iis adornent; & magnas illius manus ibi occupari fingant, laxandis atque obstruendis ventorum claustris, matutino rore flosculis nostris perfundendis, & fulminandis editorum montium jugis. Atque hoc spem mihi facit, si ita naturam illarum explicavero, ut nusquam in iis, quæ ibi apparent, vel etiam quæ inde descendunt, admirationi locus relinquatur; quemvis facillime crediturum non impossibile fore, eadem ratione causas omnium indagare, quæ terra mirabilia habet.

I. *Quid Auctor in hoc tractatu propositum sibi habuerit.*

In primo hoc capite de natura terrestrium corporum in genere loquemur; ut eo felicius in sequenti exhalationes & vapores explicemus. Et quoniam hi vapores surgentes ex Oceano quandoque salem in superficie illius componunt; hinc arrepta occasione paululum descriptioni illius immorabimur; atque in eo experiemur, Num formas corporum, quæ Philosophi ajunt mixtione perfecta composita esse ex elementis, æque bene deprehendere possimus, ac Meteora, quæ ex iisdem non nisi mixtione imperfecta generari ferunt. Postea considerantes quo pacto vapores per aërem ferantur, dicemus unde ventis origo; Et ex eo quod in regionibus quibusdam cogantur, nubium inde exsurgentium naturam exponemus; demum ex eo quod resolvantur, indicabimus quid nivi, pluviæ, grandini causam præbeat; ubi minime nivis illius obliviscemur, cujus particulæ velut circino dimensæ stellas exiguas senis radiis ac-

II. *Hujus tractatus argumentum.*

curatissimè repræsentant; hæc enim licèt à majoribus haud fuerit notata, in maximis tamen naturæ miraculis censeri debet. Neque magis tempestates, fulmina, fulgura, varios ignes ibi accensos, atque apparentia lumina transcurremus. Inter cætera autem studiosè conabimur arcum cælestem bene delineare, & causas colorum illius ita exponere, ut inde etiam eorum quibus alia corpora imbuuntur, natura possit intelligi; his etiam causas addemus colorum quos vulgò collucere in nubibus videmus; circulorum itidem astra coronantium, & postremo cur Sol & Luna multiplicati interdum appareant.

Cæterum quoniam harum rerum cognitio pendet ex principiis generalibus naturæ, nondum satis benè, quod ego sciam, in hunc usque diem explicatis, hypothesibus initio quibusdam utendum erit, quemadmodum & in Dioptrice, sed adeo planas & faciles illas reddere studebo, ut forsan etiam non demonstratas facilè sitis admissuri.

III. *Aquam, terram, aërem, & reliqua corpora quæ nos circumstant, ex variis particulis componi. Poros esse in omnibus istis corporibus subtili quadam materia repletos. Particulas aquæ esse longas, teretes & læves. Aliorum corporum fere omnium particulas, habere figuras irregulares, angulosas & ramorum instar expansas. Ex istiusmodi particulis simul junctis & implexis corpora dura componi. Easdem, si non sint implexæ, nec tam crassæ quin à materia subtili possint agitari, oleum vel aërem componere.*

Primò igitur suppono aquam, terram, aërem, & reliqua similia corpora, quibus cingimur, constare multis exiguis partibus, figura & magnitudine differentibus: quæ nunquam tam accuratè nexæ & continuatæ sunt, quin plurima spatia inter illas pateant; Non quidem vacua, sed referta materiâ illâ subtilissimâ, per quam supra diximus actionem luminis communicari. Deinde suppono exiguas illas partes, quibus aqua componitur, longas, læves & lubricas esse anguillarum parvularum instar, quæ licèt jungantur & implicentur, nunquam tamen ita nexæ cohærent, ut non facilè separentur. Et contrà, ferè omnes alias, tam terræ, quàm aëris & plerorumque corporum particulas admodum irregulares & inæquales figuras habere; adeò ut tam parum implicari non possint, quin statim mutuò nectantur & hæreant velut impeditæ, quemadmodum rami virgultorum in sepibus. Et quoties illæ ita nectuntur, corpora dura componunt, ut terram, lignum & similia. Contrà, quoties simpliciter una alteri tantùm imponitur, & non nisi valde parum, vel nullo modo implicantur, & simul adeo parvæ sunt, ut agitatione materiæ subtilis, quâ cinguntur, facilè moveri & separari possint, multum spatii occupare debent, & corpora liquida, rarissima & levissima, ut oleum aut aërem, componere.

Præ-

IV. *Hanc materiam subtilem indesinenter moveri. Ipsam solere celerius ferri juxta terram quam prope nubes; versus Æquatorem quam versus Polos, æstate quam hyeme, ac die quam nocte.*

Præterea cogitandum est materiam subtilem, omnia intervalla quæ sunt inter partes horum corporum replentem, nunquam à motu velocissimo cessare, sed assiduè huc atque illuc ferri, non autem eadem velocitate ubivis & omni tempore: nam ut plurimum paulò concitatiùs fertur juxta superficiem terræ, quàm in sublimi aëre, ubi nubes consistunt; & sub æquatore, locisque vicinis, quàm sub polis; & in eodem loco velociùs æstate, quàm hyeme; interdiu etiam, quàm noctu. Quorum omnium ratio manifesta erit, si putemus lucem nihil aliud esse quàm motum quemdam, vel actionem qua corpora luminosa materiam subtilem, quaquaversum secundùm rectas lineas à se propellunt; quemadmodum in Dioptrica dictum est. Inde enim sequitur radios solares, tam rectos quàm reflexos, validius illam agitare interdiu, quàm noctu; æstate quàm hyeme; sub æquatore, quàm sub polis, & denique prope terram, quàm prope nubes.

V. *Ipsius etiam particulas esse inæquales. Quæ minores sunt, minus virium habere ad alia corpora movenda.*

Sciendum etiam est hanc materiam subtilem diversæ magnitudinis partibus constare; earumque alias (licèt omnes perexiguæ sint) aliis longè majores esse; & maximas quidem, vel (ut rectiùs loquamur) minùs exiguas, semper plus virium habere, quemadmodum in universum omnia magna corpora tantundem agitata, quantum parva, hæc robore multum exsuperant. Atque id efficit, ut quo hæc materia est minùs subtilis, id est, composita ex partibus minùs exiguis, hoc vehementiùs partes aliorum corporum agitare possit.

VI. *Crassiusculas præcipue inveniri in locis ubi maxime sunt agitatæ. Illas multorum corporum meatus ingredi non posse, ideoque ista corpora esse aliis frigidiora.*

Unde etiam fit ut plerumque minùs subtilis sit eo in loco & tempore, in quo maximè agitatur; ut juxta superficiem terræ, quàm in media aëris regione; sub æquatore, quàm sub polis; æstate, quàm hyeme; & demum interdiu, quàm noctu. Cujus rei ratio in eo consistit, quòd harum partium maximæ, cùm eo ipso sint validissimæ, omnium facillimè eò tendere possint, ubi ob agitationem vehementiorem, faciliùs motus illarum continuatur. Semper tamen ingens numerus minorum, mixtus cum his maximis fertur: & notandum omnia terrestria corpora, poris quibusdam pervia esse, qui minimas illas quidem admittunt, sed ex iis multa esse quæ tam arctos atque ita ordinatos hos meatus habent, ut maximas omnino excludant; Atque hæc ut plurimum ea sunt quæ gelidiora inveniuntur, si tangantur vel tantùm manus ad illa propius admoveantur. Sic quantum marmor aut metallum ligno geli-

gelidius est, tantò etiam difficiliùs eorum poros partes hujus materiæ minùs subtiles admittere putandum est: & poros glaciei adhuc ægrius quàm marmoris vel metalli, cùm hæc ipsis multò frigidior sit.

VII. *Quid sit calor, & quid frigus. Quomodo corpora dura calefiant. Cur aqua liquida esse soleat, ac quomodo frigore durescat. Cur glacies eandem semper retineat frigiditatem & duritiem quamdiu glacies est, etiam in æstate, nec paulatim ut cera molliatur.*

Hîc enim statuo ad naturam caloris & frigoris intelligendam, non opus esse aliud concipere, quàm exiguas corporum quæ tangimus partes solito magis aut minùs vehementer, sive ab hac materia subtili sive ab alia qualibet causâ, commotas, intensiùs etiam vel remissiùs in parva capillamenta nervorum tactui inservientium ferri: Et cùm vehementiâ quâdam insolitâ illa impelluntur, hoc sensum caloris in nobis efficere; frigoris verò cùm solito remissiùs agitantur; Ac licèt hæc materia subtilis non separet ab invicem corporum durorum partes instar ramorum implicitas, quemadmodum separat partes aquæ, vel aliorum corporum liquidorum; tamen illa has agitare, & magis aut minùs concutere potest, prout impetu concitatiori aut languidiori fertur, vel etiam prout partes magis aut minùs crassas habet: quemadmodum venti ramos omnes arborum, quibus sepimentum aliquod contexitur, agitare possunt, nulla tamen earum evulsa. Cæterum cogitandum est inter hujus materiæ subtilis robur, & vim resistentem partium corporum aliorum, illam proportionem esse, ut quum non minùs agitatur, neque subtilior est, quàm solet esse in hac regione juxta terram, vim habeat agitandi exiguas partes aquæ quas interlabitur, & singulas seorsum loco movendi, imò etiam plerasque earum inflectendi, atque ita hanc aquam liquidam reddendi: sed quum non vehementiùs pellitur, nec minùs subtilis est, quam solet esse in his plagis in aëre sublimi, aut quandoque per hyemem juxta terram, non satis illi roboris adest ad illas ita inflectendas & agitandas; unde fit ut confusim & sine ordine unæ aliis impositæ sistantur, atque ita corpus durum, glaciem videlicet, componant; Adeò ut eandem differentiam inter aquam & glaciem possimus imaginari, quam inter cumulum parvarum anguillarum, seu viventium seu mortuarum, innatantem piscatoriæ scaphæ foraminibus undique pertusæ, quibus aqua fluviatilis, qua moventur, admittitur; & cumulum earundem anguillarum quæ siccæ & gelu rigidæ in ripa jacent. Et quoniam aqua nunquam gelu constringitur, nisi materia quæ ejus partes interlabitur plus solito sit subtilis, inde fit, ut pori glaciei qui tum formantur ad mensuram particularum hujus materiæ subtilissimæ, sic arctentur ut paulò majores omnino excludant;

atque

atque ita glacies maneat frigidissima, licèt in æstatem reservetur; atque ut semper duritiem suam obtineat, nec paulatim instar ceræ mollescat: Ejus enim pororum angustia, impedit quò minùs calor ad interiora penètret, nisi quatenus exteriora liquescunt.

VIII. *Quæ sint salium particulæ; quæ etiam spirituum, sive aquarum ardentium. Cur aqua rarefiat dum congelatur, atque etiam dum incalescit. Et cur fervefacta citius congeletur.*

Præterea hîc quoque notandum venit, partium longarum & lubricarum, ex quibus aquam compositam diximus, plurimas quidem esse, quæ hinc & inde se inflectunt, & à motu qui eas ita flectit cessant, prout materia subtilis qua cinguntur, paulò majori aut minori robore pollet, ut paulò ante dictum est; sed præterea etiam quasdam esse paulò crassiores, quæ cùm non ita flexiles sint, salis omnia genera componunt; & quasdam alias paulò subtiliores, quæ, cùm non ita facilè cessent ab isto motu, constant liquores illos tenuissimos, qui spiritus aut aquæ vitæ vocantur, & nullo frigore solent concrescere. Cùm autem illæ ex quibus aqua communis constat, omnino cessant ab eo motu qui eas flectit, non putandum est earum naturam exigere, ut omnes in rectum instar junci porrigantur, sed in multis, ut potiùs hoc vel illo modo curvatæ sint: Unde fit ut tunc non possint seipsas ad tam angustum spatium contrahere, quàm dum materia subtilis satis virium habens ad illas quomodolibet inflectendas, semper ipsarum figuras ad mensuram locorum quibus insunt, accommodat. Notandum etiam est cùm hæc materia subtilis multò plus virium habet, quàm ad hoc requiratur, illam contrariâ ratione efficere, ut in majus spatium se diffundant. Quod facile erit experientiâ cognoscere, si aliquod vas longi satis & angusti colli calidâ repletum aëri exponamus, cùm gelat, hæc enim aqua sensim subsidet, usque dum pervenerit ad certum aliquem frigoris gradum; Inde iterum paulatim intumescet & surget, usque dum gelu vincta, consistat; atque ita idem frigus quod initio illam coget & condensabit, paulò pòst eandem rarefaciet. Experientia etiam docet aquam calentem, quæ igni apposita diu bulliit, frigidâ & crudâ celeriùs congelari; atque hoc ex eo contingit, quòd tenuissimæ ejus partes & quæ, cùm facillimè inflectantur, omnium maximè congelationi resistunt, ex eâ dum bullit egrediantur.

IX. *Particulas de quibus hic agimus, non esse indivisibiles: nec in hoc*

Ut autem faciliùs hæ hypotheses apud vos inveniant locum, nolim putetis me particulas corporum terrestrium tanquam atomos aut indivisibilia corpuscula concipere; sed potiùs cùm omnes ex eadem materia constent, me credere unamquamque modis innumeris dividi posse, nec aliter inter se differre, quàm lapides variarum figu-

figurarum ex eadem rupe excisos. Præterea etiam ne videar sponte Philosophis aliquam in me disputandi occasionem dare velle, moneo expressè, me nihil eorum negare, quæ illi, præter ea quæ jam dixi, in corporibus imaginantur, ut formas substantiales, qualitates reales, & similia, sed putare meas rationes tantò magis esse admittendas, quò simpliciora & pauciora sunt principia ex quibus pendent.

tractatu quidquam negari eorum quæ in vulgari Philosophia traduntur.

CAPUT II.

De vaporibus & exhalationibus.

I. *Quomodo vi Solis corporum terrestrium particulæ nonnullæ sursum attollantur.*

SI consideremus materiam subtilem, quæ per terrestrium corporum poros fertur, vel præsentia Solis, vel simili qualicunque causa vehementius quoque exiguas istorum corporum partes impellere, facillime intelligemus illam effecturam, ut quæ satis exiguæ sunt, & simul ejus figuræ, atque in tali situ, ut facilè à vicinis separentur, huc atque illuc dissiliant atque in aërem attollantur: non quidem inclinatione quadam singulari, qua ascensum affectent, aut vi quadam Solis attrahente, sed solummodo quia locum nullum inveniunt, per quem faciliùs motum continuare queant: quemadmodum è terra pulvis surgit, si tantùm pedibus alicujus viatoris deorsum pellatur & agitetur; licèt enim grana hujus pulveris magnitudine & pondere multùm exsuperent exiguas partes de quibus hîc est sermo, nihilominus tamen sursum tendunt; videmusque altiùs illa eniti, cùm vasta planities discursantibus multis conculcatur, quàm si pars tantùm ejus ab uno ex iis prematur. Ideoque non est mirandum, si Solis actio perexiguas materiæ partes, quibus vapores & exhalationes componuntur, in sublimè attollat, quum simul eodem tempore totum hemisphærium terræ illustret, eique integros dies incumbat.

II. *Quid sit vapor, & quid exhalatio. Plures vapores quam exhalationes generari. Quomodo crassiores exhalationes ex cor-*

Sed notemus has exiguas partes ita sublatas in aërem vi Solis, ut plurimum illam figuram habere, quam partibus aquæ tribuimus: nullæ enim aliæ sunt, quæ faciliùs à corporibus in quibus hærent divellantur. Atque has solas abhinc speciatim vapores nominabimus, ut distinguantur ab aliis, quæ figuras magis irregulares habent, & quas, magis proprio vocabulo destituti, exhalationes dicemus. Sub harum autem nomine & illas comprehendam, quæ fere eandem cum aqua figuram habentes, sed magis subtiles, spiritus aut aquas vitæ componunt; quia facilè ardent ut ipsæ, vapores autem nunquam.

Illas

Illas vero hinc excludam quæ cum in multos ramos divisæ sint, sunt simul tam subtiles, ut non aliud corpus, quam aëris, componant. Quod autem ad illas attinet quæ paulo crassiores etiam in ramos divisæ sunt, raro quidem ex corporibus duris, in quibus hærent, sua sponte egrediuntur; sed si quando ignis illa depascat, omnes in fumum solvuntur. Et aqua etiam poris illorum illapsa sæpius has librare & secum in sublime auferre potest; eadem ratione qua ventus per transversam sepem spirans paleas vel folia in virgultis hærentia secum rapit; seu potius quemadmodum ipsa aqua, in summum alembici secum attollit exiguas partes olei, quas Chymici ex plantis siccis plurima aqua maceratis extrahunt, omnia simul destillantes, atque hac opera efficientes, ut paululum illud olei quod habent, cum magna immistæ aquæ copia assurgat. Revera enim plurimæ illarum eædem sunt, quæ corpora horum oleorum componere solent.

poribus terrestribus egrediantur.

III. *Cur aqua*

Notemus etiam, vapores semper plus spatii occupare quam aquam,

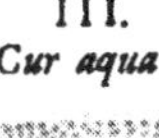

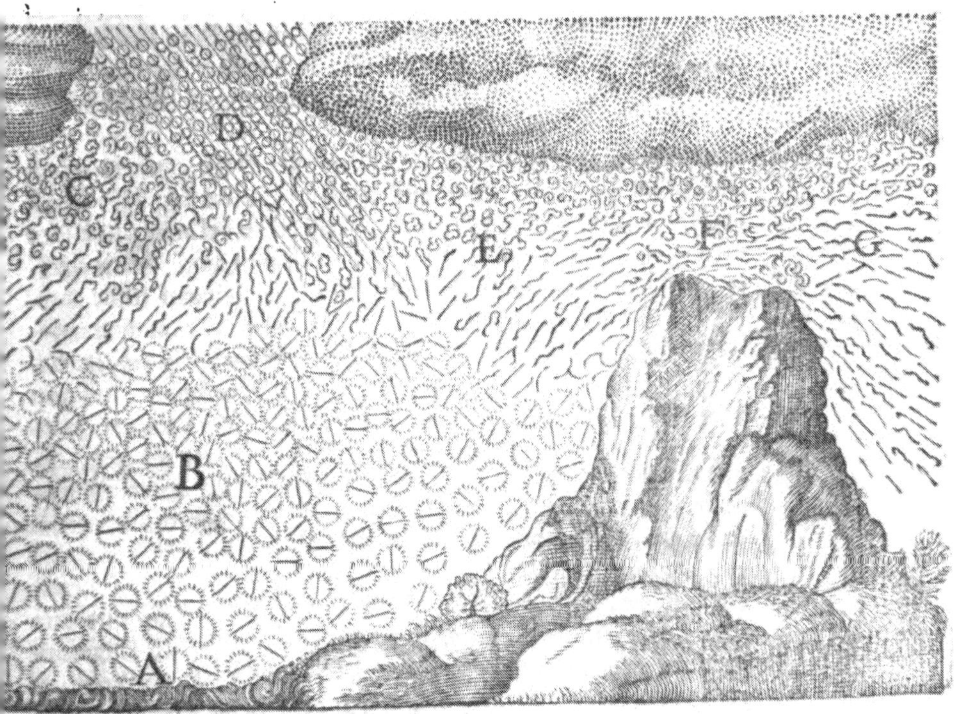

licet

in vaporem versa valde multum loci occupet.

licet nonnisi ex iisdem particulis constent; quia cum hæ partes corpus aquæ componunt, non moventur nisi quantum sufficit ut se inflectant & labendo unæ aliis implicent; quemadmodum videmus illas exhiberi ad A. Sed contra quum vaporis formam habent, agitatio illarum adeo est concitata, ut celerrime rotentur in omnes partes, & eadem opera in longitudinem suam porrigantur; unde fit ut singulæ illarum reliquas suis similes, irruptionem in parvas sphærulas, quas describunt, molientes, arcere atque abigere possint, ut illas cernimus repræsentari ad B; plane quemadmodum baculo L M, per quem funiculus N P trajectus est, celerrime rotato, videmus funiculum rectum atque extensum porrigi, occupantem eo ipso totum spatium comprehensum circulo N O P Q: Hac ratione ut nullum ibi aliud corpus locari possit, quod non cum impetu flagellet, atque expellere nitatur; sed motu facto leniore, illum collabi, & baculum sua sponte circumdare, neque tantum spatii occupare, quam antea.

IV.

Quomodo iidem vapores magis aut minus densari possint. Quare insolitus calor æstate interdum aëre nubilo sentiatur. Et quid vapores calidos aut frigidos reddat.

Observemus præterea hos vapores modo magis, modo minus esse densos aut raros, magis aut minus calidos vel frigidos; magis vel minus pellucidos vel obscuros, magis etiam vel minus humidos vel siccos. Primo enim cum partes illorum non amplius satis agitatæ, ut rectæ maneant & extensæ, incipiunt convolvi atque accedere ad invicem, ut videmus ad C & D; vel etiam cum inter montes arctatæ, vel inter actiones diversorum ventorum mediæ, qui flatu opposito alios alii impediunt, quo minus aërem agitent; vel cum sub nubibus quibusdam stantes, non tantum dilatari possunt, quantum agitatio illarum exigit, quales cernimus ad E; vel etiam denique cum plures earum simul maximam partem suæ agitationis motui in eandem partem impendentes, non tam velociter rotantur quam alias solent, quemadmodum illæ quæ ad F, ubi egressæ ex spatio E, ventum generant nitentem ad G: Palam est vapores, quos componunt, crassiores & magis coactos esse, quam si horum trium nihil accideret. Manifestum quoque est si vaporem ad E tantundem agitatum fingamus, quantum est ille qui ad B, multo illum calidiorem fore; nam particulæ ejus magis coactæ plus virium habent;

bent; quemadmodum candentis ferri calor, ardentior eſt calore flammæ vel prunarum. Atque hinc eſt ille calor quem vehementiorem & magis veluti ſuffocantem æſtate interdum ſentimus, aëre tranquillo & nubibus undiquaque æqualiter preſſo pluviam molien-te, quam eodem nitido & ſereno. Vapor autem qui ad C, frigidior eſt illo qui ad B, licet particulas paulo arctius compreſſas habeat; quia multo minus agitatas eaſdem ſupponimus. Contra ille qui ad D, calidior, quia ejus particulas multo magis condenſatas, &

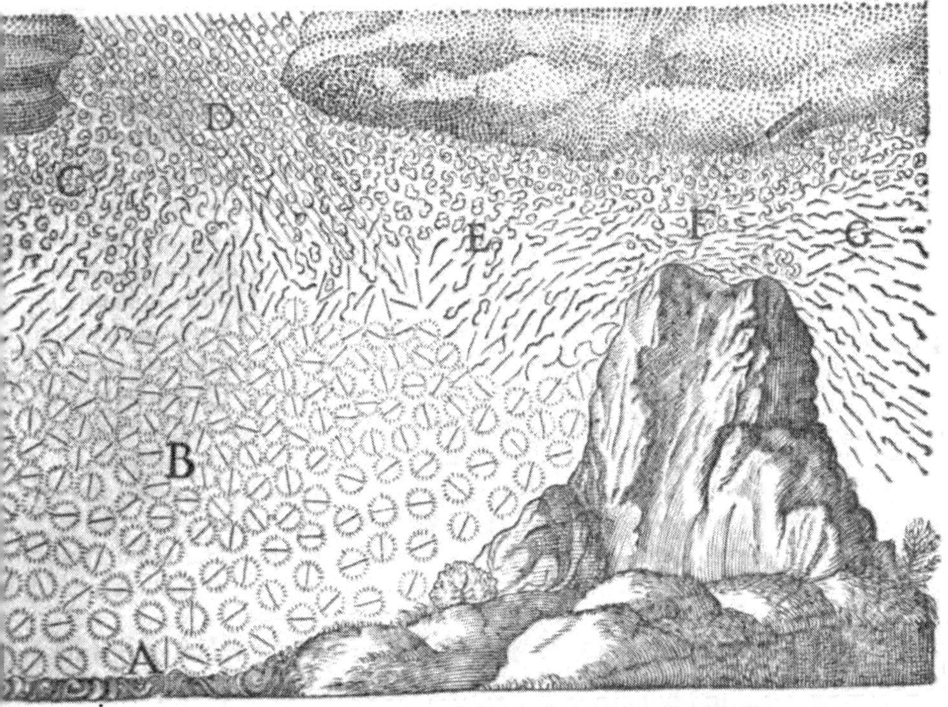

non niſi paulo minus agitatas ſtatuimus. Et qui ad F frigidior quam qui ad E, licet partes non minus compreſſas nec minus habeat agitatas; quoniam illæ magis conſpirant in eundem motum, atque ideo particulas aliorum corporum minus concutiunt. Ut ventus ſemper eodem modo ſpirans, licet vehementiſſimus, non tantum agitat folia & ramos arborum, quantum languidior, ſed magis inæqualis.

V. *Cur halitus calidior emittatur ore valde aperto, quàm propemodum clauso. Et cur majores venti semper frigidi sint.*

Et experientia docebit, in agitatione parvarum partium, terrestrium corporum calorem consistere, si contra digitos junctos fortiter spirantes, observemus spiritum ore egressum, in exteriori manus superficie frigidum nobis videri, quia ibi celerrimè & æquali robore latus, non multum agitationis efficit; Et contrà satis calidum inter medios digitos; quia per illos lentiùs & inæqualiùs eniтens, magis tremulo motu exiguas illorum partes concitat. Ut illum etiam semper calidum sentimus ore patulo & hianti flantes, & frigidum eodem ferè clauso. Atque ab hac eadem ratione est quod communiter venti impetuosi frigidi sunt neque multi calidi spirant, nisi etiam simul sint lenti.

VI. *Cur vapores interdum magis interdum minus radios luminis obtundant. Cur halitus oris magis videatur hyeme quàm æstate. Plures vapores solere esse in aëre cùm minimè videntur quàm cùm videntur.*

Præterea vapores ad B & E & F sunt pellucidi, nec visu à reliquo aëre dignosci queunt: quum enim celerrimè, & eodem quo materia subtilis, quæ illas circumjacet, impetu moveantur, non possunt impedire ne actionem à lucidis corporibus manantem in se admittat, sed potiùs ipsimet etiam illam admittunt. Contra verò vapor ad C obscurior, sive minùs transparens evadit, quoniam ejus particulæ non sunt ampliùs ita obsequentes huic materiæ subtili, ut quibuslibet ejus impulsionibus cedant: & vapor qui ad D, quia calidior quàm qui ad C, non tam obscurus esse potest. Ut videmus *hyberno* tempore calentium equorum halitum & sudorem propter aëris frigus specie densi & obscuri fumi crassescere, qui contra æstate, propter ejusdem aëris calorem, non apparet. Neque enim dubitandum quin aër sæpe tam multos aut etiam plures vapores contineat, cùm nulli prorsus in eo videntur, quàm cùm densissimi apparent: quomodo enim sine miraculo fieri posset, ut Sol torridus æstivo tempore, media die, vel lacui vel locis paludosis incumbens, nullos vapores inde elevaret? tum temporis enim notatur, aquas subsidere & decrescere magis, quàm aëre frigido & obscuro.

VII. *Quo sensu vapores alii aliis humidiores aut ficciores dici possint.*

Denique vapores, qui ad E humidiores sunt, id est, magis dispositi ad transeundum in aquam, atque ad reliqua corpora instar aquæ humectanda, quàm qui ad F. Nam contrà hi sicci sunt, quia validè impellendo humida corpora quibus occurrunt, inde ejicere partes aquæ in iis latentes & secum auferre possunt, atque ita illa exsiccare. Ut etiam ventos impetuosos semper siccos experimur, neque humidum quemquam nisi simul & languidum. Dicere quoque possumus eosdem vapores, qui ad E, humidiores esse iis, qui ad D, quum partes illorum plus agitatæ, meliùs aliorum corporum poris,

ad

ad ea humectanda se insinuare possint. Sed alio respectu sicciores etiam dici possunt; quia scilicet nimia partium agitatio prohibet, ne tam facilè in aquam coëant.

Quantum ad exhalationes, longè plures qualitates admittunt, quàm vapores, ob majorem quam habent partium differentiam. Hic autem sufficit notasse, crassiores ferè nihil esse præter terram, qualem in fundo vasis cernimus, in quo pluvia, vel nivalis aqua resedit; subtiliores verò nil aliud, quàm spiritus, aut aquas vitæ, quæ semper priores è corporibus destillatis surgunt; Et mediarum alias commune quid habere cum volatilium salium, alias cum oleorum natura, seu potiùs cum illa fumi ex iis dum comburuntur egredientis. Et licèt hæ exhalationes maximam partem non leventur in aërem, nisi vaporibus mixtæ, facillimè tamen ab iis postea separantur; aut sua sponte, quemadmodum olea ab aqua cum qua distillantur; aut agitatione ventorum adjutæ, quæ illas in unum aut plura corpora cogit, quemadmodum rusticæ lactis cremorem pulsando, butyrum à sero separant; vel etiam hoc solo quod vel leviores, vel ponderosiores, vel magis vel minùs vibratæ, in regione sublimiori vel humiliori commorantur, quàm ipsi vapores. Et communiter olea minùs altè levantur, quàm aquæ vitæ; & quæ magis terream habent naturam, minùs adhuc quam olea. Nullæ autem sunt quæ inferiùs subsistant, quàm illæ aquæ particulæ ex quibus sal commune componitur; quæ quamvis propriè loquendo, neque exhalationes neque vapores dici possint, cùm nunquam altius quàm ad superficiem maris attollantur; quia tamen evaporatione hujus aquæ eò pertingunt, & multa habent valde notatu digna, quæ hîc commodè possunt explicari, minimè illas omittam.

VIII. *Quæ sint variæ exhalationum naturæ: & quomodo seipsas à vaporibus segregent.*

CAPUT III.

De Sale.

Salsedo maris consistit tantùm in crassioribus istis ejus aquæ particulis, quas paulò antè audivimus non convolvi aut flecti posse actione materiæ subtilis, quemadmodum reliquas, neque etiam agitari nisi minorum interventu. Primò enim, nisi aqua composita foret ex ejusmodi partibus, quales supra statuimus, æquè facilè aut difficile illi esset, in quotlibet & cujuslibet figuræ partes dividi: atque ideò vel non tam libere, quàm solet, illaberetur corporibus, quorum meatus

I. *Quæ sit natura aquæ salsæ: & cur oleum ex corporibus eo madefactis non tam facile egrediatur quàm aqua.*

meatus satis laxi sunt, ut calci & arenæ; vel etiam quodammodo in ea penetraret, quæ arctiores illos habent, ut in vitrum & metallum. Deinde nisi hæ aquæ partes eam haberent figuram quam ipsis tribuimus, non tam facilè ex poris aliorum corporum, quos insederunt, solâ ventorum agitatione aut calore expellerentur; ut olea & pinguiores alii liquores, quorum partes alias figuras habere diximus, manifestum reddunt: vix enim unquam omnino ejici possunt ex corporibus, quæ semel occuparunt. Postremò quoniam nulla in natura corpora videmus adeò accuratè similia, quin semper aliquantulum in magnitudine differant, neminem esse puto, qui difficulter patiatur sibi persuaderi aquæ etiam partes non omnino æquales esse, & præsertim in mari (quod est ingens aquarum omnium receptaculum) quasdam tam crassas inveniri, ut non possint instar aliarum, diversimodè inflecti ab eâ vi quâ communiter agitantur. Atque hîc deinceps conabor demonstrare, hoc solum sufficere ut omnes salis qualitates in iis reperiantur.

II. *Cur tanta sit in sapore differentia inter salem & aquam dulcem. Cur sal carnium corruptionem impediat, easque duriores reddat: cur vero aqua dulcis eas corrumpat.*

Primò non mirandum est illas saporem pungentem & penetrantem habere, multum differentem ab eo aquæ dulcis; cùm enim non possint à materia subtili, quæ illas circumjacet inflecti, necesse est ut in cuspides erectæ & telorum instar vibratæ linguæ poros ingrediantur, atque ita penetrent satis altè ad illam pungendam: cùm è contrà partes aquæ dulcis molliter supra illam fluitantes, & semper in latera jacentes, ob facilitatem quâ flectuntur, vix gustu possint sentiri. Et particulæ salis ita punctim ingressæ poros carnium, quæ eo condiri solent ut asserventur, non modò humiditatem tollunt, sed etiam sunt instar paxillorum hîc illic inter earum partes defixorum, ubi immoti & non cedentes illas sustinent, & impediunt ne aliæ magis lubricæ seu plicatiles immixtæ, illas concutientes, loco moveant, atque ita corrumpant corpus quod componunt. Hinc etiam carnes salitæ successione temporis magis indurescunt; quas alioqui partes aquæ dulcis, se inflectendo, atque huc illuc poris earum illabendo, facilè emollirent & corrumperent.

III. *Cur aqua salsa gravior sit quam dulcis; & nihilominus salis grana in aqua ma-*

Præterea non mirum est aquam salsam dulci ponderosiorem esse, quum partibus constet magis crassis & solidis: quæ propterea in minus spatium contrahi possunt; Ex hoc enim gravitas pendet. Sed inquisitione dignum est, quare partes illæ solidiores inter alias minus solidas mistæ remaneant, quum ob majorem gravitatem subsidere debere videantur. Et hujus rei ratio est, saltem in partibus salis

salis vulgaris, quòd utramque extremitatem æqualiter crassam habeant, sintque omnino rectæ instar teli vel baculi: si enim unquam in mari quædam fuerint in una sui extremitate crassiores, & eo ipso ponderosiores quàm in altera, satis temporis à mundi exordio habuere, ut,crassiori ista parte deorsum inclinata, usque ad fundum descenderent; & si quæ fuerint curvæ, satis etiam temporis habuerunt, ut corporibus duris occurrentes, eorum poros ingrederentur; sed quia in hos semel immissæ, non tam facilè se inde liberare potuerunt, quàm rectæ & in utraque parte æquales, ideo nullæ nunc præter has ibi esse possunt. Hæ autem quoniam transversæ sibi invicem incumbunt, præbent occasionem partibus aquæ dulcis, quæ à motu non cessant, illas interlabendi & se ipsis annulorum instar circumvolvendi, atque ita ordinandi ac disponendi, ut faciliùs motum continuare queant,& etiam celeriorem habere quàm si solæ essent. Nam cùm ita aliis circumvolutæ sunt, vis materiæ subtilis quâ agitantur, id tantùm agendum habet, ut eas quàm citissimè circa particulas salis quas amplectuntur verset, atque ex alia in aliam transferat, nullis interim ex earum plicaturis sive annulis immutatis; contrà verò cùm solæ existentes aquam dulcem componunt, ita necessario implicantur, ut pars virium hujus materiæ subtilis debeat impendi in iis diversimodè flectendis, alioqui enim ab invicem non possent separari; & ideò tunc illas, nec tam facilè, nec tam velociter movere, id est, ex uno loco in alium transferre potest.

rinæ superficie formentur. Particulas salis communis esse longas, rectas, & in utraque extremitate æqualiter crassas: quomodoque disponantur inter particulas aquæ dulcis: & majorem esse particularum agitationem in aqua salsa, quam in dulci.

IV. *Cur sal facile humiditate solvatur: & cur in certa aquæ dulcis quantitate, certa tantum ejus quantitas liquescat.*

Quum itaque sit verum partes aquæ dulcis partibus salis circumvolutas, faciliùs moveri posse quàm solas, non mirum est illas has circumlabi, cùm satis prope adsunt, & ita complexas retinere ut illas ponderis inæqualitas non divellat. Quo fit ut sal satis facilè solvatur, in aquam dulcem injectus, vel tantùm humidiori aëri expositus; nec tamen solvatur in quantitate aquæ determinata, nisi determinata ejus quantitas; ea scilicet quam partes aquæ flexiles se circumvolvendo amplecti possunt. Et quoniam scimus pellucida corpora quo minùs motui materiæ subtilis, in poris suis hærentis, resistunt, hoc pellucidiora esse, inde etiam intelligimus aquam marinam naturaliter fluviali pellucidiorem esse debere, & refractiones paulò majores efficere.

Cur aqua marina pellucidior sit fluviatili, & paulo major in ea fiat luminis refractio.

V. *Cur non tam facile*

Videmus quoque illam difficilius gelu constringi; quia nunquam aqua gelari potest, nisi quoties materia subtilis per partes illius fusa, non satis roboris ad illas agitandas habet. Hinc etiam causas

congeletur: & quomodo aqua ope salis in glaciem vertatur.

causas arcani per æstatem componendæ glaciei discere possumus; quod licèt jam satis vulgatum, ex optimis tamen est quod ejusmodi arcanorum studiosi habent. Salem æquali copiæ nivis, aut glaciei contusæ mixtum, circa aliquod vas aqua dulci repletum disponunt & sine alio artificio, ut illa simul solvuntur, hæc in glaciem coït: Quia materia subtilis partibus hujus aquæ circumfusa; crassior aut minùs subtilis, & consequenter plus virium habens, quàm illa quæ circa nivis partes hærebat, locum illius occupat, dum partes nivis liquescendo partibus salis circumvolvuntur, faciliùs enim per salsæ aquæ quàm per dulcis poros movetur, & perpetuò ex corpore uno in aliud transire nititur, ut ad ea loca perveniat in quibus motui suo minùs resistitur: quo ipso materia subtilior ex nive in aquam penetrat, ut egredienti succedat, & quum non satis valida sit ad continuandam agitationem hujus aquæ, illam concrescere sinit.

VI. *Cur difficillimè sal abeat in vaporem, & aqua dulcis facillimè.*

Sed primaria partium salis qualitas est, maximè fixas esse, hoc est, non facilè in vapores solutas attolli, quemadmodum partes aquæ dulcis. Quod non tantùm accidit quia majores sunt, & ponderosiores, sed etiam quia cùm longæ sint & rectæ, non diu in aëre librari possunt, sive ulteriùs ascensuræ sive descensuræ, quin altera earum extremitas deorsum pendeat, atque ita terræ ad perpendiculum immineant. Sive enim ad ascendendum sive ad descendendum, faciliùs aërem hoc situ quàm ullo alio secant. Quod non eodem modo in partibus aquæ dulcis fit; quum enim sint valde plicatiles, nunquam nisi celerrimè rotatæ in rectum porriguntur; quum contrà partes salis vix unquam hac ratione rotari possint; nam sibi invicem occurrentes, quia ipsarum inflexibilitas ne unæ aliis cederent impediret, statim hærere aut motum interrumpere cogerentur. Sed quum ita in aëre suspenduntur, alterâ suâ cuspide terræ obversâ, manifestum est potiùs descensuras quàm ascensuras; vis enim quæ sursum impellere posset, longè remissiùs agit quàm si transversæ jacerent, & quidem accuratè tantò, quantò aëris cuspidi resistentis quantitas minor est illa, quæ obniteretur longitudini, quum interea pondus illarum semper æquale hoc vehementiùs agat, quo aëris vis resistens minor est.

VII. *Cur aqua maris arena percolata dulce-*

Quibus si addamus aquam marinam dum arenas permeat dulcescere (quia nempe partes salis, cùm sint inflexibiles, non ut partes aquæ dulcis, per exiguos illos anfractus, qui circa sabuli grana repe-

reperiuntur labi possunt), discemus fontes & flumina, cùm non nisi ex aquâ vel per vapores sublatâ, vel colatâ per multum arenæ conflata sint, minimè salsa esse debere. Itemque universas illas aquas dulces, quæ quotidie in mare ruunt, neque ejus magnitudinem augere, neque salsedinem minuere posse: Nam continuo totidem inde egrediuntur, quarum aliæ in vapores mutatæ sublimia petunt; atque inde in nivem aut pluviam glomeratæ decidunt in terram; aliæ autem & quidem plurimæ per subterraneos meatus usque ad radices montium penetrantes, & calore ibi incluso, velut resolutæ in vaporem, attolluntur in eorundem juga ubi scaturigines seu capita fontium vel fluviorum implent.

scat; & aqua fontium & fluminum sit dulcis. Cur flumina in mare fluentia ejus aquas nec dulciores, nec copiosiores reddant.

VIII.

Cur mare magis salsum sit versus æquatorem, quam versus polos.

Sciemus etiam aquam marinam magis salsam esse sub æquatore quàm sub polis, si consideremus Solis æstum ibi vehementiorem plures vapores excitare, qui non semper eodem relabuntur unde venerunt; sed plerumque aliorsum in loca polis viciniora, ut meliùs posteà intelligemus.

IX.

Cur aqua salsa minus apta sit incendiis extinguendis quam dulcis: & cur noctu dum agitatur in mari, lumen emittat. Cur nec muria, nec aqua maris diu in vase servata sic luceat: & cur non æqualiter omnes ejus guttæ sic luceant.

Postremò, nisi accuratæ ignis explicationi hic inhærere nollem, addi posset, quare aqua marina restinguendis incendiis fluviali minus idonea sit; Item quare agitata noctu scintillet. Videremus enim particulas salis, dum velut suspensæ inter illas aquæ dulcis hærent, facillimè concuti, & ita concussas, multoque robore pollentes, ex eo quod sint rectæ & inflexiles, non modo flammam augere si illi immittantur, sed etiam ex se solis aliquam accendere posse, si cum impetu ab aqua in qua sunt exiliant. Ut si mare A, cum

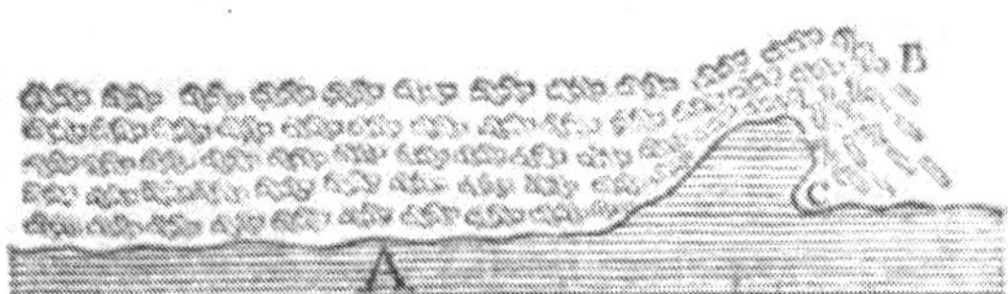

vehementia impulsum ad C, ibique illisum scopulo, vel obstaculo alio simili assurgat ad B, impetus quem partes salis ex hoc concussu acquirunt, efficere potest, ut earum primæ in aërem juxta B ejectæ se ibi dulcis aquæ partibus quibus circumcingebantur expediant; atque ita solæ & certo intervallo ab invicem dissitæ, scintillas ignis generent, non absimiles iis quæ solent emicare ex silice percusso.

cusso. Notandum tamen particulas salis ad hunc effectum admodum rectas & lubricas requiri, ut tanto facilius à partibus aquæ dulcis separari queant; unde nec muria, nec aqua marina diu in vase aliquo servata, ejusmodi scintillas emittit. Requiritur præterea, ut partes aquæ dulcis illas salis non nimis arctè complectantur; unde crebriores hæ scintillæ apparent cœlo calido quàm frigido: Item ut mare satis agitatum & concitatum sit; Unde fit ut talis flamma ex omnibus ejus fluctibus non emicet: Ac postremò ut partes salis ferantur punctim instar sagittarum, potiùs quàm transversim; atque hinc fit ut non omnes guttæ ex eadem aqua exsilientes eodem modo reluceant.

X. *Cur aqua in littore maris fossis quibusdam minime profundis includatur ad salem conficiendum: & cur sal non fiat nisi aëre calido & sicco.*

Deinceps verò perpendamus quâ ratione sal dum generatur summæ aquæ innatet, licèt admodum fixæ & ponderosæ illius partes sint, & quomodo ibi in exigua grana formetur, quorum figura quadrata non multum discrepat ab illa Adamantis, in mensulæ formam expoliti, nisi quod latissima illorum frons paulum excavata conspicitur. Primò necessarium est aquam marinam aliquâ fossâ excipi ad evitandam continuam fluctuum agitationem, & excludendam aquam dulcem, quam sine intermissione pluviæ & flumina in Oceanum convehunt. Deinde requiritur aër satis calidus & siccus, ut agitatio materiæ subtilis quæ in eo est, ad partes aquæ dulcis, à partibus salis quibus circumvolvuntur liberandas & in vaporem attollendas sufficiat.

XI. *Cur omnium liquorum superficies sit admodum lævis: & cur aquæ superficies difficiliùs dividatur quàm ejus interiores partes.*

Et notandum aquæ, ut & aliorum omnium liquorum, superficiem perpetuò æqualem & maximè levem esse; quia partes quidem illius inter se uniformi motu moventur; partes quoque aëris illam tangentes pari inter se agitatione feruntur: at aquæ partes alia ratione & mensura agitantur, quàm aëris; & præterea materia subtilis partibus aëris circumfusa, longè aliter movetur, quàm ea quæ aquæ partes interfluit; atque hinc superficies utriusque politur, planè eodem modo ac si duo corpora dura attererentur, nisi quòd longè facilius & ferè in eodem instanti hîc lævigatio fiat, propter partium, quæ in liquidis sunt mobilitatem. Hinc etiam fit ut superficies aquæ longè difficiliùs, quàm ejus interiora dividatur. Hoc autem ita se habere docet experientia; nam corpora satis parva, licet ex materia gravi & ponderosa, ut exiguæ acus chalybeæ, facile sustinentur & innatant summæ aquæ, quamdiu ejus superficies nondum divulsa est, sed ubi semel infra illam sunt, statim usque ad fundum descendunt.

Jam

XII. *Quomodo salis particulæ in aqua superficie hæreant.*

Jam verò cogitandum est, aërem cùm satis calidus est ad excoquendum salem, non tantummodo quasdam flexibilium aquæ partium excitare, & in vaporem elevare posse, sed etiam cùm tanta velocitate attollere, ut priùs illæ ad summam hujus aquæ superficiem perveniant, quàm tempus habuerint partibus salis quibus fuerunt circumvolutæ, se omnino liberandi; easque idcirco eo usque secum adducant, nec priùs planè deserant, quàm foramen exiguum, per quod ex corpore aquæ emerserunt, sit clausum: Unde fit ut hæ particulæ salis ab iis aquæ dulcis postmodum relictæ huic superficiei supernatent, ut eas repræsentari videmus ad D. Cùm enim ibi transversim jaceant, non satis habent gravitatis ad subsidendum, ut nec acus chalybeæ, de quibus diximus, sed tantùm, paululum superficiem depriмunt. Atque ita primæ quæ hoc pacto aquæ supernatant, hinc inde per ejus superficiem sparsæ, multas veluti fossas aut cavitates perexiguas in ea formant; deinde quæ sequuntur emergentes ex harum fossarum lateribus, propter eorum quantulamcunque declivitatem, delabuntur ad ipsarum fundum, ibique se prioribus adjungunt. Et inter cætera hîc observandum ex quacunque demum illæ parte adveniant, aptè ad latus priorum se applicare, ut videmus ad E, secundas saltem, sæpe etiam tertias; quoniam hoc ipso paulò altiùs descendunt, quàm si in alio situ remanerent, ut in eo qui exhibetur ad F, vel ad G, vel ad H. Motus etiam caloris, semper aliquantillum superficiem agitans, hanc dispositionem promovet.

XIII. *Cur cujusque salis grani basis sit quadrata: & quomodo basis ista sit aliquantulum curva, quamvis plana videatur.*

Cùm autem ita duæ aut tres in singulis fossis porrectæ jacent, quæ præterea allabuntur, eodem modo iis jungi possunt, saltem si sponte aliquo modo ad hunc situm accedant. Sed si accidat ut propendeant magis ad extremitates, quàm ad latera priorum, iis applicantur ad angulos rectos, ut videmus ad K: quia etiam paulò altiùs hac ratione descendunt, quàm si aliter disponerentur, velut ad L, aut ad M. Et quoniam totidem circiter ad extremitates duarum aut trium priorum accedunt, quàm ad latera; hinc fit ut aliquot centenæ ita ordinatæ primò exiguam veluti tabulam contexant, figuræ ad oculum satis quadratæ, quæ est instar basis nascentis grani. Et notandum tribus tantùm ex illis particulis aut quatuor, eodem situ ibi positis ut ad N, medias semper paulò altius demitti quàm exteriores. Sed deinde supervenientibus aliis, quæ transversæ iis junguntur, ut ad O, illas exteriores ferè tantundem deprimi, quantum interiores. Unde fit, ut exigua tabula quadrata, basis futuri grani salis, quæ ut plurimùm ex aliquot centenis simul junctis est composita, non nisi plana appareat, etiamsi sit semper aliquantulum curva. Jam verò prout hæc tabula accrescit, ita quoque altiùs descendit, sed paulatim, & tam lentè, ut aquæ superficiem suo pondere non dividat, sed deprimat tantùm. Et cùm in certam magnitudinem excrevit, tam demissa est, & isti superficiei aquæ sic immersa, ut partes salis eò devolutæ, non adhæreant tabulæ oris, sed transgressæ eodem modo & situ super ipsam labantur, quo priores per superficiem aquæ.

XIV. *Quomodo integrum salis granum isti basi inædificetur. Cur sit quædam cavitas in medio istorum granorum: & cur eorum superior pars latior sit quàm basis: & quid basim reddat majorem vel minorem.*

Quo ipso alia tabula quadrata ibi surgit, itidem paulatim altiùs descendens, donec rursus particulæ salis allabentes, hanc superare & tertiam quandam tabulam formare possint; atque ita deinceps. Sed particulæ salis secundam tabulam componentes, non tam facilè per priorem devolvuntur, quàm quæ illam primam formabant per aquam; neque enim superficiem tam æqualem & facilem ibi offendunt, & propterea sæpius ad medium non pertingunt; quòd cùm eo ipso vacuum relinquatur, tardiùs hæc secunda tabula descendit, quàm prima; sed paulò major fit antequam tertia incipiat formari, & denuò hæc paulò plus vacui in medio relinquendo, paulò major evadit quàm secunda, & ita porro, donec integrum illud granum ex pluribus hujusmodi mensulis coacervatis, absolvatur; id est, donec oras vicinorum granorum contingens, ulteriùs crescere nequeat.

XV. *Cur interdum particulæ salis aquæ fundum petant, priusquam in grana possint concrescere. Quomodo*

Magnitudo primæ tabulæ à gradu caloris est, quo aqua, dum illa fit, agitatur; quò enim hæc agitatio major est, hoc altiùs particulæ salis innatantes superficiem illius deprimunt, atque ita basis minor fit; immò aqua tam validè concuti potest, ut partes salis pessum eant, antequam ullum granum formaverint. Ex quatuor lateribus hujus basis, quatuor frontes surgunt, cum quadam acclivitate, quæ si calor semper æqualis fuerit inter generandum hoc granum, non nisi ex causis jam enumeratis dependet; sed si intendatur, hæc acclivitas in parte harum frontium quæ tunc formabitur minor erit; & contra major si remit-

remittat: Atque si alternatim modò augeatur modò minuatur, quasi in gradus hæ acclivitates videbuntur fractæ. Et quatuor veluti costæ connectentes has quatuor frontes, nunquam valde acutæ sunt & præcisæ; partes enim, quæ lateribus hujus grani sese adjungunt, ut plurimùm quidem in longum porrectæ, quemadmodum diximus, ibi adhærent; sed quæ ad angulos ex quibus hæ costæ surgunt devolvuntur, faciliùs aliter se applicant; quemadmodum scilicet exhibentur ad P, quod hos angulos paulò obtusiores & minùs æquales reddit; unde ipsum etiam granum sæpissimè fragilius est hîc quàm alibi, & spatium in medio vacuum, rotundum potiùs quàm quadratum.

P

quatuor latera cujusque grani, modo magis, modo minus inclinata & inæqualia reddantur. Cur commissuræ istorum laterum non sint admodum accuratæ, faciliusque in ipsis quam alibi grana frangantur: & cur cavitas quæ in medio est cujusque grani, rotunda potius sit quam quadrata.

XVI. *Cur grana ista in igne crepitent quum integra sunt, confracta autem non crepitent.*

Præterea quoniam hæ partes granum componentes, præter ordinem quem explicavimus, cætera satis confusè junguntur, sæpius inter illarum extremitates, quas se mutuò contingere non necesse est, satis vacui spatii relinquitur ad recipiendas aliquas dulcis aquæ partes, quæ ibi inclusæ & conglobatæ remanent; velut videmus ad R, saltem quamdiu non nisi mediocriter moventur; sed cum vehementi calore concitantur, magno impetu dilatari nituntur, eodem modo quo supra diximus, quum aqua in vapores solvitur, atque ita hos carceres cum fragore disrumpunt. Unde fit ut salis grana, si integra in ignem mittantur, crepitando dissiliant, non autem si priùs comminuta fuerint & in pulverem redacta; tum enim hæc claustra jam effracta sunt.

R

XVII. *Unde oriatur odor salis naturaliter albi, & color nigri.*

Præterea nunquam aqua marina tam purè ex particulis jam descriptis componi potest, quin aliæ simul immistæ occurrant, quæ licèt multò tenuiores sint, ibi tamen commorari, & particulis salis inseri possunt: atque ab his procedit gratissimus ille violarum odor, quem recens sal album exhalat; Itemque ille sordidus color, quem in nigro videmus, omnesque aliæ proprietates quæ in salibus, ex diversis aquis excoctis reperiuntur.

XVIII. *Cur sal sit friabile, album, vel transparens: &*

Denique rationem intelligemus, cur salis grana satis facilè conteri possint & friari, si recordemur qua ratione partes ejus inter se nectantur. Intelligemus etiam cur sal cùm satis purus est, semper vel albus vel pellucidus appareat, si ad crassitiem particularum ex quibus

cur facilius liquescat quum grana ejus integra sunt, quam quum fuerunt confracta & lente siccata. Cur ejus particulæ minùs flexiles sint quàm aquæ dulcis; & cur tam hæ quàm illæ teretes sint.

bus ejus grana componuntur, & ad naturam coloris albi, quæ infrà explicabitur, spectemus. Neque mirabimur salem granis integris & non siccatis, satis facile ad ignem liquescere, cùm sciamus tunc illum plures aquæ dulcis particulas suis immistas habere. Neque contrà, hoc ipsum multò difficiliùs fieri, granis contusis & lento igne exsiccatis, adeò ut omnes aquæ dulcis particulæ ex eo evolarint; si consideremus tunc illum non posse liquidum fieri, nisi permultis ex ejus partibus inflexis & complicatis; illas autem non nisi admodum difficulter inflecti. Nam licet fingere possimus omnes particulas aquæ marinæ fuisse olim quasi per gradus unas aliis paulò magis flexiles, vel paulò minùs, adeò ut inter minimas, quæ ad salem pertinebant, & maximas quæ ad aquam dulcem, vix ulla differentia esset. Quia tamen eæ tunc se inflectere atque aliis circumvolvere cœperunt, progressu temporis se paulatim emollire, & magis ac magis flexiles reddere debuerunt, & contrà aliæ quibus circumvolutæ sunt, planè rigidæ & inflexiles remanere; Nunc omnino putandum est magnum discrimen inter has & illas esse. Utræque tamen sunt teretes sive rotundæ; nempe partes aquæ dulcis instar restis vel anguillæ, & salis instar baculi vel cylindri: Quæcunque enim corpora diu & diversimodè ita moventur, figuram aliquo modo circularem assumunt.

XIX. *Quomodo oleum quoddam, sive potiùs aqua acidissima ex sale extrahatur. Et cur magna sit differentia inter saporem istius aquæ acidæ, & salis.*

His autem ita cognitis facilè etiam agnoscitur natura istius aquæ fortissimæ atque acidissimæ, quæ Chymicis spiritus vel oleum salis dicta, aurum solvit. Quum enim non sine magna vehementia ingentis ignis extrahatur, ex sale vel puro vel alio corpori maximè sicco & fixo immisto, ut lateri coctili qui impedit ne liquescat: palam liquet partes illius easdem esse, quæ antea salem composuere, sed illas per alembicum ascendere non potuisse, & ita ex fixis in volatiles mutari; nisi posteaquam inter se collisæ & vi ignis agitatæ, ex rigidis & inflexibilibus quales erant, plicatiles evaserunt; atque eâdem operâ ex teretibus planæ & secantes, ut folia Iridis vel gladioli; nam aliàs minimè flecti potuissent. Unde etiam ratio in promptu est, quare saporem multùm à sale discrepantem habeant, in longum enim porrectæ linguæ incubantes, acie suâ extremitatibus nervorum illius obversâ, atque ita secando devolutæ, alio planè modo quàm antea illos afficere debent, & consequenter alium saporem, acidum nempe, excitare. Atque ita reliquarum proprietatum hujus aquæ ratio reddi posset: sed quia in infinitum hic labor

excur-

excurreret, nunc ad vapores reversi, exploremus qua ratione illi in aëre moveantur, & ventos ibi generent.

CAPUT IV.

De ventis.

OMnis aëris agitatio sensibilis ventus appellatur, & omnia corpora tactum visumque effugientia dicimus aërem. Sic rarefactam aquam & in vaporem subtilissimum transmutatam, in aërem conversam aiunt. Licèt publicus ille aër quem respiramus, ut plurimum ex particulis, quæ multò tenuiores sunt partibus aquæ, & figuram omnino diversam habent, componatur. Atque ita aër ex folle elisus vel flabello impulsus, ventus nominatur; licèt venti latiùs diffusi terrasque & maria perflantes, nihil sint nisi vapores moti, qui dilatati, ex loco arctiori in quo erant, in alium ubi faciliùs expandantur, transeunt. I. *Quid sit ventus.*

Eâdem ratione quâ in globis, quos Æolipylas dicunt, paululum aquæ in vaporem resolutæ, ventum satis magnum & impetuosum, pro ratione materiæ, ex quâ generatur, excitat. Et quoniam hîc ventus artificialis, ventorum naturalium cognitioni haud parum lucis affundere potest, è re fore arbitror illum hîc explicari. A B C D E est globus ex ære vel aliâ tali materiâ, totus cavus & undiquaque clausus, nisi quod aperturam exiguam habeat in regione D, cujus parte A B C aquæ plena, & altera A E C vacua, id est, nihil extra aërem continente, illum imponimus igni, cujus calor exiguas aquæ partes agitando, efficit ut multæ supra ejus superficiem A C attollantur, ubi expansæ & rotatæ colliduntur, magnoque molimine recedere ab invicem nituntur, ut suprà explicatum fuit; & quia se ita expandere atque ab invicem removere non possunt, nisi quatenus aliquæ ex iis per foramen D egrediuntur, tota illa vis, quâ plures colliduntur, tanquam II. *Quomodo in Æolipylis generetur.*

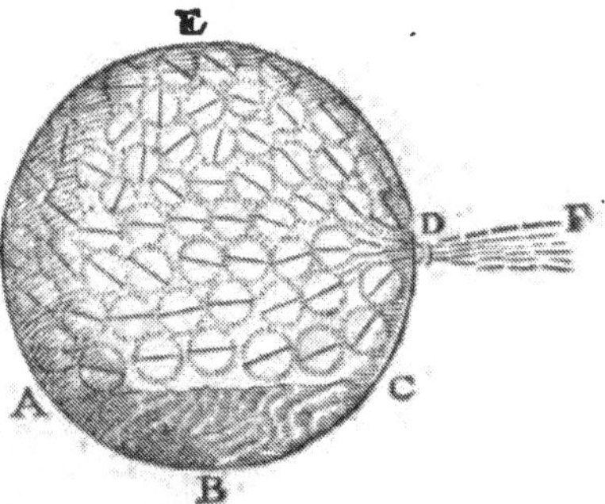

quam in unum collecta, id agit ut proximas per illud exturbet. Atque ita ventus à D ad F ſpirans excitatur. Et quia ſemper aliæ hujus aquæ particulæ, in altum ab hac ſuperficie A C à calore ſublatæ, dilatantur atque ab invicem recedunt, dum interim per foramen D aliæ enituntur, hic ventus non ceſſat antè univerſam globi aquam exhalatam, vel calorem extinctum.

III. *Quomodo etiam in aëre fiat. Ventos præcipuè ex vaporibus oriri, ſed non ex iis ſolis componi. Et cur à vaporibus potius quam ab exhalationibus oriantur.*

Venti autem illi naturales qui ſolent in aëre ſentiri, eodem ferè modo quo hic artificialis generantur, & præcipuè tantùm in duabus rebus diſcrepant. Quarum prima, quòd vapores unde his origo, non tantùm ab aquæ ſuperficie, ut in hoc globo, ſed etiam à terra humenti, nive & nubibus emittantur; & quidem plerumque majori copia, quàm ex aqua: quòd in illis particulæ ferè jam ſeparatæ & disjunctæ, faciliùs porrò divellantur. Altera, quòd vapores arctiùs quidem in Æolipyla poſſint detineri, quàm in aëre; ubi tantùm objectu vel aliorum vaporum, vel nubium, vel montium, vel denique ventorum ex aliis locis venientium, impediuntur, ne ubivis æqualiter ſe extendant; ſed viciſſim alii alibi vapores ſæpe reperiun-

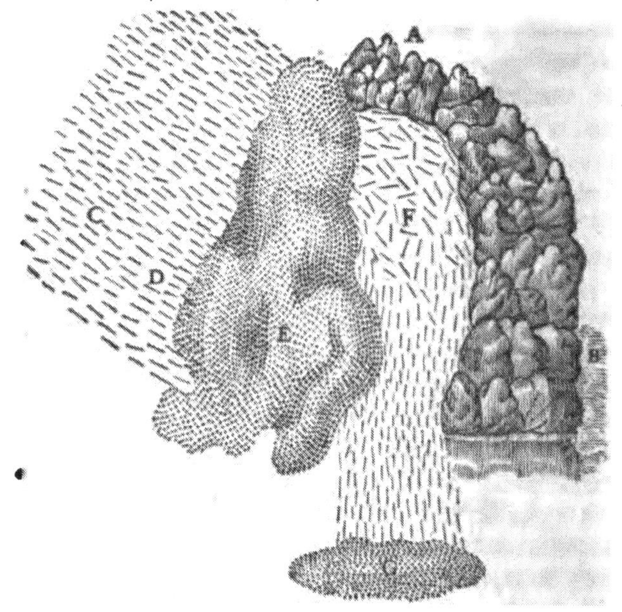

tur,

tur, qui eodem tempore condensati quo hi dilatantur, locum à se relictum illis occupandum tradunt. Ut si exempli gratiâ magnam vaporum copiam imaginemur consistere in aëris regione F, qui se expandentes multò majus spatium eo quo continentur affectant; & simul eodem tempore alios hærere ad G, qui coacti ac in pluviam vel nivem mutati, maximam partem spatii quod occupabant deserunt; minimè dubitabimus, quin illi qui juxta F reperiuntur, digressuri sint ad G, atque ita ventum eò ruentem generaturi; præsertim si etiam cogitemus eos impediri, quò minùs ferantur versus A vel B, ab altissimis montibus ibi sitis; & quò minùs ferantur versus E, ab aëre spisso, & vi alterius venti spirantis à C ad D condensato: Et postremò nubes supra illos stare, quæ prohibent ne altiùs possint evolare. Hîc autem observemus, vapores ita de loco in locum transeuntes, omnem aërem iis in via occurrentem, & omnes exhalationes isti aëri permixtas secum deferre; Adeò ut quamvis illi propemodum soli, ventis causam dent, non tamen soli eosdem componant; sed dilatationem & condensationem harum exhalationum, & hujus aëris, quantum in se est, generationem ventorum etiam juvare: hoc tamen adeò parum esse, ut vix in rationem venire debeat. Aër enim dilatatus duplum tantùm aut triplum spatii illius præter propter occupat, quod à mediocriter condensato occupari solet; quum contrà vapores, bis vel ter millies tantundem exigant: & exhalationes non dilatantur, id est, non extrahuntur ex corporibus terrestribus, nisi per vehementem calorem; nec ferè unquam deinde quantumcunque aspero frigore tantum constringi possunt, quantum antea fuere: Quum contrà & exiguus calor solvendæ in vaporem aquæ, & moderatum etiam frigus vaporibus deinde in aquam glomerandis sufficiat.

Sed jam speciatim proprietates & generationem principum ventorum contemplemur. Primò observatur totum aërem circa terram ab Oriente ad Occidentem volvi: Idque hoc loco supponendum erit, cùm commodè ratio diduci nequeat, quin totius universi fabrica simul explicetur, quod extra nostrum propositum. Sed deinde notatur ventos Orientales plerumque multò ficciores esse, magisque aptos ad serenum aërem & nitidum reddendum, quàm Occidentales: quia hi nitentes contra naturalem vaporum cursum illos sistunt, atque in nubes cogunt; cùm contrà illi eosdem pellant & dissipent. Ut plurimum etiam Orientales

IV. Cur venti ab Oriente ficciores sint quàm ab Occidente: & cur manè potissimum ab Oriente, ac vesperi ab Occidente flent venti.

tales manè spirare animadvertimus, Occidentales verò vesperi. Cujus rei causa manifesta erit, contemplanti terram A B C D & Solem S, qui hemisphærium A B C illustrans, & faciens medium diem ad B, mediam noctem ad D, eodem tempore occidit respectu populorum habitantium ad A, & oritur respectu habitantium ad C. Nam quia vapores ad B valde dilatati sunt calore diurno, feruntur partim per A, partim per C versus D; ubi spatium illorum occupaturi quos frigus noctis ibi condensavit, efficiunt ventum occidentalem ad A, ubi Sol occidit; & orientalem ad C, ubi exoritur.

V.
Quod cæteris paribus venti ab Oriente fortiores sint quam ab Occidente. & cur ventus Borealis sæpius flet de die quam de nocte. Cur potius tanquam ex cælo versus terram, quam ex terra sursum versus; & cur cæteris soleat esse fortior, atque valde frigidus & siccus.

Et hic ventus ita factus ad C, ut plurimum fortior est, & celerius rapitur, quam ille qui generatur ad A: tum quia cursum totius massæ aëriæ sequitur, tum etiam quia in parte terræ, quæ est inter C & D, citius & fortius, ob diuturniorem Solis absentiam, facta est vaporum condensatio, quam in illa quæ est inter D & A. Constat etiam ventos Septentrionales ut plurimum interdiu spirare, illosque ex alto ruere, maximeque violentos, frigidos, & siccos esse. Cujus ratio patebit, si consideremus terram E B F D, sub polis E & F, ubi non multum Sole incalescit, multis nebulis & nubibus tectam esse; atque ad B, ubi Sol in illam directos & perpendiculares radios mittit, plurimos vapores excitari, qui actione luminis agitati celeriter sublimia petunt; usque dum eo pervenerint, unde vi sui ponderis urgente, facilius ad latera detorquentur, & iter suum tenent versus I & M, supra nubes G & K, quàm ulteriùs rectà ascendant: cumque hæ nubes G & K etiam incalescant & rarefiant à Sole, vapores inde egressi potiùs progrediuntur à G ad H, & à K ad L, quàm vel ad E vel ad F: aër enim crassus qui sub polis est, validiùs iis obni-

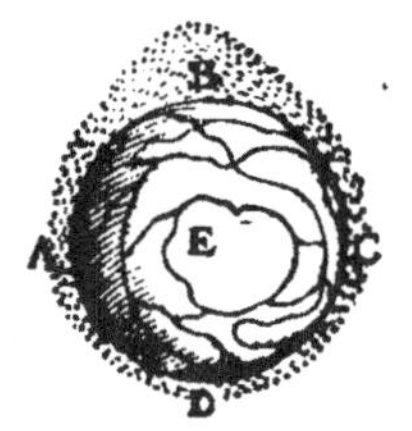

obnititur, quàm vapores è terra versùs meridiem surgentes, quia hi vehementer concussi, & ad motum quaquaversùm jam parati, non gravatè iis loco cedunt. Atque ita si ponamus Arcticum Polum esse versus F, motus vaporum à K ad L, ventum Septentrionalem excitabit, interdiu per Europam spirantem: qui ventus ex alto præceps ruit; nam ex nubibus in terram fertur. Valdè quoque ut plurimùm impetuosus est; nam æstu omnium maximo excitatur, Meridiano scilicet, & materiâ omnium facillimè in vapores dissolubili, nubibus scilicet, constat. Postremò hic ventus frigidissimus & siccissimus est, cùm ob ingentem illius vim; suprà enim diximus ventos impetuosos semper siccos & frigidos esse; tum etiam siccus est, quia ut plurimùm ex particulis aquæ dulcis crassioribus cum aëre mixtis componitur, & humiditas præcipuè consistit in subtilioribus, quæ raró in nubibus, unde hic ventus originem ducit, commorantur: Nam, ut mox videbimus, glaciei potiùs, quàm aquæ naturam obtinent; tum etiam frigidus est; quia secum meridiem versus materiam subtilissimam Borealem rapit, quæ primaria frigoris causa est.

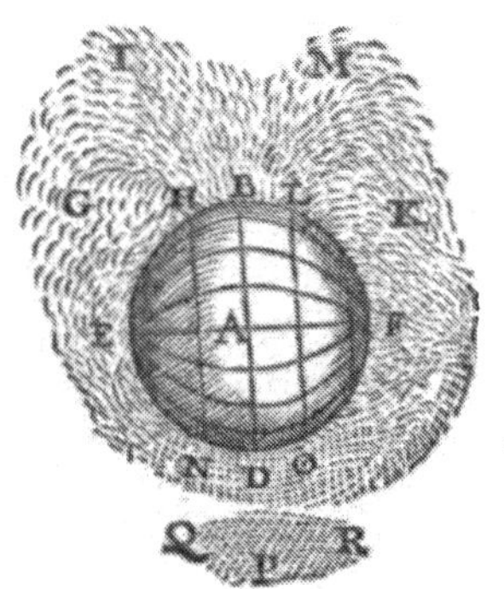

VI. *Cur ventus Australis sæpius flet noctu quàm interdiu: & cur flet tanquam èx imo in altum. Cur soleat esse lentior cæteris & debilior; nec non calidus & humidus.*

E contra observatur ventos meridionales noctu ut plurimùm flare, ex humili in sublimia eniti, lentos esse & humidos, cujus rei ratio manifesta itidem erit intuentibus terram EBFD, & cogitantibus partem illius D, quam sub Æquatore & in qua nunc noctem esse suppono, satis adhuc caloris à diurno Sole retinuisse, ad attollendos ex se multos vapores; sed aërem qui est paulò altiùs versus P, non parum refrixisse. Nam communiter omnia corpora crassa & ponderosa, ut terra quæ est ad D, diutius receptum calorem servant, quàm subtilia & levia, ut aër qui est ad P. Atque hoc efficit ut vapores qui tunc versus P existunt non effluant versus Q & R, quemadmodum ii qui sunt in aliâ parte effluunt versùs I & M, sed ibi cogantur in nubes, quæ impedientes, quò minùs alii vapores terrâ D egressi altè ascendant, illos undequaque inflectunt versus N & O, atque ita efficiunt ventum illum Meridionalem; qui noctu solet

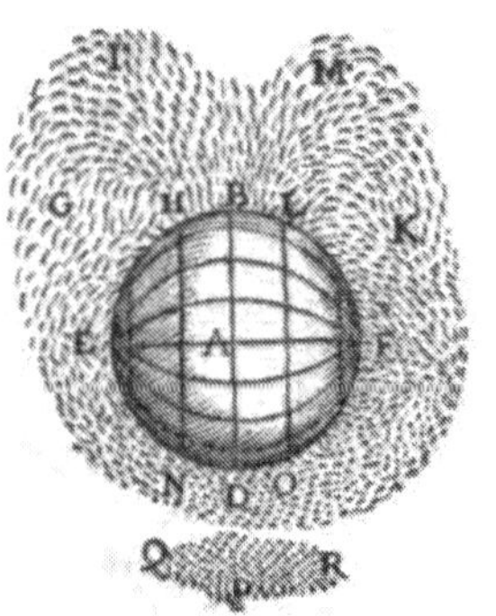

ſolet ſpirare, & ex inferiori loco in altum eniti, à terra nempe in aërem, & qui non poteſt eſſe niſi lentiſſimus, tum quia craſſities aëris nocturni curſum illius tardat, tum quia materia qua conſtat, terrâ tantùm vel aquâ egreſſa, non tam promptè, nec tantâ copiâ dilatatur, quàm materia reliquorum, quæ plerumque à nubibus effunditur. Poſtremò calidus quoque & humidus eſt, tum ob ſegniorem curſum; Tum etiam humidus eſt, quia ex partibus aquæ dulcis tam craſſioribus quàm ſubtilioribus componitur, quippe quæ ſimul è terra ſurgunt. Et calidus eſt, quia materiam ſubtilem quæ in meridionali plagâ erat, Septentrionem verſus ſecum ducit.

VII. *Cur ineunte vere venti ſint ſicciores; & tunc aëris mutationes magis ſubitaneæ ac frequentes fiant.*

Palàm etiam eſt menſe Martio, & in univerſum toto vere, ventos ſicciores, & mutationes aëris frequentiores & magis ſubitas eſſe, quàm ulla alia anni tempeſtate. Cujus rationem adhuc inſpectus terræ globus E B F D revelare poteſt, ſi cogitemus Solem (quem è regione circuli B A D repræſentantis Æquatorem conſiſtere fingo, & ante tres menſes è regione circuli H N, tropicum Capricorni repræſentantis, hæſiſſe) multò minùs hemiſphærium terræ B F D, in quo jam vernum tempus facit, calefeciſſe, quàm alterum B E D, ubi Autumnum; & conſequenter hoc dimidium B F D magis nive contectum, totumque aërem quo cingitur craſſiorem & nubibus magis refertum eſſe, quàm illum qui alterum dimidium B E D circumdat. Atque hinc eſt quod interdiu vapores multò plures ibi dilatantur, & viceverſa noctu plures condenſantur; maſſâ enim terræ minùs ibi calefactâ, vi interea Solis non minore exiſtente, major eſt inæqualitas inter calorem diurnum & nocturnum frigus; atque ita venti Orientales, manè ut dixi plerumque ſpirantes, & Septentrionales mediâ die, uterque ſicciſſimus, illo anni tempore validiores quàm ullo alio eſſe debent. Et quum venti Occidentales veſperi flantes ſatis quoque fortes ſint ob eandem rationem ob quam orientales manè ſpirantes, ſimulac vel minimùm ordinarius horum ventorum curſus, aut juvatur, aut tardatur, aut detorquetur à cauſis à causis particularibus, quæ in singulis plagis magis aut minùs aërem dilatare, aut condensare possunt, plures ex iis inter se concurrunt, & ita pluvias generant & tempestates; quæ tamen paulò pòst cessare solent, quia venti Orientales & Septentrionales, pellendis nubibus idonei superiores evadunt.

VIII. *Qui sint venti ab antiquis Ornithiæ dicti. Et qui sint Etesiæ.*

Et crediderim hos ventos Orientales & Septentrionales esse, quibus Græci Ornithiarum nomen ob reductas aves, vernam auram sequentes, imposuere. Sed quantum ad Etesias, quos à Solstitio æstivo observabant, verisimile est illos provenire ex vaporibus vi Solis à terris & aquis quæ in Septentrione sunt elevatis, postquam jam satis diu ad Tropicum Cancri hæsit. Constat enim illum diutius in Tropicis morari, quàm in spatio interjecto: & cogitandum mensibus Martio, Aprili, & Majo, maximam nubium & nivium partem, quæ circa polum nostrum hærebat, in vapores & ventos resolvi; Ventosque istos ab initio veris (quo tempore sunt calidissimi) ad Solstitium æstivum, paulatim deficiente materia languescere; Mense verò Junio nondum ibi terras & aquas satis esse calefactas, ut materiam novi venti suppeditent; Sed paulatim Sole ad Tropicum Cancri commorante, magis & magis illas incalescere, tandemque idcirco Etesias producere quum magnæ illius & pertinacis diei, quæ ad sex integros menses ibidem extenditur, Meridies paululum inclinat.

IX. *Quid conferat terrarum & marium diversitas ad ventorum productionem. Et cur sæpe in locis maritimis interdiu flent venti à mari, & noctu à terra. Curque ignes fatui noctu viatores ad aquas ducant.*

Cæterùm hi venti Generales & Regulares perpetuò tales forent, quales illos descripsimus, si superficies terræ ubivis æqualiter aquâ tegeretur, vel æqualiter extra illam emineret, adeò ut nulla omnino marium, terrarum, & montium diversitas esset, nec ulla alia causa extra præsentiam Solis, quâ vapores dilatarentur; nec ulla extra ejus absentiam, quâ condensarentur. Sed notandum Solem dum splendet, communiter plures vapores ex mari quàm terrâ attollere; quia terra multis in locis exsiccata non tantùm materiæ illi quàm aqua suppeditat; & contrà cùm Sol recessit, calorem relictum, plures è terrâ quàm è mari elevare, quia terra diutius quàm mare calorem sibi impressum retinet: Et propterea sæpius in littoribus observatur, ventos interdiu à mari, noctu à terra spirare: Ignis etiam fatuus ob eandem causam viatores noctu ad aquam ducit, indifferenter enim aëris cursum sequitur, qui eò à vicinis terris propterea defertur, quòd ille qui ibi est magis condensetur.

X. *Cur sæpe*

Item notandum aërem qui superficiem aquarum tangit, motum illa-

venti in littore maris cum ejus fluxu & refluxu mutentur. Et cur idem ventus sit multo validior in mari quàm in terra: soleatque in quibusdam regionibus esse siccus, in aliis humidus. Cur in Ægypto ventus Meridionalis sit siccus, & vix unquam pluat.

illarum quodammodo sequi; unde sæpius venti juxta maris littora cum fluxu illius & refluxu mutantur; & tranquillo aëre circa majora flumina placidi quidam venti, cursum illorum secuti, sentiuntur. Hîc etiam notandum vapores ex aquis emissos humidiores semper & crassiores illis esse, qui ex terris attolluntur, quique ideo multò plus aëris atque exhalationum secum vehunt: unde fit ut eædem tempestates graviùs in mari quàm in terra sæviant, & idem ventus qui in una regione siccus est, in alia humidus esse possit. Ita venti Meridionales humidi ferè ubivis, sicci in Ægypto feruntur, ubi terra Africæ, sicca & combusta, materiam iis suppeditat. Hinc etiam procul dubio raro ibidem pluit; licèt enim venti Boreales à mari spirantes, ibi humidi sint, tamen, quia sunt etiam omnium frigidissimi, non facilè pluviam generare possunt, ut postea videbimus.

XI. *Quomodo & quatenus Astra conferant ad Meteora producenda.*

Præterea considerandum est lumen Lunæ, quod admodum inæquale est, prout accedit ad Solem aut ab eodem recedit, dilatationem vaporum juvare; itemque lumen aliorum siderum. Sed tantùm eâdem proportione, quâ in oculos nostros illa agere sentimus; oculi enim ad cognoscendam luminis vim judices omnium certissimi sunt. Et ideo etiam stellæ comparatæ ad Lunam vix in rationem hîc venire debent, ut neque Luna comparata ad Solem.

XII. *Quid etiam ad ipsa conferant inæqualitates partium terræ. Undeque oriatur varietas ventorum particularium, & quàm difficile sit ipsos prædicere.*

Denique considerandum est, vapores ex diversis regionibus terræ admodum inæqualiter surgere. Nam montes aliter Astris incalescunt quàm planities, nemora aliter quàm prata, & fundi exculti quàm relicti; terræ etiam nonnullæ naturâ suâ sunt aliis calidiores, vel ad calorem suscipiendum aptiores. Et præterea cùm valdè inæquales nubes in aëre formentur, eæque facillimè ex uno loco in alium transferantur, & diversis à terrâ intervallis sustineantur, & quidem interdum plures simul, una sub aliâ; Astra longe aliter in superiores quàm in inferiores agunt, & in has quàm in subjectam terram, alio etiam modo in easdem regiones terræ, cùm nubibus teguntur, quàm cùm nullis, & postquam pluit aut ninxit, quàm ante. Quamobrem fieri non potest ut particulares ventos prænoscamus qui in singulis terræ partibus singulis diebus obtinebunt: Nam sæpe etiam contrarii unus supra alium feruntur.

XIII. *Ventos generales faci-*

Sed si omnia quæ hactenus dicta fuere probè observemus, poterimus utcumque conjicere qui venti frequentiores & vehementiores

res debeant esse, itemque quibus in locis & temporibus regnare. Atque hoc præcipuè sciri potest in iis maris partibus quæ à terris sunt valde remotæ; cùm enim in ejus superficie neutiquam tanta sit inæqualitas, quantam in terrestribus locis notavimus, venti multò minùs irregulares ibi generantur, & qui à littoribus eò versus provehuntur, raró eousque pertingere possunt. quod nautæ nostri satis experti sunt, nam idcirco mari omnium latissimo Pacifici nomen imposuere.

litus prænosci. Et cur minor in iis sit diversitas longissime à littoribus in mari, quàm prope terram.

Nihil præterea notatu dignum hîc occurrit, nisi quod ferè omnes subitæ aëris mutationes (ut quod interdum magis incalescat, vel magis rarefiat, vel magis humescat quàm pro temporis ratione) à ventis ortum ducant: non tantùm ab iis qui in ea regione spirant, in qua hæ mutationes percipiuntur, sed etiam ab iis qui in vicinis, & à diversitate causarum à quibus generantur. Si enim, exempli gratiâ, dum nos ventum Meridionalem hîc sentimus qui ex causa particulari in viciniá exortus, non multum caloris secum adducit, interea in locis propinquis alius à Septentrione spiret, qui à loco satis alto vel remoto veniat, materia subtilissima, quam is secum rapit, commodissimè ad nos pertingere & frigus planè insolens efficere poterit. Et hic ventus Meridionalis è vicino tantum lacu progressus, humidissimus esse potest, quum contra siccior foret, si veniret à locis arenosis quos ultra istum lacum esse suppono. Sique solâ dilatatione vaporum hujus lacus effectus sit, nullâ accedente condensatione aliorum versus Septentrionem, aërem nostrum longè crassiorem & magis gravantem reddet, quàm si hac sola condensatione, sine ulla dilatatione vaporum Meridionalium, generaretur. Quibus omnibus si addamus materiam subtilem, & vapores qui in terræ meatibus hærent, mox huc mox illuc latos, quosdam ibi etiam veluti ventos componere, omnis generis exhalationes secum vehentes pro qualitate terrarum per quas labuntur; Et præterea nubes cùm ab una regione aëris in aliam descendunt ventum efficere posse, aërem ex alto ad inferiora urgentem, ut mox dicemus; rationes credo omnium motionum habebimus, quæ in aëre notantur.

XIV. *Omnes ferè aëris mutationes pendere à ventis. Curque aër interdum sit frigidus & siccus flante vento humido & calido. Mutationes aëris à motu vaporum intra terram etiam pendere.*

CAPUT V.

De nubibus.

I. *Quæ sit differentia inter nubem, nebulam & vaporem. Nubes constare tantùm ex aquæ guttulis aut particulis glaciei: & cur non sint pellucidæ.*

POstquam ita consideravimus qua ratione vapores dilatati ventos efficiant, videndum nunc est quomodo iidem coacti & condensati nebulas & nubes generent. Scilicet quamprimum notabiliter aëre puro minus pellucidi fiunt, si usque ad superficiem terræ descendant, nebulæ dicuntur; sed si in aëre maneant suspensi, nubes appellantur. Et notandum quum motus illorum tardatur, particulæque quibus constant sibi invicem satis propinquæ sunt, ut una aliam attingat, illas jungi, & in diversos exiguos cumulos coire, qui sunt totidem guttæ aquæ vel flocculi glaciei; unde fit ut tunc hi vapores aëre puro minùs pellucidi evadant. Quippe cùm omnino separati in aëre fluctuant, luminis transitum non multum impedire queunt; at coacti possunt: licèt enim guttæ aquæ aut glaciei particulæ, quas componunt, sint pellucidæ; tamen cum singulæ earum superficies aliquot radios reflectant (ut in Dioptrice de cunctis pellucidis corporibus dictum fuit) facilè tam numerosæ superficies ibi occurrunt, ut omnes vel ferè omnes radios aliò reflectere possint.

II. *Quomodo vapores in aquæ guttas vertantur. Et cur guttæ aquæ sint accuratè rotundæ.*

Et quantum ad guttas aquæ, illæ formantur cùm materia subtilis, circa exiguas vaporum partes fusa, non quidem satis virium habet ad efficiendum, ut se extendentes atque in gyrum vertentes, unæ alias loco pellant, sed satis adhuc retinet ad illas complicandas, & omnes quæ se mutuò attingunt jungendas, atque in sphærulam glomerandas. Et superficies hujus sphærulæ tota æqualis statim & polita evadit, quia partes aëris illam contingentes, longè aliter quàm partes illius moventur; itemque materia subtilis per poros illius fusa, longè aliter quàm quæ est in aëris poris, ut suprà diximus, de maris superficie verba facientes. Atque ex eadem causa hæ guttæ exactè rotundæ fiunt; ut enim sæpius notare potuimus, aquam fluminum in vortices agi, ubi aliquid impedit quò minus tam celeriter motu recto procedat quàm incitatio ejus requirit: Ita putandum etiam est materiam subtilem per corporum terrestrium poros, eâdem ratione quâ fluvius per intervalla herbarum, in alveo suo crescentium vehitur, labentem,

tem, & liberiùs ex una aëris parte in aliam meantem, itemque ex una aquæ in aliam, quàm ex aëre in aquam, aut viceversâ ex aquâ in aërem, ut alibi notavimus, intra unamquamque guttam circumagi debere, ut & extra in aëre circumfuso, sed aliter hîc quàm illic, & propterea omnes partes ejus superficiei rotundare. Cùm enim aqua sit corpus liquidum, non potest non se ad hanc materiæ subtilis circuitionem accommodare. Et sine dubio, hoc sufficit ad intelligendum guttas aquæ rotundas accuratè esse, secundùm sectiones horizonti parallelas. Nulla enim omnino causa est ob quam una circumferentiæ pars propiùs, quàm alia non magis ab Horizonte distans, ad centrum guttæ accedat, aut longiùs ab eodem recedat; cum neque magis neque minùs una quàm alia ab aëre prematur, præsertim si tranquillus sit, qualem hîc intelligere oportet. Sed quoniam, si guttas secundùm alias sectiones consideremus, dubium esse potest, an non cùm sunt ita exiguæ, ut pondere suo aërem descensui nequeant aperire, planiores & minùs in altitudine, quàm in latitudine crassæ fieri debeant, ut T vel V. Observandum est illas aërem tam à lateribus quàm infra circumfusum habere; atque si pondus earum non sufficiat ad illum quem infra se habent loco movendum, ut descendant, non magis posse illum qui est circa latera, inde pellere, ut in latitudinem diffundantur: Et quum è contra dubitare possimus, an non cùm pondere suo pressæ descendent, aër quem dividunt illas aliquo modo oblongas reddat, ut repræsentantur ad X aut Y: notandum est ipsas aëre undiquaque cingi, atque ideo illum, quem ita dividunt, & cujus locum occupant descendendo, eodem tempore debere supra ipsas ascendere ad replendum spatium quod relinquunt; quod non aliter fieri potest, quàm si juxta ipsarum superficiem fluat, ubi viam magis compendiosam & expeditam inveniet, si globosæ sint quàm si cujuslibet alterius figuræ. Cuivis enim liquet figuram rotundam omnium capacissimam esse, id est, minimum superficiei habere, pro ratione magnitudinis corporis sub ea contenti. Et ita quomodocunque demum illas guttas consideremus, perpetuò rotundæ esse debent, nisi forsan impetus venti aut alia causa particularis obstiterit.

T V X Y

Quod ad illarum magnitudinem attinet, pendet ex eo quòd particulæ vaporis magis vel minùs ab invicem distent, cùm illas componere

III. *Quomodo fiant parvæ vel magnæ.*

ponere incipiunt; itemque ex eo quòd postea magis vel minus agitentur, & denique à copia aliorum vaporum, qui ad illas accedere possunt. Nam initio singulæ guttæ ex tribus tantùm aut quatuor concurrentibus vaporis particulis componuntur: sed statim postea, saltem si hic vapor fuerit satis densus, duæ aut tres ex guttis inde factis, sibi invicem occurrentes in unam coalescunt, & denuò duæ aut tres harum in unam, & ita porrò donec ampliùs concurrere nequeant. Et dum in aëre suspensæ feruntur, supervenientes alii vapores iis adjungi queunt, atque ita illas crassiores reddere, donec urgente pondere in rorem vel in pluviam decidant.

IV. *Quomodo vapores in glaciei particulas mutentur. Cur hæ glaciei particulæ fiant interdum rotundæ & transparentes, interdum minutæ & oblongæ, interdum rotundæ & albæ. Et cur hæ ultimæ quibusdam quasi pilis perexiguis tectæ sint, quidque eas majores aut minores reddat, earumque pilos crassiores vel tenuiores.*

Exiguæ verò glaciei particulæ formantur, dum frigus adeò intensum est, ut vaporum partes à materia subtili iis immixta flecti nequeant. Et siquidem hoc frigus demum guttis jam formatis supervenerit, eas congelat, sphæricâ quam habebant figurâ invariatâ; nisi ventus satis vehemens simul adfuerit, cujus impulsu, eâ parte quâ illi obvertuntur planiores fiant. Contrà verò frigore antequam formari cœperint superveniente, particulæ vaporis in longum tantùm porrectæ junguntur, & filamenta glaciei admodum tenuia constituunt. Ast si medio tempore (quod ut plurimum accidit) supervenerit, partes vaporum paulatim ut plicantur & glomerantur conglaciat; neque tantùm temporis iis relinquitur, ut satis perfectè ad guttas formandas jungi possint. Atque ita exigui glomi, aut pilulæ glaciei fiunt albæ, quia plurimis capillamentis constant, quorum singula superficies distinctas & ab aliis sejunctas habent, licèt invicem accumulata implicentur; & hæ pilulæ circumcirca pilosæ sunt, quia plurimæ semper vaporis partes, quæ non tam citò quàm aliæ flecti & coacervari possunt, erectæ ad illas accedunt, & capillamenta quibus teguntur efficiunt: & prout hoc frigus vel lentiùs advenit vel celeriùs, & vapor densior, aut rarior est, hæ pilulæ etiam majores vel minores fiunt, & capillamenta illas cingentia vel crassiora & simul breviora, vel tenuiora & longiora evadunt.

V. *Solum frigus non sufficere ad vapores in aquam aut glaciem vertendos.*

Atque ex his videmus, duo semper requiri ad vapores in glaciem vel aquam mutandos: nempe ut illorum partes sint tam propinquæ, ut se mutuò contingere queant, & satis frigoris adsit ad illas, dum se ita invicem tangunt, sistendas & connectendas. Non enim sufficeret frigus vel intensissimum, si particulæ vaporum per aërem sparsæ, tam remotæ essent ab invicem, ut nullo modo jungi possent; nec sufficeret etiam ipsas esse valde vicinas, si tanta esset caloris agitatio,

tatio, ut impediret illarum nexum. Ita non semper in sublimi aëre nubes cogi cernimus, licèt frigus ibi ad hanc rem perpetuò satis vehemens sit: sed insuper requiritur ut vel ventus Occidentalis, ordinario vaporum cursui obnitens, illos colligat & condenset, in locis in quibus ejus cursus finitur, vel etiam ut duo alii venti, à diversis regionibus flantes, illos medios premant atque accumulent, vel ut alter eorum illos in nubem jam formatam impellat; vel postremò ut ipsi vapores inferiori nubis alicujus parti occurrentes, dum à terra elevantur, sponte ad invicem accedant. Neque etiam perpetuò nebulæ circa nos generantur; licèt hyeme quidem aër sit satis frigidus, æstate verò magna satis vaporum copia adsit; sed duntaxat cùm aëris frigus & vaporum copia simul concurrunt; quod sæpius vesperi aut noctu accidit, quum dies tepidus & insolatus præcessit. Et frequentiùs vere quam aliis anni temporibus, etiam quàm Autumno, quia tunc major est inæqualitas inter calorem diurnum & nocturnum frigus: frequentiùs etiam in locis maritimis aut paludosis, quàm in terris longè ab aquâ remotis, aut in aquis longè à terra dissitis; quoniam aqua ibi suum calorem citiùs amittens quàm terra, frigefacit aërem, in quo porrò vapores, quos terræ calidæ & humentes magna copia exhalant, condensantur.

Quæ causæ vapores in nubes cogant; & quæ eosdem in nebulas congregent. Quare veris tempore plures nebulæ appareant; & plures in aquosis locis quàm in siccis.

VI.

Maximæ autem nebulæ formantur in locis, quibus duorum aut plurium ventorum cursus terminatur. Hi enim venti plurimos vapores eò compellunt, qui vel in nebulas coguntur, si nempe aër in terræ vicinia admodum frigidus est; vel in nubes, si non nisi altior satis frigidus sit iis condensandis. Et notemus aquæ guttas, aut particulas glaciei ex quibus nebulæ componuntur, valde exiguas esse: Nam si vel tantillum intumescerent, statim ad terram pondere suo deducerentur; adeò ut non ampliùs nebulam, sed pluviam aut nivem diceremus. Et præterea nullum unquam ventum spirare posse, ubi illæ sunt, quin statim dissipentur, præsertim cùm aquæ guttis constant; minima enim aëris agitatio plurimas guttas jungens, singulas intumescere atque in pluviam aut rorem destillare cogit.

Maximas nebulas aut nubes oriri ex duorum vel plurium ventorum occursu. Aquæ guttas, aut particulas glaciei ex quibus nebulæ componuntur, non posse non esse perexiguas. Nullas in aëre inferiore nebulas esse solere ubi flat ventus, vel statim ipsas tolli.

VII.

Id etiam insuper circa nubes observandum, illas in diversis à terra distantiis produci posse prout vapores altiùs aut minùs altè enituntur, antequam satis condensati sint ad illas formandas, unde fit ut plures interdum unas sub aliis latas, & etiam diversis ventis agitatas

Multas sæpe nubes unam supra aliam exsistere, præsertim

in locis montosis. tatas cernamus. Atque hoc imprimis in locis montanis evenit, ubi calor vapores attollens inæqualius quàm alibi agit.

VIII. *Superiores nubes solis particulis glaciei constare solere.* Notandum quoque has nubes, vel saltem harum celsissimas, nunquam ferè ex guttis aquæ componi posse, sed tantùm ex particulis glaciei. Certum enim est, aërem in quo consistunt, frigidiorem, vel ad minimum æquè frigidum esse, ac est ille qui summis editorum montium jugis incumbit; qui tamen, etiam in media æstate, nives ibi solvi non patitur. Et quoniam vapores quò altiùs enituntur, tantò plus frigoris ipsos constringentis inveniunt, minusque à ventis premi possunt, propterea ut plurimùm, maximè sublimes nubium partes, tantùm ex tenuissimis glaciei capillamentis, longè à se invicem dissitis constant. Deinde paulò inferiùs glomi hujus glaciei, admodum exigui & pilosi formantur; & gradatim, adhuc inferiùs alii paulò majores; & postremò interdum in infimo loco guttæ aquæ colliguntur. Atque aëre quidem omnino placido & tranquillo, vel etiam æqualiter aliquo vento vecto, tam hæ aquæ guttæ quàm particulæ glaciei satis laxè, & sine ordine dispersæ, ibi morari possunt; ita ut forma nubium, tum nihil à nebula differat.

IX. *Nubium superficies à ventis premi, perpoliri & planas reddi. In his planis superficiebus globulos glaciei ex quibus componuntur, ita disponi ut unumquemque sex alii circumstent.* Sed ut plurimùm ventis impelluntur, qui quoniam non tam latè patent, ut omnes earum partes simul cum aëre circumfuso movere possint, supra vel infra feruntur; & illarum superficies radendo, sic premunt ut eas valde planas & læves reddant. Quodque in primis hîc notari debet, omnes exigui nivium glomi, qui in his superficiebus inveniuntur, accuratè ita ordinantur, ut singuli eorum sex alios circa se habeant, se mutuò tangentes, vel saltem æqualiter ab invi-

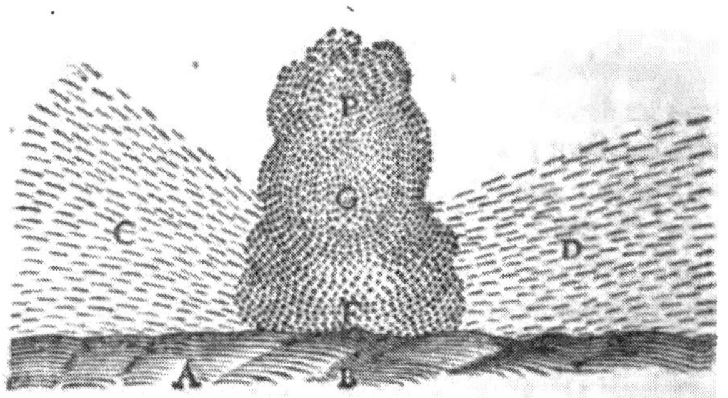

cem

cem distantes. Fingamus, exempli gratiâ, supra terram A B ventum spirare ab Occidente D, ordinario aëris cursui reluctantem, aut si maluerimus alteri vento flanti ab Oriente C; Atque hos ventos initio mutuò se stitisse circa spatium F G P., ubi quosdam vapores condensarunt, ex quibus molem confusam effecerunt; dum vires utriusque collatæ & æquales, aërem ibidem tranquillum & placidum reliquerunt. Sæpius enim evenit ut duo venti hac ratione opponantur, quia semper multi diversi eodem tempore circa terram spirant, & singuli eorum rectà excurrunt, donec alium contrarium sibi obsistentem inveniant.

X. *Quomodo interdum duo venti diversi, in eodem terræ loco simul flantes, unus inferiorem, alius superiorem ejusdem nubis superficiem perpoliat.*

Sed horum ventorum, quorum unus à C, alius à D, versus P G F spirat, non diu vires paribus momentis ita libratæ ibi manere possunt, eorumque materiâ continuò magis magisque eò affluente; nisi uterque simul cesset(quod rarò fit), fortior tandem vel infra vel supra nubem prorumpit, vel etiam per ejus medium, vel per ambitum, prout via ipsi commodior occurrit; quo ipso nisi alium planè supprimat, ad minimum illum cedere cogit. Ut hîc suppono ventum Occidentalem erumpentem inter G & P, Orientalem coëgisse ut inferiùs transeat ad F, ubi in rorem solvit nebulam, quæ infima pars erat molis P G F: Et consequenter nubem G, quæ

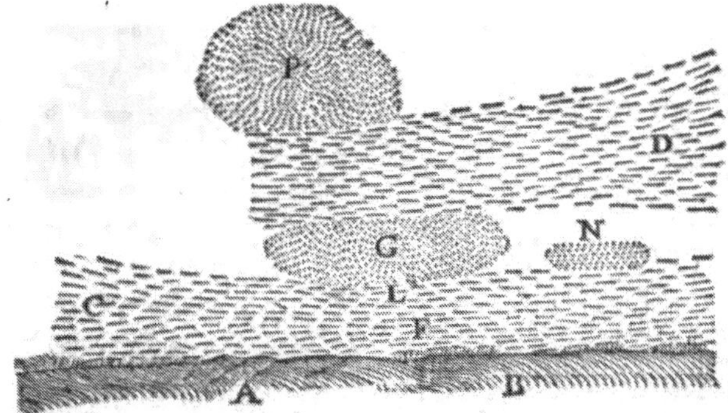

fuit pars media ejusdem molis, inter hos duos ventos suspensam, ab his utrinque complanari & lævigari: itemque parvas glaciei pilulas, quæ in ejus superficie tam superiori quàm inferiori reperiuntur, easque etiam quæ in superficie inferiori nubis P, ita ordinari, ut singulæ sex alias circa se habeant æqualiter ab invicem distantes. Nulla enim est ratio quæ illud impedire possit, & naturali-

 ter

ter omnia corpora rotunda & æqualia, in eodem plano ſatis ſimiliter mota, hac ratione diſponuntur: ut facile eſt experimento cognoſcere, ſi margaritas aliquot rotundas ejuſdemque magnitudinis filo ſolutas in vaſculi alicujus operculum, quod planum ſit confuſè projiciamus: hoc enim leniter concuſſo, vel tantùm margaritis flatu impulſis, ut quàm proximè ad invicem accedant, videbimus illas ſponte ita diſponi.

XI. *Circumferentias nubium non idcirco ita perpoliri, ſed ſolere eſſe valde irregulares.*

Sed notemus hîc nos tantùm de ſuperficiebus nubium, inferiori & ſuperiori, eſſe locutos, non verò de lateralibus; quia inæqualis materiæ quantitas, quam ſingulis momentis venti iis adjicere & avellere poſſunt, figuram earum ambitus plerumque inæqualem & irregularem facit. Hîc non addo exiguas pilulas glaciei quæ ſunt in interiori nube G, eâdem ratione, quâ illæ quæ in ſuperficiebus, ordinari debere; quia non adeò manifeſtè liquet.

XII. *Multas interdum glaciei particulas infra nubem aliquam congregari, ibique in variis planis foliorum inſtar tenuibus ita diſponi, ut unaquæque ſex aliis æquidiſtantibus cingatur. Sæpe illas quæ in unoquoque ſunt plano, ſeparatim ab aliis moveri. Nonnunquam etiam integras nubes, ex ſolis glaciei particulis ſic diſpoſitis componi. Aquæ gut-*

Sed dignæ conſideratione ſunt illæ, quæ interdum inferiori ejus ſuperficiei, poſtquam jam tota formata eſt, adhærent. Si enim interea dum illa pendet in ſpatio G, quidam vapores aſcendant è terra, quæ eſt verſus A, qui frigeſcentes in aëre, paulatim in exiguas glaciei pilulas concreſcant, & per ventum agantur ad L; nullum omnino dubium eſt, quin hæ pilulæ ita debeant ordinari, ut ſingulæ earum ſex aliis cingantur, quæ æqualiter illas premant & omnes in eodem plano exſiſtant. Atque ita componunt primò unum folium, ſub hujus nubis ſuperficie expanſum; deinde aliud ſub hoc protenſum, & ita alia deinceps, quamdiu nova materia accedit. Præterea quoque notandum, ventum qui inter hanc nubem & terram fertur, fortiùs in inferius horum foliorum agen-

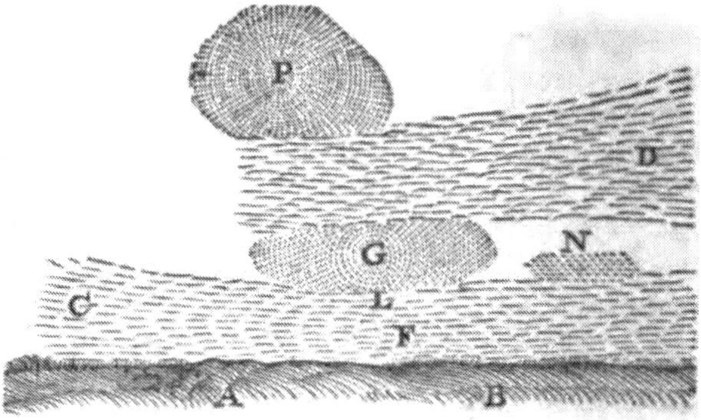

agentem, quàm in illud quod proximè superiùs illi incumbit; atque adhuc fortiùs in hoc quàm in id quod huic incumbit; & ita porrò, illa ducere & singula separatim movere posse, atque hac ratione superficies illorum polire, detritis ab utraque parte capillamentis, quæ exiguis pilulis glaciei, ex quibus componuntur adhærent. Partem quoque horum foliorum, extra inferius hujus nubis spatium G, propellere & inde transferre potest, velut ad N, ubi nova nubes ex pluribus ejusmodi foliis tota conflatur. Et licèt hîc tantùm pilularum glaciei fecerimus mentionem, facillimè tamen idem etiam de aquæ guttis intelligi potest; modò ventus non ita sit vehemens, ut collidantur, vel si exhalationes nonnullæ iis circumfusè, aut, quod frequenter accidit, quidam vapores nondum ad accipiendam aquæ formam dispositi, interjectu suo eas ab invicem separent. Nam alias simul ac concurrunt, plures in unam coëunt, & tam crassæ ac ponderosæ fiunt ut necessariò decidant.

tas in nubibus eodem etiam modo disponi posse.

XIII. *Quarundam maximarum nubium ambitum fieri aliquando circularem, & crustâ glaciei satis crassâ circumtegi.*

Cæterum quod paulò ante dixi, figuram ambitus cujusvis nubis, maximè plerumque irregularem & inæqualem esse, de iis tantummodò intelligendum quæ minùs spatii in altitudine & latitudine occupant, quàm venti circumlabentes. Aliquando enim tanta vaporum copia in iis plagis, ubi duo aut plures venti occurrunt, hæret, ut illis nec infra nec supra se transitum permittant, sed circa se rotari cogant, & sic nubem valdè magnam forment, quæ ubivis æqualiter per hos ventos pressa, ambitum planè rotundum & lævigatum habet; quæ etiam, cùm hi venti sunt paulò calidiores, vel cùm à Sole nonnihil ejus superficies incalescit, quâdam veluti crustâ ex plurimis glaciei particulis compositâ obducitur. Atque hæc crusta satis crassa fieri potest, & tamen pondere non obstante, in aëre suspensa remanere; quoniam à reliqua tota nube sustinetur. Cujus rei memores esse infrà oportebit, ad ea quæ de parheliis dicentur intelligenda.

CAPUT VI.

De nive, pluvia & grandine.

Ulta sunt quæ vulgò impediunt, quò minùs statim formatæ nubes ex alto delabantur. Nam primò particulæ glaciei, vel aquæ guttæ, quibus constant, valdè exiguæ, & consequenter multum superficiei, pro ratione suæ materiæ habentes, sæpe magis impediun-

I. *Quare nubes solo aëre suffultæ non cadant.*

tur ab äëris resistentia ne descendant, quàm à pondere suo impelluntur. Deinde venti, qui communiter validiores sunt propè terram, ubi materia ex qua constant crassior est, quàm in aëre sublimi, ubi subtilior; quique ideo frequentiùs ex humili sursum tendunt quàm ex alto deorsum; illas non tantùm suspendere, sed etiam sæpius ultra regionem aëris in qua consistunt, attollere queunt. Idem etiam vapores possunt, qui terrâ egressi, aut aliunde venientes, aërem nubibus istis subjectum distendunt, vel etiam solus calor, qui hoc aëre dilatato illas repellit; vel etiam frigus aëris superioris, quod illo compresso nubes sursum attrahit. Et præterea particulæ glaciei ventis impulsæ, contiguæ quidem evadunt, sed non tamen idcirco omnino uniuntur; quinimò corpus adeò rarum, leve atque extensum componunt, ut nisi calor aliquas harum partium liquefaciens superveniat, atque hac ratione illas condenset, ac graviores reddat, vix unquam ad terram descendere possint.

II. *Quomodo calor, qui alia multa corpora rarefacit, nubes condenset.*

Sed ut suprà monuimus, aquam conglaciantem frigore quodammodo dilatari, ita hîc notandum calorem qui alia corpora solet reddere rariora, communiter nubes condensare. Atque hoc in nive experiri licet, quæ planè ejusdem materiæ est ac nubes, nisi *quod jam* magis sit condensata. Illa enim in calido loco posita *constringitur*, & mole valde minuitur, ante etiam quàm ulla aqua ex ea profluat, aut de pondere suo aliquid amittat. Quod accidit quia capillamenta particularum glaciei ex quibus componitur, cùm sint earundem particularum medio tenuiores, illo faciliùs liquescunt, & ex parte tantùm liquescendo, id est, sese hinc & inde inflectendo, ob agitationem circumfusæ materiæ subtilis, amplexatum eunt vicinas glaciei particulas; non interea relictis iis, quibus ante innectebantur; atque ita efficiunt, ut unæ aliis appropinquent.

III. *Quomodo in nubibus particulæ glaciei multæ simul in floccos congregentur. Et quomodo isti flocci in nivem, vel pluviam, vel grandinem cadant.*

Sed quia particulæ glaciei quæ nubes componunt, ut plurimùm longiùs ab invicem distant, quàm quæ nivem in terra, non ita ad quasdam ex vicinis accedere possunt, quin simul ab aliis quibusdam recedant. Et propterea cùm priùs æqualiter per totum aërem spargerentur, in plurimos deinde exiguos cumulos aut floccos separantur: Suntque hi flocci eò majores, quò nubes fuit antea densior, & quò lentiùs in eam calor egit. Et præterea vento aliquo aut dilatatione totius aëris superioris, supremos horum floccorum priùs quàm inferiores deturbante, his inferioribus quibus descendendo occurrunt adhærent, atque ita majores fiunt, calorque postea illos condendensans, & magis magisque graves reddens, facilè in terram deducit. Et quum ita non omnino liquefacti descendunt, nivem componunt. Sed si aër per quem transeunt sit tam calidus, ut solvantur (qualis hîc apud nos totâ æstate est, & sæpe etiam aliis anni temporibus), convertuntur in pluviam. Interdum etiam accidit, ut ita solutis, aut propemodum solutis, ventus frigidus superveniat, qui eos rursus constringendo in grandinem convertit.

IV. *Cur singula grandinis grana interdum sint pellucida & rotunda. Cur aliquando etiam sint una parte depressiora. Quomodo crassiora grandinis grana, quæ irregularis figuræ esse solent, generentur. Cur interdum solito major æstus in ædibus sentiatur.*

Hæc autem grando varia esse potest. Nam primò si ventus frigidus illam efficiens, guttas aquæ jam formatas deprehendat, globulos glaciei pellucidos & rotundos efficit, nisi quod interdum eâ parte quà illos impellit aliquantò planiores reddat. Et si floccos nivis ferè solutos deprehendat, sed nondum in aquæ guttas glomeratos, tunc fit illa grando cornuta, cujus figuræ valde diversæ & irregulares esse solent; ejusque grana interdum valde magna sunt, quoniam à vento frigido formantur, qui nivem è sublimi in inferiora præcipitans, plurimos ejus floccos simul compellit, & gelu in unam massam constringit. Atque hîc notandum est hunc ventum dum floccis liquescentibus appropinquat, pellere in illorum poros calorem, id est, materiam subtilem maximè agitatam & minùs subtilem reliquà, quæ tunc in aëre circumstante reperitur; quia ipse ventus non tam facilè nec tam citò atque hic calor potest eas pervadere. Eadem ratione, quâ interdum hîc in terra sentimus calorem, qui in domibus est, augeri, cùm repentino aliquo vento vel pluvia totus aër exterior subitò refrigeratur.

V. *Cur crassiora grandinis grana in superficie sint pellucida, & intus alba. Et cur ferè tantùm in æstate decidat talis grando. Quomodo alia grando instar sacchari alba generetur.*

Calor autem poris horum floccorum ita inclusus, quantum potest ad ipsorum circumferentias, potiùs quàm ad centra accedit; quoniam ibi materia subtilis in cujus agitatione consistit, liberiùs movetur: & ita eas ibi magis & magis liquefacere pergit, priusquam incipiant rursus in glaciem concrescere: atque etiam liquidissimæ, id est, maximè agitatæ particularum aquearum, quæ alibi in istis floccis reperiuntur, ad eorum circumferentias accedunt; iis contrà quæ non tam citò possunt liquescere, circa centra manentibus. Unde fit ut cùm exterior superficies cujuslibet grani, ex glacie continuâ & pellucida constare consueverit, in ejus tamen centro nonnihil nivis sæpe reperiatur, quod hæc grana frangentibus sese offert. Et quia ferè nunquam nisi per æstatem talis grando decidit, ea certos nos reddit, tunc non minùs quàm ipsa hyeme, nubes ex glaciei particulis sive ex nive constare consuevisse. In hyeme autem ejusmodi gran-

grando rarissimè cadit, vel saltem grana non magna habet, quia tunc tantum caloris, quantum ad illam formandam requireretur, ad nubes usque vix potest pertingere; nisi certè ad nubes, quæ sunt terræ tam vicinæ, ut postquam earum materia liquefacta, aut ferè liquefacta est, cœpitque in pluviam aut nivem delabi, ventus frigidus superveniens, non satis temporis habeat ad illam denuò constringendam, priusquam planè delapsa sit. Si autem nix nondum sit liquefacta, sed tantùm aliquantulum emollita, dum ventus illam in grandinem mutans advenit, minimè fit pellucida, sed alba instar sacchari manet.

VI. *Cur ejus grana interdum sint rotunda, & in superficie quàm versus centrum duriora. Cur aliquando sint oblonga & pyramidis habeant figuram.*

Et si flocci hujus nivis exigui sint; nempe pisi instar, aut minores, singuli illorum in granum grandinis satis rotundum mutantur. At si fuerint majores, dissiliunt; atque in plurima grana, in acutum ut pyramides desinentia, convertuntur. Calor enim eodem momento quo ventus frigidus incurrit, in poros horum floccorum se recipiens condensat omnes illorum partes, easque retrahit à circumferentia versus centrum; quò ipso satis rotundi fiunt: & frigus paulò pòst penetrans & constringens, illos nive multò duriores reddit. Sed quoniam cùm paulò majores sunt, calor inclusus partes illorum interiores adhuc centrum versus agere & condensare pergit; dum exteriora jam indurata & frigore vincta, sequi non possunt; necessariò intrinsecus findi debent secundùm plana vel lineas rectas, quæ ad centrum tendunt; & his fissuris magis magisque augescentibus, ut frigus altiùs penetrat, tandem dissilire ac dividi in plures particulas acuminatas, quæ totidem grandinis grana sunt. Non quidem hîc determinamus, in quot hujusmodi grana singuli flocci dividi possint; ut plurimum tamen videtur in octo ad minimum id fieri debere; forsan etiam interdum accidere posse, ut in duodecim, viginti, vel quatuor & viginti, sed faciliùs adhuc in duo & triginta, & nonnunquam etiam in numerum multò majorem, prout vel majores sunt, vel ex nive subtiliori constant, vel frigus illas in grandinem convertens, vehementius aut velociùs irruit. Et non semel hujusmodi grandinem observavi, cujus grana eandem ferè figuram habebant, quam segmenta globi in octo partes æquales tribus sectionibus, ad angulos rectos se mutuò secantibus, divisi. Deinde alia quoque observavi, quæ lòngiora & minora, quarta circiter pars illorum videbantur; licèt ob angulos inter condensandum rotundatos & obtusos, figuram propemodum coni saccharei haberent. Item antè,

vel

vel pòst, vel etiam cum his grandinis granis, vulgò alia rotunda decidebant.

Hæ autem diversæ grandinis figuræ, nihil singulare aut notatu dignum habent, si comparentur cum illa nive, quæ generatur ex parvis globulis seu glomis glaciei, vi ventorum in formam foliorum, eo modo quo dixi, dispositis. Nam calore exigua capillamenta horum foliorum liquefacere incipiente, primùm, quæ infrà & suprà decutit, ut maximè suæ actioni obvia: pauxillumque illud liquoris, in quod solvuntur, per foliorum superficies diffusum, exiguas inæqualitates ibi occurrentes, omnes replet; atque ita æquè planas & politas illas reddit, ac eæ corporum liquidorum sunt, quamvis ibi statim iterum concrescat. Cùm enim tunc calor non vehementior sit, quàm requiritur ut exigua illa capillamenta aëre undique cincta, reliquis integris in aquam solvat; non satis virium habere potest, ad impediendum ne illud pauxillum aquæ, glacialibus his superficiebus illapsum, earum frigore iterum astringatur. Postea hic calor pervadens etiam alia capillamenta, quæ singuli glomi in ambitu, ubi similibus aliis sex cinguntur habent, ea ex iis capillamentis, quæ maximè à sex vicinis globulis sunt remota, indifferenter huc illuc flectit; & hoc ipso iis quæ è regione sex horum globulorum consistunt adjungit. Hæc enim eorundem sex globulorum viciniâ refrigerata, non liquescunt; sed contrà denuò materiam aliorum sibi junctorum protinus glaciant. Atque ita sex cuspides aut radii, circa singulos glomos formantur, qui diversas figuras recipere possunt, prout hi glomi magis aut minùs crassi & compressi sunt, capillamenta item densa & longa, calor quo coguntur lentus ac moderatus; prout denique ventus qui hunc calorem comitatur (modò aliquis comitetur) magis aut minùs vehemens est. Et ita frons nubis exterior, qualem videmus ad Z vel M, talis postea evadit, qualem videmus ad O vel Q; & singulæ glaciei particulæ ex quibus constat, figuram exiguæ rosæ aut stellæ affabrè factam repræsentant.

VII. *Quomodo nivis particulæ, in stellulas sex radiis distinctas efformentur.*

NB. Vide fig. pag. seq.

Ne autem me hæc fingere vel ex levi tantùm conjectura scribere putetis, referam ea quæ proxima hyeme anni 1635, Amstelodami, ubi tunc eram, circa hanc rem observavi. Quarto Februarii, quum dies admodum frigida præcessisset, vesperi paululum pluviæ decidit, quæ in glaciem vertebatur simul ac terram contingebat: postea sequuta est grando exigua, cujus grana, quæ ejus magnitudinis erant quam repræsentatam videmus ad H, ejusdem pluviæ guttas in aëre

VIII. *Unde etiam fiat ut quædam grandinis pellucida grana, sex exiguos quasi radios, ex albissima*

 gela-

nive compositos circa se habeant.

gelatas arbitrabar. Tamen loco illius figuræ accuratè rotundæ, quam sine dubio hæ guttæ ante habuerant, notabiliter ab una quàm ab altera parte planiores erant; ita ut figuram ferè similem haberent parti oculi nostri, quam vulgò crystallinum humorem dicimus. Unde ventum, qui tum temporis validissimus & frigidissimus erat, tantum virium habuisse didici, ut figuram illam guttarum inter glaciandum potuerit immutare. Sed omnium maximè admirabar quædam ex his granis, quæ postrema deciderunt, parvos sex den-

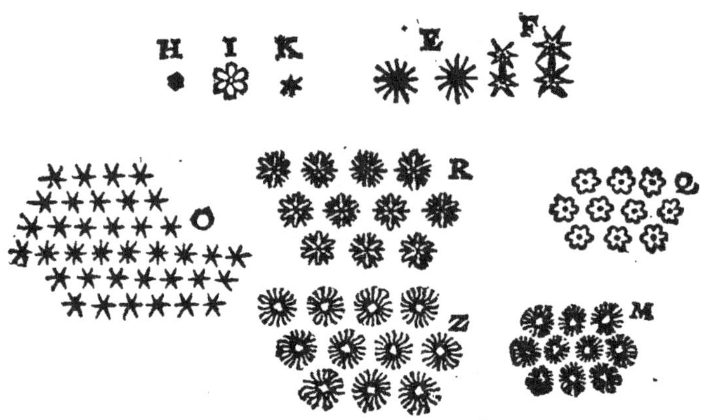

tes circa se haberé, similes iis qui in horologiorum rotis, ut videmus ad I. Et hi dentes qui candidissimi, erant sacchari instar, quum contrà grana ex pellucida glacie ferè nigra viderentur, satis testabantur se factos ex nive subtilissimâ, guttis jam formatis aspersâ, quemadmodum plantis pruina adhæret. Atque hac de re certior sum factus ex eo, quòd sub finem nonnulla notavi, quæ circa se habebant innumera exigua capillamenta, composita ex nive pallidiori & subtiliori, quàm illa erat, qua dentes jam memorati constabant. Adeò ut illi comparari posset, eodem modo quo cineres intacti, quibus prunæ flammâ destitutæ sensim obducuntur, iis qui jam recocti sunt atque in foco cumulati. Ægrè tantummodo poteram conjicere, quidnam in aëre libero, turbantibus ventis, adeò accuratè hos sex dentes formare, & circa singula grana disponere potuisset: donec tandem in mentem venit, facillimè fieri potuisse,

ut

ut ventus nonnulla ex his granis versus aliquam nubem expulerit, eaque infra illam vel ultra suspensa aliquamdiu detinuerit; satis enim ad hoc exigua erant: Atque ibi procul dubio ita disponi debuisse, ut singula sex aliis in eodem plano sitis cingerentur, quia talis est ordo naturæ. Et præterea verisimile esse calorem (quem paulò ante in aëre sublimi fuisse, argumento erat pluvia quam observaram) aliquos ibi vapores excitasse, quos idem ventus compulerat ad hæc grana; ubi in formam tenuissimorum capillamentorum concreti, forsan etiam aliquid ad eorum librationem contulerant; adeò ut facillimè ibi hærere potuerint, usque dum alius calor superveniret. Et hoc calore, statim exigua capillamenta unumquodque granum cingentia liquefaciente, exceptis tantùm iis quæ versus centra sex vicinorum granorum respiciebant, quia nempe horum granorum frigus ejus actioni repugnabat; materiam eorum quæ liquescebant, sex acervis aliorum quæ remanserant se miscuisse, iisque hac ratione densioribus redditis & calori minùs perviis, eam ibi rursus conglaciasse, atque ita hos dentes fuisse formatos. E contrà verò innumera illa capillamenta, quæ notaveram circa aliquot ex iis granis, quæ postremo loco deciderant, isto calore nullo modo contacta fuisse.

IX. *Quare etiam interdum decidant lamellæ glaciei pellucidæ, quarum circumferentia est hexagona.*

Postridie horâ circiter octavâ, aliud præterea genus grandinis, seu potiùs nivis observavi, de quo nunquam antea audiveram. Parvæ laminæ glaciei erant, planæ, politæ & pellucidæ, ejus crassitiei cujus esse solet charta cùm paulo densior est, ejusque magnitudinis, quam videmus ad K; sed tam accuratè sexangulares, lateribus tam rectis, & angulis tam æqualibus, ut nihil simile humana industria efficere possit. Statim agnovi has laminas primò exiguos glaciei globulos fuisse, eo modo dispositos quo antè dixi, & pressos validissimo vento, satis caloris secum rapiente: adeò ut hic calor omnia illorum capillamenta liquefecerit, & humore inde orto omnes eorundem poros ita impleverit, ut eo mox ibi rursus congelato, ex albis quales antea fuerant, omnino pellucidi facti sint. Atque hunc ventum ipsos eodem tempore ita compressisse, ut nullum interjectum spatium remaneret; hoc est, ut nulla in uniuscujusque circuitu esset pars, quæ non aliquem ex sex vicinis attingeret; simulque hunc eundem ventum superficies foliorum, quæ ex his globulis componebantur, super & subter labendo complanasse: Ex quibus omnibus accurata ista-

istarum laminarum figura, non potuerit non exsurgere. Supererat tantùm nonnulla difficultas in eo quòd hi globuli sic ferè liquefacti & eodem tempore collisi, non cohæsissent; licèt enim curiosè scrutarer, nunquam tamen duos junctos potui invenire. Mox autem hac etiam in parte mihi satisfeci; advertendo, quâ ratione ventus per aquam labens, assiduè illam agitet, omnesque ejus superficiei partes unam post alteram inflectat, nec illas tamen propterea scabras aut asperas efficiat. Inde enim cognovi ventum, qui procul dubio superficies etiam nubium inflectit, ibique continuò singulas glaciei particulas paulò aliter quàm vicinas impellit, non permittere illas omnino conglutinari; licèt interim illarum ordinem non turbet, & nihilominus exiguas singularum superficies accuratè poliat & complanet: non aliter quàm videmus etiam illum singulas partes undarum, quas in pulvere vel arena interdum format, satis politas efficere.

X. *Et aliæ quæ tanquam rosæ, vel dentatæ horologiorum rotæ, circumferentiam sex crenis, in modum semicirculi rotundatis, incisam habent.*

Hanc nubem sequuta est alia nihil aliud quàm rotulas aut ro-

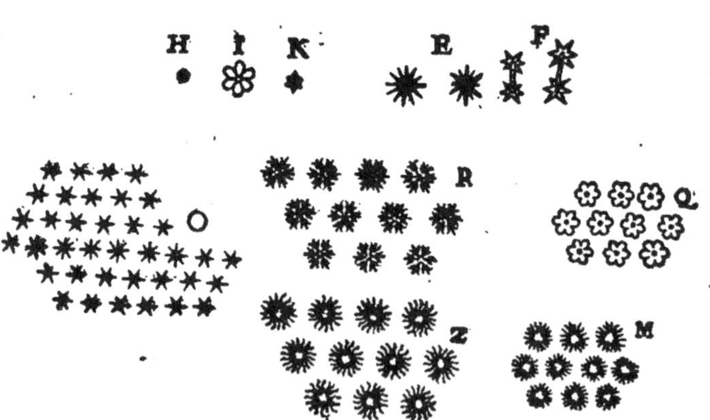

sas exiguas effundens, omnes sex radiis, instar dimidii circuli rotundatis, insignes, planè quales videmus ad Q; pellucidas etiam omnes & planas, ejusdem ferè crassitiei, cujus laminæ illæ superiores, ac suprà quàm dici potest accuratè dimensas; in medio etiam quarundam punctum album perexiguum animadverti, quasi pede circini quo rotundatæ fuerant, illic impressum. Sed facilè intellexi ab iisdem

dem causis illas fuisse formatas, à quibus laminæ glaciei quæ præcesserant; hoc tantùm excepto, quod vento non tam vehementer pressæ, nec forsan etiam calore tam intenso circumdatæ fuerint; ideoque earum cuspides non omnino liquefactæ sint, sed tantùm paulò breviores evaserint, & in extremitate rotundæ, instar dentium qui sunt in horologiorum rotis.

Punctum autem quod in medio quarundam album apparebat, ex eo esse mihi facilè persuasi; quòd calor iis formandis inserviens tam moderatus fuisset, ut quamvis cæteras earum partes ex albis omnino pellucidas effecisset, non tamen usque ad centra penetrasset, quæ ideo alba remanserant. Plures aliæ ejusmodi rotulæ postea deciderunt, binæ uno axe conjunctæ: vel potiùs, quoniam isti axes erant initio satis crassi, tot exiguas columnas crystallinas dixisses, quarum singulæ singulis rosis, sex folia habentibus & nonnihil eminentibus ultra basin suam, erant exornatæ. Sed paulò pòst minùs crassas alias ejusmodi columnas animadverti, rosis itidem aut stellulis, interdum æqualibus, interdumque inæqualibus in utraque extremitate exornatas.

XI. Cur quædam ex ipsis punctum quoddam album in centro habeant: & binæ interdum scapo exiguo conjunctæ sint, unamque alia majorem esse contingat.

Breviores etiam deinde notavi axes, sive columnas; & gradatim adhuc breviores, donec tandem stellulæ omnino jungerentur, caderentque duplices, duodecim insignes radiis, satis longis & accuratè dimensis, in aliis æqualibus, & in aliis alternatim inæqualibus, ut videmus ad F & E. Quæ omnia dederunt mihi occasionem existimandi, particulas glaciei diversorum foliorum, sibi invicem in nubibus impositorum, faciliùs cohærere, quàm illas plani aut folii ejusdem. Licèt enim ventus ut plurimùm fortiùs in folia inferiora, quàm in superiora agens, paulò celeriùs, ut jam audivimus, illa moveat: æqualiter tamen etiam aliquando utrumque folium impellere potest, ut ita eodem modo fluctuent: præsertim cùm non ultra duo vel tria ita sunt una aliis imposita, & tum per oras glomorum ex quibus componuntur cribratus, efficit ut ii ex his glomis, qui in duobus aut pluribus foliis è regione opponuntur, eundem semper inter se situm servent, & velut immoti se mutuò respiciant: licèt interim nihilo minùs folia undatim agitentur, quoniam eo ipso viam quàm maximè expeditam sibi facit. Atque interea calor (viciniâ glomorum, qui in duobus foliis sunt non minùs impeditus, ne eorum capillamenta directè interposita liquefaciat, quàm viciniâ eorum qui sunt in eodem) liquefacit tantùm alia circumcirca: quæ deinde integris juncta, atque cum iis

XII. Cur nonnullæ duodecim radiis distinctæ sint: & aliæ sed perpaucæ octo radios habeant.

 con-

conglaciata, axes aut columnas illas componunt, quæ hos glomos interea dum in rosas aut stellulas mutantur, conjungunt. Crassitiem autem quam initio in his columnis animadverteram, minimè mirabar; quamvis materiam adhærentium capillamentorum illi producendæ non sufficere satis nossem. Fieri enim potuisse cogitabam, ut quatuor aut quinque foliis super ingestis, calor fortius agens in duo aut tria intermedia (utpote ventis minùs exposita), quàm in superius vel inferius, glomos quibus illa constarent, ferè totos liquefecerit; atque ita ex eorum materiâ composuerit has columnas. Neque magis stellas diversæ magnitudinis eodem axe interdum junctas admirabar; quum enim notassem radios majoris semper longiores & acutiores radiis minoris esse, calorem magis intensum circa hanc minorem, quàm circa alteram, magis solvisse & retudisse cuspides radiorum ejus judicabam: atque etiam eandem minorem ex glomo glaciei minore potuisse componi. Postremò neque has stellas duplices duodecim radiorum, quæ postea decidebant admirabar; singulas enim earum ex duabus simplicibus sex radiorum compositas judicabam, per calorem, qui fortior intra duo folia, quorum partes erant, quàm extra eadem, exigua capillamenta glaciei, quibus nectebantur liquefecerat; atque ita illas conglutinaverat, ut etiam breviores reddidisset columnas, quæ jungebant alias stellas paulò antè mihi visas. In multis autem stellularum millibus, quæ illâ die observavi, ne unam quidem, quamvis curiosè inquirerem, potui invenire, quæ plures aut pauciores sex radiis haberet; exceptis paucissimis quæ duodecim, & quatuor aut quinque aliis quæ tantummodo octo habebant. Atque hæ non accuratè rotundæ erant, quemadmodum reliquæ, sed oblongæ; atque omnino tales, quales videmus ad O; unde judicabam illas in conjunctione extremitatum duorum foliorum, vento collisorum formatas, eodem momento quo calor exiguas illorum pilulas in stellas converterat: Nam accuratè figuram habebant, quæ inde naturaliter exsurgit. Atque hæc connexio cùm secundum lineam rectam fiat, non tantum impediri potest fluctuatione, quam venti concitant, quantum illa glomorum qui idem folium componunt. Et præterea ipse etiam calor, in oris foliorum dum accedunt ad invicem, major reperitur quàm alibi, adeò ut facilè duos radios cujusque ex stellulis quæ ibi occurrunt, liquefaciat; Et frigus quod huic calori succedit, statim ac duo folia se mutuò contingunt, stellulas istas quatuor tantum radios reliquos habentes unam alteri conglutinat.

Cæte-

Cæterum præter illas ſtellas pellucidas, de quibus hactenus loquuti ſumus, innumeræ aliæ eadem die omnino albæ inſtar ſacchari deciderunt, quarum quædam eandem ferè figuram, quam pellucidæ habebant, plurimæ autem radios magis tenues & acutos; ſæpe etiam diviſos, interdum in tres ramos, qui, utroque extremo forinſecus inflexo & medio manente recto, lilium repræſentabant, ut videntur ad R; interdum etiam in plures, plumas, aut folia filicis, aut ſimile quid XIII.

Cur quædam ſint pellucidæ, aliæ albæ inſtar nivis; & quarundam radii ſint breviores & in ſemicirculi formam retuſi, alii longiores & acutiores, ac ſæpe in varios ramulos diviſi; qui nunc plumulas aut filicis folia, nunc lilii flores repræſentant.

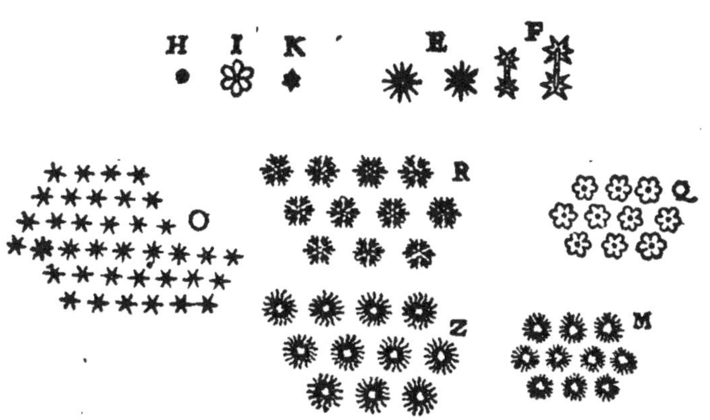

imitantes. Atque etiam ſimul cum his ſtellis multæ aliæ glaciei particulæ in formam capillamentorum, vel etiam planè informes decidebant; quorum omnium ratio ex dictis manifeſta eſt. Albedo enim ſtellularum inde erat, quòd calor non penetraſſet ad ipſorum materiæ fundum: ut facilè agnoſcebatur ex eo, quòd omnes quæ valdè tenues erant & exiles, ſimul etiam eſſent tranſparentes. Si verò interdum radii ſtellarum, quæ albæ erant, non minùs breves atque obtuſi eſſent, quàm earum quæ pellucidæ, non ideò calor eos tantundem liquefecerat, ſed venti vehementiùs compreſſerant: Et communiter longiores atque acutiores erant, quia defectu caloris minùs ſoluti. Quando autem hi radii in plures ramos dividebantur, hoc fiebat ex eo, quòd calor exigua capillamenta quibus componebantur, deſtitueret, cùm jam erant in motu ut ad invicem accederent, & priuſquam in unum corpus coaluiſſent. Cumque in tres tantùm ramos diviſi erant, hoc erat ex eo quòd calor paulò tardiùs exceſſiſſet; Et

duo

duo exteriores rami extrorsum replicabantur, quia vicinia medii rami frigidiores & magis rigidos, quâ parte illi obvertebantur reddebat; atque ita singuli ex istis radiis, lilii figuram assumebant. Reliquæ autem particulæ glaciei, quæ non erant sic formatæ in stellas, certum me reddebant, non omnes nubes ex parvis glomis aut pilulis componi, sed multas etiam solis capillamentis confusè junctis constare.

XIV. *Quomodo istæ nives quasi stellulæ ex nubibus delabantur. Cur cadentes aëre tranquillo, majorem nivis copiam prænuncient; non autem vento flante.*

Causam autem cur hæ stellulæ deciderent, vehementia venti continua totum illum diem perseverans manifestam mihi reddebat: nam judicabam hunc ventum, non posse non lacerare interdum & disturbare folia quæ componebant; statimque illas ab invicem disjunctas, latera in terram inclinare, atque hoc situ facilè aërem dividentes delabi, quoniam cætera planæ erant, & satis ponderosæ ad descendendum. Si verò interdum aëre tranquillo hujusmodi stellæ decidant, id accidit vel ob aërem inferiorem, qui condensatus totam nubem ad se trahit, vel ob superiorem qui dilatatus illam deorsum agit, atque eadem opera illas divellit, & propterea major tum nivium copia sequi solet: hoc autem illâ die non contigit. Die verò sequenti flocci nivium delapsi sunt, qui ex innumeris exiguis stellis simul junctis compositi videbantur: verumtamen penitiùs introspiciens, animadverti interiores non tam perfectè formatas esse quàm exteriores, & facilè ex dissoluta hujusmodi nube, qualem suprà littera G notavimus, ori-

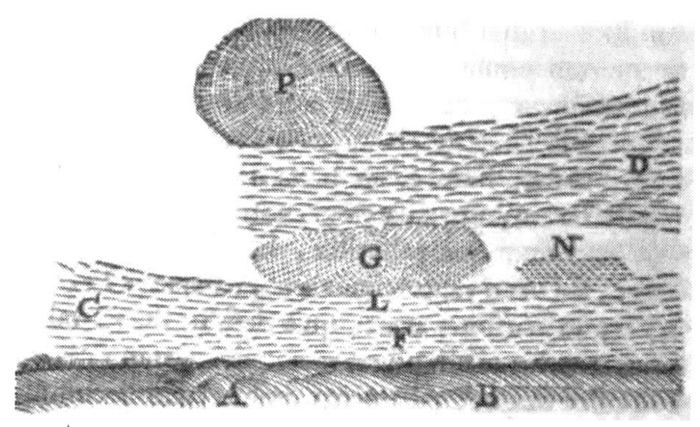

ri potuisse. Postea cessante hac nive, ventus instar tempestatis subitò tò coortus, paululùm albæ grandinis effudit, oblongæ & pertenuis, cujus singula grana sacchari conum exprimebant: & quoniam statim aëris serenitas insecuta est hanc grandinem, in altissima nubium parte generatam judicabam, cujus nives maximè subtiles & capillamentis tenuissimis compositæ erant, quales paulò antè descriptæ sunt. Denique tertiâ inde die nivium parvos globulos aut glaciei pilulas delabentes videns, magno numero capillamentorum, sine ordine positorum, cinctas, nec quidquam stellis simile habentes, quæcunque priùs de causis harum nivium fueram suspicatus, mihi certa & explorata visa sunt.

XV. *Quomodo pluvia ex nubibus cadat; & quid ejus guttas tenuiores aut crassiores efficiat.*

Nunc autem, ex iis quæ diximus, facilè intelligitur quâ ratione nubes solis aquæ guttis constantes depluant: nempe vel pondere proprio, cùm guttæ satis crassæ sunt; vel cùm aër inferior recessu, vel superior incursu illas ad descensum invitat; vel etiam quando plures ex his causis simul concurrunt. Atque inferiori aëre se contrahente, pluvia maximè minuta, & veluti rorans generatur; imò aliquando adeò minuta est, ut sæpissime delabentem non pluviam sed nebulam potiùs dicamus; magna contrà, seu grandibus guttis colligitur, quoties nubes solo aëre superiori pressa descendit; sublimes enim illius guttarum primò delapsæ alias in via inveniunt quibus crassescunt.

XVI. *Cur interdum pluere incipiat, antequam nubes in cælo appareant.*

Imò etiam æstate aliquoties vidi, aëre tranquillo atque æstu vehementi & velut suffocante, hujusmodi pluviam decidisse, antequam ulla nubes appareret. Cujus hæc erat ratio, quòd existente magnâ vaporum copiâ in aëre, qui procul dubio ventis aliunde spirantibus premebantur, ut tranquillitas aëris & densitas ejusdem testabantur, guttæ in quas hi vapores coïbant cadendo augescentes, ut formabantur, depluerent.

XVII. *Quomodo nebulæ in rorem vel pruinam vertantur.*

Nebulæ autem, cùm terra refrigeratur, & aër qui est in ejus poris condensatur, occasionem habent descendendi; tuncque in rorem abeunt, si ex aquæ guttis componantur; & in pruinam, si ex vaporibus jam gelatis, seu potiùs qui gelantur, ut terram contingunt. Atque hoc præsertim noctu aut sub diluculum accidit, quia tunc quàm maximè terra à Sole aversa refrigeratur. Sed ventus etiam sæpissime nebulas solvit; materiamque illarum aliò transferre solet, atque inde rorem aut pruinam componere in locis ubi ipsæ non exstiterunt; & tunc videmus hanc pruinam plantis non adhærere, nisi eâ parte quam ventus tetigit.

XVIII. *Quæ sit aura illa vespertina, quæ cælo sereno timeri solet.*

Quod ad afflatum illum dies serenos consequentem attinet, qui nunquam nisi vesperi decidit, & solis catarrhis & capitis doloribus agnoscitur, quos in quibusdam regionibus excitat; is constat certis exhalationibus subtilibus & penetrantibus; quæ cum minus volatiles sint quàm vapores, non levantur nisi è regionibus satis calidis, sereno & sudo aëre, & simul ac calore Solis destituuntur, iterum decidunt. Unde fit ut pro regionum diversitate, diversis qualitatibus sit prædítus, & multis in locis sit incognitus. Non quidem nego, rorem qui sub vesperam decidere incipit, sæpe isti afflatui comitem esse; sed nego mala de quibus accusatur rori esse adscribenda.

XIX. *Unde Manna oriatur.*

Non etiam Manna, nec alii hujusmodi succi, qui noctu ex aëre decidunt, rore vel vaporibus constant, sed exhalationibus solis. Atque hi succi, non modò in diversis regionibus sunt diversi, sed etiam in quibusdam non nisi certis corporibus adhærent; quod procul dubio ex eo fit, quòd particulæ quibus constant sint talis figuræ, ut cum iis aliorum corporum necti non possint.

XX. *Cur si ros mane non decidat, pluviæ sequantur.*

Cùm ros noctu non decidit, & nebula manè sursum recedens terram omnino siccam relinquit, pluviam brevi sequuturam esse credere licet. Nam hoc vix accidere potest, nisi quum terra noctu non satis refrigerata, vel manè supra modum calefacta, multos vapores exspirat; qui nebulam in altum pellentes, efficiunt ut ejus guttæ sibi invicem occurrentes jungantur, atque ita tam crassæ evadant, ut paulò pòst in pluviam decidere cogantur.

XXI. *Cur si Sol mane luceat, cùm nubes in aëre conspiciuntur, pluviam etiam prænunciet.*

Præsagit etiam venturam pluviam aër nubibus obductus, cum Sol nihilominus in ortu lucidè splendet, hinc enim liquet nullas alias nubes, in vicinia nostri aëris versus Orientem esse, quæ obstent ne Solis calor, eas quæ supra nos hærent, condenset, vel novos vapores quibus augeantur à terrâ nostrâ attollat. Hæc autem causa cùm matutino tantùm tempore locum habeat, si ante Meridiem non pluat, quid in vesperam accidet minimè poterit docere.

XXII. *Cur omnia pluviæ signa incerta sint.*

Plura hîc addere de multis aliis pluviæ signis non libet, quum maximam partem incerta sint. Et si consideremus eundem calorem, qui requiritur ad condensandas nubes, & pluviam inde defundendam, illas etiam dilatare & in vapores mutare posse, qui vel paulatim in aërem evanescant, vel ventos ibi generent; (prout nempe nubium partes magis comprimuntur aut disperguntur, aut calor paulò majorem vel minorem humiditatem adjunctam habet; aut aër circumfusus magis aut minùs dilatatur, vel condensatur;) facillimè judi-

judicamus omnia illa magis incerta & dubia esse, quàm ut hominum ingenio prænosci queant; saltem in his regionibus, ubi magna terrarum & marium inæqualitas ventos admodum inconstantes producit: in locis enim ubi certis anni temporibus iidem semper venti recurrunt, haud dubiè pluviæ impendentes faciliùs prænoscuntur.

CAPUT VII.

De tempestatibus, fulmine, & ignibus aliis in aëre accensis.

CÆterum nubes non tantùm ventos generant, cùm in vapores dissolvuntur; sed etiam interdum totæ simul tam subito motu ex alto descendunt, ut omnem subjectum aërem magna vi propellentes, ventum ex eo componant, qui validissimus quidem, sed non diuturnus esse potest: ejusque similem facilè experiemur, si velo in sublimi aëre ita expanso, ut omnes ejus partes à terra æquidistent, illud totum simul decidere permittamus. Fortes pluviæ plerumque hujusmodi ventum antecursorem habent, qui manifestè ex alto deorsum agit, & cujus frigus abundè monstrat illum ex nubibus venire, ubi aër communiter frigidior est quàm circa nos.

I. *Quomodo nubes suo descensu ventos aliquando validissimos efficiant: & cur sæpe maximas & repentinas pluvias præcedat talis ventus.*

Atque hic ventus efficit ut hirundines solito humiliùs volantes, pluviæ secuturæ præbeant argumentum: certas enim muscas, pabulum illarum, deprimit, quæ abblandiente aëris serenitate, in altum evolare solent. Idem etiam est qui nonnunquam, cùm nubes adeò parva est, vel tam parum descendit, ut ipse valde debilis vix in aëre libero sentiatur, caminis illapsus, cineres & festucas in angulo foci contorquet, ibique parvos quasi turbines excitat, satis mirabiles iis qui eorum causam ignorant, & quos plerumque nonnulla pluvia consequitur.

II. *Cur hirundines solito demissiùs volantes, pluviam prænuncient: & cur aliquando cineres aut festucæ, juxta focum in modum turbinis gyrent.*

Nube autem descendente, ponderosâ admodum & latè diffusâ, (qualis faciliùs in vasto mari, quàm alibi colligitur, quum vaporibus æqualiter ibi dispersis, simul ac minima nubes in parte aliqua cogi cœpit, statim etiam se per omnia vicina loca extendit,) necessariò tempestas surgit, tantò gravior quantò nubes major & ponderosior, atque hoc pertinacior quò ex altiori loco descendit. Atque ita vehementes illos turbines generari arbitror, quos *Travados* dicunt,

III. *Quomodo fiant istæ majores procellæ, quas voce barbarâ* Travados *vocant.*

cunt, nautis nostris in longinquis navigationibus maximè formidabiles; præsertim paulò ultra Promontorium Bonæ Spei, ubi vapores magnâ copiâ ex mari Æthiopico surgentes, quoniam est latissimum & Solis radiis maximè incalescit, facillimè ventum Occidentalem efficere possunt, qui cursum naturalem (ab Oriente scilicet in Occasum) aliorum, quos mare Indicum emittit sistens, illos in nubem cogit; quæ nubes quoniam oritur ex inæqualitate, quæ est inter hæc duo maria vastissima, & hanc terram quæ etiam est valde lata, multò major evadere debet, quàm illæ quæ in nostris regionibus generantur, ubi tantùm pendent à minoribus istis inæqualitatibus, quæ sunt inter nostras planities, lacus, & montes. Et quia ferè nunquam aliæ nubes in iis locis cernuntur, statim ac nautæ aliquam coïre animadvertunt; licèt interdum initio tam parva esse videatur, ut illam Batavi cum bovis oculo compararint, atque inde appellarint; & licèt omnis reliquus aër valde serenus, & defæcatus appareat, nihilominus vela contrahunt & contra magnam tempestatem se muniunt, quæ statim etiam insequitur. Eo quoque majorem illam esse solere existimo, quò minor initio hæc nubes apparuit; cùm enim fieri nequeat satis crassa, ut aërem obscurando sit *conspicua*, nisi simul etiam fiat satis lata, ita exigua videri non potest, nisi ex eo quòd sit valde remota; & notum est quò ex altiori loco descendit corpus grave, hoc impetum ejus esse validiorem. Ita hæc nubes sublimis, & subitò magna & ponderosa facta, tota delabitur, magnâ vehementiâ omnem aërem subjectum agens, & tempestatem hoc ipso ciens. Notandum etiam vapores huic aëri immixtos, illâ agitatione dilatari; multos quoque alios Oceanum emittere, ob fluctus suos ita concussos, qui vim venti augentes, & tardantes descensum nubis, diutius tempestatem sævire cogunt.

IV. *Quomodo ignes Castor & Pollux vocati generentur. Quare gemini isti ignes felicis augurii olim habiti sint, unus vel tres infelicis. Et cur*

Præterea exhalationes his vaporibus immisceri solent, quæ cùm tam longè ac illi à nube descendente propelli non possint, ob partes minùs solidas, & figurarum magis irregularium, aëris agitatione ab iis separantur: Eodem modo, quo, ut suprà diximus, rusticæ cremorem lactis tundentes, butyrum à sero secernunt. Atque ita hæ exhalationes, hinc & inde in diversos acervos congregatæ, & quàm altissimè possunt, juxta nubem fluctuantes, tandem malis aut funibus navium adhærent; cùm nubes ad finem sui motus accedens, illas eò usque depressit. Et ibi violentâ aëris agitatione accensæ ignes illos componunt, qui S[ti] Helmi dicuntur, & nautas spe serenitatis brevi

futuræ

futuræ solantur. Notandum tamen est has tempestates, in fine vehementissimas esse, & interdum plures nubes unas aliis incumbere posse, infra quarum singulas ejusmodi ignes reperiantur: quod fortè antiquis occasionem dedit, cùm unicum viderent, quem Helenam appellabant, illum mali ominis existimandi, quia nempe tunc gravissimum tempestatis impetum adhuc expectabant: Et tum demum illos serenitatem prænunciare credendi, cùm duos videbant, quos Castorem & Pollucem vocabant; quippe rarò plures notarunt, nisi fortè cùm tempestas ultra solitum vehemens erat; quo tempore interdum tres numerabant, quos ideo etiam mali ominis esse arbitrati sunt. Sed audio, nunc à nautis etiam quatuor aut quinque simul solere observari; forsan quia navigia majora, & plures in iis malos habent, aut quia per loca navigant, ubi exhalationum copia major attollitur. Quid enim in latioribus Oceani partibus accidat, solâ conjecturâ assequi possum, quum nunquam in iis navigaverim, nec nisi valde dubias & incertas de ipsis relationes habeam.

hoc tempore interdum quatuor aut quinque simul in eadem nave conspiciantur.

V. *Quæ sit causa tonitrui.*

Quod autem ad illas tempestates attinet, quæ tonitru, fulgure, turbinibus, & fulmine comitatæ esse solent, quarumque nonnulla exempla in terra notare potui; non dubito quin oriantur ex eo quòd cùm plures nubes, tabulatorum instar, unæ aliis superstratæ sunt, interdum contingit, ut superiores magno impetu in inferiores dilabantur: Ut si duabus nubibus A & B è nive rara & maximè expansa compositis, aër calidior circa superiorem A feratur, quàm circa inferiorem B, manifestè liquet calorem hujus aëris illam paulatim condensare & ponderosiorem reddere posse; Adeò ut eæ ex ejus partibus quæ altissimæ sunt, primæ descendentes, alias quæ ipsis in via occurrunt, deturbent & secum rapiant; atque ita omnes simul magno fragore & sonitu, in nubem inferiorem ruant. Eodem modo, quo in Alpibus olim circa mensem Maium me vidisse memini, vi Solis calefactâ nive & ponderosiori redditâ, minimum aëris motum, subitò magnas illius moles devolvisse,

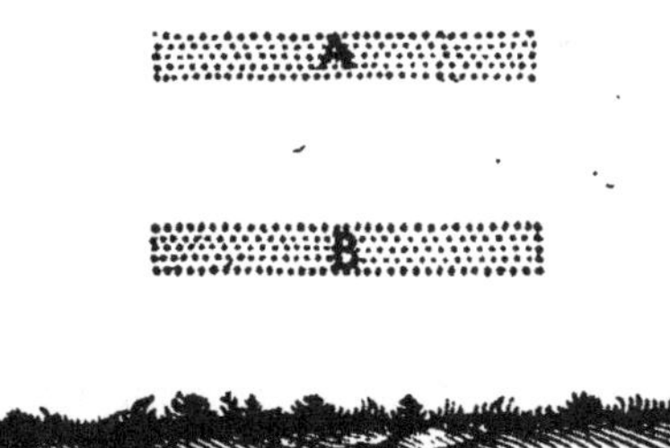

visse, quæ in vallibus resonantes, satis bene tonitrui sonitum imitabantur.

VI. *Cur rarius audiatur hyeme quàm æstate. Et cur aura calida & gravis vento Boreali succedens, illud prænunciet.*

Atque hinc liquet quare hyeme rariùs hîc apud nos tonet, quàm æstate; tum enim non tam facilè calor sufficiens nubibus dissolvendis ad superiores usque pertingit. Liquet etiam quare tempore vehementis æstus, quando vento Septentrionali, qui diu non duraverit, calor humens & veluti suffocans denuo succedit, tonitru postea sequi solet. Hoc enim testatur ventum illum Septentrionalem, ad terram accedendo, calorem inde in illam regionem aëris egisse, in qua nubes sublimiores formantur; ipsumque etiam ventum, posteà è vicinia terræ fuisse expulsum, ad illam regionem aëris in qua sunt nubes inferiores; nempe à vaporibus tepidis qui è terra calente egredientes, aërem infimum dilatarunt. Unde fit ut non modò superiores nubes condensari debeant & delabi; sed etiam inferiores adeò raræ atque extensæ remanere, aërisque subjecti dilatatione ita sursum protrudi, ut alias in se cadentes excipiant, ibique sistant, & sæpe etiam ne quid omnino ex iis ad terram usque descendat, impediant.

VII. *Cur ejus fragor tantus sit; & unde oriantur omnes ejus differentiæ.*

Notandumque est illum strepitum, qui supra nos ita excitatur, meliùs exaudiri debere, ob aëris circumquaque positi resonantiam, majoremque esse pro copia nivis decidentis, quàm cùm ingentes nivium moles è montibus in valles delabuntur. Notandum etiam, ex hoc solo quòd partes nubium superiorum, vel omnes simul decidant, vel una post aliam, vel tardiùs vel celeriùs, vel quòd inferiores majores aut minores, crassiores aut tenuiores sunt, & magis aut minùs obnituntur, facillimè omnes diversos tonitruum sonos effici posse.

VIII. *Quænam etiam differentia sit inter fulgetra, turbinem & fulmen; & unde fulgetra procedant. Curque interdum fulguret cum non tonat, vel contra. Quomodo fiant turbines.*

Differentiæ autem quæ sunt inter fulgura, turbines, & fulmina, non pendent nisi à diversa natura exhalationum, quæ in spatio quod duas nubes interjacet reperiuntur, & à modo quo harum nubium superior in inferiorem cadit. Si enim magnus æstus & siccitas præcesserit, atque ita hoc spatium exhalationes copiosas, maximè subtiles & ad concipiendam flammam aptas, contineat, superior nubes ferè tam exigua esse nequit, nec tam lentè descendere, quin impulso aëre inter se & inferiorem medio, fulgur aliquod elidat, id est, flammam levem eodem momento enascentem. Atque ita tum hujusmodi fulgura cernere possumus, nullo omnino tonitrus murmure exaudito, interdum etiam nubibus non ita densis, ut conspici possint. Contrà verò si nullæ in aëre exhalationes inflammationi idoneæ adsint, boatum quen-

quendam tonitrus audire poſſumus, nullâ coruſcatione apparente. Et cùm ſuperior nubes, non niſi per partes ſe mutuò conſequentes delabitur, vix quidquam aliud quàm fulgura & tonitrua producit. Sed cùm tota ſimul ſatis velociter decidit, poteſt etiam turbines & fulmina generare. Ejus enim extremitates, ut C & D, paulò celeriùs

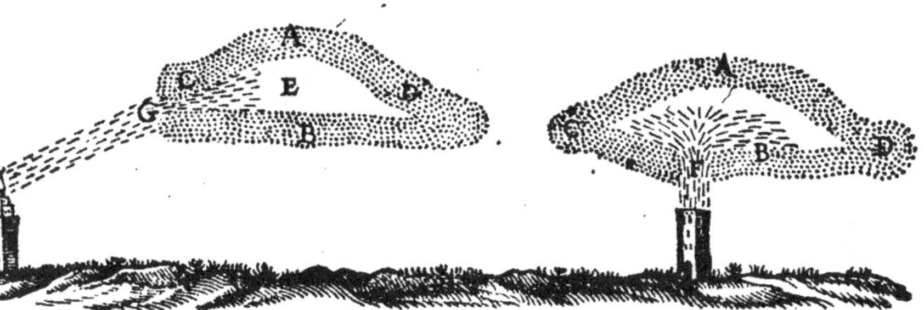

quàm ejuſdem medium deſcendunt: quia cùm aër illis ſubjectus minùs itineris conficiendum habeat, ut inde egrediatur, quàm ille qui medio ſubjicitur, faciliùs iis locum cedit; & his ita nubem inferiorem citiùs contingentibus, multum aëris verſus medium includunt, ut hîc videtur in E; ſtatimque poſtea hic aër magna vi preſſus, & expulſus ab eodem nubis ſuperioris medio, quod pergit deſcendere, viam neceſſariò ſibi facit, vel perrumpendo nubem inferiorem, ut videmus ad F, vel aliquam ex ejus extremitatibus divellendo, ut ad G. Atque ita apertâ hâc nube, magno impetu in terram ruit, unde ſtatim rurſus aſcendit, ſe celerrimè circumagendo; quoniam alius aër, aut alia corpora ipſi occurrentia impediunt, ne ſecundùm lineam rectam moveri pergat, æquè velociter ac agitatio ejus requirit; quò fit ut turbinem componat. Et quidem hic turbo ſine fulmine & fulgure eſſe poteſt, ſi nullæ ſint prorſus in iſto aëre exhalationes, ad concipiendam flammam idoneæ.

IX. *Quomodo fiat fulmen, quod interdum veſtes comburat, corpore illæ-*

Sed contrà ſi ſatis multæ ſint, omnes in unum cumulum coëuntes, & magno impetu ſimul cum ipſo in terram ruentes, incenduntur, & fulmen componunt. Poteſtque hoc fulmen interdum hominum corpora non lædendo, ipſorum veſtimenta comburere, piloſque ad cutem depaſcere: cùm nempe exhalationes quibus conſtat, quæ-

so; vel contra gladium liquefaciat, vaginâ intactâ, &c.

quæque sulphur solent redolere, non aliam quàm oleorum naturam participant; adeò ut levem tantum flammam nutriant; quæ non nisi corporibus combustioni magis idoneis adhæret. Ut econtrà, interdum ossa carnibus integris confringere, vel vaginâ illæsâ, gladium liquefacere potest, si hæ exhalationes maximè subtiles & penetrantes, solam salis volatilis, aut aquæ fortis naturam habeant: tum enim sine injuriâ cedentia corpora perlapsum, quidquid resistit comminuit ac diffringit. Ut & aqua fortis, durissima metallorum corpora resolvens, vix quicquam agit in ceram.

X. *Quomodo etiam lapis in fulmine generetur: & cur sæpius cadat in montes vel turres quàm in loca humiliora.*

Postremò fulmen interdum in lapidem durissimum, omnia obvia rumpentem & disjicientem converti potest, si penetrantibus his exhalationibus, multæ aliæ pingues & sulphureæ immisceantur; præsertim si crassiores etiam adsint, similes ei terræ, quæ in fundis vasorum, in quibus collecta est aqua pluvia, subsidit. Quemadmodum experientiâ discimus, si hujus terræ, nitri, & sulphuris certas partes simul misceamus, misturamque istam incendamus, illam momento temporis in lapidem quendam concrescere. Jam verò si nubes à latere dehiscat, ut in G, fulmen obliquo itinere libratum, faciliùs turrium fastigia, vel montium vertices tangit, quàm loca hu-

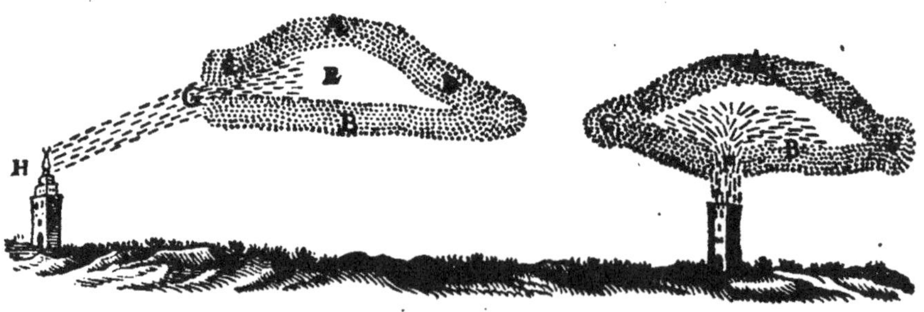

milia, ut videmus ad H. Nec deest etiam ratio propter quam, cùm nubes infra perrumpitur, sæpius loca edita & eminentia quàm humiliora fulmine feriantur. Si enim, exempli gratiâ, nubes B, non magis hîc quàm alibi, aliunde disposita sit ad dehiscendum, certum est illam apertum iri in F, ob resistentiam subjectæ turris.

XI. *Cur sæpe*

Nec magis deest ratio, quare singulas vices, quibus tonitru auditur,

ditur, nonnihil pluviæ subito decidentis consequi soleat; & quare cùm hæc pluvia satis copiosè effunditur, postea non multum tonet. Nam si illa vis, quâ superior nubes, in inferiorem decidendo, illam concutit, satis valida sit ad eandem omnino dejiciendam, manifestum est, fulmina cessare debere. Et quamvis sæpe sit minor, nihilominus tamen ex ea fere semper aliquos nivis floccos excutit, qui decidentes aëris inferioris calore in pluviam solvuntur.

singulos tonitrus fragores repentina pluvia consequatur; & cùm multum pluit non amplius tonet.

Denique non sine ratione vulgo creditur, vehementes sonitus, quales campanarum, aut bombardarum, fulminis vim infringere, nam concutiendo nivem, ex quâ nubes inferior constat, illam ad descensum invitat & discutit. Ut ii satis sciunt qui in vallibus ubi moles nivium è montibus cadentium timentur, iter facere sunt assueti. Nam ibi ne quidem loqui aut tussire audent, ne sonus vocis nives commoveat.

XII. *Cur sonitu campanarum, aut bombardarum, vis tempestatis minuatur.*

Sed ut suprà notavimus, aliquando sine tonitru fulgurare posse, ita in regionibus aëris, ubi multæ exhalationes detinentur & pauci vapores, nubes ita leves & parum densæ formari queunt, ut aliâ in aliam ex loco satis edito ruente, nullus fulminis sonus audiatur, neque tempestas in aëre excitetur, licèt plurimas exhalationes convolutas jungant; unde non tantùm illæ minores flammæ oriuntur, quæ stellæ cœlo cadentes vel trajicientes dici solent, sed interdum etiam globi ignei satis crassi, qui ad terram usque delabentes, pro quadam specie fulminis alio minùs vehementis sumi possunt.

XIII. *Quomodo generentur illi ignes qui stellæ cadentes dicuntur.*

Et præterea quoniam valde varia est & multiplex exhalationum natura, mihi facilè persuadeo fieri posse interdum, ut à nubibus compressæ materiam quamdam componant, quæ colore & specie externâ lac, carnem, aut sanguinem, aliquo modo referat; vel quæ subitò accensa & combusta fiat talis, ut pro ferro aut lapidibus sumi possit, vel quæ denique corrupta & putrescens, in exigua quædam animalia brevi tempore convertatur. Ut inter prodigia sæpe legimus, ferro, sanguine, locustis aut similibus pluisse.

XIV. *Quomodo interdum pluat lacte, sanguine, ferro, lapidibus, &c.*

Præterea quoque aëre nullis nubibus obducto, exhalationes solo ventorum flatu cogi, atque incendi possunt, præsertim si duo aut plures venti contrarii simul concurrant. Et denique etiamsi nulli venti nec nubes adsint, si tantùm exhalatio subtilis & penetrans, quæ nempe salis naturam participet, alterius pinguis & sulphureæ poros ingrediatur, hoc ipsum sufficere potest ad tenues quasdam flammas tam in sublimi, quàm in infimo aëre excitandas.

XV. *Quomodo fiant stellæ trajicientes; & ignes fatui; atque ignes lambentes.*

das. Nempe quales sunt in sublimi stellæ trajicientes; & hic apud nos, tum ignes illi per aërem volitantes, qui fatui dicuntur, tum alii lambentes dicti, qui puerorum capillis, equorum jubis, hastarum ferro pinguedine aliqua inuncto, vel aliis ejusmodi corporibus adhærent. Certum quippe est, non tantùm violentam agitationem, sed sæpissime etiam solam diversorum corporum misturam, igni producendo sufficere. Ut videmus in calce aqua conspersa, aut in fœno, si priusquam siccum sit recondatur, & in multis aliis exemplis, quotidie Chymicis occurrentibus.

XV. *Cur minima sit vis istorum ignium; contrà autem fulminis maxima.*

Sed omnes isti ignes, si cum fulmine comparentur, valde parum roboris habent; non enim nisi ex mollissimis & maximè glutinosis oleorum partibus componuntur. Et quamvis maximè penetrantes & vividæ salium partes, ad eorum productionem quoque concurrant, tamen hæ aliis permixtæ non manent, sed celerrimè in liberum aërem dissiliunt, simul ac illas inflammarunt. At è contrà, fulmen præcipuè ex his maximè penetrantibus & vividis constat, quæ violenter pressæ & nubibus illisæ, reliquas secum in terram abripiunt. Atque ii qui norunt, quantâ vi & celeritate polleat ille ignis, qui fit ex nitro & sulphure permixtis; quamque è contrà debilis sit illa flamma, quam pars oleaginea sulphuris à sale aut spiritibus separata potest producere, facilè illa quæ hic dicta sunt sibi persuaderi permittent.

XVI. *Ignes qui juxta terram generantur aliquandiu durare posse; qui autem in summo aëre, celerrimè debere extingui. Nec ideo Cometas, nec trabes per aliquot dies in cœlo lucentes, ejusmodi ignes esse.*

Ignes autem fatui & lambentes diutius durant, aut citiùs evanescunt, prout flamma eorum magis aut minùs tenax est, & materia eorum magis aut minùs densa & compacta. Sed illi qui altiùs in aëre, stellarum instar apparent, non nisi per brevissimam moram durare possunt. Nisi enim materiâ valde rarâ & tenui constarent, proprio pondere in terram deducerentur. Et ideo philosophi optimè illos compararunt ei flammæ, quæ secundùm fumum lucernæ recens extinctæ decurrit, cùm hæc lucerna ad flammam alterius ab ea nonnihil remotæ rursus accenditur. Sed magnopere miror eosdem postea credidisse cometas, itemque columnas, aut trabes igneas, quæ aliquando in cœlo apparent, nihil aliud esse, quàm exhalationes accensas: nam talium phænomenωn duratio quæ satis longa esse solet, cum brevissima illa mora, quæ consumendis exhalationibus in aëre pendentibus sufficit, conferri planè non potest.

XVII. *Quomodo.*

Et quoniam generationem & naturam illorum, in alio tractatu curiosè

riosè explicare annisus sum; neque illa magis ad Meteora pertinere arbitror, quàm terræ motus & mineralia, quæ plurimi scriptores eò congerunt; iis omissis, non ampliùs hîc loquar nisi de luminibus quibusdam, quæ noctu sereno aëre & tranquillo apparentia, populis otiosis occasionem dant, acies spectrorum in aëre depræliantium fingendi, & victoriam aut cladem partis cui favent, ex eo præsagiendi, prout timor aut spes in animis eorum præpollet. Et quidem quia nulla unquam ejusmodi spectacula ipsemet vidi, neque me fugit quantum superstitio & ignorantia, relationes quæ de iis fiunt corrumpere soleat & augere; hîc satis habebo leviter attingere causas omnes, ex quibus aliquid tale produci posse mihi videtur. Prima est, cùm variæ nubes in cœlo existunt, tam exiguæ ut totidem milites videri possint, & unæ in alias decidentes, satis multas exhalationes involvunt, ad parva quædam fulgura excitanda, interdumque ignis globulos ejaculandos, & nonnullos sonitus emittendos; quo ipso hi milites confligere videntur. Secunda est, cùm hujusmodi nubibus in cœlo existentibus, non quidem unæ in alias decidunt, sed diversimodè micant, & lumen illud reflectunt, quod coruscationes & ignes alicujus magnæ tempestatis, tam longè inde sævientis, ut ibi ex terra non percipiatur, ad illas usque transmittunt. Tertia denique, cùm hæ nubes, aut aliæ quædam magis ad Septentrionem accedentes, à quibus lumen accipiunt, sunt in regione aëris tam excelsa, ut radiis Solis jam infra horizontem delitescentis, ad illas possint pervenire. Si enim attendamus ad refractiones & reflectiones, quas duæ aut tres ejusmodi nubes variis in locis sitæ, & lumen unæ ab aliis accipientes efficere possunt, facilè intelligemus non opus esse, ut supra modum excelsæ sint, ad insolitas quasdam luces noctu exhibendas; atque etiam interdum ad efficiendum ut ipse Sol supra nostrum horizontem appareat, eo tempore quo illum infra esse certum est. Sed ista minùs ad hanc priorem hujus tractatus partem videntur pertinere, quàm ad sequentem, in qua de iis omnibus quæ in sublimi aëre, aliter quàm sint apparent, loqui deinceps institui, postquam hactenus omnia, quæ ibidem videntur ut sunt, explicare conatus sum.

quædam præliorum simulacra, & talia quæ inter prodigia solent numerari, possint apparere in cœlo: & Sol etiam noctu videri possit.

CAPUT VIII.

De Iride.

I. *Non in vaporibus, nec in nubibus, sed tantùm in aquæ guttis Iridem fieri.*

TAm mira est Iridis natura, & tam curiosè à multis egregiis viris fuit investigata, tamque parum cognita, ut nullam aptiorem materiam eligere possim, ad ostendendum ope Methodi quâ utor, posse perveniri ad nonnullarum rerum scientiam, quam ii quorum scripta ad nos pervenere, non habuerunt. Primò, postquam notavi hanc Iridem non tantùm in cœlo apparere, sed etiam in aëre nobis vicino, quoties multæ in eo aquæ guttæ à Sole illustratæ exsistunt; ut in fontibus quibusdam per fistulas aquam ejaculantibus experimur: facilè mihi fuit judicare, à solo modo quo radii luminis in guttas agunt, atque indè ad oculos nostros tendunt, eam procedere. Deinde quum scirem has guttas rotundas esse, ut suprà ostensum est, & sive parvæ sive magnæ sint, Iridem semper eodem planè modo in illis repræsentari, statui aliquam valde magnam considerare, ut tantò faciliùs in ea, quid in singulis contingeret agnoscerem.

II. *Quomodo ejus causa ope globi vitrei aqua pleni detegi possit.*

Cumque in hunc finem pilam vitream, satis accuratè rotundam & valde pellucidam, aquâ implevissem, deprehendi, Sole, exempli gratiâ, lucente ex parte cæli AFZ, & oculo posito in puncto E, si locarem hanc pilam in regione BCD, partem illius D totam rubram, & multò illustriorem quàm reliquum videri. Et sive propiùs illam adducerem, sive ulteriùs removerem, sive ad dextram sive ad sinistram verterem, vel etiam circa verticem meum rotarem; dummodo linea DE cum altera EM, quæ imaginatione ab oculi centro ad centrum Solis est proferenda, angulum duorum & quadraginta circiter graduum constitueret, pars illa D semper æqualiter rubebat: sed simul ac hunc angulum paulò magis dilatabam, rubor evanescebat, & si contraherem, non ita simul omnis evanescebat, sed antea velut in duas partes, minùs scintillantes dividebatur, in quibus flavus, cæruleus, & alii colores apparebant. Deinde regionem etiam K hujus pilæ respiciens, notavi, facto angulo KEM, duorum & quinquaginta circiter graduum, hanc partem K etiam rubram apparere, sed non tam lucidam ut D: & paulò tantùm ampliore eodem angulo facto, alios ibidem colores magis dilutos existere; sed eodem aliquantulum contracto, vel satis mul-

tum

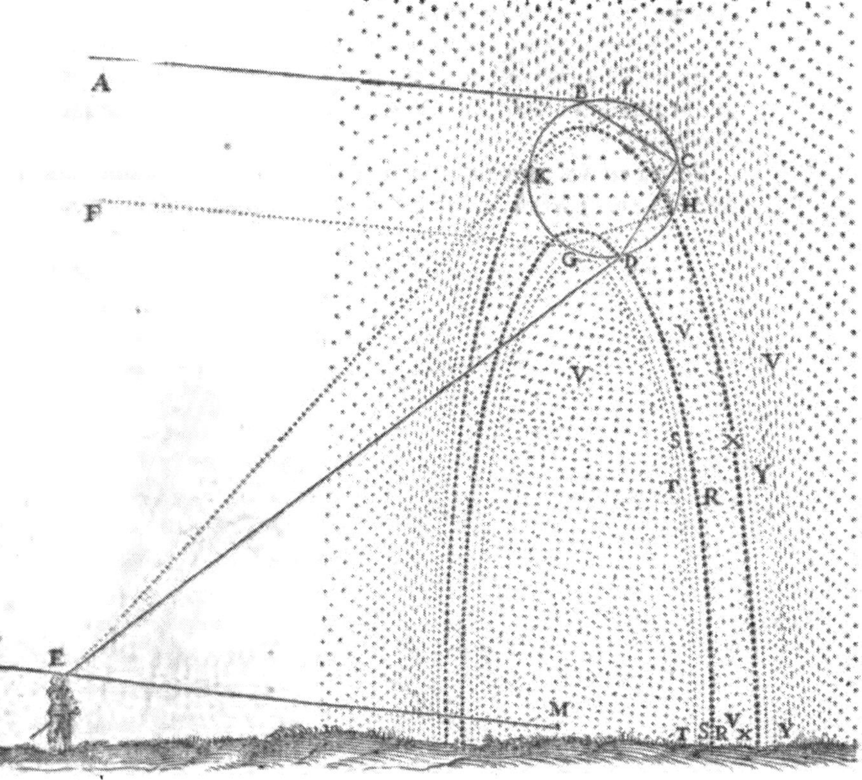

tum ampliore facto, illos omnino disparere. Unde manifeste didici, toto aëre ad M hujusmodi pilis, aut earum loco guttis, referto, punctum aliquod admodum rubrum in singulis earum relucere debere, à quibus lineæ eductæ ad oculum E, cum lineâ EM angulum duorum & quadraginta circiter graduum constituunt: quales illas suppono quæ littera R signatæ sunt; atque hæc puncta simul considerata, loco in quo consistunt non observato nisi per angulum sub quo videntur, instar circuli continui rubro colore perfusi apparere: & similiter puncta quædam esse debere in iis guttis quæ sunt in S & T, è quibus lineæ ductæ ad E, angulos paulò acutiores cum EM constituunt, à quibus circuli colorum dilutiorum com-

componuntur ; atque in hoc primarium & principem cœleſtem arcum conſiſtere. Deinde eodem modo ſupponendo angulum M E X, duorum & quinquaginta graduum eſſe, in guttis X rubrum circulum debere apparere, & alios circulos minùs ſaturo colore imbutos in guttis Y ; atque in hoc ſecundariam Iridem conſiſtere. Et denique in omnibus aliis guttis notatis littera V, nullos ejuſmodi colores eſſe debere.

III. *Iridem interiorem & primariam oriri ex radiis qui ad* Poſtea cùm accuratiùs examinarem in pila B C D, unde rubeus color in ejus parte D conſpicuus oriretur, notavi illum pendere

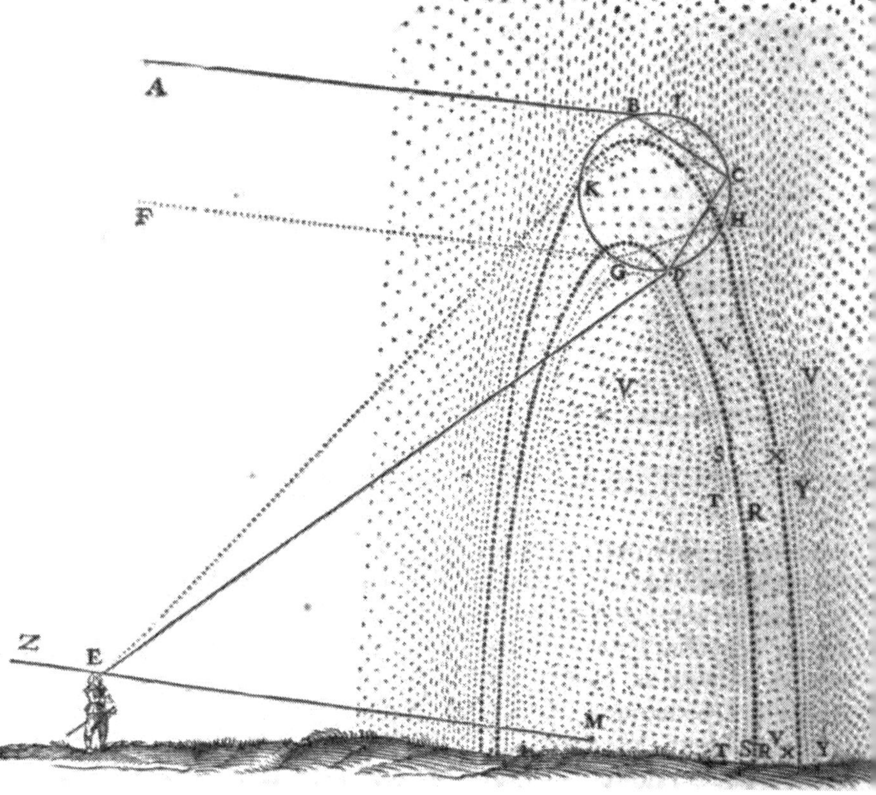

à radiis Solis, qui venientes ex A ad B, aquam ingrediendo frangebantur in puncto B, & ibant ad C, unde reflexi ad D, & ibi aquam

aquam egrediendo iterum fracti tendebant ad E. Nam simul ac corpus aliquod opacum & obscurum alicui linearum A B, B C, C D, vel D E opponebam, rubicundus color evanescebat; & licèt totam pilam, exceptis duobus punctis B & D obnuberem, & corpora obscura ubivis circumponerem, dummodo nihil actionem radiorum A B C D impediret, lucidè tamen ille refulgebat. Postea eodem modo investigata causa rubri illius coloris, qui apparebat in K, inveni illum esse à radiis Solis, qui venientes ab F ad G, ibi refrangebantur versus H, & in H reflexi ad I, rursusque ab I reflexi ad K, tandemque iterum fracti in puncto K, tendebant ad E. Atque ita primaria Iris fit à radiis post duas refractiones & unam reflexionem ad oculum venientibus: secundaria verò à radiis, qui non nisi post duas refractiones & duas reflexiones eodem pertingunt. Ideoque hæc semper alterâ minùs est conspicua.

oculum perveniunt post duas refractiones & unam reflexionem: exteriorem autem sive secundariam ex radiis post duas refractiones & duas reflexiones ad oculum pervenientibus; quò fiat ut illa sit debilior.

IV. *Quomodo etiam ope vitrei prismatis colores Iridis videantur.*

Sed supererat adhuc præcipua difficultas, in eo quòd etiamsi posito alio ejus pilæ situ, radii etiam post duas refractiones & unam aut duas reflexiones, ad oculum possint pervenire; nulli tamen nisi in eo situ, de quo jam locuti sumus, ejusmodi colores exhibeant. Atque ut hanc amolirer, inquisivi an non aliqua alia res inveniri posset, cujus ope colores eodem modo apparerent, ut factâ ejus comparatione cum aquæ guttis, tantò faciliùs de eorum causa judicarem. Et commodum recordatus, per prisma vel triangulum ex Crystallo similes videri, unum consideravi, quale est M N P, cujus duæ superficies M N, & N P sunt omnino planæ, & una in alteram ita inclinata, ut angulum 30 vel 40 circiter graduum contineant; atque ideo si radii Solis A B C, penetrent M N ad angulos rectos, aut ferè rectos, ita ut nullam notabilem refractionem vitrum ingrediendo patiantur, satis magnam exeundo per N debeant

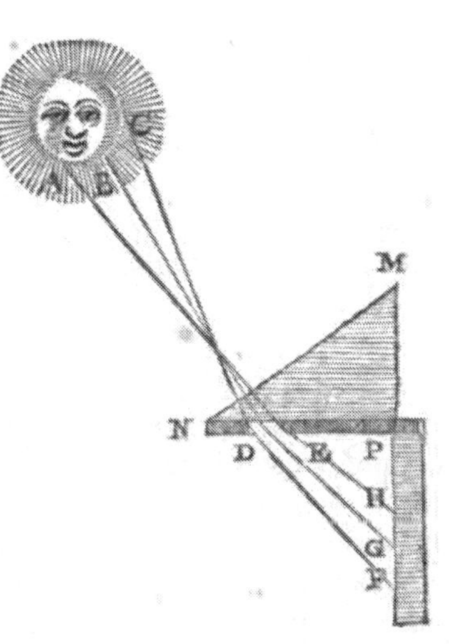

beant pati. Et tectâ alterutrâ ex his superficiebus opaco aliquo corpore, in quo sit angustum foramen, quale est D E, observavi radios per illud foramen transeuntes, atque inde effusos in linteum aut chartam albam F G H, omnes colores Iridis ibi depingere, & quidem semper rubrum in F, & cæruleum seu violaceum in H.

V. *Nec figuram corporis pellucidi, nec radiorum reflexionem nec etiam multiplicem refractionem ad eorum productionem requiri: sed unâ saltem refractione & lumine & umbrâ opus esse.*

Unde primùm didici, curvaturam superficiei guttarum, generationi colorum minimè necessariam esse; hæc enim crystallus superficiem nullam habet, quæ non sit plana; neque anguli magnitudinem sub quo apparent. hic enim permanentibus illis mutari potest: & licèt fieri possit ut radii tendentes ad F, jam magis, jam minùs incurventur, quàm euntes ad H, semper tamen qui ad F, rubrum depingent, & cæruleum qui ad H. Neque etiam reflexionem; hîc etenim nulla omnino est; Nec denique sæpius iteratas refractiones, quum hîc tantummodo unica fiat. Sed judicabam unicam ad minimum requiri, & quidem talem ut ejus effectus aliâ contrariâ non destruatur. Nam experientia docet si superficies M N & N P, parallelæ forent, radios tantundem per alteram iterum erectos, quantum per unam frangerentur, *nullos* colores depicturos. Neque dubitabam, quin & lumen necessarium sit ad horum colorum productionem; sine illo enim nil cernimus. Et præterea observavi umbram quoque aut limitationem luminis requiri: dempto enim corpore opaco quod in N P, colores F G H statim evanescunt; atque si satis laxam aperturam D E faciamus, rubrum, croceum & flavum quæ ad F, non latiùs propterea expanduntur, ut nec viride, cæruleum & violaceum quæ ad H; sed totum spatium intermedium littera G notatum, album remanet.

VI. *Unde oriatur colorum diversitas.*

Quibus animadversis intelligere conatus sum, quare hi colores alii sint in H quàm in F: quum tamen refractio, umbra, & lumen, eodem modo in utroque concurrant. Et consideratâ luminis naturâ quemadmodum illam in Dioptrica descripsi, nempe tanquam actionem vel motum materiæ cujusdam valde subtilis, cujus partes tanquam exiguæ sphærulæ per poros corporum terrestrium devolutæ concipiendæ sunt; agnovi has sphærulas, pro diversitate causarum, quæ harum motus determinant, diversimodè moveri; & speciatim omnes refractiones, quæ in eandem partem fiunt, illas ita disponere, ut in eandem

etiam

etiam partem rotentur: sed quum nullas vicinas ipsis multò celeriùs aut tardiùs decurrentes habent, motum illarum circularem propemodum motui rectilineo æqualem esse. Quum verò in una parte vicinas habent, quæ ipsis tardiùs decurrunt, & in adversâ alias quæ celeriùs, vel saltem æquè celeriter, ut in confinio luminis & umbræ contingit; si occurrant eis quæ tardiùs moventur, eâ parte, secundùm quam rotantur, ut accidit iis quæ componunt radium E H, hoc efficere, ut earum motus circularis, motu rectilineo tardior sit: & planè contrarium fieri, si eisdem occurrant parte adversâ, ut accidit iis, quæ componunt radium D F. Quæ ut meliùs intelligantur, supponamus pilam 1 2 3 4, sic impulsam esse ab V ad X, ut recto tantùm motu incedat, & duo illius latera, 1 & 3, æquali celeritate delabantur, usque ad superficiem aquæ Y Y, ubi motus lateris 3, quod priusquam aliud istam superficiem contingit, retardatur, non mutato illo lateris 1, unde fit ut tota pila necessariò rotari incipiat, secundùm ordinem numerorum 1 2 3. Et prætereâ imaginemur illam quatuor aliis pilis Q, R, S, T, circumdatam; quarum duæ Q & R, majori vehementiâ quàm illa tendunt versus X, & duæ aliæ S & T minori. Unde liquet, pilam Q urgentem motum lateris 1, & pilam S, remorantem motum lateris 3, rotationem illius augere, neque pilas R & T quidquam obstare; quoniam R ita impulsa supponitur, ut celerius feratur ad X, quàm illa sequitur, & T, ut minùs celeriter sequatur, quàm illa præcedit. Atque hoc explicat actionem radii D F. Contrà verò, si pilæ Q & R, tardiùs quàm pila 1 2 3 4, ferantur ad X, S autem & T velociùs, R impedit rotationem partis 1, & T illam partis 3; nihil agentibus duabus reliquis Q & S: quo actio radii H E, innotescit. Sed notandum,

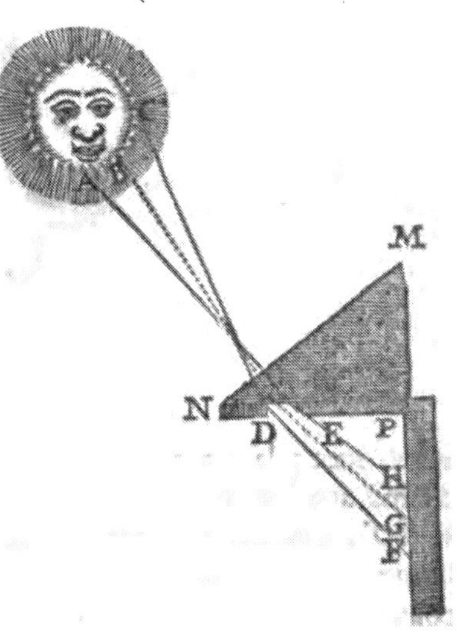

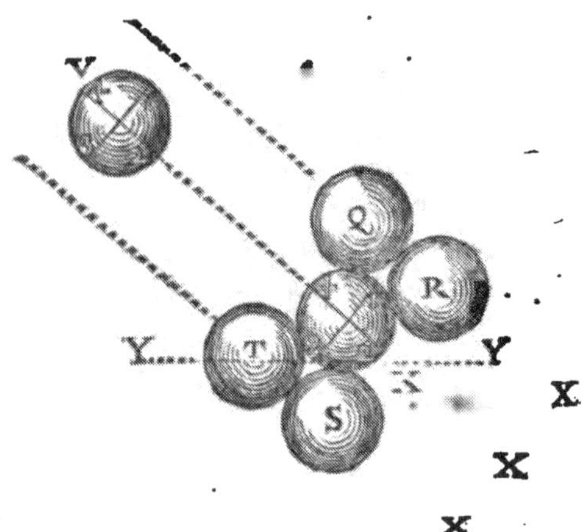

quum hæc pila 1 2 3 4 accuratissimè rotunda esse supponatur, facillimè accidere posse, ut quando satis fortiter premitur à *duabus* R & T, rotationem suam ideo non sistat, sed se vertat in orbem circa axem 2 4, & ita minimo momento mutato situ, deinceps in contrariam partem rotetur secundùm ordinem numerorum 3 2 1. Duæ enim R & T, quæ primæ occasionem se vertendi illi dedêre, ut postea perseveret efficiunt; donec hoc motu dimidium circulum impleverit, illæque non ampliùs tardare ejus rotationem, sed contrà augere possint. Cujus rei consideratio difficultatem mihi expedivit, quam totius hujus materiæ præcipuam esse existimo.

VII. *In quo sita sit natura rubei coloris, & flavi, & viridis, & cærulei, prout in prismate vitreo conspiciuntur: & quomodo cæruleo rubeus misceatur, unde fit violaceus sive purpureus.*

Et meâ quidem sententiâ, manifestè ex his omnibus liquet, naturam colorum qui pinguntur in F, tantùm in eo consistere, quòd particulæ materiæ subtilis, actionem luminis transmittentes, majori impetu & vi rotari nitantur, quàm secundùm lineam rectam moveri: ita ut qui multò validiùs rotari nituntur, rubicundum colorem efficiant, & qui non nisi paulò validiùs, flavum. Ut contrà natura eorum qui videntur ad H, tantùm in eo consistit, quòd hæ particulæ non tam velociter rotentur, quàm aliàs solent, cùm nulla talis causa earum motui resistit; ita ut viride appareat, ubi non multò tardiùs solito rotantur, & cæruleum, ubi multò tardiùs; & sæpe in extremitatibus hujus cærulei,

rutilus

xntilus quidam color ei miſcetur, qui fulgorem ſuum ipſi communicans, in violaceum ſive purpureum illum mutat. Quod procul dubio ex eo eſt, quòd eadem cauſa, quæ rotationem particularum materiæ ſubtilis tardare conſuevit, quum tunc ſatis valida ſit ad quaſdam invertendas, & earum ſitum immutandum, earundem rotationem accelerare debeat, dum interim illam aliarum tardat.

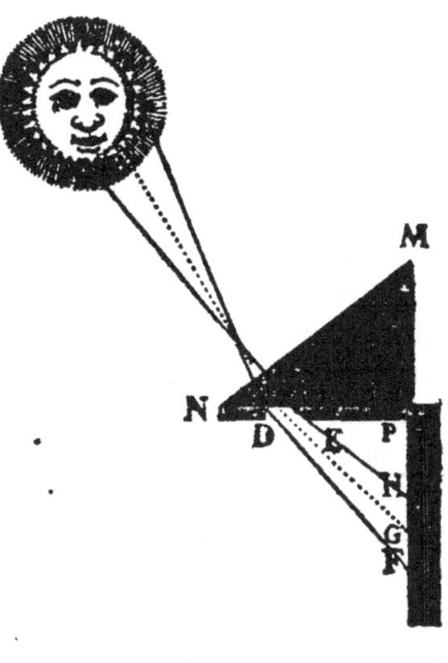

VIII. *In quo etiam aliorum corporum colores conſiſtant; & nullos falſos eſſe.*

Et in his omnibus tam unanimes ratio & experientia conſpirant, ut non putem ullum, ex iis qui ad utramque ſatis attendent, credere poſſe naturam colorum aliam eſſe, quàm explicui. Si enim verum eſt ſenſum luminis à motu eſſe, aut ab inclinatione ad motum, cujuſdam materiæ oculos noſtros tangentis; ut multa paſſim teſtantur & manifeſtum reddunt; certum quoque diverſos ejus materiæ motus, alios atque alios ſenſus in nobis effecturos. Et quemadmodum diverſitas alia in his motibus eſſe nequit, quàm illa jam nobis explicata; ita neque experientia ullam aliam, in eo quem habemus horum motuum ſenſu, præter illam colorum eſſe teſtatur. Et nihil inveniri poteſt in cryſtallo MNP, quod colores producere queat, præter modum quo particulas materiæ ſubtilis, ad linteum, atque inde ad oculos mittit. Unde ſatis liquere arbitror, nihil etiam præter hoc, in coloribus aliorum corporum quærendum eſſe: Nam ipſa experientia quotidiana docet, lumen ſeu album, & umbram ſeu nigrum, cum coloribus Iridis hîc explicatis, compoſitioni omnium aliorum ſufficere. Neque illam diſtinctionem Philoſophorum probare poſſum, quâ dicunt, alios colores veros eſſe, & alios falſos, ſeu tantummodò apparentes. Quum enim genuina & ſola colorum natura ſit apparere, contradictio eſſe videtur, illos apparentes & tamen falſos eſſe dicere.

IX. *Quomodo in Iride producantur; & quomodo ibi lumen ab umbra terminetur. Cur primariæ Iridis semidiameter 42 gradibus major esse nequeat, nec secundariæ semidiameter 51 gradibus minor. Curque illius superficies exterior, magis determinata sit quam interior; hujus autem contra, interior magis quam exterior.*

Concedo quidem umbram & refractionem, non perpetuò iis generandis necessarias esse, sed magnitudinem, figuram, situm, corporis colorati vulgò dicti, illorum loco diversimodè cum lumine concurrere posse, ad augendam aut imminuendam rotationem partium materiæ subtilis. Ita ut initio quoque dubitarim, an omnino eadem ratione, quâ in crystallo MNP, colores etiam in Iride generarentur; nullam quippe umbram lumen terminantem ibi notaram, neque dum noram, quare tantùm sub certis quibusdam angulis apparerent; donec tandem sumpto calamo, & curiosè singulis radiis, qui in diversa puncta unius guttæ cadunt, ad calculum revocatis, ut discerem sub qualibus angulis, post duas refractiones, & unam aut duas reflexiones, ad oculos nostros venire possint; inveni post unam reflexionem & duas refractiones, multò plures videri posse, sub angulo graduum ab uno & quadraginta ad duo & quadraginta, quàm sub ullo minore, & nullum omnino sub majori apparere. Deinde etiam inveni post duas reflexiones, & refractiones totidem, multò plures ad oculum manare, sub angulo graduum unius & quinquaginta, vel duorum & quinquaginta, quàm sub ullo majori, neque ullum sub minori conspici. Ita ut ab utraque parte umbra lumen terminans adsit; quod lumen infinitas pluviæ guttas Sole illuminatas permeans, demum ad oculum sub angulo duorum ferè & quadraginta graduum venit; atque ita primariam Iridem generat. Itemque est umbra quæ terminat lumen, sub angulo unius & quinquaginta graduum, aut paulò ampliùs, atque hoc pacto exteriorem arcum producit. Nullos enim luminis radios, aut multò pauciores ab uno objecto quàm ab altero vicino in oculos suos recipere, hoc est, umbram videre. Atque hinc satis perspicuè patet, colores horum arcuum ab iisdem causis esse, à quibus illi qui per crystallum MNP apparent; & semidiametrum arcus interioris, duobus & quadraginta gradibus majorem esse non debere; nec illam exterioris uno & quinquaginta minorem. Et denique priorem accuratiùs in exteriori superficie terminatum esse debere, quàm in interiori; & alteram planè contrà; quod accuratè cum experientiâ consentit.

Verùm ut Mathematici videant, an calculus, quo angulos qui hîc à radiis luminis fiunt examinavi, satis sit accuratus, illum hîc placet explicare.

X. *Quomodo*

Sit AFD aquæ gutta, cujus semidiametrum CD aut AB, in

in tot æquales partes divido, quot radios calculo examinare volo, ut tantundem luminis uni quàm alteri attribuatur. Deinde unum horum radiorum speciatim considero, ut ex. gr., E F qui non rectà tendit ad G, sed in F refractus decedit ad K, & inde reflectitur ad N, ubi iterum refractus tendit ad oculum P: vel etiam adhuc semel ab N ad Q reflexus, refringitur in Q versus oculum R. Et ductâ C I ad angulos rectos in F K, ex iis quæ in Dioptrice dicta fuere, cognosco A E, aut H F, & C I illam inter se

ista Mathematice demonstrentur.

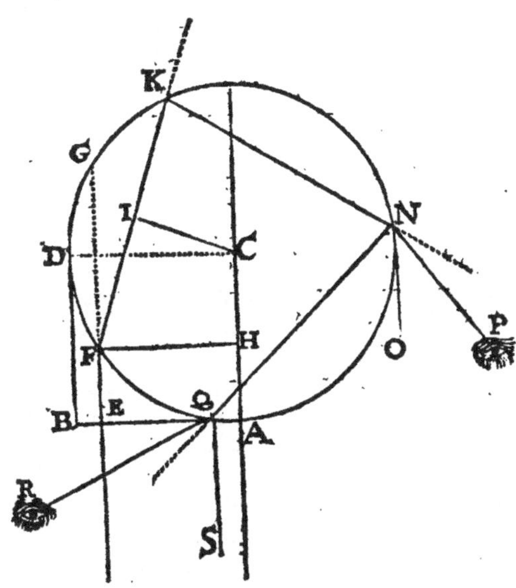

proportionem habere, per quam aquæ refractio dimetienda est. Adeò ut si H F constet octo millibus partium, qualium A B constat decem millibus, C I constabit 5984 aut circiter; quoniam refractio aquæ paulò major est quàm trium ad quatuor, & quàm accuratissimè illam dimetiendo, invenio esse ut 187 ad 250. Cognitis ita duabus lineis H F & C I, facillimè duos arcus cognosco, F G qui est 73 graduum & 44 minutorum, & F K qui est 106. 30. Deinde subducendo duplum arcus F K, ex aggregato arcus F G, & arcus 180 graduum, hoc est, dimidii circuli, fit 40. 44 pro quantitate anguli O N P; suppono enim O N & E F esse

esse parallelas. Præterea tollendo hos 40. 44 ex FK, fit 65. 46 pro angulo SQR; suppono enim SQ & EF esse etiam parallelas. Atque ita omnes alios radios parallelos ipsi EF, & per omnia puncta quibus divisa est semidiameter CD vel AB transeuntes examinando, tabulam sequentem compono.

Linea HF	linea CI	arcus FG		arcus FK		angulus ONP		angulus SQR	
1000	748	168.	30	171.	25	5.	40	165.	45
2000	1496	156.	55	162.	48	11.	19	151.	29
3000	2244	145.	4	154.	4	17.	56	136.	8
4000	2992	132.	50	145.	10	22.	30	122.	4
5000	3740	120.		136.	4	27.	52	108.	12
6000	4488	106.	16	126.	40	32.	56	93.	44
7000	5236	91.	8	116.	51	37.	26	79.	25
8000	5984	73.	44	106.	30	40.	44	65.	46
9000	6732	51.	41	95.	22	40.	57	54.	25
10000	7480	0.		83.	10	13.	40	69.	30

Et facillimè in hac tabula videmus, radios longè plures esse, qui angulum ONP, 40 circiter graduum faciunt, quàm qui minorem; vel SQR 54 circiter, quàm qui majorem. Deinde ut adhuc accuratiùs horum angulorum quantitatem inveniam, facio tabulam sequentem.

Linea

Linea HF	linea CI	arcus FG		arcus FK		angulus ONP		angulus SQR	
8000	5984	73.	44	106.	30	40.	44	65.	46
8100	6058	71.	48	105.	25	40.	58	64.	37
8200	6133	69.	50	104.	20	41.	10	63.	10
8300	6208	67.	48	103.	14	41.	20	62.	54
8400	6283	65.	44	102.	9	41.	26	61.	43
8500	6358	63.	34	101.	2	41.	30	60.	32
8600	6432	61.	22	99.	56	41.	30	58.	26
8700	6507	59.	4	98.	48	41.	28	57.	20
8800	6582	56.	42	97.	40	41.	22	56.	18
8900	6657	54.	16	96.	32	41.	12	55.	20
9000	6732	51.	41	95.	22	40.	57	54.	25
9100	6806	49.	0	94.	12	40.	36	53.	36
9200	6881	46.	8	93.	2	40.	4	52.	58
9300	6956	43.	8	91.	51	39.	26	52.	25
9400	7031	39.	54	90.	38	38.	38	52.	0
9500	7106	36.	24	89.	26	37.	32	51.	54
9600	7180	32.	30	88.	12	36.	6	52.	6
9700	7255	28.	8	86.	58	34.	12	52.	46
9800	7330	22.	57	85.	43	31.	31	54.	12

Et

Et hîc videmus maximum angulum O N P, 41 graduum & 30 minutorum esse posse, & minimum S Q R 51. 54; cui addentes aut subducentes 17 circiter minuta pro semidiametro Solis, inveniemus 41. 47, pro maxima semidiametro Iridis interioris, & 51. 37 pro minima exterioris.

XI. *Aquæ calidæ refractionem minorem esse quàm frigidæ, atque idcirco primariam Iridem paulò majorem, & secundariam minorem exhibere. Et quomodo demonstretur refractionem ab aquâ ad aërem esse circiter ut 187 ad 250. Ideoque semidiametrum Iridis 45 graduum esse non posse.*

Verum quidem est, aquæ calidæ refractionem, refractione frigidæ paulò minorem esse, quod aliquantum hunc calculum mutare potest. Hoc tamen semidiametrum Iridis interioris, non ultra unum aut duos gradus ad summum augere potest; & tum illa exterioris ferè bis tantò minor erit. Quod notatu dignum est; quoniam inde demonstrari potest, refractionem aquæ non multò minorem, neque majorem esse, quàm illam hîc statuimus. Nam si tantillò major foret, radium Iridis interioris minorem 41 gradibus faceret; quum contrà communi errore 45 illi dentur; & si illam satis exiguam supponamus, ut revera 45 graduum sit, inveniemus illum etiam exterioris non multò majorem 45 gradibus; quum tamen vel ad oculum, interiore multò major videatur. Et Maurolycus, qui (ut puto) primus omnium interiorem 45 graduum se observasse scripsit, alteri 56 circiter attribuit. Unde liquet, quàm parum fidei iis observationibus sit adhibendum, quæ ab ignaris verarum causarum fieri solent.

XII. *Cur pars exterior primariæ Iridis, & contrà interior secundariæ sit rubra.*

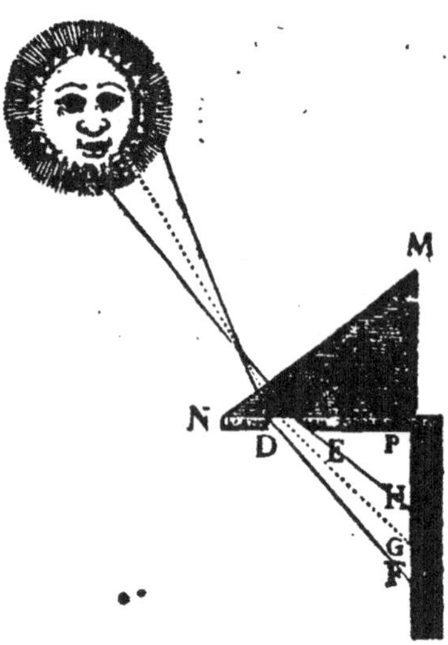

Cæterùm facile intellexi, quare rubeus color exterior sit in Iride interiore; & contrà interior in exteriore: Nam eadem causa, ob quam potiùs in F, quàm in H conspicitur per crystallinum M N P, efficit, ut si oculum in lintei locum F G H transferentes, crystallum respiciamus, rubrum ibi versus partem crassiorem M P videamus, & cæruleum versus N. Radius enim rubro colore tinctus, qui tendit versus F, venit à parte Solis C, quæ versus M P crassiorem partem crystalli est sita. Atque ob hanc eandem rationem

nem, quia centrum guttarum aquæ, & per consequens illarum pars crassior, exterior est respectu punctorum coloratorum, quæ formant arcum interiorem; ideo rubrum in exteriori ejus limbo debet apparere. Et eodem modo, quia interior est respectu eorum quæ formant exteriorem, ideo in eo rubrum interiùs apparet.

Atque ita nullam difficultatem in hac materia superesse arbitror; nisi fortè circa illa, quæ præter ordinem assuetum naturæ in eâ contingunt. Ut quum arcus non accuratè rotundus est, aut centrum illius in rectâ lineâ Solem & oculum transeunte non jacet. Quod accidere potest vento guttarum figuram immutante: nunquam enim tam parum à sphæricâ suâ figurâ discedere possunt, quin statim illud notabilem differentiam in angulo, sub quo colores videri debent, efficiat. Audivi etiam aliquando arcum cœlestem inversum cornibus in altum erectis apparuisse, qualem hîc repræsentatum videmus F F. Quod vix crediderim accidisse, nisi per reflexionem radiorum solarium, incurrentium in superficiem maris aut lacus alicujus. Ut si à parte cœli S S effusi, caderent in aquam D A E, & indè ad pluviam C F resilirent, oculus B videret arcum F F, cujus centrum in puncto C; ita ut prolatâ lineâ C B usque ad A, & A S

XIII. Quomodo possit contingere, ut ejus arcus non sit accurate rotundus: item ut inversus appareat.

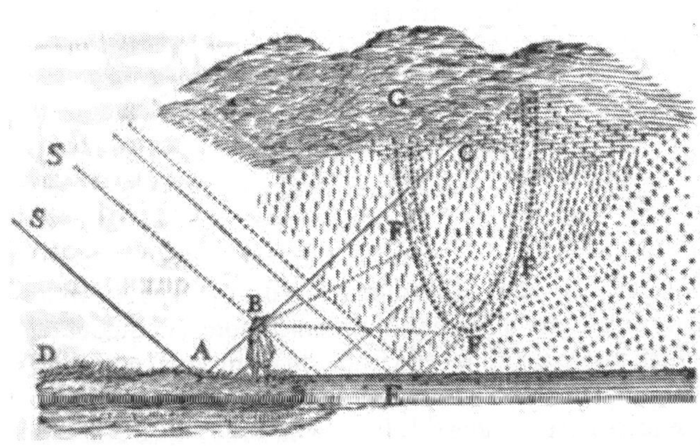

transeunte per centrum Solis, anguli S A D, & B A E æquales sint, & angulus C B F duorum & quadraginta circiter graduum.

Ad hoc tamen etiam requiritur summa aëris tranquillitas, ne vel minimus ventorum flatus, aquæ E superficiem inæqualem reddat; & fortè insuper, ut nubes quædam isti aquæ superincumbat qualis G, quæ impediat ne lumen Solis rectà ad pluviam tendens, *illud* quod aqua eò reflectit, supprimat atque extinguat: unde fit ut non nisi rarissimè videatur. Oculus præterea in tali situ respectu Solis & pluviæ esse potest, ut videat partem inferiorem circuli, quo integra Iris constat, non videndo superiorem; atque ita ut illum pro Iride inversâ sumamus, etiamsi tunc non versus cœlum, sed tantummodo versus terram aut aquam respicientibus appareat.

XIV. *Quomodo tres Irides videri queant.*

Quidam etiam mihi narrarunt, tertiam Iridem duas ordinarias cingentem se aliquando vidisse, sed multò pallidiorem, & tantum circiter à secunda remotam, quantum ab illa prima distat. Quod vix accidisse arbitror, nisi forsan quædam grandinis grana, maximè rotunda & pellucida, huic pluviæ fuerint immixta: in quibus cùm refractio multò quàm in aëre major fiat, arcus cœlestis exterior multò etiam major in illis esse debuit, & ita supra alterum apparere. Interior verò qui ob eandem rationem longè minor debuit fuisse, quàm interior pluviæ, fieri potest, ut ob insignem hujus *fulgorem* ne quidem fuerit notatus, vel ut uterque limbis *commissis* pro uno fuerit habitus, sed pro uno cujus colores aliter quàm in Iride ordinaria dispositi esse debuerunt.

XV. *Quomodo aliæ prodigiosæ Irides varias figuras habentes, possint arte exhiberi.*

Atque hoc in mentem mihi revocat artificium quoddam, ad varia signa in cœlo repræsentanda, quæ valdè mirabilia viderentur iis, qui eorum causas ignorarent. Existimo jam omnes nosse, quo artificio in fonte arcus cœlestis repræsentari possit: nempe, si aqua per exigua foramina A B C, satis altè erumpens, quaquaversum in aëre dispergatur ad R, Sole lucente ex Q; ita ut Q E M jacente in lineâ rectâ, angulus M E R duorum & quadraginta circiter graduum sit, oculus E Iridem planè similem illi, quæ in cœlo apparet videbit. Cui nunc addendum, quædam esse olea, & spiritus sive aquas distillatas, aliosque hujusmodi liquores, in quibus refractio insigniter major aut minor efficitur, quàm in aqua communi; quæ tamen propterea non minùs clara & pellucida sunt, quàm ipsa: Atque ideo plures ordine fistulas disponi posse, quæ aliis atque aliis liquoribus refertæ, magnam cœli partem coloribus Iridis pingerent: Si nempe liquores, quorum refractio esset maxima, spectatoribus proximi ponerentur; & non tam altè in aërem exilirent, ut conspe-

ctum remotiorum impedirent. Ex quibus, quoniam parte foraminum A B C obturatâ, ea pars Iridis R R, quam volumus, evanescit, reliquis omnino inviolatis, facile est intelligere, si eodem modo claudantur & aperiantur appositè, diversa foramina fistularum hos liquores ejaculantium, fieri posse ut eæ partes cœli, quæ coloribus Iridis pictæ erunt, figuram habeant nunc crucis, nunc columnæ, nunc cujuspiam alterius rei, quam spectatores admirentur. Ubi tamen fateor nonnullâ industriâ & sumptibus opus esse, ut his fistulis aptissimè dispositis, & liquores admodum altè ejaculantibus, hæ figuræ ex loco valde remoto videri possint, illasque multi homines simul, artificio non detecto conspiciant.

CAPUT IX.

De nubium colore & de halonibus, seu coronis, quæ circa sidera interdum apparent.

POst illa, quæ de colorum naturâ diximus, non multa I.
credo addenda esse, de iis quos in sublimi videmus. Quantum enim primò ad albedinem, & opacitatem seu nigredinem nubium, ex hoc solo illæ oriuntur, quòd hæ nubes magis aut minùs exponantur astrorum lumini, vel etiam umbræ, tam suæ, quàm aliarum nubium vicinarum. Et duo hîc tantummodo notanda sunt: Quorum primum, superficies corporum pellucidorum, partem radiorum in eas incidentium

Quam ob causam nubes interdum nigræ appareant. Et cur nec vitrum contusum, neque nix, neque nubes paulo densiores, luminis radios transmittant. Quænam corpora sint alba: & cur spuma, vitrum in pulverem redactum, nix & nubes alba sint.

reflectere, ut suprà quoque monuimus: unde fit, ut lumen faciliùs ad trium hastarum altitudinem in aquam penetret, quàm per paululum spumæ, quæ tamen nihil præter aquam est, sed aquam plures superficies habentem, quarum prima partem hujus luminis reflectente, secunda aliam, & ita porrò, nihil omnino, vel nihil ferè, superest, quod ulteriùs pergat: & propterea nec vitrum in pulverem comminutum, nec nix, nec nubes paulò densiores pellucidæ esse possunt. Alterum eorum, quæ hîc observanda, est, etiamsi actio luminosorum corporum in eo tantùm consistat, ut pellant secundùm lineas rectas materiam illam subtilem, quæ oculos nostros attingit, particulas tamen hujus materiæ ut plurimum etiam circulariter moveri, saltem eas, quæ hic sunt in aëre nobis vicino. Eadem ratione, quâ pila se circumvolvit, dum terram tangendo movetur, etiamsi non nisi secundùm lineam rectam fuerit impulsa. Suntque ea corpora quæ sic efficiunt ut partes materiæ subtilis volvantur æquè celeriter, ac ea quæ secundùm lineam rectam feruntur, quæ alba propriè appellantur: qualia procul dubio sunt illa omnia quæ à sola suarum superficierum multitudine impediuntur, quò minùs sint pellucida: ut spuma, vitrum comminutum, nix, & nubes.

Cur cælum appareat cæruleum aëre puro, & album aëre nubiloso: Et cur mare, ubi ejus aquæ altissimæ ac purissimæ sunt, cæruleum videatur.

II. Unde intelligere possumus, quare cœlum serenum & defæcatum, non album sed cæruleum appareat, dummodo sciamus illud ex seipso nullum planè lumen emittere, maximeque tenebrosum esse apparitururn, si nulli omnino vapores, nec exhalationes supra nos essent; Semper autem esse nonnullos, qui radios aliquot ad nos remittunt, hoc est, qui repellunt particulas materiæ subtilis, quas Sol aut alia sidera in illos impulerunt. Et cùm hi vapores satis copiosi adsunt, materia subtilis ab unis eorum particulis repulsa, statim aliis occurrit, quæ ejus particulas in gyrum agunt, antequam ad oculos nostros perveniant; quo ipso tunc cœlum album apparet. Sed cùm è contrà hi vapores valde rari sunt, particulæ materiæ subtilis non satis multis eorum particulis occurrunt, ut æquè celeriter in orbem ac secundùm lineam rectam moveantur: ideoque cœlum non nisi cæruleum videri debet, juxta ea quæ de natura coloris cærulei paulò antè dicta sunt. Et ob eandem causam aqua marina, ubi admodum alta est & pellucida, cærulea videtur; pauci quippe tantummodo radii ab ejus superficie resiliunt, & nulli eorum, qui illam subeunt, revertuntur.

Hîc

Hîc præterea intelligere licet, quare Sole Oriente aut Occidente tota cœli pars in qua est, rubro colore sæpe tingatur: Quod accidit cùm inter illum & nos non tot nubes nec tot nebulæ interjacent, ut radios illius planè excludant, sed tamen adsunt nebulæ nonnullæ quæ impediunt, ne tam facilè isti radii per aërem terræ maximè vicinum transmittantur, quàm per illum, qui paulò ab eâ remotior est, & gradatim etiam ne tam facilè per hunc quàm per multò remotiorem. Manifestum enim est, hos radios refractionem in his nebulis passos, partes materiæ subtilis, quam permeant, determinare, ut eodem modo volvantur, quo volveretur pila per terram ex eadem parte labens, ita ut rotatio inferiorum, semper actione superiorum intendatur, quum fortiorem hanc supposuerimus: & novimus hoc sufficere ad rubedinem repræsentandam, quæ postea reflexa à nubibus, quaquaversum per cœlum dispergi potest. Et notandum, hanc rubedinem manè apparentem, ventum præsagire aut pluviam, quoniam hoc testatur paucissimis nubibus ibi in Oriente existentibus, Solem ante Meridiem multos vapores attollere posse, & nebulas, quæ illum exhibent, jam surgere, quum contrà vesperi hæc rubedo serenitatem polliceatur, quia signum est, nullas aut paucissimas nubes in occasu collectas esse; unde fit, ut venti Orientales dominentur, & nebulæ noctu descendant. Non hîc diutius speciali explicationi aliorum colorum, qui in nubibus videntur, immoror: eorum enim caussas omnes in iis, quæ jam dicta sunt, satis manifestè contineri existimo.

III. *Cur sæpe Oriente vel Occidente Sole cœlum rubescat: & ista rubedo manè pluviam aut ventos, vesperi serenitatem prænunciet.*

Sed aliquando circuli quidam sive coronæ circa sidera apparent, de quibus deinceps est agendum. In eo Iridi sunt similes, quod rotundæ sint vel propemodum rotundæ; & semper Solem vel aliquod aliud astrum pro centro habeant: manifesto argumento illas aliqua reflexione aut refractione generari, quarum anguli omnes æquales, vel propemodum æquales sunt. Itemque in eo cum Iride conveniunt, quod interdum sint coloratæ; unde liquet aliquam refractionem & umbram lumen terminantem, ad earum productionem requiri. Sed in eo differunt, quòd Iris nunquam appareat nisi pluente cœlo, ubi videtur, licèt sæpius non pluat ubi spectator consistit: hæ autem nunquam conspiciantur ubi pluit. Unde liquet, eas minimè generari per refractionem, quæ fit in aquæ guttis aut grandine, sed per eam quæ in iis stellulis ex glacie pellucidâ compositis, de quibus supra locuti sumus: quippe non aliam causam in nubibus possumus

IV. *Quomodo halones vel coronæ circa Astra producantur: & cur varia sit earum magnitudo. Cur cùm sunt coloratæ, interior circulus sit ruber, & exterior cæruleus. Et cur interdum duæ, una intra alteram, appareant, & interior sit maximè conspicua.*

sumus invenire, quæ tale quidquam efficiat. Et licèt nunquam hujusmodi stellas decidere videamus, nisi frigidiore cœlo, ratio tamen nos certos facit, illas quovis anni tempore formari: Quumque etiam calore opus sit, ut ex albis, quales sunt initio, pellucidæ, ut *hic* effectus requirit, fiant, verisimile est, æstatem iis producendis, hyeme commodiorem esse. Et quamvis hæ stellulæ cùm decidunt, planas superficies habere videantur, certum tamen est, illas in medio magis quàm in extremitatibus intumescere: quod etiam in quibusdam oculus deprehendit; & prout tumor ille major aut minor est, hos circulos etiam majores efficit aut minores: diversarum enim procul dubio magnitudinum sunt. Et siquidem, qui sæpius observati fuerunt, diametrum 45 circiter graduum, ut quidam testantur, habuerunt, facilè mihi persuadeo convexitatem particularum glaciei, quæ illos tantæ magnitudinis efficit, eam esse *quam* ipsæ *frequentissimè* habere solent, & fortè etiam quæ est maxima, quam possint acquirere, priusquam omnino liquefiant. Sit A B C ex. gr., Sol, D oculus, E F G plurimæ glaciei particulæ, pellucidæ, aliæ juxta alias jacentes; planè quemadmodum esse debent ut in stellulas formentur; & quarum convexitas talis est, ut radius ex. gr., ex puncto A, ad extremita-

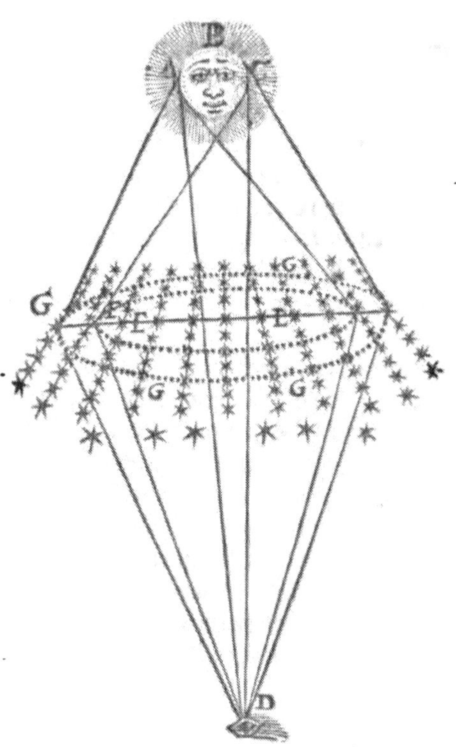

mitatem stellulæ G perveniens, & radius ex puncto C ad extremitatem stellulæ F, refringantur versus D; & ut etiam alii plures radii perveniant ad D, ex iis qui in illas incidunt, quæ sunt extra circulum G G. Manifestum est præter radios A D, C D, & similes, qui rectâ lineâ tendentes, Solem naturali magnitudine repræsentant, alios refractos in E E, aërem comprehensum hoc circulo F F, satis lucidum reddituros, & circumferentiam illius inter circulos F F, & G G, specie coronæ Iridis coloribus variegatæ exhibituros. Ipsum etiam rubrum intrinsecus ad F, & cæruleum extrinsecus ad G visum iri, planè quemadmodum observatur. Et si duo aut plures ordines particularum glaciei congesti sint, dummodò radios solares non ideo planè excludant; illi radiorum qui per duos ordines in stellarum extremitatibus penetrant, bis ferè tantundem incurvati, quantum alii qui per unum tantùm, alium circulum coloratum producent, ambitu quidem priori longè majorem, sed minùs lucidum; ut ita tum duæ coronæ, quarum una alteram cingat, & quarum exterior interiori minùs picta sit, appareant: Ut etiam interdum fuit observatum.

V. *Cur non videri soleant circa Astra, cùm oriuntur vel occidunt. Cur earum colores dilutiores sint quàm Iridis. Et cur sæpiùs quàm illa, circa Lunam appareant; interdumque etiam circa stellas conspiciantur. Cur ut plurimum albæ tantùm sint.*

Præterea hîc manifestum est, quare non soleant hæ coronæ apparere circa sidera, dum sunt horizonti valde vicinia: nam tunc radii obliquius in glaciei particulas incidunt, quàm ut illas penetrare possint: Et quare harum colores, coloribus Iridis dilutiores sint; nam per refractiones multò minores efficiuntur; Et quare frequentiùs illæ circa Lunam appareant, curque etiam interdum circa stellas notentur; nempe cum particulæ glaciei tam parum convexæ sunt, ut illas admodum parvas efficiant. Cùm enim ex reflexionibus & refractionibus tam multis non pendeant, quàm arcus cœlestis, neque etiam lumine egent tam vehementi, ut producantur. Sed sæpe non nisi albæ apparent, non tam ob luminis defectum, quàm quia tunc materia, in qua formantur, non est omnino pellucida.

VI. *Cur in aquæ guttis, instar Iridis non formentur.*

Alias præterea coronas imaginari possemus, quæ ad imitationem arcus cœlestis in aquæ guttis formarentur, primò scilicet per duas refractiones, sine ullâ reflexione: sed nec earum diameter ullâ re determinari potest; nec lumen in iis umbrâ limitatur, quemadmodum postulat colorum productio. Deinde per duas refractiones, & tres aut quatuor reflexiones; sed lumen illarum tum maximè debile, facillimè extinguitur, per illud quod à superficie earundem guttarum resilit;

resilit; unde dubito, an unquam appareant; & calculus docet, diametrum illarum multò majorem esse debere, quàm deprehendatur in iis, quæ vulgò observantur.

VII. *Quæ sit causa coronarum, quas etiam interdum circa flammam candelæ conspicimus. Et quæ causa transversorum radiorum, quos aliquando ibidem videmus. Cur in his coronis exterior ambitus sit ruber contra quam in iis quæ apparent circa stellas. Et cur refractiones, quæ in humoribus oculi fiunt, nobis Iridis colo-*

Cæterum quantum ad eas attinet, quæ aliquando circa lampades aut candelas apparent, illarum causa non in aëre, sed tantum in oculo quærenda est. Cujus rei æstate proximâ experimentum manifestum vidi. Quum enim noctu navigarem, & totâ illâ vesperâ caput cubito innisus, manu oculum dextrum clausissem, altero interim versus cœlum respiciens, candela ubi eram allata est, & tunc aperto utroque oculo, duos circulos, flammam coronantes aspexi, colore tam acri & florido, quàm unquam in arcu cœlesti me vidisse memini. A B est maximus, qui ruber erat in A,

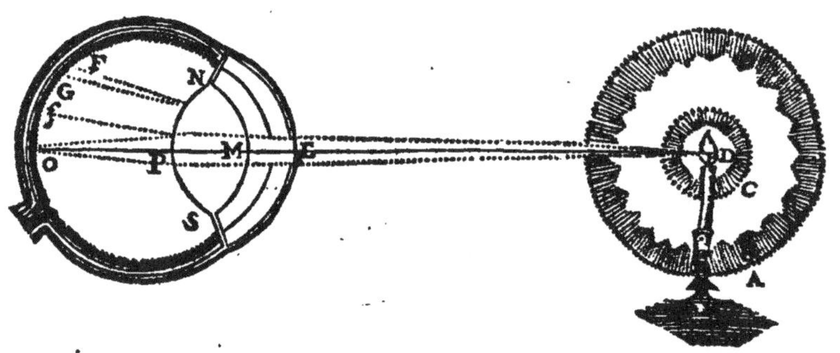

& cæruleus in B: C D minimus, qui etiam ruber in C, sed albus versus D, ubi ad flammam usque extendebatur. Oculo dextro posteà iterum clauso, notavi has coronas evanescere; & contrà illo aperto, & sinistro clauso, permanere. Unde certò cognovi illas non aliunde oriri, quàm ex novâ conformatione vel qualitate, quam dexter oculus acquisiverat, dum ipsum ita clausum tenueram, & propter quam non modò maxima pars radiorum, quos ex flammâ admittebat, ipsius imaginem in O, ubi congregabantur, pingebant: sed etiam nonnulli ex iis ita detorquebantur, ut per totum spatium F O spargerentur, ubi pingebant coronam C D, & nonnulli alii per totum spatium F G, ubi coronam A B etiam pingebant. Non determinatè hîc dico; qualis ista conformatio fuerit, plures enim diversæ idem possunt efficere: Ut si tantùm una aut duæ perexiguæ rugæ sint in aliqua ex superficiebus

ciebus tunicarum E M P, quæ ob figuram oculi ſint circulares, & centrum habeant in lineâ E O; quemadmodum ibidem etiam ſæpe aliæ ſunt, ſecundùm rectas lineas extenſæ, quæ ſe mutuò decuſſant in hac lineâ E O, efficiuntque ut magnos quoſdam radios hinc inde ſparſos circa faces ardentes videamus: ut etiam ſi quid opaci occurrat, vel inter E & P, vel alicubi ad latus, modò ibidem circulariter ſe diffundat. Vel denique ſi humores aut tunicæ oculi aliquo modo temperamentum aut figuram mutarint: admodum enim commune eſt iis, qui oculis laborant tales coronas videre, & non omnibus eodem modo apparent. Supereſt hîc tantùm, ut notemus earum ambitus exteriores, quales hîc ſunt A & C, ut plurimum rubros eſſe, planè contrà quàm in iis, quas circa aſtra in nubibus pictas videmus. Cujus rei ratio manifeſta nobis erit, ſi conſideremus in productione colorum quibus conſtant, humorem cryſtallinum P N M, fungi officio ejus priſmatis P N M, de quo ſupra ſumus locuti, & retinam F G F, officio lintei albi, radios per hoc priſma

res ubique non exhibeant.

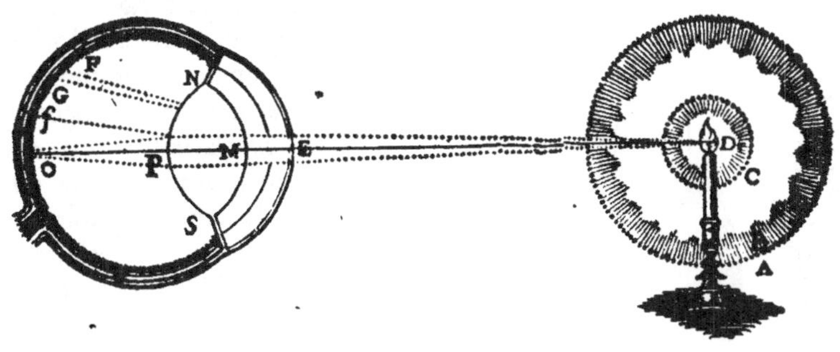

tranſeuntes excipientis. Sed dubitabit fortè quiſpiam, cùm humor cryſtallinus hoc poſſit, cur non eodem modo reliqua omnia objecta quæ cernimus, coloribus Iridis pingat. Quare notandum eſt, ex ſingulis objectorum punctis, multos radios ad ſingula retinæ puncta pervenire; quorum uni cum tranſeant per partem N humoris cryſtallini, & alii per partem S, contrario planè modo in illa agunt, & ſe mutuò deſtruunt, ſaltem quantum ad colorum productionem attinet: hic autem eos omnes qui ad partem retinæ F G F perveniunt, non niſi per partem N humoris cryſtallini tranſire, ideoque rotationem quam ibi acquirunt poſſe ſentiri. Atque hæc omnia tam

 apte

apte cum iis, quæ de natura colorum suprà dixi, conveniunt, ut eorum veritatem non parum mihi videantur confirmare.

CAPUT X.

De Parheliis.

I. *Quomodo producantur eæ nubes, in quibus Parhelii videntur. Magnum quendam glaciei circulum in ambitu istarum nubium reperiri, cujus superficies æqualis & lævis esse solet. Hunc glaciei circulum crassiorem esse solere in parte Soli obversâ quàm in reliquis. Quid obstet, quò minùs ista glacies ex nubibus in terram cadat. Et cur aliquando in sublimi appareat magnus circulus albus, nullum sidus in centro suo habens.*

Nterdum & alii in nubibus circuli videntur, differentes ab iis, de quibus diximus, eò quòd tantùm albi appareant, neque astrum in centro habeant, sed ipsi ut plurimùm Solis aut Lunæ centra permeent, & paralleli aut ferè paralleli horizonti videantur. Sed quia non nisi in magnis & rotundis illis nubibus, de quibus suprà locuti sumus, conspiciuntur, & in iisdem etiam quandoque plures Soles aut Lunæ repræsentantur, conjunctim utrumque hic est explicandum. Sit ex. gr., A meridies, ubi Sol consistit, comitatus vento calido tendente ad B; & C Septentrio, unde ventus frigidus etiam ad B nititur. &. ibi suppono hos duos ventos, vel invenire, vel cogere nubem, ex glaciei particulis compositam, quæ tam lata est & profunda, ut non possint unus super, alius subter, vel per ejus medium labi, quemadmodum alias solent; sed cursum suum circumcirca tenere cogantur: quâ operâ non tantùm illam rotundant; sed etiam qui à Meridie calidus spirat, nivem ejus ambitus paululùm liquefacit; quæ statim iterum gelata, tam frigore venti Borealis, quàm viciniâ nivis interioris nondum liquefactæ, magnum quendam velut annulum, ex glacie continua & pellucida componit; cujus superficies satis polita est, quoniam venti illam rotundantes, admodum uniformes sunt. Præterea etiam hæc glacies crassior est à latere

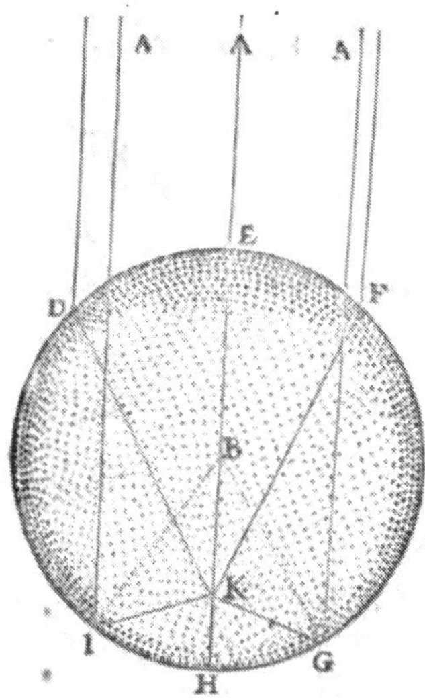

DEF,

DEF, quod Soli & calidiori vento expositum suppono, quàm à latere GHI, ubi tam facilè liquefieri nix haud potuit. Et postremo notandum, hâc aëris constitutione manente, sufficientem calorem circa nubem B vix esse posse, ad glaciem ibi formandam, quin etiam terra subjecta satis calida sit ad multos vapores emittendos, qui totum nubis corpus sursum pellentes, hanc glaciem in aëre suspensam sustineant. Quibus positis facilè intelligitur Lumen Solis (quem satis altum versus meridiem esse suppono) undiquaque glaciem DEFGHI illustrans, & inde resiliens in nivem nubis, quàm cingit, debere hanc nivem ex terra subjecta spectantibus, instar magni circuli albi exhibere. quinimo etiam ad hoc satis esse, si nubes sit rotunda, & ejus nix paulò densior in ambitu, quàm in medio, licèt annulus glaciei non sit formatus.

Sed quum formatus est, possunt etiam apparere stantibus in terra circa punctum K, usque ad sex Soles, qui circulo albo tanquam annulo totidem adamantes, inserti sint. Primus scilicet in E, ob radios directè fluentes à Sole, quem suppono in A. Duo sequentes in D & F, per refractionem radiorum, qui glaciem iis in locis permeant, ubi crassitie illius paulatim decrescente, introrsum ab utraque parte incurvantur, quemadmodum ii, qui prisma crystallinum, de quo suprà, perlabuntur. Et propterea hi duo Soles in oris rubrum colorem ostentant, eâ parte quâ E respiciunt, ubi glacies crassior est, & cæruleum in altera ubi tenuior. Quartus in H per reflexionem apparet; duo itidem postremi per reflexionem in G & I: per quæ puncta G & I suppono circulum describi posse, cujus centrum in puncto K, & qui transeat per B, nubis centrum; ita ut anguli KGB, & KBG, aut BGA æquales sint; ut & KIB, & KBI, aut BIA. Novimus enim reflexionem semper ad angulos æquales fieri, & hujus glaciei partes omnes, ex

II. *Quomodo sex Soles diversi in isto circulo videri possint, unus visione directâ, duo per refractionem, & tres alii per reflexionem. Cur ii qui per refractionem videntur, in una parte rubri, & cur qui per reflexionem, albi tantùm sint & minùs fulgentes.*

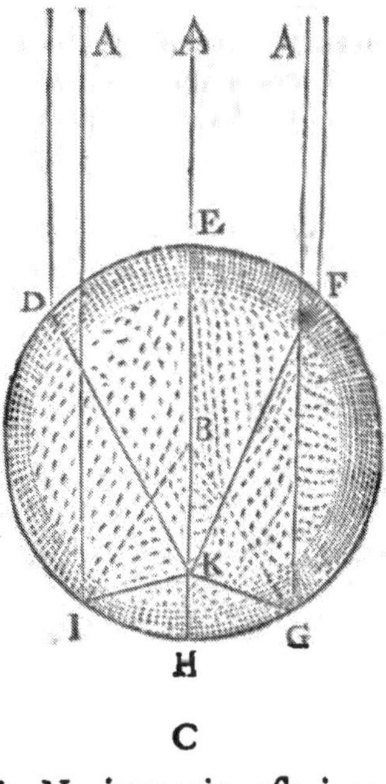

 qui-

quibus Solis radii possunt versus oculum reflecti, ejus imagini referendæ aptas esse. Sed quoniam recti radii, semper refractis acriores sunt, hi tamen magis adhuc vegeti quàm reflexi, illustrior Sol apparebit in E, quàm vel in D, vel etiam in F; rursusque in D & F illustrior, quàm vel in G, vel in H, vel in I; & hi tres G, H & I nullo colore in oris insignes erunt, ut D & F, sed tantùm albicabunt.

III. *Cur aliquando tantùm quinque, vel quatuor, vel tres conspiciantur. Et cur, cùm tres tantum sunt, sæpe non in albo circulo, sed tanquam in alba quadam trabe appareant.*

Jam si spectatores non sint in loco K, sed alicubi viciniores puncto B, ita ut circulus, cujus centrum in illorum oculis statuatur, & qui transeat per B, circumferentiam nubis non secet; duos Soles G & I videre haud poterunt, sed tantùm quatuor reliquos. Et si contrà multùm recedant ad H, vel paulò ulteriùs ad C, quinque tantùm videbunt, D, E, F, G, & I. Et longè ulteriùs recedentes, videbunt tantùm tres, eosque non ampliùs albo circulo insertos, sed albâ quâdam veluti trabe trajectos. Itemque manifestum est, si Sol non satis altus sit supra horizontem, ad illuminandam partem nubis G H I, vel etiam hæc pars nubis G H I, nondum sit planè formata, tres tantùm Soles D E F posse apparere.

IV. *Quamvis Sol ad conspectum altior vel humilior sit isto*

Cæterùm hucusque non nisi latitudinem hujus nubis consideravimus; at multa alia in ejus altitudine notanda occurrunt, quæ hîc meliùs videbuntur, si eam, tanquam si per medium secta esset, exhi-

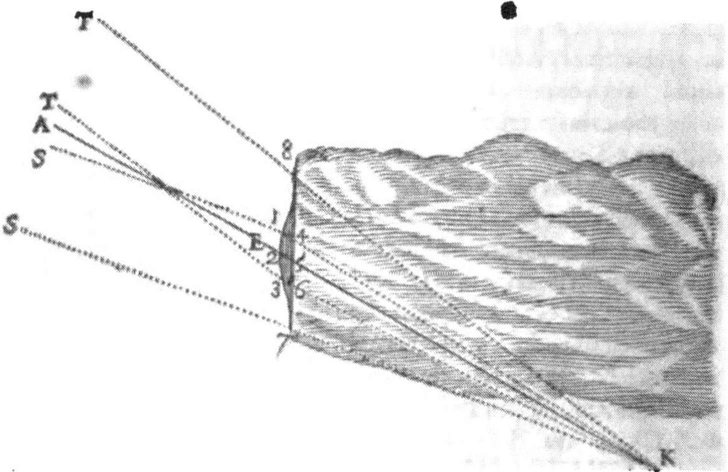

beamus. Primò licèt Sol non sit præcisè in lineâ rectâ, quæ tendit ab ab E ad oculum K, ſed aliquantò altior vel demiſſior, non ideo minùs verſus E conſpici debet: præſertim ſi glacies non nimis in altum aut profundum extendatur. Tum enim ſuperficies hujus glaciei tantum curvabitur, ut, ubicunque demum ſit, perpetuò ferè ſuos radios reflectere poſſit ad K. Ut ſi habeat in ſua craſſitie figuram comprehenſam lineis 1 2 3 & 4 5 6, manifeſtum eſt non tantùm Sole exiſtente in rectâ A 2, radios illam perlapſos, ire poſſe ad oculum K; ſed etiam ſi longe inferior ſit, velut in linea S 1, vel multò ſuperior, ut in linea T 3; & ita ſemper illum exhibere, ac ſi eſſet in linea recta P K. Quum enim annuli glaciei latitudo (quæ ſecundùm nubis craſſitiem ſumenda eſt) non valde magna ſupponatur, differentia, quæ eſt inter lineas 4 K, 5 K, & 6 K, non multum in rationem venit. *circulo, ſemper tamen in eo videri.*

V. *Hac de causâ Solem aliquando conſpici poſſe, cum eſt infra Horizontem, & umbras Horologiorum retrocedere vel promoveri. Quomodo ſeptimus Sol, ſupra vel infra ſex alios videri poſſit. Quomodo etiam tres diverſi, unus ſupra alium ſtantes appareant: & quare tunc plures conſpici non ſoleant.*

Notandumque eſt, hoc efficere poſſe, ut Sol, poſtquam jam planè occubuit, rurſus appareat; Itemque in horologiis ut umbræ plus juſto accedant, vel recedant, atque ita horam planè aliam, quàm revera eſt, deſignent. Veruntamen ſi Sol multò humilior ſit, quàm appareat in E, adeò ut ejus radii etiam per inferiorem glaciei partem ad oculum K ferantur, ſecundùm lineam rectam, qualis eſt hic S 7 K, quam ſuppono parallelam lineæ S 1, tunc præter ſex Soles jam expoſitos, ſeptimus infra ipſos apparebit, qui multò magis iis refulgens, umbra quam in horologiis efficere poſſent, delebit. Eadem ratione, ſi adeò ſublimis ſit, ut radios ſecundùm lineam rectam, per ſuperiorem glaciei partem agere poſſit ad K, ut per lineam T 8 K, parallelam lineæ T 3, & nubes non ita ſit opaca, ut illos excludere poſſit, ſupra ſex alios, ſeptimum Solem videbimus. Si verò glacies 1 2 3, 4 5 6 latiùs extendatur, uſque ad puncta 8 & 7, Sole poſito in A, tres, unus ſupra alterum, ad E poterunt apparere, nempe in punctis 8, 5 & 7; & tunc etiam alii tres, unus ſupra alterum, ad D, & tres ad F poterunt apparere; ita ut uſque ad duodecim circulo albo D E F G H I inſerti conſpiciantur. Item ſi Sol paulò humilior ſit, quàm in S, aut ſublimior, quàm in T, tres iterum ad E apparebunt; duo nempe in circulo albo, & infrà aut ſuprà tertius: Et tum poterunt adhuc duo apparere in D, & duo in F. Nunquam autem memini, tot ſimul obſervatos fuiſſe; neque etiam cùm tres, alius ſupra alium, viſi fuerunt, quod ſæpius accidit, alios quoſdam laterales fuiſſe conſpectos; vel tribus viſis qui horizonti æquidiſtarent, quod etiam ſatis frequens

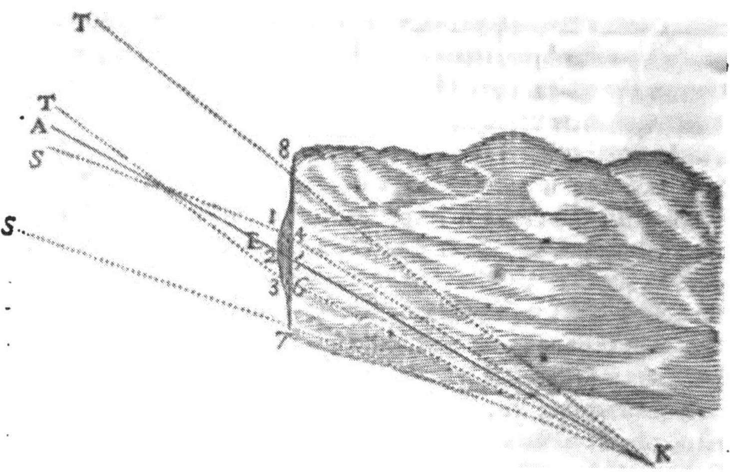

quens est, alios quosdam suprà vel infrà apparuisse. Cujus ratio sine dubio ex eo pendet, quòd latitudo glaciei, notata inter puncta 7 & 8, plerumque nullam proportionem habeat cum *magnitudine* ambitus totius nubis: adeò ut oculus puncto E ad*modum propinquus* esse debeat, quum hæc latitudo satis magna ipsi apparet, ad tres Soles, alium supra alium, in ea distinguendos: & contrà valde remotus, ut radii fracti in D & F, ubi maximè crassities glaciei minuitur, ad illum pertingere possint. Et rarissimè accidit, nubem adeò integram esse, ut plures quàm tres simul appareant.

VI. *Explicatio quarundam observationum hujus phænomeni: ac præcipuè illius quæ Romæ facta est Martii 20, anno 1629.*

Fertur tamen Poloniæ Rex anno 1625 usque ad sex vidisse. Et ante tres annos Mathematicus Tubingensis quatuor illos, qui hic literis D, E, F, & H designati sunt, observavit: notavitque inter cætera in scripto quodam, quod eâ de re tunc vulgavit, duos D & F rubros fuisse, quâ parte medium, quem verum ille Solem appellat, respiciebant, & cæruleos aversâ, quartumque H valde pallidum, & vix conspicuum fuisse. Quod multum confirmat ea, quæ dixi.

Sed observatio pulcherrima & maximè omnium memorabilis, quas unquam in hâc materiâ vidi, illa est quinque Solium, qui 20 Martii, anni 1629, Romæ apparuere, horâ secundâ & tertiâ pomeridianâ. Et ut accuratiùs percipi possit, an etiam iis, quæ diximus, congruat, iisdem verbis, quibus tum vulgata fuit, illam hic adscribam.

A ob-

A observator Romanus. B vertex loco observatoris incumbens. C Sol verus observatus. A B planum verticale, in quo & oculus observatoris, & Sol observatus existunt, in quo & vertex loci B jacet, ideoque omnia per lineam verticalem A B repræsentantur: in hanc enim totum planum verticale procumbit. Circa Solem C apparuere duæ incompletæ Irides eidem homocentricæ, diversicolores, quarum minor, sive interior D E F, plenior & perfectior fuit, curta tamen sive aperta à D ad F, & in perpetuo conatu sese claudendi stabat, & quandoque claudebat, sed mox denuo aperiebat. Altera, sed debilis semper, & vix conspicabilis, fuit G H I, exterior & secundaria, variegata tamen & ipsa suis coloribus, sed admodum instabilis. Tertia, & unicolor, eaque valde magna Iris, fuit K L M N, tota alba, quales sæpe visuntur in paraselenis circa lunam. hæc fuit arcus excentricus integer ab initio solis per medium incedens, circa finem tamen ab M versus N debilis & lacer, imo quasi nullus. Cæterum in communibus circuli hujus intersectionibus cum Iride exteriore G H I emerserunt duo parhelia non usque adeo

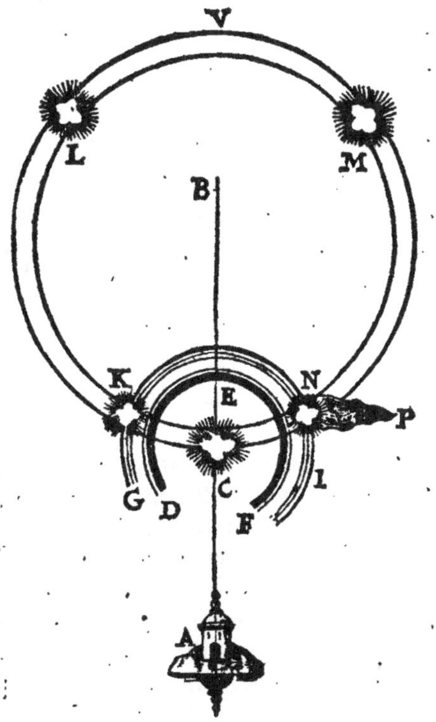

per-

perfecta, N & K; quorum hoc debilius, illud autem fortius & luculentius splendescebat: amborum medius nitor æmulabatur solarem, sed latera coloribus Iridis pingebantur; neque rotundi ac præcisi, sed inæquales & lacunosi ipsorum ambitus cernebantur. N, inquietum spectrum, ejaculabatur caudam spissam subigneam NOP, cum jugi reciprocatione. L & M fuere trans Zenith B, prioribus minus vivaces, sed rotundiores & albi, instar circuli sui cui inhærebant, lac seu argentum purum exprimentes; quanquam M mediâ tertiâ jam prope disparuerat, nec nisi exigua sui vestigia subinde præbuit; quippe & circulus ex illa parte defecerat. Sol N defecit ante Solem K, illoque deficiente roborabatur K, qui omnium ultimus disparuit, &c.

CKLM circulus albus erat, in quo Soles quinque apparebant, & imaginandum spectatorem locatum ad A, circulum hunc interea supra se in aëre habuisse, ita ut punctum B vertici *illius* incubuerit, ac duos Soles L & M habuerit à tergo, quum alios tres KCN antrorsum objectos videret: quorum duo K & N in oris colorati, nec tam rotundi, neque tam fulgentes erant, quàm qui in C. Unde liquet, illos ex refractione generatos; cùm viceversâ duo L & M, satis quidem rotundi, sed minùs fulgentes essent, & planè albi, nullo alio colore in extremitatibus permixto. Unde constat à reflexione illos fuisse.

VII. *Cur quinque tantùm Soles tunc apparuerint. Et cur pars circuli albi à Sole remotior, visa sit major, quàm revera esset.*

Et plurimæ causæ potuerunt impedire, quò minùs sextus alius Sol apparuerit in V, quarum omnium tamen maximè verisimilis est, oculum tam propinquum illi fuisse, pro ratione altitudinis nubis, ut omnes radii, in glaciem, quæ ibi erat, incidentes, ulteriùs resilirent quàm ad punctum A. Et quamvis punctum B, non tam propinquum Solibus L & M, quàm centro nubis, hîc repræsentetur, hoc tamen non impedit, quin regula, circa locum apparitionis horum Solium, jam à nobis tradita, ibi fuerit observata. Cùm enim spectator vicinior esset arcui LVM, quàm aliis circuli partibus, illum majorem earum respectu, quàm revera erat, debuit judicare. Ac præterea hæ nubes, procul dubio vix unquam accuratè rotundæ existunt, etiamsi tales appareant.

VIII. *Cur unus ex istis Solibus caudam quandam subigneam habuerit.*

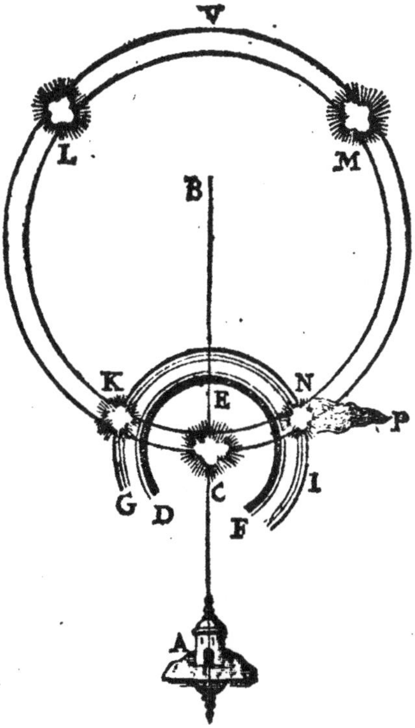

Sed duo adhuc notatu digna hîc supersunt, quorum primum est, Solem N, qui versus Occidentem situs erat, figuram mutabilem & incertam habuisse, deseque caudam spissam subigneam ejaculatum esse, quæ mox longior, mox brevior apparebat: Quod procul dubio non aliúnde fuit, quàm ex eo quòd imago Solis ita deformata & irregularis erat versus N, ob glaciei inæqualitatem: Ut eadem sæpe videtur, quum aquæ paululum trementi innatat, aut cùm per vitrum inæqualium superficierum adspicitur. Glacies enim verisimiliter aliquantulum in illâ parte agitata erat, nec superficies tam regulares habebat, quoniam ibi dissolvi incipiebat: quod circulus albus interruptus, & velut nullus inter M & N, itemque Sol N evanescens ante Solem K, qui roborabatur ut alter deficiebat, satis probant.

IX. *Cur duæ Coronæ præcipuum Solem cinxerint; & cur non semper tales coronæ simul.*

Secundum quod hîc notandum occurrit, sunt duæ coronæ, cingentes Solem C, iisdem coloribus quibus arcus cœlestis variegatæ: quarum interior DEF, illustrior & magis conspicua erat, quam exterior GHI; ita ut minimè dubitem, quin eo modo, quem paulo ante explicui, fuerint generatæ per refractionem, quæ fiebat, non in continua glacie, in qua Soles K & N apparebant,

 sed

cum Parheliis appareant. Harum Coronarum locum non pendere à loco Parheliorum: Ipsarumque centra non accuratè coïncidere cum centro Solis; nec etiam centrum unius cum centro alterius.

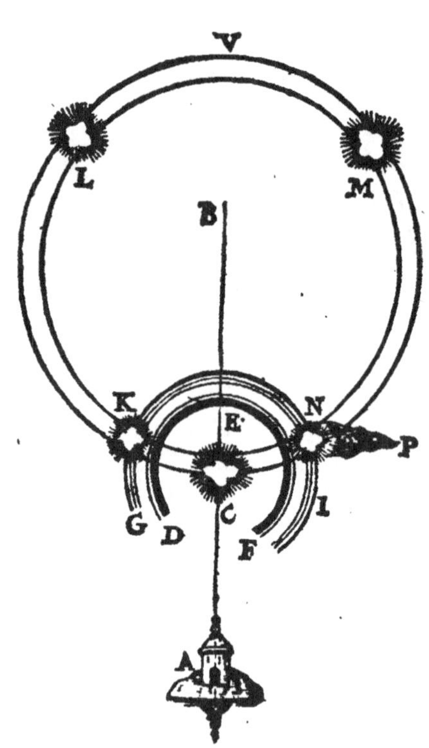

ſed in alia, in multas exiguas particulas diviſa, quæ ſupra & infra inveniebatur. Veriſimile quippe eſt, eandem cauſſam quæ ex quibuſdam partium nubis exteriorum, integrum aliquem circulum glaciei potuit componere, alias vicinas diſpoſuiſſe, ad repræſentandas has coronas. Adeo ut ſi non ſemper tales videantur, quoties plurimi Soles apparent, cauſſa ex eo ſit quod craſſities nubis, non ſemper ultra circulum glaciei, quo cingitur, ſe extendat; vel etiam quod tam opaca ſit atque obſcura, ut per illam nequeant apparere. Quod ad locum harum coronarum, non alibi quàm circa verum Solem apparent, neque ullo modo à Parheliorum locis dependent. Quamvis enim duo Parhelii K & N hîc in ſectione mutuâ exterioris coronæ & circuli albi occurrant, caſu tantummodo id accidit, & pro certo mihi perſuadeo, idem in locis paululum ab Urbe Roma remotis, ubi idem phænomenon apparuit, non viſum fuiſſe. Sed non propterea judico, centrum illarum ſemper in rectâ lineâ, ad Solem ab oculo ductâ, tam accuratè ut illud Iridis, exſtare; hoc enim intereſt, quòd aquæ guttæ cùm ſint rotundæ, ſemper eandem refractionem efficiant, quemcunque demum obtineant ſitum; quodque è contrà glaciei particulæ cùm ſint planæ, hoc majorem efficiant, quò

quò magis obliquè Solis radios transmittunt. Et quoniam cùm formantur in circumferentiâ nubis, vi venti illam circumquaque lambentis, alio situ ibi jacere debent, quàm cùm in plana nubis superficie sive superiori sive inferiori fiunt, accidere potest, ut duæ simul coronæ appareant, una in alterâ, ejusdem ferè magnitudinis, & non accuratè idem centrum habentes.

X. Quæ sint caussæ generales aliarum insolitarum apparitionum, quæ inter Meteora censendæ sunt.

Præterea quoque accidere potest, ut præter ventos hanc nubem cingentes, alius aliquis infrà vel suprà feratur, qui denuo superficiem aliquam ex glacie ibi formans, alias varietates in hoc phænomeno efficiat. Quod etiam interdum possunt nubes circumjacentes, aut pluvia, si fortè tunc cadat. Nam radii à glacie alicujus harum nubium resilientes, ad pluviæ guttas, partes Iridis, diversi admodum situs, ibi repræsentabunt. Et præterea etiam quum spectatores non sunt sub aliqua tali nube locati, verùm à latere inter plures, alios circulos & alios Soles videre possunt. De quibus plura hîc dicere supervacaneum arbitror; spero enim illos, qui omnia satis intelligent quæ in hoc tractatu continentur, nihil in posterum in nubibus visuros, cujus non facilè caussam animadvertant, nec quod pro miraculo sint habituri.

FINIS.

Sequuntur nonnulla Animadversiones in Dioptricam, à Clarissimo Viro, D. FRANCISCO à SCHOOTEN, *subornata.*

Pag. 105. lin. 4. QUa, *ut videmus* (nempe GI) *tantò major est quàm g i, quantò* SL *major quàm* S*l*. Vel ut in Gallico textu, qui hæc clarius habet, *qui, comme vous voyez, est plus grand que g i, en mesme proportion, que la ligne* SL *surpasse* S*l*.] Est enim GI ad SH, ut *km* ad S*l*; & SH ad *g i*, ut SL ad KM seu *km*: quare ex æquo erit in proportione perturbata *, ut GI ad *gi*, sic SL ad S*l*.

* *Per 23 Tertii Elem. Euclid.*

Pag. 129. lin. 6. *Et in hac re vitrum Ellipticum* NOP (*quod tam magnum supponimus, ut extremitates illius* N *&* P *sint puncta determinantia minimam Ellipsis diametrum*) *Hyperbolicum* QRS *superat, licèt pro arbitrio magnum fingatur.*] Etenim cum, per ea, quæ habentur paginis 110 & 117,

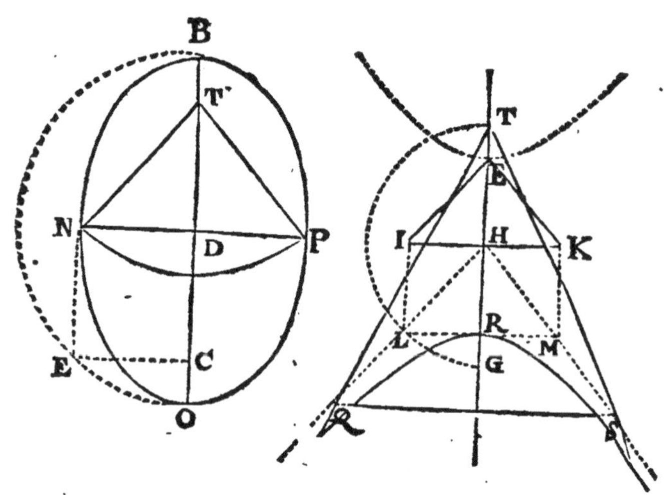

OB sit ad CT, sicut GT ad RF, & quadrata ex ND seu

DP &

DP & IH seu HK rectangulis OCB seu OTB & GRT seu GFT sint æqualia: erit quoque TD ad NP, ut FH ad IK. Æqualis est igitur angulus NTP angulo IFK, hoc est, angulo LHM. Unde cum LH, HM sint Asymptoti Hyperbolæ QRS, & angulus LHM seu QHS * major sit angulo QTS, hoc est, omni angulo, qui continetur rectis, quæ ex foco T ad Hyperbolam QRS duci possunt: erit similiter angulus NTP eodem angulo QTS major. Atque adeò plures radii effunduntur ex foco T in vitrum Ellipticum NOP, quàm ex foco T in Hyperbolicum QRS, quantumvis id fingatur magnum.

* Per 21 Primi Elem. Euclid.

Demonstratio eorum, quæ de invenienda ratione linearum, vitri refractionem dimetientium, Auctor Pag. 142 articulo 2do exposuit.

Cum demonstratio haud inelegans hujus rei à Clarissimo Viro, Dno *Gerardo Gudtschovio*, apud Lovanienses Matheseos professore, jam pridem mihi transmissa sit, placuit eam, ipsius vestigiis insistendo, qualem postea in hunc modum contraxi, Lectori ob oculos ponere.

Ex centro B descripto per punctum P circulo NPTA, ductaque recta CBF, secante RP ad angulos rectos in B, demittantur in eam perpendiculares AC, TF. quæ, juxta ea, quæ habentur Pag. 61, vitri RPQ refractionem mensurabunt. Tum deductis ex B, P, in EI, BH, perpendicularibus BG, PL, sese secantibus in S: quoniam ex angulis rectis ABG, CBP, ablato communi CBG, relinquuntur æquales ABC, GBP; sicque triangulorum ABC, GBP latera AB, BP æqualia sint, ut & anguli ACB, ABC, ipsis BGP, GBP: erit quoque a latus AC lateri GP æquale. Porrò, quoniam triangula BFT, LBP rectangula sunt ad F & L, & propter parallelas BP, FT angulus BTF b æquatur alterno PBT, hoc est, ipsi PBA, sicut & latus BT ipsi BP: erit similiter FT ipsi LB c æquale. Jam, eductâ ex O per P rectâ OPV, occurrente ipsi BH productæ in V, cum d ex æqualitate triangulorum PBO, PBH, OP æquetur PH, & anguli POI, OPI, ipsis PHV, HPV

a Per 26 Primi Elem. Euclid.

b Per 29 Primi Elem. Euclid. & constructionem.

c Per 26 Primi Elem. Eucl.

d Per 4 Primi Elem. Euclid.

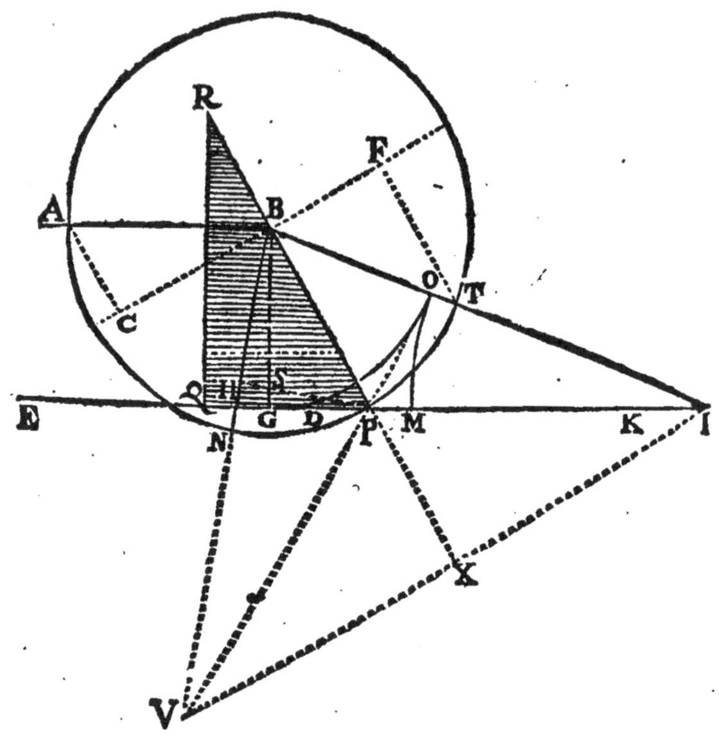

HPV (quòd æquales BOP, BHP, ex duobus rectis sigillatim subducti, relinquunt æquales POI, PHV; & anguli quidem OPI, HPV, cum sint ad verticem, [e] æquales existant) : erit etiam [f] OI æqualis VH, quibus additis æqualibus BO, BH, erit & BI æqualis BV. Hinc productâ BP, donec occurrat junctæ VI in X, quoniam tam latera quàm anguli ad B in triangulis VBX, IBX sunt æquales: erunt quoque [g] anguli ad X æquales, adeoque recti. Denique, quia triangulorum HLP, GSP anguli ad L & G recti sunt [h], & angulus ad P utrique est communis: erit etiam tertius LHP tertio GSP [i] æqualis. Qui si ex duobus rectis auferantur, relinquunt & angulum VHI angulo PSB æqualem. Hinc, cùm in triangulis rectangulis LBP, VBX angulus ad B sit

e Per 15 Primi Elem. Euclid.
f Per 26 Primi Elem. Euclid.
g Per 4 Primi Elem. Euclid.
h Per Constructionem.
i Per 32 Primi Elem. Euclid.

ſit communis, erit [k] itidem, angulus L B P ipſi B V X æqualis. k *Per 32 Primi Elem. Euclid.* Erat autem & angulus P S B angulo V H I æqualis. Quare ſimilia ſunt triangula P S B, V H I. Unde erit, ut P S ad S B, ita V H vel O I ad H I. Sed ut P S ad S B, ſic eſt P G ad L B, ſeu A C ad T F. (quandoquidem ſimilia ſunt triangula G S P & L B S: cum ſint rectangula, habeantque angulos ad S æquales.) Quocirca erit ut O I ad H I, ita A C ad T F. Quod erat demonſtrandum.

Quod idem non minus concinnè Nobiliſſimus D. CHRISTIANUS HUGENIUS *ſic perfecit.*

Triangulo B P I, ut jubet Carteſius, in chartam tranſlato,

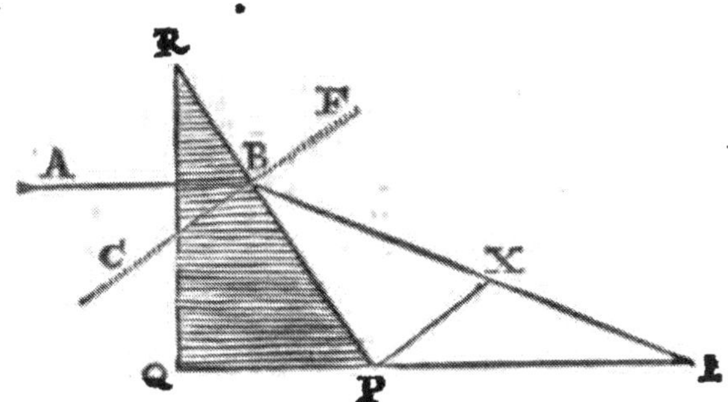

ducatur tantùm P X ipſi P R perpendicularis, donec occurrat ipſi B I in X: eritque P I ad I X ratio ſeu menſura refractionis quæſita.

Ad quod demonſtrandum, agatur, ut ante, recta C B F, ſecans R P ad angulos rectos in B.

Quoniam itaque A B radium refert, qui poſtquam priſmatis ſuperficiem R Q abſque refractione penetravit, refringitur in B, tenditque ad I: conſtat, rationem refractionis, per ea, quæ pag. 61 oſtenſa ſunt, eſſe eam, quam habet ſinus anguli F B X ad ſinum anguli A B C. Eſt autem angulo F B X æqualis angulus

B X P,

BXP, & angulo ABC æqualis angulus XPI: quia utrique horum si addatur angulus rectus constituunt angulos æquales ABP & BPI. Quocirca & sinus anguli BXP ad sinum anguli *XPI* rationem eam habet, quæ est refractionis. Verùm in *triangulo* PXI latus PI habet ad latus IX rationem eam, quam sinus anguli PXI sive BXP ad sinum anguli XPI. Patet igitur, PI ad IX esse rationem seu mensuram refractionis quæsitam. Quod erat ostendendum.

FINIS.

PASSIONES ANIMÆ,

PER

RENATUM DESCARTES:

Gallicè ab ipso conscriptæ, nunc autem in exterorum gratiam Latina civitate donatæ.

Ab H. D. M. I. V. L.

AMSTELODAMI,
Apud DANIELEM ELSEVIRIUM,
CIↃ IↃC LXXVII.
Cum Privilegio S. Cæsareæ Majestatis.

INTERPRETIS
PRÆFATIUNCULA
AD LECTOREM.

VIno vendibili, quod aiunt, *Amice Lector*, hederâ suspensâ non est opus: Quare non debes expectare ut multa dicam vel in hujus tractatus Pathologici commendationem, vel in laudem Authoris. Istum lege, & hunc luge, quem mors præmatura orbi litterato paucos ante menses in Suecia eripuit. Serenissima Suecorum Regina, summi Parentis non minor Filia, quæ tribus Coronis sui stemmatis quartam jamdiu adjecit longe augustiorem, stupendæ eruditionis, profundæ sapientiæ, & liberalitatis magnificæ in eruditos, cujusvis conditionis, Nobilissimum Cartesium humanissime ad se invitaverat, visis ipsius scriptis Philosophicis cedro dignis, & illecta, ut aiunt, hujus ipsius Tractatus de Affectibus lectione & admiratione. Sed vix in Sueciam pedem intulerat, cum repentino morbo correptus, ex hâc statione emigravit. Quanti eum vivum fecisset sapientissima Regina, armata Pallas Gotthicæ gentis, etiam suis lachrymis, audito mortis ejus nuntio, testata dicitur. Tantæ Reginæ de hoc viro judicium sufficit eluendo quicquid olim æmulorum quorundam zelus ac fervor illi voluerat adspergere. Eorum nemo est cui tam pretiose unquam parentabitur. Nec potuit non placere summis Principibus, qui talibus adversariis displicuerat. Ea sors est Virtutis & Eruditionis, ut illas non minus invidia comitetur quam fumus ignem. Quicunque semotis affectibus ejus opera legerit, fatebitur, illum magnam lucem Philosophicis Disciplinis intulisse, etsi ejus placita non admiserint, quibus post fruges repertas glande adhuc vesci volupe est. Hic ipse tractatus Pathologicus satis ostendit, *non minus* illum in Microcosmi cognitione, quam in Macrocosmi contemplatione profecisse. In nullius manus veniet, etsi diversa sentiat, ut semper licuit inter bonos, quin ejus acumen, solertiam, perspicuitatem, ac subtilitatem miretur, & quod tam commode ad solam rationis facem in istius naturalis automati motus omnes inquirere potuerit. Considerat enim hominem Philosophico more, nec penetrat in nativam illius corruptionem, horum motuum anomalorum & eccentricorum in nobis fœcundissimam matrem, quæ Theologicæ est disquisitionis. Ne mireris vero, *Benevole Lector*, quod styli, quo nostra lingua usus est, nitorem Latino sermone assequi non potuerim. Debuisset ipse interpres fuisse suorum conceptuum. Satis mihi fuit, eos quam potui fidelissime exprimere; *quod dum* facio, elegantiæ obliviscor. Et ausim sane dicere, *illos* non potuisse ab alio quam ab homine Gallo satis feliciter exprimi. Id me movit ut cum nomen *Affectuum* Latinius forte posset usurpari, maluerim tamen *Passionum* vocem retinere, quo Authoris ipsius principiis magis inhærerem. Nec initio aliis quam mihi soli hanc Metaphrasim adornabam; sed postea viri magni, quorum authoritatem refugere religio mihi fuisset, authores fuerunt ut eam Typothetæ permitterem. Ei adjeci Epistolas Editioni Gallicæ præfixas à Viro illo Doctissimo qui eam procuraverat. Fruere igitur nostra hac qualicunque opella, *Amice Lector*, & ex illa disce Affectibus tuis moderari. Vale.

AMICUS AUTHORIS

ad Lectorem.

POstquam hic liber ad me missus fuisset à Domino Cartesio, cum libertate eum typis mandandi, & ipsi addendi quam luberet Præfationem, mihi proposui, nullam aliam adjicere, quam easdem litteras quas antehac ad ipsum dedi, ut id ab ipso obtinerem, quia continent plurima, de quibus publicum præmoneri, illius interesse existimo.

EPISTOLA PRIMA

AD

D. CARTESIUM.

OMINE,

Mihi gratulabar, quod te viderem Lutetiæ superiori hac æstate, quia putabam, te eo venisse commorandi gratia, & quod, cum ibi facilius quam alibi posses ea consequi experimenta quibus testatus fueras te egere ad ultimam manum imponendam tractatibus quos promisisti publico, fidem datam liberaturus esses, nosque illos brevi visuros. Verum hanc mihi lætitiam ademisti cum reversus es in Hollandiam; Nec possum quin tibi dicam, me adhuc tibi iratum esse, eo quod nolueris ante discessum tuum mihi copiam facere tractatus de Passionibus, quem à te compositum audivi. Adde, quod, animum reflectendo ad verba quæ legi in Præfatione quæ juncta fuerat ante biennium versioni Gallicæ Principiorum tuorum, quibus postquam succincte loquutus fueras de partibus Philosophiæ quæ adhuc reperiri debent, antequam præcipui ejus

 fructus

fructus colligi possint ; *& dixeras*, te non adeo viribus tuis diffidere ut non ausis suscipere explicationem cunctarum, si commoditatem haberes experimenta faciendi, quæ requiruntur ad comprobandas tuas ratiocinationes. *Addis*, ad id opus esse maximis sumptibus, quibus privatus, ut tu, par esse non posset, nisi à publico juvaretur. Sed cum non videas te debere illam opem expectare, putare, tibi acquiescendum deinceps in studiis privatis, pro instructione tua speciali; & posteritatem te excusaturam si in posterum nullos pro ea amplius labores suscipias. *Vereor ne jam revera velis invidere publico residuum tuarum inventionum, nosque nihil unquam à te habituros, si patiamur te animo tuo obsequi. Quapropter decrevi te paululum hac epistola vexare, & me ulcisci ob denegatum tuum tractatum de Passionibus, tibi exprobrando libere negligentiam, & alios defectus quos judico impedire quominus explices talentum tuum quantum posses & teneris. Et revera non possum credere aliunde quam à negligentia tua, & quod parum cures prodesse reliquis hominibus, id proficisci, quod non pergas in tua Physica. Etsi enim optime concipiam, impossibile esse ut eam perficias, nisi habeas plurima experimenta, & hæc debere sumptibus publicis fieri, eo quod ad ipsum tuorum laborum utilitas redibit, nec bona privata ei rei sufficiant; Attamen vix crediderim, id te remorari, quia facillime ab iis qui statuunt de bonis publicis, posses obtinere quicquid in eum finem optare posses, si dignareris ipsis rem exponere uti est, & prout posses facile, modo velles. Sed vitæ genus quod semper egisti, adeo fuit huic consilio contrarium, ut credendum relinquas, te etiam nolle alienam opem admittere, etsi tibi offerretur: interea putas, posteritatem te excusaturam quod pro ipsa nolis amplius laborare, eo quod supponis, illam opem tibi esse necessariam, obtinere quam non possis. Quod mihi argumentum præbet cogitandi, non solum te nimis negligentem esse, verum forte etiam non sat animi tibi suppetere ad sperandum complementum eorum quæ expectant à*

te

te qui tua scripta legerunt; & nihilominus satis tibi vanitatis superesse ad persuadendum posteris, te ie culpa non fuisse, sed tuam virtutem non agnitam ut oportebat, & denegata tibi esse subsidia in tuis consiliis. In quo video tuæ ambitioni fieri satis; quoniam qui visuri sunt tua scripta, judicabunt, ex eo quod in lucem dedisti ante duodecim annos, te jam reperisse ab eo tempore id omne quod huc usque à te prodiit; & quod tibi superest inveniendum quoad Physicam, minus difficile esse eo quod jam explicasti: ita ut potuisses exinde nobis tradere quicquid expectari potest à ratiocinatione humana, quoad medicinam & alios usus hujus vitæ, si commoditatem habuisses experimenta ad id requisita faciendi; quinimo proculdubio eorum jam magnam te reperisse partem, sed justam indignationem ex ingrato hominum animo te impedivisse, quominus inventa tua cum illis communicares. Atque sic putas, te deinceps quiescendo tantum posse acquirere celebritatis, ac si multum laborares; imo forte aliquid amplius, cum ut plurimum bonum quod possidetur minoris fiat eo quod optatur, aut amissum desideratur: sed tibi volo eripere hanc rationem famæ absque merito consequendæ. Et quamvis non dubitem, te scire quid facto opus fuisset, si voluisses juvari à publico, volo tamen hîc illud describere, imo curabo hanc epistolam imprimi, ne ignorantiam prætexere possis, aut te super hoc sæculum excusare, si in posterum nobis satisfacere neglexeris. Scias igitur velim, non sufficere ut aliquid à publico consequaris, id verbulo & obiter in præfatione cujusdam libri subindicasse, non dicendo expresse, te id exoptare & expectare, nec explicando rationes quæ probare possunt non solum te id mereri, sed etiam maxime Reipublicæ interesse ut id tibi concedatur, & inde maximam utilitatem expectari debere. Ita vulgo obtinet, omnes qui sibi imaginantur, se aliquid valere, tantum ideo strepitum excitare, & tanta cum importunitate petere quod pertendunt, ac tantum promittere ultra id quod possunt, ut cum quis non loquitur de se nisi modeste, & nihil à quoquam petit, nec quidpiam fidenter promittit, quodcunque documentum

mentum aliunde edat suarum virium, nulla ejus habeatur ratio, nec de illo cogitetur.

Forte dices, indolem tuam te ad aliquid petendum non ferre; nec ad loquendum de te ipso magnifice, quia alterum videtur abjectiorem animum notare, alterum superbiorem: sed pertendo, hanc indolem esse corrigendam, ceu natam potius ex errore & imbecillitate quam ex honesto pudore & modestia. Nam quod attinet petitiones, illarum solarum pudere debet quæ ex propria manant indigentia, & apud eos fiunt à quibus nefas est aliquid exigere. Sed tantum abest ut earum pudere oporteat, quæ tendunt ad utilitatem & emolumentum eorum ad quos fiunt, ut è contrario gloria inde quæri possit; præsertim ubi jam ipsis ea data sint quæ pretio superant quod petitur. Magnifice vero loqui de se ipso, tum demum superbia est admodum ridicula & carpenda, cum quis de se ipso falsa jactat. Imo vanitas est contemnenda, etiam cum vera dicuntur, ubi per ostentationem id fit, nullo ad quemquam inde redeunte emolumento: sed cum illa talia sunt, ut aliorum intersit ea scire, certum est taceri non posse nisi per humilitatem vitiosam, quæ species est ignaviæ & imbecillitatis. Multum autem interest publici, illud præmoneri de iis quæ in scientiis reperisti, ut inde judicans quid in illis adhuc possis reperire, incitetur ad id omne conferendum quod poterit, ut te juvet, tanquam ad opus cujus scopus est commune bonum omnium hominum. Et ea quæ jam dedisti, nimirum veritates magni momenti quas explicuisti in tuis scriptis, incomparabiliter pretio superant quicquid posses ad eam rem petere.

Dicere quoque potes, tua opera satis loqui, nec opus esse ut addas promissa & jactantias. quæ cum sint ordinaria circumforaneis & æruscatoribus qui decipere volunt, videntur minime convenire viro honesto qui solam Veritatem sectatur. Verum non idcirco illi carpendi, quod res quas dicunt sint magnæ & bonæ, sed tantum quod falsæ sint, nec eas probare possint. Cum illa quas pertendo te debere de te dicere, tam vera sint & tam evidenter probata per scri-

pta

pta tua, ut omnes decori regulæ tibi permittant de illis fidenter loqui, & ex charitate ad id tenearis, quoniam aliorum interest eas scire. Etsi enim tua scripta satis loquantur, respectu eorum qui ea examinant diligenter, & intelligere possunt, attamen id non sufficit ad scopum quem tibi velim propositum esse; quoniam singuli ea legere nequeunt, nec facile vacare ii qui rempublicam administrant. Evenit forte ut qui ea legerint apud ipsos de illis quandoque meminerint: verum quicquid illis dicatur, cum sciant te parvum strepitum de te excitare, & nimia sit illa modestia quam semper servasti, cum de te ipso loqueris, inde fit ut animum ad illa non multum reflectant. Imo quia sæpe apud illos adhibentur sermones exquisitissimi, ad laudandos eos qui nonnisi valde mediocres sunt, nullam causam habent sumendi laudes immensas, quæ tibi deferuntur ab illis qui te norunt, pro veritatibus admodum certis; è contrario cum quis de se loquitur, & miranda & extraordinaria sibi tribuit, auditur attentius; præsertim si vir sit præclaro loco natus, & quem scitur non ejus esse indolis aut genii ut agyrtam agat. Et quoniam se ridiculum præberet si tali occasione hyperbolicis loquutionibus uteretur, ejus verba sumuntur uti sonant, & qui ea credere nolunt, saltem feruntur sua vel curiositate vel æmulatione ad examinandum an vera sint. Idcirco cum certissimum sit, & publici intersit scire, nullum unquam præter te extitisse in mundo (cujus saltem scripta habeamus) qui retexerit vera Principia, & cognoverit primas causas omnium quæ in natura producuntur; Et postquam jam reddideris rationem ex his Principiis omnium quæ apparent, & observantur frequentius in mundo, solummodo egere te observationibus specialioribus ad reperiendum eodem modo rationes omnium quæ hominibus in hac vita utilia esse possunt, & ita nobis suppeditandam perfectissimam notitiam naturæ omnium mineralium, virtutum omnium plantarum, proprietatum animalium, & in genere omnium quæ inservire possunt Medicinæ & aliis artibus; Et denique, cum hæ observationes non possint omnes fieri brevissimo tempore absque maxi-

mis sumptibus, debere omnes populos terræ eo collimare, & alacriter conferre, tanquam in rem summi in orbe momenti, & quæ ad omnes ex asse spectat; id, inquam, cum certissimum sit, & possit satis probari ex scriptis quæ jam typis evulgasti, deberes id tam clare dicere, & promulgare tanta cum cura, & tam expresse edicere in omnibus titulis tuorum librorum, ut deinceps nemo posset dari qui id nesciret: sic ad minimum primo intuitu impelleres multos ad examinandum quid de illo sit, &, quo in id diligentius incumberent, & attentius legerent tua scripta, eo evidentius cognoscerent, te de rebus falsis gloriatum non fuisse.

Præsertim tria sunt quæ optarim recte omnibus inculcares. Primum, infinita reperienda restare in Physica, quæ admodum utilia vitæ esse possunt. Secundum, non sine causa inventionem illarum rerum à te expectandam esse. Tertium, te eo plura reperire posse quo majorem commoditatem multorum experimentorum habiturus es. Refert, homines præmoneri de primo; quia maxima pars eorum non putat aliquid posse in scientiis reperiri utilius eo quod ab antiquis repertum fuit; imo quia plures non concipiunt quid sit Physica, vel cui rei inservire possit. Facile autem est probare, nimiam reverentiam quâ ducimur erga antiquitatem, ejusmodi errorem esse qui multum obsit scientiarum incremento. Nam videmus, populos rudes Americæ, & plurimos quoque alios qui habitant in regionibus minus remotis, multo pauciores commoditates ad vitam habere quam nos: sunt tamen originis æque antiquæ, & æque possunt profiteri, se acquiescere in sapientia suorum Patrum, nec credere, quenquam posse aliquid melius docere eo quod jam notum & factum fuit ab ævo inter se. Estque hæc opinio adeo damnosa, ut donec exuatur, certum sit, nullam novam cognitionem posse acquiri. Quin experientiâ constat, populos qui ea maxime imbuti sunt, eo ipso rudiores & ignorantiores permansisse. Et quia adhuc satis frequens est inter nos, sufficit probando, nondum nos omnia scire quæ scire possumus. Quod etiam clare admodum probari potest ex plurimis inventionibus

utilissi-

utilissimis, ut sunt usus pyxidis nauticæ, ars imprimendi, tubi optici, & similia, quæ nonnisi ultimis sæculis reperta fuere, quamvis videantur jam satis facilia iis qui ea norunt. Verum nihil est in quo magis eluceat necessitas acquirendi novas notiones, quam in eo quod Medicinam spectat. Etsi enim non dubitetur, Deum instruxisse hanc terram omnibus rebus quæ necessariæ sunt hominibus ad se in illa conservandos sanos & vegetos usque ad extremam senectam, nihilque sit optabilius in mundo cognitione harum rerum, adeo ut olim fuerit præcipuum studium Regum & sapientum: Experientia tamen demonstrat, nos ab illa tota adhuc ita remotos esse, ut sæpe lecto affigamur parvis morbis quos sapientiores Medici cognoscere non possunt, quosque nihil aliud quam exasperant suis remediis, cum eos depellere conantur. In quo defectus artis ipsorum & necessitas ejus perficiendæ tam evidenter apparet, ut iis qui non concipiunt quid sit Physica sufficiat dicere, eam esse scientiam quæ docere debet rationem cognoscendi adeo exacte naturam hominis, & omnium quæ ipsi cedere possunt in alimentum aut remedium, ut per eam facile sit illi omnia morborum genera declinare. Nam ut taceam ejus alios usus, hic solus satis magni momenti est, ad obligandos stupidiores, ut faveant consiliis viri qui jam probavit per ea quæ reperit, non frustra ab eo expectanda esse quæ adhuc invenienda restant in hac scientia.

Verum præcipue sciri refert, te illa de te ipso probasse, & ad id necesse est ut vim aliquam tibi facias, & expellas nimiam illam modestiam quæ te impedivit huc usque de te & de aliis dicere id quod teneris. Nolo idcirco te committere cum Doctis hujus sæculi. Ad plerosque eorum quibus illud nomen tribuitur, cujusmodi sunt omnes illi qui colunt quas vulgo vocamus litteras humaniores, & omnes Jurisconsulti, non spectat id quod te dicere velim; ut nec ad Theologos aut Medicos, nisi quatenus sunt Philosophi. Nam Theologia nullo modo pendet à Physica, nec etiam Medicina eo modo quo hodie exercetur à Doctioribus & Prudentioribus in illa arte. Illis sufficit sequi regulas aut axiomata quæ longa experientia

tia docuit; nec adeo parvi faciunt vitam hominum ut fundent judicia sua, à quibus ſæpe illa pendet, ſuper ratiocinationes incertas Philoſophiæ ſcholaſticæ. Soli ergo reſtant Philoſophi; inter quos omnes qui ſapiunt jam tui ſunt, & lætabuntur cum videbunt te ita producere Veritatem, ut eam opprimere nequeat malignitas Pædagogorum: adeoque ſoli demum Pædagogi poterunt offendi ex eo quod dicturus es. Sed cum contemnantur & ludibrio habeantur ab honeſtioribus, non multum debes curare ut ipſis placeas. Adde quod jam fama tua eos tibi reddidit adeo infeſtos, ut magis eſſe non poſſint. Et pro eo quod modeſtia tua efficit ut jam quidam ex iis non vereantur te impetere, non dubito quin ſi te tantum commendares ac potes & teneris, adeo depreſſos eos ſub te videres, ut nullus foret quem id aggredi non puderet. Nihil igitur video quod te morari debeat, quominus in lucem edas quicquid judicaveris poſſe tuis conſiliis inſervire; & nihil eo utilius mihi videtur quam id quod jam ſcripſiſti in epiſtola ad R. P. Dinetum, quam curaſti imprimi ante ſeptennium dum Provincialis Jeſuitarum in Gallia eſſet. Non ibi, *ajebas, loquendo de Speciminibus quæ in lucem ediderас quinque aut ſex annis ante*, unam aut alteram, ſed plus ſexcentas quæſtiones explicui, quæ ſic à nullo ante me fuerant explicatæ; ac quamvis multi hactenus mea ſcripta tranſverſis oculis inſpexerint, modiſque omnibus refutare conati ſint, nemo tamen, quod ſciam, quicquam non verum potuit in iis reperire. Fiat enumeratio quæſtionum omnium quæ in tot ſæculis, quibus aliæ Philoſophiæ viguerunt, ipſarum ope ſolutæ ſunt, & forte nec tam multæ nec tam illuſtres invenientur. Quinimo profiteor, ne unius quidem quæſtionis ſolutionem, ope principiorum Peripateticæ Philoſophiæ peculiarium, datam unquam fuiſſe, quam non poſſim demonſtrare eſſe illegitimam & falſam. Fiat periculum; proponantur, non quidem omnes, (neque enim operæ pretium puto, multum temporis ea in re impendere,) ſed paucæ aliquæ ſelectiores,

res, ſtabo promiſſis &c. *Sic invitâ omni tuâ modeſtiâ vis veritatis te coëgit ibi ſcribere, te jam explicuiſſe in primis tuis Speciminibus, quæ tamen vix aliud quam Dioptricam & Meteora continent, pluſquam ſexcentas quæſtiones Philoſophicas, quas nemo ante te tam ſolide explicare potuerat. Et quamvis plurimi inſpexiſſent tua ſcripta oculis malevolis, & quæſiviſſent omnia media ea refutandi, ignorabas tamen, ullum adhuc quicquam potuiſſe in illis deprehendere quod non eſſet verum. Quibus addis, quod ſi quis voluerit ſigillatim enumerare quæſtiones, quæ potuerunt reſolvi per omnes alios philoſophandi modos qui viguerunt ex quo Mundus eſt, forte nec tam multas nec tam notatu dignas apparituras. Quinimo affirmas, nunquam repertam fuiſſe ope principiorum peculiarium Philoſophiæ quæ Ariſtoteli tribuitur, & quæ ſola hodie in ſcholis obtinet, legitimam alicujus quæſtionis ſolutionem. Et expreſſe provocas omnes qui eam docent, ut deſignent aliquam quam ita accurate reſolverint, ut nullum errorem in eorum ſolutione oſtendere poſſis. Hæc autem cum ſcripta fuiſſent ad Provincialem Jeſuitarum, & in lucem edita ante ſeptem annos & amplius, proculdubio quidam ex capacioribus in vaſto hoc corpore conati eſſent illa refutare, niſi omnino vera eſſent, aut ſi ſaltem potuiſſent cum aliqua rationis veriſimilitudine impugnari. Nam etſi non magnum excites ſtrepitum, quiſque novit, famam tuam jam adeo celebrem eſſe, & adeo ipſorum referre vendicari quod docent, ut dicere nequeant ſe id neglexiſſe. Sed omnes Eruditi ſat norunt, nihil in Phyſica Scholaſtica eſſe quod non ſit dubium, nec neſciunt, in illis materiis dubium non valde à falſo diſtare; quia ſcientia certa eſſe debet & demonſtrativa; adeo ut mirari non debeant quod affirmaveris, Phyſicam ipſorum nullius quæſtionis veram ſolutionem continere; Nihil enim aliud id ſignificat, niſi quod non contineat demonſtrationem alicujus veritatis quam ignorant alii. Et ſi quis eorum examinaverit tua ſcripta ut ea refutet, è contrario reperit, ea nihil aliud continere quam demonſtrationes materiarum quæ antea ignorabantur*

 bantur

bantur ab omnibus. Idcirco prudentes cum ſint & ſapientes, non miror ipſos tacere; verum magis miror te nondum triumphaſſe de eorum ſilentio, cum nihil magis exoptare queas, quo melius conſtet quid ab aliorum Phyſicis tua diſtet. Et ſane refert, earum differentiam notari, ut ſiniſtrum de Philoſophia judicium, quod plerumque faciunt qui rebus præſunt feliciſſime, non impediat quominus tuæ pretium cognoſcant. Nec enim utplurimum judicant de eo quod eventurum eſt, niſi ex iis quæ jam eveniſſe viderunt; & quia nunquam viderunt, alium fructum ex Philoſophia ſcholaſtica ad publicum rediiſſe, quam quod reddiderit plurimos homines Pædagogos, imaginari non poſſunt, meliorem ex tua expectandum, niſi ipſis oſtendatur, quod, cum hæc omnino veriſſima, & altera falſiſſima ſit, earum fructus neceſſario differre debeant. Et revera maximum argumentum eſt quo probetur nullam veritatem ineſſe Phyſicæ ſcholaſticæ, ſi obſervetur quod inſtituta ſit ad docendas omnes inventiones vitæ utiles, nulla tamen earum (etſi multæ repertæ fuerint ſucceſſu temporis) prodierit ope illius Phyſicæ, ſed ſolummodo fortunâ & uſu; aut ſi eo ulla ſcientia quicquam contulit, ſola Matheſis fuit, ceu unica ex omnibus ſcientiis humanis, in quâ hactenus potuerunt reperiri quædam veritates quæ in dubium revocari nequeunt. Scio equidem, Philoſophos eam velle partem facere ſuæ Phyſicæ; ſed quia fere omnes eam ignorant, & falſum eſt eam illius partem conſtituere, cum è contrario vera Phyſica ſit pars Matheſeos, id pro iis nihil facere poteſt. Sed certitudo quæ jam agnita fuit in Matheſi, multum pro te facit. In ea enim ſcientia tam certum eſt te excellere, & in eo adeo ſuperaſti invidiam, ut qui ægre ferunt laudes quæ in te congeruntur ob alias ſcientias, ſoleant dicere te cæteros omnes in hac ſuperare; quo tibi concedentes laudem quæ in dubium vocari non poteſt, eo minus calumniæ ſuſpecti ſint, cum conantur tibi alias quaſdam auferre. Et in eo quod de Geometria in lucem edidiſti obſervatum eſt, te ita determinare omnia ad quæ mens humana penetrare poteſt, & quæ ſint ſolutiones quæ ſingulis difficultatibus adaptari

ptari queunt, ut videaris totam messem collegisse, cujus alii qui ante te scripserunt spicas tantum legerant immaturas, & qui post te venturi sunt, nihil aliud quam spicilegium poterunt exercere, eas colligendo quas datâ operâ ipsis reliqueris. Adde quod ostendisti ex solutione prompta & facili omnium quæstionum, quas proposuerant qui te tentare voluerunt, Methodum quâ uteris in hunc finem adeo infallibilem esse, ut ejus subsidio nunquam non reperias, quoad ea quæ expendis, quicquid ab humana mente reperiri potest. Adeoque ad certo persuadendum, te posse Physicam ad umbilicum perficere, sufficit probes eam nihil aliud esse quàm partem Matheseos. Id vero jam luculenter probasti in tuis Principiis, ubi cum explicando omnes qualitates sensibiles, solum consideratis magnitudinibus, figuris & motibus, ostendisti, hunc mundum visibilem, qui totum objectum Physicæ est, nonnisi partem minimam eorum corporum infinitorum continere, de quibus concipi potest, omnes illorum proprietates aut qualitates in iis solis rebus consistere; cum objectum Matheseos ea omnia complectatur. Idem quoque probari potest experientia omnium sæculorum. Quamvis enim ab ævo multi fuerint sapientes qui operam navarunt in disquisitione Physica, non potest dici ullum unquam in ea aliquid reperisse (id est pervenisse ad aliquam veram notitiam quoad naturam rerum corporearum) per aliquod principium quod ad Mathesim non pertineat. Cum è contrario principiorum illius ope jam reperta sint infinita utilissima, nimirum fere quicquid notum est in Astronomia, in Chirurgia, & in omnibus artibus Mechanicis; quibus si aliquid amplius inest quod non pertineat ad hanc scientiam, ex nulla alia deductum est, sed solummodo ex certis observationibus quarum veræ causæ ignorantur. Quod expendere attente nemo potest, quin fateatur, per Mathesim solam posse ad cognitionem veræ Physicæ perveniri. Et quoniam non dubitatur te in illa excellere, nihil est quod à te circa hanc expectandum non sit. Attamen adhuc scrupulus restat ex eo, quod omnes qui aliquam per Mathematicas disciplinas famam sibi acquisiverunt,

non

non ideo capaces videntur aliquid in Physica reperiendi; cum etiam quidam ex illis minus percipiant ea quæ de illa scripsisti, quam qui nullam antehac didicere scientiam. Verum ad id responderi potest, etsi, qui animum aptiorem habent concipiendis veritatibus Mathematicis, facilius procul dubio tuam Physicam intelligant, quoniam omnes ratiocinationes illius ex Mathesi deprompta sunt, non tamen semper evenire eosdem celebrari ceu doctiores in Mathesi; quia ad acquirendam eam famam opus est libros eorum perlustrare qui jam de illa scientia scripsere; quod maxima pars non facit, & sæpe, qui eos evolvunt, cum conantur obtinere labore & studio quod vi ingenii sui consequi nequeunt, fatigant nimis suam imaginationem, imo eam lædunt, & simul acquirunt multa præjudicia: quâ ratione illis difficilius est concipere veritates quas scribis, quam haberi pro magnis Mathematicis, quod tam pauci huic scientiæ se addicant, ut sæpe sint soli in magna aliqua regione. & quamvis quandoque etiam alii præter ipsos sint, magnum nihilominus strepitum excitant, quoniam parum illud quod sciunt magni illis constitit. Cæterum non est difficile concipere veritates quas alius reperit: ad id sufficit mentem habere liberam omnibus falsis præjudiciis, eoque velle suam attentionem satis applicare. Nec etiam valde difficile est quasdam reperire ab aliis separatas, ut fecerunt olim Thales, Pythagoras, Archimedes, & nostro sæculo Gilbertus, Keplerus, Galilæus, Hervejus, & quidam alii. Denique absque magno labore concipi potest corpus Philosophiæ minus monstruosum, & nixum conjecturis vero similioribus, illo quod ex scriptis Aristotelis educitur: quod etiam factum fuit à quibusdam hoc sæculo. Verum tale corpus Philosophicum formare, quod nonnisi veritates contineat probatas per demonstrationes æque claras & certas ac sunt veritates Mathematicæ, res est adeo difficilis & rara, ut à quinquaginta sæculis quibus mundus jam stetit, tu solus extiteris qui ostendisti scriptis tuis te id conficere posse. At sicut cum Architectus posuit omnia fundamenta, & eduxit præcipuos muros alicujus prægrandis ædificii, non dubitatur quin ad

finem

finem optatum opus suum deducere possit, eo quod difficillimum jam fecerit : ita qui cum attentione legerint librum tuum de Principiis, considerantes quomodo ibi posueris fundamenta totius Philosophiæ naturalis, & quantæ sint consequentiæ veritatum quas ex illis deduxisti, dubitare non possunt quin Methodus illa quâ uteris sufficiat, ut absolvas reperire quicquid in Physica reperiri potest; quia ea quæ jam explicuisti, nimirum naturam Magnetis, Ignis, Aëris, Aquæ, Terræ, & omnium quæ in cœlo apparent, non videntur faciliora iis quæ adhuc desiderari possunt.

Attamen addi debet, Architecto quantumvis in sua arte perito impossibile esse absolvere ædificium cœptum, si destituatur materiâ quæ adhiberi debet; Pariliter licet perfecta sit tua Methodus, efficere non potest ut ultra procedas in explicatione causarum naturalium, nisi habueris experimenta requisita ad determinandos earum effectus. Quod ultimum est ex tribus capitibus quæ præcipue explicanda credo; quoniam maxima pars hominum non concipit quam sint hæc experimenta necessaria, aut quanti sumptus ad illa requirantur. Qui intra suum Museum consistentes, solosque suos libros consulentes, de natura disserere aggrediuntur, possunt equidem dicere quo modo creassent mundum, si Deus ipsis id in mandatis dedisset, id est, possunt describere Chimæras quæ æque conveniant cum imbecillitate mentis suæ, ac admirabilis pulchritudo universi cum potentia infinita sui Authoris, sed absque ingenio revera divino non possunt ex se ipsis talem formare ideam rerum, quæ similis sit illi quam Deus habuit ad eas creandas. Et licet tua Methodus promittat quidquid ab ingenio humano expectari potest, quoad inquisitionem veritatis in scientiis, non tamen artem divinandi pollicetur, sed solummodo deducendi ex quibusdam rebus datis omnes veritates quæ ex illis deduci possunt : & hæ res in Physica data nihil aliud possunt esse quàm experimenta. Imo eo quod hæc experimenta sunt duum generum, quædam faci-

lia, & quæ non aliunde pendent, quam ex reflexione ad ea quæ sponte sese sensibus offerunt, alia rariora & difficiliora, ad quæ absque aliquo studio & impensis non pervenitur: notari potest, te jam inseruisse tuis scriptis quicquid potest deduci ex illis experimentis facilibus: imo & ex rarioribus, quæ ex libris haurire potuisti. Nam præterquam quod in illis explicasti naturam omnium qualitatum quæ movent sensus, & omnium corporum quæ communiora sunt in hac terra, ut ignis, aëris, aquæ, & quorundam aliorum; reddidisti quoque rationem omnium quæ observata huc usque fuerunt in cœlis, omnium proprietatum magnetis, & plurimarum observationum Chymiæ. Ita ut nullo modo plura à te expectanda sint quoad Physicam, donec plura habueris experimenta quorum causas disquirere possis. Nec miror quod illa non tentes propriis sumptibus. Scio enim, inquisitionem rerum minimarum plurimi constare. Missis enim Alchymistis, & aliis secretorum ruspatoribus, qui solent omnia sua hoc modo dilapidare; audivi, solum magnetem plus quam quinquaginta mille coronatis constitisse Gilberto, quamvis fuerit vir solidissimi ingenii; ut ostendit in eo quod primus fuerit qui reperit præcipuas proprietates hujus lapidis. Vidi quoque Instaurationem magnam *&* Novum Atlantem *Cancellarii Baconis: qui mihi videtur omnium qui ante te scripserunt fuisse primus, qui habuit optimas cogitationes, quoad Methodum adhibendam ad colophonem perfectionis Physicæ imponendum. Verum reditus annui duorum aut trium Regum toto orbe potentissimorum non sufficerent exequendis omnibus quæ ad id desiderat. Et quamvis non putem, te tot experimentis egere, quot sibi imaginatur, quod possis multa supplere tum propriâ solertia, tum cognitione veritatum quas jam reperisti; attamen ubi considero, numerum corporum peculiarium quæ examinanda tibi restant esse fere infinitum; nullum ex iis esse quod non habeat sat multas proprietates, unde queant fieri plurimæ explorationes, quibus impendi queat totum tempus & opus plu-*

plurium hominum; juxta regulas tuæ Methodi opus esse expendi simul omnia quæ inter sese quandam affinitatem colunt, ad eorum differentias facilius explorandas, & faciendas enumerationes certas in quibus acquiescas; Posse te hoc pacto utiliter uti simul tot diversis experimentis, quot labore & industria multorum ingeniosorum hominum suppeditari possent; Et denique illos homines ingeniosos habere te non posse nisi magna pecuniæ vi, eo quod si quidam gratuitas operas hîc addicere vellent, eo minus insisterent tuis præceptis, & nil nisi tempus inutiliter terendi tibi occasionem præberent; Ubi, inquam, illa omnia considero, facile concipio, te absolvere digne non posse quod cœpisti in tuis Principiis, id est explicare speciatim omnia mineralia, plantas, animalia, & hominem, eodem modo quo jam explicuisti omnia elementa terræ, & quicquid in cælis observatur, nisi Republica sumptus ad id requisitos suppeditante; & quo liberalius illi tibi suppeditabuntur, tanto melius poteris exequi tua destinata.

Quoniam autem hæc eadem possunt etiam facile ab unoquoque concipi, & tam vera sunt ut in dubium revocari non possint, non dubito quin, si ea ita repræsentares, ut pervenirent ad notitiam eorum quibus Deus cum imperio in populos terræ dedit quoque munus omni conatu promovendi bonum publicum, nullus ex illis foret qui non vellet multum conferre in consilia tam manifeste utilia toti mundo. Et quamvis Gallia nostra, quæ tua est Patria, sit Status adeo potens, ut videatur sola posse tibi suppeditare quæ eo requiruntur, attamen quia ad alias Gentes non minus hæc spectant, confido, plurimas ex illis sat generosas fore ut Patriæ nostræ in hoc officio non cedant, & nullam repertum iri tam barbaram quæ illius rei particeps esse nolit. Verum si id omne quod hîc scripsi non potest efficere ut animi tui sententiam mutes, te saltem enixe rogo ut digneris tractatum tuum de Passionibus ad me mittere, & permittere ut illi præfigam Præfationem cum qua imprimatur. Eam conabor ita con-

ſtruere, ut nihil contineat quod poſſis improbare, & adeo conveniat opinioni omnium qui ingenio pollent, & virtute præditi ſunt, ut nullus ſit futurus qui ubi eam legerit, non veniat in partem zeli quo ferveo pro incremento ſcientiarum, & ut ſim &c.

Datum Lutetiæ Pariſiorum,
6 Novembris, 1648.

RESPONSIO

Ad præcedentem Epiſtolam.

DOMINE;

Inter injurias & exprobrationes quas reperio in prolixa epiſtola quam dignatus es ad me ſcribere, tam multa obſervo in ea pro me facientia, ut ſi eam typis mandares, ut ſcribis te velle facere, vererer ne quidam ſibi imaginarentur, inter nos majorem eſſe conſenſum quam revera eſt, & me rogaſſe ut illi insereres multa quæ decorum non ſinebat à me ipſo in publicum edi. Quare hîc ad omnia ſigillatim non reſpondebo. Tibi ſolummodo duas ſuggeram rationes, quæ ut judico te impedient quominus eam publices. Prima eſt, me non putare, conſilium illud quod videris habuiſſe eam ſcribendo, poſſe ſuccedere. Secunda, me nullatenus ejus eſſe indolis quam tibi fingis, nullaque me tactum iri indignatione & faſtidio quod mihi auferat deſiderium faciendi quicquid in me erit ut inſerviam publico: cui me multum debere profiteor, eo quod ſcripta quæ jam in lucem emiſi fuerint à multis favorabiliter

liter excepta. Nec antehac tibi aliam ob causam denegavi quod de Passionibus scripseram, nisi ut non tenerer ea ostendere quibusdam aliis qui nullum ex illis emolumentum percepturi fuissent. Quoniam enim ea non alio fine composueram quam ut legerentur à magnâ Principe, cujus ingenium adeo supra vulgus est, ut absque ullo labore concipiat quod videtur difficillimum nostris Doctoribus, id solum in illis susceperam explicandum quod novum esse arbitrabar. Et quo dictis fidem adhibeas, tibi polliceor, me revisurum denuo hoc idem scriptum Pathologicum, eique additurum quod judicavero necessarium ut intelligibilius reddatur, idque postea ad te missurum, ut cum eo facias quod libuerit: sum enim &c.

Datum Egmondæ,
4 Decembris, 1648.

EPISTOLA SECUNDA

AD

D. DESCARTES.

DOMINE,

Tam diu expectare me fecisti tuum Tractatum de Passionibus, ut incipiam de eo desperare, mihique imaginari, te eum alio fine non promisisse nisi ut impedires quominus typis mandarem illam epistolam quam ad te antehac dederam. Etenim justam habeo causam suspicandi, te moleste laturum, si dematur tibi excusatio quam prætexis ne Physicam tuam perficias. Eam tamen auferre illâ epistolâ intendebam, quoniam rationes quas protuli tales sunt, ut non putem, à quoquam legi posse, cui aliquatenus Virtus & Honor sunt in pretio, quin mecum incitetur ad optandum, ut obtineas à publico quod requiritur ad experimenta quæ tibi necessaria ais; & sperabam, ut facile incideret in manus quorundam, qui possent hoc votum ratum efficere, tum quod cum iis versentur qui de bonis publicis statuunt, tum etiam quod ipsimet quoque de illis statuant. Sic mihi pollicebar, te vel invitum habiturum quod ageres. Novi enim, te ita generosum esse, ut redditurus sis etiam cum fœnore quicquid eo modo tibi datum foret, & id te ab illa negligentia prorsus abducturum, cujus non possum nunc te reum non agere, etsi sim &c.

23 Julii, 1649.

RE-

RESPONSIO

Ad secundam Epistolam.

DOMINE,

Plane extra culpam sum illius artificii quo me usum fuisse pertendis, ad impediendum ne prolixa illa epistola quam ad me superiori anno dedisti promulgaretur. Non opus mihi fuit eo uti. Etsi enim nullatenus crediderim, eam posse sortiri effectum quem tibi fingis, non adeo otio me mancipavi, ut metus laboris quem subire tenerer in examine plurimorum experimentorum, si à publico commoditatem ea faciendi accepissem, possit prævalere desiderio quo flagro memet ipsum instituendi, & in lucem aliquid emittendi quod sit utile reliquis hominibus. Nec tam bene me excusare possum ab illa negligentia quam mihi imponis. Fateor enim, me plus temporis impendisse in revidendo tractatulo quem ad Te mitto, quam antehac in eo componendo; licet nonnisi perpauca ei addiderim, & nihil in stylo mutaverim; qui tam brevis & simplex est, ut facile inde appareat, mihi propositum non fuisse explicare Passiones Oratorio more, imo ne quidem instar Philosophi moralis, sed solummodo ut decuit Physicum. Ita præsagit mihi animus, hunc tractatum non magis prospera usurum fortuna quam alia mea scripta: & quamvis forte ejus titulus plures invitet ad sui lectionem, illis tamen solis qui dignabuntur eum cum cura examinare poterit satisfacere. Qualiscunque est, eum in manus tuas do, &c.

Datum Egmondæ, 14 Augusti, 1649.

PAS-

PASSIONES, SIVE AFFECTUS ANIMÆ;

PRIMA PARS.

DE PASSIONIBUS IN GENERE.

Et ea occasione de tota hominis Natura.

ARTICULUS I.

Id quod Passio est respectu subjecti unius, semper esse Actionem respectu alterius.

ULLA in re magis apparet quam mancæ & deficientes sint quas à Veteribus habemus, Scientiæ, quam in illis quæ de Passionibus scripsere. Nam etsi talis hæc sit materia ut ejus cognitio admodum curiose semper fuerit investigata, & primo obtuitu nimium operosa non videatur, eo quod unoquoque eas in se ipso sentiente, non opus sit ullam aliunde peti observationem ad naturam earum explorandam: Attamen ea quæ de his docuere Veteres tam parvi momenti sunt, & maxima ex parte tam parum probabilia, ut sperare non debeam, me ad veritatem rei perventurum, nisi plane ab iis quas instituerunt viis recessero. Idcirco eo hic modo me oportebit scribere, acsi tractarem de materia quam nemo ante me attigisset. Et ut dicendi initium faciam, animadverto, id omne quod fit aut recenter accidit, generaliter à Philosophis appellari *Passionem* respectu subjecti cui accidit, & *Actionem* respectu illius qui in causa est ut contingat. Ita ut quamvis Agens & Patiens sint sæpenumero valdè diversa, Actio & Passio tamen maneant una eademque res, quæ hæc duo habeat nomina ratione duorum diversorum subjectorum ad quæ referri potest.

ARTICULUS II.

Ad cognoscendas Passiones Animæ, ejus functiones à corporis functionibus distinguendas esse.

TUm etiam considero nos non animadvertere ullum subjectum dari, quod in animam nostram agat magis immediatè quàm corpus cui juncta est, & per consequens cogitandum illud ipsum quod in ea passio vocatur, in hoc vulgo Actionem esse; ita ut nulla tutior detur via deveniendi in cognitionem nostrarum Passionum, quam si prius expendatur differentia quæ est inter animam & corpus, ut cognoscatur utri unaquæque functionum quæ in nobis sunt sit attribuenda.

ARTICULUS III.

Qualis regula eum in finem sit sequenda.

QUa in re non magna reperietur difficultas, si animadvertatur id omne quod experimur esse in nobis, & quod videmus etiam posse inesse corporibus plane inanimatis, soli nostro corpori tribuendum esse; Et è contrario id omne quod nobis inest & quod nullo modo concipimus posse alicui corpori convenire, nostræ animæ tribui debere.

ARTICULUS IV.

Calorem & motum membrorum, procedere à corpore, & cogitationes ab anima.

ITa, quia non concipimus corpus ullo modo cogitare, merito credimus omnes species cogitationum quæ nobis insunt pertinere ad animam. Et quia non dubitamus dari corpora inanimata quæ sese movere possint in tot imo plures modos quam nostra, & quæ habeant tantum aut plus caloris (quod experientia ostendit in flamma, quæ sola habet multo plus caloris & motus quam ullum ex nostris membris) credere debemus omnem calorem & omnes motus qui nobis insunt, quatenus non pendent à cogitatione, solius esse corporis.

ARTICULUS V.

Erroneum esse credere animam dare motum & calorem corpori.

QUa ratione declinabimus errorem notatu dignissimum, & in quem plurimi lapsi sunt, ita ut putem eum esse primam causam quæ impedivit quo minus huc usque bene explicari potuerint Passiones sive affectus, & alia quæ ad animam pertinent. Is vero in eo consistit quod cum omnia cadavera motus ac proinde caloris conspiciantur expertia, creditum sit absentiam animæ causam esse cessationis illius motus & caloris. Et sic immerito persuasere sibi homines nostrum calorem naturalem, & omnes motus nostrorum corporum, pendere ab anima; Cum è contrario cogitandum potius fuisset, animam cum morimur non discedere nisi quia ille calor cessat, & organa quæ inserviunt motibus corporis corrumpuntur.

ARTICULUS VI.

Quænam differentia sit inter corpus vivens & cadaver.

UT igitur vitemus hunc errorem, consideremus mortem nunquam accidere vitio animæ, sed solummodo quod quædam ex principalibus partibus corporis corrumpitur; & judicemus corpus hominis viventis differre tantum à corpore hominis mortui, quantum differt horologium aut aliud automaton (id est alia machina quæ sponte movetur) cum rectè dispositum est, & in se habet principium corporale motuum quorum gratia elaboratum est, cum omnibus quæ ad ejus actionem requisita sunt, ab eodem horologio, vel alia machina, cum rumpitur & principium motus ipsius agere cessat.

ARTICULUS VII.

Brevis explicatio partium corporis, & de quibusdam illius functionibus.

UT intelligibilius hoc reddam, explicabo hic paucis totum ordinem quo machina nostri corporis composita est. Nemo est qui jam nesciat nobis inesse cor, cerebrum, stomachum, musculos, nervos, arterias, venas, & similia. Compertum est quoque, alimenta quæ comeduntur descendere in stomachum & in intestina, unde eorum succus

 fluens

fluens in jecur, & in omnes venas, sese miscet sanguini quem continent, & eo pacto quantitatem illius augent. Illi qui vel fando de Medicina quippiam audiverunt, sciunt insuper quomodo cor sit compositum, & quam facile omnis sanguis venarum possit ex vena cava fluere in dextram illius partem, & inde transire in pulmonem per vas quod vocatur vena arteriosa, & tum reverti ex pulmone in sinistram ejus partem, per vas quod nominatur arteria venosa, & tandem inde transire in magnam arteriam, cujus rami per totum corpus diffunduntur. Quin etiam nemo eorum, quos Auctoritas Veterum nondum plane excoecavit, & qui oculos aperire voluerunt ad examinandam Hervæi opinionem de circulatione sanguinis, dubitat, omnes venas & arterias corporis esse instar rivorum, per quos sanguis indesinenter manat, & quidem citissimè, cursum suum exorsus à cavitate dextra cordis per venam arteriosam, cujus rami per totum pulmonem sunt diffusi, & juncti ramis arteriæ venosæ, per quam transit ex pulmone in sinistrum latus cordis, tum inde fluit in magnam arteriam, cujus rami per reliquam partem corporis sparsi, juncti sunt ramis venæ cavæ, qui iterum deferunt eundem sanguinem in cavitatem dextram cordis: Ita ut hæ duæ cavitates instar cataractarum, per quarum unamquamque fluit omnis sanguis singulis circulationibus quas per corpus absolvit. Dein scitur, omnes membrorum motus à musculis pendere: & hos musculos ita sibi mutuo opponi, ut cum quis eorum contrahitur, trahat secum partem eam corporis cui innectitur; qua ratione musculus illi oppositus simul extenditur. Tum si accidat alio tempore, hunc ultimum contrahi, efficit ut primus extendatur & ad se trahat partem cui innexi sunt. Tandem notum est, omnes hos motus musculorum, ut & omnes sensus pendere à nervis, qui sunt instar tenuium filamentorum aut instar parvorum tuborum qui ex cerebro oriuntur; & continent, ut & ipsum cerebrum, certum quendam aërem aut ventum subtilissimum, qui spirituum animalium nomine exprimitur.

ARTICULUS VIII.

Quodnam sit principium harum omnium functionum.

VErum nescitur vulgo quomodo hi spiritus animales & hi nervi inserviant motibus & sensibus, & quale sit actionis eorum Principium corporale. Idcirco etsi aliquid de hac re attigerim in aliis scriptis, dicam tamen hîc succinctè, calorem continuum quamdiu vivimus inesse

esse cordibus nostris, qui species est ignis quem sanguis venarum nutrit, & hunc ignem esse principium corporale omnium motuum nostrorum membrorum.

ARTICULUS IX.

Quomodo fiat motus cordis.

PRimus ejus effectus est, dilatare sanguinem quo cavitates cordis repletæ sunt. Inde fit ut cum hic sanguis debeat majorem occupare locum, transeat cum impetu ex cavitate dextra in venam arteriosam, & è læva in magnam arteriam. Tum hac dilatatione cessante, statim novus sanguis ingreditur ex vena cava in cavitatem dextram cordis, & ex arteria venosa in sinistram. nam sunt pelliculæ quædam in orificiis horum quatuor vasorum sic dispositæ, ut efficiant ne sanguis possit cor subire nisi per duo posteriora, vel egredi ex illo nisi per duo priora. Novus sanguis cor ingressus statim ibi rarefit, eodem modo quo præcedens. Et in hoc solo consistit pulsus cordis & arteriarum, ita ut hic pulsus reiteretur toties, quoties novus sanguis cor ingreditur. Hoc quoque solum est quod sanguini motum dat, & efficit ut fluat indesinenter & citissime in omnes arterias & venas. Qua ratione calorem, quem sibi in corde comparat, ad reliquas corporis partes defert, & earum nutritioni inservit.

ARTICULUS X.

Quomodo producantur spiritus animales in cerebro.

SEd id magis hic considerandum est, nempe vividiores & subtiliores omnes partes sanguinis, quas calor in corde rarefecit, ingredi indesinenter & maxima cum copia cavitates cerebri. Ideo autem eo potius commeant quam alio, quod omnis sanguis qui è corde egreditur per magnam arteriam, dirigat suum cursum recta linea in illum locum; & cum non possit totus ingredi, quia viæ valde angustæ sunt, partium ejus magis agitatæ & subtiliores transeant solæ, dum reliquæ sese diffundunt per omnes corporis partes. Hæ autem partes sanguinis subtilissimæ componunt spiritus animales; nec eum in finem alia ulla egent mutatione in cerebro, nisi quod ibi separentur ab aliis sanguinis partibus minus subtilibus. Nam quos hic nomino spiritus, nil nisi corpora sunt, & aliam nullam proprietatem habent nisi quod sint corpora tenuissima,

& quæ moventur celerrime, instar partium flammæ ex face exeuntis; ita ut nusquam consistant, & quamdiu ingrediuntur quædam ex illis in cerebri cavitates, similiter etiam egrediuntur alia per poros qui in illius sunt substantia; qui pori ea deducunt in nervos, & inde in musculos; hacque ratione corpus movent tot & tam diversis modis quot moveri potest.

Articulus XI.

Quomodo fiant motus Musculorum.

SOla enim causa omnium motuum membrorum est, quod quidam musculi contrahantur, & qui ex adverso respondent iis extendantur, ut jam dictum fuit. Et sola causa quare hic musculus potius contrahatur, quàm qui illi opponitur, est quod ad eum confluant paulo plures cerebri spiritus quàm ad alium. Non quod spiritus qui immediate veniunt ex cerebro sufficiant soli ad movendos hos musculos, sed quia determinant alios spiritus qui jam in his duobus musculis sunt, ad celerrime egrediendum ex uno eorum, & transeundum in alium. Qua ratione is ex quo egrediuntur fit longior & remissior, & ille quem ingrediuntur celerrime ab ipsis inflatus contrahitur, & secum membrum cui innectitur trahit. Quod facile concipi potest, modo sciatur paucissimos spiritus animales esse qui perpetuo ex cerebro veniunt versus unumquemque musculum; sed esse semper plurimos alios inclusos in ipsissimo musculo, qui in eo celerrime moventur: quandoque solummodo in circulum se movendo in loco in quo sunt, nimirum cum nullas vias apertas per quas exeant, reperiunt, & aliquando fluendo in musculum oppositum; quia parvi hiatus sunt in unoquoque horum musculorum, per quos isti spiritus fluere possunt ex uno in alium, & qui sic dispositi sunt, ut cùm spiritus qui veniunt ex cerebro versus unum ex illis habent paulo majorem vim illis qui versus alterum eunt, aperiant omnia orificia per quæ spiritus alterius musculi possunt in hunc transire, & simul claudant omnia illa per quæ spiritus hujus possunt transire in alium; qua ratione omnes spiritus antea contenti in his duobus musculis, confluunt celerrime in unum eorum, & sic inflant & contrahunt eum, dum alter extenditur & remittitur.

Arti-

ARTICULUS XII.

Quomodo objecta externa agant in sensuum organa.

HIc restat adhuc investigare causas, quæ efficiunt ut spiritus non semper fluant eodem modo ex cerebro in musculos, & sæpius plures veniant ad hos quam illos. Nam præter actionem animæ, quæ revera (ut dicam inferius) in nobis est una ex his causis, sunt adhuc duæ aliæ, quæ pendent solum à corpore, quas notare operæ pretium est. Prima consistit in varietate motuum, qui excitantur in organis sensuum per ipsorum objecta, quam satis late jam explicui in Dioptrica. Sed ne ii qui legent hoc scriptum indigeant aliis, hic repetam tria esse in nervis consideranda, nimirum eorum medullam sive substantiam interiorem, quæ sese extendit instar tenuium filamentorum à cerebro unde originem suam habet, usque ad extremitates aliorum membrorum quibus hæc filamenta innectuntur: Deinde pelliculas quæ eos circumdant, & quæ cum sint continuæ cum illis quæ cerebrum involvunt, parvos tubos componunt quibus hæc tenuia filamenta includuntur: Denique spiritus animales, qui cum ferantur per hos ipsos tubos à cerebro usque ad musculos, efficiunt ut hæc filamenta plane libera maneant, & tali modo extensa ut vel minima res quæ movet partem eam corporis, cujus extremitati aliquod eorum innectitur, movere faciat simul partem cerebri ex qua venit; ut cum extrema funiculi parte tracta, simul alia ei opposita movetur.

ARTICULUS XIII.

Hanc objectorum externorum actionem diversimode spiritus in musculos deducere posse.

EXplicui etiam in Dioptrica quomodo omnia visus objecta nobis per id solum communicentur quod localiter moveant, interventu corporum diaphanorum quæ inter nos & illa sunt, tenuia filamenta nervorum opticorum quæ in fundo oculorum nostrorum sunt, & consequenter partes cerebri unde hi nervi veniunt, quod ea, inquam, tot & tam diversismodis moveant quot ostendunt nobis varietates in rebus: Nec immediate motus qui fiunt in oculo, sed qui in cerebro peraguntur, animæ hæc objecta repræsentare. Cujus ad exemplum facile concipi potest, sonos, odores, sapores, calorem, dolorem, famem, sitim, & in gein genere omnia objecta, tam aliorum nostrorum sensuum externorum, quàm nostrorum appetituum internorum, excitare quoque aliquem motum in nostris nervis, qui transit per ipsos usque in cerebrum. Et præterquam quod hi diversi motus cerebri in anima nostra excitant diversos sensus, possunt etiam absque illa efficere ut spiritus suum cursum dirigant versus quosdam musculos potius quam ad alios, & sic moveant membra nostra. Quod hic solum uno exemplo probabo: Si quis cito extenderit manum in oculos nostros tanquam nos verberaturus, quamvis sciamus, eum nobis amicum, & non nisi joco id facere, abstenturumque ab omni malo nobis inferendo, vix tamen possumus nos cohibere ab illis claudendis. Quod ostendit, eos non claudi animæ nostræ opera, cum id fiat contra voluntatem nostram, quæ sola aut saltem præcipua illius est actio: Sed quod machina nostri corporis sic composita sit, ut motus illius manus ad oculos nostros, excitet alium motum in nostro cerebro, qui deducit spiritus animales in eos musculos qui palpebras deprimunt.

ARTICULUS XIV.

Varietatem quæ est inter spiritus, etiam posse variare eorum cursus.

ALtera causa quæ inservit deducendis diversimode spiritibus animalibus in musculos, est inæqualis agitatio eorum spirituum, & varietas partium quibus constant. Nam cum quædam ex illis partibus crassiores & concitatiores sunt aliis, pergunt ulterius linea recta in cavitates & poros cerebri, & sic deducuntur in alios musculos, in quos non deducerentur si minorem vim haberent.

ARTICULUS XV.

Quæ sint causæ varietatis illius.

ET hæc inæqualitas procedere potest ex diversis materiis ex quibus compositi sunt; ut in iis qui multum vini biberunt videmus, vapores illius vini ingredientes citissime sanguinem, ascendere ex corde ad cerebrum, ubi in spiritus convertuntur; qui fortiores cum sint & copiosiores iis qui ordinario ibidem sunt, corpus plurimis miris modis possunt movere. Hæc inæqualitas spirituum potest etiam procedere ex diversis dispositionibus cordis, jecoris, stomachi, lienis, & aliarum omnium partium quæ ad eorum productionem aliquid conferunt. Nam

præ-

præcipue hic observandi sunt parvi quidam nervi inserti cordis basi, qui inserviunt explicandis & contrahendis orificiis concavitatum ejus; qua ratione sanguis illic sese plus aut minus dilatans, spiritus diversimodè dispositos producit. Notandum quoque, quod etsi sanguis qui ingreditur cor eo veniat ex reliquis omnibus corporis partibus, sæpe tamen accidat ut copiosius impellatur à quibusdam partibus quam ab aliis, quia nervi & musculi qui respondent his partibus, eum magis premunt vel agitant: & quod secundum partium varietatem à quibus magis manat, sese in corde diversimode dilatet, & consequenter producat spiritus qui differentes qualitates habent. Sic, exempli gratia, is qui à parte inferiore jecoris venit, ubi fel est, sese dilatat alio modo in corde, quàm qui ex liene venit, & hic alio modo quam qui venit ex venis brachiorum aut crurum, & denique hic aliter quam alimentorum succus, cum recenter egressus ex stomacho & intestinis, transit celerrimè per jecur usque ad cor.

ARTICULUS XVI.

Quomodo omnia membra possint moveri per objecta sensuum, & per spiritus, absque opera animæ.

DEnique notandum est machinam nostri corporis ita constructam esse, ut omnes mutationes quæ accidunt motibus spirituum, efficere possint ut aperiant quosdam poros cerebri magis quàm alios; & reciproce, ut cum aliquis ex his poris paulo magis vel minus solito est apertus per actionem nervorum qui sensibus inserviunt, hoc mutet aliquid in motu spirituum, & efficiat ut deducantur in musculos qui inserviunt movendo corpori, eodem modo quo ordinario movetur occasione talis actionis. Ita ut omnes motus qui nobis eveniunt, voluntate nostra nihil ad eos conferente (ut sæpe evenit nos respirare, ambulare, & denique omnes actiones facere quæ nobis cum bestiis communes sunt) non aliunde pendeant quam à conformatione nostrorum membrorum, & cursu quem spiritus excitati per calorem cordis naturaliter sequuntur in cerebro, in nervis, & in musculis: Eodem modo quo motus automati producitur sola virtute manuclæ & figura suarum rotularum.

ARTICULUS XVII.

Quænam sint functiones animæ.

POstquam ita consideravimus omnes functiones quæ pertinent ad solum corpus, facile est cognoscere nihil in nobis restare quod debeamus tribuere nostræ animæ, exceptis nostris cogitationibus, quæ præcipue duum generum sunt; quædam enim sunt Actiones animæ, aliæ ejus Passiones sive Affectus. Quas ejus Actiones voco, sunt omnes nostræ voluntates, quia experimur eas directe venire ab anima nostra, & videntur ab illa sola pendere. Sicut è contrario possunt in genere vocari ejus Passiones, omnes species perceptionum sive cognitionum quæ in nobis reperiuntur; quia sæpe accidit ut anima nostra eas tales non faciat, quales sunt, & semper eas recipiat ex rebus per illas repræsentatis.

ARTICULUS XVIII.

De voluntate.

RUrsus nostræ voluntates sunt duplices. Nam quædam *sunt actiones animæ*, quæ in ipsa anima terminantur; sicuti cum volumus Deum amare, aut in genere applicare nostram cogitationem alicui objecto quod non est materiale: Aliæ sunt actiones quæ terminantur ad nostrum corpus; ut cùm ex eo solo quod habemus ambulandi voluntatem, fit ut nostra crura moveantur & progrediamur.

ARTICULUS XIX.

De perceptione.

PErceptiones nostræ sunt etiam duarum specierum; & quædam animam pro causa habent, aliæ corpus. Eæ quæ animam pro causa habent, sunt perceptiones nostrarum voluntatum, & omnium Imaginationum aut aliarum cogitationum quæ ab ea pendent. Nam certum est nos non posse quicquam velle, quin percipiamus simul nos id velle. Et quamvis respectu nostræ animæ sit Actio aliquid velle, potest etiam dici in illa esse Passionem percipere quod velit. Attamen quia hæc perceptio & hæc voluntas revera idem sunt; denominatio semper fit ab eo quod nobilius est; & sic non solet appellari Passio, sed solummodò Actio.

ARTICULUS XX.

De Imaginationibus & aliis cogitationibus quæ per animam formantur.

CUm anima nostra sese applicat ad imaginandum aliquid quod non est, V.G. in concipienda Basilica quadam Magica, aut Chimæra, vel etiam cum sese applicat in consideratione alicujus rei quæ solummodo intelligibilis est, non vero imaginabilis, Exempli gratia, in considerandа sua ipsius natura, perceptiones quas habet illarum rerum pendent præcipue à voluntate; quæ efficit ut eas percipiat; ideoque solent potius considerari ut actiones, quam ut passiones.

ARTICULUS XXI.

De Imaginationibus quæ pro causa habent solum corpus.

INter perceptiones quæ corporis opera producuntur maxima pars earum pendet à nervis; sed quædam etiam sunt quæ ab illis non pendent, & quæ nominantur Imaginationes, ut illæ de quibus modo locutus sum; à quibus tamen differunt in eo, quod voluntas nostra in illis formandis non occupetur; unde non possunt reponi in numero actionum animæ: Nec aliunde procedunt quam ex eo quod spiritus diversimode agitati, & reperientes vestigia diversarum impressionum quæ præcesserunt in cerebro, cursum eo dirigunt fortuito per quosdam poros potius quam per alios. Tales sunt illusiones nostrorum somniorum, & phantasiæ quæ nobis vigilantibus accidunt, cum cogitatio nostra negligenter vagatur, nulli rei sese addicens. Etsi autem quædam harum Imaginationum sint Passiones sive Affectus animæ, sumpto illo vocabulo in magis propria & specialiori significatione, & possint ita omnes nominari, si in significatu generaliori idem nomen sumatur: attamen quia non habent causam tam notabilem & tam determinatam, ac perceptiones quas anima recipit opera nervorum, & quia videntur earum tantum esse umbra & pictura; antequam possimus eas commode distinguere, consideranda est quæ inter illas alias intercedit differentia.

ARTICULUS XXII.

De differentia quæ est inter alias Perceptiones.

OMnes perceptiones quas nondum explicui, veniunt ad animam opera nervorum, & inter eas hæc est differentia, quod quasdam referamus ad objecta externa quæ sensus nostros feriunt, alias ad nostrum corpus aut quasdam ejus partes, & denique alias ad nostram animam.

ARTICULUS XXIII.

De Perceptionibus quas referimus ad objecta quæ sunt extra nos.

PErceptiones quæ referuntur ad res extra nos positas, scilicet ad objecta sensuum nostrorum, producuntur (saltem cum nostra opinio falsa non est) ab his objectis quæ excitando quosdam motus in organis sensuum externorum, excitant quoque nonnullos motus opera nervorum in cerebro, qui efficiunt ut anima illa sentiat. sicuti cum videmus lumen tedæ, & audimus sonum campanæ, hic sonus & hoc lumen sunt duæ diversæ actiones, quæ per id solum quod excitant duos *diversos* motus in quibusdam ex nostris nervis & eorum ope in cerebro, dant animæ duas distinctas sensationes, quas sic referimus ad objecta quæ supponimus esse earum causas, ut putemus, nos videre ipsam tedam, & audire campanam, non vero solum sentire motus qui ab ipsis proveniunt.

ARTICULUS XXIV.

De perceptionibus quas ad corpus nostrum referimus.

PErceptiones quas referimus ad corpus nostrum, aut quasdam illius partes, sunt eæ quas habemus à fame, à siti, & ab aliis nostris appetitibus naturalibus; quibus jungi possunt dolor, calor, & alii affectus quos sentimus quasi in membris nostris, & non ut in objectis quæ sunt extra nos. Sic eodem tempore & opera eorundem nervorum sentire possumus frigiditatem nostræ manus, & calorem flammæ ad quam accedit; aut è contrario, calorem manus & frigus aëris cui exponitur; nulla animadversa differentia inter actiones quæ efficiunt ut sentiamus calorem aut frigus quod in nostra manu est, & eas quæ faciunt ut sentiamus id quod extra nos est; nisi quod una harum actionum succedente alteri judicamus,

dicamus, primam jam esse in nobis, & supervenientem nondum adesse, sed in objecto à quo producitur.

ARTICULUS XXV.

De Perceptionibus quas ad animam nostram referimus.

PErceptiones quæ solummodo ad animam referuntur, sunt illæ quarum effectus sentiuntur quasi in anima ipsa, & quarum nulla vulgo cognoscitur causa proxima ad quam referri possint. Tales sunt sensus Lætitiæ, Iræ, & aliorum similium, qui aliquando excitantur in nobis per objecta quæ movent nervos nostros, & quandoque etiam per alias causas. Etsi autem omnes nostræ perceptiones, tam eæ quæ referuntur ad objecta quæ extra nos sunt, quam quæ referuntur ad diversos affectus nostri corporis, sint revera Passiones respectu nostræ animæ, cum hoc verbum in latiori significatione usurpatur; attamen id solet restringi ad eas demum connotandas quæ referuntur ad animam ipsam. Et has demum ultimas hic explicandas suscepi, sub nomine Affectuum vel Passionum animæ.

ARTICULUS XXVI.

Imaginationes, quæ solum pendent à motu fortuito spirituum, posse non minus veras Passiones esse, quam perceptiones quæ pendent à nervis.

SUperest hic notandum, omnes easdem res quas anima percipit opera nervorum, ipsi quoque posse repræsentari per cursum fortuitum spirituum, absque ulla alia differentia, nisi quod impressiones quæ veniunt in cerebrum per nervos, soleant magis vivæ & expressiores esse illis quas spiritus excitant; quod fecit ut dicerem in articulo 21 has esse instar umbræ & picturæ aliarum. Notandum etiam, quandoque evenire hanc picturam ita similem esse rei quam repræsentat, ut possit decipi quis ab ea quoad perceptiones quæ referuntur ad objecta quæ sunt extra nos, aut quoad eas, quæ referuntur ad quasdam partes nostri corporis; verum nulli deceptioni locum esse quoad passiones, quia tam propinquæ & intimæ animæ nostræ sunt, ut ei sit impossibile illas sentire, quin revera sint tales quales eas sentit. sic sæpe cum dormimus, imo quandoque vigilantes, nobis tam vehementer imaginamur quædam, ut putemus ea coram videre aut sentire in nostro corpore, quamvis ei nullo modo insint.

sint. Verum etsi dormiamus ac somniemus, tristes nosmetipsos vel commotos alia aliqua Passione sentire non possumus, quin verissimum sit animam in se habere hanc Passionem.

ARTICULUS XXVII.

Definitio Passionum animæ.

POstquam sic consideratum fuit in quo Passiones animæ differant ab omnibus aliis ejus cogitationibus, mihi videtur eas in genere posse definiri, Perceptiones, aut sensus, aut commotiones animæ, quæ ad eam speciatim referuntur, quæque producuntur, conservantur & corroborantur per aliquem motum spirituum.

ARTICULUS XXVIII.

Explicatio primæ partis hujus definitionis.

POssunt nominari *Perceptiones*, cum hoc vocabulum usurpatur generalius ad significandas omnes cogitationes quæ non sunt actiones animæ aut volitiones: verum non cum adhibetur demum ad significandas notiones evidentes. nam experientia docet eos qui *magis à Passionibus* suis agitantur, non melius illas nosse quam alii suas, easque esse ex numero perceptionum quas arctum fœdus quod inter animam & corpus est reddit confusas & obscuras. Possunt quoque vocari *sensus* sive *sensationes*, quia in anima recipiuntur eodem modo quo objecta sensuum externorum, nec aliter ab ea cognoscuntur. Sed adhuc melius dici queunt *commotiones* animæ, non solum quia hoc nomen potest tribui omnibus mutationibus quæ in ipsa fiunt, id est omnibus diversis cogitationibus quæ ipsi obveniunt, sed speciatim quia ex omnibus speciebus cogitationum quas habere potest, nullæ aliæ eam adeo agitant & quatiunt ac istæ Passiones,

ARTICULUS XXIX.

Explicatio alterius partis.

ADdo eas speciatim referri ad *animam*, ad illas distinguendum ab aliis sensationibus, quarum aliæ referuntur ad objecta externa, ut odores, soni, colores; aliæ ad nostrum corpus, ut fames, sitis, dolor. Addo quoque eas effici, nutriri, & corroborari per quendam motum spirituum,

tuum, ad eas distinguendas à nostris volitionibus, quæ nominari possunt commotiones animæ quæ ad illam referuntur, sed quæ ab ipsamet efficiuntur; sicut etiam ad explicandam earum ultimam & magis propinquam causam, quæ eas rursus distinguit ab aliis sensationibus.

ARTICULUS XXX.

Animam esse unitam omnibus corporis partibus conjunctim.

SEd ut hæc perfectius intelligantur, oportet scire, animam esse revera junctam toti corpori, nec posse proprie dici eam esse in quadam parte ejus, exclusive ad alias: quia id unum est, & quodammodo indivisibile ratione dispositionis suorum organorum, quæ omnia ita ad se mutuo referuntur, ut quodam ex illis ablato reddatur totum corpus mancum ac defectivum: & quoniam ipsa ejus naturæ est quæ nullam relationem habet ad extensionem, vel dimensiones, aut alias proprietates materiæ ex qua corpus constat, sed solummodo ad totam compagem organorum ipsius: ut vel inde liquet, quod animæ dimidia vel tertia pars nullo modo concipi possit, aut quam extensionem occupet, & quod minor non fiat etiamsi resecetur aliqua pars corporis, sed ab eo integra separetur cum compages organorum ejus dissolvitur.

ARTICULUS XXXI.

Dari glandulam in cerebro, in qua anima suas functiones specialius quam in aliis partibus exerceat.

SCiendum quoque, quod, licet anima sit juncta toti corpori, in illo tamen sit quædam pars in qua exercet suas functiones specialius quam in cæteris omnibus. Et vulgo creditur, hanc partem esse cerebrum, aut forte cor; cerebrum, quia ad ipsum referuntur organa sensuum; & cor, quoniam tanquam in ipso Passiones sentiuntur. Sed rem accurate examinando, mihi videor evidenter cognovisse, partem eam corporis in qua anima exercet immediate suas functiones nullatenus esse cor, neque etiam totum cerebrum, sed solummodo maxime intimam partium ejus, quæ est certa quædam glandula admodum parva, sita in medio substantiæ ipsius, & ita suspensa supra canalem per quem spiritus cavitatum cerebri anteriorum communicationem habent cum spiritibus posterioris, ut minimi motus qui in illa sunt multum possint ad mutandum cursum horum spirituum, & reciproce minimæ mutationes

nes quæ accidunt cursui spirituum multum inserviant mutandis motibus hujus glandulæ.

ARTICULUS XXXII.

Quomodo cognoscatur, hanc glandulam esse præcipuam animæ sedem.

RAtio quæ me movet ut credam, animam non posse habere in toto corpore alium ullum locum præter hanc glandulam, *ubi immediatè* exerceat suas functiones, hæc est; quod considerem, alias omnes partes nostri cerebri duplices esse, prout etiam habemus duos oculos, duas manus, duas aures, & denique omnia organa nostrorum sensuum externorum sunt duplicia. Et quia non nisi unam & simplicem cogitationem unius rei eodem tempore habemus, necessariò oportet dari aliquem locum, in quo duæ Imagines quæ à duobus oculis veniunt, aut duæ illæ aliæ impressiones, quæ ab unico objecto veniunt per duplicia organa aliorum sensuum, possint convenire in unum antequam ad animam perveniant, ne ipsi repræsentent duo objecta loco unius. Et facile concipere est, has imagines aut alias impressiones *uniri in hac glandula*, opera spirituum qui replent cavitates cerebri; sed nullus locus alius in corpore est in quo ita possint uniri, nisi quatenus in hac glandula unitæ fuerint.

ARTICULUS XXXIII.

Sedem affectuum non esse in corde.

QUoad sententiam eorum qui putant, animam recipere suas Passiones in corde, nulla ratione admitti potest; nam in eo demum fundatur quod Passiones in illo excitent quandam alterationem. Et facile est animadvertere, hanc alterationem non sentiri tanquam in corde, nisi opera nervuli, qui ex cerebro ad illud descendit; prout dolor sentitur quasi in pede opera nervorum pedis, & astra nobis apparent tanquam in cœlo, opera luminis sui & nervorum opticorum; ita ut magis necessarium non sit, animam nostram exercere immediate suas functiones in corde, eo quod in illo suas passiones sentit, quam, eam esse in cœlo ut ibi videat astra.

ARTI-

ARTICULUS XXXIV.

Quomodo anima & corpus agant in se invicem.

COncipiamus igitur hic, animam habere suam sedem principalem in glandula quæ est in medio cerebri, unde radios emittit per reliquum corpus, opera spirituum, nervorum & ipsiusmet sanguinis, qui particeps impressionum spirituum eos deferre potest per arterias ad omnia membra: Et memores ejus quod supra dictum fuit de machina nostri corporis, nimirum quod tenuia filamenta nostrorum nervorum ita distribuantur per singulas ejus partes, ut occasione diversorum motuum qui ibi excitantur ab objectis sensibilibus, aperiant varie poros cerebri; quod efficit ut spiritus animales qui continentur in cavitatibus illius, ingrediantur varie musculos; qua ratione possunt movere membra omnibus illis variis modis quibus moveri possunt; quin etiam quod aliæ omnes causæ quæ possunt diversimodè movere spiritus, sufficiant ad eos deducendos in varios musculos. Addamus hic, glandulam illam quæ est præcipua sedes animæ, ita suspensam esse inter cavitates quæ continent hos spiritus, ut possit moveri ab illis tot variis modis quot sunt diversitates sensibiles in objectis: Sed etiam posse varie moveri ab anima, quæ talis est naturæ, ut in se tot varias impressiones recipiat, id est tot habeat varias perceptiones, quot accidunt varii motus in hac glande: prout etiam reciproce machina corporis ita composita est, ut hæc glans, ex eo solum quòd varie movetur ab anima, aut qualicunque alia causa, impellat spiritus qui illam ambiunt versus poros cerebri, qui eos deducunt per nervos in musculos; qua ratione efficit ut illi membra moveant.

ARTICULUS XXXV.

Exemplum modi quo impressiones objectorum sese uniunt in glande quæ est in medio cerebri.

SIc, exempli gratia, si videamus aliquod animal ad nos venire, lumen reflexum ab ejus corpore pingit duas illius imagines, singulas in singulis nostris oculis; & hæ duæ imagines efformant duas alias opera nervorum opticorum in superficie interiori cerebri, quæ spectat ejus concavitates; tum inde opera spirituum quibus hæ cavitates plenæ sunt, hæ imagines ita radios suos emittunt versus glandulam quam hi spiritus ambiunt, ut motus qui quodlibet punctum componit unius harum imaginum, tendat versus idem punctum glandis, versus quod tendit motus

 qui

qui format punctum alterius imaginis, qui repræsentat eandem partem hujus animalis; qua ratione ambæ imagines quæ sunt in cerebro, unicam duntaxat componunt super glandem, quæ agens immediate in animam, ostendit ipsi figuram hujus animalis.

ARTICULUS XXXVI.

Exemplum modi quo Passiones excitantur in anima.

ET præterea si hæc figura sit valde inusitata & horrenda, id est, si multum similitudinis habeat cum rebus quæ ante fuerunt noxiæ corpori, excitat in anima Passionem Metus, & consequenter Audaciæ vel Terroris & Pavoris, secundum varium temperamentum corporis aut robur animæ, & prout quisque antea sese munierit defensione vel fuga contra res noxias, quarum præsens impressio similitudinem refert. Nam id reddit cerebrum ita dispositum in quibusdam hominibus, ut spiritus reflexi ab imagine sic formata super glandem, inde sese conferant partim in nervos illos qui inserviunt vertendo tergo & movendis cruribus ad fugam capessendam, & partim in eos qui dilatant aut contrahunt ita orificia cordis, aut qui agitant ita alias partes ex quibus sanguis ad ipsum mittitur, ut hic sanguis, rarefactus alio modo quam solet, mittat *spiritus ad cerebrum* qui apti sunt nutriendæ & fovendæ Passioni *Terroris*; id est qui idonei sunt ad apertos tenendos, aut ad aperiendum rursus poros cerebri, qui illos deducunt in eosdem nervos. Nam eo ipso quod hi spiritus ingrediuntur hos poros, excitant specialem motum in hac glande, qui à natura ad id institutus est, ut anima hanc Passionem sentiat. Et quia hi pori referuntur præcipue ad nervulos qui inserviunt dilatandis vel contrahendis orificiis cordis, inde fit ut eam anima sentiat præcipue, tanquam in corde.

ARTICULUS XXXVII.

Quomodo appareat, eas omnes effici à quodam motu spirituum.

ET quia simile quippiam accidit in omnibus aliis Passionibus, nimirum quod principaliter oriantur à spiritibus contentis in cavitatibus cerebri, quatenus cursum suum dirigunt versus nervos, qui inserviunt dilatationi vel contractioni orificiorum cordis, aut impellendo varie ad ipsum sanguini qui in aliis partibus est, aut quocunque alio modo fovendæ eidem Passioni; Hinc clare intelligi potest, quare superius posuerim in illarum definitione, eas produci per motum aliquem specialem spirituum.

ARTICULUS XXXVIII.

Exemplum motuum corporis qui comitantur Passiones, & ab animâ non pendent.

CÆterum eodem modo quo cursus quem capiunt hi spiritus versus nervos cordis, sufficit ad dandum motum glandulæ, per quem Terror animæ inducitur; sic etiam per id solum, quod quidam spiritus eodem tempore tendunt versus nervos, qui inserviunt movendis cruribus ad fugiendum, efficiunt alium motum in eadem glande, cujus ope anima sentit & percipit hanc fugam, quæ hoc modo excitari potest in corpore, per solam dispositionem organorum ejus, absque ulla ope animæ.

ARTICULUS XXXIX.

Quomodo eadem causa possit excitare diversas Passiones in variis hominibus.

EAdem impressio quam præsentia objecti terribilis efficit in glande, & quæ inducit Terrorem in quibusdam hominibus, potest excitare in aliis Animositatem & Audaciam: cujus rei ratio hæc est, quod omnia cerebra non sint disposita eodem modo, & quod idem motus glandis qui in quibusdam excitat terrorem, efficiat in aliis ut spiritus subeant poros cerebri, qui eos deducant partim in nervos qui inserviunt manibus movendis ad sese tuendum, & partim in illos qui agitant & impellunt sanguinem versus cor, eo modo qui requiritur ad producendos spiritus aptos continuandæ huic sui defensioni, & retinendæ illius voluntati.

ARTICULUS XL.

Quis sit præcipuus effectus Passionum.

ETenim observandum, præcipuum effectum in hominibus omnium Passionum esse, quod incitent & disponant eorum animas ad volendum ea ad quæ illæ corpora eorum præparant: Ita ut sensus terroris eam ad voluntatem fugiendi incitet, audaciæ vero ad voluntatem certandi, & sic de aliis.

ARTICULUS XLI.

Quæ sit potentia animæ respectu corporis.

SEd voluntas adeo libera est sua natura, ut nunquam possit cogi; Et ex duabus speciebus cogitationum quas in anima distinxi, quarum

 aliæ

aliæ ſunt ejus actiones, nimirum ejus voluntates, aliæ ejus paſſiones, ſumendo illud vocabulum in latiori illa ſignificatione quæ complectitur omnia perceptionum genera; primæ ſunt abſolute in illius poteſtate, nec poſſunt niſi indirecte mutari à corpore; ut è contrario ultimæ abſolutè pendent ab actionibus quæ eas producunt, nec poſſunt aliter quam indirecte mutari ab anima, niſi cum ipſamet earum cauſa eſt: Et omnis actio animæ in hoc conſiſtit, quod eo ipſo ſolo quod vult aliquid, efficiat ut glandula cui arctiſſime juncta eſt, ſe moveat modo convenienti ad producendum effectum qui huic voluntati reſpondeat.

ARTICULUS XLII.

Quomodo reperiamus in memoria ea quorum reminiſci volumus.

SIc cum anima vult recordari alicujus rei, hæc voluntas efficit ut glans ſeſe inclinans ſucceſſive horſum & illorſum, impellat ſpiritus ad varias partes cerebri, uſque dum invenerint eam in qua ſunt veſtigia quæ reliquit objectum cujus volumus recordari. Nam illa veſtigia nihil aliud ſunt quam quod pori cerebri, per quos ſpiritus antea cepērunt ſuum curſum, propter præſentiam hujus objecti acquiſiverint eo pacto *facilitatem* majorem quam alii, ſeſe rurſus aperiendi eodem modo *ſpiritibus* qui ad ſe veniunt: Adeo ut hi ſpiritus, reperientes illos poros, eos facilius ſubeant quam alios: qua ratione excitant motum ſpecialem in glande, quæ repræſentat animæ idem objectum, & ipſi indicat, idem illud eſſe cujus recordari volēbat.

ARTICULUS XLIII.

Quomodo anima poſſit imaginari, attendere, & movere corpus.

SIc cum imaginari volumus aliquid quod nunquam vidimus, hæc voluntas vim habet movendi glandem modo convenienti ad impellendos ſpiritus verſus eos poros cerebri quorum apertione hoc poteſt repræſentari. Sic cum quis ſuam attentionem ſiſtere vult in conſideratione unius objecti per aliquod tēmpus, hæc voluntas per illud tempus retinet glandem inclinatam in eandem partem. Sic denique cum incedere volumus, aut alio modo movere noſtrum corpus, hæc voluntas efficit ut glans impellat ſpiritus ad muſculos qui huic rei inſerviunt.

ARTI-

ARTICULUS XLIV.

Unumquamque voluntatem naturaliter junctam esse cuidam motui glandis, sed vel industria vel habitu eam aliis posse jungi.

ATtamen non semper voluntas excitandi in nobis aliquem motum, aut alium quendam effectum, efficere potest ut eum excitemus; sed mutatio in eo contingit prout natura vel habitus varie unicuique cogitationi unumquemque motum glandis conjunxerint. Sic, exempli gratia, si quis velit disponere oculos suos ad intuendum objectum remotissimum, hæc voluntas efficit ut pupilla se dilatet; & si velit eos disponere ad intuendum objectum valde propinquum, hæc voluntas facit ut se contrahat: sed si solum cogitetur de pupilla dilatanda, nihil proderit ejus rei habere voluntatem; nec enim ideo dilatabitur, quia natura non junxit motum glandis, qui inservit impellendis spiritibus versus nervum opticum modo convenienti dilatandæ vel contrahendæ pupillæ, cum voluntate eam dilatandi vel contrahendi, sed demum cum voluntate intuendi objecta remota vel proxima. Et cum inter loquendum solum cogitamus de sensu illius rei quam dicere volumus, id facit ut moveamus linguam & labra longe celerius & melius quam si cogitaremus ea movere omnibus modis requisitis ad proferenda eadem verba. Quia habitus quem acquisivimus cum disceremus loqui, effecit ut junxerimus actionem animæ, quæ opera glandis potest movere linguam & labia, cum significatione verborum quæ ex his motibus sequuntur, potius quam cum motibus ipsis.

ARTICULUS XLV.

Quæ sit animæ potestas respectu Passionum suarum.

PAssiones nostræ nequeunt etiam directè excitari vel auferri per actionem nostræ voluntatis, sed demum indirecte per repræsentationem rerum quæ solent jungi passionibus quas habere volumus, & quæ contrariæ sunt iis quas volumus rejicere. Sic ad excitandam in se audaciam, & metum auferendum, non sufficit ejus rei habere voluntatem; sed incumbendum est considerationi rationum, objectorum, aut exemplorum, quæ persuadent, periculum non esse magnum; plus semper securitatis esse in defensione quàm in fuga; gloriam & gaudium oriri ex victoria, ex fuga vero nihil præter ægritudinem & pudorem, ac similia.

ARTICULUS XLVI.

Quid impediat quominus anima possit omnino de suis Passionibus statuere.

ET sane datur ratio specialis quæ impedit quominus anima possit cito mutare vel sistere suas Passiones, propter quam supra posui in earum definitione, quod non solum producerentur, sed etiam conservarentur & confirmarentur ab aliquo motu speciali spirituum: hæc vero ratio est, quod fere semper eas comitetur aliqua commotio quæ fit in corde, & per consequens etiam in toto sanguine & spiritibus; ita ut donec cesset hæc commotio, præsentes nostræ cogitationi maneant, eodem modo quo objecta sensibilia illi præsentia sunt, dum agunt in organa nostrorum sensuum. Et quemadmodum anima, cum valde attenta est cuidam alteri rei, potest se cohibere ab audiendo parvo strepitu, aut parvo dolore sentiendo, sed non potest pari ratione efficere quin audiat tonitru, vel sentiat ignem qui comburit manum; sic facile potest superare minores passiones, sed non vehementiores vel fortiores, nisi postquam commotio sanguinis & spirituum sedata fuerit. Id quod voluntas ad summum facere potest, dum viget hæc commotio, est non consentire illius effectibus, & cohibere plurimos ex motibus ad quos disponit corpus: Exempli gratia, si ira efficiat ut manus erigatur ad percutiendum, voluntas ordinario eam continere potest; si metus incitet crura ad fugam capessendam, illa sistere voluntas potest; & sic de aliis.

ARTICULUS XLVII.

In quo consistant conflictus quos vulgo imaginantur inter partem inferiorem & superiorem animæ.

NEc in alio quam in repugnantia, quæ est inter motus quos corpus per suos spiritus, & anima per suam voluntatem, simul excitare annituntur in glande, consistunt omnes conflictus quos vulgo imaginantur inter partem inferiorem animæ, quæ sensitiva nominatur, & superiorem quæ rationalis est, aut inter appetitus naturales & voluntatem: Nobis enim non nisi una inest anima, quæ in se nullam varietatem partium habet: eadem quæ sensitiva est, est etiam rationalis, & omnes ejus appetitus volitiones sunt. Error per quem ei imponuntur quasi in scena diversæ personæ, quæ fere semper sibi mutuo contrariæ sint, inde

solum

ſolum proceſſit, quod non bene diſtinctæ fuerint ejus functiones à functionibus corporis, cui ſoli tribuendum eſt id omne quod in nobis poteſt obſervari repugnare noſtræ rationi: Adeo ut nulla hic alia lucta ſit, niſi quod, cum glandula quæ eſt in medio cerebri, poſſit impelli ex una parte ab anima, & ex alia à ſpiritibus animalibus, qui nil niſi corpora ſunt, ut ſupra dixi, ſæpe eveniat ut hæ duæ impulſiones ſint contrariæ, & ut fortior impediat effectum alterius. Poſſunt autem diſtingui duæ ſpecies motuum excitatorum à ſpiritibus in glande; alii repræſentant animæ objecta quæ movent ſenſus, aut impreſſiones quæ reperiuntur in cerebro, & nulla vi utuntur in ejus voluntatem; alii vero utuntur, nimirum illi qui efficiunt paſſiones vel motus corporis qui eas comitantur. Et quoad primos, etſi impediant actiones animæ, aut impediantur ab illis, attamen quia non directe contrarii ſunt, nulla in illis obſervatur lucta; ſed demum inter ultimos & voluntates quæ illis repugnant: exempli gratia, inter conatum per quem ſpiritus impellunt glandem ad inducendum animæ cupiditatem cujuſdam rei, & illum per quem anima eam repellit voluntate qua vult eandem rem fugere: Et id præcipue hanc luctam demonſtrat, quod cum voluntas non habeat poteſtatem directe excitandi paſſiones, ut jam dictum fuit, cogatur uti arte, & ſeſe applicare ſucceſſive conſiderationi variarum rerum: unde ſi accidat, aliquam ex illis habere vim mutandi ad momentum curſum ſpirituum, contingere poteſt, ut quæ ſequitur ea vi careat, & curſum ſuum illico reſumant, quia diſpoſitio quæ præceſſit in nervis, in corde, & in ſanguine, non eſt mutata; quo fit ut anima eodem ferme tempore ſe impelli ſentiat ad eandem rem appetendam & fugiendam. Et inde ſumpta fuit occaſio imaginandi in illa duas potentias quæ inter ſe pugnent. Attamen poteſt adhuc quidam conflictus concipi, in eo, quod ſæpe eadem cauſa, quæ excitat in anima aliquam Paſſionem, excitet etiam quoſdam motus in corpore, ad quos anima nihil confert, & quos ſiſtit aut ſiſtere conatur quamprimum eos obſervat. Ut experientia conſtat, cum id quod excitat metum, efficit quoque ut ſpiritus ingrediantur muſculos qui inſerviunt movendis cruribus ad fugiendum, & ut voluntas audaciæ exercendæ eos ſiſtat.

ARTICULUS XLVIII.

In quo cognoscatur robur vel imbecillitas animarum; & quodnam infirmiorum sit vitium.

EX eventu autem horum conflictuum quisque potest cognoscere robur aut debilitatem suæ animæ: nam illi in quibus naturaliter voluntas facilius potest vincere Passiones, & sistere motus corporis qui eas comitantur, proculdubio habent animas fortiores: sed nonnulli sunt qui nunquam possunt explorare suas vires, quia nunquam pugnare faciunt suam voluntatem propriis armis, sed solum iis quæ ipsi præbent aliqui affectus ad resistendum quibusdam aliis. Mihi propria ejus arma dicuntur, Judicia firma & determinata de cognitione boni & mali, secundum quæ decrevit actiones vitæ suæ dirigere. Et animæ omnium maxime imbecilles sunt, quarum voluntas non ita se determinat ad sequenda certa quædam Judicia, sed se patitur semper abduci à præsentibus affectibus; qui cum persæpe sibi mutuo contrarii sint, eam per vices in partes suas trahunt, & ipsa utentes ad ipsammet debellandam, in deploratissimo statu animam constituunt. Sic cum Metus repræsentat mortem ut summum malum, & quod vitari non potest nisi fuga, si ambitio ab alia parte repræsentet infamiam hujus fugæ, ut malum pejus morte; hi duo affectus agitant varie voluntatem, quæ obtemperans modo huic, modo illi, sibi ipsi perpetuo repugnat, & sic animam servam & miserrimam reddit.

ARTICULUS XLIX.

Animæ vim non sufficere absque cognitione veritatis.

VErum est paucos dari homines tam imbecilles & hæsitabundos, ut nihil velint nisi quod sua præsens passio ipsis dictat: plurimi habent judicia determinata, secundum quæ componunt partem suarum actionum. Et quamvis sæpe hæc judicia sint falsa, imo innitantur quibusdam passionibus, à quibus voluntas antea passa est se vinci aut seduci, attamen quoniam ea sequi pergit, etiam cum abest Passio quæ illa produxit, considerari possunt ut propria illius arma, & cogitari, animas robustiores vel imbecilliores esse, prout possunt plus vel minus hæc judicia sequi, & resistere passionibus præsentibus quæ illis contrariæ sunt. Verumtamen magna differentia est inter decreta quæ procedunt ex falsa sa quadam opinione, & ea quæ nonnisi cognitione veritatis nituntur: quia ultima hæc sequentes nunquam procul dubio istius consilii pœnitentia vel dolor subibit, cum è contrario semper pœnitentia sequatur priora, postquam eorum error retectus est.

ARTICULUS L.

Nullam tam imbecillem esse animam, quæ non possit cum bene dirigitur acquirere potestatem absolutam in suas Passiones.

PRodest vero hic scire, quod ut jam supra dictum fuit, etsi unusquisque motus glandulæ videatur connexus esse per naturam singulis ex nostris cogitationibus ab initio nostræ vitæ, aliis tamen per habitum jungi possit: Ut experientia ostendit in verbis quæ excitant motus in glande, quæ secundum institutionem naturæ nihil animæ repræsentant præter suum sonum cum voce proferuntur, aut figuram suarum literarum cum scribuntur, & quæ tamen per habitum qui fuit acquisitus cogitando de eo quod significant, postquam auditus fuerit eorum sonus, aut eorum literæ inspectæ, solent efficere ut concipiatur hæc significatio potius quam figura literarum aut sonus syllabarum. Prodest etiam scire, quod etsi motus tam glandis quam spirituum & cerebri, qui repræsentant animæ certa quædam objecta, sint naturaliter juncti cum iis qui excitant in illa quasdam Passiones, possint tamen per habitum inde separari, & jungi aliis valde differentibus; Imo quod hic habitus possit acquiri per unicam actionem, nec longum usum postulet. Sic cum reperitur ex inopinato res quædam valde sordida in cibo qui magno cum appetitu comedebatur, inopinatus ille casus ita potest mutare dispositionem cerebri ut postea nequeat videri talis cibus nisi cum horrore, cum antea comederetur cum delectatione. Quin idem in bestiis potest observari: nam etsi ratione careant & forte omni cogitatione, omnes tamen motus spirituum & glandis qui excitant in nobis Passiones, in illis quoque sunt, & inserviunt conservandis & confirmandis, non ut in nobis, Affectibus, sed motibus nervorum & musculorum qui eos comitari solent. Sic cum canis videt perdicem, naturaliter fertur ut in eam incurrat; & cum audit sclopetum displodi, ille strepitus naturaliter eum ad fugam incitat; attamen ordinario ita instituuntur canes venatici, ut visa perdice subsistant, & ad displosionis strepitum, quem postea audiunt, ad eam currant. Hæc autem scire refert, ut quisque contendat regere suos Affectus: Nam cum haud ita magna industria mutari possint motus cerebri in animalibus ratione destitutis, evidens est, id melius in hominibus posse fieri, & eos ipsos qui imbecilliores animas habent posse acquirere imperium absolutissimum in omnes suas Passiones, si sat industriæ adhiberetur ad eos instituendos & dirigendos.

PASSIONES ANIMÆ;

SECUNDA PARS.

De numero & ordine Passionum, & explicatio sex Primitivarum.

ARTICULUS LI.

Quænam sint primæ Passionum causæ.

Constat ex superioribus, ultimam & proximam causam Passionum animæ, non aliam esse quam agitationem qua spiritus movent glandulam *quæ est in medio* cerebri. Verum id non sufficit eis à se mutuo distinguendis: Inquirendum in earum origines, & examinandæ sunt primæ illarum causæ. Quamvis autem quandoque possint effici ab actione animæ se determinantis ad hæc vel illa objecta concipienda; quin etiam solo corporis temperamento, aut impressionibus quæ casu occurrunt in cerebro; ut accidit cum nos ita vel tristes vel lætos sentimus, ut causam hujus tristitiæ aut lætitiæ nequeamus assignare: Apparet tamen ex prædictis, easdem omnes posse excitari ab objectis quæ movent sensus, & hæc objecta esse earum causas frequentiores & magis principales. Unde sequitur quod ad eas omnes reperiendas, sufficiat considerare omnes effectus horum objectorum.

ARTICULUS LII.

Quinam sit earum usus & quomodo enumerari possint.

Adhæc observo, objecta quæ movent sensus, non excitare in nobis varios Affectus ratione omnium varietatum quas habent, sed solum

lum ratione variorum modorum quibus nobis vel prodesse vel nocere, aut in genere ad nos spectare possunt: Et usum omnium Passionum in eo solo consistere, quod disponant animam ad res eas expetendas, quas natura nobis dictat esse utiles, & persistendum in ea voluntate; prout etiam eadem agitatio spirituum, quæ solet eas producere, disponit corpus ad motus qui inserviunt earundem rerum executioni. Ideo qui illas enumeraturus est, debet duntaxat ordine examinare quot variis modis, qui ad nos spectent, possint nostri sensus moveri à suis objectis. Hic igitur enumerabo præcipuas Passiones, secundum ordinem quo ita possunt reperiri.

Ordo & enumeratio Passionum.

ARTICULUS LIII.

Admiratio.

QUamprimum nobis occurrit aliquod insolitum objectum, & quod novum esse judicamus, aut valde differens ab eo quod antea noveramus, vel supponebamus esse debere, id efficit ut illud admiremur & eo percellamur. Et quia hoc contingere potest antequam ullo modo cognoscamus num illud objectum sit nobis conveniens nec ne, *Admiratio* mihi videtur esse prima omnium Passionum. Nec habet contrarium; quia si objectum quod sese offert, nihil in se habeat insoliti, eo nullo modo commovemur, & illud absque Passione consideramus.

ARTICULUS LIV.

Existimatio & Contemptus, Generositas aut Superbia, & Humilitas aut Abjectio.

ADmirationi juncta est *Existimatio* vel *Contemptus*, prout vel magnitudinem vel parvitatem objecti admiramur: Eodemque modo possumus nosmet ipsos vel existimare vel contemnere: unde oriuntur Passiones, & consequenter Habitus *Magnanimitatis* aut *Superbiæ*, & *Humilitatis* vel *Abjectionis*.

ARTICULUS LV.

Veneratio & Despectus.

VErum cum magni facimus vel parvi facimus alia objecta, quæ consideramus ut liberas causas capaces bene vel male agendi, ab æstimatione procedit *Veneratio*, & à simplici parvi æstimatione *Despectus*.

ARTICULUS LVI.

Amor & Odium.

OMnes autem præcedentes Passiones possunt ita in nobis excitari, ut nullo modo deprehendamus utrum objectum, quod eas excitat, bonum sit vel malum. Verum cum aliquid ut bonum respectu nostri, id est ut nobis conveniens, nobis repræsentatur, id sui *Amorem* excitat; Et cum nobis offertur ut malum aut noxium, id nos stimulat ad *Odium*.

ARTICULUS LVII.

Cupiditas.

AB eadem consideratione boni & mali nascuntur cæteræ Passiones; sed eas in ordinem redacturus distinguo tempora, & considerans eas multo magis nos ferre in futuri, quam præsentis vel præteriti considerationem, ordior à *Cupiditate*. Non solum enim cum appetitur acquisitio boni quod adhuc abest, aut evitatio mali quod judicatur evenire posse, verum etiam cum solum exoptatur conservatio cujusdam boni aut absentia cujusdam mali, quo demum extendi hæc Passio potest, liquet, eam semper futurum respicere.

ARTICULUS LVIII.

Spes, Metus, Zelotypia, Securitas, & Desperatio.

SUfficit cogitare, acquisitionem boni vel fugam mali possibilem esse, ut illius cupiditas excitetur; sed cum præterea consideratur num facile vel difficile sit rem cupitam obtinere, id quod nobis magnam rei consequendæ facilitatem repræsentat, excitat *Spem*; & id quod ejusdem potiundæ difficultatem repræsentat excitat *Timorem*, cujus *Zelotypia* species est. Et cum spes summa est, mutat naturam, & vocatur *Securitas*, sive *Fiducia*; prout è contrario extremus metus fit *Desperatio*.

ARTI-

ARTICULUS LIX.

Animi fluctuatio, Animositas, Audacia, Æmulatio, Pusillanimitas, & Consternatio.

Atque sic possumus sperare & metuere, licet eventus rei expectatæ à nobis nullo modo pendeat; Verum ubi offertur ut pendens à nobis, difficultas subesse potest in electione mediorum aut in executione. A prima procedit *Animi fluctuatio*, qua disponimur ad deliberandum & consultandum: Ultimæ sese opponit *Animositas* aut *Audacia*, cujus *Æmulatio* species est. Et *Pusillanimitas* contraria Animositati est, sicut *Terror* aut *Consternatio* Audaciæ.

ARTICULUS LX.

Synteresis.

Ubi vero quis se determinaverit ad quampiam actionem, nondum Animi fluctuatione sive hæsitatione deposita, id producit *Synteresin* sive conscientiæ *morsum*, qui non respicit futurum ut affectus præcedentes, sed præsens aut præteritum.

ARTICULUS LXI.

Gaudium & Tristitia.

Et consideratio præsentis boni excitat in nobis *Gaudium*; præsentis mali, *Tristitiam*; cum bonum vel malum nobis proponitur ceu ad nos spectans.

ARTICULUS LXII.

Irrisio, Invidia, Commiseratio.

Sed cum nobis proponitur ut pertinens ad alios homines, eos dignos vel indignos illius existimare possumus: Ubi digni illius à nobis reputantur, id nullam in nobis aliam passionem præter Lætitiam excitat, quatenus nobis volupe est videre res evenire ut convenit: solummodo cum hac differentia, quod Lætitia quæ venit ex bono seria sit; eam vero quæ venit ex malo comitetur irrisio. Sed si eos indignos alterutrius existimaverimus, bonum excitat *Invidiam*, & malum *Commiserationem*,

 quæ

quæ sunt species Tristitiæ. Quin etiam observandum, easdem Passiones quæ referuntur ad bona vel mala præsentia, posse sæpe etiam referri ad futura, quatenus præconcepta opinio de eorum futuritione illa repræsentat ut præsentia.

ARTICULUS LXIII.

Acquiescentia in se ipso, & Pœnitentia.

POssumus quoque considerare causam boni aut mali, tam præsentis quam præteriti. Et bonum quod à nobis ipsis præstitum fuit, dat nobis acquiescentiam interiorem, quæ omnium aliarum Passionum dulcissima est; cum è contrario malum excitet *Pœnitentiam*, quæ omnium amarissima est.

ARTICULUS LXIV.

Favor & Gratitudo.

SEd bonum quod præstitum fuit ab aliis, efficit ut illos *Favore* prosequamur, quamvis id nobis factum non sit: At si nobis, favori jungimus *Grati* animi officium.

ARTICULUS LXV.

Indignatio & Ira.

SImili ratione malum ab aliis patratum, cum ad nos non refertur, efficit solum ut illis *Indignemur*; sed cum refertur ad nos, movet etiam *Iram*.

ARTICULUS LXVI.

Gloria & Pudor.

BOnum insuper quod est vel quod fuit in nobis, si referatur ad opinionem quam alii de eo concipere possunt, excitat in nobis *Gloriam*, & malum *Pudorem*.

ARTICULUS LXVII.

Fastidium, Desiderium, & Hilaritas.

ET quandoque duratio boni gignit *Satietatem* sive *Fastidium*, cum mali duratio minuat *Tristitiam*. Denique ex bono præterito nascitur

tur *Desiderium*, quod species Tristitiæ est, & ex malo præterito *Hilaritas* quæ est species Lætitiæ.

ARTICULUS LXVIII.

Cur hæc enumeratio Passionum differat ab ea quæ vulgo recepta est.

ECce ordo qui mihi videtur optimus enumerandis Passionibus; in quo non nescio me recedere ab opinione eorum omnium qui de illis antehac scripserunt; sed non absque sontica causa: Nam derivant suam enumerationem ex eo quod distinguunt in parte sensitiva animæ duos appetitus, quorum unum vocant *Concupiscibilem*, alterum *Irascibilem*. Et quoniam nullam in anima agnosco distinctionem partium, ut supra dixi, id mihi videtur nihil aliud significare quam quod habeat duas facultates, unam concupiscendi, alteram irascendi: sed cum similiter habeat facultates admirandi, amandi, sperandi, metuendi, atque sic in se recipiendi singulos alios Affectus, aut ea agendi ad quæ hi Affectus eam impellunt, non video cur voluerint eas omnes referre ad Concupiscentiam vel Iram. Adde quod eorum enumeratio non comprehendit omnes præcipuas Passiones, ut hanc meam credo facere. De præcipuis solum loquor, quia plures aliæ specialiores adhuc possent distingui, & earum numerus indefinitus est.

ARTICULUS LXIX.

Non dari nisi sex Primitivas Passiones.

VErum numerus simplicium & primitivarum non est adeo magnus. Si enim percurramus eas omnes quas enumeravi, facile poterit observari, sex tantum tales esse, nimirum Admirationem, Amorem, Odium, Cupiditatem, Lætitiam & Mœrorem; & cæteras omnes componi ex quibusdam harum sex, aut earum esse species. Idcirco ne earum multitudo intricet Lectores, tractabo hic separatim de his sex Primitivis, & postea ostendam quomodo cæteræ omnes ab illis originem trahant.

ARTICULUS LXX.

De Admiratione.

Ejus definitio & causa.

ADmiratio est subitanea animæ occupatio, qua fertur in considerationem attentam objectorum quæ ipsi videntur rara & extraordinaria. Sic autem primum producitur ab impressione quæ extat *in cerebro*, quæque repræsentat objectum ut rarum, & per consequens dignum maxima consideratione; tum deinde per motum spirituum qui dispositi sunt ab hac impressione, ut magna vi tendant versus locum cerebri in quo est, ad eam ibi corroborandam & conservandam; prout quoque ab ipsa disponuntur ad transeundum inde in musculos, qui inserviunt retinendis organis sensuum in eodem situ in quo sunt, ut ab illis insuper conservetur, si modo per illos formata fuerit.

ARTICULUS LXXI.

Nullam mutationem accidere in corde vel in sanguine in hac Passione.

ET huic Passioni hoc speciatim convenit, quod observari nequeat, ullam mutationem in corde & in sanguine, ut in aliis affectibus evenit, eam comitari. Cujus rei ratio est, quod cum non habeat bonum vel malum pro objecto, sed solummodo cognitionem rei quam miramur, nullam etiam relationem habeat cum corde & sanguine, à quibus pendet omne bonum corporis, sed solummodo cum cerebro, in quo sunt organa sensuum quæ inserviunt huic cognitioni.

ARTICULUS LXXII.

In quo consistat vis Admirationis.

ID quod non impedit quominus magnam vim habeat, propter repentinam occupationem, id est, adventum subitaneum & inopinatum impressionis qui mutat motum spirituum: quæ occupatio repentina, propria & specialis est huic Passioni; adeo ut, cum in aliis reperitur, quemadmodum solet reperiri fere in omnibus, & eas augere, id ideo eveniat quod illis Admiratio juncta sit. Ejus autem vis pendet ex duabus rebus,

rebus, nimirum novitate, & quod motus quem efficit sit ab initio ἐν ἀκμῇ, seu omne suum robur habeat. Nam certum est, talem motum efficaciorem esse iis qui, cum primo debiles sint, nec crescant nisi paulatim, possunt facile averti: certum quoque est, objecta sensuum quæ sunt nova, tangere cerebrum in quibusdam partibus, in quibus tangi non solet; quæ partes teneriores cùm sint aut minùs firmæ iis quas agitatio frequens induravit, id auget effectus motuum quos ibi excitant. Quod incredibile nemini videbitur, si consideretur, parem esse rationem, quæ facit ut cum plantæ nostrorum pedum assuetæ sint tactui satis aspero, ob gravitatem corporis quod portant, parum sentiamus hunc tactum cum incedimus, cum è contrario alius longe mollior & lenior quo titillantur, nobis ferme intolerabilis sit, ideo solum quia nobis ordinarius non est.

ARTICULUS LXXIII.

Quid sit stupor.

ET hæc Occupatio repentina tantum potest ad efficiendum, ut spiritus, qui sunt in cavitatibus cerebri, suos cursus capiant versus locum in quo est impressio objecti quod miramur, ut eos omnes quandoque eo impellat, & efficiat ut adeo sint occupati in conservanda hac impressione, ut alii nulli inde in musculos transeant, aut ullo modo deflectant à primis vestigiis quæ sequuti sunt in cerebro: unde fit ut totum corpus immobile maneat instar statuæ, & nonnisi prima quæ se obtulerat objecti facies possit observari, neque per consequens acquiri specialior ejus cognitio. Atque istud est quod vulgo dicitur *stupere* vel *attonitum esse*; Estque *Stupor* excessus Admirationis, qui nunquam nisi malus esse potest.

ARTICULUS LXXIV.

Cui usui inserviant omnes Passiones, & cui noceant.

FAcile autem est cognoscere ex iis quæ supra dicta fuerunt, utilitatem omnium Passionum in eo demum consistere, quod confirment & perseverare faciant in anima cogitationes quas ei bonum est conservare, & quæ alioquin facile possent obliterari: prout etiam omne malum quod efficere possunt in eo situm est, quod confirment & conservent has cogitationes plus quam expedit, aut alias confirment & conservent quibus immanere bonum non est.

ARTICULUS LXXV.

Ad quid specialiter inserviat Admiratio.

AC speciatim de Admiratione potest dici, eam esse utilem in eo quod efficit ut discamus & retineamus in memoria nostra ea quæ antea ignoravimus. Nihil enim miramur nisi quod nobis videtur rarum & extraordinarium. Et nihil nobis tale potest videri nisi quia id ignoravimus, aut etiam quia differt ab iis quæ scivimus: nam ex hac differentia fit ut extraordinarium dicatur. Quamvis autem id quod antea nobis ignotum erat, se recenter offerat nostro Intellectui, aut nostris sensibus, non ideo tamen illud in nostra memoria retinemus, nisi Idea quam ejus habemus corroboretur in nostro cerebro per aliquam Passionem, aut etiam per applicationem nostri Intellectus, quem voluntas nostra determinat ad attentionem & reflexionem specialem. Et aliæ Passiones eo facere possunt, ut ea observentur quæ apparent bona vel mala; sed sola illa admiramur quæ rara videntur. Quare videmus, eos, qui nulla inclinatione naturali ad hanc Passionem feruntur, vulgo valde indoctos esse.

ARTICULUS LXXVI.

In qua illa nocere possit. Et quomodo ejus defectus possit suppleri, & corrigi excessus.

SEd sæpius evenit ut potius nimis miremur & percellamur, iis rebus observatis quæ vel nullam vel fere nullam considerationem merentur, quam, ut non satis admiremur: Quod sane omnino potest auferre aut pervertere usum rationis. Idcirco etsi prosit, natum esse cum aliqua inclinatione ad hanc Passionem, quod sic disponamur ad acquisitionem scientiarum, debemus tamen postmodum conari eam excutere quantum in nobis est. Nam facile est supplere ejus defectum per reflexionem & attentionem specialem, ad quam voluntas nostra semper potest obligare intellectum nostrum, cum judicamus rem quæ sese offert id exigere. Sed nullum aliud remedium est prævertendæ nimiæ admirationi, quam acquirere cognitionem plurimarum rerum, & sese exercere in Theoria omnium earum quæ rariores & magis inusitatæ possunt videri.

ARTICULUS LXXVII.

Quod nec stupidiores, nec doctiores, in Admirationem magis ferantur.

CÆterum etsi soli hebetes & stupidi non ferantur naturaliter in Admirationem, non inde sequitur, sapientiores in eam procliviores esse: sed id maxime iis contingit, qui etsi ingenio non sint destituti, non tamen magnifice nimis de sua eruditione sentiunt.

ARTICULUS LXXVIII.

Ejus excessum posse abire in Habitum ubi ejus correctio negligitur.

ETsi vero hæc Passio videatur usu minui, quia quo plura occurrunt rara quæ miremur, eo magis assuescimus desinere ea mirari, & cogitare cætera omnia quæ postmodum offerri possunt esse vulgaria; Attamen cum excedit, & efficit ut sistatur attentio in sola prima imagine objectorum quæ sese obtulerunt, nulla ulteriori cognitione eorum comparata, post se relinquit habitum, qui disponit animam ad subsistendum eodem modo in omnibus aliis objectis quæ sese offerunt, si modo ei aliquantulum nova appareant. Atque id est quod fovet diutius morbum eorum qui cœce curiosi sunt, id est, qui inquirunt in rara eo solum fine ut ea mirentur, non ut ea cognoscant; nam paulatim ita fiunt miriones, ut nullius momenti res non minus possint eos detinere, quam illæ quarum inquisitio longe utilior foret.

ARTICULUS LXXIX.

Definitiones Amoris & Odii.

AMor est commotio animæ, producta à motu spirituum, qui eam incitat ad se voluntate jungendum objectis quæ ipsi convenientia videntur. Et *Odium* est commotio producta à spiritibus, quæ animam ad id incitat ut velit separari ab objectis quæ illi offeruntur ut noxia. Dico, has commotiones productas esse à spiritibus, quo distinguam Amorem & Odium, quæ sunt Passiones & pendent à corpore, tam à Judiciis, quæ etiam eo ferunt animam ut se ultro jungat rebus quas existimat bonas, & se separet ab eis quas existimat malas, quam à Commotionibus illis quas hæc sola Judicia excitant in anima.

ARTICULUS LXXX.

Quid sit, se jungere vel separare voluntate.

CÆterum voce *Voluntatis* non hic intelligo Cupiditatem, quæ est specialis passio, & futurum respicit, sed consensum, per quem nos consideramus ceu jam junctos rei amatæ, concepto quodam veluti toto, cujus nos nonnisi partem unam esse arbitremur, & rem amatam alteram. Ut è contrario in odio nos consideramus solos ut totum, penitus separatum à re quam aversamur.

ARTICULUS LXXXI.

De distinctione solita fieri inter Amorem Concupiscentiæ & Benevolentiæ.

DIstinguunt autem vulgo duas species Amoris: Quarum prima vocatur Amor *benevolentiæ*, id est, qui incitat ad bene volendum rei quam amamus; Altera vocatur Amor *concupiscentiæ*, id est, qui efficit ut rem amatam cupiamus. Sed mihi videtur hæc distinctio respicere solum effectus Amoris, non ejus essentiam. Nam quamprimum quis se voluntate junxerit cuidam objecto, cujuscunque demum naturæ fuerit, benevolentia quoque fertur in illud, id est, ei quoque voluntate jungit res quas ipsi convenientes credit: qui unus est ex præcipuis Amoris effectis. Et, si judicetur bonum fore illud possidere, aut ipsi associari alio modo quam voluntate, appetitur: quod etiam inter frequentiores Amoris effectus censeri debet.

ARTICULUS LXXXII.

Quomodo Passiones valde differentes conveniant in eo quod Amoris participes sunt.

NEc etiam opus est distinguere tot species Amoris, quot sunt varia objecta quæ possunt amari. Nam exempli gratia, etsi Passiones quibus ambitiosus fertur ad gloriam, avarus ad opes, ebriosus ad vinum, libidinosus ad mulierem quam vult comprimere, vir honestus ad amicum suum vel suam amasiam, & bonus pater ad suos liberos, inter se multum differant, tamen in eo quod ex Amore participant similes sunt. Sed quatuor priorum Amor non aliud spectat quam possessionem objecto-

objectorum ad quæ ipsorum fertur Passio, nihilque habent Amoris pro objectis ipsis, sed cupiditatem duntaxat quibusdam aliis specialibus passionibus commixtam. Cum è contrario Amor quo fertur bonus parens in suos liberos adeo purus sit, ut nihil ab ipsis consequi cupiat, nec eos aliter possidere velit quam jam habet; vel illis jungi arctius quam jam est; sed eos considerans tanquam alios se ipsos, quærit eorum bonum ut suum proprium; quin etiam majori cum cura, utpote cum concipiat, se & illos unum totum constituere, cujus melior pars ipse non sit, sæpe eorum utilitatem suæ præfert, nec metuit se perdere ut eos servet. Dilectio qua honesti viri prosequuntur suos amicos ejusdem est naturæ, etsi raro ejusdem perfectionis. Ea quoque, qua erga suam amasiam feruntur, multum illius participat, sed etiam aliquantulum alterius.

ARTICULUS LXXXIII.

De differentia quæ est inter simplicem Benevolentiam, Amicitiam, & Devotionem.

Potest, meo judicio, meliore cum ratione distingui Amor, secundum æstimationem in qua sit res amata ipsiusmet amantis respectu. Nam cum minoris fit à quopiam objectum amoris se ipso, simplex est Propensio vel *Benevolentia*; cum amans illud æque ac se æstimat, id vocatur *Amicitia*; & cum majoris facit, illa Passio potest nominari *Devotio*. Ita potest amari flos, avis, equus; verum nisi mens plane læva fuerit, Amicitia nemo nisi erga homines ferri potest: qui adeo sunt objectum hujus Passionis, ut nemo ita imperfectus detur quin cum ipso perfectissimæ amicitiæ nexu vinciri queat alter, qui putaverit, se ab ipso amari, & animam vere nobilem & generosam habuerit; juxta id quod explicabitur inferius in Art. 154 & 156. Quod attinet Devotionem, ipsius principale objectum procul dubio est supremum Numen, erga quod non potest non esse devotus qui illud ut oportet cognoverit. Sed potest quoque Devotio ferri in Principem, in Patriam, in Civitatem ubi habitat, imo in privatum quempiam, quem quis pluris quam se ipsum fecerit. Differentia autem quæ est inter has tres species Amoris apparet præcipue ex eorum effectibus. Cum enim in singulis amans se consideret ut junctum & unitum rei amatæ, semper paratus est deserere minimam partem totius quod cum illa constituit, ad conservandam alteram. Unde fit ut in simplici Benevolentia semper amans se ipsum præfe-

præferat rei amatæ; Sed è contrario in Devotione adeo semper sibi præfert rem amatam, ut non metuat mori ejus conservandæ studio. Cujus sæpe visa fuerunt exempla in iis qui sese ultro exposuerunt morti certæ pro defensione sui Principis aut suæ Civitatis, imo aliquando pro privatis hominibus quibus se speciatim devoverant.

ARTICULUS LXXXIV.

Non tot esse Odii species quot Amoris.

CÆterum quamvis Odium directe opponatur Amori, tamen non distinguitur in tot species, eo quod non ita observatur differentia quæ est inter mala à quibus voluntate separamur, quam ea quæ inter bona quibus jungimur.

ARTICULUS LXXXV.

De Complacentia & Horrore.

UNicam tantum distinctionem notatu dignam reperio, quæ sit par in utroque. Consistit autem in eo quod objecta, tam Amoris quam Odii, possint repræsentari animæ per sensus externos, aut per internos, & propriam suam rationem. Nam vulgo vocamus bonum aut malum, quod sensus nostri interni aut ratio nostra facit ut conveniens nobis esse judicemus, vel contrarium nostræ naturæ; sed vocamus pulchrum aut deforme, quod ita nobis repræsentatur per sensus nostros externos, præcipue per visum, qui solus hac in re præpollet cæteris. Unde nascuntur duæ species Amoris, ea nempe quæ fertur in res bonas, & ea quæ fertur in pulchras, cui nomen *Complacentiæ* dari potest, ne cum alia confundatur; vel etiam cum Cupiditate, cui nomen Amoris sæpe tribuitur. Et inde nascuntur eodem modo duo genera Odii: quorum alterum refertur ad mala; alterum ad deformia: & hoc distinctionis ergo potest appellari *Horror* aut *Aversio*. Verum hic inprimis notandum, has Passiones Complacentiæ & Horroris solere violentiores esse cæteris speciebus Amoris aut Odii, quia quod ad animam venit per sensus, eam magis afficit, quam quod illi repræsentatur à ratione; licet ut plurimum minus habeant veritatis; adeo ut hæ ex omnibus Passionibus magis fallant, & diligentius cavendæ sint.

ARTICULUS LXXXVI.

Definitio Cupiditatis.

PAssio *Cupiditatis* est agitatio animæ producta à spiritibus, per quam disponitur ad volendum in futurum res quas sibi repræsentat convenientes. Ita non solum appetitur præsentia boni absentis, sed etiam conservatio præsentis: Quinimo absentia mali, tam ejus quod jam habetur, quam illius quod creditur posse in futurum evenire.

ARTICULUS LXXXVII.

Cupiditatem esse Passionem quæ non habet contrarium.

SCio equidem, vulgo in scholis opponi Passionem quæ tendit in bonum, & quæ sola nominatur *Cupiditas* vel *Desiderium*, ei quæ tendit ad fugam mali, quæ vocatur *Aversio.* Sed cum nullum detur bonum cujus privatio malum non sit, nec ullum malum, ceu quid positivi consideratum, cujus privatio non sit bonum; & cum quærendo, exempli gratia, divitias, necessario fugiatur paupertas, ac fugiendo morbos, quæratur sanitas, & sic de aliis, mihi videtur, eundem semper esse motum, qui simul fert ad prosecutionem boni & ad fugam mali quod ipsi contrarium est. Observo solummodo in illis hanc differentiam, quod cupiditatem, cum tendit ad aliquod bonum, comitentur Amor, tum Spes & Lætitia: sed cum eadem Cupiditas tendit ad fugam mali huic bono contrarii, illam comitentur Odium, Metus & Tristitia; unde fit ut eam sibimetipsi contrariam esse judicemus: sed si consideretur cum æqualiter refertur eodem tempore ad quoddam bonum ut illud quærat, & ad malum oppositum ut illud vitet, evidenter apparere poterit unicam esse Passionem quæ præstat utrumque.

ARTICULUS LXXXVIII.

Quæ sint ejus diversæ species.

PRæstaret potius distinguere Cupiditatem in tot diversas species, quot varia sunt objecta quæ quæruntur. Nam exempli gratia *Curiositas*, quæ nihil aliud est quam cupiditas cognoscendi, differt multum à cupiditate *gloriæ*; & hæc à *Vindictæ* appetitu; & sic de aliis. Sed sufficit hic scire, tot illius esse species, quot sunt Amoris aut Odii; &

notatu

notatu digniores ac validiores eas esse quæ nascuntur ex Complacentia & Horrore.

ARTICULUS LXXXIX.

Qualis sit cupiditas quæ ex Horrore nascitur.

ETsi autem una tantum sit cupiditas quæ tendit ad prosecutionem boni, & fugam mali ipsi contrarii, ut dictum fuit, non ideo tamen ea quæ nascitur ex Complacentia, minus differt ab illa quæ oritur ex Horrore. Nam hæc Complacentia & hic Horror, quæ revera contraria sunt, non sunt illud bonum & malum quæ pro objectis sunt his cupiditatibus, sed solummodo duæ commotiones animæ, quæ eam disponunt ad quærendum duas res valde differentes. Scilicet Horror à natura institutus est ad repræsentandum animæ mortem subitaneam & inopinatam; adeo ut quamvis aliquando vel solus tactus vermiculi, aut strepitus folii tremuli, aut umbra nostra Horrorem incutiat, primo obtutu tantum commotionis sentiamus, ac si quoddam periculum evidens mortis sese sensibus offerret; Quod producit subito agitationem, quæ efficit ut anima explicet omnes suas vires ad vitandam tam præsentem perniciem : hæc species ea est cupiditatis quæ vulgo appellatur Fuga aut Aversio.

ARTICULUS XC.

Qualis sit illa quæ nascitur ex Complacentia.

COntra *Complacentia* est specialiter instituta à Natura ad repræsentandam fruitionem ejus quod arridet, ut summum bonorum quæ ad hominem pertinent; quod efficit ut ea fruitio enixè cupiatur. Verum est dari varias Complacentiæ species, nec cupiditates omnes quæ ex illis nascuntur esse æqualiter potentes. Nam exempli gratia, pulchritudo florum nos solummodo ad eos intuendos incitat, & fructuum ad eos comedendos; sed præcipua est quæ provenit à perfectionibus quas quis imaginatur in aliqua persona quam credit posse fieri alterum se ipsum; nam cum discrimine sexus, quem natura inter homines ut inter animalia bruta posuit, quasdam etiam collocavit impressiones in cerebro, quæ faciunt ut certa quadam ætate, & certo quodam tempore, nos consideremus ut imperfectos, & ceu nonnisi mediam partem constituentes unius totius, cujus persona alterius sexus debeat esse altera pars;

pars; ita ut acquisitio hujus mediæ partis confuse repræsentetur à Natura ut maximum omnium quæ excogitari possunt bonorum. Et quamvis conspiciantur plures aliæ personæ illius alterius sexus, non ideo tamen exoptantur plures eodem tempore, quia Natura non facit imaginari, plus una media parte opus esse; sed ubi observatur, aliquid in una, quod magis arridet, quam quæ deprehenduntur eodem tempore in aliis, id determinat animam, ut sentiat pro illa sola omnem inclinationem, quam Natura ipsi dat ad quærendum bonum illud quod ipsi repræsentat ut maximum quo frui possit. Et hæc inclinatio aut hæc cupiditas quæ sic nascitur ex Complacentia, nomine Amoris frequentius exprimitur, quam ille ipse Affectus Amoris, qui supra fuit descriptus: habet etiam insolentiores effectus; & is est qui suppeditat præcipuam materiam Fabulonibus & Poëtis.

ARTICULUS XCI.

Definitio Lætitiæ.

LÆtitia est jucunda commotio animæ, in qua consistit possessio boni quod impressiones cerebri ei repræsentant ut suum. Dico, in hac commotione consistere possessionem boni; nam revera anima nullum alium fructum percipit omnium bonorum quæ possidet; & dum nullam ex illis capit Lætitiam, dici potest quod illis non magis fruatur quam si ea non possideret. Addo etiam, esse bonum quod impressiones cerebri ipsi repræsentant ut suum: ne confundatur hæc Lætitia, quæ Passio est, cum lætitia pure intellectuali, quæ animam subit per solam actionem animæ, & quam possumus dicere esse jucundam commotionem excitatam in illa à semetipsa, in qua consistit possessio boni quod ejus intellectus ipsi ut suum repræsentat. Revera tamen quamdiu anima juncta est corpori, vix potest fieri quin hæc lætitia intellectualis eam comitem habeat quæ passio est. Nam quamprimum intellectus noster observat nos possidere aliquod bonum, etsi illud bonum adeo differat ab omni eo quod pertinet ad corpus, ut omnino imaginabile non sit, imaginatio tamen statim aliquam in cerebro facit impressionem, ex qua sequitur motus spirituum, qui excitat lætitiæ affectum.

ARTICULUS XCII.

Definitio Tristitiæ.

TRistitia est languor ingratus, in quo consistit incommoditas quæ obvenit animæ ex malo aut defectu quem impressiones cerebri ipsi repræsentant ut suum. Datur quoque Tristitia intellectualis, quæ non est Affectus, sed eum semper fere sibi adjunctum habet.

ARTICULUS XCIII.

Quæ sint causæ harum duarum Passionum.

CUm autem Lætitia vel Tristitia intellectualis sic eam excitat quæ Passio est, earum causa satis evidens est. Quin constat ex definitionibus earum, Lætitiam oriri ex opinione possessionis alicujus boni, & Tristitiam ex opinione adhæsionis alicujus mali vel defectus. Sed sæpe evenit ut quis vel lætum vel tristem se sentiat, etsi tam distincte nequeat observare bonum vel malum ex quo id procedat; nimirum cum illud bonum vel malum impressiones suas facit in cerebro absque opera animæ; quandoque quod nonnisi ad corpus pertineat, & quandoque etiam quod licet spectet ad animam, non consideretur tamen ab ea ut bonum vel malum, sed sub aliqua alia forma, cujus impressio in cerebro cum boni & mali impressione juncta est.

ARTICULUS XCIV.

Quomodo hi Affectus excitentur à bonis & malis quæ nil nisi corpus spectant; & in quo consistat Titillatio & Dolor.

SIc cum plena fruimur sanitate, & cum cœlum solito serenius est, in nobis sentimus aliquam hilaritatem quæ à nulla intellectus functione provenit, sed solummodo ab impressionibus quas motus spirituum in cerebro excitat. Et eodem modo nos tristes sentimus cum corpus non bene habet, quamvis nesciamus id male se habere. Sic titillationem sensuum adeo prope insequitur Lætitia, & dolorem Tristitia, ut plerique homines ea non distinguant. Attamen tantopere differunt, ut aliquando possint cum gaudio sustineri dolores, & titillationes excitari quæ displiceant. Verum causa, propter quam ut plurimum lætitia ex titillatione sequitur, est, quod omnis sic dicta titillatio, aut jucunda

sensatio,

sensatio, consistit in eo quod objecta sensuum excitant aliquem motum in nervis, qui posset ipsis nocere, nisi satis virium haberent ad resistendum illi, aut nisi corpus bene dispositum esset; quod efficit in cerebro impressionem, quæ cum instituta sit à Natura ad contestandam hanc bonam dispositionem & robur, eam animæ exhibet ut bonum quod ad ipsam pertinet, quatenus cum corpore juncta est, & ita in ea excitat lætitiam. Eadem fere ratio est propter quam naturaliter volupe est sentire se commoveri ad omnes species Passionum, imo ad Tristitiam & Odium, quando non aliunde orti sunt illi Affectus, quam à variis eventibus qui in Theatris exhibentur; aut ab aliis similibus subjectis, quæ cum nobis nullo modo nocere possint, videntur titillare nostram animam, eam tangendo. Ideo vero dolor ordinario producit Tristitiam, quod sensus qui dolor dicitur, oriatur semper ab aliqua actione tam violenta ut lædat nervos; adeo ut, cum à Natura institutus sit ad significandum animæ damnum quod patitur corpus per hanc actionem, & ejus imbecillitatem, in eo quod resistere illi non potuerit, ipsi repræsentet utrumque ceu mala sibi semper ingrata, nisi cum ea producunt bona quæ pluris facit.

ARTICULUS XCV.

Quomodo etiam possint excitari à bonis & malis quæ anima non observat, etiamsi ad ipsam pertineant; ut voluptas, quæ oritur ex eo quod quis se in periculum conjecerit, aut mali præteriti meminerit.

SIc voluptas, quam sæpe capiunt juvenes difficilia quædam aggrediendo, & se maximis periculis objiciendo, etsi nullam inde vel utilitatem vel gloriam sperent, oritur ex ea cogitatione quod res quam aggrediuntur sit difficilis. Id enim facit impressionem in eorum cerebro, quæ juncta illi quam formare possent, si cogitarent bonum esse se sentire satis animosos, satis felices, satis industrios aut satis fortes ad talia pericula adeunda, in causa est ut illis delectentur. Et voluptas qua fruuntur senes, cum recordantur malorum quæ passi sunt, inde procedit, quod sibi repræsentent, bonum aliquod esse, potuisse nihilominus in illis subsistere.

ARTICULUS XCVI.

Quinam sint motus sanguinis & spirituum qui producunt quinque praecedentes passiones.

QUinque Passiones quas cœpi hic explicare, adeo vel junctæ sunt vel oppositæ sibi invicem, ut facilius sit eas simul considerare quam de singulis sigillatim disserere, prout de Admiratione seorsim tractatum fuit. Eorum vero causa non est ut admirationis in solo cerebro, sed etiam in corde, in liene, in jecore, & in omnibus aliis partibus corporis, quatenus inserviunt productioni sanguinis, & deinde spirituum. Etsi enim omnes venæ deducant sanguinem quem continent ad cor, evenit tamen aliquando ut quarundam sanguis eo majori cum vi propellatur quam reliquarum; & accidit etiam ut orificia per quæ cor subit, aut per quæ ex illo egreditur, sint quandoque vel latiora vel strictiora, quam alias.

ARTICULUS XCVII.

Præcipua experimenta quæ inserviunt his motibus cognoscendis in Amore.

COnsiderando autem varios motus quos experientia prodit in nostro corpore, dum anima nostra variis Passionibus agitatur, observo, in Amore cum solus est, id est cum eum non comitatur quædam vehemens Lætitia aut Cupiditas, aut Tristitia, pulsum æqualem esse, & intensiorem robustioremque solito, sentiri dulcem calorem in pectore, & concoctionem ciborum prompte fieri in stomacho, adeo ut hic Affectus sit utilis valetudini.

ARTICULUS XCVIII.

In Odio.

COntra observo, in Odio pulsum esse inæqualem & debilem, & sæpe frequentiorem ac vermiculantem; sentiri frigora mixta nescio quo calore aspero & pungente in pectore; stomachum cessare ab officio, & proclivem esse ad nauseam & evomendos cibos assumptos, aut saltem ad eos corrumpendos & convertendos in pravos humores.

ARTI-

ARTICULUS XCIX.

In Lætitia.

IN Lætitia, pulsum esse æqualem & solito frequentiorem, nec tamen æque intensum ac fortem ut in Amore, & sentiri calorem gratum, qui non solum in pectore est, sed qui diffunditur etiam per omnes exteriores corporis partes, cum sanguine qui eo affluere copiose cernitur; & interea prostratum quandoque appetitum esse, quia digestio minus bene procedit quam alias.

ARTICULUS C.

In Tristitia.

IN Tristitia pulsum esse debilem & lentum, & quasi vincula sentiri circa cor quæ illud coarctant, ac stirias quæ illud congelant, & suam communicant frigiditatem reliquo corpori; & nihilominus quandoque vigere appetitum, & sentiri stomachum non cessare ab officio, modo nihil odii cum Tristitia mixtum sit.

ARTICULUS CI.

In Cupiditate.

DEnique observo hoc speciale in Cupiditate, quod agitet cor violentius quam ulla alia Passio, & suppeditet cerebro plures spiritus, qui inde transeuntes in musculos, omnes sensus reddunt subtiliores, & omnes partes corporis mobiliores.

ARTICULUS CII.

Motus sanguinis & spirituum in Amore.

HÆ observationes ac plures aliæ, quas scribere prolixum foret, occasionem mihi dederunt judicandi, quod cum intellectus sibi repræsentat aliquod objectum Amoris, impressio quam hæc cogitatio facit in cerebro, deducat spiritus animales per nervos sextæ conjugationis ad musculos qui circa intestina & stomachum sunt, modo convenienti ad efficiendum ut succus ciborum qui convertitur in novum sanguinem, transeat celerrime ad cor, nec subsistat in jecore, & qui eo propulsus majori vi, quam qui est in aliis corporis partibus, illud ingrediatur copiosius, ibique excitet fortiorem calorem, quia crassior est eo qui jam sæpius rarefactus fuit circulando per cor: unde fit ut mittat quoque ad cerebrum spiritus, quorum partes crassiores & agitatiores solito sunt: & hi spiritus corroborantes impressionem quam fecit prima cogitatio objecti amabilis, cogunt animam immorari illi cogitationi. Atque in eo consistit Affectus Amoris.

Articulus CIII.

In Odio.

Contra in Odio, prima cogitatio objecti quod aversamur, ita deducit spiritus qui sunt in cerebro ad musculos stomachi & intestinorum, ut impediant ne succus ciborum se cum sanguine misceat, coarctando omnia ostiola per quæ solet eo fluere; & ita quoque deducit eos ad parvos nervos lienis & infimæ partis jecoris ubi est receptaculum bilis, ut partes sanguinis, quæ versus illam regionem solent rejici, inde exeant & fluant, cum illo qui est in ramis venæ cavæ, ad cor: quod efficit multum inæqualitatis in ejus calore; quia sanguis qui ex liene venit non nisi ægre calefit & rarefit; & è contrario is qui venit ex parte inferiore jecoris, ubi semper fel est, ardet & se dilatat citissime. Quocirca spiritus qui adeunt cerebrum, habent quoque partes valde inæquales, & motus valde extraordinarios. Unde fit ut ibi corroborent Ideas Odii, quas jam impressas reperiunt, & disponant animam ad cogitationes plenas acerbitatis & amaroris.

Articulus CIV.

In Lætitia.

In Lætitia non tam agunt nervi Lienis, Jecoris, Stomachi, aut Intestinorum, quam qui sunt in reliquo corpore, & specialiter ille qui circa orificia cordis est, qui ea aperiens & dilatans, facilitatem suppeditat sanguini quem alii nervi ex venis propellunt ad cor, illud subeundi & ex illo egrediendi majori copia solito. Et quia sanguis qui tum cor subit, jam sæpius illud pertransivit, veniendo ex arteriis in venas, ideo se facile dilatat, & producit spiritus, quorum partes cum sint valde æquales & subtiles, aptæ sunt formandis & firmandis impressionibus cerebri, quæ dant animæ cogitationes lætas & tranquillas.

ARTICULUS CV.

In Tristitia.

Contra in Tristitia orificia cordis valde contrahuntur per nervulum quo circumdantur, nec ullo modo sanguis venarum agitatur. Quod efficit ut ex eo parum admodum cor adeat; & interim viæ per quas succus ciborum fluit ex stomacho & ex intestinis ad jecur, apertæ manent; unde appetitus manet imminutus, nisi cum Odium, quod sæpe Tristitiæ junctum est, eas claudit.

ARTICULUS CVI.

In Cupiditate.

Denique Cupiditatis Passioni id proprium est, quod voluntas obtinendi aliquod bonum, aut fugiendi aliquod malum, transmittat celerrime spiritus cerebri ad omnes partes corporis, quæ inservire possunt actionibus eo requisitis, & specialiter ad cor, & partes quæ ipsi plus sanguinis suppeditant, quo ejus majorem solito copiam recipiendo, emittat majorem spirituum quantitatem ad cerebrum, tam ad conservandam & confirmandam in eo Ideam hujus voluntatis, quam ad transeundum inde in omnia organa sensuum, & omnes musculos qui possunt adhiberi ad obtinendum quod desideratur.

ARTICULUS CVII.

Quæ sit causa horum motuum in Amore.

Educo autem rationes horum omnium ex iis quæ superius dicta sunt, nempe dari talem nexum inter animam & corpus, ut ubi semel junximus aliquam actionem corpoream alicui cogitationi, altera deinceps se nobis non offerat quin alia se pariter exhibeat. Ut videmus in iis qui ægri pharmacum aliquod hauserunt magna cum aversione, eos non posse quippiam postea vel bibere vel edere ejusdem fere saporis, quin rursus eandem habeant aversionem: nec similiter posse cogitare de aversione haberi solita circa pharmaca, quin idem sapor ipsis in mentem redeat. Videtur enim mihi, primas Passiones quas anima nostra sensit, cum cœpit nostro corpori jungi, inde ortas esse, quod aliquando sanguis vel alius succus qui ingrediebatur cor, erat alimentum solito convenientius.

tius conſervando ibi calori qui principium eſt vitæ: quod in cauſa erat ut anima ſibi voluntate conjungeret hoc alimentum, id eſt, illud amaret; & ſimul ſpiritus fluebant ex cerebro ad muſculos eos qui poterant comprimere vel agitare partes ex quibus venerat ad cor, ut ipſi adhuc amplius ejuſdem generis ſubmitterent. Hæ vero partes erant ſtomachus & inteſtina, quorum agitatio auget appetitum, aut etiam jecur & pulmo, quem muſculi diaphragmatis premere poſſunt. Ideo hic idem motus ſpirituum ſemper deinceps comitatus eſt Affectum Amoris.

Articulus CVIII.

In Odio.

Aliquando è contrario veniebat quidam peregrinus ſuccus ad cor, qui nec erat aptus conſervando ejus calori, vel etiam illum extinguere poterat, unde fiebat ut ſpiritus aſcendentes ex corde ad cerebrum excitarent in Anima affectum Odii. Et ſimul etiam hi ſpiritus progrediebantur ex cerebro ad nervos, qui poterant propellere ſanguinem ex liene, & ex parvis venis jecoris ad cor ad impediendum ne *ſuccus ille* noxius illud ingrederetur; & deinde ad eos qui poterant *repellere* hunc eundem ſuccum ad inteſtina, & ad ſtomachum, aut etiam aliquando cogere ſtomachum eum evomere. Unde fit ut iidem motus ſoleant comitari Affectum Odii. Et videre eſt ad oculum, dari in jecore plurimas venas aut canales ſatis latos, per quos ſuccus ciborum tranſire poteſt ex vena porta in venam cavam, & inde in cor, nullatenus immorando in jecore; ſed & dari quoque infinitas alias minores, in quibus ſubſiſtere poteſt, & quæ ſemper continent aliquid reſidui ſanguinis, ut etiam lien; qui ſanguis cum craſſior ſit eo qui in aliis corporis partibus eſt, poteſt commodius cedere in alimentum ignis qui in corde eſt, quando ſtomachus & inteſtina illud non ſuppeditant.

Articulus CIX.

In Lætitia.

Contigit quoque aliquando ſub initium noſtræ vitæ, ut ſanguis contentus in venis eſſet alimentum ſatis conveniens ad conſervandum cordis calorem, & tali quantitate eum ibi contineri, ut is calor aliunde alimentum ſuum arceſſere opus non haberet: Quod excitavit in in Anima affectum Lætitiæ, & effecit simul ut orificia cordis sese solito magis aperirent, & ut spiritus abunde fluerent ex cerebro, non solum in nervos qui inserviunt aperiendis his orificiis, sed etiam in genere in omnes alios qui propellunt sanguinem venarum ad cor, & impediunt ne eo recens veniat ex jecore, liene, intestinis & stomacho. Quare iidem motus comitantur Lætitiam.

ARTICULUS CX.

In Tristitia.

ALiquando contra evenit ut corpus opus habuerit nutrimento; atque id est quod primam Animæ Tristitiam sentiendam præbere potuit, saltem eam quæ non juncta fuit Odio. Id ipsum etiam effecit ut orificia cordis sese contraxerint, quia parum sanguinis recipiebant; & ut pars magna hujus sanguinis venerit ex liene, quod est instar ultimæ cellæ ex qua cordi suppeditari potest, cum aliunde non satis copiose illuc commeat. Idcirco motus spirituum & nervorum qui inserviunt ita contrahendis orificiis cordis, & eo deducendo sanguini lienis, comitantur semper Tristitiam.

ARTICULUS CXI.

In Cupiditate.

TAndem primæ Cupiditates quæ animam potuerunt subire, cum recens juncta esset corpori, fuere recipiendi res sibi convenientes, & repellendi noxias. In hunc autem finem spiritus cœperunt exinde movere omnes musculos, & omnia organa sensuum, omnibus modis quibus moveri possunt. Quod in causa est ut nunc, cum anima aliquid cupit, totum corpus fiat agilius & magis dispositum ad se movendum, quam alias solet: Et cum accidit insuper, corpus sic dispositum esse, id reddit animæ cupiditates validiores & ferventiores.

ARTICULUS CXII.

Quæ sint signa externa harum Passionum.

QUod hic posui, satis aperit causam differentiarum pulsus, & omnium aliarum proprietatum quas supra vindicavi his Passionibus, ut non sit opus ultra immorari in illis magis explicandis. Sed quia solum observavi in singulis quod observari potest, ubi unaquæque illarum sola est, & inservit cognoscendis motibus sanguinis & spirituum qui eas producunt, superest adhuc ut dicam de pluribus signis externis, quæ eas comitari solent, & quæ melius observantur cum plures simul sunt mixtæ, ut vulgo obtinet, quam cum separatæ sunt. Præcipua horum signorum sunt actiones oculorum & vultus, mutationes coloris, tremores, languor, leipothymia, risus, lacrymæ, gemitus, suspiria.

ARTICULUS CXIII.

De actionibus oculorum & vultus.

NUlla est Passio quam non specialis quædam actio oculorum indicet; & hoc tam palam est in quibusdam, ut etiam servi stupidissimi possint ex oculis sui heri observare, num in se iratus sit nec ne. Verum etsi percipiamus facile has oculorum actiones, & sciamus quid significent, non ideo facile est eas describere, quia unaquæque composita est ex plurimis mutationibus quæ accidunt motui & figuræ oculi, quæ adeo particulares & parvæ sunt ut earum unaquæque separatim percipi non possit, etsi id quod resultat ex earum conjunctione observare sit facillimum. Idem fere dici potest de actionibus vultus, quæ Passiones quoque comitantur; etsi enim majores sint oculorum actionibus, difficile tamen est eas distinguere. Et tam parum differunt, ut dentur homines qui eundem ostentant vultum cum plorant ac alii cum rident. Verum est aliquas esse satis notabiles, ut sunt rugæ frontis in Ira, certi quidam motus nasi & labiorum in Indignatione & Irrisione; sed non videntur esse tam naturales quam voluntariæ. Et in genere omnes actiones tum vultus tum oculorum possunt ab anima mutari, cum volens occultare suam passionem, sibi fortiter imaginatur contrarium; ita ut possint æque adhiberi ad dissimulandos Affectus, ac ad illos declarandos.

ARTICULUS CXIV.

De mutationibus coloris.

NOn ita facile potest impediri Erubescentia aut Pallor, cum quædam Passio disponit ad alterutrum; quia hæ mutationes non pendent à nervis & musculis, ut præcedentes, sed proveniunt magis recta & immediate à corde, quod fons Passionum dici potest, quatenus præparat sanguinem & spiritus ad eas producendas. Certum autem est colorem

lorem vultus non nisi ex sanguine venire, qui continuo fluens ex corde per arterias in omnes venas, & ex omnibus venis in cor, plus minusve faciem colorat, prout plus vel minus replet parvas venas quæ sunt versus superficiem ipsius.

ARTICULUS CXV.

Quomodo Lætitia inducat ruborem.

ITa Lætitia reddit colorem magis vivum & purpureum, quia aperiens cordis cataractas efficit ut sanguis citius fluat per omnes venas, & calidior subtiliorque factus inflet mediocriter omnes vultus partes; quo facies serenior & lætior redditur.

ARTICULUS CXVI.

Quomodo Tristitia pallescere faciat.

TRistitia contra contrahendo orificia cordis efficit ut sanguis fluat lentius per venas, & frigidior & crassior factus minus loci debeat occupare, ita ut sese recipiens ad latiores quæ sunt cordi proximiores, deserat magis remotas, quarum visibiliores cum sint in vultu, ea ratione apparet pallidus & emaciatus: præcipue cum Tristitia magna est, aut cum subito advenit, ut in Consternatione videmus, cujus inopinatus adventus auget actionem quæ cor contrahit.

ARTICULUS CXVII.

Quomodo tristes sæpe rubeant.

AT sæpe evenit ut tristes non pallescant, sed contra rubeant. Quod tribui debet aliis Affectibus qui se Tristitiæ jungunt, nimirum Amori, aut Cupiditati, & quandoque etiam Odio. Nam hæ Passiones calefacientes aut agitantes sanguinem qui venit ex jecore, intestinis aliisque partibus interioribus, eum propellunt ad cor, & inde per magnam arteriam ad venas faciei, Tristitia, quæ contrahit ab omni parte orificia cordis, id nequicquam impediente, nisi cum profundissima est: sed quantumvis sit duntaxat mediocris, ea impedit facile ne sanguis qui ita ad venas vultus devenit, descendat versus cor, dum Amor, Cupiditas, aut Odium eo alium ex partibus interioribus propellunt. Idcirco hic sanguis subsistens circa faciem eam rubentem reddit; imo rubicundiocundiorem quam in Lætitia; quia color sanguinis eo magis apparet quo minus celeriter fluit, & quoniam insuper majori copia congregari sic potest in venis faciei, quam cum orificia cordis sunt magis aperta. Id patet in Pudore, qui componitur partim ex sui ipsius amore, & desiderio urgente vitandi præsentem infamiam; qua ratione adducitur sanguis ex partibus interioribus ad cor, & inde per arterias ad faciem; partim ex mediocri Tristitia, quæ impedit ne idem ille sanguis ad cor redeat. Idem apparet etiam ordinario cum ploratur; nam, ut postea dicam, Amor junctus Tristitiæ producit lachrymarum maximam partem. Et idem apparet in Ira, in qua sæpe subita vindictæ cupido miscetur Amori, Odio, & Tristitiæ.

Articulus CXVIII.

De Tremoribus.

Tremores duas diversas causas habent. Quarum altera est, quod aliquando nimis pauci spiritus veniant ex cerebro in nervos, & altera quod aliquando nimis multi veniant ad recte claudenda ostiola musculorum; quæ juxta id quod dictum fuit artic. xi. debent esse clausa, ut determinentur motus membrorum. Prima causa apparet in Tristitia & in Metu, ut etiam cum frigus tremorem inducit. Nam hæ Passiones, æque ac frigus aëris, sic possunt condensare sanguinem, ut cerebro non suppeditet sat spirituum quos inde in nervos immittere queat. Altera causa apparet sæpe in iis qui aliquid fervide cupiunt, aut ex ira valde æstuant, ut & in illis qui ebrii sunt. Nam hæ duæ Passiones æque ac vinum aliquando tot spiritus ad cerebrum mittunt, ut inde ordine non possint deduci in musculos.

Articulus CXIX.

De Languore.

Languor est dispositio ad relaxationem & cessationem omnis motus, quæ sentitur in omnibus membris. Provenit sicut tremor ex eo quod non sat multi spiritus nervos ingrediantur, sed modo diverso: nam causa Tremoris est, quod non satis sit spirituum in cerebro ad parendum determinationibus glandis cum eos propellit ad aliquem musculum; at Languor provenit ex eo, quod glans eos non determinat ad influendum potius in hos musculos quam in illos.

Arti-

ARTICULUS CXX.

Quomodo producatur ab Amore & Cupiditate.

PAssio autem quæ constantius producit hunc effectum est Amor, junctus Cupiditati rei cujus acquisitio non concipitur ut possibilis in præsenti. Nam amor adeo occupat animam in consideratione objecti amati, ut adhibeat omnes spiritus qui sunt in cerebro, ad ejus imaginem sibi repræsentandam, & sistat omnes motus glandis qui non inserviunt huic effectui. Ac observandum de Cupiditate, proprietatem quam ei attribui reddendi totum corpus mobilius, ipsi non convenire nisi cum desideratum objectum tale concipitur ut illo ipso tempore possit aliquid fieri quod ei acquirendo inserviat. Nam si è contrario concipiatur impossibile tum esse quicquam facere quod eo conferat, omnis agitatio cupiditatis manet in cerebro, nullo modo transiens in nervos; & penitus occupata in confirmanda Idea objecti desiderati, residuum corpus languidum relinquit.

ARTICULUS CXXI.

Eum posse etiam proficisci ab aliis Passionibus.

VErum quidem est, Odium, Tristitiam ac ipsammet Lætitiam etiam posse aliquem Languorem inducere, cum admodum violentæ sunt; quia occupant penitus animam in consideratione sui objecti, præsertim ubi rei alicujus Cupiditas, cui acquirendæ nihil contribui potest inpræsentiarum, illis adjungitur. Sed quoniam magis attenditur ad ea objecta quæ quisque sibi voluntate conjungit, quam ad illa quæ à se separat, aut ulla alia, nec languor pendet ex inopinato occursu, sed eget aliquo tempore ut formetur, reperitur magis in Amore quam in aliis omnibus Affectibus.

ARTICULUS CXXII.

De Lipothymia.

LIpothymia sive animi Deliquium non multum distat à morte: morimur enim cum ignis qui in corde est plane extinguitur, sed in lipothymiam incidimus cum ita suffocatur ut adhuc aliquid residui caloris maneat, quo postea rursus accendi potest. Sunt autem plures affectio-

 nes

nes corporis quæ efficere possunt ut ita in leipothymiam incidatur. Verum inter Passiones observatur nonnisi lætitiam extremam id posse. Modus vero, quo credo eam hunc effectum producere, est, quod aperiens extraordinarie orificia cordis, sanguis venarum illud subeat tanto impetu & ea quantitate, ut ibi non possit rarefieri sat cito à calore, ad removendas pelliculas sive valvulas quæ claudunt ostia harum venarum; qua ratione suffocat ignem, quem conservare solet cum cor non subit nisi ad mensuram.

ARTICULUS CXXIII.

Cur Deliquium animi ex Tristitia non sequatur.

VIdetur quidem magnam Tristitiam, quæ ex inopinato advenit, debere sic contrahere orificia cordis, ut ejus quoque ignem possit extinguere; tamen non observamus id accidere, aut si accidat, rarissimum est: cujus rei hanc credo esse rationem, quod non possit tam parum sanguinis inesse cordi quin sufficiat ad ejus conservandum calorem, cum illius orificia ferme clausa sunt.

ARTICULUS CXXIV.

De Risu.

RIsus consistit in eo quod sanguis qui venit ex cavitate dextra cordis per venam arteriosam, inflans subito pulmones & iteratis vicibus, efficit ut aër quem continent cogatur exire cum impetu per asperam arteriam, in qua format vocem inarticulatam & sonoram; & tam pulmones sese inflando, quam hic aër exeundo, impellunt omnes musculos diaphragmatis, pectoris, & gutturis; qua ratione movent musculos vultus qui aliquam cum illis connexionem habent. Atque hæc sola vultus actio, cum illa voce inarticulata & sonora, Risus nuncupatur.

ARTICULUS CXXV.

Cur non comitetur maximas Lætitias.

ETsi autem Risus videatur unum ex præcipuis signis Lætitiæ, eum tamen producere non potest nisi demum ubi mediocris fuerit, & aliquid habuerit admirationis vel odii admixtum. Nam experientia constat, quod in summo gaudio nunquam ejus causa efficiat ut in cachinnos pro-

prorumpatur, imo neque tam facile eo tunc invitari possumus ab aliqua alia causa, quam ubi tristes sumus; Cujus rei ratio est, quod in maximis lætitiis pulmo adeo semper plenus sit sanguine ut amplius per vices iteratas inflari nequeat.

ARTICULUS CXXVI.

Quæ sint ejus præcipuæ causæ.

NOnnisi autem duas observare possum causas quæ ita subito inflent pulmonem. Prima est inopinatus occursus Admirationis, qui junctus Lætitiæ tam cito aperire potest orificia cordis, ut magna copia sanguinis ingrediens simul ejus dextrum latus per venam cavam ibi rarefiat, & transiens inde per venam arteriosam inflet pulmonem. Altera est commixtio cujusdam liquoris qui auget rarefactionem sanguinis. Nec magis idoneam ad id reperio, quam fluidiorem partem illius qui ex liene venit; quæ pars sanguinis ubi ad cor propulsa fuerit ab aliqua levi commotione Odii, quam juvat inopinatus Admirationis occursus, & sese in eo miscuerit cum sanguine qui venit ex aliis corporis partibus, quem Lætitia abunde introducit, potest efficere ut ille sanguis ibi dilatetur multo magis solito. Eodem modo quo videmus multos alios liquores igni impositos inflari subito, cum vasi in quo sunt parum aceti infunditur. Nam fluidior pars sanguinis, qui ex liene venit, natura similis est aceto. Experientia quoque nobis ostendit, in omnibus occasionibus, quæ possunt producere hunc risum solutum qui ex pulmone venit, semper subesse aliquam leviorem causam Odii, aut saltem Admirationis. Ac illi quorum lien non admodum sanus est, obnoxii sunt non solum majori Tristitiæ quam cæteri, sed etiam per dilucida intervalla majori Lætitiæ & Risui: quoniam lien emittit duplicem sanguinem ad cor, unum valde crassum & densum, qui producit Tristitiam, alterum valde fluidum & subtilem qui Lætitiam excitat. Et sæpe post multum Risum naturaliter propendemus ad Tristitiam, quia cum fluidior pars sanguinis ex liene exhausta est, altera crassior eam versus cor subsequitur.

ARTICULUS CXXVII.

Quæ sit illius causa in Indignatione.

QUoad Risum qui aliquando comitatur Indignationem, ut plurimum est artificialis & fictus; sed ubi naturalis est, videtur oriri ex Læti-

Lætitia inde concepta, quod videamus nos ab eo malo cui indignamur non posse offendi, & insuper quod nos occupatos sentiamus novitate inopinata illius mali; Adeo ut Lætitia, Odium & Admiratio ad eum producendum concurrant. Attamen credere volo, posse etiam produci absque aliqua Lætitia, à solo motu Aversionis, qui mittit sanguinem ex liene ad cor, ubi rarefit, & propellitur inde in pulmonem, quem facile inflat, ubi eum ferme vacuum reperit. Et in genere omne id quod subito potest inflare pulmonem hoc modo, efficit actionem externam Risus, nisi cum Tristitia eam mutat in actionem gemituum & *ejulatuum* qui lachrymas comitantur. Quam ad rem de se ipso Vives scribit *lib. 3.* de Anima, cap. de Risu, ubi diutius jejunus fuisset, prima frusta quæ in os ingerebat sibi risum excussisse: cujus rei causa poterat esse quod ejus pulmo vacuus sanguine, propter defectum nutrimenti, celeriter inflabatur primo succo qui transibat ex stomacho ad cor, & quem sola comedendi Imaginatio eo poterat deducere, antequam succus ciborum quos comedebat eo pervenisset.

ARTICULUS CXXVIII.

De origine Lachrymarum.

SIcut Risus nunquam oritur ex maximis Gaudiis, ita nec Lachrymæ promanant ab extrema Tristitia, sed solum à mediocri, & quam comitatur vel sequitur aliquis sensus Amoris aut etiam Lætitiæ. Ut vero bene intelligatur earum origo, observandum est, quod etsi continuo multi vapores prodeant ex omnibus nostri corporis partibus, nulla tamen sit ex qua plures egrediantur quam ex oculis, propter magnitudinem nervorum opticorum, & multitudinem parvarum arteriarum per quas eo veniunt: Ac sicuti sudor solis constat vaporibus, qui cum egrediuntur ex aliis partibus, convertuntur in aquam in illarum superficie, ita lachrymæ fiunt ex vaporibus qui egrediuntur ex oculis.

ARTICULUS CXXIX.

Quomodo Vapores in aquam mutentur.

SIcut autem scripsi in Meteoris, explicando quomodo Vapores aëris mutentur in pluviam, id inde evenire, quod sint minus agitati, aut solito copiosiores; ita credo, eos qui exeunt ex corpore, cum solito minus sunt agitati, etsi tam copiosi non sint, tamen converti in aquam; unde de fiunt sudores frigidi, qui quandoque ex debilitate oriuntur cum ægrotamus. Existimo itidem, eos cum multo copiosiores sunt, modo insuper non magis agitentur, pariter etiam in aquam converti; id quod eum producit sudorem qui exercitium comitatur. Ac tunc oculi non sudant, quia inter corporis exercitia, maxima parte spirituum ingrediente musculos qui ei movendo inserviunt, minus ex illis per nervum opticum it ad oculos. Denique eadem est omnino materia ex qua fit sanguis dum est in venis aut in arteriis; & spiritus cum est in cerebro, in nervis, aut in musculis; & vapores, cum inde prodit instar aëris; & denique sudor aut lachrymæ, cum in aquam condensatur in superficie corporis vel oculorum.

ARTICULUS CXXX.

Quomodo id quod oculo dolorem adfert eum ad lachrymandum excitet.

PORRO nonnisi duas causas observare possum quæ faciant ut vapores qui ex oculis prodeunt mutentur in lachrymas. Prima est cum figura pororum per quos transeunt immutatur ex quocunque accidenti: hoc enim retardans motum istorum vaporum, & ordinem eorum mutans, efficere potest ut in aquam abeant: Sic vel festuca quæ in oculum inciderit sufficiet quibusdam lachrymis ex illo exprimendis, quoniam in eo dolorem excitando mutat dispositionem pororum ipsius, adeo ut nonnullis angustioribus factis, parvæ vaporum partes per eos minus cito transeant, & pro eo quod antea exibant æqualiter à se invicem distantes, & ita separati manebant, sibi mutuo occurrant, quia ordo horum pororum turbatus est, qua ratione se una jungunt, & ita in lachrymas convertuntur.

ARTICULUS CXXXI.

Quomodo præ Tristitia lachrymemur.

ALtera causa est Tristitia, quam sequitur Amor, aut Lætitia, vel in genere quælibet causa quæ efficit ut cor propellat multum sanguinis per arterias. Tristitia requiritur, quia refrigerans omnem sanguinem contrahit oculorum poros. Sed quoniam eos contrahendo diminuit pariter quantitatem vaporum quibus transitum dare debent, id non sufficit ad eliciendas lachrymas, nisi quantitas horum vaporum eodem tempore augeatur ab aliqua alia causa: Nihil vero est quod eam magis augeat quam sanguis qui emittitur versus cor in Passione Amoris. Sic videmus, eos qui tristes sunt non jugiter lachrymari, sed solum per intervalla, cum aliquam novam reflexionem faciunt versus objecta quæ colunt.

ARTICULUS CXXXII.

De Gemitibus qui comitantur lachrymas.

TUnc vero pulmones quandoque momento inflantur copia sanguinis qui eos subit, & qui inde expellit aërem quem continebant, qui per guttur egrediens gignit gemitus & clamores, qui solent comitari lachrymas: Et hi clamores ordinario acutiores sunt illis qui comitantur risum, etsi fere eodem modo producantur; quoniam nervi qui inserviunt dilatandis aut contrahendis organis vocis, ad eam magis gravem vel acutam sive graciliorem reddendam, juncti cum illis qui aperiunt orificia cordis in Lætitia, & ea contrahunt in Tristitia, efficiunt ut hæc organa dilatentur aut contrahantur eodem tempore.

ARTICULUS CXXXIII.

Cur infantes & senes facile lachrymentur.

INfantes & senes ad lachrymandum magis propendent quam qui sunt mediæ ætatis, sed diversis de causis. Senes sæpe lachrymantur ex Amore & Gaudio; nam hi duo Affectus simul juncti multum sanguinis propellunt ad cor eorum, & inde multos vapores ad oculos; & agitationem horum vaporum frigiditas illorum naturalis adeo remoratur, ut facile in lachrymas convertantur, etsi nulla Tristitia præcesserit. Quod si quidam senes etiam facile lachrymentur præ tædio vel ira, ad id non tam temperamento corporis sui quam animi disponuntur; Et id accidit iis solis qui tam debiles sunt, ut se patiantur penitus superari à parvis doloris causis, metus, aut commiserationis. Idem evenit infantibus, qui raro ex Lætitia lachrymantur, sæpius ex Tristitia, etiam quam Amor non comitatur: semper enim sat sanguinis habent ad producendos multos vapores, qui, cum eorum motum Tristitia remoratur, abeunt in lachrymas.

ARTICULUS CXXXIV.

Cur aliqui infantes potius palleant quam lachrymentur.

SUnt tamen nonnulli qui potius pallent quam lachrymantur, cum irati sunt; quod indicio in ipsis esse potest judicii & animositatis extraordinariæ; scilicet cum id inde oritur quod considerant magnitudinem mali, & se ad fortem resistentiam parant, eodem modo quo ætate provectiores. Verum frequentior nota est pravæ indolis, nimirum cum id inde fit quod ad Odium proclives sint aut ad Metum. nam isti affectus imminuunt materiam lachrymarum. Et contra videmus eos qui facile plorant propensos esse ad Amorem & ad Commiserationem.

ARTICULUS CXXXV.

De Suspiriis.

CAusa Suspiriorum à causa lachrymarum valde differt, etiamsi præsupponant ut hæ Tristitiam. Nam pro eo quod impelluntur homines ad lachrymandum cum pulmones pleni sunt sanguine, ad suspiria ducenda incitantur cum fere eo destituuntur, & quædam imaginatio Spei aut Lætitiæ aperit orificium arteriæ venosæ, quod Tristitia contraxerat. Tum enim paullulum illud sanguinis quod restabat in pulmonibus, decidens momento in lævum cordis latus per hanc arteriam venosam, eoque impulsum cupiditate perveniendi ad illam Lætitiam, quæ eodem tempore agitat omnes musculos diaphragmatis & pectoris, aër celerrime per os propellitur in pulmones, ad replendum locum quem deserit ille sanguis; Et id est quod dicitur *suspirare*.

ARTICULUS CXXXVI.

Unde veniant effectus Passionum quæ quibusdam hominibus peculiares sunt.

CÆterum ut suppleam hic paucis omne id quod posset addi circa varios effectus aut diversas causas Affectuum, mihi sufficiet repetere Principium cui omnia quæ de illis scripsi innituntur; nimirum talem nexum inter Animam & nostrum corpus esse, ut cum semel junximus quandam actionem corpoream cuidam cogitationi, neutra earum unquam se postea offerat, quin altera se quoque exhibeat; nec semper easdem esse actiones quæ iisdem cogitationibus junguntur. Id enim sufficit reddendæ rationi omnium eorum quæ unusquisque potest observare specialia vel in se vel in aliis, circa hanc materiam, quæ hic explicata non fuerint. Etenim exempli gratia, facile est cogitare, miras quorundam aversiones, per quas nequeunt ferre odorem rosarum, aut præsentiam felis, aut similia, non aliunde proficisci quam quod ab initio suæ vitæ valde fuerint læsi à similibus quibusdam objectis, aut quia compassi sunt sensui matrum suarum, quæ gravidæ cum essent, à talibus læsæ fuerint. Certum enim est relationem dari inter omnes matris motus, & motus infantis quem gestat in utero, ita ut quod uni contrarium est alteri etiam noceat. Et odor rosarum potuit infanti magnum capitis dolorem attulisse cum adhuc in cunis esset, aut felis potuit eum valde perterrefecisse nemine animadvertente, ac ipso nullam ejus rei memoriam postea conservante; quamvis idea aversionis quam tum pro illis rosis aut pro illo fele conceperat, impressa manserit ejus cerebro usque ad vitæ finem.

Articulus CXXXVII.

De Usu quinque Passionum hic explicatarum, prout ad corpus referuntur.

PRopositis definitionibus Amoris, Odii, Cupiditatis, Lætitiæ, Tristitiæ, & explicatis omnibus motibus corporeis qui hos Affectus producunt aut comitantur, solus eorum usus superest considerandus. De quo observandum est, quod secundum institutum Naturæ referantur omnes ad corpus, nec animæ imputentur nisi quatenus corpori juncta est; adeo ut eorum usus naturalis sit incitare animam, ad consentiendum & contribuendum iis actionibus quæ inservire possunt conservando corpori aut illi aliquatenus perfectius reddendo. Eo vero sensu Tristitia & Lætitia primæ adhibentur: Anima etenim non aliter immediate monetur de rebus quæ corpori nocent, quam sensu doloris, qui producit in ipsa, primum Passionem Tristitiæ, & tum Odium ejus quod hunc dolorem excitat, & tertio loco Cupiditatem se ab illo liberandi: prout etiam anima non immediate edocetur de rebus corpori utilibus, aliter quam specie quadam titillationis, quæ in ea excitans Lætitiam, deinde producit Amorem illius rei quæ ejus esse causa creditur, & denique Cupiditatem id acquirendi quod efficere potest ut in hac Lætitia continuet, aut adhuc postea simili fruatur. Unde constat illas omnes quin-

quinque utilissimas esse respectu corporis, imo Tristitiam quadantenus priorem & magis necessariam esse Lætitia, & Odium Amore, quia magis refert repellere quæ nocent & destruere possunt, quam ea acquirere quæ aliquam perfectionem addunt, qua tamen carere possumus.

ARTICULUS CXXXVIII.

De eorum defectibus, & mediis quibus corrigantur.

SEd quamvis hic usus Passionum sit maxime naturalis, nec omnia animalia bruta dirigant vitam suam aliter quam per corporeos motus, similes iis qui solent in nobis eas sequi, & ad quibus consentiendum nostram animam incitant; non semper tamen bonus est, cum multa sint corpori noxia, quæ nullam ab initio producunt Tristitiam, imo quæ aliquam Lætitiam præbent; & alia dentur ipsi utilia, quamvis primo obtutu incommoda & tristia sint. Præterea fere semper ostendunt tam bona quam mala quæ repræsentant multo majora & majoris momenti quam revera sunt; ita ut nos incitent ad illa quærenda & hæc fugienda majori cum fervore & cura quam par est; prout etiam videmus, bestias sæpe decipi per escam, & ad vitanda minora mala præcipites ferri in majora. Idcirco experientia uti debemus & ratione, ad distinguendum bonum à malo, & eorum justum valorem cognoscendum, ne unum pro alio sumamus, aut quidpiam cum excessu sectemur.

ARTICULUS CXXXIX.

De usu earundem Passionum quatenus pertinent ad animam. Et primo de Amore.

ATque ita sufficeret, si nihil præter corpus haberemus, aut ipsum meliorem nostri partem constitueret: verum quoniam nostri pars minima est, debemus præcipue considerare Passiones quatenus ad Animam pertinent, respectu cujus Amor & Odium oriuntur ex notitia, & præcedunt Lætitiam ac Tristitiam, nisi cum duæ hæ ultimæ tenent locum cognitionis, cujus & species sunt. Et cum illa cognitio vera est, id est, cum res ad quas amandas nos incitat revera bonæ sunt, & revera illæ malæ ad quarum odium nos invitat, Amor est multo melior Odio, neque nimius esse potest, & semper producit Lætitiam. Dico, hunc Amorem valde bonum esse; quia nobis vera bona jungens nos tanto perfectiores reddit. Dico quoque nimium esse non posse: ad summum enim intensissimus

sissimus Amor nihil amplius efficere potest, quam ut nos tam perfecte his bonis jungat, ut Amor quo speciatim in nos ipsos ferimur nullam in eo ponat distinctionem: quod credo nunquam malum esse posse. Eum necessario sequitur Lætitia, quia nobis repræsentat id quod amamus, ut bonum quod ad nos pertinet.

Articulus CXL.

De Odio.

ODium è contrario tam remissum esse nequit quin noceat, & nunquam sine Tristitia est. Dico nimis parvum aut remissum esse non posse, quia ad nullam actionem incitamur ex Odio mali, ad quam longe melius non possimus incitari ab Amore boni cui contrarium est, saltem ubi hoc bonum & hoc malum satis nota sunt. Concedo enim odium mali quod solo dolore innotescit necessarium esse respectu corporis; sed hic solum loquor de eo quod ex clariori cognitione procedit, quodque ad solam animam refero. Dico quoque nunquam illud sine Tristitia esse, quia cum malum nil nisi privatio sit, concipi non potest absque aliquo subjecto reali cui insit, & nihil reale est quod in se non habeat aliquam bonitatem; Atque adeo Odium quod nos abducit ab aliquo malo, nos simul removet à bono cui junctum est; & cum privatio hujus boni repræsentatur animæ instar defectus ad eam pertinentis, in illa excitat Tristitiam. Exempli gratia, Odium quod nos alienat à cujusdam malis moribus, nos simul ab ejus conversatione removet, in qua alias possemus reperire aliquod bonum, quo privari nos male habet. Et sic in aliis omnibus Odiis observare possumus aliquam Tristitiæ causam.

Articulus CXLI.

De Cupiditate, Lætitia, & Tristitia.

QUod ad Cupiditatem, liquet eam cum procedit ex vera notitia malam esse nequire, si modum non excedat, & ab eadem notitia dirigatur. Evidens quoque est Lætitiam non posse non bonam esse, & Tristitiam malam, respectu animæ; quoniam in Tristitia consistit omnis incommoditas quam anima patitur à malo, & in Lætitia omnis possessio boni quod ad ipsam pertinet: Ita ut, nisi corpus haberemus, auderem dicere, nos non posse nimis indulgere Amori & Lætitiæ, vel nimis vitare Odium & Tristitiam. Verum motus corporei qui hos Affectus

ctus comitantur, possunt omnes nocere valetudini cum valde violenti sunt, & contra ipsi utiles esse si moderati fuerint.

ARTICULUS CXLII.

De Lætitia & Amore, comparatis cum Tristitia & Odio.

CÆterum quandoquidem Odium & Tristitia debent rejici ab anima, etiam cum à vera notitia procedunt, debent igitur multo magis rejici cum ab aliqua falsa opinione proveniunt. Verum dubitari potest num Amor & Lætitia sint Affectus boni nec ne, cum ita malum habent fundamentum: mihique videtur, eas, ubi præcise tantum considerantur in se ipsis, respectu animæ, posse dici quod, etsi Lætitia sit minus solida, & Amor minus utilis, quam ubi melius fundamentum habent, nihilominus tamen præferri debeant Tristitiæ & Odio male fundatis. Adeo ut in eventibus hujus vitæ in quibus vitare nequimus periculum deceptionis, semper præstet inclinare versus Affectus qui tendunt ad bonum, quam versus eos qui respiciunt malum, etsi solius illius vitandi gratia id faciamus: Imo sæpe falsa Lætitia, melior est Tristitia, cujus causa vera est. Sed idem de Amore dicere non ausim respectu Odii. Cum enim Odium justum est, nos solum removet à subjecto, quod continet malum, à quo separari, bonum est: at Amor qui injustus est nos jungit rebus quæ nocere possunt, aut saltem quæ non merentur adeo à nobis tantopere æstimari: qua ratione vilescimus & deprimimur.

ARTICULUS CXLIII.

De iisdem affectibus quatenus referuntur ad Cupiditatem.

OPortet vero exacte observare, id quod modo dixi de his quatuor Affectibus, non habere locum nisi cum considerantur præcise in se ipsis, neque nos ferunt ad ullam actionem. Quatenus enim excitant in nobis cupiditatem, cujus interventu dirigunt nostros mores, certum est omnes eos quorum causa falsa est posse nocere, & contra omnes eos quorum causa justa est posse prodesse. Imo cum æqualiter malum habent fundamentum, Lætitiam ordinario nocentiorem esse Tristitia; quia hæc ingenerans moderationem & metum, disponit quadantenus ad Prudentiam; illa vero imprudentes & temerarios efficit eos qui se illi permittunt.

ARTI-

ARTICULUS CXLIV.

De Cupiditatibus quarum eventus nonnisi à nobis pendet.

VErum quia hæ Passiones nos ad ullas actiones ferre nequeunt nisi per Cupiditatem quam excitant, illam ipsam Cupiditatem dirigere speciatim studendum est, & in eo consistit præcipua Ethicæ utilitas. Prout autem modo dixi eam semper bonam esse cum veram sequitur notitiam, ita non potest non mala esse cum alicui errori innititur. Error autem, ut mihi videtur, qui frequentius obtinet in Cupiditatibus, in eo situs est, quod non satis distinguantur res quæ penitus à nobis pendent, ab aliis. Nam quoad res quæ ex nobis solis pendent, id est ex nostro Libero Arbitrio, sufficit scire, eas esse bonas, ut non possint nimis fervide desiderari, eo quod sit virtutem sectari res bonas facere quæ à nobis pendent, nec possit nimis fervide Virtus desiderari: ut taceam quod, cum non possit non bene succedere, utpote à nobis solis dependens, quod ita appetimus, semper inde percipiamus omnem illam quam exspectabamus satisfactionem. Sed vitium quod hic vulgo committitur non in eo consistit quod nimis, sed tantum in eo quod non satis appetatur. Summum vero contra id remedium est, liberare animum quoad fieri potest ab omnibus aliis cupiditatibus minus utilibus; deinde anniti clare cognoscere & cum attentione considerare bonitatem illius rei quæ appetenda venit.

ARTICULUS CXLV.

De iis quæ nonnisi ab aliis causis pendent: Et quid sit Fortuna.

QUod ad ea quæ nullo modo à nobis pendent, quantumvis bona queant esse, nunquam fervide appetenda sunt: non solum quia possunt non evenire, & ita nos eo magis cruciare quo vehementius ea concupiverimus; verum præcipue quia occupando nostras cogitationes, abducunt studium nostrum à rebus aliis quarum acquisitio pendet à nobis. Sunt autem duo remedia generalia contra has vanas Cupiditates. Primum est Generositas, de qua postea. Secundum est, quod sæpe debemus reflectere animum ad Providentiam divinam, & cogitare impossibile esse aliquid evenire alio modo quam ab æterno determinavit hæc Providentia; ita ut sit instar fati vel immutabilis Necessitatis quæ opponenda est Fortunæ, ad eam subruendam, ut Chimæram quæ non aliunde quam ex errore intellectus nostri provenit. Nec enim quicquam

quam appetere possumus nisi id aliquo modo possibile censeamus. Nec possumus existimare possibilia quæ à nobis non pendent, nisi quatenus cogitamus ea à Fortuna pendere, id est quæ judicamus evenire posse, & similia alias contigisse. Illa autem opinio non aliunde provenit quam ex eo quod non novimus omnes causas, quæ ad singulos effectus concurrunt. Cum enim non succedit res quam censuimus pendere à fortuna, indicio id est quandam ex causis necessariis ad eam producendam defecisse, & per consequens eam fuisse absolute impossibilem; ac nunquam similem accidisse, id est ad cujus productionem similis causa defuerit: adeo ut nisi id antea ignorassemus, nunquam eam existimassemus possibilem, nec per consequens eam appetivissemus.

ARTICULUS CXLVI.

De iis quæ à nobis & ab aliis pendent.

Rejicienda igitur penitus est vulgaris opinio, extra nos dari Fortunam, quæ efficiat ut res contingant vel non contingant ut ei lubet, & sciendum omnia dirigi à Providentia divina, cujus decretum æternum, adeo infallibile & immutabile est, ut exceptis iis quæ idem Decretum voluit pendere ex nostro Arbitrio, cogitare oporteat respectu nostri nihil evenire quod necessarium non sit, & quadantenus fatale; adeo ut absque errore cupere non possimus ut aliter eveniat. Sed quia major pars cupiditatum nostrarum se extendit ad res quæ totæ à nobis non pendent, nec totæ ab aliis, debemus exacte distinguere in illis id quod nonnisi à nobis pendet, ut ad id solum nostram cupiditatem protendamus. Et quoad residuum, etsi ejus successum censere debeamus fatalem & immutabilem, ne circa illud se occupet nostra cupiditas, considerandæ tamen sunt rationes ex quibus plus vel minus sperari possit, ut inserviant dirigendis nostris actionibus: Nam exempli gratia, si nobis quid sit alicubi negotii, quo queamus per duas diversas vias pervenire, quarum una soleat multo tutior altera haberi, etsi forte decretum Providentiæ sit, ut si eam viam sequamur quam tutiorem arbitramur, infallibiliter in latrones incidamus, omni periculo per aliam defuncturi, non ideo debemus nos indifferenter ad alterutram eligendum habere, vel acquiescere in fatali immutabilitate hujus decreti; sed ratio exigit ut eligamus viam quæ tutior esse solet; & Cupiditas nostra in eo debet expleri cum eam sequuti fuerimus, quicquid inde mali nobis obvenerit; quia cum hoc malum fuerit respectu nostri

 inevi-

inevitabile, nulla subfuit causa exoptandi ut ab illo eximeremur, sed solummodo id faciendi quod optimum intellectus noster potuit cognoscere, ut suppono nos fecisse. Et sane cum ita nos exercemus in distinctione fati à fortuna, assuescimus facile in dirigendis nostris cupiditatibus tali modo, ut quoniam eorum impletio nonnisi à nobis pendet, semper nobis plenam satisfactionem dare possint.

ARTICULUS CXLVII.

De Commotionibus internis Animæ.

HIc adhuc unicam considerationem adjiciam, quæ mihi multum inservire videtur ad impediendum quo minus aliquid ab Affectibus nostris incommodi patiamur; scilicet nostrum bonum & malum pendere præcipue à commotionibus internis, quæ in anima nonnisi ab ipsa anima excitantur:in quibus differunt ab his Passionibus quæ semper pendent à quodam motu spirituum. Quamvis autem hæ commotiones animæ sæpè jungantur Passionibus quibus similes sunt, sæpe etiam possunt reperiri cum aliis, imo nasci ex plane contrariis. Exempli gratia, cum maritus deflet uxorem suam mortuam, quam (ut quandoque fit) ægre videret restitutam vitæ, potest fieri ut ejus cor ea Tristitia contrahatur quam apparatus exequiarum & absentia personæ cujus conversationi assuetus erat in ipso excitant. Quin fieri potest ut reliquiæ quædam Amoris vel Commiserationis ejus imaginationi obversantes eliciant ex ipsius oculis veras lachrymas; quamvis nihilominus sentiat Lætitiam occultam in animo, cujus commotio tantum virium habet, ut Tristitia & lachrymæ quæ eam comitantur nihil ex ejus viribus imminuere possint. Et cum legimus tragicos aut inusitatos casus, vel cum eos repræsentari videmus in Theatro, id ipsum in nobis quandoque excitat Tristitiam, quandoque Lætitiam, aut Amorem, aut Odium, & in genere omnes Affectus, prout diversa objecta se nostræ imaginationi offerunt, sed insuper clanculum gaudemus quod eos in nobis excitari sentiamus: Estque hæc ipsa voluptas Lætitia intellectualis, quæ æque facile ex Tristitia oriri potest ac ex cæteris omnibus Affectibus.

ARTICULUS CXLVIII.

Exercitium virtutis summum esse remedium contra Passiones.

QUoniam autem hæ internæ commotiones nos propius tangunt, & per consequens amplius in nos possunt quam Affectus à quibus differunt,

ferunt, quique cum illis reperiuntur, certum est omnes tumultus qui aliunde veniunt nullam vim habere nocendi animæ nostræ, modo satis semper habeat apud se unde contenta sit, sed potius augere ejus Lætitiam, eo quod observans se ab illis lædi non posse, id ei ad suam perfectionem cognoscendam inserviat. Ut autem anima nostra ita contenta sit, nihil aliud debet quam virtutem exacte sectari. Quicunque enim ita vixit ut conscientia sua exprobrare ei nequeat ipsum unquam neglexisse ea facere quæ meliora esse judicavit, (quod hic voco sectari virtutem) inde percipit satisfactionem, quæ tam potens est ad eum felicem reddendum, ut violentiores motus Affectuum nunquam sat habeant virium ad turbandam tranquillitatem animæ ipsius.

PASSIONES ANIMÆ;

TERTIA PARS.

De Passionibus Particularibus.

ARTICULUS CXLIX.

De Existimatione & Despectu.

EXplicatis sex primitivis Affectibus, qui se habent instar generum quorum cæteri sunt species, hic succincte observabo quid insit singulare in unoquoque istorum, servato eo ordine juxta quem eos supra enumeravi. Duo primi sunt *Existimatio* & *Despectus*. Nam etsi hæc nomina ordinariò solas notent opiniones, quæ citra Passionem habentur de uniuscujusque rei pretio, attamen quia sæpe ex his opinionibus nascuntur Affectus quibus nomina specialia indita non fuere, hæc ipsa illis attribui posse videntur. *Existimatio* vero quatenùs Passio, est inclinatio animæ ad sibi repræsentandum valorem rei æstimatæ, quæ inclinatio producitur à motu speciali spirituum, ita deductorum in cerebrum ut in eo confirment impressiones quæ huic rei inserviunt. Ut è contrario, *Despectus* est inclinatio quam anima habet ad considerandam vilitatem aut tenuitatem ejus quod contemnit, producta à motu spirituum qui confirmat Ideam hujus tenuitatis.

ARTICULUS CL.

Has duas Passiones nil nisi species Admirationis esse.

ATque sic hæ duæ Passiones nihil sunt aliud quam Admirationis species. Cum enim non admiramur magnitudinem aut parvitatem cujusdam objecti, nos illud nec pluris nec minoris facimus, quam ratio nobis dictat debere fieri, ita ut illud tum existimemus vel contemnamus absque Passione. Et quamvis sæpe existimatio in nobis excitetur ab Amore, & Despectus ab Odio, illud universale non est; nec aliunde provenit, quam ex eo quod plus vel minus propendeamus ad considerandum magnitudinem vel tenuitatem alicujus objecti, quia plus vel minus illud diligamus.

ARTICULUS CLI.

Etiam posse quem se ipsum existimare vel despicere.

QUamvis autem hæ duæ Passiones possint in genere referri ad quælibet objecta, tamen præcipue observantur cum ad nos *ipsos* referuntur, id est, cum proprium nostrum meritum vel existimamus vel despicimus. Atque tunc motus spirituum à quo sunt, adeo est in propatulo, ut mutet ipsum vultum, gestus, incessum, & in genere omnes actiones eorum qui sublimius vel sequius solito de se ipsis sentiunt.

ARTICULUS CLII.

Propter quam causam nos æstimare possimus.

QUoniam vero ex sapientiæ partibus hæc una & præcipua est, nosse quomodo & qua de causa quisque se existimare aut despicere debeat, conabor & de eo meam mentem hic aperire. Unum duntaxat in nobis observo quod justam caussam nobis possit suppeditare nosmet ipsos existimandi, nempe legitimum usum liberi nostri arbitrii, & imperium quod in nostras voluntates exercemus. Nam præter solas actiones pendentes ex isto arbitrio, nihil est unde possimus cum ratione laudari vel vituperari, illudque nos quodammodo reddit Deo similes, nos nostri dominos faciendo, modo per ignaviam non amittamus jura quæ nobis confert.

ARTICULUS CLIII.

In quo consistat Generositas.

SIc credo veram *Generositatem*, quæ efficit ut homo se existimet quantum potest legitime, in eo solum consistere, partim quod norit nihil revera suum esse, excepta hac libera dispositione suarum voluntatum, nec cur debeat laudari vel vituperari, nisi quod illa bene vel male utitur; partim quod sentiat in se ipso firmum & constans propositum ea bene utendi, id est nunquam carendi voluntate suscipiendi & exequendi omnia quæ judicaverit meliora esse: quod est perfecte sequi virtutem.

ARTICULUS CLIV.

Eam impedire ne contemnantur alii.

QUi hoc de se norunt & sentiunt, sibi facile persuadent singulos alios homines idem de se ipsis sentire, quoniam in eo nihil est quod ab alio pendeat. Idcirco neminem unquam contemnunt, & quamvis sæpe videant alios ea admittere sphalmata quæ ostendunt ipsorum imbecillitatem, sunt tamen proniores ad eos excusandos quam carpendos, & ad credendum eos potius ex notitiæ quam bonæ voluntatis defectu peccare. Ac prout non se putant multo inferiores iis qui plura bona aut honores possident, aut qui ingenio, eruditione, formave præpollent, vel alias cæteros superant in aliis quibusdam perfectionibus, ita nec se multo superiores existimant iis quos similiter præcellunt, quod hæc omnia ipsis videantur haud magna consideratione digna, præ bona illa voluntate ex qua sola se existimant, & quam supponunt quoque esse aut ad minimum posse esse in singulis aliis hominibus.

ARTICULUS CLV.

In quo consistat Humilitas honesta.

ATque sic Generosiores solent quoque Humiliores esse, & *Humilitas* honesta consistit solum in ea reflexione quam facimus super infirmitatem nostræ naturæ, & errores quos olim potuimus commisisse, aut deinceps possumus committere, qui non minores sunt iis qui ab aliis committi possunt; efficitque ut nos nemini præferamus, reputantes pariliter cæteros qui pollent nobiscum suo libero Arbitrio, æque bene ac nos illo posse uti.

ARTICULUS CLVI.

Quæ sint proprietates Generositatis, & quomodo medeatur exorbitationibus omnium Passionum.

QUi hoc modo Generosi sunt, naturaliter ad magna patranda feruntur; sic tamen ut nihil suscipiant cujus non se capaces sentiant. Et quoniam nihil majus reputant quam bene facere aliis hominibus, & proprium commodum ideo contemnere, semper perfecte humani, affabiles & officiosi erga unumquemque sunt. Ac præterea absolute dominantur suis Affectibus, specialiter Cupiditatibus, Zelotypiæ, & Invidiæ: quod reputent, nihil cujus acquisitio à se non pendeat tanti valere ut multum debeat exoptari; & Odio erga homines, quia eos omnes existimant; & Metui, quod fiducia propriæ virtutis fiant securi; & denique Iræ, quod parvi pendentes quæcunque pendent ex aliis, nunquam tantum concedant suis adversariis ut se ab illis læsos agnoscant.

ARTICULUS CLVII.

De Superbia.

QUotquot vero bonam opinionem de se ipsis concipiunt quacunque alia de causa, non pollent vera Generositate, sed tantum turgido fastu, qui semper valde vitiosus est, etsi eo magis quo causa propriæ existimationis injustior fuerit. Omnium vero injustissima est superbire absque causa, id est cum quis etiam nihil cogitat sibi inesse meriti propter quod existimari debeat, solummodo quia meritum non magni facit, sibique imaginando, gloriam nihil aliud esse quam usurpationem, credit, eos qui ejus sibi plus arrogant, ejus quoque plus habere. Estque hoc vitium ita irrationale & absurdum, ut vix crederem dari homines qui illi se prostituerent, si nemo unquam injuste laudaretur: Sed assentatio tam late dominatur, ut nullus sit ita imperfectus, qui non se videat sæpe laudari propter res quæ nullam laudem merentur, imo quæ vituperio sunt dignissimæ; quod occasionem præbet stupidioribus in hanc superbiæ speciem incidendi.

ARTICULUS CLVIII.

Effectus ejus contrarios esse effectibus Generositatis.

SEd quæcunque sit causa propriæ existimationis, si diversa fuerit à voluntate quæ sentitur bene semper utendi suo libero Arbitrio, unde dixi manare Generositatem, producit semper fastum valde vitiosum, & qui adeo differt ab hac vera Generositate, ut habeat effectus absolute contrarios. Cum enim alia bona, ut ingenium, pulchritudo, divitiæ, honores &c. eo magis soleant æstimari quo in paucioribus extant, imo sint ferme omnia ejus naturæ ut pluribus communicari non possint, id efficit ut superbi conentur cæteros omnes deprimere, & suis cupiditatibus mancipati habeant animam indesinenter agitatam ab Odio, Invidia, Zelotypia, aut Ira.

ARTICULUS CLIX.

De Humilitate vitiosa.

QUoad *Abjectionem* aut *Humilitatem* vitiosam, ea consistit præcipue in eo quod quis se imbecillum sentiat aut parum constantem, & quasi destitutus usu jureque liberi sui arbitrii, nequeat ea non facere, quorum tamen debet postea ipsum pœnitere; tum etiam in eo quod credit, se non posse per semetipsum subsistere aut carere pluribus rebus quarum acquisitio pendet ab alio. Atque sic directo opponitur Generositati, & sæpe evenit ut illi qui ingenium abjectius habent, sint arrogantiores & superbiores: ut generosiores sunt modestiores & humiliores. Sed cum illi qui mente forti & generosa præditi sunt, animum non mutent ob prospera vel adversa quæ ipsis accidunt; qui è contra abjecto & infirmo sunt animo, à sola fortuna diriguntur; nec eos prosperitas minus inflat quam deprimit adversitas. Imo sæpe videas ut se demittant turpiter apud eos à quibus aliquid vel boni expectant vel mali metuunt, ac simul insolenter se efferant supra eos à quibus nihil sperant vel timent.

ARTICULUS CLX.

Qualis sit motus spirituum in his Passionibus.

CÆterum inde facile cognoscitur, Superbiam & Abjectionem non solum vitia esse, sed etiam Passiones, quod eorum commotio valde de se prodit extrinsecus in illis qui subito vel inflantur vel dejiciuntur ex nova quadam occasione. Sed dubitari potest num Generositas & Humilitas, quæ virtutes sunt, possint etiam esse Passiones, quia eorum motus minus conspicui sunt, nec videtur ita virtuti cum Passionibus convenire ac vitio. Attamen non video qui idem motus spirituum, qui inservit confirmandæ cuidam cogitationi cujus fundamentum malum est, nequeat similiter eam confirmare cum justo nititur fundamento. Et quoniam Superbia & Generositas in propria existimatione consistunt, ac in eo solum differunt quod ea sui existimatio vel injusta sit vel justa, mihi videntur posse referri ad unam eandemque Passionem, quæ excitatur motu composito ex motibus Admirationis, Lætitiæ, & Amoris, tam ejus quo quis se ipsum amat, quam illius qui habetur pro re ea quæ efficit ut se ipsum existimet; sicut è contrario motus qui excitat Humilitatem, sive honestam sive vitiosam, compositus est ex motibus Admirationis, Tristitiæ, & Amoris proprii, mixti cum Odio defectuum qui efficiunt ut aliquis se despiciat. Nihilque differentiæ in his motibus observo, nisi quod motus Admirationis duas habet proprietates; primo quod inopinata occupatio eum reddat vehementiorem ab initio; deinde quod sit æqualis in suo progressu, id est spiritus continuent se movere eodem tenore in cerebro. Quarum proprietatum prima magis *reperitur in Superbia* & Abjectione quam in Generositate & Humilitate honesta, & contra ultima melius observatur in his quam in illis. Cujus ratio est, quod vitium vulgo ex ignorantia nascatur, & illi qui minus se norunt facilius superbiant, aut se demittant plus quam decet; quia quicquid ipsis recenter accidit eos offendit inopinato, & efficit ut dum id sibi tribuunt se ipsos admirentur, & de se bene judicent vel sequius, prout existimant illud quod accidit in suum commodum cedere vel secus. Verum quoniam sæpe post rem ex qua superbierant sequitur alia quæ eos deprimit, ideo motus Passionum quibus agitantur varius est. Sed è contrario nihil est in Generositate quod non queat convenire cum Humilitate honesta, nec quicquam alibi quod eas immutare possit: Unde earum motus sunt firmi, constantes & semper sibi ipsis valde similes: sed non ita ex inopinata occupatione procedunt, eo quod qui se ita existimant, satis norint causas propter quas se existiment: Attamen potest dici has causas adeo miras esse (nempe facultatem suo utendi libero Arbitrio, ex qua quis se ipsum existimat, & infirmitates subjecti cui inest hæc facultas, quæ efficiunt ut non nimis se existimet) ut quoties de novo menti occurrunt semper novam Admirationem excitent.

ARTI-

ARTICULUS CLXI.

Quomodo Generositas acquiri possit.

QUin notandum est, Virtutes, vulgo sic dici solitas, esse habitus in anima qui eam ad certas cogitationes disponunt, ita ut sic differant ab illis cogitationibus, ut tamen & eas producere & reciproce ab illis produci possint. Observandum quoque, has cogitationes produci posse ab anima sola, sed sæpe evenire ut insuper aliquis motus spirituum eas confirmet; atque tum simul sunt actiones virtutis & Passiones animæ: sic, etsi nulla sit virtus cui magis præclara natalia conferre videantur, quam ea per quam nemo se ultra suum justum valorem existimat; & credibile sit, omnes animas quas Deus indit corporibus nostris, non æquè nobiles & fortes esse; (quapropter hanc virtutem nominavi *Generositatem* secundum usum nostræ linguæ Gallicæ, potius quam *Magnanimitatem* secundum usum scholæ, in qua parum cognoscitur) certum est tamen, bonam Institutionem multum inservire ad corrigendos natalium defectus; & eum qui sæpe se occuparit in attenta consideratione liberi arbitrii, & quantum emolumenti situm sit in firmo proposito eo bene utendi, & ab alia parte quam vanæ & inutiles sint omnes curæ quæ ambitiosos excruciant, posse excitare in se Passionem, & exinde acquirere virtutem Generositatis: quæ cum sit quasi clavis omnium aliarum virtutum, & remedium generale omnibus Affectuum vitiis, videtur hæc consideratio esse digna quæ observetur.

ARTICULUS CLXII.

De Veneratione.

VEneratio sive cultus est inclinatio animæ, non solum ad existimandum objectum quod veneratur, sed etiam ad se illi subjiciendum cum aliquo timore, ejus favoris demerendi gratia. Adeoque non veneramur nisi causas liberas, quas posse nobis vel bene vel male facere judicamus, etiamsi nesciamus utrum sint facturæ. Amore & Devotione prosequimur potius quam simplici Veneratione eos à quibus nil nisi bonum expectamus; odimus vero eos à quibus nil nisi malum præstolamur: Et nisi judicaverimus, causam hujus boni vel mali liberam esse, illi nosmet ipsos non subjicimus ad ejus favorem nobis conciliandum. Sic cum Ethnici Veneratione prosequebantur silvas, fontes, aut montes, non proprie illas mortuas res venerabantur, sed Numina quæ illis præesse putabant. Et motus spirituum qui excitat hunc Affectum, componitur tum ex eo qui Admirationem excitat, tum ex eo qui excitat Timorem, de quo postea loquar.

ARTICULUS CLXIII.

De Dedignatione.

ITa quod vulgo dicimus *Dedignationem*, est inclinatio animæ ad spernendam causam liberam, judicando eam etsi natura sua capax sit bene vel male faciendi, tamen adeo infra nos esse ut nobis neutrum facere possit. Et motus spirituum qui eam excitat, componitur ex illis qui excitant Admirationem, & Securitatem sive Audaciam.

ARTICULUS CLXIV.

De usu harum duarum Passionum.

GEnerositas vero & Imbecillitas animi sive Abjectio determinant bonum & malum usum harum duarum Passionum. Quo enim anima nobilior & generosior fuerit, eo major inest ei inclinatio reddendi cuique quod suum est: Atque sic non solum profundissima adest Humilitas respectu Dei, sed etiam absque repugnantia præstatur omnis Honor & Cultus qui hominibus debetur, unicuique secundum ordinem & authoritatem quam in mundo obtinet, & nihil præter vitium contemnitur. Contra vero qui sunt animi abjecti & imbecillis, solent per excessum peccare, quandoque cum reverentur & timent res solo contemptu dignas, & quandoque cum dedignantur insolenter eas quæ plus reverentiæ merentur. Et sæpe celerrime transeunt ab extrema impietate ad superstitionem, & iterum à superstitione ad impietatem, ita ut nullum sit vitium nullaque inordinatio animi cujus capaces non sint.

ARTICULUS CLXV.

De Spe & Metu.

SPes est dispositio animæ ad sibi persuadendum id eventurum quod cupit, quæ producitur motu speciali spirituum, conflato ex motu Lætitiæ & Desiderii inter se permixtis. Et *Metus* est alia animæ dispositio, quæ ipsi persuadet id ipsum non eventurum. Ac observandum, has duas

duas Passiones, licet sibi contrarias, tamen posse simul alicui inesse; nimirum ubi simul objiciuntur menti diversæ rationes, quarum quædam suadent eventum Cupiditatis facilem esse, aliæ difficilem eum reddunt.

ARTICULUS CLXVI.

De Securitate & Desperatione.

NUnquam autem altera harum Passionum comitatur Cupiditatem quin alteri quendam locum relinquat. Cum enim *Spes* satis ita firma est, ut plane expellat Metum, mutat naturam & vocatur *Securitas* sive *Fiducia*: Et cum quis persuadetur id quod cupit eventurum, etsi continuet velle ut eveniat, desinit tamen agitari ab Affectu cupiditatis, quæ ejus eventum exquiri faciebat cum inquietudine; sicuti cum *Metus* adeo extremus est, ut omnis spes decollet, sese convertit in *Desperationem*, & hæc Desperatio exhibens rem ut impossibilem, extinguit plane Cupiditatem, quæ nonnisi in possibilia fertur.

ARTICULUS CLXVII.

De Zelotypia.

Z*Elotypia* est species Metus qui spectat Cupiditatem sibi conservandi possessionem cujusdam boni; nec tam procedit ex vi rationum quæ judicare faciunt illud amitti posse, quam ex magno æstimio in quo est; quod efficit ut examinentur vel minimæ suspicionis causæ, & sumantur pro rationibus maximi momenti.

ARTICULUS CLXVIII.

In quo hæc Passio honesta esse possit.

ET quoniam major habenda est cura conservandorum bonorum quæ majora, quam quæ minora sunt, hæc Passio in quibusdam occasionibus honesta & justa esse potest; sic, exempli gratia, militiæ Dux qui urbem maximi momenti servat, jure movetur Zelotypia pro ipsa, id est metuit omnia illa quibus occupari & intercipi posset: nec honesta mulier vituperatur quod sui honoris sit zelotypa, id est non solum à malefaciendo abstineat, sed etiamque studiose vitet vel minimas obtrectationis causas.

ARTICULUS CLXIX.

In quo vitiosa.

AST ridetur Avarus, cum Zelotypia ducitur pro suo Thesauro, id est, cum illi oculis incubat, nec ab illo unquam recedere vult, ne quis eum furetur: nec enim pecunia meretur tanta cura asservari. Et contemnimus virum qui suæ uxoris zelotypus est, cum indicio sit, eam ab ipso non amari uti par erat, & quod vel de se vel de illa male opinetur. Dico quod illam non recte diligat: nam si vero Amore eam prosequeretur, nulla ratione ad sequius de illa suspicandum propenderet; Ac proprie eam non amat, sed solummodo bonum, quod in eo situm arbitratur ut solus eam possideat: nec metueret jacturam hujus boni, nisi eo se indignum aut suam uxorem infidelem esse judicaret. Cæterum hæc Passio nonnisi ad suspiciones & diffidentias refertur: proprie enim non est Zelotypia, conari aliquod malum vitare, cum ejus metuendi justa causa subest.

ARTICULUS CLXX.

De Animi fluctuatione.

ANimi *fluctuatio* est quoque species Metus, quæ dum retinet Animam quasi in dubia lance inter plures actiones quas facere potest, in causa est ut nullam exequatur, & sic habeat tempus ad eligendum antequam se determinet; In quo revera habet quendam usum qui bonus est: Verum cum ulterius durat quam par est, & illud tempus deliberationi impendit, quod requirebatur ad agendum, pessima est. Dico autem eam esse speciem Metus; quamvis accidere possit, cum datur optio plurimarum rerum, quarum bonitas valde æqualis apparet, ut incerti & fluctuantes hæreamus, etsi nullus propterea subsit Metus. Hæc enim species fluctuationis procedit solum à subjecto quod se offert, non autem ab ulla commotione spirituum. Quare Affectus non est, nisi in quantum metus errandi in electione ejus auget incertitudinem. Verum hic metus tam ordinarius & tam vehemens est in quibusdam, ut sæpe, etsi nihil occurrat eligendum, nec nisi unica res sese offerat vel sumenda vel omittenda, eos tamen detineat, & efficiat ut inutiliter subsistant in aliis exquirendis. Et tum est excessus Fluctuationis, ortus ex nimio Desiderio bene agendi, & imbecillitate Intellectus, qui destitutus notionibus

bus perspicuis & distinctis, nonnisi multas confusas habet. Quare remedium contra hunc excessum erit, assuescere formandis judiciis certis & determinatis de omnibus rebus quæ sese offerunt, & censere semper, officium præstari, cum fit quod melius esse judicatur, etsi forte pessime judicetur.

ARTICULUS CLXXI.

De Animositate & Audacia.

ANimositas cum Affectus est, non habitus vel inclinatio naturalis, est certus quidam calor sive agitatio quæ disponit animam ad agendum viriliter in executione rerum quas meditatur, cujuscunque naturæ sint. Estque *Audacia* Animositatis species, quæ disponit animam ad res eas exequendas quæ plus periculi habuerint.

ARTICULUS CLXXII.

De Æmulatione.

EStque *Æmulatio* pariliter ejus quædam species, sed alio sensu: potest enim Animositas considerari ut genus, quod dividitur in tot species quot extant diversa objecta, & in tot alias quot causas habet: Priori modo Audacia ejus species est, posteriori Æmulatio. Hæc vero nihil aliud est quàm calor qui disponit animam ad suscipiendas res quas sibi successuras sperat, quia aliis eas bene succedere videt, atque sic est species Animositatis, cujus causa externa exemplum est. Dico causam externam; quia insuper debet semper alia quædam interna subesse, quæ in eo sita est quod corpus ita sit dispositum, ut Cupiditas & Spes majorem vim habeant in sanguine copioso ad cor propellendo, quam Metus aut Desperatio in eo impediendo.

ARTICULUS CLXXIII.

Quomodo Audacia à Spe pendeat.

NOtandum enim, quod licet objectum Audaciæ sit difficultas quam vulgo sequitur Metus aut etiam Desperatio, ita ut in rebus periculosioribus & desperatioribus plus Audaciæ & Animositatis adhibeatur, debeat tamen sperari vel certo credi finem qui intenditur successurum, ut fortiter occurrentibus difficultatibus resistatur. At hic finis differt ab illo objecto: nec enim simul potest dari Certitudo & Desperatio ejusdem

dem rei eodem tempore. Sic cum Decii in confertos hostes irruebant, & currebant ad mortem certam, objectum Audaciæ ipsorum erat difficultas conservandæ vitæ in hac actione, pro qua difficultate nil nisi Desperationem habebant, mori certissimi: Sed eorum finis erat animare milites suo exemplo, & ipsis consequi victoriam quam sperabant; aut etiam finis eorum erat gloriam post mortem consequi, cujus certi erant.

ARTICULUS CLXXIV.

De Pusillanimitate, & Consternatione.

PUsillanimitas directe Animositati opponitur, estque languor sive frigus quod impedit animam ne feratur ad ea peragenda quæ faceret si isto Affectu careret. Et *Consternatio* quæ contrária est Audaciæ, non solum frigus est, sed etiam perturbatio & stupor animæ, qui ipsi aufert facultatem resistendi malis quæ proxima esse putat.

ARTICULUS CLXXV.

De usu Pusillanimitatis.

QUamvis autem mihi persuadere nequeam Naturam *indidisse* hominibus ullum Affectum qui semper vitiosus sit, nullumque usum bonum & laudabilem habeat, tamen vix conjicere possum cui bono hi duo queant inservire. Mihi solummodo videtur Pusillanimitatem quendam usum habere, cum homines eximit à suscipiendis laboribus ad quos ferendos incitari possent verisimilibus quibusdam rationibus, nisi aliæ certiores rationes ex quibus inutiles judicantur, excitassent hunc Affectum. Nam præterquam quod eximit animam ab his laboribus, inservit quoque corpori, in eo quod retardato motu spirituum, impedit quominus ejus vires dissipentur. At vulgo & ut plurimum admodum noxius est, quia abducit voluntatem ab actionibus utilibus. Quoniam vero non oritur aliunde quam ex eo quod non satis habetur Spei aut Cupiditatis, illi corrigendo sufficiet hos duos Affectus in se ipso intendisse & auxisse.

ARTICULUS CLXXVI.

De usu Consternationis.

QUod attinet Consternationem, non video quî unquam laudabilis vel utilis possit esse: nec Affectus specialis est, sed merus excessus Pusil-

Pusillanimitatis, Stuporis & Metus, qui semper vitiosus est; sicuti Audacia excessus est Animositatis, qui semper bonus habetur, modo finis qui intenditur sit bonus. Et quia præcipua causa Consternationis est inopinatus incursus, nihil melius est illi præcavendo quam uti præmeditatione, seque ad omnes eos eventus præparare quorum metus eum producere potest.

ARTICULUS CLXXVII.

De morsu Conscientiæ.

M*Orsus* Conscientiæ est species Tristitiæ ortæ ex dubitatione sive scrupulo qui injicitur num id quod fit vel factum est bonum sit, nec ne. Et necessario præsupponit dubitationem: Nam si plane constaret, id quod fit, malum esse, ab eo faciendo abstineretur, quoniam voluntas non fertur nisi in ea quæ aliquam bonitatis speciem præ se ferunt. Et si constaret id quod factum est malum esse, ejus pœnitentia qui fecit tangeretur, non simplici morsu. Usus autem hujus Affectus est, quod efficiat ut expendatur num res de qua dubitatur sit bona nec ne, & impediat ne fiat alia vice, quamdiu non constat bonam esse: sed quia malum præsupponit, præstaret nunquam ejus sentiendi causam dari: ac præveniri potest iisdem mediis quibus Fluctuatio potest excuti.

ARTICULUS CLXXVIII.

De Irrisione.

I*Rrisio* est species Lætitiæ mixtæ cum Odio, quæ inde oritur quod deprehendatur leve aliquod malum in persona quæ eo digna putatur: odio habetur illud malum, & gaudetur in illo reperiri qui eo dignus est. Et cum ex inopinato id accidit, repentina occupatio Admirationis causa est cachinnorum, juxta ea quæ dicta fuerunt suprà de natura Risus. Verum illud malum leviculum esse debet; si enim magnum fuerit, credi non potest eum qui illud patitur eo dignum esse, nisi simus pravæ admodum indolis, aut ipsum nimio Odio prosequamur.

ARTICULUS CLXXIX.

Cur Imperfectissimi quique soleant maximi Irrisores esse.

QUin videmus eos qui defectus habent perinsignes, exempli gratiâ qui claudi sunt, monoculi, gibbosi, aut qui aliqua contumelia vel infa-

infamia publice affecti sunt, specialiter proclives ad irrisionem esse; Cum enim cupiant cæteros omnes in pari gradu videre, lætantur ob mala quæ ipsis eveniunt, & eos illis dignos existimant.

Articulus CLXXX.

De usu Joci.

Quod attinet Jocum modestum, qui reprehendit utiliter vitia, ea ridicula repræsentando, jocantibus ipsis interea nec ridentibus nec ullum Odium testantibus in personas; Affectus non est, sed qualitas honesti viri, quæ indolis ejus alacritatem denotat & animæ tranquillitatem, quæ notæ virtutis sunt; & sæpe quoque dexteritatem ingenii, in eo quod possit dare speciem aliquam jucundam rebus quas irridet.

Articulus CLXXXI.

De usu risus in Joco.

Nec turpe est ridere cum jocos audimus aliorum: imo tales esse possunt, ut morositatis nimiæ foret, de illis non ridere. Verum cum ipsi jocamur, magis decet abstinere risu, ne videantur derepente & inopinato occurrere res quas dicimus, vel mirari dexteritatem nostram in illis inveniendis: Quin ita fit, ut eo magis ex inopinato occupent auditores.

Articulus CLXXXII.

De Invidia.

Quæ vulgo dicitur *Invidia*, est vitium situm in perversitate indolis, qua fit ut quidam doleant de bono quod evenire vident aliis hominibus. At hic utor illa voce ad significandam Passionem quæ semper vitiosa non est. Invidia igitur quatenus Affectus, species est Tristitiæ mixtæ Odio, quæ inde procedit quod videmus bonum accidere iis quos eo indignos arbitramur. Quod de solis fortunæ bonis cum ratione putari potest. Nam quod attinet bona vel animæ, vel etiam corporis, quatenus ea à nativitate habentur, satis videtur habere is ad illa dignitatis, qui ea accepit à Deo antequam ullius mali perpetrandi capax esset.

ARTICULUS CLXXXIII.

Quomodo Justa vel Injusta esse possit.

SEd cum fortuna alicui bona submittit quibus revera indignus est, nec ideo Invidia in nobis excitatur, nisi quod naturaliter amantes Justitiam, indignamur eam non observari in distributione horum bonorum, zelus est excusabilis; præsertim cum bonum quod aliis invidetur, ejus est naturæ ut in malum abire possit in eorum manibus, ut si fuerit aliquod munus vel officium in cujus exercitio male versari possint. Imo cum quis sibi ipsi appetit idem bonum, nec potest illud consequi quod ab aliis qui illo indigniores sunt possideatur, ita redditur hæc Passio violentior, nec tamen ideo desinit excusabilis esse, modo odium quod continet solum respiciat pravam distributionem boni quod invidetur, & non personas quæ illud possident aut distribuunt. Sed pauci admodum adeo justi & generosi sunt, ut nullo Odio prosequantur eos, à quibus præveniuntur in acquisitione boni quod pluribus communicabile non est, quodque sibi exoptaverant, etsi qui illud acquisiverunt illo sint æque digni vel etiam digniores. Quod vero frequentius invidetur, gloria est: quamvis enim aliorum gloria non impediat quominus ad eam possimus aspirare, ejus tamen accessum difficiliorem reddit, & intendit pretium.

ARTICULUS CLXXXIV.

Unde fiat ut Invidi plerumque sint colore livido.

CÆterum nullum est vitium quod æque obsit felicitati humanæ ac Invidia. Nam præterquam quod qui ea laborant se ipsos excruciant, conturbant insuper quantum possunt voluptatem aliorum. Et ut plurimum coloris sunt lividi, id est pallidi, mixti flavo & nigro, & quasi contuso sanguine, unde fit ut Invidia Latine vocetur *Livor*. Quod optime convenit cum iis quæ supra dicta sunt de motibus sanguinis in Tristitia & Odio. Nam hoc efficit ut flava bilis quæ venit ex parte inferiori jecoris, & atra quæ venit ex liene, sese diffundant ex corde per arterias in omnes venas; & illa facit ut sanguis venarum minus habeat caloris & lentius fluat solito, quod sufficit faciendo colori livido. Sed quia bilis tam flava quam atra potest quoque submitti in venas ab aliis plurimis causis, nec Invidia illas eo propellit satis copiose ad mutandum vultus colo-

colorem, nisi fuerit intensissima & diuturna, non censendi sunt omnes illi in quibus iste color apparet ad eam proclives esse.

Articulus CLXXXV.

De Commiseratione.

Commiseratio est species Tristitiæ, Amori mixtæ aut benevolentiæ erga illos quos aliquid mali pati videmus, quo eos indignos judicamus. Atque sic contraria est Invidiæ ratione sui objecti, & Irrisioni, quia illud alio modo considerat.

Articulus CLXXXVI.

Qui sint maximè Misericordes.

Illi qui se valde debiles sentiunt & obnoxios adversæ fortunæ, videntur aliis propensiores ad hunc Affectum; quia sibi repræsentant alienum malum ceu quod sibi quoque queat evenire, & sic ad Misericordiam moventur magis ex Amore sui quam aliorum.

Articulus CLXXXVII.

Quomodo Generosiores hoc Affectu tangantur.

Attamen Generosiores & qui sunt animo fortiori, ita ut nihil mali sibi metuant, & se supra fortunæ imperium statuant, non carent Commiseratione, cum vident infirmitatem aliorum hominum, & eorum querelas audiunt. Pars enim est Generositatis bene velle unicuique. Verum hujus Commiserationis Tristitia amara non est, sed instar ejus quam producunt casus tragici qui in Theatro repræsentari videntur, magis est in exteriori & in sensu, quam in ipsa anima, quæ interim fruitur satisfactione cogitandi se defungi suo officio dum compatitur afflictis. Atque in hoc differt, quod cum vulgus misereatur eorum qui queruntur, quia putat mala quæ patiuntur valde gravia esse, præcipuum contra objectum Commiserationis maximorum virorum sit imbecillitas eorum quos queri vident; quia censent nullum accidens posse dari quod tam grave sit malum ac Pusillanimitas eorum est qui id ferre non possunt constanter; & quamvis odio habeant vitia, non ideo tamen oderunt eos quos illis vident obnoxios, sed solum eorum miserentur.

ARTICULUS CLXXXVIII.

Quinam Misericordia non tangantur.

SOli demùm homines maligni & Invidi, quique naturaliter odio habent omnes alios, aut qui adeo stupidi sunt, vel ita excœcati prosperitate fortunæ, aut desperabundi ex adversitate, ut non putent aliquid amplius mali sibi evenire posse, nulla Commiseratione tanguntur.

ARTICULUS CLXXXIX.

Cur hæc Passio ad lachrymandum excitet.

CÆterum facile in hoc Affectu lacrhymæ emittuntur, quod Amor propellens multum sanguinis ad cor, efficiat ut ex oculis multi vapores prodeant, & frigus Tristitiæ retardans agitationem horum vaporum faciat ut in lachrymas mutentur, juxta id quod supra dictum fuit.

ARTICULUS CXC.

De Satisfactione sive Acquiescentia in se ipso.

SAtisfactio sive *Acquiescentia in se ipsis*, quam semper illi consequuntur qui constanter insistunt virtuti, est habitus in eorum anima qui vocatur Tranquillitas & Quies Conscientiæ: sed ea quæ de novo comparatur ubi recenter aliquid factum est quod bonum putatur, est Passio, nempe species Lætitiæ, quam omnium esse dulcissimam arbitror, quia ejus causa non aliunde quàm à nobis pendet. Attamen ubi illa causa justa non est, id est, cum actiones ex quibus multum satisfactionis obtinetur non sunt magni momenti, vel etiam vitiosæ sunt, ridicula est, & nonnisi superbiæ & absurdæ arrogantiæ producendæ inservit. Quod specialiter observari potest in iis qui, cum se religiosos putent, hypocritæ demum & superstitiosi sunt, id est, qui eo quod sæpe frequentent templa, multas recitent preces, capillos tonsos habeant, jejunent, eleemosynas largiantur, se plane perfectos putant, & sibi imaginantur se ita in gratia apud Deum esse, ut nihil facere queant quod ipsi displiceat, & omne quod ipsis sua Passio suggerit bonum zelum esse; etsi quandoque suggerat maxima crimina quæ in homines cadere possint, ut prodere Urbes, trucidare Principes, exterminare integros populos ob id solum quod suas opiniones non sequantur.

ARTICULUS CXCI.

De Pœnitentia.

P*Oenitentia* est directe contraria Satisfactioni sive Acquiescentiæ in se ipso, estque species Tristitiæ, quæ procedit ex eo quod credimus aliquid mali nos perpetrasse. Est autem valde amara, quia ejus causa non aliunde quam à nobis est. Quod tamen non impedit quominus utilissima sit, quando actio cujus nos pœnitet revera mala est, ejusque certam habemus notitiam, quia ad alias melius agendum nos incitat. Sed sæpe evenit ut imbecilliores animi pœnitentia ducantur eorum quæ fecerunt, etiamsi ea mala esse certo nesciant, ac solum id ita sibi persuadent quia metuunt, &, si contrarium fecissent, ejus similiter ipsos pœniteret; quæ in illis imperfectio est commiseratione digna. Remedia vero huic defectui eadem sunt quæ inserviunt Fluctuationi tollendæ.

ARTICULUS CXCII.

De Favore.

F*Avor* proprie est cupiditas videndi bonum evenire ei erga quem bona ferimur voluntate; sed hic utor isto vocabulo ad hanc significandam voluntatem, quatenus in nobis excitatur bona quadam actione illius cui bene volumus. Propendemus enim naturaliter in amorem eorum qui res patrant quas existimamus bonas, etiamsi ex illis nihil boni ad nos redeat. Favor in illa significatione est species Amoris, non Cupiditatis, etiamsi cupiditas videndi bene esse ei cui favetur eum semper comitetur; & ordinario jungitur Commiserationi, quia adversa quæ miseris evenire videmus efficiunt ut magis ad eorum merita mentem reflectamus.

ARTICULUS CXCIII.

De Gratitudine.

G*Ratus* quoque animus est Amoris species excitata in nobis aliqua actione ejus in quem fertur, quaque credimus eum nobis benefecisse, aut saltem benefacere in animo habuisse. Ita continet idem quod Favor, & id amplius, quod innitatur actioni quæ nos tangit, & de qua etiam gratias referre desideramus; Idcirco longe majorem vim habet, præsertim in animis vel tantillum nobilibus & generosis.

ARTICULUS CXCIV.

De Ingratitudine.

QUod attinet *Ingratitudinem*, ea Passio non est; natura enim nullum in nobis posuit spirituum motum quo excitetur, sed merum est vitium, directe oppositum Gratitudini, quatenus hæc semper honesta est, & unum ex præcipuis vinculis societatis humanæ. Idcirco hoc vitium proprium est hominum brutorum & stolide superborum, qui putant omnia sibi deberi; aut stupidorum, qui nullam faciunt reflexionem animi ad beneficia quæ accipiunt; aut imbecilliorum & abjectorum, qui ubi sentiunt infirmitatem & egestatem suam, demisse quærunt auxilium aliorum; quod ubi sunt consequuti, eos odio prosequuntur, quia destituti voluntate paria referendi, aut se id posse desperantes, & sibi fingentes omnes omnino secum venales & mercenarios esse, nihilque boni fieri nisi cum remunerationis spe, eos se decepisse arbitrantur.

ARTICULUS CXCV.

De Indignatione.

INdignatio est species Odii aut Aversionis, quæ naturaliter fertur in eos qui aliquid mali faciunt, qualecunque illud sit; sæpe quidem Invidiæ commiscetur aut Misericordiæ, sed tamen objectum habet valde diversum. Illis enim solis indignamur qui bene vel male faciunt indignis; sed invidemus iis qui illud bonum consequuntur, & miseret nos eorum qui illud malum patiuntur. Revera tamen possidere bonum quo indignus fueris, est quadantenus male facere. Quæ causa esse potuit Aristoteli ejusque sequacibus, supponentibus, Invidiam semper vitium esse, eam quæ vitiosa non est, *Indignationis* nomine exprimendi.

ARTICULUS CXCVI.

Cur quandoque juncta sit Commiserationi, & quandoque Irrisioni.

ETiam malefacere est quodammodo malum pati: unde fit ut quidam jungant suæ Indignationi Commiserationem, & quidam Irrisionem, prout feruntur bona vel mala voluntate erga illos quos errare vident: Atque sic risus Democriti & fletus Heracliti potuerunt procedere ab eadem causa.

ARTICULUS CXCVII.

Quod sæpe eam comitetur Admiratio, neque incompatibilis sit cum Lætitia.

SÆpe quoque Indignationem comitatur Admiratio: solemus enim supponere omnes res futuras eo modo quo judicamus debere fieri, id est, eo modo quem bonum censemus; idcirco cum quid aliter evenit, id nobis inopinatum est, & admirationem ciet. Nec etiam cum Lætitia incompatibilis est, etsi frequentius conjungatur Tristitiæ. Cum enim malum de quo indignamur, nobis nocere non potest, & cum consideramus nos nihil simile velle designare, id nobis aliquam præbet Delectationem: Estque forte una ex causis risus qui quandoque comitatur hunc Affectum.

ARTICULUS CXCVIII.

De ejus usu.

CÆterum Indignatio magis observatur in illis qui malunt videri addicti virtuti, quam in iis qui revera tales sunt. Quamvis enim qui amant Virtutem nequeant videre absque aliqua aversione aliorum vitia, tamen non nisi à gravioribus & extraordinariis commoventur. Morosi est & difficilis, indignari multum ob res parvi momenti; Injusti indignari ob res quæ vituperari non possunt; & inepti absurdique, non restringere hunc Affectum ad actiones humanas, & eum extendere usque ad opera Dei aut Naturæ, ut faciunt illi qui nunquam sua conditione suave fortuna contenti, audent carpere directionem mundi & arcana Providentiæ.

ARTICULUS CXCIX.

De Ira.

IRa est etiam species Odii aut Aversionis, quam habemus erga eos qui aliquod malum fecerunt, aut qui conati sunt nocere, non indifferenter quibusvis, sed speciatim nobis. Atque sic idem continet quod Indignatio, & hoc amplius quod fundamentum habeat in actione quæ nos spectat, & cujus ulciscendæ Cupiditate tenemur. Hæc enim Cupiditas illam fere semper comitatur, ac directe opponitur Gratitudini, ut Indignatio Favori. Verum incomparabiliter vehementior est aliis hisce tribus

tribus Affectibus, quia Cupiditas repellendi res noxias & sese ulciscendi est omnium urgentissimum: Hæcque Cupiditas juncta Amori sui ipsius, Iræ suppeditat omnem sanguinis agitationem quam Animositas & Audacia efficere possunt; & Odium efficit ut hanc agitationem suscipiat præcipue sanguis biliosus qui ex liene venit, & ex parvis venis jecoris, & ingreditur in cor, in quo propter ipsius copiam,& naturam bilis quam admixtam habet, excitat calorem longe asperiorem & ferventiorem eo qui potest excitari ab Amore aut Lætitia.

ARTICULUS CC.

Quare minus metuendi qui ex Ira erubescunt quam qui pallent.

SUnt autem signa externa hujus Passionis diversa,secundum varia temperamenta personarum, & varietatem aliarum Passionum ex quibus componitur aut quæ illi junguntur. Sic nonnulli videntur pallescere aut tremere cum irascuntur, & alii erubescere vel etiam lachrymari. Et vulgo censetur Ira eorum qui pallent magis metuenda, quam eorum qui erubescunt. Cujus rei ratio est, quod ubi nolumus aut non possumus nos aliter ulcisci quam vultu & verbis, explicamus omnem nostrum calorem omnemque nostram vim ab initio ipsius commotionis, unde rubor: & quandoque desiderium & commiseratio nostri ipsius, quod aliter nos ulcisci nequeamus, in causa est ut lachrymemur. At qui è contrario se servant & determinant majori ultioni, tristes fiunt, eo quod putent, ad id se teneri ea actione ob quam irascuntur; quandoque etiam metuunt mala quæ sequi possunt ex consilio suscepto; quod primo obtutu eos reddit pallidos, frigidos, & trementes: Ast ubi postea suam ultionem exequuntur, eo magis incalescunt quo frigidiores ab initio fuerant; sicut videmus, febres quæ à frigore incipiunt ut plurimum vehementiores esse.

ARTICULUS CCI.

Dari duas Iræ species, & optimos quosque priori magis esse obnoxios.

INde monemur duas species Iræ posse distingui, quarum una promptissima est, & valde se prodit foris, sed tamen parum præstat & facile sedari potest; altera quæ non ita ab initio apparet, sed magis corrodit, & quæ effectus periculosiores habet. Qui multum Bonitatis & Amoris habent, priori sunt magis obnoxii. Non enim oritur ex profundo

fundo odio, sed ex subitanea Aversione quæ eos derepente occupat; quia cum eò propendeant ut imaginentur omnia debere eo modo procedere quem optimum judicant, quamprimum aliter evenit id mirantur, & inde offenduntur, sæpè etiam etsi res eos speciatim non spectet; quia cùm multum diligant, causam eorum quos amant eo animo suscipiunt ac si sua foret: & sic quod nihil nisi materia indignationis in aliis esset, ipsis abit in causam iræ. Et quia inclinatio qua propendent ad amandum efficit ut semper habeant multum caloris & multum sanguinis in corde, nequit aversio quæ eos derepente occupat tam parum bilis eò propellere, quin statim id excitet magnam commotionem in illo sanguine. Verum hæc commotio parum durat, quia vis inopinatæ aversionis non continuat; & quamprimum deprehendunt, rem ob quam irati sunt non debuisse eos tantum commovere, illius pœnitentia ducuntur.

ARTICULUS CCII.

Animas imbecilles & abjectas alterâ magis abripi.

ALtera Iræ species, in qua prædominantur Odium & Tristitia, non ita primo obtutu apparet, nisi forsan in eo quod pallorem inducat faciei: sed ejus vis paulatim augetur agitatione quam fervens *vindictæ* Cupiditas excitat in sanguine, qui permixtus bili quæ *propellitur* ad cor ex parte inferiori jecoris & lienis, in eo excitat calorem asperum admodum & pungentem. Et sicuti generosiores sunt animæ illæ quæ plus gratitudinis habent, ita illæ sunt superbiores & viliores infirmioresque quæ se magis abripi patiuntur ab hac specie Iræ: Eo enim injuriæ majores apparent, quo superbia facit ut quis se ipsum magis æstimet; quin etiam quo pluris fiunt bona quæ auferunt, quæ eo magis æstimantur quo anima imbecillior & abjectior fuerit, quoniam ab aliis pendent.

ARTICULUS CCIII.

Generositatem esse pro remedio contra Iræ excessus.

CÆterum, etsi hic Affectus utilis sit ad suppeditandum nobis vigorem necessarium propulsandis injuriis, nullius tamen excessus majori cura vitandi veniunt, quod perturbantes judicium sæpe in ea inducant errata quorum postea pœnitere oportet; imo quandoque impediant ne tam bene repellantur hæ injuriæ quam aliàs fieri posset, si minus adesset commotionis. Verum sicut nihil est quod Iram magis intendat quam superbia, ita credo Generositatem optimum esse remedium contra

illius

illius excessus; quia dum facit ut parvipendantur omnia bona quæ possunt auferri, & contra maximi fiat libertas & imperium absolutum in semetipsum, quod perit ubi ab alio lædi possumus, efficit ut contemptu solo aut ad summum indignatione ulciscamur eas injurias ex quibus alii solent offendi.

ARTICULUS CCIV.

De Gloria.

QUod hîc nomine *Gloria* indigito, est species Lætitiæ fundata super Amorem sui ipsius, & quæ oritur ex opinione aut spe concepta laudis apud alios obtinendæ: Atque sic differt à satisfactione interiori, quæ nascitur ex opinione quod aliquam bonam actionem fecerimus: quandoque enim homines laudantur propter res quas ipsi non credunt bonas, & vituperantur ob eas quas meliores arbitrantur; sed ambæ æque sunt species propriæ existimationis ac Lætitiæ. Causa enim est se ipsum existimandi ubi videris te æstimari ab aliis.

ARTICULUS CCV.

De Pudore.

P*Udor* è contrario est species Tristitiæ fundata quoque super Amorem suimetipsius, & qui procedit ab opinione vel metu vituperii: Et insuper species Modestiæ aut Humilitatis, & propriæ diffidentiæ: Cum enim quis eo usque se ipsum existimat ut nequeat imaginari se ab ullo contemni, non facile potest pudore suffundi.

ARTICULUS CCVI.

De Usu harum duarum Passionum.

GLoria autem & Pudor eundem usum habent, in eo quod nos ad virtutem incitent, illa spe, hæc metu; solummodo instrui debet judicium de iis quæ revera digna sunt vituperio vel laude, ne pudor obrepat ex bene factis, aut gloria ex vitiis, ut pluribus evenit. At non convenit penitus exuere hos Affectus, ut olim faciebant Cynici: Etsi enim populus pessime judicet, attamen quia sine ipso vivere non possumus, & nostra refert ab illo æstimari, sæpe debemus ejus opiniones sequi potius quam nostras, quoad externa nostrarum actionum.

ARTICULUS CCVII.

De Impudentia.

IMpudentia sive *Inverecundia* quæ Pudoris contemptus est, & sæpe etiam Gloriæ, non est Passio; quia nobis nullus inest motus specialis spirituum qui eam excitet; sed vitium est oppositum Pudori atque etiam Gloriæ, quatenus utraque bona est: sicut Ingratitudo opponitur Gratitudini, & Crudelitas Commiserationi. Præcipua vero Impudentiæ causa oritur ex gravibus contumeliis quibus aliquis sæpe affectus fuerit. Nemo enim dum juvenis est non putat laudem bonum esse, & infamiam malum, majoris momenti ad vitam quam postea experientia liquet nonnullis, ubi post passas insignes quasdam contumelias honore se vident penitus destitutos & spretos ab omnibus. Quare illi impudentes fiunt & inverecundi, qui bonum & malum ex commoditatibus corporeis metientes, vident se illas æque possidere post has contumelias ac ante; imo etiam aliquando melius, quod exonerentur multis necessitatibus ad quas honor ipsos obligabat; & quod si jactura bonorum suo infortunio juncta sit, extent personæ piæ à quibus in eo subleventur.

ARTICULUS CCVIII.

De Fastidio.

FAstidium est species Tristitiæ, ex eadem causa ortæ ex qua ante Lætitia processit. Ita enim constituti sumus, ut pleræque omnes res quas possidemus, bonæ non sint nostri respectu nisi ad tempus, & postea fiant incommodæ. Quod præsertim apparet in esu & potu, qui non sunt utiles nisi quamdiu viget appetitus; sed fiunt noxii ubi cessat; & quia tum cessant Gustui grati esse, hæc Passio Gallicè dicta fuit *Desgoust.*

ARTICULUS CCIX.

De Desiderio.

DEsiderium est quoque species Tristitiæ, quæ specialem amarorem in eo habet quod semper juncta sit cuidam Desperationi, & recordationi Delectationis quam nobis attulerat fruitio. Nunquam enim Desiderio afficimur nisi ex bonis quæ quondam possedimus, & quæ ita perierunt ut nulla spes supersit ea recuperandi eo tempore & modo quo nos illa desideramus.

ARTI-

ARTICULUS CCX.

De Hilaritate.

DEnique quæ mihi dicitur *Hilaritas*, species est Lætitiæ, quæ id habet speciale, quod ejus dulcedo augetur recordatione malorum præteritorum, & quibus homines se ita sublevatos sentiunt ac si grave aliquod onus quod diu bajulassent ex suis humeris remotum sentirent. Nihil autem video in his tribus Passionibus observatione valde dignum, nec etiam alia de causa eas hic posui, quam ut sequerer ordinem enumerationis supra factæ. Sed mihi videtur hanc enumerationem fuisse utilem ad ostendendum nos nullam ex iis omisisse quæ digna foret speciali aliqua consideratione.

ARTICULUS CCXI.

Remedium Generale contra Passiones.

NUnc autem postquam eas omnes novimus, multo minus metuendæ sunt quam antea. Videmus enim, eas omnes natura sua bonas esse, nihilque nobis vitandum ex illis præter earum pravos usus aut excessus: contra quos remedia quæ proposui sufficere possent, si quisque sat curæ haberet illa usurpandi. Sed quoniam inter illa remedia posui præmeditationem, & industriam qua quis corrigere possit defectus suæ indolis, sese exercendo in separandis motibus sanguinis & spirituum in se à cogitationibus quibus jungi solent; fateor, paucos dari qui se satis præparaverint eo modo, adversus omnes impetus; & hos motus in sanguine excitatos ab objectis Affectuum, sequi tam prompte ex solis impressionibus quæ in cerebro fiunt, & dispositione organorum, etsi eo anima nihil plane conferat, ut nulla sit sapientia humana quæ possit illis resistere, cum quis non satis se ad id paraverit. Ita plures nequeunt se à risu continere cum titillantur, etsi titillatione non delectentur. Nam impressio Lætitiæ & subitaneæ occupationis quæ alias illis risum movit eandem ob causam, excitata in eorum phantasia efficit ut ipsorum pulmo quantumvis invitis infletur subito à sanguine quem ad eum cor mittit. Sic qui natura sua valde propendent ad commotiones Lætitiæ, aut Commiserationis, aut Terroris, aut Iræ, abstinere vix possunt à Deliquio animi aut lachrymis, aut tremore, aut commotione sanguinis, ac si febri laborarent, cum eorum phantasia vehementer pulsatur ab objecto cujusdam ex his Passionibus. Sed quod eo casu semper fieri potest, quodque putem hic posse poni ut remedium generalius & observatu facilius

 contra

contra omnes excessus Affectuum est; quod ubi sentitur ea sanguinis commotio, præmoneri & meminisse oporteat omnia quæ se imaginationi offerunt non aliò spectare quam ad animæ deceptionem, eique persuadendum rationes quæ inserviunt commendando objecto Passionis suæ longe firmiores esse quam revera sint, & è contrario debiliores quæ eidem improbando serviunt. Et cum Passio ea demum persuadet quorum executio aliquam dilationem patitur, abstinendum à ferendo de illis extemplò judicio, & aliò avertendæ sunt cogitationes, donec tempus & quies plane sedaverint commotionem quæ est in sanguine. Et denique cum incitat ad actiones in quibus necessarium est consilium sumi in arena, debet præcipue voluntas ferri in considerandis & sectandis rationibus quæ contrariæ sunt illis quas Passio profert, etiamsi minus validæ appareant. Ita cum ex inopinato insurgit & impetit aliquis adversarius, occasio ea non permittit tempus insumi deliberationi. Sed id mihi videntur hic semper posse qui solent animum reflectere super actionibus suis, ut nempe ubi se metu occupatos sentiunt conentur avertere cogitationem suam à periculi consideratione, attendendo rationibus propter quas multò major est securitas & honor in resistentia, quam in fuga: Et è contrario ubi sentiunt vindictæ cupiditate & Irâ se incitari ad incurrendum præcipitanter in illos à quibus impetuntur, *meminerint* cogitare imprudentiam esse sese perdere, cum salus absque infamia potest obtineri; & ubi impares admodum fuerint vires, præstare honeste canere receptui, aut in deditionem consentire, quam se more belluino exponere certæ morti.

Articulus CCXII.

Ab illis solis pendere omne bonum & malum hujus vitæ.

CEterum anima quidem suas Delectationes separatim habere potest; sed quod attinet eas quæ ipsi cum corpore communes sunt, illæ pendent plane ab Affectibus, adeo ut ii quos magis movere possunt, magis gustare possint hujus vitæ dulcedines; prout etiam in ea possunt acerbissima & amara quæque experiri, cum illis recte uti nesciunt, & ubi ipsis fortuna adversatur. Sed sapientia præcipue huc confert, quod nos doceat sic illis imperare, & tam dextre eas dispensare ut tolerabilia sint mala quæ producunt, & ex omnibus Lætitia percipiatur.

FINIS.

IN-

INDEX PASSIONUM
SIVE
AFFECTUUM ANIMÆ.
PRIMA PARS.
De Passionibus in genere. Et eâ occasione de tota hominis natura.

ARTICULUS.

 39. Quo-

SECUNDA PARS.

De numero & ordine Passionum, & explicatio sex Primitivarum.

ARTICULUS.

88. Quæ

TERTIA PARS.

De Passionibus Particularibus.

ARTICULUS.

FINIS.